U0165480

國際私法

黃裕凱 著

　　回顧新涉民法通過不久，應邀在高雄地方法院以「新涉民法對海商事件審理之影響及因應」為題，進行一場為時三小時的演講。該場演講有一小節以「國私v.s.自私」為題標，主要是針對本人於2010年完成整編國內過去20年近400件最高法院海商事件評析乙書過程中，逐件檢視我國法院對海商涉外事件處理的態度及模式的心得及感想。該節回顧法律人為何要學國際私法及國私立法的各項理由，但也體認到「自己國家的法律都不一定能掌握很好了，哪有餘力去瞭解，甚至適用那些法系差異很大的外國法律？心虛」以及「適用外國法：語文隔閡、法制差異、外國又簽一大堆公約、舉證耗時耗錢、錯用誤用機會大……真得很麻煩」，所導致「大家一起適用我國不是簡便許多！」的三隻小豬心態（原律＋法官＋被律）。該節最後整理出我國法院面對海商涉外案件普遍存在著的「國私迴避四步曲」：

　　第一步：直接適用我國法

　　　　　　→大家（法官、原律、被律）睜一隻眼閉一隻眼直接適用我國法

　　第二步：合意適用我國法

　　　　　　→大家（原律、被律）在庭上合意適用我國法（可能當事人不知情）

　　第三步：運用擇法技巧

　　　　　　→法官運用國私學理度高及擇法彈性大等特性，選擇有利於我國法適用之聯繫因素

　　第四步：內外國法混雜適用

　　　　　　→雖適用外國法，但只是「象徵性」地適用，實際上卻是內外國法混雜適用

　　面對著新涉民法適用第一線的法官們，該場演講最後結論及建議有部分是：妥善認定「關係最切」或「最密切牽連關係」、善用但勿濫用「嗣後合意」，限用「規避法律」及「公序良俗」，以及抱著一顆永續學習的心。

　　好像跟「國際」比較有緣，海商法、國際公法及國際私法三科目算是大學時期比較有學習感覺的科目，既使如此，除國考需要外，當時真得不知為何要學國際私法！大學畢業後，一腳踏進航運界，十餘年來周旋於國際公約及各國法制間，對國際私法這門學科的重要性，才算有真正較為深刻的體會。2000年轉進學術界，除講授自己專攻的海商法及保險法外，很榮幸地，自己大學學習較為有感的國際公法及國際私法也成為必須講授的課程。

　　教學準備之初，重溫國際私法各類教材，面對著國際私法各類學說暨多且雜，自己思考著國際私法教學準備所需達到的二項目標：第一、要讓學生們知道國際私法修習的重要性，而非僅是為了國家考試；第二、如何將繁雜的學術理論予以簡化。

　　針對第一點，自己有太多的涉外案件處理經驗，包括涉外契約的擬定、外國訴訟及仲裁，這些學術理論外之實務經驗，不僅是枯燥法學課堂的潤滑劑，更是提升學生學習興趣

的觸媒。除國考需求外，在實務需求上，全球化國際化之趨勢，好的語文訓練及國際私法原理原則的瞭解是法律學生得以超越其他法律同儕二項很重要的利器。

　　針對第二點，在自編講義上大量採用所謂的「表格圖像」方式，將複雜及冗長的國私理論論述，以表格圖像方式為表示。表格圖像方式主要是方便學習記憶及學理對照。授課最初幾年的期末問卷顯示，法律學生一剛開始對表格圖像方式有點不適應，但經過幾周學習下來，多數學生還是非常肯定表格圖像方式，一則是因為圖像記憶會比單純文字簡單且長久，二則是課後複習非常簡易。自編講義每年進行修正，不斷進行講義格式調整，納入新的法院判決見解及國考試題。自編講義每年定時開放給學生下載，下載率均遠超過當期學生選修人數數倍，有相當多比例是畢業生返回下載新講義。

　　2010年5月，涉外民事法律適用法立院三讀通過，國際私法講義面臨全面改版的需求。不同於實施超過半世紀的舊法，新法不僅在條數上大幅增長、融入晚近國私選法趨勢，且變動相當多原先的選法原則。跟所有的國際私法老師一樣，自己國際私法講義也面臨必須耗費龐大時間精力進行全面改版改寫的嚴苛考驗。2010年暑假先完成國際私法總論部分的改寫，然改寫過程中發現國內必須要有一本國際私法基本文件的參考書籍（本次涉民法修正所參考之國家立法例及國際公約，以及鄰近及其代表性國家的立法例等），2010年下半年遂開始進行該基本文件的編撰工作，並於2011年初寒假期間完稿。原本應繼續進行國際私法各論之改寫，後因自己海商法專業「2002年國際海上旅客運送雅典公約」及「2007年殘骸移除奈洛比國際公約」二本專書的寫作而中斷。國際私法各論的改寫一直延宕到2012年初才又回復，幾乎利用整個學期的課餘時間進行各論及全書格式重新調整工作。

　　各論改寫之初，原邀同在輔大法律學院講授國際私法，也是我大學求學時的老師：林秀雄老師一起合著，後秀雄老師以該學期有二研究計畫必須完成，時程上勢無法負荷，但允諾本書完成後，協助進行後續審校工作。非常謝謝秀雄老師百忙抽空協助本書審校，也謝謝李之心、賴姵璇、黃奕彰及魏巧枔四位同學協助本書的校對工作。

　　本書寫作並非在提供更多更新的國私學術見解或論述，而係希望提供國私學習者另一種不同的國私學習方式及背景資料的充分提供。除前述廣泛使用「表格圖像法」外，新舊法修法背景、各國相關立法例，以及每一條文基本上依循「概說→衝突之發生→相關準據法理論→我國法規定及評釋」等寫作模式，方便學生學習。

　　過去十年國際私法任教期間，除涉外民事法律適用法之修正外，國際私法還有二項重大變動：第一是各校法律院系普遍縮減國際私法的學分數（從最早期的上下學期各二學分→單學期三學分→單學期二學分）；第二是國家考試將國際私法列為一試。本人看法認為，這三項變動等於對國內國際私法的學術及實務發展敲下了喪鐘！國考引導教學，國際私法變成二線科目；學分數減少，總論部分能上完就不錯；新法通過實施似乎對國內國際私法的研究及學習注入一劑強心針，但本人卻不以為然！在法律學生未能充分學習國私真

意，新法所大量採用之關係最切及債法嗣後合意等選法原則，形同廣開「原律、被律、法官」理所當然適用中華民國法之大門，這是值得所有國際私法的教學者及學習者深思的。

黃裕凱　博士

於輔大羅耀拉大樓SL362研究室

056520@mail.fju.edu.tw

第二部分　國際私法各論　　163

國際私法——參考資料（中文） **569**

第一部分

國際私法總論

第一章　簡介

　　相對於國際公法，國際私法係為規範民商法律關係（主體、客體、意思表示、行為方式等）有涉及外國或二以上國家時（一般以「涉外民事法律關係」或「涉外案件」稱之），主要用於決定應由何國管轄（國際管轄）及應適用哪一國法律（準據法）之法律學門。各國由於法系、國情、歷史、社會制度等因素，法律規範本有差異，同一法律關係，不同國家法律之適用可能會有不同的適用結果，繼而造成法律適用衝突情況發生。既有相互衝突之可能，即應從中選擇並予以適用，而國際私法即為如何確定國際管轄及準據法選擇之法則。於國際社會交流日益頻繁之今日，國際私法地位越趨重要，以妥適解決國際管轄及準據法等相關問題。

　　國際私法比較明確的源起，學理上大都以大陸法系十四世紀初期註釋法學興起，義大利學者開始研究當時義大利各城邦法律不同所生衝突而提出之法則區別說作為起算點，迄今已發展將近700年歷史。然隨著法律思維的不斷演進，復因為國際私法本身具有高度國際性及各國立法政策性使然，國際私法各領域學說理論發展並未因發展時間長而趨向整合或統一，反而卻相當分歧，因為既使「國際私法」（International Private Law）名稱本身就有很多爭議。

　　於我國，國際私法學習過程中關係最直接且最重要的實定法律為「涉外民事法律適用法」（以下簡稱「涉民法」：1953年制訂通過之涉外民事法律適用法以「舊涉民法」或「舊法」稱之；2011年生效實施之修正後涉外民事法律適用法則以「新涉民法」稱之），然國際私法真正的學習重點並非該法所規定之擇法原則，而是從國際私法各項不同理論的

探究過程中，所習得於日後面對涉外民事案件時，如何妥適地適用國際私法各項原理原則為國際管轄之確認及準據法之選擇，而非一味地確認我國具管轄權並適用我國法。

1.1　先思考幾個問題及數據

1.1.1　問題思考

傳統法律教育在大學三年級以前所學習的法律，無論是實體法或程序法，任何民商案件爭議的發生，大致均是以「我國（法）」為講授及學習主軸，亦即「由我國哪個法院管轄」及「適用我國法」。於正式進入國際私法課程前，請先試著針對下列七個狀況分別回答以下二問題（不涉刑事及行政法問題）：

(1) 哪個國家的哪些法院有管轄權？

(2) 法院審理時應依據哪一個國家的哪一法律？

狀況一：台灣人A在校門口肇事撞傷台灣人B

狀況二：台灣人A在校門口肇事撞傷美國人B

狀況三：美國人A在校門口肇事撞傷台灣人B

狀況四：台灣人A在洛城落日大道撞傷台灣人B

狀況五：美國人A在洛城落日大道撞傷台灣人B

狀況六：美國人A在馬來西亞籍麗晶郵輪於公海航行時打傷台灣人B

狀況七：台灣人A在馬來西亞籍郵輪上因菲籍船員B疏失導致滑倒受傷

問題思考：

1. 相關當事人不同國籍是否會影響「管轄」或「準據法」的選擇或認定？

2. 事件發生地與當事人國籍不同時，是否會影響「管轄」或「準據法」的選擇或認定？

3. 請求權基礎或法律關係不同時，是否會影響「管轄」或「準據法」的選擇或認定？

4. 當事人意思表示（例如契約）可否決定爭議「管轄」或「準據法」？

1.1.2　幾個海運實務上常見的 Law and/or Jurisdiction Clause

a. 貨物保單 ILU_Institute Cargo Clause (A) -ICC (A) Clause 19

Law and Practice

19. This insurance is subject to English law and practice.

b. 複合運送載貨證券 BIMCO _ Combiconbill 1995 - I.5

Law and Jurisdiction - Disputes arising under this Bill of Lading shall be determined by the courts and in accordance with the law at the place where the Carrier has his principal place of business

c. 海難救助契約 LLOYD's OPEN FORM 1995 - LOF Clause 1(g)

This Agreement and Arbitration thereunder shall except as otherwise expressly provided be governed by the law of England, including the English law of salvage.

d. 麗星郵輪 Star Cruises 22. CHOICE OF LAW / JURISDICTION CLAUSE

All Passage Contract and these terms and conditions shall be governed by and construed in accordance with Malaysian law. The Passenger and the Carrier irrevocably agree to submit any and/or disputes and matters whatsoever arising under, in connection with or incidental to the Passage Ticket or the service thereunder provided by the Carrier to the exclusive jurisdiction of either the Courts of Singapore or the Courts of Malaysia at the sole option of the Carrier.

問題思考：

1. 全球超過95%的國際貿易貨物保險，無論該貨物是從哪國至另一國，均使用ICC協會貨物保單，爲何要適用「English Law」？此一約定的效力爲何？

2. 同樣地，海難發生而需救助所簽署的海難救助契約，全球約80-85%以上案件會簽署所謂的LOF，海難發生地及救助完成地可能是全球各地，不一定在英國，爲何要適用英國法？

3. 海上貨物運送是以載貨證券爲主要核心，旅客運送也通常會簽發客票或船票，二者均具運送契約之基本功能。海上貨物及旅客運送是最典型國與國間之運送模式，其上所事先印就之準據法及管轄，貨方及旅客是否應受拘束？

1.1.3　再設一海商複雜案例

希臘籍船舶營運人Dimitrios公司將設籍於巴拿馬的二萬噸級船舶Good Luck論時傭船給中華民國陽明海運公司，從事東南亞東北亞貨櫃班輪運送（論時傭船契約準據法/管轄條款Law and Jurisdiction Clause：美國法/紐約）。船上人員分屬希臘籍（甲級船員）、菲律賓籍及大陸籍（乙級船員），船上並載有一名陽明中國籍代表。船舶於東南亞（台灣、香港、新加坡、印尼、泰國、菲律賓、馬來西亞）載貨上船後（目的港設均爲日本；陽明載貨證券準據法/管轄地：英國法/英國海事法院），於高雄航向日本途經東海，因颱風外流影響，海象不佳而於公海與中油公司所屬賴比瑞亞籍十萬噸級油輪Bad Luck號碰撞，碰撞原因責任不明，Bad Luck油輪大量貨油外洩，污染日、韓、台及大陸海域，B輪希臘籍船員死傷三人，二人（含陽明代表）落海失蹤，船身受損嚴重並失去動力，經緊急呼救日本拖船將其就近救助至大陸上海港，B輪船長宣布共同海損。所有受害人均到台北地方法院訴請陽明及中油連帶賠償，設你爲陽明或中油的責任保險公司所委派的律師，請針對各法律關係所涉及之管轄及準據法問題，提出你的看法。

問題思考：

    1. 這個案件涉及多少不同國籍的當事人？相關地點涉及多少國家（包括無國家管轄的公海）？涉及多少法律關係或請求權基礎？

    2. 這麼複雜的人、地及法律關係均在同一案件為審理時，請問管轄及準據法如何決定？

1.1.4　國內法院國際私法案件大略統計

    國際私法為一學術理論繁雜，著重國際整合及比較法學研究的學科。而法院相關案件的資料統計，除可了解國際私法研讀的重要性及司法實務的學理實證取向外，並有助於學習者了解本科法律範疇中的哪些部分是司法實務發生頻率較高的案件類型。以「涉外」、「涉外民事法律適用法」、「台灣地區與大陸地區人民關係條例」、「香港澳門關係條例」、「國際管轄」「涉外&管轄」等關鍵字為搜尋，以2010年新修正涉外民事法律適用法修正通過日前後為搜尋基準日，各級法院相關案件數量大略如下表[1]：

分類關鍵字／法院		準據法				國際管轄	
		涉外	涉外民事法律適用法	台灣地區與大陸地區人民關係條例	香港澳門關係條例	國際管轄	涉外&管轄
最高法院　總計		174	152	97	20	13	39
高等法院	高等法院	509	449	233	71	36	166
	高等法院台中分院	68	56	69	7	3	22
	高等法院台南分院	32	24	52	1	2	7
	高等法院高雄分院	54	49	60	6	3	18
	高等法院花蓮分院	1	1	13	0	1	1
	高等法院金門分院	0	0	1	0	0	0
	總計	664	579	428	85	45	214
地方法院	台北地方法院	1158	1060	764	111	51	312
	士林地方法院	438	426	104	28	7	63
	板橋地方法院	979	959	1242	35	32	71
	宜蘭地方法院	165	160	17	1	0	11
	基隆地方法院	181	141	84	7	2	64
	桃園地方法院	957	881	566	16	7	79

1　資料收集來源為「司法院法學資料庫」及「法源法律網」，搜尋基準日為2010.5.26。

新竹地方法院	406	399	198	3	2	25
苗栗地方法院	134	134	65	1	6	25
台中地方法院	1297	1272	562	24	13	243
彰化地方法院	461	438	528	4	1	9
南投地方法院	425	424	36	1	0	83
雲林地方法院	515	511	241	1	0	14
嘉義地方法院	406	403	678	3	3	16
台南地方法院	545	519	503	12	1	38
高雄地方法院	1090	1049	1503	14	11	94
花蓮地方法院	89	88	167	1	1	4
台東地方法院	138	136	57	3	3	98
屏東地方法院	522	520	860	2	4	54
澎湖地方法院	52	51	19	0	0	1
金門地方法院	19	19	18	0	0	3
連江地方法院	4	4	0	0	1	1
總計	9981	9594	8212	267	145	996
智慧財產法院民事　總計	24	24	0	0	4	23

　　另以1953年舊涉外民事法律適用法條序（以中文數字）爲搜尋，最高法院及高等法院之案件數量表如下：

		1953年舊涉外民事法律適用法（條文）													
		一	二	三	四	五	六	七	八	九	十	十一	十二	十三	十四	十五
最高法院		3		2		4	75	6	4	25	8	2				1
高等法院	高等法院	3	1	4			135	14	8	51	8	2	1		7	1
	高等台中分院					1	12		1	9		1	2		7	
	高等台南分院					1	7	1		2			1		2	
	高等高雄分院						17			5	2					
	高等花蓮分院															
	高等金門分院															
上訴審總案件量		6	1	6	0	6	246	21	13	92	18	5	4	0	16	2
地院總案件量		10	2	13	0	7	370	36	15	140	**	72	1494	7	2613	13

		1953年舊涉外民事法律適用法（條文）													
		十六	十七	十八	十九	二十	二十一	二十二	二十三	二十四	二十五	二十六	二十七	二十八	二十九	三十
最高法院					1		1	3	1		4		1			
高等法院	高等法院	1		10	1		1	4		3	11	1				5
	高等台中分院			3				1								
	高等台南分院			1												1
	高等高雄分院			2		2					2					
	高等花蓮分院															
	高等金門分院															
上訴審總案件量		1	0	16	2	2	2	8	1	3	17	1	1	0	0	6
地院總案件量		39	3	121	6	1	4	17	**	2	16	2	0	1	4	6

從上諸表列，各級法院有關國際私法相關案件之審理，可得特徵如下：

1. **上訴率低**：相對於地方法院超過萬件，高等法院及最高法院判決數量相當少，僅分別約450件及150件，此顯示「涉外案件準據法及管轄」通常為一審所處理，且由於其屬附隨問題，非案件爭議本身之實體問題，因此上訴率不高。

2. **案件集中於某些類型**：從最高法院及高等法院所審理的案件，案件量最高為舊涉民法第6條（契約之債），其次為第9條（侵權行為之債），再依序為第7條（債權讓與）、第25條（公序良俗條款）、第14條（離婚及其效力）及第18條（收養及其效力）。單前四條文即占所有496案件的76%。但應注意的是，從地院案件統計，絕大多數案件係集中在第14條（離婚及其效力），其次是第12條（婚姻及其效力）；其次才是第6條（契約之債），其次為第9條（侵權行為之債）。而此情況可再分析整理如下：

   (1) 地院審以「婚姻」及「離婚」之身分法案件占絕大多數，但相對地，這些案件上訴比例甚低；

   (2) 上訴審以財產法案件居多，可能係涉外案件金額通常較高，上訴機率較大；

   (3) 整體而言，國際私法案件上訴比率偏低，而此導致裁判補助國際私法法規不足的功能有限。此亦顯示「涉外案件準據法及管轄」通常為一審所處理，且由於其屬附隨問題，非案件爭議本身之實體問題，因此上訴率不高。

3. **海商及國貿案件占最高法院比重甚高**：最高法院150件左右案件類型分析，本屬涉外性質之海商案件及國際貿易案件約占所有案件的七成，其次為親屬（婚姻及離婚）案件（約一成），再次為票據案件。

4. **國際私法總論部分的案件發生率偏低**：不論是地院案件或上訴審案件，國際私法總論部分的總案件量的比重相當低，此與國內國際私法教學偏重總論方面的教學似乎有點背道而馳。

5. 大陸地區案件激增：隨著二岸交流的頻繁，在短短十餘年時間內，所累積的案件比例幾乎與其他適用涉外民事法律適用法之國際私法案件不相上下。

1.1.5　本節短結

前述各點在闡述一剛要學習國際私法的人幾個重要概念：亦即以法庭地國為基準，於「人（主體：外國籍人或有住所於外國）」、「物（客體，在外國）」、「行為方式（於外國為法律行為）」及「意思表示（契約約定以外國法為準據法）」而具有所謂的涉外因素或同一案件中同時具有「內國（指法庭地國）」及「外國」成分時：
(1) 並非僅我國法院具管轄權，其他具牽連關係的國家也可能具有管轄權。
(2) 既使我國法院有管轄權，案件於我國法院審理時，我國法院也不一定就僅適用我國法律。
→導出國際私法二大核心範疇：「國際管轄」與「準據法」，亦即哪一國家有管轄權及應適用何國法律。

1.2　涉外案件可能的解決方式

於發生一涉外事件時，可能有下列幾種處理方式：

方式	一概不受理	一概適用內國法	一概適用外國法	依涉外法律關係性質為定
內容	認為內國法院[2]僅能管轄適用內國法律之案件，因此具涉外成分之案件即應拒絕受理。	認為內國法院僅能適用內國法，因此案件無論有無涉外成分，均應依內國法為裁判。	涉外案件既牽涉外國，則應適用外國法。	內國法院依既定法則，對於涉外案件，就其性質，決定應適用何外國法或是否適用內國法。
優點	——	依內國法解決對法官而言較易適用。	——	較合乎公平正義及法理，有助國際和諧及交往。
缺點	如他國亦採同方式，可能造成案件無法解決 ⇨妨礙國際交往。	可能會對當事人造成不公平，繼而影響國際交往。	涉及數國或與內國關係密切時，無法妥適解決。	——

2　注意：國際私法稱「內國法」或「內國法院」者，係指「法庭地國法」或「法庭地國法院」。稱「本國法」者，係指「當事人所屬國之法律」。同學應特別注意國際私法文字使用上「內國」與「本國」之區別。

1.3　法律衝突規範之基本概念

　　當某民商事件之人、事、地、物或行為涉及外國或兩國以上時，由於該相關國家之法律規定有所差異或不同，即有先確定應適用何國法律之必要，而此確定方式即為「法律衝突規範」（conflict rules）或另稱之為「法律選擇規範」（choice of law rules）或「法律適用規範」（rules of applicable law）。亦即於處理涉外民商法律關係時，用於指定應適用何國法律之一套原則或規範。適用該衝突規範所確定應適用之法律，一般以「準據法」稱之。例如「物權依物之所在地法」，此規定整體上屬衝突規範，而所在地法即為準據法。

　　法律衝突規範屬間接規範，其僅間接指定涉外法律關係所應適用之法律（主要為規範當事人權義之實體法），而不直接規定當事人間之權利義務。

1.4　法律衝突之解決方式

　　國際間有關法律衝突的解決，大概可區分為下列二種方式：

方式	間接規範方法	直接規範方法	
		國際公約／條約	國內法_直接適用法
內容	於解決涉外民事法律關係時，先透過衝突解決規範（例如我國的涉外民事法律適用法）找出應適用哪一國家的法律，再進一步適用該國規範以確定當事人權利義務。此模式並不直接規範當事人權利義務，因此稱之為間接規範。	有關國際透過締約雙邊或多邊國際公約或條約之方式，制訂統一的國際實體法，以直接規定某類涉外民事法律關係當事人之權利義務，避免透過間接規範方式為法律之選擇。	某些國家為保護其本國政治經濟及社會之重大利益，而針對某些（涉外）法律關係類型，規定直接適用該國或某國的某實體法（通常為強行法，例如勞動、重大傷亡、不公平契約條款等），而不去或避免適用間接適用規範，稱之為「直接適用法」（directly applicable law）或「積極公序」（positive order public）。
優點缺點	間接規範本身（亦即各國國際私法或涉外民事法律適用法）亦可能會因各國國情及考量而有各自的擇	■適用範圍有其限制，蓋某些民事類型（例如身分法）基於各國歷史傳統及風俗，較難整合。	■直接適用法大量適用的結果可能會影響內外國平等原則，造成過往單方立法及屬地立法的抬頭。

法原則或規範，因此這些間接規範本身亦應有國際間較為一致或統一之法制或法則，例如反致、規避法律、公序良俗條款等，否則間接規範各國各自訂定的結果，將導致準據法的選擇更行混亂，當事人將無法預見法律行為或事實行為的結果，將不利國際交往。	■公約通常僅對締約國生效，對非締約國通常不具拘束力。 ■在國際實踐上，採直接規範方式之國際公約中容許當事人另外選擇法律之情況，仍不在少數。	■為避免前述情況發生，各國於適用某直接適用法時，通常會設有若干限制，例如系爭問題與該強行法具有密切牽連或該強行法不應違反本國公序等，例如歐盟1980年羅馬公約第7條及2008年羅馬I第9條均有類似規定。

1.5 涉外案件解決之順序：以前述Good Luck貨損受害人向陽明提出求償為例

由於國際私法各項制度及理論的複雜性，無論是實務案件抑或學術案例論述，國私案件（或涉外民事案件）最好能依循下表涉外案件解決順序為案件處理：

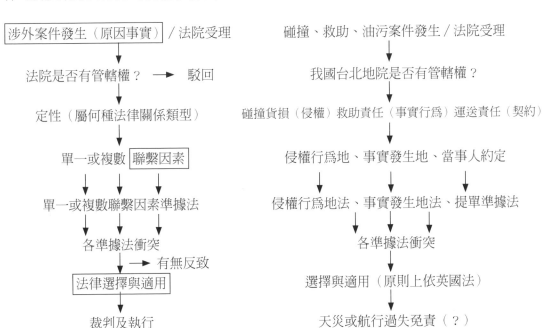

1.6 國際私法 —— 課程架構

國內國際私法課程教學，傳統上區分為「總論」及「各論」二部分。

本書撰寫體例，在總論部分，主要是依循前節國際私法解決順序，從國際管轄所涉及之國際民事訴訟法，次討論定性、聯繫因素概說、準據法及外國法之適用，以及國際私法經常必須解決的附帶問題，亦即反致、規避法律及時之效力等。

國際私法各論部分主要係以民法為主要區分章節，亦即以民總、債、物權、親屬及繼承，為相關條文之逐條規範及討論。

本書撰寫體系上比較特殊的是有關各聯繫因素（屬人法、行為、物、當事人意思）的論述上，為便於與相關章節結合，相關討論並非集中在總論，而係分散在相關單元，例如於探討法律行為發生債之關係之準據法時，才一併針對「當事人意思之聯繫因素」列入討論。

總論	概論	意義、發生、性質、名稱、立法／法源	
	總則（主要為涉民法第一章）	國際民事訴訟法：國際管轄、外國裁判及仲裁判斷之承認與執行	
		定性	
		聯繫因素	
		外國法適用：性質、證明調查、公序良俗、適用錯誤及限制、一國數法	
		反致	
		規避法律	
		時之效力	
		屬人法 —— 國籍、住所（聯繫因素：主體）；外國人	
各論	民總	權利主體（涉民法 第二章）	權利能力、行為能力
			死亡宣告、監護/輔助宣告
			外國法人、其內部事項、分支機構
		法律行為方式及代理（涉民法第三章）	聯繫因素：（行為：行為地）
			法律行為方式
			代理
	債（涉民法第四章）	債之發生： 　聯繫因素：（當事人意思） 　法律行為（意思表示） 　票據行為、指示/無記名證券 　無因管理、不當得利 　一般侵權行為	

		特殊侵權：商品製造人、不公平競爭、媒介侵權、侵權之責任保險人
		其他法律事實之債
		準據法之合意
		債之移轉：
		債權讓與、債務承擔、第三人求償權
		多數債務人與債權人：
		多數債務人間
		消滅時效
		債之消滅
	物 （涉民法 第五章）	聯繫因素：（客體：物之所在地）
		物權：一般原則
		方式：物權法律行為方式
		特殊情況：輸入之動產、運送中之物權、智慧財產權、載貨證 　　　　　　　券、有價證券
	親屬 （涉民法 第六章）	婚姻：
		婚約：成立、效力
		婚姻：成立、效力
		夫妻財產：原則、善意第三人保護
		離婚
		父母子女：
		婚生子女之身分、非婚生子女（準正、認領）
		收養、父母子女
		監護
		扶養
	繼承 （涉民法 第七章）	繼承：一般事項
		無人繼承──外人在台遺產
		遺囑：一般事項
		遺囑成立撤回方式

【第一章附錄一】貨物保單Institute Cargo Clause (A)

1/1/82　　　　　　　　　　　　　　　　　　　　　　　　　　　　　　　　　CL252

(FOR USE ONLY WITH THE NEW MARINE POLICY FORM)

INSTITUTE CARGO CLAUSES (A)

RISKS COVERED

1	This insurance covers all risks of loss of or damage to the subject-matter insured except as provided in Clauses 4, 5, 6 and 7 below.		Risks Clause
2	This insurance covers general average and salvage charges, adjusted or determined according to the contract of affreightment and/or the governing law and practice, incurred to avoid or in connection with the avoidance of loss from any cause except those excluded in Clauses 4, 5, 6 and 7 or elsewhere in		General Average Clause
3	This insurance is extended to indemnify the Assured against such proportion of Liability under the contract of affreightment "Both to Blame Collision" Clause as is in respect of a loss recoverable hereunder. In the event of any claim by shipowners under the said Clause the Assured agree to notify the Underwriters who shall have the right, at their own cost and expense, to defend the Assured against such claim.		"Both to Blame Collision" Clause

EXCLUSIONS

4	In no case shall this insurance cover		General Exclusions Clause
	4.1	loss damage or expense attributable to wilful misconduct of the Assured	
	4.2	ordinary leakage, ordinary loss in weight or volume, or ordinary wear and tear of the subject-matter insured	
	4.3	loss damage or expense caused by insufficiency or unsuitability of packing or preparation of the subject-matter insured (for the purpose of this Clause 4.3 "packing" shall be deemed to include stowage in a container or liftvan but only when such stowage is carried out prior to attachment of this insurance or by the Assured or their servants)	
	4.4	loss damage or expense caused by inherent vice or nature of the subject-matter insured	
	4.5	loss damage or expense proximately caused by delay, even though the delay be caused by a risk insured against (except expenses payable under Clause 2 above)	
	4.6	loss damage or expense arising from insolvency or financial default of the owners managers charterers or operators of the vessel.	
	4.7	loss damage or expense arising from the use of any weapon of war employing atomic or nuclear fission and/or fusion or other like reaction or radioactive force or matter.	

5	5.1	In no case shall this insurance cover loss damage or expense arising from	Unseaworthiness and Unfitness Exclusion Clause
		unseaworthiness of vessel or craft,	
		unfitness of vessel craft conveyance container or liftvan for the safe carriage of the subject-matter insured,	
		where the Assured or their servants are privy to such unseaworthiness or unfitness, at the time the subject-matter insured is loaded therein.	
	5.2	The Underwriters waive any breach of the implied warranties of seaworthiness of the ship and fitness of the ship to carry the subject-matter insured to destination, unless the Assured or their servants are privy to such unseaworthiness or unfitness.	

6	In no case shall this insurance cover loss damage or expense caused by		War Exclusion Clause
	6.1	war civil war revolution rebellion insurrection, or civil strife arising therefrom, or any hostile act by or against a belligerent power.	
	6.2	capture seizure arrest restraint or detainment (piracy excepted), and the consequences thereof or any attempt thereat	
	6.3	derelict mines torpedoes bombs or other derelict weapons of war.	

7	In no case shall this insurance cover loss damage or expense		Strikes Exclusion Clause
	7.1	caused by strikers, locked-out workmen, or persons taking part in labour disturbances, riots or civil commotions	
	7.2	resulting from strikes, locked-out labour disturbances, riots or civil commotions	
	7.3	caused by any terrorist or any person acting from a political motive.	

DURATION

8	8.1	This insurance attaches from the time the goods leave the warehouse or place of storage at the place named herein for the commencement of the transit, continues during the ordinary course of transit and terminates either	Transit Clause
	8.1.1	on delivery to the Consignees' or other final warehouse or place of storage at the destination named herein.	
	8.1.2	on delivery to any other warehouse or place of storage, whether prior to or at the destination named herein,	
	8.1.2.1	for storage other than in the ordinary course of transit or	
	8.1.2.2	for allocation or distribution	
		or	
	8.1.3	on the expiry of 60 days after completion of discharge overside of the goods hereby insured from the oversea vessel at the final port of discharge,	
		whichever shall first occur.	
	8.2	If, after discharge overside from the oversea vessel at the final port of discharge, but prior to termination of this insurance, the goods are to be forwarded to a destination other than that to which they are insured hereunder, this insurance, whilst remaining subject to termination as provided for above, shall not extend beyond the commencement of transit to such other destination.	
	8.3	This insurance shall remain in force (subject to termination as provided for above and to the provisions of Clause 9 below) during delay beyond the control of the Assured, any deviation, forced discharge, reshipment or transhipment and during any variation of the adventure arising from the exercise of a liberty granted to shipowners or charterers under the contract of affreightment.	

9	If owing to circumstances beyond the control of the Assured either the contract of carriage is terminated at a port or place other than the destination named therein or the transit is otherwise terminated before delivery of the goods as provided for in Clause 8 above, then this insurance shall also terminate *unless prompt notice is given to the Underwriters and continuation of cover is requested when the insurance shall remain in force, subject to an additional premium if required by the Underwriters,* either.		Termination of Contract of Carriage Clause
	9.1	until the goods are sold and delivered at such port or place, or, unless otherwise specially agreed, until the expiry of 60 days after arrival of the goods hereby insured at such port or place, whichever shall first occur,	
		or	
	9.2	if the goods are forwarded within the said period of 60 days (or any agreed extension thereof) to the destination named herein or to any other destination, until terminated in accordance with the provisions of Clause 8 above.	

10	Where, after attachment of this insurance, the destination is changed by the Assured, *held covered at a premium and on conditions to be arranged subject to prompt notice being given to the Underwriters.*		Change of Voyage Clause

CLAIMS

11	11.1	In order to recover under this insurance the Assured must have an insurable interest in the subject-matter insured at the time of the loss.	Insurable Interest Clause
	11.2	Subject to 11.1 above, the Assured shall be entitled to recover for insured loss occurring during the period covered by this insurance, notwithstanding that the loss occurred before the contract of insurance was concluded, unless the Assured were aware of the loss and the Underwriters were not.	

12	Where, as a result of the operation of a risk covered by this insurance, the insured transit is terminated at a place other than that to which the subject-matter is covered under this insurance, the Underwriters will reimburse the Assured for any extra charges properly and reasonably incurred in unloading storing and forwarding the subject-matter to the destination to which it is insured hereunder.		Forwarding Charges Clause
	This Clause 12, which does not apply to general average or salvage charges, shall be subject to the exclusions contained in Clauses 4, 5, 6 and 7 above, and shall not include charges arising from the fault negligence insolvency or financial default of the Assured or their servants.		

13	No claim for Constructive Total Loss shall be recoverable hereunder unless the subject-matter insured is reasonably abandoned either on account of its actual total loss appearing to be unavoidable or because the cost of recovering, reconditioning and forwarding the subject-matter to the destination to which it is insured would exceed its value on arrival.		Constructive Total Loss Clause

14 14.1　If any Increased Value insurance is effected by the Assured on the cargo insured herein the agreed value of the cargo shall be deemed to be increased to the total amount insured under this insurance and all Increased Value insurances covering the loss, and liability under this insurance shall be in such proportion as the sum insured herein bears to such total amount insured.

In the event of claim the Assured shall provide the Underwriters with evidence of the amounts insured under all other insurances.

14.2　**Where this insurance is on Increased Value the following clause shall apply:**
The agreed value of the cargo shall be deemed to be equal to the total amount insured under the primary insurance and all Increased Value insurances covering the loss and effected on the cargo by the Assured, and liability under this insurance shall be in such proportion as the sum insured herein bears to such total amount insured.

In the event of claim the Assured shall provide the Underwriters with evidence of the amounts insured under all other insurances.

BENEFIT OF INSURANCE
15　This insurance shall not inure to the benefit of the carrier or other bailee.

MINIMISING LOSSES
16　It is the duty of the Assured and their servants and agents in respect of loss recoverable hereunder
16.1　to take such measures as may be reasonable for the purpose of averting or minimising such loss,
and
16.2　to ensure that all rights against carriers, bailees or other third parties are properly preserved and exercised and the Underwriters will, in addition to any loss recoverable hereunder, reimburse the Assured for any charges properly and reasonably incurred in pursuance of these duties.

17　Measures taken by the Assured or the Underwriters with the object of saving, protecting or recovering the subject-matter insured shall not be considered as a waiver or acceptance of abandonment or otherwise prejudice the rights of either party.

AVOIDANCE OF DELAY
18　It is a condition of this insurance that the Assured shall act with reasonable despatch in all circumstances within their control.

LAW AND PRACTICE
19　This insurance is subject to English law and practice.

Increased Value Clause

Not to Inure Clause

Duty of Assured Clause

Waiver Clause

Reasonable Despatch Clause

English Law and Practice Clause

NOTE:- *It is necessary for the Assured when they become aware of an event which is "held covered" under this insurance to give prompt notice to the Underwriters and the right to such cover is dependent upon compliance with this obligation.*

LAW AND PRACTICE
19　This insurance is subject to English law and practice.

【第一章附錄二】複合運送載貨證券Combiconbill 1995

Code Name: "COMBICONBILL"

B/L No.

Shipper

Reference No.

Negotiable

COMBINED TRANSPORT BILL OF LADING

Revised 1995

Consigned to order of

Notify party/address

Place of receipt

Ocean Vessel | Port of loading

Port of discharge | Place of delivery | Freight payable at | Number of original Bills of Lading

Marks and Nos. | Quantity and description of goods | Gross weight, kg, Measurement, m³

Particulars above declared by Shipper

Freight and charges

RECEIVED the goods in apparent good order and condition and, as far as ascertained by reasonable means of checking, as specified above unless otherwise stated.
The Carrier, in accordance with and to the extent of the provisions contained in this Bill of Lading, and with liberty to sub-contract, undertakes to perform and/or in his own name to procure performance of the combined transport and the delivery of the goods, including all services related thereto, from the place and time of taking the goods in charge to the place and time of delivery and accepts responsibility for such transport and such services.
One of the Bills of Lading must be surrendered duly endorsed in exchange for the goods or delivery order.
IN WITNESS whereof TWO (2) original Bills of Lading have been signed, if not otherwise stated above, one of which being accomplished the other(s) to be void.

Copyright, published by
The Baltic and International Maritime Council
(BIMCO), Copenhagen, 1995

Shipper's declared value of ......

subject to payment of above extra charge.

Note:
The Merchant's attention is called to the fact that according to Clauses 10 to 12 and Clause 24 of this Bill of Lading, the liability of the Carrieris, in most cases, limited in respect of loss of or damage to the goods and delay.

Place and date of issue

Signed for

.... as Carrier

by ....

As agent(s) only to the Carrier

Printed by the BIMCO Charter Party Editor

p.t.o.

COMBINED TRANSPORT BILL OF LADING

Adopted by The Baltic and International Maritime Council in January, 1971 (as revised 1995)

Code Name: "COMBICONBILL"

I. GENERAL PROVISIONS

1. Applicability.
Notwithstanding the heading "Combined Transport", the provisions set out and referred to in this Bill of Lading shall also apply, if the transport as described in this Bill of Lading is performed by one mode of transport only.

2. Definitions.
"Carrier" means the party on whose behalf this Bill of Lading has been signed.
"Merchant" includes the Shipper, the Receiver, the Consignor, the Consignee, the holder of this Bill of Lading and the owner of the goods.

3. Carrier's Tariff.
The terms of the Carrier's applicable Tariff at the date of shipment are incorporated herein. Copies of the relevant provisions of the applicable Tariff are available from the Carrier upon request. In the case of inconsistency between this Bill of Lading and the applicable Tariff, this Bill of Lading shall prevail.

4. Time Bar.
All liability whatsoever of the Carrier shall cease unless suit is brought within 9 months after delivery of the goods or the date when the goods should have been delivered.

5. Law and Jurisdiction.
Disputes arising under this Bill of Lading shall be determined by the courts and in accordance with the law at the place where the Carrier has his principal place of business.

II. PERFORMANCE OF THE CONTRACT

6. Methods and Routes of Transportation.
(1) The Carrier is entitled to perform the transport and all services related thereto in any reasonable manner and by any reasonable means, methods and routes.
(2) In accordance herewith, for instance, in the event of carriage by sea, vessels may sail with or without pilots, undergo repairs, adjust equipment, drydock and tow vessels in all situations.

7. Optional Stowage.
(1) Goods may be stowed by the Carrier by means of containers, trailers, transportable tanks, flats, pallets, or similar articles of transport used to consolidate goods.
(2) Containers, trailers, transportable tanks and covered flats, whether stowed by the Carrier or received by him in a stowed condition from the Merchant, may be carried on or under deck without notice to the Merchant.

8. Hindrances etc. Affecting Performance.
(1) The Carrier shall use reasonable endeavours to complete the transport and to deliver the goods at the place designated for delivery.
(2) If at any time the performance of the contract as evidenced by this Bill of Lading is or will be affected by any hindrance, risk, delay, difficulty or disadvantage of whatsoever kind, and if by virtue of sub-clause 8 (1) the Carrier has no duty to complete the performance of the contract, the Carrier (whether or not the transport is commenced) may elect to:
(a) treat the performance of this Contract as terminated and place the goods at the Merchant's disposal at any place which the Carrier shall deem safe and convenient; or
(b) deliver the goods at the place designated for delivery.
(3) If the goods are not taken delivery of by the Merchant within a reasonable time after the Carrier has called upon him to take delivery, the Carrier shall be at liberty to put the goods in safe custody on behalf of the Merchant at the latter's risk and expense.
(4) In any event the Carrier shall be entitled to full freight for goods received for transportation and additional compensation for extra costs resulting from the circumstances referred to above.

III. CARRIER'S LIABILITY

9. Basic Liability.
(1) The Carrier shall be liable for loss of or damage to the goods occurring between the time when he receives the goods into his charge and the time of delivery.
(2) The Carrier shall be responsible for the acts and omissions of any person of whose services he makes use for the performance of the contract of carriage evidenced by this Bill of Lading.
(3) The Carrier shall, however, be relieved of liability for any loss or damage if such loss or damage arose or resulted from:
(a) The wrongful act or neglect of the Merchant.
(b) Compliance with the instructions of the person entitled to give them.
(c) The lack of, or defective conditions of packing in the case of goods which, by their nature, are liable to wastage or to be damaged when not packed or when not properly packed.
(d) Handling, loading, stowage or unloading of the goods by or on behalf of the Merchant.
(e) Inherent vice of the goods.
(f) Insufficiency or inadequacy of marks or numbers on the goods, covering, or unit loads.
(g) Strikes or lock-outs or stoppages or restraints of labour from whatever cause whether partial or general.
(h) Any cause or event which the Carrier could not avoid and the consequence whereof he could not prevent by the exercise of reasonable diligence.
(4) Where under sub-clause 9 (3) the Carrier is not under any liability in respect of some of the factors causing the loss or damage, he shall only be liable to the extent that those factors for which he is liable under this Clause have contributed to the loss or damage.
(5) The burden of proving that the loss or damage was due to one or more of the causes or events, specified in (a), (b) and (h) of sub-clause 9 (3) shall rest upon the Carrier.
(6) When the Carrier establishes that in the circumstances of the case, the loss or damage could be attributed to one or more of the causes or events, specified in (c) to (g) of sub-clause 9 (3), it shall be presumed that it was so caused. The Merchant shall, however, be entitled to prove that the loss or damage was not, in fact, caused either wholly or partly by one or more of these causes or events.

10. Amount of Compensation.
(1) When the Carrier is liable for compensation in respect of loss of or damage to the goods, such compensation shall be calculated by reference to the value of such goods at the place and time they are delivered to the Merchant in accordance with the contract or should have been so delivered.
(2) The value of the goods shall be fixed according to the commodity exchange price or, if there be no such price, according to the current market price or, if there be no commodity exchange price or current market price, by reference to the normal value of goods of the same kind and quality.
(3) Compensation shall not, however, exceed two Special Drawing Rights per kilogramme of gross weight of the goods lost or damaged.
(4) Higher compensation may be claimed only when, with the consent of the Carrier, the value for the goods declared by the Shipper which exceeds the limits laid down in this Clause has been stated on the face of this Bill of Lading at the place indicated. In that case the amount of the declared value shall be substituted for that limit.

11. Special Provisions for Liability and Compensation.
(1) Notwithstanding anything provided for in Clauses 9 and 10 of this Bill of Lading, if it can be proved where the loss or damage occurred, the Carrier and the Merchant shall, as to the liability of the Carrier, be entitled to require such liability to be determined by the provisions contained in any international convention or national law, which provisions:
(a) cannot be departed from by private contract, to the detriment of the claimant, and
(b) would have applied if the Merchant had made a separate and direct contract with the Carrier in respect of the particular stage of transport where the loss or damage occurred and received as evidence thereof any particular document which must be issued if such international convention or national law shall apply.
(2) Insofar as there is no mandatory law applying to carriage by sea by virtue of the provisions of sub-clause 11 (1), the liability of the Carrier in respect of any carriage by sea shall be determined by the International Brussels Convention 1924 as amended by the Protocol signed at Brussels on February 23rd 1968 - The Hague/Visby Rules. The Hague/Visby Rules shall also determine the liability of the Carrier in respect of carriage by inland waterways as if such carriage were carriage by sea. Furthermore, they shall apply to all goods, whether carried on deck or under deck.

12. Delay, Consequential Loss, etc.
If the Carrier is held liable in respect of delay, consequential loss or damage other than loss of or damage to the goods, the liability of the Carrier shall be limited to the freight for the transport covered by this Bill of Lading, or to the value of the goods as determined in Clause 10, whichever is the lesser.

13. Notice of Loss of or Damage to the Goods.
(1) Unless notice of loss of or damage to the goods, specifying the general nature of such loss or damage, is given in writing by the Merchant to the Carrier when the goods are handed over to the Merchant, such handing over is prima facie evidence of the Delivery by the Carrier of the goods as described in this Bill of Lading.
(2) Where the loss or damage is not apparent, the same prima facie effect shall apply if notice in writing is not given within three (3) consecutive days after the day when the goods were handed over to the Merchant.

14. Defences and Limits for the Carrier, Servants, etc.
(1) The defences and limits of liability provided for in this Bill of Lading shall apply in any action against the Carrier for loss or damage to the goods whether the action can be founded in contract or in tort.
(2) The Carrier shall not be entitled to the benefit of the limitation of liability provided for in sub-clause 10 (3), if it is proved that the loss or damage resulted from a personal act or omission of the Carrier done with intent to cause such loss or damage or recklessly and with knowledge that damage would probably result.
(3) The Merchant undertakes that no claim shall be made against any servant, agent or other persons whose services the Carrier has used in order to perform this Contract and if any claim should nevertheless be made, to indemnify the Carrier against all consequences thereof.
(4) However, the provisions of this Bill of Lading apply whenever claims relating to the performance of this Contract are made against any servant, agent or other person whose services the Carrier has used in order to perform this Contract, whether such claims are founded in contract or in tort. In entering into this Contract, the Carrier to the extent of such provisions, does so not only on his own behalf but also as agent or trustee for such persons. The aggregate liability of the Carrier and such persons shall not exceed the limits in Clauses 10, 11 and 24, respectively.

IV. DESCRIPTION OF GOODS

15. Carrier's Responsibility.
The information in this Bill of Lading shall be prima facie evidence of the taking in charge by the Carrier of the goods as described by such information unless a contrary indication, such as "shipper's weight, load and count", "Shipper-packed container" or similar expressions, have been made in the printed text or superimposed on the Bill of Lading. Proof to the contrary shall not be admissible when the Bill of Lading has been transferred, or the equivalent electronic data interchange message has been transmitted to and acknowledged by the Consignee who in good faith has relied and acted thereon.

16. Shipper's Responsibility.
The Shipper shall be deemed to have guaranteed to the Carrier the accuracy, at the time the goods were taken in charge by the Carrier, of the description of the goods, marks, number, quantity and weight, as furnished by him, and the Shipper shall defend, indemnify and hold harmless the Carrier against all loss, damage and expenses arising or resulting from inaccuracies in or inadequacy of such particulars. The right of the Carrier to such indemnity shall in no way limit his responsibility and liability under this Bill of Lading to any person other than the Shipper. The Shipper shall remain liable even if the Bill of Lading has been transferred by him.

17. Shipper-packed Containers, etc.
(1) If a container has not been filled, packed or stowed by the Carrier, the Carrier shall not be liable for any loss of or damage to its contents and the Merchant shall cover any loss or expense incurred by the Carrier, if such loss, damage or expense has been caused by:
(a) negligent filling, packing or stowing of the container;
(b) the contents being unsuitable for carriage in container; or
(c) the unsuitability or defective condition of the container unless the container has been supplied by the Carrier and the unsuitability or defective condition would not have been apparent upon reasonable inspection at or prior to the time when the container was filled, packed or stowed.
(2) The provisions of sub-clause (1) of this Clause also apply with respect to trailers, transportable tanks, flats and pallets which have not been filled, packed or stowed by the Carrier.
(3) The Carrier does not accept liability for damage due to the unsuitability or defective condition of reefer equipment or trailers supplied by the Merchant.

18. Dangerous Goods.
(1) The Merchant shall comply with all internationally recognised requirements and all rules which apply according to national law or by reason of international Convention, relating to the carriage of goods of a dangerous nature, and shall in any event inform the Carrier in writing of the exact nature of the danger before goods of a dangerous nature are taken into charge by the Carrier and indicate to him, if need be, the precautions to be taken.
(2) Goods of a dangerous nature which the Carrier did not know were dangerous, may, at any time or place, be unloaded, destroyed, or rendered harmless, without compensation; further, the Merchant shall be liable for all expenses, loss or damage arising out of their handing over for carriage or of their carriage.
(3) If any goods shipped with the knowledge of the Carrier as to their dangerous nature shall become a danger to any person or property, they may in like manner be landed at any place or destroyed or rendered innocuous by the Carrier without liability on the part of the Carrier except to General Average, if any.

19. Return of Containers.
(1) For the purpose of this Clause the Consignor shall mean the Person who concludes this Contract with the Carrier and the Consignee shall mean the person entitled to receive the goods from the Carrier.
(2) Containers, pallets or similar articles of transport supplied by or on behalf of the Carrier shall be returned to the Carrier in the same order and condition as handed over to the Merchant, normal wear and tear excepted, with interiors clean and within the time prescribed in the Carrier's tariff or elsewhere.
(3)(a) The Consignor shall be liable for any loss of, damage to, or delay, including demurrage, of such articles, incurred during the period between handing over to the Consignor and return to the Carrier for carriage.
(b) The Consignor and the Consignee shall be jointly and severally liable for any loss of, damage to, or delay, including demurrage of such articles, incurred during the period between handing over to the Consignee and return to the Carrier.

V. FREIGHT AND LIEN

20. Freight.
(1) Freight shall be deemed earned when the goods have been taken in charge by the Carrier and shall be paid in any event.
(2) The Merchant's attention is drawn to the stipulations concerning currency in which the freight and charges are to be paid, rate of exchange, devaluation and other contingencies relative to freight and charges in the relevant tariff conditions. If no such stipulation as to devaluation exists or is applicable the following shall apply:
If the currency in which freight and charges are quoted is devalued between the date of the freight agreement and the date when the freight and charges are paid, then all freight and charges shall be automatically and immediately increased in proportion to the extent of the devaluation of the said currency.
(3) For the purpose of verifying the freight basis, the Carrier reserves the right to have the contents of containers, trailers or similar articles of transport inspected in order to ascertain the weight, measurement, value, or nature of the goods.

21. Lien.
The Carrier shall have a lien on the goods for any amount due under this Contract and for the costs of recovering the same, and may enforce such lien in any reasonable manner, including sale or disposal of the goods.

VI. MISCELLANEOUS PROVISIONS

22. General Average.
(1) General Average shall be adjusted at any port or place at the Carrier's option, and to be settled according to the York-Antwerp Rules 1994, or any modification thereof, this covering all goods, whether carried on or under deck. The New Jason Clause as approved by BIMCO to be considered as incorporated herein.
(2) Such security including a cash deposit as the Carrier may deem sufficient to cover the estimated contribution of the goods and any salvage and special charges thereon, shall, if required, be submitted to the Carrier prior to delivery of the goods.

23. Both-to-Blame Collision Clause.
The Both-to-Blame Collision Clause as adopted by BIMCO shall be considered incorporated herein.

24. U.S. Trade.
(1) In case the contract evidenced by this Bill of Lading is subject to the Carriage of Goods by Sea Act of the United States of America, 1936 (U.S. COGSA), then the provisions stated in the said Act shall govern before loading and after discharge and throughout the entire time the goods are in the Carrier's custody.
(2) If the U.S. COGSA applies, and unless the nature and value of the goods have been declared by the shipper before the goods have been handed over to the Carrier and inserted in this Bill of Lading, the Carrier shall in no event be or become liable for any loss of or damage to the goods in an amount exceeding USD 500 per package or customary freight unit.

5. Law and Jurisdiction.
Disputes arising under this Bill of Lading shall be determined by the courts and in accordance with the law at the place where the Carrier has his principal place of business.

【第一章附錄三】海難救助契約LLOYD's OPEN FORM 1995 in part

LOF 1995

LLOYD'S

®

STANDARD FORM OF

SALVAGE AGREEMENT

(APPROVED AND PUBLISHED BY THE COUNCIL OF LLOYD'S)

NO CURE - NO PAY

On board the..

Dated...................................

+ *See Note 1 above*　IT IS HEREBY AGREED between Captain+..

for and on behalf of the Owners of the "..." her cargo freight bunkers stores and any other property thereon (hereinafter collectively called "the Owners")

* *See Note 2 above*　and..for and on behalf of ....

....(hereinafter called "the Contractor"*) that:-

1.　(a)　The Contractor shall use his best endeavours:-

See Note 3 above

(i) to salve the "..."and/or her cargo freight bunkers stores and any other property thereon and take them to #.. or to such other place as may hereafter be agreed either place to be deemed a place of safety or if no such place is named or agreed to a place of safety and

(ii) while performing the salvage services to prevent or minimize damage to the environment.

(b)　Subject to the statutory provisions relating to special compensation the services shall be rendered and accepted as salvage services upon the principle of "no cure - no pay."

(c)　The Contractor's remuneration shall be fixed by Arbitration in London in the manner hereinafter prescribed and any other difference arising out of this Agreement or the operations thereunder shall be referred to Arbitration in the same way.

(d)　In the event of the services referred to in this Agreement or any part of such services having been already rendered at the date of this Agreement by the Contractor to the said vessel and/or her cargo freight bunkers stores and any other property thereon the provisions of this Agreement shall apply to such services.

(e)　The security to be provided to the Council of Lloyd's (hereinafter called "the Council") the Salved Value(s) the Award and/or any Interim Award(s) and/or any Award on Appeal shall be

See Note 3 above　in#...currency.

15.1.08
3.12.24
13.10.26
12.4.50
10.6.53
20.12.67
23.2.72
21.5.80
5.9.90
1.1.95

(f)　If clause 1(e) is not completed then the security to be provided and the Salved Value(s) the Award and/or Interim Award(s) and/or Award on Appeal shall be in Pounds Sterling.

(g)　This Agreement and Arbitration thereunder shall except as otherwise expressly provided be governed by the law of England, including the English law of salvage.

(g)　This Agreement and Arbitration thereunder shall except as otherwise expressly provided be governed by the law of England, including the English law of salvage.

第二章　國際私法概論

2.1 國際私法的意義

2.2 國際私法之範疇

2.3 國際私法的發生及立法理由

2.4 國際私法的名稱

2.5 國際私法歷史沿革及主要學說發展

　　2.5.1 種族法時代（Racial Laws）AD5－AD10

　　2.5.2 領土法時代 AD 10－AD13

　　2.5.3 法則區別說時代 AD 13末期－AD18（國際私法正式萌芽）

　　2.5.4 十九世紀國際私法學說大躍進時期──四大代表學者

　　2.5.5 二十世紀國際私法學說變動期──以美國為主

　　2.5.6 學說總結：法律選擇之基本類型

2.6 國際私法的性質

　　2.6.1 國際法或國內法

　　2.6.2 實體法或程序法

　　2.6.3 公法或私法

2.7 國際私法之立法

　　2.7.1立法原則

　　2.7.2立法體制

　　2.7.3立法類型

2.8 國際私法的法源

2.9 我國立法及新涉民法修正歷程

　　2.9.1 我國立法

　　2.9.2 新涉民法修正

2.10 法規欠缺及補全

2.11 我國法規定──涉民法第1條

第二章　附錄

2.1　國際私法的意義

1. 國際私法者，對於涉外案件，就內外國之法律，決定其應*適用*何國法律之法則也。[1]（馬漢寶老師——僅限於準據法之選擇（或衝突規範））
2. 國際私法者，乃就涉外案件決定應由何「法域」管轄及決定應適用何國法律之法則。[2]（劉鐵錚老師——包括準據法選擇及國際管轄）
3. 指私人涉及不同國家法律之競合適用，涉外民事關係之法律管轄及法適用之解決方法。[3]（柯澤東老師）
4. 以涉外民事法律關係爲調整對象，以解決法律衝突爲中心任務，以衝突規範爲最基本規範，同時包括避免或消除法律衝突的實體規範和國際民事訴訟與仲裁程序規範在內的一個獨立的法律部門。[4]（大陸張瀟劍等）

   ※涉外案件（with foreign elements）：法律關係牽涉到外國人、外國地或兼涉外國人地者。亦即具「涉外成分或外國成分」（人、事、地、物、時）。

   ※法域（territorial legal unit）：某獨立法律所適用之特定土地領域，或爲一國、或一州或一省縣。

2.2　國際私法之範疇

　　廣義言之，「國際私法」爲一人事地物涉及二國（法域）以上之私法法律關係之法律規範總和，基本上包括下列三層面：

1. **法律適用規範**（**Applicable law Rules**）或稱衝突規範（**conflict of law**）或法律選擇（**choice of law規範**）：規範作用在指定或確認某涉外民事法律關係應適用哪一國法律之準則。屬「間接規範」類型。
2. **實體適用規範**（**Substantive Rules**）：規範作用在於以實體條文直接規定某涉外法律關係雙方當事人權利義務所應適用之實體法律規範。例如諸多與民商實體權義有關之國際公約，如海運之海牙規則、空運之華沙公約、UCP、Incoterms等。「屬準直接規範」類型，以有別於前述之間接規範類型及國內法之直接規範。
3. **程序規範**（**Procedural Rules**）：規範作用在於某國法院或仲裁等其他裁判機關於審理某涉外法律關係案件時所應適用之程序規範。包括國際管轄權、外國人訴訟能力、證據採證、司法互助、境外送達及外國裁判及仲裁判斷之承認與執行等。屬訴

1　馬漢寶著，國際私法總論各論，2004年版，頁4。
2　劉鐵錚、陳榮傳著，國際私法論，2009年版，頁3。
3　柯澤東著，國際私法，1999年版，頁15。
4　張瀟劍著，國際私法學，2000年版，頁23。

訟程序規範類型，有時又稱「國際民事訴訟法」或「涉外民事訴訟法」。

國內國際私法學術傳統上僅針對「法律適用規範」及「程序規範」爲如下範圍之討論及講授（此部分亦與2011年國考新制之國際私法國考大綱大致吻合），實體實用規範部分則爲各相關實體法（如國際貿易法、海商法）之討論範圍：

1. 準據法之選擇　（或稱衝突規範）（∴國際私法 ≧ 涉外民事法律適用法）
2. 管轄權之確認 ⎫
3. 外國裁判或仲裁之承認及執行 ⎬ 涉外民事訴訟法論
4. 國籍 ⎫
5. 住所 ⎬ 法律適用以外之國私附帶問題
6. 外國人之地位 ⎭

2.3　國際私法的發生及立法理由[5]

1. 內外國人之交往：具涉外因素 ⎫
2. 外國人權利之保護：相互或平等對待原則 ⎬ 國際交易之需要
3. 內國法權之獨立：領事裁判權等不平等條約之廢除 ⎬ 避免濫擇法院
4. 內外國法之互異：各國歷史、社會、風俗、精神及 ⎬ 保護當事人期待利益
　　立法不相一致 ⎬ 公平、正義
5. 外國法在內國適用之容許：亦即內外國法之並用 ⎭

2.4　國際私法的名稱

法則區別論（**Theory of Statutes**）：主要發展於十四世紀初期義大利各城邦法律之相互適用問題，所提出各城邦法律如何爲域外適用之各種理論，此說一直延續至十八世紀，爲國際私法理論的源起。主要分「屬人法則」、「屬地法則」及「行爲法則」三大主張⇨各說主張莫衷一是，且三法則均無法妥適解決一切法律關係。

法律衝突論或法則衝突論（**Conflict of Law /Statutes**[6]）：此名稱最早開始使用於十七世紀中葉荷蘭法學界。內外國法律各有其適用之法域，理論上不會發生「法律衝突」問題。

5　洪應灶，國際私法，頁2-4。

6　statutes 與law的區別- Statutes mean "an act of Parliament"；Law mean "The written and unwritten body of rules largely derived from custom and formal enactment which are recognised as binding among those persons which constitute a community or state, so that they will be imposed upon and enforced among those person by the appropriate sanctions" (L B Curzon, Dictionary of Law)

法律選擇論（The Choice of Law）：同上，蓋「法律選擇」乙詞代表者數國法律可同時適用。

外國法適用（Application of Foreign Laws）：此名稱最早開始使用於十九世紀初期德國法學界。此名稱飽受批評，因國私案件有時會適用「內國法」，用語使用過於狹窄。

法律之域外效力論（Extra-territorial Effect of Law）：有違國際法國家主權獨立下，一國法律僅限適用於本國領域內之基本原則。

私國際法（Private International Law、Droit International Prive）：最早為美國大法官斯托雷（Story）於1834年使用。國私本為主張「私法間之適用問題」，私國際法乙詞會導致其屬國際法下之一環之爭議。

國際私法（International Private Law、International Privatrecht）：最早由德國學者Schaeffner於1841年使用該名詞。「國際」二字令人有屬國際法之誤解；「私法」二字有別於公法，此與多數說認為國際私法屬「程序法」下之公法範疇之概念不相符合。

　　✍ 各名詞均有不妥或瑕疵之處，惟目前多慣用「國際私法」乙詞。

　　✍ 在各國相關立法的名稱方面，台灣與大陸均使用「涉外民事法律適用法」乙詞；我國1908年舊法使用「法律適用條例」乙詞；有使用「國際私法」乙詞者，如瑞士、泰國、波蘭等國；有使用「法律衝突法」者，如前南斯拉夫；韓國使用「涉外私法」乙詞，日本早期使用「法例」，現使用「法律適用通則法」。

2.5　國際私法歷史沿革及主要學說發展

2.5.1　種族法時代（Racial Laws）AD5－AD10

　　AD5以前的古希臘及羅馬時代，僅承認希臘人或羅馬人為權利主體，外國人基本上不受法律保護，並不存在國際私法或法律衝突法之適用問題。AD5羅馬帝國滅亡，歐陸民族遷徙頻繁，進入黑暗大陸時代，除教會法之外，各民族所保留的原有法律習慣便成為規範各民族之主要法律，亦即同一種族之人，無論居住於何地，永受該種族固有法律或習慣所支配。又稱為「嚴格屬人法時代」（personal laws）。嚴格言之，種族法或嚴格屬人法並非現代國際私法所稱之「屬人法」，然其概念仍影響著AD13以後國際私法若干概念。

2.5.2　領土法時代AD10－AD13

　　AD10以後，歐陸逐漸進入群雄割據、故步自封閉關自守之君主統治封建社會時代，領土觀念逐漸加強，法律適用以領土界線為劃分，法律與領土的關係變成非常密切，領土

法逐漸取代種族法。又稱為「嚴格屬地法時代」，亦即於某領土內居住之任何人，無論其種族為何，一律受該領土法律及習慣之支配，不適用該種族之法律。

2.5.3　法則區別說時代AD13末期－AD18（國際私法正式萌芽）

背景：嚴格屬地法時代各城邦普遍制訂自己的城邦法，文藝復興後，各國人民交流逐漸頻繁，不同城邦國法間之矛盾及衝突如何解決，越趨重要。例如當時英國採「長子繼承制」而義大利採「諸子平分制」。

註釋法學派與法則區別說：此時期之歐陸，註釋法學派（glossators）為主要的法律研究方式。學者們將收集的各國法律，予以類別區分，並為每類法則確定一解決衝突的原則，因此又稱為法則區別說。

法則區別：主要分為「物之法則」（statuta realia）及「人之法則」（statuta personalia），其主要衝突解決原則如下：
1. 人之問題：權利能力及行為能力適用屬人法，即人之住所地法
2. 物之問題：適用屬地法，即物之所在地法
3. 人之行為：適用行為地法（場所支配行為Locus regit actum）
   (1) 契約適用契約締結地
   (2) 侵權適用侵權行為地

法則區別時代重要代表學者：（可稱為法則區別說發展三階段）

十四世紀義大利Bartolus（1314至1357）：為法則區別之真正創建者，前述區分「物之法則」（無域外效力）及「人之法則」（具域外效力）即為其建立。

十六世紀法國Charles Dumoulin（1500至1566）：首先提出契約法律適用應尊重「當事人意思自治」之概念。

十七世紀荷蘭Ulicus Huber（1636至1694）：基於國際公法之父格勞秀斯（Grotius）國際主權概念，其於國際私法學理中導入「國際禮讓說」的概念，亦即於一國已生效之法律，只要不損害他國主權或人民利益，應可在該他國保持效力。

2.5.4　十九世紀國際私法學說大躍進時期──四大代表學者

美國Story（1779至1845）：哈佛教授，聯邦最高法院法官，為英美屬地主義之創始人。於前述Huber國際禮讓說基礎下，建立「各國於其領土內享有絕對主權及司法管轄權」、「基於主權原則，法律無域外效力」及「外國於內國是否及如何適用，依內國法規定」三大原則。其貢獻主要包括以裁判分析方式導入國際私法之法律衝突原則中；摒棄傳統法則區別說，以人、物為主之區分方式，進一步區分人之能力、結婚、離婚、監護、管轄、證據、動產、不動產、契約等不同事項之選法規則。

德國薩維尼Savigny（1779至1861）：柏林大學教授，創建「法律關係本座說」（Sitz des Rechtsverhaltnisses），主張國家間應相互適用法律，成為一法律共同體，立法時應考慮共同體之利益，使同一法律關係於各國均能得到相同的處理；同性質案件，不論由何國法院審理，均能得到同樣的結果。因此每一法律關係均應有其「本座」（sitz, seat），各國法院對某涉外法律關係均應適用該本座之法律予以解決，如此即可達成裁判一致之期待，而所謂的本座，依不同法律關係區分如下：

1. 人：住所為人之歸屬，人之身分及能力應以其住所為本座，因此適用住所地法。
2. 物：物必占有一定空間，物之所在地應為物權關係之本座，因此應適用物之所在地。
3. 債：契約之債應以當事人意思確定其本座；如未確定，則應依契約之型態（發生地或履行地）為定，而履行地為實現債權之場所，因此應以契約履行地為本座。同樣地，侵權行為以損害結果發生地為其本座，而非實施地。
4. 行為：應以行為地為本座，適用行為地法，無論是財產行為或身分行為。
5. 程序：程序問題之本座為法庭地，因此應適用法庭地法。

義大利Mancini（1817至1888）：Mancini創建相當重要的Mancini三原則：

1. **國籍原則**：國籍、當事人及國家主權為法律選擇之基礎，其中國籍應立於關鍵地位——取代早期Huber強調的屬地主義及Savigny的住所地屬人主義。
2. **公共秩序原則**：Mancini認為各國有義務尊重外國法律，依公共秩序保留原則，如適用外國法將會違反內國法或公序或有害內國主權行使時，即可拒絕外國法，而適用內國法。
3. **意思自治原則**：Mancini認為契約應例外依當事人意思表示所指定適用之法律。

英國Dicey（1835至1922）：Dicey為牛津大學教授，「既得權說」（doctrine of vested rights）的創建者。於主張屬地主義之餘，其認為對於依外國法有效設定之權利，應予以維護，以保障合法法律關係之穩定。

2.5.5 二十世紀國際私法學說變動期——以美國為主

二十世紀國際私法的發展，特別是二次大戰之後，法典化、國際整合化及彈性選法為三大趨勢。此一時期為國際私法學說變動，主要以美國為主。於美國之其他國家，主要還是延續十九世紀的學說主流，例如法國Piller（1857至1926）主張國際私法同國際公法，國際私法衝突應視為主權衝突，國際私法等同國際法；法國Patiffol（1905至1989）則主張國際私法為國內法，應尊重各國實體法規範，以實證及對比方式為國際私法之探討；德國Zitelmann（1852至1923）主張國際私法應區分為國際的國際私法及國內的國際私法；德國Rabel（1874至1955）等人則極力主張以比較法學作為國際私法的立論基礎。

以下針對美國主要學術立論為摘要說明：

Cook（1878至1943）：推翻既得權說，主張「本地法說」（**Local law theory**）（本地指

法庭地），亦即法院審理涉外民事案件時，並不適用外國法，而係將相關外國法規範合併於本地法內，以永遠適用本地法。

David Cavers（**1902-**）：主張「公平論」及「**優先選擇原則**」說，亦即法律適用或選擇應對當事人公平且符合一定社會目的，因此法院審理涉外案件時，應詳細審酌相關法律關係，比較適用不同法律可能導致之結果，並衡量這些結果是否對當事人公平並符合社會公共政策。

Brainerd Currie（**1912至1965**）：主張「**政府利益分析理論**」（Governmental Interests Analysis Theory），反對透過衝突規範來選擇法律，主張應以政府利益作為法律適用之唯一標準。

Albert Ehrenzweig（**1906至1974**）：加州大學教授，主張「**法院地法說**」（The Doctine of Lex Fori）。以實證主義方式為研究基礎，主張應以法院地實體法解決法律衝突的解釋問題，亦即以法庭地實體法規範來解釋並決定所應適用之法律，以防止「法院選擇」（forum shopping）之現象，並因此主張「方便法院」（forum convenience）及「適當法院」（proper forum）概念。

Fuld法官：紐約州最高法院法官，1954年闡述應以「**最重要牽連關係**」（The Doctrine of the Most Significant Relationship）取代傳統契約以締約地或履行地為準據法之確定方式。而所謂的「最重要牽連關係」即指於確定某一涉外民事法律關係之準據法時，應針對與該法律關係有關之各種主觀客觀因素予以權衡，無論是在數量或輕重緩急等層面，尋出該法律關係之重心點，並以該重心點所屬之法律作為該法律關係所應適用之準據法。

Morris及Cheshire：於1940年共同撰文主張契約準據法，不應是締約地或履行地，也不應是當事人意思自主，而應是與該契約「**最實質密切聯繫所在地**」之法律；1951年進一步將該原則適用於侵權法。Morris及Cheshire的最密切聯繫所在地法理論後來影響美國1971年完成重編之美國衝突法重述第二部之編撰。

Robert A. Laflar：紐約及阿肯色州教授，總結並發展出「**影響法律選擇的五項考量**」（Five- choice-influcencing Consideration）或「**影響法律選擇的五大因素**」（Five-choice-influcencing Factors）繼而提出所謂的「**較好法律原則**」：
1. 結果的可預見性
2. 國與國之間及國際秩序的維護
3. 審判工作的簡化
4. 法庭地政府利益之優先
5. 較好法律原則之適用

F.K. Juenger：創建所謂的「**客觀或實用原則**」，亦即透過確定結果之法律衝突規範選擇準據法，如此即可實現公平的解決法律衝突，亦即強調裁判結果的確定及公平。

William F. Baxter：主張「**比較損害方法**」，強調法院應判定哪一國家的利益遭受最小損害。

Willis M. Reese美國第二次衝突法重述（restatement）：Reese於主持美國第二次衝突法重述採納前述Mossis及Cheshire「最密切關連」理論，以「最密切關連說」取代第一次整編之「既得權說」；並進一步拋棄硬性規則，而提供可供選擇之係屬關連替代單一連結之方式。

2.5.6　學說總結：法律選擇之基本類型

前述有關國際私法的發展歷史及理論發展可大致整理出法律選擇的下列幾項基本類型：

1. 依法律之性質

此為較早期的理論，亦即依程序法或實體法（程序法從內國法，實體法從法律衝突規範）；或依人法或物法（人法依國籍住所或種族、物依物之所在地）。

2. 依法律關係之性質

此為德國薩維尼本座說的主要理論。例如人之身分及能力依住所地法；契約依當事人意思；侵權行為依損害發生地等。除若干較為主觀的本座概念外，此原則迄今仍影響著大陸法系的大多數之選法規則。

3. 依當事人意思

契約法律關係自十七世紀以來，依當事人意思定其法律已成為一重要主流。且除契約關係外，當事人意思亦逐漸擴大適用於其他法律關係，例如若干身分法及非契約關係之債之嗣後合意準據法的承認上。

4. 依關係最切（或最密切關係）

此為二十世紀中葉以後彈性選法規範之最重要表徵。其可解決傳統剛性或制式選法原則之封閉性。此一擇法類型已廣為二十世紀下半世紀以後國際或各國所採用。

5. 依利益分析結果

此為前述美國學者的理論，強調各方權益及責任損害的均衡。

6. 依裁判的可被承認及可執行性

適用外國準據法之最終目的在於該裁判可否被承認並為執行，否則即無效益可言。基此，為法律選擇時，應考量依該法律所為裁判之可被承認性及可執行性。

2.6　國際私法的性質

自十九世紀以來，各國學者對於國際私法之性質為何？觀點非常分歧，主要集中於國際私法係「國際法或國內法」、「實體法或程序法」、「公法或私法」三面向上。

2.6.1　國際法或國內法

項目主張	國際法說	國內法說（多數說）	二元論（綜合論）
學派	主要爲大陸法系學者如德Savigny、意Mancini等人。	主要爲英美法系學者如英Dicey美Cook等人。	德Zitelman及捷Bystricky等人。
立法方式不同	法源主要來自各國共同合意的國際公約。	一主權國自由制訂（主權），具強制性。	國際私法是介於國際法與國內法間之一獨立法律部門。
主體不同	原則：國家	原則：私人	
性質不同	屬國家間權利義務之實質法。	屬國家管轄及法律適用之程序法。	
目的不同	直接處理國家與國家間之法律關係。	解決內外國人間之法律關係。	

※國內學者幾一致認同國際私法基本上屬國內法範疇，不過還是強調其與國際法關係之密切。例如馬漢寶老師認爲：「國際私法本身故非國際法，但國際私法之制訂，卻非立於國際的觀點上，不能適當地完成。[7]」
⇨亦即爲「具有國際性質之國內法」（類似二元論）。

2.6.2　實體法或程序法

項目主張	程序法說（多數說）	實體法說	程序實體兼具說
	「程序法」爲規定救濟權如何獲得之法則—亦即爲一套選法程序法則。	「實體法」係規範權利受損時，確定救濟權之性質及範圍。	從國際私法之範疇觀之，除解決法律適用之衝突外，尚包括外國人法及解決涉外民事爭議之程序法在內，即包含實體法，亦規定程序法。
法系意見	英美法系主採：∵國際私法既不直接規定內外國人間權義之實質問題，而係確定其法域管轄之所屬及法律適用之選擇。	主要爲大陸法系意見：理由：國際私法指定適用何國實體法後，仍須依據程序法之規定，才能妥爲運用，因此非程序法。	

7　馬漢寶，前揭書，頁20。

2.6.3　公法或私法

項目主張	公法（一般說）	私法	公法私法兼具
實體／程序	屬法官本應主動適用之程序法，因此屬公法。	屬私法權利義務之間接法規，非純為法官本應主動適用之程序法，當事人亦有適用之餘地。	國際私法兼具公法及私法性質。
內容	例如國籍、外國人地位之承認、管轄衝突等。均屬國家公權作用。	所涉及之法律關係問題實屬私法事項；商業財產權利等屬私法事項，先決定私法關係，再作用公權力。	

註：多數學者主張並無區分公法或私法之必要及實益。

2.7　國際私法之立法

2.7.1　立法原則

1. **主權原則**：任何主權國家有權以國家立法或參加國際立法方式，在尊重國際公約及國際慣例的前提下，為其國際私法各議題方面之規範，包括對外國人權利行使之限制及國際民事訴訟等規範。
2. **公平原則（平等互利）**：對雙方當事人平等，避免偏頗，包括應適用外國法時適用外國法、承認並尊重外國人地位及合法權益等。
3. **裁判一致原則（國際協調及合作原則）**：得藉選法原則參考他國立法判例等，以求裁判一致之結果。
4. **尊重當事人期待利益及既得權**：已取得之權利不會因內國強行法而剝奪。
5. **主要利害關係國優先適用原則**：應儘量適用與該案件具密切關係之國家法律。
6. **法律安定原則**：避免因選法程序不同而造成裁判互異。
7. **避免內國法擴大適用原則**：以求內外國人間私法爭執之公平解決。
8. **保護弱勢原則**：二十世紀福利國時代著重弱勢者保護，國際私法亦同，例如對勞動者（v.s僱主）、消費者（v.s企業主）、婦女（v.s.男子）、子女（v.s.父母）等。

2.7.2　立法體制

1. 規定於民法（早期的法、奧、西、葡、阿）缺點：非民法之一部分。
2. 以單行法為規定（荷、意、波、捷）：我國法採之。
3. 規定於民法施行法（德國）缺點：性質不同。∵施行法為內國新舊法律效力規定。

2.7.3　立法類型

2.7.3.1　形式上的國際私法[8]

單面法則（one-sided / unilateral rules）：僅規定「某國法」適用之情形：

 (a)主要是指：僅規定直接適用「內國法」。

  主要主張：避免侵害外國立法之嫌；使內國法適用可擴充（德、法）。

  缺點：掛一漏萬，造成法官適用困難（一般以類推方式處理）。

  Ex：1953年舊涉民法第13條第2項：中國人之贅夫之夫妻財產制之準據法（無法解決外國人之贅夫之準據法）。

  Ex：涉民法第15條：依中華民國法律設立之外國法人分支機構，其內部事項依中華民國法律。（無法解決依外國法律設立之外國法人位於外國之分支機構之內部事項之準據法問題）。

 (b)亦有規定直接適用「某一特定外國法」：常見於雙邊條約。

雙面法則（two-sides /bilateral rules）：以抽象方式，就某種涉外事件所應適用之法律，不分內外國，統予指示。→具平等對待各國法律之特徵，現代多數國家探之，新涉民法亦採同樣方向。

 優點：法官不致無所適從

 Ex：涉民法第38條第1項：物權，依物之所在地法。

 Ex：民7「法律適用條例」→民42.6.6「涉外民事法律適用法」。

 缺點：較為抽象，法官適用不易；較會發生不符內國公序情事。

2.7.3.2　隱藏或實質上的國際私法

 例如

 1. 台灣地區與大陸地區人民關係條例第三章41-74

 2. 民法第202條「外國貨幣之債」

 3. 民總施行法第2條「外國人之權利能力」、第11至第15條「外國法人」

 4. 公司法第七章「外國公司」例如公司法第375條「外國公司之權利義務」

8　除單面法則及雙面法則外，尚有下列方式：

 複式或重疊法則（double rules）（and）：指出二或二以上之聯繫因素，並要求該二或以上之聯繫之法律作為該法律關係之準據法。

  Ex：涉民法第46條前段：婚姻之成立，依各該當事人之本國法。

 選擇法則（choice rules）（or）：指出二或二以上之聯繫因素，法院得於選擇任一聯繫因素所聯繫之準據法，作為解決該法律關係之準據法。

  Ex：涉民法第16條前段：法律行為之方式，依該行為所應適用之法律。但依行為地法所定之方式者，亦為有效。

  Ex：涉民法第46條後段：但結婚之方式依當事人一方之本國法，或依舉行地法者，亦為有效。

  Ex：涉民法第51條前段：子女之身分，依出生時該子女、其母或其母之夫之本國法為婚生子女者，為婚生子女。

5. 民訴第46條「外國人之訴訟能力」
6. 民訴第402條「外國法院確定裁判之效力」
7. 強執第4條之1第1項「外國法院確定裁判為強制執行之要件」
8. 強執第114條之3「拍賣外國船舶及其優先抵押爭議之處理」
9. 1998.6.24仲裁法第七章「外國仲裁判斷」例如第47條
10. 1999.7.14海商法第101條「船舶碰撞之管轄」

2.8　國際私法的法源

立法（國內）

1. 制訂法（大陸法系Civil Law之主要法源）ex. 我國涉民法。
2. 隱藏性的國際私法（如前述）。

判例（國內／國際）

1. 英美法系Common Law: 為主要法源==> ex. 美國之法律衝突法彙編。
2. 大陸法系之補充性法源（無絕對拘束力）。
3. 不限於國內判例，外國判例或國際判例亦可為參考法源。

條約（國際立法）

1. 條約為國與國間之契約，名稱類型很多，例如公約、議定書、協定、換文等。
2. 一般分為：立法條約（law-making treaties）多為多邊條約（multilateral treaties）方式締定，主在針對某問題或組織制訂普遍適用之規則，例如有關空運之華沙公約及契約條約（treaty-contracts）多為雙邊條約（bilateral treaties），主要為二國或少數國家為特定事項而締定，例如一般常見的雙邊引渡協定及互免課稅協定。
3. 條約一般須經國內立法機關通過始對該國生效（有些國家憲法規定有條約自動生效條款，條約一簽署或加入即行生效），條約效力一般等於或高於法律。
4. 條約之目的在釐定或統一現今複雜的國際行為規則，而此包括有關國際私法方面之利害關係。目前已通過的多邊條約非常多，可分為下列幾個主要類型：與外國人法律地位有關、與國際貿易及投資有關、與國際運送有關、與海事有關、與國際付款有關、與智慧財產權保護有關、與身分法（親屬及繼承等）有關、與國際民事訴訟有關、與商事仲裁有關等。[9]

9　本次2010年涉民法修正之修正理由中，所參考援用之國際公約包括下列：
　　(a) 1979年泛美商業公司之法律衝突公約
　　(b) 1978年海牙代理之準據法公約
　　(c) 1980年歐洲共同體契約之債準據法公約（即羅馬公約）
　　(d) 1975年泛美匯票、本票及發票法律衝突公約

5. 目前有關國際私法多邊條約主導機構，主要可區分爲下列：

(1) 聯合國體系：包括下列直屬或專門組織所主導。

　　a. **直屬機構部分**：

　　　　聯合國國際法委員會：主要針對國籍、國家及其財產豁免、外國人待遇等爲制訂。

　　　　聯合國國際貿易法委員會：主要包括國際貨物買賣、國際貿易付款、商事仲裁及調解、海上貨物運送、擔保交易、破產、電子商務、融資等爲統一規範。

　　b. **專門機構部分**：

　　　　國際勞工組織：主要針對國際最低勞工標準等爲規範。

　　　　國際民航組織：主要針對國際民航公約、華沙公約、對地面第三人責任等爲規範。

　　　　國際海事組織：主要針對海上人命安全、船舶設備、海洋污染等爲規範。

　　　　世界智慧財產權組織：主要針對專利、版權等爲規範。

(2) 全球性政府間組織：

　　a. **海牙國際私法會議**（**Hague Conference on Private International Law**）：1893年成立，1950年代以前係以歐洲國家爲成員基礎，之後容許其他地區國家加入，目前約70個成員國，其爲國際間目前於國際私法統一工作最重要之國際機構。海牙會議迄今已通過約50個左右的國際私法相關公約或條約，涵蓋國際私法諸多領域，包括身分法方面（如婚姻、離婚及分居、未成年人監護、繼承及遺囑、夫妻財產、扶養兒童義務及其裁判承認執行、遺產國際管理、結婚儀式、收養保護兒童等）、民事訴訟程序（含裁判的承認與執行、協議選擇法院、司法文書境外送達、司法救助）、破產、本國法與住所地法衝突、動產國際買賣及所有權移轉、交通事故法律適用、產品責任、代理、信託、國際貨物出售契約、中間人持有證券等。

　　b. **國際私法統一委員會**（**Unidroit International Institute for the Unification of Private Law**）：1926年成立，設於羅馬，目前約60餘個成員國會員，主要偏重在國際商業交易方面，包括國際貨物買賣、商事契約通則、貨物買賣代理、貨物陸運契約、仲裁、外國裁判承認與執行、機動車輛強制保險、旅

(e) 1973年海牙產品責任準據法公約

(f) 2002年海牙「中介者所保管之證券若干權利之準據法公約」

(g) 1978年海牙夫妻財產制準據法公約

(h) 1989年聯合國兒童權利保護公約

(i) 1996年海牙關於父母保護子女之責任及措施之管轄權、準據法、承認、執行及合作公約

(j) 1973年海牙扶養義務準據法公約

(k) 1989年泛美扶養義務公約

(l) 1961年海牙遺囑方式之法律衝突公約

遊、國際金融租賃、遺囑形式、證券中介人、跨國民事訴訟原則等。
(3) 區域性政府間組織：
　a. 美洲方面：
　　(a) 拉丁美洲私法統一相關會議（十九世紀為主）：此會議最早於1826年巴拿馬召開，原希望是希望能統一西班牙及葡萄牙中南美洲殖民地的法律。1826年巴拿馬會議之後，曾於1864、1875及1877等年在秘魯的號召下於利馬召開美洲會議，並通過所謂的建立國際私法統一規則利馬公約（主要包括人之能力、財產、婚姻及國際管轄等問題），然並未成功。比較成功的統一公約為1888年於蒙得維地召開南美洲國際司法會議（The South American International Juridical Congress）所通過包括國際訴訟法、文學藝術財產權、版權、專利商標、國際刑法、國際民法及國際商法等八項較為南美各國所接受之國際公約。
　　(b) 泛美會議（**Pan-American Conference**）：主要為美國於1889年所倡導以美洲國家為基礎之會議，以迄1938年由美洲國家組織接續運作，這段期間召開多次會議，以屬人法之國籍及住所地為主要探討重點。最重要成就為1928年哈瓦那會議通過著名，由古巴法學家Bustamante所草擬之「布斯塔曼特法典」（Codigo Bustamante）。
　　(c) 美洲國家組織（**Organization of American States**）：1938年泛美會議決議成立美洲國家組織，相關國際私法主要由該組織下之美洲法學家理事會進行。每隔數年召開會議一次，迄今已通過之公約包括匯票本票及支票法律衝突、支票法律衝突、商事仲裁、司法互助、境外取證、外國代理權、未成年人收養、法人權利能力及行為能力、陸地貨物運送、債權讓與與國際融資、擔保交易、非契約民事責任國際管轄及法律適用等。
　b. 歐洲方面：
　　(a) 歐洲理事會（**Council of Europe**）：為二次大戰後1949年成立之區域性組織。主要成就在公法問題的整合，然在國際私法方面亦有若干成果，例如在專利申請要件、仲裁、機動車輛民事責任強制保險、兒童收養、公司設立及破產等公約上。
　　(b) 歐盟（**European Union**）：歐盟以規定、指令及條約等不同方式，完成許多國際私法的整合工作，比較重要者包括取代1968年公約之2001年有關民商事件管轄權及裁判承認與執行規定、2003年有關婚姻及親子責任事件管轄權及裁判承認與執行之規定、2000年破產程序規定及取代1980年羅馬有關契約義務法律適用公約之2008年關於契約之債準據法規則（簡稱「羅馬I」）、2007年關於非契約之債準據法規則（簡稱「羅馬II」）等。在公約方面，除前述1980年羅馬公約外，比較重要者為1988年修正1968年有關民商事件管轄權及裁判執行公約之盧剛諾（Lugano）公約。

(c) **歐洲其他國際私法相關組織**：除前述二組織外，歐洲尚有若干少數鄰近國家所組織之國際私法組織，包括西歐三小國所組成之比荷盧統一國際私法組織、北歐幾國所組成之斯堪地那維亞國家統一國際私法組織等。

(4) 非政府間組織

a. **國際商會（ICC-International Chamber of Commerce）**：國際商會在國際私法領域比較重要的成就，包括早期協助1958年聯合國承認與執行外國仲裁判斷紐約公約之擬定，以及貿易價格條件國際解釋通則（簡稱國貿規約或INCOTERMS）及跟單信用狀統一慣例（UCP）二項重要國際貿易慣例之擬定。

b. **國際法協會（ILA-International Law Association）**：1873年成立的國際法協會主要以國際公法的統一為主要任務，於國際私法領域，比較重要的成就如1955年關於動產國際買賣準據法公約。

c. **國際海事法委員會（CMI-Committee Maritime International）**：國際海事法委員會為1897年從國際法協會分離出來，主要在國際海事及海商法的統一方面，1970年代以前的海事法及海商法的國際立法，幾乎是在CMI的主導下完成，比較重要者如有關海上貨物運送的1924年海牙規則（統一某些載貨證券規則公約）及其1968年威斯比規則、其他如與船舶碰撞有關之1910年船舶碰撞公約、與海難救助有關之1910年海難救助及撈救公約、與國有船舶豁免之1926年公約、與船舶所有人責任限制有關之1924及1957年公約、與船舶抵押及海事優先權有關之1926年優先權及抵押權公約、與旅客及其行李運送有關之1961年旅客運送公約及1967年行李運送公約，以及與共同海損有關之1924年以後之約克安特衛普規則。

習慣（國內／國際）

1. 民法1：民事，法律所未規定者，依習慣；無習慣者，依法理。
2. 習慣或慣例（custom）成立要件：長時間存在的慣習（practice或usage）；繼續不斷的行使（continuously）；願受拘束之法信念（opinio juris）；不得與現有法律抵觸。
3. 國際習慣之範例：物權依所在地法（lex rei sitae -The Law of the place of situation of the thing or rem）；法律行為方式依行為地法（locus regit actum -The place governs the act）；其他如FOB、CIF、UCP500、York-Antwerp Rules、INCOTERMS...。

法理／學說

1. 涉民法第1條後段：……其他法律無規定者，依法理。
2. 法理者：多數人所承認之共同生活的原理，Ex衡平、公平正義。
3. 國際私法之發展，學說推展之助力甚鉅，學說雖非法律，仍可為輔助法源。

2.9　我國立法及新涉民法修正歷程

2.9.1　我國立法

　　我國國際私法之立法最早為1918年當時北洋政府所頒布之「法律適用條例」，其次為1953年公布「涉外民事法律適用法」；在歷經超過半世紀之後，於2010年始進行修正。

2.9.1.1　1918年法律適用條例

　　中華民族長達數千年的封建專制統治，嚴格而言，並無類似當時以歐陸為主之國際私法立法或學術發展。清末外國勢力強驅直入，外國租地及領事裁判權非常嚴重，此情況一直延續到一次大戰前後的在北洋軍閥統治時期。1918年，北洋政府在民眾反帝國主義及要求主權獨立及平等的聲浪下，在日本人的主持下，參考德日立法，而通過「法律適用條例」。該條例全文7章27條文，區分為總則、人、親屬、繼承、財產、法律行為方式及附則。雖通過法律，然領事裁判權仍普遍存在於當時的中國大陸，該條例未見真正實用。國民政府北伐成功後，國民政府於1927年命令暫准援用。

2.9.1.2　1953年涉外民事法律適用法

　　政府遷台後，鑑於舊條例用語頗多與當時的民法規定不符，且舊條例若干制度已不為當時民法所採用，加上國際交往日趨增加，法律關係越趨複雜，舊條例規定疏漏之處甚多，每每難以適用；另一方面，一戰及二戰，我國均為戰勝國，各國亦先後廢除與我國間之不平等條約，政府遂於1953年修正全新的「涉外民事法律適用法」。法律名稱變更之主要原因：一則為舊法名稱「法律適用條例」無法將「涉外公法」予以辨別；二則為我國採民商合一，僅規定民事法律適用即可。

　　1953年涉外民事法律適用法總計31條文，不分章節，其條文排列原則上係依民法各編順序，在立法體系及規定內容上，主要參考自日本1898年的「法例」。

　　為配合民法將「禁治產宣告」改為「監護宣告」，1953年涉外民事法律適用法曾於2009年12月15日修正通過第3條及第20條條文（同年12月30日公布）。

2.9.2　新涉民法修正

2.9.2.1　修法背景

(1) 國內法層面：（現行）涉外民事法律適用法於1953年（民國42年）制訂施行，已多年未作修正。現行法不僅不符現代「總則－分則」立法體制、親屬繼承仍沿襲以早期「父權」為主、諸多民事項目欠缺明文（例如權利能力、債之消滅、婚約等），以及晚近國際及各國立法已走向彈性選法之立法趨勢等因素，涉外民事法律適用法已有修正之必要。

(2) **國際立法層面**：於1953年以後之這段期間，隨著國際交通便捷及國際貿易等國際交往大幅擴張，許多新型態民事議題之發生（例如電子、媒體、市場競爭等），解決國際民事爭端之國際私法規範之修正及變革越趨重要，各國不僅積極進行研修，國際間亦召開多次有關國際私法之會議。

(3) **實務面**：法律性質特殊且國內立法落後且不足，造成司法實務人員碰到涉外案件，大多採迴避適用外國法之態度。

2.9.2.2　司法院「涉外民事法律適用法研究修正委員會」

(1) **成立**：1998年（1998.10.30召開第一次會議）

(2) **委員會功能**：針對名稱、架構、修正原則、增修重點為意見提供，並針對發展出之草案為逐條逐項討論。

(3) **委員會主要成員**：劉鐵錚、林益山、馬漢寶、林國賢、陳長文、黃武次、李復甸、曾陳明汝、林雲虎、藍瀛芳、楊仁壽、王志文、林秀雄、賴來焜、廖宏明、陳榮傳、徐慧怡、李後政。

(4) **研修小組**：針對委員會意見進行草案之研擬及修改

(5) **研修小組成員**：陳榮傳、徐慧怡、李後政法官（現為執業律師）

(6) **1998.10.30第一次委員會議大致討論重點共識**：

　　(a) 大幅度修正、架構，章節重新調整。

　　(b) 注意國際新趨勢：例如彈性選法條款、屬人法之調整、當事人意思自主是否擴大適用、保護未成年子女利益、兩性平等、輔助法規是否明文化（定性、附隨問題、規避法律、時間問題等）、國際程序法問題等。

　　(c) 資料蒐集：各級法院國際私法裁判、官方解釋、國際公約及翻譯。

　　(d) 實務問題：如外國法證明等。

2.9.2.3　歷次修正草案

　　司法院「涉外民事法律適用法研究修正委員會」及「研修小組」於1998年下半年成立後，以迄完成立法為止，依司法院所出版之修正資料彙編[10]及網站發布，總計有下列草案版本：

(1) **1999年原始初稿**：研修小組於1999年陸續提出修正草案原始初稿各章，總計五章，達144條條文之多，供委員會各次會議先為廣泛討論。此原始初稿雖未經修正委員會正式討論，然在提供現行法未規定之事項，特別是國際民事訴訟方面，可提供不少立法背景參考。

(2) **2001年初稿**：1999年原始初稿經過年餘討論及修正，研修小組大幅度調整原始初稿內容，並於2001年再次提出修正草案，總計三章，67條文，此為經修正委員會討論後予以修正之「初稿」。除尚有若干國際民事訴訟法規定外，此草案已略見

---

10 司法院，司法院涉外民事法律適用法研究修正資料彙編(一)，2002年11月。

現行法之大致雛形，而委員會針對此初稿草案之討論也是最為詳細。此初稿版本及相關討論基本上可為研究新涉民法之重要參考來源。

(3) **2003年草案**：2001年草案初稿復經過年餘討論後，研修小組微幅調整初稿內容（主要刪除先決及國際民事訴訟法相關條文），繼而提出2003年草案。

(4) **2007年草案**：復經過數年斷續研議，司法院再次提出2007年修正草案（司法院稱之為二版草案），並正式函送立法院審議。與2003年草案相較，2007年草案在章節配置、條文內容及條序上，有少許更動。新涉民法於本版草案幾乎大致底定。

(5) **2008年及2009年草案**：因國內政治問題，法案通過不易，司法院持續向立法院函送修正草案，因此有2008年及2009年草案之發布，與2007年草案相較，主要是配合民法禁治產宣告為監護宣告及輔助宣告而為一致性修正。

(6) **歷次立院審查會**：與2003年及2007年草案相較，歷次草案送立院審查期間，立院審查會曾就下列四條文進行修正：

(a) 第12條及第56條：此為前述將禁治產宣告改為監護宣告及輔助宣告之二條文

(b) 第46條：將「當事人之一方」修正為「當事人一方」

(c) 第21條：針對法律行為發生票據上權利相關規定進行實質修正，原草案為「依行為地法，行為地不明者，依付款地法」，立法院審查會時參酌國際金融業務分行之授信實務，改先採「意思自主原則」，亦即依當事人意思定其應適用之法律；僅於當事人無明示意思或明示之意思所定應適用之法律為無效時，才「依行為地法，行為地不明者，依付款地法」。

國際私法學理複雜，修正過程之討論及學理取捨依據相當重要；加上新涉民法因名稱問題而導致之「去國際民事訴訟法」，原先規劃之許多國際民事訴訟相關條文均予以刪除。為能掌握修法意旨及各次草案遭刪除條文於學理上價值性，本講義以評釋或附註方式將歷次草案之相關條文為列舉說明。

2.10　法規欠缺及補全

意義：涉外法律關係包羅萬象且日益繁多，然國際私法（含涉外民事法律適用法）所規定之法律適用條文並不多，此時即可能會發生對某特定的涉外法律關係，遍尋不著可資適用條文之可能，此時即生法規補全之問題。

種類及補全方式：

	直接選法條文之欠缺		輔助條文之欠缺
概念	直接選法條文主要指涉民法第9-61條而言。		輔助條文主要指涉民法第1至8條用於補充解釋準據法適用之法規而言。
種類	法規完全欠缺	法規不完全欠缺	例如我國涉民法對於定性、國際管轄權等均無規定。
意義	對涉外法律關係，內國國際私法條文上完全找不到可資適用之選法條文，因而無從決定準據法	國私法中雖有規定，但條文部分規定與涉外案件之事實不吻合，使法院無法直接適用此條文	
範例	例如1953年舊涉民法無「涉外婚約」之相關規定	例如涉民法第15條：依中華民國法律設立之外國法人分支機構，其內部事項依中華民國法律。因此如某個案為依外國法律設立之外國法人位於外國之分支機構之內部事項時，則無法解決。	
解決	有其他法律規定時　　無其他法律規定時	平衡適用法：將單面法則聯繫因素為歸屬未定之雙面法則。	學說及實務裁判補充。
	適用其他法律之規定　　內國法說　　類推適用說		
內容及範例	例如諸多的隱藏性國際私法　　法規有欠缺，為立法者有意省略，因此即應專一適用內國法予以補全。　　法規有欠缺為立法者之疏忽，應以類推方式，尋一近似條文，予以適用。	確定單面法則中準據法之聯繫因素基礎，ex涉民15分支機構之聯繫因素為「設立準據法」，繼而以設立準據法國作為聯繫因素，而制定準據法，於本例，如某分支機構係依某外國法為設立，則其內部事項依該外國法。	

2.11　我國法規定──涉民法第1條

第1條

　　涉外民事，本法未規定者，適用其他法律之規定；其他法律無規定者，依法理。

2010年涉民法	1953年涉民法	修正理由
第1條[11] 涉外民事，本法未規定者，適用其他法律之規定；其他法律無規定者，依法理。	第30條 涉外民事，本法未規定者，適用其他法律之規定，其他法律無規定者，依法理。	條次變更。

評釋：

　　本條法源規定常見於大陸法系的成文法規定中。然對於國際性質較強及法規性質較特殊（專門針對涉外民事法律衝突或法律適用之擇法規範）的國際私法而言，本條規定「適用其他法律之規定」乙點，在適用上應非常嚴謹。

　　法律條文就其構成要件或法律效果之規定，常引用其他之法條之規定，此於法學方法上稱為「引用性法條」。引用性法條之功能，就立法技術之觀點言，在於避免二種性質相類似之事項重複繁瑣為相同之規定，或避免掛一漏萬之規定。因此，法規中常就其中重要之事項予以規定，而另就此事項之構成要件或法律效果，另適用或準用其他法律之規定。法律條文使用「適用」二字者，係指完全依照法律之規定而適用其他法律之規定，亦即是法律明定關於某一事項之規定，直用於某一事項而言，因此既非「準用」，亦非「類推適用」可比。因此，於「適用」其他法律時，至少應符合下列要件：

　　(a) 事件確屬涉外事項；

　　(b) 所適用之其他法律（條文）性質上屬「涉外事件之法律適用（或選擇）」之規定，而非涉及權利義務之實體規範，否則將造成擴大適用內國法之後門。

　　例如新涉民法並未針對船舶之優先權（物權？）及抵押權之法律適用問題為明文規定，而強制執行法第114-3條前段規定「外國船舶經中華民國法院拍賣者，關於船舶之優先權及抵押權，依船籍國法。」因此「適用」該強制執行法規定。本條所「適用」之對象大都屬前列的「隱藏性國際私法」中有關法律適用之部分，而不包括「國際民事訴訟法」範疇之國際私法，例如管轄、外國裁判或仲裁判斷之承認與執行等。主要理由為本條適用僅限於「本法未規定」，在新涉民法未將國際管轄等國際民事訴訟納入規範之情況下，自很難為「本法」之認定。至於，後者（國際管轄等國際民事訴訟）如何處理？應依本條後段之「法理」處理之。

　　同樣地，於「適用其他法律」時，應特別注意「特別法」、「後法」等法位階及法條競合等之適用問題，而非一味地適用該其他法律。例如新涉民法第43條規定「因載貨證券而生之法律關係，依該載貨證券所記載應適用之法律；載貨證券未記載應適用之法律時，依關係最切地之法律。」而海商法第77條「載貨證券所載之裝載港或卸貨港為中華民國港口者，其載貨證券所生之法律關係依涉外民事法律適用法所定應適用法律。但依本法中華民國受貨人或託運人保護較優者，應適用本法之規定。」此二條文間如何適用，當依特別法、後法或法條競合之適用爭議解決法理予以解決，非直接適用該其他法律！

　　其次，「廣義的法律」範圍甚廣，包括裁判、習慣、法律一般原則等，新涉民法第1條所稱之「其他法律」，解釋上不應低於「涉外民事法律適用法」本身之法律位階，亦即該「其他法律」應指「狹義的法律」或於我國「立法院三讀通過，總統公佈實施」之法律。如為較低位階之法規，則屬本條後段「法理」適用問題。

---

11 民國88年首部草案用語為：

　　涉外民事法律之適用，本法未規定者，適用其他法律之規定；其他法律無規定者，依法理。

　　涉外民事事件之法院管轄及審理程序、外國法院裁判及仲裁判斷之承認與執行，本法未規定者，適用

1953年舊涉民法立法背景參考：

1908年法律適用條例	1953年涉民法	立法說明
無	第30條 涉外民事，本法未規定者，適用其他法律之規定；其他法律無規定者，依法理。	本條亦為新增，我國關於涉外民事之法律適用法則，雖特設單行法規，然於各項原則，非能包括靡遺，其有關規定，散見於民法及其他民事法規中者為數不少，例如：關於外國人之權利能力規定於民法總則施行法（見該法第2、11等條），又如關於外國法院裁判之效力，規定於民事訴訟法（見該法第401條），在審判涉外案件之際，即須隨時參合援用，故本條前段明揭此旨，以促司法者之注意，再按晚近國際交通發達，內外國人接觸頻繁，訟案隨之而增，其系爭之點，甚多有現行法律所不及料，而未加規定，其有賴於法官，本其學識經驗，臨案審斷，殆為勢所必然。本條後段特設補充規定，凡涉外民事為法律所未規定者，應依法理以謀解決。揆其旨趣，蓋與民法第1條之規定，遙相呼應者也。於此，有須，附帶說明者，即原條例第17條亦係一種補充規定，惟祉限於親屬關係之法律，範圍較狹。本條既許司法者就一切涉外民事法律關係，依據法理，以為判斷，則其所補充者，已廣概無遺，原規定即無保留必要，原予刪除。

　　其他法律之規定。

第1項之修法理由為：本條規定國際私法之法源。第一項仿現行涉外民事法律適用法第30條，規定法律適用法則（學理上又稱衝突規則或選法規則）之法源，包括本法或其他法律之規定，法律未明文規定者，亦得由法院探究本法之法理，適時填補立法之缺漏。

民國90年草案：

　　修正回目前用語，修正理由第二點言「各國關於國際私法之法源，有規定於國際私法法典之開端者，亦有規定其條文之末者，本草案援現行民法第1條之例，將其移為修正條文之首，以明重視各法源之旨。」

法架構及體系（1953年舊涉民法）

<table>
<tr><td rowspan="5">概論</td><td colspan="3">意義</td><td></td><td></td></tr>
<tr><td colspan="3">發生</td><td></td><td></td></tr>
<tr><td colspan="3">性質</td><td></td><td></td></tr>
<tr><td colspan="3">名稱</td><td></td><td></td></tr>
<tr><td colspan="3">立法／法源</td><td>第30條 法源</td><td></td></tr>
<tr><td rowspan="17">總論</td><td rowspan="5">聯繫因素</td><td rowspan="2">主體：</td><td>國籍</td><td>第26條 國籍之積極衝突
第27條 國籍之消極衝突</td><td>屬人法二大原則</td></tr>
<tr><td>住所</td><td></td><td></td></tr>
<tr><td colspan="2">客體：物之所在地</td><td></td><td></td></tr>
<tr><td colspan="2">行為：行為地</td><td></td><td></td></tr>
<tr><td colspan="2">當事人意思</td><td></td><td></td></tr>
<tr><td colspan="3">外國人地位</td><td></td><td></td></tr>
<tr><td colspan="3">管轄</td><td></td><td></td></tr>
<tr><td colspan="3">定性</td><td></td><td></td></tr>
<tr><td rowspan="6">外國法適用</td><td colspan="2">性質</td><td></td><td></td></tr>
<tr><td colspan="2">證明及調查</td><td></td><td></td></tr>
<tr><td colspan="2">適用錯誤及限制</td><td>第25條 外國法適用之限制</td><td></td></tr>
<tr><td colspan="2">一國數法</td><td>第28條 一國數法</td><td></td></tr>
<tr><td colspan="2">外國裁判承認與執行</td><td></td><td></td></tr>
<tr><td colspan="3">規避法律</td><td></td><td></td></tr>
<tr><td colspan="3">反致</td><td>第29條 反致</td><td></td></tr>
<tr><td rowspan="6">各論</td><td rowspan="5">民總</td><td colspan="2">行為能力</td><td>第1條 行為能力之準據法</td><td>原則：本國法（國籍）</td></tr>
<tr><td colspan="2">外國法人</td><td>第2條 經認許外國法人之本國法</td><td>以其住所地為本國法（住所地）</td></tr>
<tr><td colspan="2">禁治產</td><td>第3條 外國人之禁治產</td><td>在中國有居所或住所：依中國法</td></tr>
<tr><td colspan="2">死亡之宣告</td><td>第4條 外國人之死亡宣告</td><td>在中國有居所或住所：依中國法</td></tr>
<tr><td colspan="2">法律行為之方式</td><td>第5條 法律行為方式之準據法</td><td>該行為所應適用之法（原法地）
或行為地法（行為地）
物權之法律行為：物所在地法（所在地）
票據行為：行為地法（行為地）</td></tr>
<tr><td>債</td><td colspan="2">債之發生（法律行為）</td><td>第6條 因法律行為所生之債之準據法</td><td>↓當事人意思（意定地）
↓同國籍—本國法（國籍）
↓不同國籍—行為地法（行為地）
↓行為地不同—發要約通知地（訂立地）</td></tr>
</table>

			↓ 不知要約地者—要約人住所地（住所） ↓ 行為地二國以上—履行地法（履行地）
	債之發生 （非法律行為）	第7條 因法律事實所生之債之準據法	原則：事實發生地（發生地）
		第9條 因侵權行為之準據法	原則：侵權行為地法（行為地）
	債之效力	第8條 債權讓與涉他效力之準據法	依原債權所適用之法律（原權法）
物	物權	第10條 物權之準據法	原則：物之所在地法（所在地） 權利物權：依權利成立地法（權利成立地） 得喪變更：原因事實完成之所在地（所在地） 船舶／航空地：船籍國／登記國（登記國）
親屬	婚姻成立要件	第11條 婚姻成立要件之準據法	原則：依各該當事人之本國法（國籍）
	婚姻效力	第12條 婚姻效力之準據法	原則：依夫之本國法（國籍）
	夫妻財產制	第13條 夫妻財產制之準據法	原則：結婚時夫之所屬國（國籍）
	離婚原因	第14條 離婚之準據法	原則：離婚起訴時夫之本國法（國籍）
	離婚效力	第15條 離婚效力之準據法	原則：依夫之本國法（國籍）
	父母子女—婚生子女	第16條 子女身分之準據法	母之夫之本國法（國籍） 婚姻關係消滅者，依消滅時夫之本國法（國籍） 贅夫則依母之本國法（國籍）
	父母子女—非婚生子女	第17條 非婚生子女認領之準據法	認領人及被認領人之本國法（國籍）
	父母子女—養子女	第18條 收養之準據法	收養人或被收養人之本國法（國籍）
	父母子女—親子關係	第19條 父母子女法律關係之準據法	原則：依父之本國法（國籍） 無父或贅夫則依母之本國法（國籍）
	監護	第20條 監護之準據法	原則：受監護人之本國法（國籍）
	扶養義務	第21條 扶養之準據法	扶養義務人之本國法（國籍）
繼承	繼承—一般事項	第22條 繼承之準據法	被繼承人死亡時之本國法（國籍）
	繼承—外國人遺產	第23條 無人繼承之外國人遺產	依本國法無人繼承，依中國法處理（國籍）
	遺囑	第24條 遺囑之準據法	遺囑成立或撤銷時之本國法（國籍）

法架構及體系（2010年新涉民法）

概論	意義				
	發生				
	性質				
	名稱				
	立法／法源			第1條 法源	
	時的效力	法律效果發生於施行後		第62條 時之效力	不溯及既往原則 法律效果發生於本法施行後，適用施行後之規定
		施行		第63條 施行	公布日後一年施行
總論（第一章總則）	聯繫因素	主體：屬人法	國籍	第2條 國籍之積極衝突	關係最切國法
				第3條 國籍之消極衝突	住所地法
			住所	第4條 住所之積極衝突 住所之消極衝突 居所之積極衝突 居所之消極衝突	關係最切住所地法 居所地法 關係最切居所地法 現在地法
		客體：物之所在地			
		行為：行為地			
		當事人意思			
	外國人地位				
	管轄				
	定性				
	外國法適用	性質			
		證明及調查			
		適用錯誤及限制		第8條 外國法適用之限制	採適用結果主義
		一國數法		第5條 一國數法	依該國法→該國關係最切之法
		外國裁判承認與執行			
	規避法律			第7條 規避法律	仍適用我國強制或禁止規定
	反致			第6條 反致	適用該其他法律（不採間接反致）；例外依我國法
各論	民總	（第二章）權利主體	權利能力	第9條 權利能力之準據法	本國法
			行為能力	第10條 行為能力之準據法	原則：本國法 例外：我國為法律行為且依我國法有行為能力 例外：不因國籍變更而受限制
			死亡宣告	第11條 外國人之死亡宣告 宣告之效力	在我國有居所或住所（於我國有財產、於我國為法律關係、配偶直系血親為我國人）： 依我國法 依我國法
			監護／輔助宣告	第12條 外國人之監護輔助宣告 宣告之效力	在我國有居所或住所：依本國及我國法 依我國法
			外國法人	第13條 法人之本國法	設立準據法國
			外國法人內部事項	第14條 外國法人內部事項	依其本國法
			外國法人分支機構	第15條 外國人於我國之分支機構	內部事項依我國法

	（第三章） 法律行為方式及代理	法律行為方式	第16條 法律行為方式之準據法	該行為所應適用之法或行為地法或任一行為地
		代理	第17條 本人與代理人間之準據法	依明示合意→關係最切地
		代理	第18條 本人與相對人間之準據法	依明示合意→關係最切地
		代理	第19條 代理人與相對人間之準據法	依明示合意→關係最切地
（第四章）債	債之發生（法律行為）（意思表示）		第20條 法律行為所生之債之準據法	當事人明示意思 →無明示意思或無效→關係最切地 關係最切之推定： 　－法律行為具債務特徵時之債務人行為時住所地 　－不動產法律行為依所在地
	票據行為		第21條 票據行為準據法（成立／效力） 行使保全票據上權利之方式	當事人明示意思 無明示意思或無效→行為地→付款地 依行為地法
	指示／無記名證券		第22條 指示或無記名證券之準據法	依行為地→付款地
	無因管理		第23條 無因管理而生之債	依事務管理地
	不當得利		第24條 不當得利而生之債	原則：依利益受領地； 例外：依給付發生之原法地
	一般侵權行為		第25條 侵權行為而生之債	原則：依侵權行為地法； 例外：依關係最切地法
	商品製造人責任		第26條 商品製造人責任之準據法	原則：商品製造人本國法 例外：事先同意或可預見時，由被害人於下列選定：損害發生地、商品買受地、被害人本國法
	不公平競爭		第27條 不公平競爭所生之債	原則：依市場所在地 例外：較有利於被害人之法律行為準據法
	媒介侵權		第28條 媒介侵權所生之債	原則：依關係最切地（行為地、預見損害發生地、被害人受侵害地） 例外：行為人以媒體為業時，依營業地法
	侵權之責任保險人		第29條 侵權行為責任保險人	原則：保險契約準據法 例外：侵權行為準據法（得直接請求者）
	其他法律事實之債		第30條 其他法律事實所生之債	依事實發生地
	準據法之合意		第31條 非法律行為之債之訴後合意	依合意之我國法
	債權讓與		第32條 債權讓與對債務人之效力 第三人擔保之成立及效力	原債權準據法 擔保權原據法
	債務承擔		第33條 債務承擔對債權人之效力 第三人擔保之成立及效力	原債權準據法 擔保權原據法
	第三人求償權		第34條 第三人求償權	依特定法律關係之原據法
	多數債務人間		第35條 多數債務人間關係之準據法	依債務人間法律關係之準據法
	消滅時效		第36條 請求權消滅時效之準據法	請求權之原法律關係準據法
	債之消滅		第37條 債之消滅之準據法	依原債權所適用之法律

（第五章）物	物權	第38條 物權之準據法	原則：物之所在地法 權利物權：依權利成立地法 得喪變更：原因事實完成之所在地 船舶／航空地：船籍國／登記國
	物權法律行為方式	第39條 物權法律行為方式	依物權所應適用之法律
	輸入之動產	第40條 外國輸入我國之動產	輸入前成立之物權，效力依我國法
	運送中之物權	第41條 運送中動產得喪變更	依目的地法
	智慧財產權	第42條 智慧財產權之準據法 受僱人之智慧財產歸屬	權利應受保護地法 僱傭契約準據法
	載貨證券	第43條 載貨證券之準據法	載貨證券所記載應適用之法律→關係最切地
	有價證券	第44條 證券集中保管之準據法	集中保管契約明示準據法→關係最切地
（第六章）親屬	婚約之成立及效力	第45條 婚約之成立 婚約之方式 婚約之效力	各該當事人之本國法 當事人本國法或婚約訂定地 當事人共同本國法→共同住所地→關係最切地
	婚姻之成立	第46條 婚姻之成立 婚姻之方式	各該當事人之本國法 當事人本國法或婚約舉行地
	婚姻之效力	第47條 婚姻之效力	當事人共同本國法→共同住所地→關係最切地
	夫妻財產	第48條 夫妻財產之合意準據法 無合意或合意無效之準據法 不動產之特別適用	書面合意（一方本國法或住所地法） 共同本國法→共同住所地法→關係最切地 不動產所在地法
	善意第三人保護	第49條 於我國之財產及善意第三人	依我國法
	離婚	第50條 離婚及其效力	協議時當事人共同本國法→共同住所地→關係最切地
	婚生子女之身分	第51條 婚生子女身分之準據法 出生前婚姻關係已消滅	出生時該子女或其父母之本國法 出生時子女本國法或婚姻關係消滅時父或母之本國法
	非婚生子女（準正）	第52條 非婚生子女準正之準據法	依生父生母婚姻效力所應適用之法律
	非婚生子女（認領）	第53條 非婚生子女認領之準據法 被認領人為胎兒時之國籍 認領之效力	依認領時認領人或被認領人之本國法 以其母之本國法為胎兒之本國法 認領人之本國法
	收養	第54條 收養成立與終止之準據法 收養及其終止之效力	各該收養人或被收養人之本國法 收養人之本國法
	父母子女	第55條 父母子女間法律關係	依子女之本國法
	監護	第56條 監護之準據法 於我國有住居所之外國人	受監護人之本國法 原則依我國法（無人監護或受監護宣告）
	扶養	第57條 扶養之準據法	依扶養權利人之本國法
（第七章）繼承	繼承（一般事項）	第58條 繼承之準據法	原則：依被繼承人死亡時之本國法 例外：有繼承權我國人於我國之遺產，依我國法
	無人繼承（外人在台遺產）	第59條 無人繼承之外國人遺產	依前條規定無人繼承，依我國法處理
	遺囑	第60條 遺囑成立及效力之準據法 遺囑撤回之準據法	成立時遺囑人之本國法 撤回時遺囑人之本國法
	遺囑成立撤回方式	第61條 遺囑成立撤回方式	依前條或遺囑訂立地、死亡時住所地或不動產所在地。

新舊涉民法架構、規範摘要及差異對照表

<table>
<tr><th colspan="3">項目</th><th colspan="2">1953.6.6涉外民事法律適用法</th><th colspan="2">2010年涉外民事法律適用法</th></tr>
<tr><td rowspan="8">概論</td><td colspan="2">意義</td><td></td><td></td><td></td><td></td></tr>
<tr><td colspan="2">發生</td><td></td><td></td><td></td><td></td></tr>
<tr><td colspan="2">性質</td><td></td><td></td><td></td><td></td></tr>
<tr><td colspan="2">名稱</td><td></td><td></td><td></td><td></td></tr>
<tr><td colspan="2">立法／法源</td><td>第30條 法源</td><td></td><td>第1條 法源</td><td></td></tr>
<tr><td rowspan="2">時的效力</td><td>法律效果發生於施行後</td><td></td><td></td><td>第62條 時之效力</td><td>不溯及既往原則
法律效果發生於本法施行後，適用施行後之規定</td></tr>
<tr><td>施行</td><td>第31條 施行</td><td>公布日施行</td><td>第63條 施行</td><td>公布日後一年施行</td></tr>
<tr><td colspan="7"></td></tr>
<tr><td rowspan="23">總論（第一章總則）</td><td rowspan="8">聯繫因素</td><td rowspan="5">主體：屬人法</td><td colspan="4"></td></tr>
<tr><td>國籍</td><td>第26條
國籍之積極衝突</td><td>先後取得：依最後取得
同時取得：依關係最切
例外：我國籍法為我國籍</td><td>第2條
國籍之積極衝突</td><td>關係最切國法</td></tr>
<tr><td></td><td>第27條
國籍之消極衝突</td><td>住所地→居所地法</td><td>第3條
國籍之消極衝突</td><td>住所地法</td></tr>
<tr><td rowspan="2">住所</td><td>第27條
住所之積極衝突

居所之積極衝突

居所之消極衝突</td><td>原則：依關係最切
例外：依我國法有住所者
原則：依關係最切
例外：依我國法有住所者
依現在地法</td><td>第4條
住所之積極衝突
住所之消極衝突
居所之積極衝突
居所之消極衝突</td><td>關係最切住所地法
住所地法
關係最切居所地法
現在地法</td></tr>
<tr><td></td><td></td><td></td><td></td></tr>
<tr><td colspan="2">客體：物之所在地</td><td></td><td></td><td></td><td></td></tr>
<tr><td colspan="2">行為：行為地</td><td></td><td></td><td></td><td></td></tr>
<tr><td colspan="2">當事人意思</td><td></td><td></td><td></td><td></td></tr>
<tr><td colspan="3">外國人地位</td><td></td><td></td><td></td><td></td></tr>
<tr><td colspan="3">管轄</td><td></td><td></td><td></td><td></td></tr>
<tr><td colspan="3">定性</td><td></td><td></td><td></td><td></td></tr>
<tr><td rowspan="6">外國法適用</td><td colspan="2">性質</td><td></td><td></td><td></td><td></td></tr>
<tr><td colspan="2">證明及調查</td><td></td><td></td><td></td><td></td></tr>
<tr><td colspan="2">適用錯誤及限制</td><td>第25條
外國法適用之限制</td><td>尚未採結果主義</td><td>第8條
外國法適用之限制</td><td>採
適用結果主義</td></tr>
<tr><td colspan="2">一國數法</td><td>第28條
一國數法</td><td>該國之住所地→首都所在地</td><td>第5條
一國數法</td><td>依該國法→該國關係最切之法</td></tr>
<tr><td colspan="2">外國裁判承認與執行</td><td></td><td></td><td></td><td></td></tr>
<tr><td colspan="3">規避法律</td><td></td><td></td><td>第7條 規避法律</td><td>仍適用我國強制或禁止規定</td></tr>
<tr><td colspan="3">反致</td><td>第29條 反致</td><td>適用該其他法律及其他法律（採間接反致）：例外依我國法</td><td>第6條 反致</td><td>適用該其他法律（不採間接反致）：例外依我國法</td></tr>
</table>

各論	民總	（第二章）權利主體	權利能力			第9條 權利能力之準據法	本國法
			行為能力	第1條 行為能力之準據法	原則：本國法 例外：我國為法律行為且依我國法有行為能力	第10條 行為能力之準據法	原則：本國法 例外：我國為法律行為且依我國法有行為能力 例外：不因國籍變更而受限制
			死亡宣告	第4條 外國人之死亡宣告	在我國有居所或住所（於我國有財產、於我國為法律關係、配偶直系血親為我國人）：依我國法	第11條 外國人之死亡宣告 宣告之效力	在我國有居所或住所（於我國有財產、於我國為法律關係、配偶直系血親為我國人）：依我國法 依我國法
			監護／輔助宣告	第3條 禁治產宣告 宣告之效力	在我國有居所或住所：依本國及我國法 依我國法	第12條 外國人之監護輔助宣告 宣告之效力	在我國有居所或住所：依本國及我國法 依我國法
			外國法人	第2條 經認許之外國法人	住所地法	第13條 法人之本國法	設立準據法國
			外國法人內部事項			第14條 外國法人內部事項	依其本國法
			外國法人分支機構			第15條 外國法人於我國之分支機構	內部事項依我國法
		（第三章）法律行為方式及代理	法律行為方式	第5條 法律行為方式準據法	該行為所應適用之法或行為地法	第16條 法律行為方式之準據法	該行為所應適用之法或行為地法或任一行為地
			代理			第17條 本人與代理人間之準據法	依明示合意→關係最切地
			代理			第18條 本人與相對人間之準據法	依明示合意→關係最切地
			代理			第19條 代理人與相對人間之準據法	依明示合意→關係最切地
	（第四章）債	債之發生（法律行為／意思表示）		第6條 因法律行為所生之債之準據法	↓當事人意思 ↓同國籍─本國法 ↓不同國籍─行為地法 ↓行為地不同─發要約通知地 ↓不知要約地者─要約人住所地 ↓行為地二國以上─履行地法	第20條 法律行為所生之債之準據法	當事人明示意思 →無明示意思或無效→關係最切地 關係最切之推定： ─法律行為具債務特徵時之債務人行為時住所地 ─不動產法律行為依所在地

票據行為	第5.3條 行使保全票據權利	依行為地法	第21條 票據行為準據法 （成立／效力） 行使保全票據上權利之方式	當事人明示意思 無明示意思或無效→行為地→付款地 依行為地法
指示／無記名證券			第22條 指示或無記名證券之準據法	依行為地→付款地
無因管理	第7條 因法律事實所生之債之準據法	依事實發生地	第23條 無因管理而生之債	依事務管理地
不當得利			第24條 不當得利而生之債	原則：依利益受領地； 例外：依給付發生之原法地
一般侵權行為	第9條 因侵權行為之準據法	原則：依侵權行為地法； 例外：我國法不認為侵權行為者	第25條 侵權行為而生之債	原則：依侵權行為地法； 例外：依關係最切地法
商品製造人責任			第26條 商品製造人責任之準據法	原則：商品製造人本國法 例外：事先同意或可預見時，由被害人於下列選定：損害發生地、商品買受地、被害人本國法
不公平競爭			第27條 不公平競爭所生之債	原則：依市場所在地 例外：較有利於被害人之法律行為準據法
媒介侵權			第28條 媒介侵權所生之債	原則：依關係最切地（行為地、預見損害發生地、被害人受侵害地） 例外：行為人以媒體為業時，依營業地法
侵權之責任保險人			第29條 侵權行為責任保險人	原則：保險契約準據法 例外：侵權行為準據法（得直接請求者）
其他法律事實之債	第7條 因法律事實所生之債之準據法	依事實發生地	第30條 其他法律事實所生之債	依事實發生地
準據法之合意			第31條 非法律行為之債之訴後合意	依合意之我國法
債權讓與	第8條 債權讓與之準據法	依原債權準據法	第32條 債權讓與對債務人之效力 第三人擔保之成立及效力	原債權準據法 擔保權原據法

	債務承擔			第33條 債務承擔對債權人之效力 第三人擔保之成立及效力	原債權準據法 擔保權原據法
	第三人求償權			第34條 第三人求償權	依特定法律關係之原據法
	多數債務人間			第35條 多數債務人間關係之準據法	依債務人間法律關係之準據法
	消滅時效			第36條 請求權消滅時效之準據法	請求權之原法律關係準據法
	債之消滅			第37條 債之消滅之準據法	依原債權所適用之法律
（第五章）物	物權	第10條 物權之準據法	原則：物之所在地法 權利物權：依權利成立地法 得喪變更：原因事實完成所在地 船舶／航空地：船籍國／登記國	第38條 物權之準據法	原則：物之所在地法 權利物權：依權利成立地法 得喪變更：原因事實完成之所在地 船舶／航空地：船籍國／登記國
	物權法律行為方式	第5條第2項 物權法律行為方式	依物之所在地法	第39條 物權法律行為方式	依物權所應適用之法律
	輸入之動產			第40條 外國輸入我國之動產	輸入前成立之物權，效力依我國法
	運送中之物權			第41條 運送中動產得喪變更	依目的地法
	智慧財產權			第42條 智慧財產權之準據法 受僱人之智慧財產歸屬	權利應受保護地法 僱傭契約準據法
	載貨證券			第43條 載貨證券之準據法	載貨證券所記載應適用之法律→關係最切地
	有價證券			第44條 證券集中保管之準據法	集中保管契約明示準據法→關係最切地
（第六章）親屬	婚約之成立及效力			第45條 婚約之成立 婚約之方式 婚約之效力	各該當事人之本國法 當事人本國法或婚約訂定地 當事人共同本國法→共同住所地→關係最切地
	婚姻之成立	第11條 婚姻成立要件 婚姻之方式	原則：依各該當事人之本國法 當事人本國法或婚約舉行地 一方為我國人並在我國舉行	第46條 婚姻之成立 婚姻之方式	各該當事人之本國法 當事人本國法或婚約舉行地

	婚姻之效力	第12條 婚姻效力	原則：依夫之本國法 例外：外國人妻或我國贅夫	第47條 婚姻之效力	當事人共同本國法→共同住所地→關係最切地
	夫妻財產	第13條 夫妻財產制	原則：結婚時夫之所屬國法 例外：依我國法訂立者 　　　外國人為我國贅夫 不動產	第48條 夫妻財產之合意準據法 無合意或合意無效之準據法 不動產之特別適用	書面合意（一方本國法或住所地法） 共同本國法→共同住所地法→關係最切地 不動產所在地法
	善意第三人保護			第49條 於我國之財產及善意第三人	依我國法
	離婚	第14條 離婚之準據法 第15條 離婚效力之準據法	原則：離婚起訴時夫之本國法及我國法 例外：一方為我國籍 原則：依夫之本國法 例外：外國人妻或我國贅夫	第50條 離婚及其效力	協議時當事人共同本國法→共同住所地→關係最切地
	婚生子女之身分	第16條 子女身分之準據法	母之夫之本國法 婚姻關係消滅者，依消滅時夫之本國法 贅夫則依母之本國法	第51條 婚生子女身分之準據法 出生前婚姻關係已消滅	出生時該子女或其父母之本國法 出生時子女本國法或婚姻關係消滅時父或母之本國法
	非婚生子女（準正）			第52條 非婚生子女準正之準據法	依生父生母婚姻效力所應適用之法律
	非婚生子女（認領）	第17條 非婚生子女認領 效力	認領人及被認領人之本國法 認領人本國法	第53條 非婚生子女認領之準據法 被認領人為胎兒時之國籍 認領之效力	依認領時認領人或被認領人之本國法 以其母之本國法為胎兒之本國法 認領人之本國法
	收養	第18條 收養之準據法 效力	收養人或被收養人之本國法 收養人之本國法	第54條 收養成立與終止之準據法 收養及其終止之效力	各該收養人或被收養人之本國法 收養人之本國法
	父母子女	第19條 父母子女法律關係	原則：依父之本國法 無父或贅夫則依母之本國法	第55條 父母子女間法律關係	依子女之本國法
	監護	第20條 監護之準據法 於我國有住居所之外國人	受監護人之本國法 依我國法（無人監護或受禁制產宣告）	第56條 監護之準據法 於我國有住居所之外國人	受監護人之本國法 原則依我國法（無人監護或受監護宣告）
	扶養	第21條 扶養之準據法	扶養義務人之本國法	第57條 扶養之準據法	依扶養權利人之本國法

（第七章）繼承	繼承（一般事項）	第22條 繼承之準據法	原則：依被繼承人死亡時之本國法 例外：有繼承權我國人於我國之遺產，依我國法	第58條 繼承之準據法	原則：依被繼承人死亡時之本國法 例外：有繼承權我國人於我國之遺產，依我國法
	無人繼承（外國人在台遺產）	第23條 無人繼承之外國人遺產	依本國法無人繼承，依我國法處理	第59條 無人繼承之外國人遺產	依前條規定無人繼承，依我國法處理
	遺囑	第24條 遺囑成立效力撤回	遺囑成立或撤銷時之遺囑人本國法	第60條 遺囑成立及效力之準據法 遺囑撤回之準據法	成立時遺囑人之本國法 撤回時遺囑人之本國法
	遺囑成立撤回方式			第61條 遺囑成立撤回方式	依前條或遺囑之訂立地、死亡時之住所地或不動產所在地。

本章歷年國考考題（測驗題）：適用民國100年涉民法

尚無

本章歷年國考考題（實例申論）

1. 何謂法律衝突？在國際私法上有何解決之標準？（59司/律）
2. 國際私法何以謂爲私法並冠以國際之名稱？（71高）
3. 國際私法之性質爲何？試說明之。茲就其爲國際法或國內法？爲實體法或程序法？爲公法或私法？加以說明（71普）
4. 何謂國際私法上之單面法則與雙面法則？試分別說明並加評論。（88司）
5. 試說明國際私法之來源。（56司/律）
6. 國際私法之主要法源有幾？又每一種法源在我國國際私法上現及應有之地位如何？試分別加以析述。（69律）
7. 何謂國際私法上法規之欠缺？我國法院遇此情形，如何適用法律？（87司）
8. 條約對於國際私法之發展有何影響？試舉例加以說明。（84律）
9. 判例對於國際私法條文之適用有何重要性？試舉涉外民事法律適用法之規定爲例，加以說明。（83律）
10. 涉外民事，涉外民事法律適用法未規定時，法院應如何處理？試舉例申述之。（79司）
11. 依涉外民事法律適用法第三十條之規定，涉外民事，該法及其他法律均無規定時，則依法理。試擬具體事例，說明法理之運用。（73司）
12. 條約在國際私法上位如何？試加說明。（72律）
13. 涉外民事法律適用第三十條規定：「涉外民事，本法未規定者，適用其他法律之規定」試舉適例二則，並詳敘之。（71司）
14. 條約在國際私法中之地位如何，試申論之。（68律）

第三章　國際民事訴訟法（國際民事管轄與外國裁判及仲裁判斷之承認）

3.1 國際民事訴訟法（international civil procedure）概說

3.1.1 意義及範圍

又稱涉外民事訴訟法。程序法傳統屬公法，因此一國法院審理涉外民事事件時，訴訟程序依法庭地法，為國際間所公認之基本原則。然法庭審理涉外民事事件時，不免會出現一些必須處理之事項，包括內國法院有無管轄權、外國人地位（訴訟地位）、外國法的調查及舉證（含各國間之司法互助）、外國裁判如何於內國為強制執行等。這些事項並不全然為我國民事訴訟法所完整規範，而必須另為獨立探討及適用。

3.1.2 法源

國內部分：
民事訴訟法：民訴2.III（外國法人之普通審判籍）、民訴§46（外國人訴訟能力）、民訴§128（對外國法人團體的送達）、民訴§145、§146（囑託送達_外國）、民訴§182-2（裁定停止_已在外國法院起訴之事件）、民訴§203（命當事人提出外國文書之譯本）、民訴§283（為法院不知之習慣、地方法規及外國法令之舉證）、民訴§289（囑託調查）、民訴§295（於外國調查）、民訴§340（囑託鑑定）、民訴§356（外國公文書之證據力）、民訴§402（外國法院確定裁判之效力）等。
民總施行法：民總施§2（外國人權利能力）、民總施§11-15（外國法人之認許、事務所等）
其他：如商標法§70、專利法§91、著作權法§102、公平交易§47（外國人起訴）、外國人投資條例§3（外國人定義）、非訟事件法§49（不認外國法院裁判之情形）、強制執行法§4-1（外國法院裁判之執行）及諸多散見於實體法程序法之隱藏性國際民事訴訟法條文。
國際部分：（國際公約）
形式上國際民事訴訟相關公約：例如
　　1954年民事訴訟程序公約
　　1965年合意選擇法院公約
　　1965年有關向外國送達民商司法文書及司法外文書公約
　　1968年有關民商事件管轄權及裁判執行公約
　　1970年民商事件國外取證公約
　　1971年民商事件外國裁判之承認及執行公約
　　1980年國際司法救助公約
　　2005年法院選擇協議公約（如本文附錄）

隱藏式國際民事訴訟相關公約：（主要為各類實體法公約）

　　2009年鹿特丹規則第14章（66-72）管轄、第73條裁判承認及執行等。

3.1.3　基本原則

主權原則：包括司法管轄權（屬地管轄及屬人管轄）、司法豁免權（國家豁免/外交豁
　　免）、外國裁判之「承認與執行」原則。

程序依法庭地法原則：然另有公約或境外送達（送達地法）除外。

平等互惠原則：給予內外國人平等對待、以互惠為相互承認之基礎。

遵守國際法原則：應尊重國際公約及國際慣例；非締約國，只要不違背本國公序或主權安
　　全，應考慮儘量適用。

便利訴訟原則：為達到訴訟關係主體及法院能查明事實，正確適用法律，法院在決定管轄
　　權、及進行司法調查及協助時，應考量當事人之最佳利益及法院審理之近便程度。

依法取得原則：法院僅能依國內法或公約取得審理案件之管轄權。

3.1.4　國際（涉外）民事訴訟法v.s.國際（涉外）法律適用法

	國際（涉外）民事訴訟法	國際（涉外）法律適用法
同	■均處理「涉外」民事事件 ■相互依賴，無訴訟法，法律適用無得選擇：無法律適用，訴訟目的無法達成 ■基本原則相同：主權原則、平等互惠及便利原則等	
異	■純程序問題 ■著重訴訟權利如何保護及落實 ■採直接規範	■實體法的選擇 ■著重保護權義之實體法如何確定 ■採間接規範

3.2　外國人民事訴訟地位

3.2.1　基本概念及原則

認定標準：外國人的民事訴訟地位，基本上由內國法或國際公約為決定，包括外國人於內
　　國得享有哪些民事訴訟權利？承擔哪些民事訴訟義務？及這些權利義務之範圍
　　等。

國民待遇原則：目前各國針對外國人民事訴訟地位所採用的原則為1804年拿破崙民法典最
　　早明文的「國民待遇原則」，亦即外國人享有與內國公民同等的民事訴訟權

利。另一方面，由於各國國情、政治及經濟環境畢竟有所不同，如同實體法的差異，各國訴訟制度亦有所不同，因此其國民待遇原則通常會與「平等互惠」及「推定」而原則相互搭配。前者指如他國給予內國人同樣的國民待遇，內國亦會給予該外國人同等對待，反之亦然；後者係指如他國無違反國民待遇之立法或司法實踐時，即推定其具國民待遇。

外國人範圍：外國人指不具內國國籍之人，包括外國自然人及法人，也包括無國籍人或無法辨別國籍之難民或偷渡客等。

3.2.2　外國人民事訴訟之權利能力及行為能力

外國人民事訴訟之權利能力及行為能力，一般與其實體法上之權利能力及行為能力一般，依屬人法決定之（依其國籍或住所）。然在適用上，除前述國民待遇原則外，仍應注意下列事項：

(1) 外國人基本上不能依國民待遇原則，要求在內國享有連其本國法亦不賦予之民事訴訟能力；

(2) 內國法律對內國人所為的能力限制，基本上亦適用於外國人；

(3) 內國法對外國人某些實體法上之限制，並不當然限制其民事訴訟能力。

外國人民事訴訟行為能力之認定一般雖依據屬人法原則（大陸法系通常以國籍為標準；英美法系通常以住所地為標準），然為慮及保護善意相對人之權益，如德日捷等國，大都兼採法庭地法，亦即該外國人依其屬人法（國籍國或住所地國）或依內國（法庭地國）有一具有民事訴訟能力者，於內國即具有民事訴訟能力。

3.2.3　我國法規定

我國涉外民事法律適用法並未針對「外國人訴訟能力」為規範。然依我國民事訴訟法第46條：「外國人依其本國法律無訴訟能力，而依中華民國法律有訴訟能力者，視為有訴訟能力。」顯採前述「屬人法及內國法兼採主義」，亦即依該外國人之屬人法（國籍國或住所地國）或依內國（法庭地國）有一具有民事訴訟能力者，於內國即具有民事訴訟能力。

3.3　國際民事管轄（Civil Jurisdiction）

3.3.1　意義及概念

意義：內國法院依據該國國內法（ex.民事訴訟法）或國際公約（ex.有關航空運送之華沙公約）針對某特定涉外民事事件得行使審判權之一種資格。

重要性：國際管轄權之有無為國際私法案件處理之開端，一旦確認某國有管轄權且於該國起訴後，無論是嗣後的定性、聯繫因素的認定，準據法的選擇等，均係依據該內國法律衝突規範。換言之，國際管轄權有無及其選擇，會影響之後國際私法案件處理之流程，影響當事人權義甚重。

一般管轄權＝國際管轄權
　　　　＝直接一般管轄權
　　　　＝涉外裁判管轄權（劉陳）
　　　　＝決定國私案件由「何國」法院管轄（劉）
　　　　＝「哪一國」之「法院」有管轄某涉外案件（馬）
　　　　→抽象法院（ex.日本法院）→準用民事訴訟法

特別管轄權＝國內管轄權
　　　　＝間接一般管轄權
　　　　＝一國民事案件應歸內國「何地」法院管轄（劉）
　　　　＝何國之「何一法院」有權管轄與否（馬）
　　　　→具體法院（日本東京都地方法院）→適用民事訴訟法

3.3.2　國際民事管轄權之分類

屬地管轄（territorial jurisdiction）：
　　　　◆被告住所地或所在地：方便送達及有效控制
　　　　◆訴訟標的所在地或被告財產所在地：便利日後執行
　　　　◆事實或法律行為發生地：契約、侵權、及諸多海事管轄規範等
屬人管轄（personal jurisdiction）：
　　　　◆當事人一方為內國人
專屬管轄（exclusive jurisdiction）：
　　　　◆不動產：通常由不動產所在地專屬管轄
　　　　◆智慧財產權（專利商標著作）
　　　　◆內國法人之設立解散等
　　　　◆親屬法（若干國家採用）

合意管轄（agreed jurisdiction）：

　　　　◆爲各國所普遍承認，但通常會設有一些條件

　　　　◆不得排除專屬管轄、且多會限定於財產法事件

　　　　◆應以書面方式爲合意

　　　　◆應與合意管轄地有若干聯繫因素等

併存或選擇管轄（alternative jurisdiction）：

　　　以立法方式（通常是與運送有關之國際公約）規定數國法院均具有管轄權，得由請求權人擇一選擇之。例如2009年鹿特丹規則第66條「對運送人提起之訴訟」：

　　　除運送契約載有一符合第67條或第72條法院專屬管轄協議外，原告依本公約有權依下列規定對運送人提起訴訟程序：

　　　(a) 於下列地點擁有管轄權之任一適當法院：

　　　　　(i) 運送人住所；

　　　　　(ii) 運送契約協議收貨地；

　　　　　(iii) 運送契約協議交貨地；或

　　　　　(iv) 貨物最初裝船港或貨物最終卸船港；或

　　　(b) 爲確定本公約下可能產生對運送人求償事項之目的，託運人與運送人得經由協議擇定一或數適當法院。

3.3.3　國際民事管轄權確定之方式

原則：一般依內國法（法庭地國法），亦即一國法院對某種涉外案件有無管轄權，悉依該內國法之規定爲準據，擴大內國管轄權爲原則，亦得自由決定如何承認外國之管轄權；一般認爲於下列情況下，內國法院即具有管轄權（亦即認定國際管轄權之聯繫因素）：

　　　a. 起訴時，被告位於內國境內

　　　b. 被告於內國有住所或居所

　　　c. 當事人合意

　　　d. 當事人具內國國籍

　　　e. 事實及原因行爲發生於內國

特殊：依國際法（國際公約或條約等），包括哪些相關國家可具有管轄之正面規定及外交豁免等限制規定

　　　ex：K.H.Enterprises案：海商法第101條船舶碰撞之管轄（被告所在地、碰撞發生地、被告船籍港、船舶扣押地、當事人合意地）←→1952年關於船舶碰撞事件民事管轄公約第1及2條（被告習慣居所地、船舶扣押地、保證金提存地、船舶碰撞地、合意地）。

例外：**放棄行使管轄權**：於英美國家，經常會因爲某些公益理由，自願放棄案件之審理，這些理由包括：

a. 主權豁免（僅限非民商事件）

b. 同案件已於外國起訴或審理中

c. 濫用訴訟或進行無意義之訴訟

d. 具有有效之管轄合意條款或仲裁條款

e. 當事人於爭議發生後同意至他國法院起訴

f. 不方便法院原則等

3.3.4　英美法系國際管轄權確定之原則

		英國	美國
基礎及原則		■承認外國法院具有一樣的管轄權基礎 ■主要目的：主持正義 ■考量因素/原則： ■實效性原則或有效性原則（effectiveness－如下述）：裁判能被有效地強制執行 ■以原就被原則 ■順從原則（submission－如下述）	源於美國憲法之「適當程序條款」（due process clause）：亦即 a. 管轄法院必須與當事人或訴訟標的有最低限度之牽連（minimum contact），以便具有充分之管轄基礎； b. 所有訴訟當事人必須受到適當之送達及有充分的抗辯機會 → 公平正義合理
種類		**對人訴訟**：解決當事人對於所爭執的標的物之權益，裁判效力僅及於訴訟當事人間，ex契約不履行、侵權行為；基礎在於訴訟通知可否送達，包括被告親自於法院地、被告承認法院管轄權、被告未於法庭地但英國法律允許境外送達者。 **對物訴訟**：裁判決定某一特定財產之權利及當事人之權利，裁判效力不僅及於當事人，且及於所有與當事人或該特定財產有法律行為之人，包括物權訴訟、海商訴訟、身分訴訟（身分與物類似且均以住所地法為原則）三種。	**對人訴訟**：類似英國。管轄基礎在於a.被告於法院地親自受到送達；b.被告於法院地有住所或居所；c.被告自願出庭或合意→原則：只要不違背適當程序原則，亦即具有最低限度之關連，法院對其即有對人訴訟管轄。 **對物訴訟**：法院對該物裁判之效力及於全世界，裁判本身即足以變更任何人對該物之效力。管轄基礎：法院對於位於法院地之物之所有人沒有對人訴訟之管轄權，而必須以法院權利去決定該物之特定權利。 **準對物訴訟**：法院決定特定人對於法院地內之特定物之權利，法院無對人訴訟之管轄權，法院之權力係基於被告於法院地有財產或物位於法院地。管轄基礎：同上對物訴訟。
國際管轄衝突之防止	訴訟進行之停止	**要件**：於英國法院訴訟會造成困擾、壓迫、濫用法院訴訟程序而造成不公平之後果；或同一事件已有訴訟繫屬（stay because of pending action－如下述）。	不方便法院（Forum Non Conveniens）如下述：法院決定法院地對任何當事人為一不公平（unfair）或非常不便利（seriously inconvenient）之審判地，並且有其他地方之法院較為方便審理此案件，則法院有裁量權去停止處理或駁回此案件。衡量標準：

		效果：法院得自由裁量命令停止（stay）或駁回（dismiss）當事人於英國之訴訟，甚至可禁止（injunction）當事人外國訴訟之續行類似美國及蘇格蘭之「不方便法院」制度。	■尊重原告之意願 ■原告爲法院地之居民 ■證人居所是否於法院地 ■是否爲取得對其較爲有利之裁判
	合意管轄條款	是否有效（亦即是否受前述訴訟停止），考量因素有：證據蒐集地點、訴訟方便與費用、契約準據法與法庭地法有無重大不同、當事人之較密切國、當事人之眞正意願、在外國是否會有不利、無法強制執行等情況（詳見4.1.8點之討論）。	合理（reasonable）、不含混不清（unambiguous）、無詐欺、或重大之不方便事由；可爲明示或默示。
	棄權條款 （waive）		於契約上約定願接受郵寄送達或指定送達代收人（i.e.代收送達人條款）→必須符合誠信原則，且非附合契約（定型契約）之一部。

3.3.4.1　實效性原則（或稱「有效原則」）（principle of effectiveness）

此爲英美法系確定國際管轄權之原則之一。按原告提出訴訟，除希解決爭議外，必期望能獲得「有利於己」且「能有效審理」及「該裁判能有效執行」之裁判，否則一切即屬徒勞。因此，如依傳統的「以原就被」原則，而被告不居住在其所屬國或其所屬國境內無任何可執行的財產，原告前往被告屬國進行訴訟，不僅無財產標的可供執行，且可能連送達都無法有效送達。因此，爲原告利益，英美法院得以「能有效審理」及「裁判能有效執行」之有效或實效原則爲管轄權之確定。而「能有效審理」及「裁判能有效執行」的認定可包括下列：

a. 被告常居之地；

b. 被告財產所在之地，例如動產或不動產所在地法院；

c. 主要證人所在之國家之法院；

d. 被告可能前往之國家之法院。

3.3.4.2　順從原則（principle of submission）

此爲英美法系爲「均衡雙方利益」之一項國際管轄權之認定原則。由於任一國家對於法院管轄之規定如過於嚴格或硬性，可能會造成有失公平之現象。以海商爲例，由於英國已累積數百年來的海事案件審理體系及龐大裁判基礎，實務上發生之重大海事案件，當事人通常會同意到英國訴訟或仲裁，以便獲得較公平或符合當事人利益之裁判，因此如某當事人所屬國有關法院管轄規定過於硬性的話，將會剝奪當事人選擇英國法院審理之利益。

因此，各國無不許當事人得於糾紛發生前或後，以合意方式，選定訴訟受理法院。如無合意時，如被告對於無管轄之法院無異議而進行訴訟程序者，亦屬默示合意。

3.3.4.3　不方便法院（Forum Non Conveniens）

此原爲英美法系於1940年代以後爲國際管轄衝突防止所建立之原則，該原則現已普爲大陸法系所接受。由於英國審理相當多的海商國貿案件，英國法院爲擴大其管轄，遂提出所謂的「方便法院or選擇法院」（Forum Shopping）理論，亦即只要某法院在任何方面與案件有所牽連者，該法院即有權管轄。由於此理論可能造成原告擇地訴訟之情況，英國上議院於The Atlantic Star案（1974 A.C.436）採擷蘇格蘭法院之類似概念(蘇格蘭法院早期常以涉訟當事人均爲外國人或非本地居民爲由，不便或拒絕受理請求)，以反面見解，採納所謂的「不方便法院」（Forum Non Conveniens）或「適當法院」（Appropriate Forum）或「自然或當然法院」（Natural Forum）理論。前述蘇格蘭法院之概念亦同樣發展於美國，而形成「不方便法院」（Forum Non Conveniens）學理。

意義：法院認爲在該法院訴訟會造成困擾、壓迫、濫用法院訴訟程序而造成不公平之後果，在該法院地對任何當事人爲一不公平（unfair）或非常不便利（seriously inconvenient）之審判地，並且有其他地方之法院較爲方便審理此案件，則法院有裁量權去停止處理或中止（通常不會駁回）此案件。i.e由法院選擇外國管轄權。

實益：某法院或許對某案件有國際管轄權，但該法院如認爲案件由其他國家法院管轄審理，會較爲或最爲符合當事人或大衆利益的話，即可行使不方便法院原則，拒絕審理，除符合涉訟當事人或關係人之最佳利益外，另可達到防止或減少國際管轄衝突，以及緩和或調整各國擴張裁判管轄權之趨勢。

適用要件：
1. 二法院實質上均享有管轄權；且
2. 證人證言及證據於該他法院更可能被採用；或
3. 與案件有關之適用法院主要爲該他法院，或於該法院能被輕易地適用；
4. 原則上應依據當事人之請求；
5. 符合更方便與否之判斷標準：包括
   (1) 當事人的近便性及費用
   (2) 有無約定管轄或仲裁條款
   (3) 所應適用之法律
   (4) 當事人之住居所或營業地
   (5) 外國法院潛在的不公平裁判風險或欠缺司法獨立性等
   (6) 如中止訴訟可能會對原告實際利益所造成之可能損失等

訴訟中止或停止一般所附加之條件：
    原告應於一定期限內於該他管轄權法院提起訴訟，且該法院亦接受審理；
    於該期限內送達被告且被告接受另一法院管轄；

被告放棄因訴訟時效而取得之利益或抗辯之利益；

當事人所提供之擔保應予以確保。

我國法之適用：我國目前並無「不方便法院」之成文立法，其適用，僅可將其視為「法理」加以適用。→ 注意：涉民法修正原草案將「不方便法院」規定納入，惟最終草案已刪除，如下述。

法院實踐：我國法院適用情況甚為罕見，台灣高等法院89年度抗字第1293號裁定（89.5.25）曾以保證契約已協議依馬來西來法律及接受馬來西亞法院管轄為由，言「……系爭主債務之訴訟既已於馬來西亞法院繫屬中，基於國際實務上關於解決國際管轄衝突之『不便利法院之原則』，暫時停止本件訴訟程序，對於兩造並不致造成不公平。」

遭刪除之修正草案（2001年初稿）：

涉民法部分條文修正草案		
修正條文	現行條文	說明
第10條 中華民國法院就涉外民事事件，雖有管轄權，但該案另有更為便利之外國法院可資管轄者，法院得依他方當事人之聲請，在該涉外民事事件於外國之訴訟裁判確定前，裁定停止其程序。 第一項之訴訟，經法院裁定停止訴訟程序後，如該外國法院之確定裁判獲得中華民國法院之承認，視為於外國起訴時撤回其訴。	無	一、本條新增。 二、涉外民事事件之審理，不比純粹內國民事事件，特別在證據調查等方面，往往因司法互助之欠缺等原因，致訴訟程序不易進行，爰參考英美法例之法庭不便原則，規定如該涉外民事事件另有管轄權之外國法院，且該外國法院在審理上較諸我國法院更為便利時，宜由中華民國法院依當事人之聲請，裁定停止在中華民國之訴訟或其他程序，待該事件於外國法院裁判確定後再行處理。又本草案不採英美法例駁回原告之訴之規定，係基於當事人實體權益之保護。中華民國法院考慮是否停止在中華民國之訴訟程序，係以該涉外民事事件在中華民國繼續審理是否便利為著眼點。考慮之因素包括證人之住、居所、相關證據之所在及其強制調查之手段之有無、該事件之相關事實發生地何在、該事件所應適用之準據法及其對於法院之負擔等。至於中華民國依據何等法律有管轄權，本草案不予明定，留待學說與實務之發展。 三、原告在中華民國法院提起之訴訟，經法院裁定停止其訴訟程序後應如何處理，則視該外國法院之確定裁判是否得獲得中華民國法院之承認而異。
修正總說明部分： 十、增訂我國法院不便管轄之規定。（修正條文第10條） 　對於應由我國法院管轄之積極情事，修正條文雖未明定。惟確有不便由我國法院管轄之消極情事者，仍應予規定，以表示涉外民事事件之管轄，係以法庭是否便利為其決定原則。對於不便由我國法院管轄之涉外民事事件，則採取裁定停止之規定，以免當事人實體權益，因管轄問題遲遲難以決定而受不利影響。 　至於原告在中華民國法院提起之訴訟，經法院以法院不便管轄為由，裁定停止其程序，其後續程序之處理，則視該外國法院之確定裁判是否得獲得中華民國法院之承認而異。		

3.3.4.4　同一事件已有訴訟繫屬（stay because of pending action）

觀念：我國民事訴訟法第253條規定：「當事人不得就已起訴之事件，於訴訟繫屬中，更行起訴。」此國內訴訟法上「一事不再理」原則，是否準用於國際管轄？必須為進一步討論。由於各法域獨立主權之行使，理論上，比較不同於前述國內訴訟法「一事不再理」原則的是，除非A法域之訴訟業告確定，否則並不生排斥在另一B法域提起訴訟之效力，此稱「國際管轄競合」或「國際訴訟之重複繫屬」。換言之，只要A法域訴訟尚未最終確定，並不當然生影響在B法域更行起訴之效力。惟不可諱言的是，如已在A法域提出訴訟後，復B法域法院再准其起訴，不僅使法律關係更趨複雜，且影響國際關係及個人權益甚鉅。

國際間之一般處理模式：由於A法域之訴訟可能有無效或得撤銷等事由，如在B法域所提起之訴訟，一概採取類似「一事不再理」原則，因而拒絕受理的話，可能會造成在A法域及B法域之訴訟均無法進行之後果。因此，國際間通常採取比較緩和的作法，亦即B法域法院對於在B法域更行提出之訴訟，僅先採取同意「暫停訴訟」或「停止訴訟」之方式，而非駁回或不受理。

停止訴訟之考量因素：包括原告於A法院可否獲得妥善救濟、停止訴訟可否緩和無意義之訴訟重複、停止訴訟可否避免裁判矛盾、及停止訴訟可否避免二造程序上之不利益等。

我國法院見解：

早期見解：最高法院67年台再字第49號判決「民事訴訟法第253條所謂已起訴之事件，係指已向中華民國法院起訴之事件而言，如已在外國法院起訴，則無該條之適用。」顯採否定說。

晚近類似見解：台北地院87年重訴字第821號裁定「按全部或一部之裁判，以他訴訟之法律關係是否成立為據者，法院得在他訴訟終結前，以裁定停止訴訟程序，民事訴訟法第182條第1項定有明文……從而本院認為在馬來西亞吉隆坡高等法院第D2-22-668-98號民事案件訴訟終結前，有裁定停止訴訟程序之必要。」

注意一：二案件所適用之法條不相同，一為民訴253，另一為民訴182；加上前案為最高法院見解，很難謂我國法院已接受前述國際管轄競合得停止訴訟程序之見解。

注意二：涉民法原修正草案已將「國際管轄競合得停止訴訟程序」之見解納入規範，惟最終草案已刪除，如下述。

類似概念：海商法第56條第2項「貨物之全部或一部毀損、滅失者，自貨物受領之日或自應受領之日起，一年內未起訴者，運送人或船舶所有人解除其責任。」所稱之起訴，是否包括「在外國所提出之訴訟」？例如貨損貨主於一年期間內在美國起訴某台灣運送人，爾後於一年半後復於台北地方法院就同一案件起訴同一台灣運送人，則台北地方法院究應如何處理？師認為，從前述最高法院67年台再字第四十九號判決見解，似應採否定說，亦即台北地方法院可能以「超過一年訴訟期間」為由，駁回其訴，根本不生所謂後續「停止訴訟」之問題。惟師以為，從英美判例實踐，

「起訴」並不分在內國起訴或外國起訴，均生該條文「已起訴」之效力。因此，如美國訴訟尚在繫屬階段，則台北地方法院僅能以「停止訴訟」處理，而非駁回或不受理，如此比較能符合國際海商貿易及相關國際公約之解釋及趨勢。

遭刪除之修正草案（2001年初稿）

涉民法部分條文修正草案		
修正條文	現行條文	說明
第11條 同一涉外民事事件已繫屬外國法院者，當事人不得更行在中華民國法院起訴。但該外國法院之裁判將來無承認之可能者，不在此限。 當事人就已繫屬外國法院之同一涉外民事事件，再在中華民國法院起訴者，法院得依他方當事人之聲請，裁定停止其訴訟程序。 第一項之訴訟，經法院裁定停止訴訟程序後，如該外國法院之確定判決獲得中華民國法院之承認，視為於外國起訴時撤回其訴。	無	一、本條新增。 二、民事訴訟法第253條，禁止當事人就同一事件重行起訴。核其立法意旨係在避免訴訟之重覆繫屬，防止判決歧異，合乎訴訟經濟之要求。惟此一規定是否適用於「國際的訴訟競合」即國際訴訟之重覆繫屬，最高法院67年台再字第49號判例：「民事訴訟法第253條所謂已起訴之事件，係指已向中華民國法院起訴之事件而言，如已在外國法院起訴，則無該條之適用。」採否定說。但未必妥適。本草案參酌德國等國家之立法例，採承認可能說，爰增定之。 三、如當事人就已繫屬外國法院之同一涉外民事事件，再在中華民國法院起訴，法院應如何處理，既與該外國法院之判決將來是否可獲得中華民國法院之承認有關，現不宜就該訴訟是否違反一事不再理原則遽下判斷，允宜由中華民國法院裁定停止當事人在中華民國之訴訟。 四、經中華民國法院裁定停止之訴訟，視中華民國是否承認該外國法院之判決而異其後續之處理方法。
修正總說明部分： 十一、增訂關於訴訟重覆繫屬之規定。（修正條文第11條） 已訴訟繫屬於外國法院，又在我國法院起訴，而其確定裁判有獲得我國法院承認之可能者，不問其訴訟繫屬何者為先，因民事訴訟法第253條之規定並無適用餘地，惟為訴訟經濟及歧異裁判之防止，就繫屬於我國法院之訴訟究竟應如何處理，實有規定之必要，爰明定之，並採取承認可能說。如當事人就已繫屬外國法院之同一涉外民事事件，再在中華民國法院起訴，法院不宜就該訴訟是否違反一事不再理原則遽下判斷，允宜由法院裁定停止當事人在中華民國之訴訟。經法院裁定停止之訴訟，則視中華民國是否承認該外國法院之判決，而異其後續之處理方法。		

民事訴訟法第182-2條（2003.2.7修正）（裁定停止──已在外國法院起訴之事件）

當事人就已繫屬於外國法院之事件更行起訴，如有相當理由足認該事件之外國法院裁判在中華民國有承認其效力之可能，並於被告在外國應訴無重大不便者，法院得在外國法院裁判確定前，以裁定停止訴訟程序。但兩造合意願由中華民國法院裁判者，不在此限。

法院爲前項裁定前，應使當事人有陳述意見之機會。

3.3.5　豁免

國際管轄豁免包括「國家豁免」及「外交豁免」二層面。

3.3.5.1　國家豁免

意義：國家豁免（主權豁免）係指任何國家之司法主權不得高於其他國家，而使該國家接受其司法審判。其源自國家主權原則，意指一國或其財產未經該國同意不得於另一國法院被訴、被扣押或被強制執行。其表徵於司法管轄豁免、訴訟程序豁免及強制執行豁免三層面。

豁免之放棄：國家豁免得透過國家自願放棄而予以排除，例如透過公約或條約、嗣後協議、主動參與訴訟或提起反訴等。

種類：分爲絕對豁免（二十世紀中葉前主張）及相對豁免（二十世紀中葉後之主流）

  絕對豁免：國家無論從事公法行爲或私法行爲，均不得將國家列爲訴訟被告行使管轄

  相對豁免：私法行爲或商業行爲不能主張豁免→晚近通說，例如2004年聯合國國家及其財產管轄豁免公約等。

3.3.5.2　外交豁免

意義：外交代表爲派遣國在接受國之政治代表，其外交人員、使館及文件郵件均應享有豁免權。

理論：傳統上有「治外法權說」、「代表性質說」及「職務需求說」等理論背景，1961年維也納外交關係公約主要採取後二者見解。

原則：外交代表（包括家屬、使館行政及技術人員、服務人員等）不接受駐在國刑事、民事及行政上的管轄。

例外：於自願放棄及下列情況下，不享有司法管轄權：
(1) 外交人員以私人身分在駐在國有關私人不動產之訴訟
(2) 以私人身分爲遺囑執行人或管理人或繼承人等繼承事件之訴訟
(3) 公務範圍外所從事之專業或商務活動

3.3.6　國際管轄解決順序

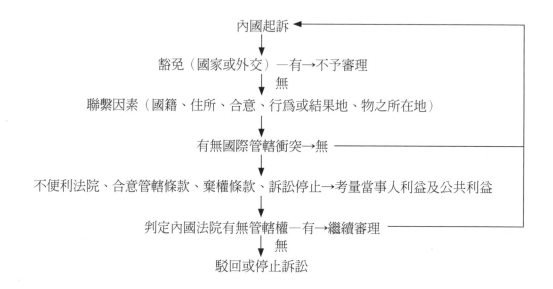

3.3.7　我國法律有關「國際管轄」之一般規定

　　不同於若干國家於其國際私法立法中會有「國際管轄」之一般規定[1]，我國法並無有關「國際管轄」之一般規定，既使是最近於2012年6月1日生效實施之家事事件法亦同。一般均以劃分內國案件管轄權之原理原則，來類推解決國際私法案件之管轄問題。在我國主要是參酌民事訴訟法第一篇第一章第一節「管轄」之條文，及第568、583及589條有關婚姻、收養、認領等專屬管轄條文（包括家事事件法相關條文）。

3.3.8　「合意管轄條款」或「外國管轄條款」（Foreign Jurisdiction Clauses）

意義：當事人協議（締約時或事件前後），就當事人間所生之一切爭議，應由某法域法院專屬管轄，亦即不得在其他有管轄權之法域提起。這類條款常見於載貨證券、租傭

1　例如瑞士1987年國際私法第一編總則第二節管轄第2條至第12條、匈牙利1979年國際私法第九章管轄權、第十章關於訴訟程序之法律規定及第十一章外國裁判之承認與執行、義大利1995年國際私法制度改革法第二編義大利管轄權第3條至第12條及第四編外國裁判之效力第64條至第71條、羅馬尼亞1992年關於調整國際私法法律關係之第105號法第十二章國際民事訴訟程序法第148條至第181條、、土耳其1982年國際私法及國際訴訟程序法第二章第27條至第45條、突尼斯1998年國際私法典第二編第3條至第25條、捷克1964年國際私法及國際民事訴訟法第二部分第37條至第68條等。

船契約等海商海事約定及國貿買賣條款等。

目的：涉外案件事先或事後合意約定專屬管轄條款之主要目的，特別是國貿海商案件，乃在限制當事人間之訴訟，僅得在合意的法域法院提出。原因很多，契約雙方可藉此避免案件在一個法制不成熟的法域法院受到審理（例如未開發國家法院），或能夠受到相關法制相當健全之法域法院審理（例如海商案件受英國法院管轄），或避免多數法域法院均有權管轄之負擔，使管轄法院能趨於單純化（例如船舶跨國越界，此使相當多國家均享有管轄權，原告於何地提起訴訟，事先不確）等。

效力：有無效說、原則無效說、有效說、及原則有效說四說：

	無效說→	原則無效說	有效說→	原則有效說
主張	合意管轄條款應屬無效。	合意管轄條款原則無效，但符合某特定情況時，則例外有效。	合意管轄條款應有效。	合意管轄條款原則有效，但如有違反某些條件者，例如有違反法庭地國強制法，則例外無效。
理由	◆當事人不能以契約方式排除法院之管轄。 ◆允許當事人合意改變管轄，會破壞法律之平衡，並造成不便利。 ◆違背公序良俗。	合意管轄條款原則上無效，但符合某些特定情況時，則例外有效，以緩和「無效說」之極端及欠缺彈性。至於哪些「特定情況」得使合意管轄條款例外有效？有包括例如「外國審理裁判結果可為法庭地國法院承認者」屬之。	◆新涉民20規定當事人有選法自由，從解決私權糾紛觀點，合意管轄條款能進一步地補充或輔助選法自由，使該擇定之法得以被正確適用。 ◆原告通常有多數管轄之選擇機會，被告較無，因此，此方面應給予被告較多的保護，且雙方均可有效掌握適用法及管轄地之情況下，亦比較能達到訴訟便利及公平。 ◆合意管轄條款可防止管轄權競合。	合意管轄條款原則上有效，當事人違反該條款而起訴者，法院原則上應拒絕審理，然在某些條件或情況下，例外無效。這些條件或情況包括：下列 ◆條款之訂立是否涉及詐欺或不正方法； ◆有無違反法庭地國強制法規（例如專屬管轄之規定）； ◆契約條款是否屬附合性契約，而受附合性契約條款解釋之拘束； ◆合意管轄法院是否為一不方便法院。

我國實務見解：

A. 最高法院64年台抗字第96號：

「當事人中華民國人時，依法其訴訟原應由我國法院管轄，如以合意定外國法院為第一審管轄法院者，為保護當事人之利益，解釋上始認以該外國之法律須承認當事人得以何以定管轄法院，且該外國法院之裁判，我國亦承認其效力為必要。如當事人兩造均為外國人，其訴訟原非應由我國法院管轄（普通審判籍不在我國，亦非專屬我國法院管轄），而又合意定外國法院為管轄法院之效力，一經合意之後，即生排斥得由我國法院管轄之效力，至於該外國法院之法律是否承認當事人得以合意定管轄法院，以及該外國法院之裁判，我國是否承認其效力，我國法院已無考慮之必要，應聽任該外國當事人之自由，而承認其合意管轄之效力。」亦即：

　當事人均為外國人→完全承認合意管轄條款之效力→採有效說；

　當事人一方以上為中華民國人→在符合(1)該外國法律承認合意管轄條款效力，且(2)外國法院裁判可為我國所承認之條件下，合意管轄條款始有效力。→採原則無效說

B. 高等法院86年度上字第1153號：

「……至於當事人是否得以合意指定外國法院為專屬管轄法院而排除我國法院之管轄權此一問題，民事訴訟法並未加以明文規定，各國學說及實務多趨向採取肯定見解，國際公約亦多承認合意管轄條款之效力，因此，當事人於涉外案件中如約定以外國法院為特定法律關係所生爭議事件專由某外國法院管轄時，除該約定因違背我國民事訴訟法關於專屬管轄之規定，依我國民事訴訟法第26條規定不應准許外，應認為該外國法院有管轄權……」→ 採原則有效說。

C. 司法院第一廳研究意見：

「合意管轄之約定，原則上固可排除有管轄權法院之管轄。但(1)由合意管轄法院管轄有失公平(2)行合意管轄是被詐欺、脅迫或其他不正當手段(3)當時訂合意管轄，不立於平等地位(4)由合意管轄法院管轄顯不適當、不方便，有此四點仍可不受合意管轄拘束，可知合意管轄之約定，效力非絕對的。」→採原則有效說。

D. 晚近司法見解：最高法院100台抗480號（101台抗259亦採同一見解）

「基於當事人之程序選擇權，兩造當事人就非屬我國民事訴訟法規定專屬管轄之特定法律關係所生爭議，固得合意由外國法院管轄，但如當事人意在排除我國法院之民事審判管轄權，必以另有專屬外國某一法院管轄或排除我國法院管轄之合意，且該約定之外國法院亦承認該合意管轄者，始足稱之。」→似採原則無效說（以是否「專屬外國某一法院管轄」或「排除我國法院管轄之合意」為斷）。

注意一：涉外民事法律適用法修正草案曾經將「外國法院管轄條款」納入規範，採取「原則無效說」，以「外國法院裁判可為我國所承認」為我國法院得承認外國管轄條款效力之條件，惟該條文後遭刪除。

注意二：請注意本節論述與新海商法第78條第1項「裝貨港或卸貨港為中華民國港口者之載貨證券所生之爭議，得由我國裝貨港或卸貨港或其他依法有管轄權之法院

管轄。」之衝突適用及解釋問題。→師認爲，由於海商法第78條第1項僅適用於「載貨證券」，而載貨證券不僅有著(1)定型化契約條款之解釋問題，(2)民國67年民刑總會決議認爲載貨證券爲船長單方意思表示，而否定美國管轄條款之效力，且(3)該條文可解爲「中華民國準專屬管轄」強制規定等情況下，既使前述法院及學術理論多數對「外國管轄條款」採取有效說或原則有效說之見解，然就載貨證券上之外國管轄條款效力而言，如有符合第78條第1項之情況時（亦即裝貨港或卸貨港之一爲中華民國港口時），外國管轄條款仍須爲無效之判定。

遭刪除之修正草案（2001年初稿）

涉民法部分條文修正草案		
修正條文	現行條文	說明
第13條 非由中華民國法院專屬管轄之涉外民事事件，當事人間訂有排除他法院管轄之外國法院管轄協議，以中華民國法院將來得承認其裁判者爲限，當事人不得違反該協議，在中華民國法院提起訴訟。 當事人之一方違反前項規定提起訴訟時，法院應依他方當事人之聲請，裁定停止其訴訟程序，並命原告於一定期間內向該法院提起訴訟。 原告逾前項期間未提起訴訟者，法院應以裁定駁回其訴。 第一項之訴訟，經法院裁定停止訴訟程序後，如該外國法院之確定判決獲得中華民國法院之承認，視爲於外國起訴時撤回其訴。	無	一、本條新增。 二、非由中華民國法院專屬管轄之涉外民事事件，當事人間訂有排除他法院管轄之外國法院管轄協議，以中華民國法院將來得承認其裁判者爲限，當事人不得違反該協議，在中華民國法院提起訴訟。 三、當事人之一方違反前項規定之仲裁協議提起訴訟時，法院得依他方當事人之聲請，裁定停止訴訟程序，並命原告於一定期間內向該法院提起訴訟。 四、原告逾前項期間未提起訴訟者，法院應以裁定駁回其訴。 五、第一項之訴訟，經法院裁定停止訴訟程序後如何處理，視該外國法院之確定判決是否可獲得中華民國法院之承認，而異其處理程序。
修正總說明部分： 十三、增訂關於當事人合意外國法院管轄之規定。（修正條文第13條） 當事人間訂有合意由外國法院管轄，並排除他法院管轄權之條款，而其判決將來有獲得我國承認之可能者，當事人得爲無管轄權之抗辯，我國法院之管轄權因而被排除，民事訴訟法就此未爲明文規定，爰明定之。當事人之一方違反仲裁協議在中華民國法院起訴時，法院得依他方當事人之聲請，裁定停止其程序，並命原告於一定期間內向該法院提起訴訟。原告逾前項期間未提起訴訟者，法院應以裁定駁回其訴。經法院裁定停止其程序之訴訟，其後續如何處理，視外國法院之確定判決是否可獲得中華民國法院之承認而異。		

3.4 外國裁判之承認與執行（又稱「間接一般管轄權」）

3.4.1 外國裁判之性質

裁判為一國司法主權之行使，原則上僅具「域內效力」。

3.4.2 必須承認外國裁判之理論

相互禮讓說（The Comity Theory）
義務說（The Obligation Theory）
既得權說（Acquired Rights Theory）
司法契約說（Legal Contract Theory）
視同法律說（As Law Theory）
一事不再理說（The Res Judicata Theory）
公平正義說→共同利益所必須

3.4.3 承認外國裁判之理由

保障當事人之正當期待
維繫國際私法之安定性
避免重新審理，節省時力→符合訴訟經濟
避免原告一再擇地興訟→可增進司法權威
保障勝訴一方，避免敗訴推脫逃避，尊重既判力
原審法院通常為關係最切之管轄法院，其見解應最具適當性。

3.4.4 承認之制度

實質審查（法國制）：內國法院應重新審查外國裁判之實質內容，如認為其裁判結果應與該外國裁判一致時，則承認該裁判，反之則否。

形式審查（義大利制）：內國法院僅就程序上審查某外國裁判是否符合所規定之承認要件，符合承認要件之外國裁判，則予以承認，反之則否。→2001年修正草案曾採之（如下表）。

自動承認（德日制）：內國法院根本無須特別進行承認外國裁判之裁判程序，只要該外國裁判符合承認國所規定之要件，即生成承認之效力。

3.4.5　**承認之要件**（與下列民訴§402相當一致）

1. 相互承認之互惠原則；
2. 裁判應為具管轄權法院所為：是否具管轄權（包括一般管轄及國際管轄，但不包括特別管轄），原則上依該審判法院國法律確定之（民訴§402為內國法律）；
3. 須為確定裁判或最後裁判：裁判已達到不得以普通上訴方法加以變更之階段；
4. 裁判須符合內國公序及正義原則：自然正義（ex.程序正義－－合法送達）、公共秩序、善良風俗。

3.4.6　**我國法規定**

民訴§402（外國法院確定裁判之效力）

外國法院之確定判決，有下列各款情形之一者，不認其效力：

一、依中華民國之法律，外國法院無管轄權者。

二、敗訴之被告未應訴者。但開始訴訟之通知或命令已於相當時期在該國合法送達，或依中華民國法律上之協助送達者，不在此限。

三、判決之內容或訴訟程序，有背中華民國之公共秩序或善良風俗者。

四、無相互之承認者。

前項規定，於外國法院之確定裁定準用之。

強執§4-1（外國法院確定裁判為強制執行之要件及許可執行之訴之管轄法院）

依外國法院確定判決聲請強制執行者，以該判決無民事訴訟法第四百零二條各款情形之一，並經中華民國法院以判決宣示許可其執行者為限，得為強制執行。

前項請求許可執行之訴，由債務人住所地之法院管轄。債務人於中華民國無住所者，由執行標的所在地或應為執行行為地之法院管轄。

1. **性質／程序**：屬事後形式審查（符合要件即可，基本上不作實質審查）→經法院裁判准其執行（取得執行名義）→聲請強執。
2. **承認之機關**：包括法院及行政機關（例如離婚登記）。
3. **得承認之裁判**：外國法院之「確定裁判」及「確定裁定」。

遭刪除之修正草案（2001年初稿）：涉外身分事件民事裁判之承認

涉民法部分條文修正草案		
修正條文	現行條文	說明
第14條 被告本國法院就涉外身分事件所為之民事確定裁判，中華民國法院應予承認，不適用民事訴訟法第402條第1款、第4款之規定。	無	一、本條新增。 二、外國法院關於身分關係之事件所為之民事確定裁判，是否適用民事訴訟法第402條，理論與實務猶有不同見解。本修訂條文認為外國法院就涉外身分事件所為之確定裁判，如係由被告本國法院所為，中華民國法院應儘可能予承認，以免跛行法律關係之發生，因而明訂不適用民事訴訟法第402條第1款、第4款之規定。
修正總說明部分： 十四、增訂承認外國法院有關涉外身分事件確定裁判之特別規定。（修正條文第14條） 外國法院關於人格、身分關係之事件所為之民事確定判決或裁定，是否適用民事訴訟法第402條，理論與實務猶有不同見解。本案認為關於外國人格與身分之確定裁判，如係由被告本國法院所為，中華民國法院應予承認，不適用民事訴訟法第402條第1款、第4款之規定，以免跛行法律關係之發生，爰明定之。		

遭刪除之修正草案（2001年初稿）：其他確定裁判之承認

涉民法部分條文修正草案		
修正條文	現行條文	說明
第15條 外國法院之確定裁判，應向依中華民國法律規定有管轄權之中華民國法院聲請承認，在中華民國始為有效。中華民國法院就外國法院確定裁判之承認，對其事實認定及法律適用，不得再行審查。	無	一、本條新增。 二、依目前實務見解，外國法院民事確定裁判聲請法院強制執行時，始由法院審核是否有民事訴訟法第402條所規定之情形。如當事人持外國民事確定裁判向我國行政機關聲請辦理相關行政事務，則不必經我國法院之審核。鑑於行政機關未必有能力審核外國法院是否有民事訴訟法第402條所定情事，以經我國法院審核為宜，爰明定之。 三、至於我國法院決定是否承認外國法院確定裁判時，通說均認為不得再就其事實認定及法律適用予以審查，爰明定之。
修正總說明部分： 十五、增訂外國法院民事確定裁判應經我國法院裁定承認之規定。（修正條文第15條） 外國法院民事確定裁判，僅於聲請法院強制執行時，我國法院始予以審查，關於行政機關職掌事項，例如，戶籍登記等事項，則不必先獲得我國法院之審查、承認，即可辦理。惟鑑於行政機關未必有充分能力審查，自應以經我國法院審查、承認為宜，爰明定之。		

遭刪除之修正草案（2001年初稿）：外國裁判管轄權有無之認定

涉民法部分條文修正草案		
修正條文	現行條文	說明
第16條 外國法院之裁判，其在外國管轄權之取得係基於下列情形之一者，在中華民國視爲無管轄權： 一、對於被告訴訟程序之通知或其他文件之送達。 二、原告之國籍。 三、對於被告與系爭事件無關之些許財產之扣押。	無	一、本條新增。 二、關於承認外國法院確定裁判之管轄權之要件，即所謂間接一般管轄權，宜採取較直接一般管轄更寬之規定，惟如過度放寬，致有礙當事人訴訟程序利益，亦非妥適，爰參考歐洲1978年關於外國裁判承認與執行之公約，規定外國法院如係基於下列情形之一：(1)對於被告訴訟程序之通知或其他文件之送達；(2)原告國籍；(3)對於被告與系爭事件無關之些許財產之扣押，而取得管轄權者；我國法院不認其管轄權取得有合理基礎，因而不認爲其爲有管轄權之法院，而不承認其確定裁判，爰明定之。
修正總說明部分： 十六、增訂關於外國民事確定裁判之承認與執行，關於外國法院無管轄權之規定。（修正條文第16條）。 關於承認外國法院確定裁判之管轄權之要件，即所謂間接一般管轄，民事訴訟法未規定，本案認爲宜採取較直接一般管轄更寬之規定，爰參考歐洲關於外國裁判承認與執行之公約，規定外國法院如係基於對於被告送達訴訟程序之通知或其他文件；基於原告之國籍；基於對於被告與系爭事件無關之少許財產之扣押而取得管轄權者，因不具有合理之基礎，不認爲其有管轄權，不得承認其確定裁判。		

3.5　涉外仲裁

3.5.1　意義

涉外商務往來中，當事人依其協議，自願將其間之法律爭端，提付臨時組成或常設之仲裁人或仲裁庭審理，並受仲裁人做成之判斷拘束之制度。

3.5.2　仲裁契約之性質

屬獨立於主契約以外之另一契約，因此應獨立決定其準據法。

3.5.3 仲裁契約之準據法

	當事人意思自主說（通說）	法庭地法說	仲裁舉行地法說	主契約準據法說
內涵	類似和解契約，以當事人間之合意為聯繫因素。	仲裁程序性質較濃，其要件及效力，自應依訴訟繫屬地法。	仲裁於舉行地舉行，該仲裁判斷如難獲該舉行地法承認，則很難為他國所承認或執行。	仲裁契約之目的係為解決主契約之爭議而來，兩者關係密切不可分。
	※新仲裁法第1條（注意第1項及第4項）→採當事人意思自主說。			

3.5.3.1 仲裁事件之準據法
原則上亦採當事人意思自主

3.5.3.2 仲裁判斷之國籍
仲裁法第47條，採作成地說

3.5.3.3 承認及執行程序
外國判斷完成→我駐外單位認證→我法院裁定承認→取得執行名義→強制執行

3.5.3.4 承認之要件
a. 相互承認之互惠原則（仲裁法§49.II）
b. 判斷須符合我國公序及正義原則（仲裁法§49.I.1）
c. 仲裁契約須有效存在（仲裁法§50）
d. 仲裁程序須合法正當且不違背當事人約定（仲裁法§50）
e. 仲裁合法生效（仲裁法§50）
f. 仲裁標的具可仲裁性（仲裁法§50）
g. 無被撤銷或失效事由
海商法§78.II：前項載貨證券訂有仲裁條款，經契約當事人同意後，得於我國進行仲裁，不受載貨證券內仲裁地或仲裁規則記載之拘束。

仲裁條款範例：NYPE 1993 Clause 46 Arbitration:

(a) New York

All disputes arising out of this contract shall be arbitrated at New York in the following manner, and subject to U.S. law:

One Arbitrator is to be appointed by each of the parties hereto and a third by the two so chosen. Their decision or that of any two of them shall be final, and for the purpose of enforcing any award, this agreement may be made a rule of the court. The Arbitrators shall be commercial men, conversant with shipping matters. The Arbitration is to be conducted in accordance with the rules of the Society of Maritime Arbitrators Inc.

　　For disputes where the total amount claimed by either party does not exceed US$_____ the Arbitration shall be conducted in accordance with the Shortened Arbitration Procedure of the Society of Maritime Arbitrators Inc.

遭刪除之修正草案（2001年初稿）

涉民法部分條文修正草案		
修正條文	現行條文	說明
第12條 涉外民事事件，當事人間訂有外國仲裁條款，以其仲裁判斷可得中華民國法院承認者爲限，當事人不得違反仲裁協議，在中華民國法院提起訴訟。 當事人之一方違反前項規定之協議，在中華民國提起訴訟時，法院得依他方當事人之聲請，裁定其停止訴訟程序，並命原告於一定期間內提付仲裁。 原告逾前項期間未提付仲裁者，法院應以裁定駁回其訴。 第一項之訴訟，經法院裁定停止訴訟程序後，如仲裁判斷經中華民國法院承認，視爲於仲裁庭作成判斷時撤回起訴。	無	一、本條新增。 二、仲裁協議可分爲內國仲裁協議和外國仲裁協議。仲裁判斷亦可分爲內國仲裁判斷和外國仲裁判斷。內國仲裁協議係指當事人同意將涉外民事事件交由我國仲裁庭仲裁之協議。外國仲裁協議，係指當事人同意將涉外民事事件交由外國仲裁庭仲裁或交由我國仲裁庭依據外國法仲裁之協議。仲裁判斷在內國依據內國仲裁判斷法律作成者爲內國仲裁判斷。仲裁判斷在外國作成或依據外國法律作成者爲外國仲裁判斷。商務仲裁條例第1條、第3條所規定之仲裁協議，係指依我國商務仲裁條例所訂立之內國仲裁協議，並不包括外國仲裁協議在內。仲裁法第1條之規定雖將「依本條例」刪除，但所謂仲裁協議是否包括外國仲裁協議在內，似仍有疑義，因此，當事人得否依仲裁法第4條，主張妨訴抗辯，亦有疑義。鑑於現代國際貿易發展迅速，仲裁制度日形重要，國際間之仲裁亦日益盛行。而外國仲裁與推展國際貿易，息息相關，仲裁法第47條至第51條我國承認外國仲裁判斯之要件及程序，係以外國仲裁協議爲其前提，既承認外國仲裁協議，自應承認外國仲裁協議具備一定條件即得作爲妨訴抗辯之事由，爰明定之，並以其仲裁判斷將來可得我國法院承認者爲其要件。 三、當事人違反仲裁協議在我國另行起訴者，法院得裁定停止其訴訟程序。 四、前項經法院裁定停止程序之訴訟後續應如何處理，視外國仲裁判斷是否獲得中華民國法院之承認，異其處理方法。

修正總說明部分：
十二、增訂關於外國仲裁條款妨訴抗辯效力之規定。（修正條文第12條）
當事人間訂有外國仲裁條款，而其仲裁判斷將來有獲得我國承認之可能者，當事人得爲妨訴抗辯，我國法院之管轄即被排除，此等情形，仲裁法有明文規定，惟不適用於外國仲裁，爰明定之。如當事人違反仲裁協議在我國另行起訴者，法院得裁定停止其訴訟程序。經法院裁定停止程序之訴訟，其後續應如何處理，視外國仲裁判斷是否獲得中華民國法院之承認而有不同。

本章歷年國考考題（測驗題）：適用民國100年涉民法

1. 我國法人甲以製造軟糖爲業，並同時外銷至A國市場。今A國乙因在A國購買並食用甲所設計與製造之軟糖，不幸因軟糖卡在咽喉而窒息死亡，乙之父母丙、丁向A國提起請求甲負侵權行爲損害賠償責任之訴並取得勝訴判決確定。今甲在A國境內無任何可供強制執行之資產，故丙、丁持A國法院確定判決向我國聲請承認與執行。關於A國法院就該案件有無管轄權，下列敘述何者正確？（100司法官 答案：C）
   (A) A國法院有無管轄權，應依照A國之法律決定之
   (B) 我國沒有法律決定A國有無管轄權，無法否定A國之管轄權，故應該承認A國法院之判決
   (C) 類推適用我國民事訴訟法第15條第1項侵權行爲地管轄的規定，A國爲損害結果發生地，故A國法院就本件有管轄權
   (D) 依照以原就被原則，原告丙、丁應該到被告甲之住所地國即我國來起訴，故A國無管轄權，不應承認其判決

2. 我國國民甲在A國經商，與A國商人乙發生糾紛。甲回國後，乙在A國起訴，甲未出庭，故A國法院以一造缺席判決甲敗訴。乙現持該判決請求我國法院執行。甲則抗辯A國無管轄權，並抗辯未受合法通知。下列敘述何者正確？（101司法官 答案：D）
   (A) A國法院是否如同甲所主張爲無管轄權之法院，以程序依法庭地法之原則，應依A國法認定
   (B) 甲雖抗辯未受合法通知，若乙已經委請臺灣律師親自送達給甲，甲之抗辯將爲無理由
   (C) 我國法院承認判決時，應就該外國判決所適用之法律是否有誤再爲審查
   (D) A國判決內所認定之事實，我國法院不應再爲審查

3. 原告A國法人甲主張，與被告我國法人乙約定由甲授權乙在我國播放卡通片。雙方約定授權金分四期給付，契約中約定準據法爲A國法。乙在電匯第一期授權金後，逾期並經甲催告仍藉口拖延給付其他各期之授權金。甲遂向我國法院起訴請求乙給付授權金與法定遲延利息等。甲所主張的請求權基礎皆爲我國民法上的規定，而乙僅抗辯我國法院之國際裁判管轄權，對於本案問題並未答辯。我國法院直接適用我國民法之規定判決甲勝訴。問：我國法院的判決有無違背法令？（101律師 答案：B）
   (A) 不違背法令。當事人在訴訟上未爲主張或抗辯應適用外國法時，直接法源當然爲本國民商法，法院本應依職權適用我國法爲判決
   (B) 違背法令。法院應依職權適用涉外民事法律適用法選擇準據法，因爲我國國際私法爲強行規範，並非任意規範
   (C) 違背法令。法院應該尊重當事人的眞意，問清楚他們到底要適用本國法還是外國法

(D) 不違背法令。當事人在訴訟上未主張或抗辯法院應適用外國法時，可以視為兩造就適用我國法為準據法有默示的合意

4. 我國國民甲與A國國民乙因商業糾紛涉訟於A國法院。之後，甲在我國就同一事件再行起訴，乙主張法院應基於一事不再理之原則駁回。下列敘述何者正確？（101 律師 答案：C）

(A) 甲、乙間之爭議既然已繫屬於A國法院，則甲不得在我國重行起訴

(B) 我國法院應以「法庭不便利原則」駁回此訴

(C) 我國法院於一定條件下，得裁定停止此一訴訟

(D) 雖然外國法院就同一案件已在審理，但對我國法院而言，此一事實並無任何意義

本章歷年國考考題（實例申論）

1. 中巴混血幼童吳億華之糾紛，於涉外事件之訴訟上，引起與國際私法問題之關係有哪些？試論述之。（90司）

2. 對外國法院判決的承認，有所謂相互原則（principle of reciprocity）為拒絕行使管轄權？試依我國及英美之情形分別簡要說明之。（87高）

3. 我國商人甲與美國商人乙在台北訂立一國際貿易契約，其中一條款言明，因該契約引發之任何爭執，應以台灣台北地方法院為原始管轄法院。另一款則言明，雙方依契約所生之權利義務關係，應依1980年「聯合國國際商品買賣契約公約」之規定。美國為此公約之締約國，我國則否。今甲乙雙方為履約產生糾紛，甲向台灣台北地方法院起訴，請求乙履約，法院應如何擇定準據法？（80司）

4. 德國公司A由波昂以電報向美商台北分公司B訂購加工品一批。B依A指示回電承諾，並經確認。貨物抵德境交付後，A發見部分品牌質量不合約定致生糾紛。請具理由精簡回答下列問題：

(1) A公司有無向我國法院以B公司為被告訴請損害賠償之權？

(2) 我國法院對本案件有無管轄權？

(3) A、B兩公司可否明示選擇英國法為契約準據法？

(4) 倘無當事人自治法律可以適用，該契約糾紛應依何國法律解決？

(5) B公司之美籍留華工讀生丹尼十八歲，法國有住所，其在我國有無締約能力應依何法決定？（78司）

5. 甲國人a、b係好友，均在我國有住所。於甲國A倒車時，因輕微過失傷及路旁之b。b來華提起損害賠償之訴。設甲國法律規定，行人無故意或重大過失時，對友人不負賠償之責；其國際私法規定，因侵權行為所生之債，依被害人住所地法。試從管轄權、定性、準據法之選擇、準據法之適用（包括反致問題），扼要說明我國法院對本案應為之處理。（75司）

6. 在紐約之美國商人甲，向在台北之中國商人乙訂購成衣一批，言明交貨及付款均在紐

約。嗣甲以收到之訂貨違背品質保證，乃在紐約法院訴請乙賠償損害，並經判決勝訴。甲即據以請求台北地方法院執行此一判決。試分析說明台北地方法院應考慮何項問題，以定是否執行此一判決。（73律）

7. 甲無國籍出生於韓國與具有中國籍之妻乙久住台北，並於台北與漢城兩地之間，均有房屋及銀行存款，甲無子女，與乙不睦，曾立遺囑指定韓國人丙對其遺產為其全部繼承，嗣甲歸化韓國，並死於台北，乙、丙就繼承遺產，涉訟於台北地方法院，問法院所應考慮的問題如何？宜如何作決定，試分類述之。（71司）

8. 試擬一國際私法案件，此案件(1)得由中華民國法院管轄。(2)依涉外民事法律適用法之規定，其準據法應為德國法。（66司）

9. 在涉外民事案件中，有管轄權之法院可否以「不便利法庭」（forum non conveniens）為由拒絕行使管轄權？試依我國及英美之情形分別簡要說明之。（89司）

10. 近年來，我國經濟成長快速，外籍勞工爭相來我國工作，涉外民事事件亦日漸增多。請問：

(1) 外國人權利之保護與國際私法有何關係？

(2) 外國人在我國之工作權是否應予保障？可否加以限制？

(3) 各國對外國人之財產權有何最低限度之保護？對其取得動產、不動產物權以及無體財產權有無限制？（77律）

11. 法人國籍確定之標準為何？請就學說及我國法之規定說明之。又外國法人之認許，其意義與效力如何？（84高）

12. 外國公司如欲在中國設廠製造貨品銷售國內外，依吾國法律是否許可？如屬許可，應依何種法定程序辦理？（69律）

13. 外國公司之認許有無條件限制？如經認許，在中國法律上享有何等權利？（53司）

14. 甲為我國國民，擔任依A國法設立登記但總部設於B國的乙公司的「副執行長」（Vice CEO），在A國及我國經營貿易事業。A國人丙在B國有住所，因向乙公司購買貨物，價金之半數以現金支付，其餘承諾按期付款，並由丙在B國簽發一張英文字據給甲，其上有「PROMISSORY NOTE」的字樣，並載有相當於「此票受B國法律支配及依B國法律解釋」的英文條款。甲代表乙公司在我國法院對丙請求付款，雙方先就甲得否為乙公司的法定代理人或代表人發生爭議，再就丙對該英文字據是否應依我國票據法負擔本票之責任發生爭議。假設A國、B國和我國法律關於公司之代表人及本票之要件效力等問題，規定均不一致，請問我國法院對於上述爭議，應如何適用法律？（96司）

第四章　準據法選擇（含定性、聯繫因素、準據法）

4.1　準據法選擇概說

　　準據法選擇（或稱為「衝突規範」或「法律適用規範」）為國際私法的核心，係指某涉外民事法律關係應適用何國法律之規範。

　　按以下列二條文為例，準據法選擇係由「屬類（範圍）」及「聯繫因素」二部分所構成。「屬類」為準據法選擇所欲處理或調整之某種法律問題之類型，此復涉及該法律問題類型如何確定之「定性」問題；而「聯繫因素」為涉外法律關係指定應適用何國法律所依據之某種事實因素（主體（國籍住所等）、客體、行為、意思表示等）。

4.2　定性（characterization, classification, qualification）

4.2.1　意義及定性的對象

　　又稱爲識別、歸類或限定等，其係指在確定某一法律概念或名詞之意義，俾選擇適當的適用法則，而加以正確的適用。亦即依據既有的法律學理基礎或觀點，針對某法律事實的性質進行識別，以確認其法律性質的歸屬（屬類；確認其是否爲一法律問題及爲哪一種類型的法律問題），以便於能正確地原則法律選擇規則。在學理上，此屬於國際私法上之解釋衝突或法律意涵上之隱藏性衝突（latent conflict）。至於定性之對象，圖示如下：

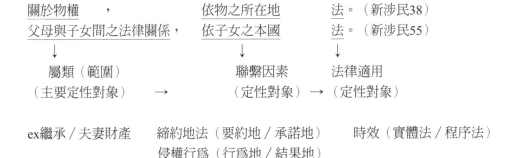

　　從前圖示可知，定性的對象主要包括三類：
1. 屬類（爭訟問題）之定性
2. 聯繫因素之定性
3. 法律適用之定性

4.2.2　發生

　　任一國之國際私法，必利用某些法律屬類、法律概念或名詞，例如住所、履行地、行爲能力、侵權行爲、婚姻、夫妻財產等，以定其準據法。因此必先確定該涉外案件係屬於哪一屬類，以定該屬類之準據法。然問題發生於：

第一、**各國對於法律關係的性質理解或歸類並不一致**：例如「繼承v.s.夫妻財產」或請求權競合；或未成年人結婚之父母親同意有些認爲是形式要件，有些認爲是實質要件；或「產品製作人責任」，有些國家將其歸類爲契約關係，有些則歸類爲侵權行爲關係。

第二、**各國對同一法律名詞或術語之解釋不同**：例如「契約締結地」，有些國家以承諾接受地，而有些國家解爲承諾發出地或其他；侵權行爲地之解釋亦同，有些

認為是侵害行為地，有些認為是損害發生地。

第三、**各國的法律概念或規定之不同**：例如大陸法系將「物」一般區分為動產與不動產，但英美法傳統上將其區分為「real property」及「personal property」；多數國家採一夫一妻，然有些國家則容許一夫多妻或相反。

第四、**各國對於若干法律關係之實體法或程序法分類不同**：國際私法向有「程序依法庭地法；實體法依擇定法」原則，因此某一法律事實究屬程序法，或屬實體法，其法律之適用差異很大。例如大陸法律常見的請求權時效，屬實體法問題，英美法卻僅規定「訴訟時效」而屬程序法問題。

4.2.3　典型範例

法國1889年Anton v. Bartolus案

馬爾他籍夫妻，於結婚時有住所於馬爾他。嗣後，移住法屬阿爾及利亞。夫於該地購置不動產，並死於該地。其妻依當時馬爾他有關「夫妻財產」法律向法國法院請求給予不動產之四分之一。依法國國際私法，「夫妻財產」適用婚姻當時之住所地法（亦即馬爾他法），其妻可以為是項主張；然如視為「繼承」問題，不動產繼承適用不動產所在地法（亦即法國法），其妻即不得為是項主張。

英國1908 年Ogden v. Ogden案（1908 P.46）

未成年有住所於法國之19歲法國人（按當時法國法規定25歲為成年），未得父母同意在英國與英國女子結婚，嗣後提出婚姻無效之訴。依當時法國民法第148條規定，父母同意為未成年人婚姻之實質要件，亦即法國民法，屬能力問題，應依夫之屬人法，即法國法，婚姻無效。但依英國法，此問題則屬婚姻方式問題，為形式要件，應依行為地法，而依英國法，父母同意為婚姻之形式要件，婚姻得以維持。

加拿大1911年Hoyles, Row v. Jagg案（1911）1 Ch. 179 （C.A.）

一住在加拿大安大略省的英國人死亡，無遺囑，留有乙紙涉及維多利亞省土地抵押之權狀。依英國法，動產繼承依死者死亡時之住所地法，不動產則依物之所在地，而英國對此類權狀以動產為認定；但依安大略省法律著眼於土地抵押，認定為不動產。

4.2.4 定性標準

	法庭地法說 Lex Fori	案件準據法說 Lex Causae	比較法說（分析法說） Comparative Law	初步及次步定性說 Primary & Secondary Characterization
主張	一國國際私法與其內國法同屬一個法制而不可分，因此以「法庭地」作為定性之標準。	任何法規應依所屬法律制度定其種類，國際私法今指定應適用某外國法，如不採該國定性，豈非等於不適用該外國法。	國際私法本在解決內容不同之內外國法間或外國法彼此間之問題，因此定性問題應從法律之比較研究或分析法學著手。	初步定性依法庭地法，先確定法律關係之性質及法律名詞之含意，以此找出案件準據法；次步定性依本案準據法，進一步解決案件法律適用問題。
採用	日、德、法、美多數說	英、法學者主張	奧、德、英、學者	英學者
批評	1. 內國可能以此拒絕適用外國法律； 2. 可能導致所適用之外國法並非最適當之外國法。僅能為權宜之用。	1. 欲定性前，可能根本不知「案件準據法」為何國，而造成循環論斷； 2. 如有二以上準據法時，則將無所適從。	1. 不切實際，世上所承認之共通或普遍規則不多； 2. 造成內國法院負擔，而必須研究各相關國之法律制度及規定。	不切實際、過於人為化、界線不清。
發展	1. 以上各說均有所偏，學說新發展為，先以較富彈性的「最重要牽連關係」定應適用之法律，再依該準據法定法律關係之性質（近案件準據法說）。 2. 在涉外案件解決順序上，定性是繼國際管轄確定後即為適用，其影響後續擇法規範相當大。然定性標準不一，且各國法律對此明文規範有限的情況下，在法院自由裁量範圍內，如何妥善運用定性的基本原理原則予以定性相當重要，其不應被作為擴大內國法適用之一種手段。 3. 各國立法例參考： **澳門1999年民法典第14條**（定性） 　賦予某法律準據法地位時，應適用該法律之相關規定，該等規定需為基於其內容及在該法律中所具之功能而構成之法律衝突規則所涉及之範圍之規定。			

> 匈牙利**1979**年國際私法第**3**條（法律性質的決定）
> 　　如於法律訴訟中對於事實或關係的性質有爭議，應依據匈牙利法律規則及概念決定適用之法律。
> 　　如匈牙利法律未規定某法律制度，或以另一種形式或名稱承認法律制度，並且不能依解釋匈牙利法律規則予以確定，於決定其法律性質時，亦應斟酌規定該法律制度之適當外國法律規則。
> 中華人民共和國**2010**涉外民事關係法律適用法第**8**條
> 　　涉外民事關係的定性，適用法院地法律。
> 奧地利**1978/1999**年國際私法第**2**條法律選擇必要條件之確定
> 　　除程序規則要求某些得議定選擇法律問題上（第19條，第35條第1項）可接受當事人主張外，就法律選擇具有決定意義之事實及法律上之必要條件，應由法官依職權確定之。

1.「最重要牽連關係」意義

　　涉外案件通常涉及二以上之國家及其法律，就案件解決及其利害關係觀之，應有牽連強弱之分。此時內國法院應就爭執之問題、案件事實、事實間之關係、當事人與關係國間之關係，作個案分析比較，以決定應適用何國法律。以比較具彈性的分析比較作法，避免一成不變地適用剛性選法規則。

2. 定性問題之解決：

　　國內立法自治：以比較法觀察各國法制，於立法時，避免與他國間法律概念或用語衝突。
　　國際條約之簽訂：統一各國法律概念之含意，以解決法律概念之衝突。

注意：本次涉民法修正之1999年初稿，曾提出定性之相關條文，如何定性？由法院依職權認定，既未採「法庭地法說」，亦未採「最重要牽連關係說」。

遭刪除之修正草案（1999年初稿）

涉民法部分條文修正草案		
修正條文	現行條文	說明
第23條 涉外民事事件之性質，由法院定之。但被告不爭執者，得依原告之主張。	無	定性在國際私法上，具有重要意義，法院應依職權決定涉外民事事件之性質，無須受當事人主張拘束。惟若原告之主張，被告不爭執時，基於訴訟經濟之原則，法院得尊重當事人之合意。 至於法院在職權決定涉外民事事件之性質時，應以何理論為標準，學說與實務上約有四說。目前實證法或判例多採法庭地法說，屬便宜舉措；新趨勢則採最重要關連關係說，但充滿不確定性。故此處不另設標準，由法院自行依最適當之判斷形成觀念。 參考之外國立法例：奧地利1978年國際私法第1條、匈牙利1979年國際私法第3條、羅馬尼亞1992年國際私法第3條。

4.3　聯繫因素概說

4.3.1　意義

或稱為連結因素、連接因素、連結點、系屬公式（connecting factors）：
1. 據以聯繫涉外案件與某國法律之基礎事實。（馬漢寶老師等）
2. 涉外案件中，構成涉外案件與各國實體法所發生聯繫關係之「諸」因素。（柯澤東老師）
3. 涉外法律關係指定應適用何國法律所依據之某種事實因素（例如國籍、住所、締約地、侵權行為地、婚姻舉行地、物之所在地等）。

　　例如「物權依物之所在地法」，其中「物之所在地」之事實因素即為聯繫因素。聯繫因素為法律關係與某準據法間之一種聯繫或媒介，透過該聯繫，其顯示該法律關係與準據法間應存在著某種實質上的牽連或隸屬關係。在此原則下，國際私法準據法的選擇必須是客觀地能顯現出兩者間之牽連，亦即必須「法律關係」與「所選擇之準據法」間應存在著某種聯繫因素或與某聯繫因素具有直接關係。

4.3.2　種類

傳統分類：四大硬性聯繫因素

1. **與「主體」有關**
   - 自然人
     - 國籍（本國法主義lex patriae）
     - 住所（住所地法主義lex domicilii）居所、現在地（慣居地 habitual residence）
     → **屬人法**（lex personalis）
   - 法人屬人法：準據法國（或主事務所／營業所？）
   - 船舶／航空器：船旗國／登記國

2. **與「客體」有關**　物→物之所在地　（situs rei /lex rei sitae）→**屬地法**
3. **與「行為」有關**　→行為地（locus actus）
   　Ex契約締結地、契約履行地、侵權行為地、婚姻舉行地、遺囑設立地等
4. **與「當事人意思」有關**→契約當事人合意選定之準據法（lex voluntatis）→**自治法**

晚近分類：再加下列二彈性規範

5. **與「法庭地」有關**→法庭地法（lex fori）
   　Ex.涉外民事訴訟程序、定性、公序良俗（第8條）、規避法律（第7條）、反致（第6條但書）等

6. 關係最切→適用與該法律關係最為密切之國家之法律（the closest connection or the most significant relationship），為近半世紀來的主流彈性選擇原則

Ex.涉民法第2條「依本法應適用當事人本國法，而當事人有多數國籍時，依其關係最切之國籍定其本國法。」

　　註：2011年涉民法總計出現17次關係最切；而舊1953年涉民法僅出現2次

外國立法例參考：

瑞士1987/2011年聯邦國際私法第15條

1. 就所有情況，如案件與本法所指定法律間之聯繫並不密切，而與另一法律聯繫**更明顯密切**者，則可為例外處理，不適用本法所指定之法律。

2. 於當事人自願選擇法律之情況下，本條規定不適用之。

瑞士1987/2011年聯邦國際私法第19條

1. 如依瑞士法律精神，當事人合法及重要利益應予以保護，除本法所指定法律以外之強制規定，如案情狀況與該法律有**密切關連**，即應納入考量。

2. 於決定某規範是否應納入考量時，應考量其立法目的及其適用是否會使瑞士法作出一適當裁判。

奧地利1978/1999年國際私法第1條最密切聯繫原則

(1) 於私法，與外國有連結之事實應依與該事實有最密切聯繫之法律為裁判。

(2) 本聯邦法規（衝突法）所規定之法律適用具體規則，應被認為體現此一原則。

4.3.3 「法庭地」及「關係最切」概說

4.3.3.1 法庭地法

意義：法庭地法主義係指以「法庭地」作為聯繫因素而以法庭地法為準據法。亦即法院審理涉外民商事件時，法院以其法院所在地國之法律（包括程序法及實體法）為案件審理之依據。此不同於「程序，依法庭地法」之國際私法基本原則，更甚之，法庭地法不僅程序依法庭地法，實體法亦依法庭地法。

概念：受主權優位觀念之影響，無論在國際私法理論發展過程中，抑或司法實踐上的司法便利性，法院地法（Lex Fori）一直以各種理由被優先適用者。然而，法庭地法的過度適用，顯然違反國際私法裁判一致要求、內外國法律平等原則及造成當事人任擇法院等基本原則。然無論受到如何批評，在直接選法規範上，抑或輔助選法規範上，仍常見法庭地法之影子。於直接選法規範，例如我國涉外法第11條之死亡宣告要件及效力、第31條非法律行為而生之債之中華民國法律適用之合意，均屬之；於輔助選法規範方面，第6條之反致、第7條規避法律及第8條公序良俗條款，以及學理上之定性標準等，均採法庭地法原則。

發展：法庭地法大致可區分為早期主權優位下之「絕對適用時期」，國際私法啟蒙及主流發展過程中「合理限制時期」，以迄晚近二十世紀之「平衡擴大適用時期」三大階段。第三時期主要是將「法庭地法」作為另一種補充性聯繫因素（例如船舶公海碰

撞，船舶假扣押地法（法庭地法）即可作爲一種很重要的補充適用準據法），並透過與最密切聯繫關係、當事人意思自治及有利於弱勢利益原則的結合，以隱性方式，適用法庭地法。

4.3.3.2　關係最切法

意義：「關係最切」爲我國涉民法所使用之用語，一般學理上以「最密切聯繫原則」、「最強聯繫原則」（the strongest connection）或「重力中心原則」（center of gravity）等稱之。其係指法院於審理某一涉外民商事件時，應權衡各種與事件當事人具有聯繫的因素，從中找出與案件具有最密切聯繫的因素，並依據該因素的指向，適用解決該事件與當事人有最密切聯繫國家或地區之法律。相關考量因素包括當事人出生地、慣居地、住所地、政治權利或從事商業或業務活動的場所及個人意願等。

概念：以主體、行爲方式、物之所在地及當事人意思等傳統聯繫因素，本質上仍屬基於關係密切之考量，然這些考量是在預先假設情況的前提所爲的考量，但民商事件爭議之發生是否基於這些預先假設情況，且是否能因應現代複雜多變的法律關係，不無令人存疑之處，而最密切牽連關係原則之提出，即是爲配合現今社會狀況的多變，賦予法官能彈性審酌與案件有關之各項因素後，選擇出較具或具備最密切關係之準據法，以達到國際私法的各項目的。

發展：在概念上，最重要牽連關係基本上是十九世紀德國學者薩維尼「法律關係本據說seat」的延伸。但不同於薩維尼的每一法律關係僅能有一個本據的僵化原則，最重要牽連關係則爲法院得就具體案件爲彈性選擇。十九世紀中葉英國率先提出某一法律關係或法律事實應適用最適合於控制特定爭議點之準據法之「適當法」（proper law）概念；十九世紀末進而衍生「最眞實牽連」（the most real connection）概念，並開始廣爲英國法院所採用。1954年美國Fuld法官於Auton v. Auton案（308 N.Y. 155, 124 N.E. 2d 99 （1954））提出類似最眞實牽連關係之「重力中心地」（center of gravity）及「連接關係群聚地」（grouping of contacts）理論，並進一步於1963年Babcock v. Jackson案（240 N.Y. S.2d 743, 750）將最重要牽連關係原則與利益分析原則合併適用。之後，美國法學會於1971年所提出之二版法律衝突法重述摒棄原先第一版的既得權說，而改採最重要牽連關係說。至此之後，最重要牽連關係逐漸爲歐陸法系國家及越來越多國際公約所繼受。

限制：最重要牽連關係一方面賦予法院高度自由裁量空間及權力，但一方面也帶來了法院法官以最重要牽連關係爲由，濫擇法庭地法，基此，各國立法常輔以「特徵履行」及「尊重當事人意思自治」等方式，限制最重要牽連關係所帶來的不確定性。

外國立法例參考：

中華人民共和國2010年涉外民事關係法律適用法第2條

涉外民事關係適用的法律，依照本法確定。其他法律對涉外民事關係法律適用另有特別規定的，依照其規定。

本法和其他法律對涉外民事關係法律適用沒有規定的，適用與該涉外民事關係有最密切聯繫的法律。

瑞士1987/2011年聯邦國際私法第15條

1. 就所有情況，如案件與本法所指定法律間之聯繫並不密切，而與另一法律聯繫更明顯密切者，則可爲例外處理，不適用本法所指定之法律。
2. 於當事人自願選擇法律之情況下，本條規定不適用之。

奧地利1978/1999年國際私法第1條 最密切聯繫原則

1. 於私法，與外國有連結之事實應依與該事實有最密切聯繫之法律爲裁判。
2. 本聯邦法規（衝突法）所規定之法律適用具體規則，應被認爲體現此一原則。

列支敦士登1996年國際私法第1條（國際私法的基本原則）

有關私法方面含有外國因素的案件應適用本法或其他法律所指定之法律。

如果欠缺某種指定規範，則適用與該案件有最強聯繫的法律。

美國法律整編（第二版）法律衝突法（1971年制訂，1986年修正）第6條 法律選擇之原則

1. 法院，於適用憲法依據之情況下，應遵循其自身法域有關法律選擇之法律規定。
2. 如無此規定時，與適用於選擇法律規則有關之因素包括：
   (a) 法域間及國際體制之需求；
   (b) 法庭地之相關政策；
   (c) 其他利害關係法域之相關政策及於決定特定問題時，這些法域之有關利益；
   (d) 對正當期望利益之保護；
   (e) 特定領域法律所依據之政策；
   (f) 確定、可預見及結果之一致性，
   (g) 應適用之法律便於確定及適用。

4.3.4　聯繫因素的選擇、順序與衝突

由於法律關係的複雜化，同一民事法律關係或案件可能涉及二以上不同的聯繫因素（例如當事人爲二不同外國籍人）；另同類型的聯繫因素各國復有不同判別方式（例如以主體爲例，有以國籍爲準，有以住所或慣居地等爲準者）；再者，從國際私法發展歷史觀之，從早期的法則區別說，進入屬人法及屬地法主義，隨著十七世紀後民事契約自由原則發展之當事人意思自主原則，以迄二十世紀中葉以後彈性選法原則之成形，均涉及到聯繫因素的選擇問題。因此，如何客觀地區分或鑒別法律關係之性質或屬性，繼而運用法律所規定之適當聯繫因素，以選擇出適當的法律，爲國際私法重要課題之一。

當某涉外法律關係涉及多重聯繫因素，聯繫因素的選擇過程中不可避免會面對順序與衝突等問題。

聯繫因素的選擇順序，法律常以明文方式爲規範，例如採屬人法之國籍主義之國家，其通常會明示當國籍發生衝突時（例如多重國籍或無國籍），聯繫因素所應採行的順序（通常爲國籍→住所→居所→現在地）。

聯繫因素的衝突發生原因很多樣：

1. 有些是各國對聯繫因素的定義不同，例如締約地，有些認爲是要約地，有些則認爲是承諾地，或其他合意地等；例如侵權行爲地，有些是認爲加害行爲地，有些則認爲是損害發生地等。本點與下節所要討論的「定性」有關；

2. 有些則是對聯繫因素的選擇基準不同，例如採屬人法主義國家，有些採其中的國籍法主義，有些則採住所地法主義；

3. 有些則是因爲聯繫因素本身的所造成的衝突，例如於適用國籍主義時，發現有多重國籍及無國籍之情況；例如「物之所在地」，如該物爲移動中之動產，所在地將不易認定之情況。

除選擇基準外，前述聯繫因素衝突問題大多欠缺法律明文。因此除學術理論提供相關擇法基準外，前述衝突之解決必須審酌國際私法的立法精神及理由，以及下列幾個因素：

1. 所欲選定之聯繫因素是否與案件法律關係具有較爲密切或本質上較具聯繫之牽連關係；

2. 從比較法角度，所欲選定的聯繫因素是否爲各國所廣泛接受或承認；

3. 法庭地國本身處理類似案件之基本政策或態度，以及不應任意濫用而成本法庭地國擴大其法律適用之手段等。

外國立法例中有關聯繫因素衝突如何解決乙節，規範有限，例如委內瑞拉1998年國際私法第7條（協調）規定：

所指定支配同一法律關係之不同方面之多種法律應協調適用，以力求實現各法律之目的。

因同時適用多種法律可能出現之困難，則考慮個案具體情況公平解決。

4.4　準據法（lex cause, applicable law）

4.4.1　準據法之意義

「準據法」係指經確認之涉外民商法律關係，適用法律衝突規範後，所確定得據以確定或處理當事人權利義務之實體法，例如各國的民事法或商法等。例如「物權，依物之所在地法」，如該不動產之物位於日本，則應適用日本民法有關物權之相關規定，準據法即爲日本法。

「準據法」乙詞通常僅適用於指稱涉外民商案件所應適用之實體法律。嚴格而言，該準據法本身並非國際私法所欲探討之範疇。

4.4.2　準據法之範圍及確定

準據法類型包括二類：

一、其通常係指各國實體法規範：其可能是某外國法，亦可能是法庭地法（內國法）；

二、有時亦可包括國際實體統一有關之公約或國際慣例：前者如海上貨物運送有關之1924年海牙規則／1968年海牙威斯比規則／1978年漢堡規則／2009年鹿特丹規則等，後者如有關共同海損之約克安特衛普規則。此類通常是透過當事人意思自主方式予以適用。

於確認準據法之過程，有時會遭遇到若干問題，這些問題包括，這些問題於後續各章節會予以討論：

一、**一國數法問題（或稱為區域法律衝突）**：某些國家可能存在著二以上不同的法律制度，例如美國有聯邦法、50個州的州法及若干屬地的法律。準據法必須進一步從中確定之。

二、**時際衝突問題**：亦即因準據法國法律之變更所產生新舊法如何適用之問題。

三、**反致**：因適用該準據法之結果（主要是適用該國國際私法），導致必須適用另一國家的法律。

四、**先決問題**：亦即於準據法適用過程中，發現有一先決問題必須先行解決，而該先決問題有其獨立適用之準據法。

某些公約會明文規定該公約所適用之「準據法」範圍，例如：

歐盟2008年on the law applicable to non-contractual obligations （Rome II）關於契約之債準據法（羅馬I）第12條準據法之範圍

1. 本規則所規定之契約準據法應適用下列事項：

　(a)（契約之）解釋；

　(b)（契約之）履行；

　(c) 於訴訟程序法賦予法院權限範圍內，就該法律之規範範圍，針對違約之後果，包括對損害賠償之計算；

　(d) 債之消滅之各種方法，消滅時效及訴訟時效；

　(e) 契約無效之後果。

2. 履行契約之方式及履行瑕疵時所應採取之步驟，應考慮履行地國法律。

歐盟2007年on the law applicable to non-contractual obligations （Rome II）關於非契約之債準據法（羅馬II）Article 15第15條準據法之Scope of the law applicable範圍

本規則有關非契約之債之準據法應規範下列事項，特別是：

(a) 責任基礎及範圍，包含對應負責之人之行為之判定；

(b) 免責事由、任何責任限制及責任區分；

(c) 損害之存在、性質及估算或可請求之救濟方式；

(d) 法院於其程序法範圍內可得採取之防止或停止傷害或損害、確保提供賠償之方法；

(e) 損害賠償請求權可否轉讓之問題，包括繼承；

(f) 有權獲得人身損害補償之受益人；

(g) 對他人行爲之責任；

(h) 債之消滅方式、消滅時效及訴訟時效之規定，包括有關消滅時效或訴訟時效期間之起算始點、中斷、終止之規則。

4.5　附隨問題或先決問題（incidental/preliminary question）

4.5.1　意義

於審理某涉外法律關係中（主要問題），偶發另具涉外成分之法律關係（次要問題或先決問題），而後關係爲前關係之先決條件。例如婚姻之有效與否爲繼承之先決條件。

≠定性：與「定性」同爲法律衝突之先決問題，均須先行解決，然定性爲「法律概念性質不同」之隱藏性法律衝突，而「附隨問題」爲主要問題之解決必須先處理之先決條件。

4.5.2　構成要件

1. 主要問題依內國國際私法規定係以某外國法爲準據法；（ex繼承）
2. 在適用該外國法之同時，亦發生次要問題，且該次要問題爲單獨發生並有獨立的國際私法適用條文；（ex依被繼承人死亡時之住所地法引發婚姻是否有效之附隨問題）
3. 內國國際私法對於主要問題及次要問題所指定適用之法律不同。

4.5.3　先決問題之準據法

	法庭地國際私法說	本案準據法國國際私法說
主張	附隨問題應與主要問題適用同一法律，否則將會使相同的法律關係在同一地訴訟，卻會有不同的結果。採此說者，多不採反致制度。	主要問題與次要問題相互依存，附隨問題之發生主要是因為有主要問題之存在，因此兩者應適用同一法律。我國涉民6採反致，因此原則上採本說。
優點	解決方式一致及簡單	有助國際間裁判之一致
批評	犧牲國際間裁判一致之理念，鼓勵當事人濫擇法院	使相同的法律關係在同一地訴訟，卻會有不同的結果

註：涉民法修正討論初期曾有相關條文之擬定，並未採上述二說，而由法院依職權予以確定。

外國立法例參考：

列支敦士登1996國際私法第2條（決定聯繫因素先決問題之確定）

決定適用某一特定法律之事實上及法律上之先決問題應由法院確定，除非在某一需要進行法律選擇之事件上依據程序法條款當事人事實上之意願是被認定是真實的。

委內瑞拉1998年國際私法第6條（先決問題等）

主要問題中可能出現的預先問題、先決問題或附帶問題，不必依支配主要問題之法律解決。

遭刪除之修正草案（2001年初稿）

涉民法部分條文修正草案		
修正條文	現行條文	說明
第9條 涉外民事事件之法律關係，以其他涉外民事法律關係之成立為據者，該其他涉外民事法律關係之性質及準據法，由法院依職權確定及適用之。	無	一、本條新增。 二、處理涉外民事事件之過程中，常伴有應先解決之其他含有涉外成分之民事事件，一般稱該應先解決之涉外民事事件為先決問題或附隨問題，稱原來之涉外民事事件為本問題。先決問題或附隨問題應適用法庭地國際私法或與本問題準據法國之國際私法，理論與實務均未有定論。本條文受不設硬性標準，委由法院依事件之性質，與各種可能之標準，個別決定先決問題之準據法，故僅在條文中宣示國際私法有先決問題存在，須於本問題定性時一併考量之。

修正總說明部分：

九、增訂先決問題之規定。（修正條文第9條）

法院在審理涉外民事事件之過程中，常伴有應先解決之其他含有涉外成分之法律關係，學說上稱為「先決問題」。現行法對先決問題未規定，故新增條文宣示有先決問題，本問題定性時須一併考量之，然不設硬性標準，委由法院依事件之性質，與各種可能之標準，個別決定先決問題之準據法。

本章歷年國考考題（測驗題）：適用民國100年涉民法

尚無

本章歷年國考考題（實例申論）

1. 試述以法庭地法為法律關係之準據法，在國際私法上之重要性。（90司）
2. 何謂準據法選擇上之「最重要牽連關係」（The Most Significant Relationship）？其在國際私法上之地位為何？（90司）
3. 定性之標準有幾？試分別說明並加評論。（85司）
4. 處理國際私法案件，法院何時必須適用法院地法？試分別舉例說明之。（78司）
5. 甲國人A、B係好友，均在我國有住所。於甲國A倒車時，因輕微過失傷及路旁之B。B來華提起損害賠償之訴。設甲國法律規定，行人無故意或重大過失時，對友人不負賠償之責；其國際私法規定，因侵權行為所生之債，依被害人住所地法。試從管轄權、定性、準據法之選擇、準據法之適用（包括反致問題），扼要說明我國法院對本案應為之處理。（75司）
6. 何謂法院地法？處理涉外案件時，在何種情況下，即以法院地法為案件之準據法？試加以說明。（73高）
7. 關於定性之標準有何重要理論？能舉例說明其得失否？（66司）
8. 試依順序扼要解答下列各題：(1)依買賣契約中，當事人約定準據法條款：「本契約爭議，依出賣人本國法，」試附理由回答：a.法院得否適用反致原則？b.該準據法條款與即刻適用法（immediate applicable law）相抵觸時，應如何決定所應適用之法律？(2)於買賣契約當事人，就爭議所應適用法律之意思不明時，試問：其爭議依我國「涉外民事法律適用法」之規定適用，與依「契約適切法」（the proper law of the contract）決定所應適用之法律，兩者有何重要不同？並略評述之。（88律）
9. 試從下列三點，扼要討論我國國際私法對當事人意思自主原則之規定：
   (1) 適用之對象限於何種法律關係？
   (2) 對當事人選擇何國法為準據法，是否有所限制？
   (3) 有無反致規定之適用？（77律）
10. 甲國人A、B係好友，均在我國有住所。於甲國A倒車時，因輕微過失傷及路旁之B。B來華提起損害賠償之訴。設甲國法律規定，行人無故意或重大過失時，對友人不負賠償之責；其國際私法規定，因侵權行為所生之債，依被害人住所地法。試從管轄權、定性、準據法之選擇、準據法之適用（包括反致問題），扼要說明我國法院對本案應為之處理。（75司）
11. 試擬事例，釋明下列名詞：「關係最切之住所地法。」（73高）
12. 何謂：「關係最切國」？何謂「關係最切之住所地」？試舉事例並釋明之？（72司）

第五章　外國法之適用（含一國數法及反致）

5.1　外國法適用之發生原因及適用原則

5.1.1　發生原因

1. 因國際公法（例如依條約之領事裁判權或依國際慣例治外法權）——外國法之**替用**。
2. 因內國立法（內國立法以外國法爲其內容，例如殖民地剛脫離獨立時）——外國法之**採用**。
3. 因國際私法（因內國國際私法規定，依事件性質而適用某外國法律時）——外國法之**適用**。

5.1.2　外國法適用原則

1. 該外國法適用當時應爲有效之現行法（不應已廢止或業經修訂）
2. 該外國法應屬確實有效，無違法之爭議（不應抵觸高位階法律）
3. 外國法之適用應依所應適用法律所屬國之法律適用方式
4. 外國法之解釋應依該外國所採之解釋原則
5. 外國法包括制訂法、習慣及判例等

遭刪除之修正草案（1999年原始初稿）：外國法之適用原則

修正條文	現行條文	說明
第8條 涉外民事依本法應適用外國法律者，中華民國法院應比照該外國法律所屬國家之法院，適用該外國法律。	無	一、我國法院依本法之規定適用外國法時，當事人間之法律關係，即應以該外國法為判斷標準，有關該外國法內容之解釋標準及其他適用問題，亦應與該外國法院採相同之方式，予以解決。 二、涉外民事依本法應適用外國法律者，仍有「程序，依法庭地法」原則之適用。惟如該外國應適用之實體法律，規定於其程序法典之中（如我國有關撤銷死亡宣告之實體效力，規定於民事訴訟法第640條），或其規定之內容與程序有關，例如系爭法律行為得請求法院撤銷、不得向法院起訴或請求強制執行等，亦適用之。 三、……。

5.1.3　外國立法例參考

澳門1999年民法典第15條（澳門以外之法律之適用：一般原則）

衝突規範指向澳門以外之法律時，如無相反規定，應適用法律之域內法。

為本章之效力，該域內法係指實體法，而不包括程序法。

瑞士1987/2011年聯邦國際私法第13條

依本法應適用某外國法，應包括適用該法有關案件事實所有可適用之規定。外國法律規定之適用不應以其具有公法性質，即予以排拒不用。

奧地利1978/1999年國際私法第3條 外國法之適用

外國法一經確定，應由法官依職權並依該法如同於原管轄領域般予以適用。

義大利1995年國際私法制度改革法第15條 外國法之解釋及適用

外國法應依據其本身之解釋及適用之標準予以適用。

5.2 外國法之性質

	事實說	法律說	內國法一部說	既得權說	法理說
理論	外國法僅為一事實，原則上由當事人主張或舉證，法院無適用之義務；亦即基於「法律無域外效力」理論而來。	外國法為法律，因此法院有適用之義務；亦即基於「內外國法律平等」理論而來。	適用之外國法雖為法律，但已成為內國法之一部，其並非外國法。	外國法之所以能在內國適用，乃係尊重當事人之既得權。	依民法第1條規定，將應適用之外國法視為法理。
法系	英、美法系	大陸法系		英美理論	59台上1009採之
缺陷	除非當事人提出主張，法官將不予適用，有違國際私法本質；且有違「內外國法律平等」理論。	違背「法律無域外效力」理論。	內國法院適用外國法，係依據內國國際私法規定而來，並非將外國法視為內國法之一部；且該外國法並未經內國法同樣的立法程序，很難將其視同為內國法。	國際私法本身即含有尊重既得權原則之適用；無法解決外國抵觸內國公序良俗何以不受尊重之情況。	民1係適用內國案件，涉外案件依"涉民法"規定而適用外國法，為法律之適用，而非法理之適用。

馬漢寶老師認為：事實說及法律說各有所偏，應適用之外國法認定其性質應為「外國法律」，具獨立之法性質及地位。[1]
劉鐵錚老師認為：外國法之性質應為法律。[2]

遭刪除之修正草案（1999年原始初稿）：外國法之適用原則

修正條文	現行條文	說明
第4條 涉外民事依本法應適用外國法律者，縱中華民國與該外國無相互之承認，亦適用之。	無	一、在國際公法上，對於外國之國家地位與政府之合法性，有「國家承認」及「政府承認」之概念。惟此等承認，乃行政機關所為之政治行為，而法院之適用外國法及承認外國法院判決，均採依國際私法之規定為之，並無國際政治上之考慮，其性質迥然不同。爰定為明文，以杜爭議。 二、……。

---

1 馬漢寶，前揭書，頁221。

2 劉鐵錚，前揭書，頁197。

5.3　外國法之證明及調查

5.3.1　外國法之舉證責任

	當事人負擔說	法院職權調查說	當事人與法院協力說（折衷說）
理論	同外國法事實說，與一般事實同，由當事人負舉證之責任，而法官無知悉或認可外國法之義務，理論基礎基於「當事人主張有利於已之事實，負舉證責任」。	同外國法法律說，法官對職權上所應適用之法律，理應知曉而無待當事人之舉證。	外國法之證明，法官與當事人均負一部責任。或以法官職權調查爲主，當事人協力調查爲輔；或反之。
法系	英美法系	大陸法系	
批評	當事人如無法提出證明必將受敗訴之不利，且當事人未必熟悉外國法，會造成不公。	原則上法官須知內國成文法之全部即可，無須堅持其必知悉內國一切習慣，更況爲外國法或習慣→過於強法官之所不能。	

民訴283：習慣、地方制定之法規及外國法爲法院所不知者，當事人有舉證之責任，但法院得依職權調查之。

⇨揭示a.法官本應知法之宣示→b.以當事人舉證爲原則→c.法院職權調查爲輔。

外國立法例：

匈牙利1979年國際私法第5條（外國法律內容之確定）

法院或其他機關應主動確定其所不熟悉之外國法，必要時應取得專家證言並可參考當事人提供有關外國法之證據。

經法院或其他機關之詢問，司法部長應提供有關外國法之資料。

如外國法內容無法確定，應適用匈牙利法。

葡萄牙1966年民法典第23條（外國法之解釋與查明）

對外國法之解釋，得依該外國法所屬之法律制度進行，並得符合該外國法律制度中之解釋規則。

如外國法內容無法查明，又無法確定有關因素缺乏選擇準據法之依據時，適用相對來說較爲適宜之法律。

列支敦士登1996國際私法第4條（外國法之查明）

外國法由法院查明。當事人協助、政府提供之情況及專家意見亦可作爲輔助方式。

如該外國法經過深入調查在合理期限內仍無法查明時，則應適用列支敦士登法律。

中華人民共和國2010涉外民事關係法律適用法第10條

涉外民事關係適用的外國法律，由人民法院、仲裁機構或者行政機關查明。當事人選擇適用外國法律的，應當提供該國法律。

不能查明外國法律或者該國法律沒有規定的，適用中華人民共和國法律。

瑞士1987/2011年聯邦國際私法第16條

1. 法院應負責查明外國法內容。法院得要求當事人協助。於繼承案件問題，外國法內容之舉證責任由當事人負擔之。
2. 外國法內容無法查明者，則適用瑞士法律。

奧地利1978/1999年國際私法第4條 外國法之調查

1. 外國法應由法官依職權調查之。得被允許之輔助方法可包括相關人之訴訟參加、聯邦司法部提供資料及專家意見。
2. 如經充分努力，仍無法於適當時間內查明外國法者，應適用奧地利法。

義大利1995年國際私法制度改革法第14條 外國準據法之證明

1. 法院應依職權查明外國準據法。為此目的，除國際公約所規定之方式外，其亦可通過司法部門所獲得之資訊，或自專家或專門組織獲得的資訊。
2. 如既便於當事人之協助下，法官仍無法查明所指定之外國法，其應適用依據同一問題所能提供之其他聯繫因素而確定之法律。如無其他聯繫因素，則適用義大利法律。

歐盟2008年on the law applicable to non-contractual obligations（Rome II）關於契約之債準據法（羅馬I）第18條舉證責任等

1. 依據本規定所確定之準據法，亦適用於契約法有關法律推定或決定舉證責任之各項規則。
2. 某旨在發生法律效力之契約或行為得經由法庭地法所承認之任何證明方法予以證明，或由第11條所述之據以認定契約或行為在形式上為有效之法律所承認之任何證明方法予以證明，然以該證明方法得由法院所實施者為前提。

歐盟2007年on the law applicable to non-contractual obligations（Rome II）關於非契約之債準據法（羅馬II）Article 22第22條 Burden of proof舉證責任

1. 依據本規則所確定之準據法，亦適用於非契約之債有關法律推定或決定舉證責任之各項規則。
2. 某旨在發生法律效力之行為得經由法庭地法所承認之任何證明方法，或由第21條所述之據以認定行為在形式上為有效之法律所承認之任何證明方法予以證明，然以該證明方法得由法院所實施者為前提。

遭刪除之修正草案（1999年原始初稿）：當事人舉證

涉民法部分條文修正草案		
修正條文	現行條文	說明
第5條 涉外民事應適用之外國法律，法院不知其內容者，得命當事人證明其內容。	無	一、涉外民事依本法應適用外國法律時，我國法院即應依職權適用該外國法律。惟外國法律究與我國法律不同，無法完全適用「法官應知法律」之原則，如法院不知該外國法律之內容，得命主張適用該外國法律之當事人證明其內容，以符合法院及當事人合作之原則。 二、……。參考條文：民訴283

遭刪除之修正草案（1999年原始初稿）：囑託調查

<table>
<tr><th colspan="3">涉民法部分條文修正草案</th></tr>
<tr><th>修正條文</th><th>現行條文</th><th>說明</th></tr>
<tr>
<td>第6條
法院依當事人之聲請或依職權調查外國法律之內容時，得囑託該外國之管轄機關或中華民國駐外機關，或委託其他專業之機關、團體或個人調查之。</td>
<td>無</td>
<td>一、外國法律之內容有待證明者，法院得本其法律專業，就其所知及當事人提出之證據，綜合判斷之。為提高確定外國法律內容之效率，法院亦得依當事人之聲請或依職權，囑託該外國之管轄機關或中華民國駐外機關，或委託其他專業之機關、團體或個人調查之，俾藉專業鑑定意見之輔助，確定外國法律之內容。
二、……。參考條文：民訴295</td>
</tr>
</table>

5.3.2　外國法之證明調查方法

直接調查取證：在獲得有關國家的同意下，於該國直接採取或收集有關案件所需要之證據，包括：

　囑託調查：（外交或領事人員為之）

　　民訴§295（外國調查）：應於外國調查證據者，囑託該國管轄機關或駐在該國之中華民國大使、公使、領事或其他機構、團體為之。作法：由司法院轉請外交部辦理。民商事件國外調取證據公約規定，只要不採取強制措施，派遣國或領事人員通常得直接向居住在駐在國具有派遣國國籍之人調查取證。

　派遣特任人員調查commissioner：由法院指派特任人員（通常具公職或準公職身分，例如法官、書記官、公設辯護人或其他公職人員）前往外國境內調查取證。惟此一般僅限於民商事件。

　當事人自行調查：亦即由當事人或其訴訟代理人自行前往外國境內調查取證。

間接調查取證：此為國際間最常見之方式。亦即法院透過司法協助方式，請求證據所在地國之主管機關或有關機關代為調查或收集證據。

專家證言：德義西等常藉助專家或專業機構之書面意見（習慣證明書）英美等由無利害關係之專家證人所提出之證言證明之。

司法認知：Judicial notice主要為美國所使用，避免當事人舉證過於冗長，影響審判，而賦予法官得就訴狀內容、當事人證詞等一切資料而為外國法之適用。定義－The act by which a court, in conducting a trial, or framing its decision, will, of its own motion or on request of a party, and without production of evidence, recognize the existence and truth of certain facts, having a bearing on the controversy at bar, which, from their nature, are not properly the subject of testimony, or which are universally regarded as established by common notoriety, e.q., the laws of the state, international law, historical events, the constitution and course of nature, main geographical features .etc. (Black's Law at p 848)

國際互助[3]：經由締結條約、互換法令公報、相互允許對方律師在本國執業等方式，達到調查並適用外國法之目的。

5.4　外國法適用不明

5.4.1　意義

內國法院應適用外國法，惟該外國法因a.當事人無法證明；或b.法院依職權調查仍無從得悉；或c.因其他法規或規定之適用（例如公序條款）而無法適用該外國法……等事實上或法律上之因素，而無法或適用不明時，內國法院應如何處理？

5.4.2　方式

	適用內國法說（法庭地法說）	適用近似法說	駁回請求說	法理說
理論	內國國際私法雖指示適用外國法，但未禁止適用內國法之適用，因此外國法適用不明時，可以內國法為裁判依據。或為不得已之措施或假定外國法等於內國法。	適用與該外國法最相近之法律（通常為殖民關係）。	將當事人之請求予以駁回。	將外國法不明與法規欠缺同視，而依法理處理之（涉民1）。例如採用輔助聯繫因素或最密切牽連關係等來確認準據法。
批評	◆有背國際私法「裁判一致」目的； ◆外國法並不全然等於內國法； ◆違背國際私法之選法原則； ◆造成擴大內國法適用之現象。	僅能解決事實上無法適用之情況，而無法解決「法律上」無法適用之情況。	◆違背私法「法官不得以法律不明或不備而拒絕裁判」之原則，而有礙國家交往安全。 ◆違背法院設定本為解決當事人糾紛之初衷。 ◆造成法院怠於調查法律。	造成法官易於適用內國法而使內國法擴大適用。
採用	英美大陸法系各國普遍採用。	國內通說。		
馬漢寶老師：先適用「近似法說」，如再不明，再採「內國法」說。[4]				

3　國際互助又稱為國際司法協助，通常包括民事及刑事兩方面。狹義的國際司法協助主要包括司法文書之協助送達、調查取證；廣義的國際司法協助則另外包括外國判決或外國仲裁判斷之承認與執行。國際間過去簽署過不少與國際司法協助有關之公約，例如1954年民事訴訟程序公約、1965年關於向國外送達民事或商事司法文書及司法外文書公約、1970年民商事件國外調取證據公約及1980年國際司法互助公約等。

4　馬漢寶，前揭書，頁227。

遭刪除之修正草案（1999年原始初稿）：外國法無法確定

涉民法部分條文修正草案		
修正條文	現行條文	說明
第7條 涉外民事應適用之外國法律，其內容無法於合理之期間內確定者，法院得適用其他近似之外國法律；無近似之外國法律者，適用中華民國法律。	無	一、涉外民事應適用外國法律者，該外國法律即為法院實體裁判所必須準據者。該外國法律之內容，如經法院與當事人合理之努力，仍無法於合理之期間內確定者，宜有補助措施，以免相關程序因而受阻，影響當事人權益。爰規定外國法律之內容無法於合理期間內確定者，法院得適用其他近似之外國法律；無近似之外國法律者，得適用中華民國法律。 二、……。

5.5　外國法適用之錯誤或不當

民訴467（不得上訴——第二審判決違法）：上訴第三審法院，非以原判決違背法令為理由，不得為之。

民訴468（違背法令之定義）：判決不適用法規或適用不當者，為違背法令。

5.5.1　意義

內國法院依其國際私法而應適用某外國法時，發生

(a) 應適用而不適用（直接違反：最高法院與內國國際私法之適用）；或

(b) 已適用但適用不當（間接違反：最高法院與外國法之適用，ex誤用法規或未依外國法院立場為解釋）。

5.5.2 解決方式

項目	最高法院與內國國際私法之適用 （直接違反）		最高法院與外國法之適用 （間接違反）	
情況	應適用某外國法但適用內國法或其他外國法，或應適用內國法但適用某外國法。		已適用但適用不當，ex誤用法規或未依外國法院立場為解釋。	
性質	外國法事實說	外國法法律說 （通說）	外國法事實說 （否定說）	外國法法律說 （肯定說）（通說）
效果	第三審為法律審，故不得上訴。	得上訴第三審。	第三審為法律審，故不得上訴。	外國法適用不當與外國法拒絕適用同屬違背法令。
批評	原則尚可上訴 ∵直接違反之涉外民事法律適用法本身即為內國法律。	主要依民事訴訟法第464、467及468之規定，以二審應適用「國際私法」或「涉外民事法律適用法」之違背法令為理由。	應有所區分 ◆涉民法本身適用不當：可上訴。 ◆外國法適用不當：分法律說或事實。	

5.6 外國法適用之限制；公序良俗條款

涉民法第8條

　　依本法適用外國法時，如其適用之結果有背於中華民國公共秩序或善良風俗者，不適用之。

5.6.1 意義

意義：於內國法院依其法律衝突規範應適用某外國法，如其適用之結果卻與內國法律或其國家之重大利益及政策、或基本倫理道德等相抵觸，法院得拒絕或排除適用該外國法。

內涵：外國法之承認及其適用誠屬特例，目的在維護國際交往之安全及公平，但如該應適用之外國法有妨害內國公安或公益，其適用即應加以受限，以平衡內外國之公私法益。稱為「保留條款」或「公序保留條款」。

5.6.2　源起

　　公序良俗條款於國際私法「法則區別」時代即已存在，例如某些城邦法規定，對於另一城邦「令人厭惡之法則」（例如限制或歧視女子的繼承法則），可不予以承認。十七世紀「國際禮讓說」之主張，亦附有一條件是：不得有害內國主權或其人民之利益。最早將「公序良俗」條款納入立法爲拿破崙民法典，該法典第6條規定「不得以特別約定方式違反有關公共秩序或善良風俗之法律」。

5.6.3　功能

　■拒絕有背內國（法庭地）道德或法律之外國法規：ex.販奴、同性婚約等
　■可避免特殊情況下不公平情事之發生
　■藉以影響國際私法既定之選法規則，阻卻不當外國法適用之防線

5.6.4　立法主義

	間接限制方式 （內國法強行主義）	合併限制方式 （內國法強行兼外國法限制適用主義）	直接限制方式 （外國法限制適用主義） （通說）
內涵	內國法明文規定其某種或某數種法律爲絕對強行，凡與此種內國法抵觸之外國法，即不得適用。	內國法除規定某內國法爲絕對強行外，並就外國法有損害內國公益或公安者，限制其適用。	內國法直接就外國法有損害內國公益或公安者，限制其適用。（非規定一定要適用內國法）
範例	法民§3：警察及治安之法律，拘束領土內之一切人民。	義民法§11：關於刑法及公共秩序之法律……皆應適用。 義民法§12：外國法之適用不得違反王國法律之強行規定或違背公序良俗。	我新涉民§8：依本法適用外國法時，如其適用之結果有背於中華民國公共秩序或善良風俗者，不適用之。 日2006年法律適用通則法§42：應適用之外國法若違反日本之公共秩序及善良風俗者，不適用之。
批評	依域內效力，一國法律原則上對領域內之人民均應一體適用，實無強制規定之必要→會造成誤解（未爲強行規定者即不具強行性）	既已限制外國法適用，似無須再規定某內國法爲強行法之必要。	

5.6.5　限制方式

原則說（外國法適用限制原則說）：認爲外國法適用之限制爲國際私法之一大原則，因此有違內國規定之外國法，當然不能予以適用。

例外說（外國法適用限制例外說）：認爲外國法適用之限制爲國際私法之例外，而非原則。而此例外通常包括違反公序良俗、內國法律目的（以上爲「消極效力之公序」）、及內國強制規定（此稱爲「積極效力之公序」）。

我國法：新涉民法§8：依本法適用外國法時，如其適用之結果有背於中華民國公共秩序或善良風俗者，不適用之。→**採外國法適用之限制例外說**，亦即僅規定不適用該外國法，但未明文規定因此就要適用內國法。

※無論是原則說或例外說，對於公序、法律目的等之解釋均不宜過分擴大，而作爲排除外國法適用之藉口。

5.6.6　限制標準──公序良俗（公安）（公益）

1. **名稱／意義**：包括英美之公共政策（public policy）、法國之公共秩序（ordre public）、德國之善良風俗（boni mores）、中日的公共秩序善良風俗，國內一般以「公安」、「公益」或「公序」簡稱之。解釋上，公序之範圍包括國際公序（例如販奴制度、童工）及國內公序（內國強行法、法律目的、及隨時空環境變動之社會道德觀或端正禮儀等）。嚴格言之，有關「公序良俗」的解釋不宜過寬，否則將容易造成「公序良俗」成爲內國法院拒絕適用外國法之最佳藉口。例如於美國1936年Mertz v. Mertz案[5]，紐約上訴法院認爲，公共政策意義含糊不清，因此法院有必要限定此一名詞之法律意義，而該公共政策應該僅指該州憲法、成文法或司法裁判之法律規則而言。

2. **公序之功能有三**：
   (1) 拒絕適用該違反內國公序之外國法、符合主權原則，有利於國家主權的維護。
   (2) 避免當事人發生不公平情事：給予內國法院某些公平正義的裁量權利，避免當事人因須適用外國法而受到相當不公平或不當之結果。
   (3) 影響選法規則：保持內國法院法律適用或擇用之彈性。

3. **公序保留之立法方式**：
   直接限制：於法律中明文，所適用之外國法不得與內國公共秩序相抵觸或違背，否則即予以拒絕適用。
   間接限制：此方式並未規定哪種情況下拒絕適用外國法，而是指出內國哪些法律規定具有絕對或強制適用之效果。

5　Mertz v. Mertz, 271 N.Y. 466, 3 N.E.2d 597, 108 A.L.R. 1120；Affirmed by: Mertz v. Mertz, 247 A.D. 713, 285 N.Y.S. 590 (N.Y.A.D. 1st Dep't, Feb. 21, 1936)。

合併限制：亦即一方面規定哪些情況得拒絕適用外國法之外，亦同時規定內國哪些規定具有強制適用之情況。

4. 法效認定標準：注意1953年舊涉民法§25之立法說明

主觀說（形式說）：外國法「規定本身」違反內國公序，內國即可不予適用。

客觀說（結果說）：外國法適用之「結果」違反內國公序時，內國即可不予適用。（通說）→「結果說」已納入新涉民中（如後表列）

※特殊問題：新涉民法§8僅規定「中華民國公序」，但我國法院是否要考量該外國法是否有違反第三國公序之問題？（反致時可能會發生）有二學說：

肯定說：基於前述主觀說（及反致條款之適用），法院仍應考量該外國法是否違反反致適用之第三國公序。

否定說：基於前述客觀說，重點在適用之結果是否危及法庭地之公序，因此無須考量該外國法是否第三國之公序。

5. 違反公序時之處理：

拒絕審判說：法已明文應適用某外國法，今該外國法不能適用，等於無法可用或無法證明，內國法院應予以拒絕審判。→應以內國法或近似法代用之。

保留條款說（內國法代用說）：當初會適用外國法，是因內國國私法規定，而認定適用該外國法會比適用內國法更為合理，今外國法不能適用，自應回復適用內國法→有擴大內國法適用之嫌，且內國法可能非與當事人關係最切之國家。

準據法國其他適當法說：如準據法國某實體法律違反內國公序，並不代表該準據法國所有法律均違反內國公序，繼而成為可使用內國法或其他國法之藉口，應於準據法國中尋求是否有其他適當法律予以適用→基於法律之一致性，很難說明何以準據法國某些法律會違反內國公序，有些法律卻不會！

分別處理說：由承審法院斟酌案情，以內國法或另一外國法代替之→新涉民2001年草案第2條第2項規定「前項情形，除本法另有規定外，適用其他關係最切之國之法。」[6]亦即分別處理說。

6. 我國法規定：採有方框部分i.e. 立法主義採直接限制說、限制方式採例外說、法效認定採客觀說、違反公序時之處理採分別處理說。

---

6 該項立法理由為「外國法適用之結果違背我國公序良俗時，現行條文未規定法院之處理方式，易滋疑義。此時法院不得拒絕審判，固屬當然，其直接適用內國法律，亦非妥適，爰規定除本法另有規定者（如監護之準據法）外，適用其他關係最切之國之法。」

5.6.7　濫用公序條款之防止

意義：因國情及法律體制差異之故，各國對「公序」之概念及定義不僅不同，且統合困
　　　難。公序條款雖對內國藉以阻卻不當外國法適用之積極作用，但卻無法避免內國法
　　　院之濫用，藉擴張「公序」概念之解釋，否認並損及國際私法選法規則之結果及概
　　　念。

防止：

　　　1.「公序」定義及範圍之國際統一解釋及立法
　　　2. 國內立法技術之調整
　　　3. 法官自我控制
　　　4.「即刻適用法」之採用。[7]

適用時應注意之事項：

　　　1. 不應僅顧慮到「內國公序」，應同時兼顧「國際公序」：因為過分地專注內國公
　　　　序，形同內國法適用的擴大。
　　　2. 不應影響或抵觸他國主權行為：除刑法、行政等公法事項外，若干國家採取國有化
　　　　或類似外匯管制等措施，均屬主權行為，應予以尊重。
　　　3. 許多國際公約雖有公序條款之規定，然其適用可能要比內國公序之適用要更應謹慎
　　　　及嚴格。

5.6.8　即刻適用法

意義：「即刻適用法」（Immediate Applicable Law）或稱為「直接適用法」（Direct
　　　Applicable Law）：指內國立法，對於某些特殊之涉外案件，以立法方式明文規定
　　　適用某國實體法，直接以該法為裁判依據，藉以省略一般涉外案件之選法程序，減
　　　少「公序」條款之適用機會，並可避免定性困擾及選法詐欺等情事。此屬一強制適
　　　用之程序規定，不考慮法律衝突之問題，而予以直接適用。在國外實踐上，這類條
　　　款通常涉及內國公安、警察、勞動、財經、稅捐或其他社會法規，兼具公、私法性
　　　質。

外國立法例參考：

委內瑞拉1998年國際私法第10條（強制規定）

　　　無論本法是否已有規定，所規定用於調整與多種法制有關之事實之委內瑞拉法中之強
　　　制性規定仍予以適用。

中華人民共和國2010涉外民事關係法律適用法第4條

　　　中華人民共和國法律對涉外民事關係有強制性規定的，直接適用該強制性規定。

7　如次節說明。

瑞士1987/2011年聯邦國際私法第18條

　　無論本法所指定之準據法為何，本法並不阻礙為特定目的之瑞士強制規範之適用。

義大利1995年國際私法制度改革法第17條 強制性規定

　　既使已指定某外國法，然並不排除就其目的及宗旨而應予適用之義大利法律強制性規定。

歐盟2008年on the law applicable to non-contractual obligations（Rome II）關於契約之債準據法（羅馬I）第9條優先性強制規則

1. 優先性強制規則為某國為保障其重要公眾利益，例如其政治、社會或經濟組織所為之規定，就該範圍，其應適用其範圍內之所有事件，而無論本規則所規定之契約準據法為何。
2. 本規則任何規定均不應限制法院地法強制規則之適用。
3. 如優先強制規定認定該契約之履行為非法，契約應履行或已履行所生義務之國家法律優先性強制規定應具有其效力。於考慮是否適用該強制性規則時，應注意其性質及目的，及適用或不適用該強制性規則所產生之後果。

歐盟2007年on the law applicable to non-contractual obligations（Rome II）關於非契約之債準據法（羅馬II）Article 16第16條優先適用之Overriding mandatory provisions強制規定

　　本規則不限制法庭地強行法之適用，不論其他法律是否適用於非契約之債。

5.6.9　新涉民法第8條及評釋

2010年涉民法	1953年涉民法	說明
第8條 依本法適用外國法時，如其適用之結果有背於中華民國公共秩序或善良風俗者，不適用之。	第25條 依本法適用外國法時，如其規定有背於中華民國公共秩序或善良風俗者，不適用之。	一、條次變更。 二、按關於外國法適用之限制，現行條文係以「其規定」有背於中華民國公共秩序或善良風俗為要件，如純從「其規定」判斷，難免失之過嚴，而限制外國法之正當適用。爰將「其規定」一詞修正為「其適用之結果」，以維持內、外國法律平等之原則，並彰顯本條為例外規定之立法原意。

評釋：

1. 新法僅更動採「結果說」。

2. 本規定採「單面立法法則」，僅規定外國法有背於中華民國（法庭地國）公序良俗之情況，並未涉及背於其他國公序良俗之情況。

3. 本規定僅謂不適用之，並未進一步規定所指定之外國違反內國公序時法律應如何適用之情況。依下列各國立法例，不少國家亦未明文，而較多國家採法庭地法說，有些採準據法國其他適當法說。

外國立法例參考：

澳門1999年民法典第20條（公共秩序）

　　如適用衝突規範所指之澳門以外之法律規定，導致明顯與公共秩序相違背，則不適用該等規定。

　　於此情況下，須適用該外地準據法中較適當之規定，或補充適用澳門域內法之規定。

泰國1939年國際私法第5條（公序良俗）

　　外國法之適用，應以不違反泰國公共秩序及善良風俗為限。

　　韓國1962年國際私法第5條（其他國家法律妨礙社會秩序之規定）

　　如應適用之外國法規則含有損害善良風俗或其他社會秩序之個別內容，則不予適用。

匈牙利1979年國際私法第7條（公序良俗）

　　外國法之適用違背匈牙利之公共秩序時，不適用該外國法。

　　不得僅僅因外國之社會及經濟制度與匈牙利有區別而排除適用外國法。

　　必須適用匈牙利法以代替被排除適用之外國法。

葡萄牙1966年民法典第22條（公共秩序之保留）

　　衝突規範所指定之外國法如與葡萄牙國際公共秩序規範之基本原則相抵觸者，拒絕適用之。

　　於此情況下，可適用該外國法中其他最為適合之法律規範，亦可適用葡萄牙國內法。

列支敦士登1996國際私法第6條（保留條款）

　　外國法之規定如其適用可能導致某一與列支敦士登法律之基本價值相背離之結果，則不得適用。於必要時，應適用列支敦士登法律中相對應規定以取代之。

委內瑞拉**1998**年國際私法第**8**條（公共秩序）

依照本法本應適用外國法規定，僅在其適用將產生與委內瑞拉的公共政策之基本原則明顯相抵觸之結果時方排除適用。

中華人民共和國**2010**涉外民事關係法律適用法第**5**條

外國法律的適用將損害中華人民共和國社會公共利益的，適用中華人民共和國法律。

日本**2006**法律適用通則法第**42**條公序良俗

應依外國法，然其適用違反公共秩序善良風俗者，即不適用之。

瑞士**1987/2011**年聯邦國際私法第**17**條

適用外國法律明顯違反瑞士公共秩序之效果者，即應拒絕適用。

奧地利**1978/1999**年國際私法第**6**條公共政策（公共秩序）

外國法規定於其適用時如會導致與奧地利法律之基本原則互相抵觸之結果，則不得適用。如有必要，應奧地利法相應規定代之。

義大利**1995**年國際私法制度改革法第**16**條公共政策

1. 違反公共政策（公共秩序）之外國法不應予以適用。
2. 於該情況下，準據法應依據同一問題可提供之其他聯繫因素予以確定。如無其他聯繫因素，則適用義大利法律。

德國**1896/2009**年民法施行法第**6**條公序良俗

另一國法規範如其適用將導致與德國法基本原則重大不相符合時，即不予以適用。特別是，如其適用將與民事權利違背時，即具不予適用性。

歐盟**2008**年關於契約之債準據法（羅馬**I**）第**21**條法庭地之公共政策

因本規則規定所適用之任何會員國法律，僅於違反法庭地公共政策（公共秩序）之情況下，始可予以拒絕適用。The application of a provision of the law of any country specified by this Regulation may be refused only if such application is manifestly incompatible with the public policy (ordre public) of the forum.

歐盟**2007**年關於非契約之債準據法（羅馬**II**）第**26**條法庭地之公共政策

因本規則規定所適用之任何會員國法律，僅於違反法庭地公共政策（公共秩序）之情況下，始可予以拒絕適用。The application of a provision of the law of any country specified by this Regulation may be refused only if such application is manifestly incompatible with the public policy (ordre public) of the forum.

1953年舊涉民法第25條立法參考：

1908年法律適用條例	1953年涉民法	立法說明
第1條 依本條例適用外國法時，其規定有背於中國公共秩序或善良風俗者，仍不適用之。	第**25**條（外國法適用之限制） 依本法適用外國法時，如其規定有背於中華民國公共秩序或善良風俗者，不適用之。	本條意旨與原條例第1條大致相同，在明定外國法有背於中國之公共秩序或善良風俗者，均應排除其適用，以示限制。所謂公共秩序，不外為立國精神及基本國策之具體表現，而善良風俗又發源於民間之倫理觀念，皆國家民族所賴以存立之因素，法文之規定，語雖簡而義極賅，俾可由執法者位察情勢，作個別之審斷。

參考資料：（新涉民法修正以前幾十年來唯一的涉民法立院修法提案！）

立法院曾於2003.3.14由委員楊富美等三十二人擬具「涉外民事法律適用法第25條條文修正草案」，雖列入審查會議程，但後並無進一步處理及審議，當時提案內容如下：（立法院第五屆第三會期第三次會議議案關係文書）

（1953年舊）涉民法25條修正條文對照表		
修正條文	現行條文	說明
第8條 依本法適用外國法時，如其適用之結果有背於中華民國公共秩序或善良風俗者，不適用之。 前項情形，適用其他關係最切之國之法，但適用之結果違反前項情形者，依中華民國法律。	第25條（外國法適用之限制） 依本法適用外國法時，如其規定有背於中華民國公共秩序或善良風俗者，不適用之。	一、在解決內外國法律衝突，若依本法指示應適用外國法時，則適用外國法是原則，限制外國法之適用乃例外，應從嚴解釋。現行條文係以外國法之規定本身作為排斥不適用之標準，並不妥適。爰參酌我國學說，修正為「適用之結果」，並移列為第一項。 二、外國法適用之結果違背我國公序良俗時，現行法未規定法院之處理方式，易生疑義。學說上對此向有拒絕審判說、適用內國法說等，按此時法院不得拒絕審判，否則將違反國家設置法院，解決紛爭之宗旨。又，直接適用內國法律，恐有擴大內國法適用之嫌。爰規定遇前項情形，法院原則上應儘量探求與其關係最切之國之法律以為適用，方不失本法之意旨。但若該關係最切之國之法律適用結果，亦與原應適用之外國法同樣違反我國公序良俗時。法院應以我國法律替代適用，以避免發生無法律可用，而拒絕審判之情形。

修正說明部分：
一、公序良俗存在之主要目的，係在維護內國之立法精神與社會風尚。因此，是否有背於內國公序良俗，應就每一涉外法律關係，審慎判斷方可排除外國法之適用。如外國法規定之內容本身，有背於我國公序良俗時，不宜據以限制該外國法之適用，必須適用該外國法為準據法之結果，有背於我國公序良俗時，方得限制其適用。例如，外國人之本國法允許一夫多妻，如第二任妻子於我國訴請履行同居義務，因該外國法適用結果有背於我國公序良俗，我國法院自不應予以准許；但若第二任妻子訴請對該外國人死後遺留我國之財產主張繼承權時，則因僅涉及財產權分配問題，此時我國法院應適用該允許一夫多妻之外國法。
二、新增第二項，明訂法院依本條規定認定某涉外法律關係應適用某外國法之結果，有違反我國公序良俗時，原則上應適用其他關係最切之國之法，但若適用之結果亦與原適用之外國法同樣違背我國公序良俗時，則應適用我國法律，以避免產生無法可用，而拒絕審判之情形。

5.7　一國數法（涉民法第5條）

涉民法第5條

依本法適用當事人本國法時，如其國內法律因地域或其他因素有不同者，依該國關於法律適用之規定，定其應適用之法律；該國關於法律適用之規定不明者，適用該國與當事人關係最切之法律。

5.7.1　發生

　　一國之內有複數不同之法域，各法域各有其獨立存在之法律（又稱爲「多法域國家」，ex美、英、加、澳等），當涉外法律關係應適用當事人之本國法時，即會進一步產生應適用該國國內何一法域之問題。有稱此爲「區際法律衝突」（interregional conflict of laws）或「區際私法」（private interregional law）。多法域國家的成因很多，或國家間之聯合或合衆，如大英帝國（United Kingdom）及美利堅合衆國（United States of American）、或國家間之合併（如北愛爾蘭併入大英帝國）、國家之被兼併或復活（如二戰期間許多國家）、領土之割讓或回歸（如香港）、殖民地、國際託管、民族自決等。

5.7.2　一國數法之特徵

　　一國數法或區際私法一般具有下列特徵：
1. 其爲一主權國家內所發生之法律衝突；
2. 其爲一主權國家內因領域存在著不同法律制度之法域所發生之法律衝突；
3. 其屬於民商事法律間之衝突，亦即不包括公法衝突；
4. 其屬於一主權國家內不同法域之橫向衝突，亦即非上下關係之縱向衝突。

5.7.3　多法域國家處理內部法域衝突模式

　　多法域國家處理內部民商法律衝突的方式大致上可區分爲下列二大類型：
A. 以統一實體法爲規範
　　國際實踐上復可區分爲下列類型：
　　a. 在聯邦憲法架構下，制訂全國統一之實體法，例如早期瑞士民法典
　　b. 僅制訂適用於部分複數法域之統一實體法，例如僅適用於英格蘭及威爾斯
　　c. 僅制訂適用於某特定法律事項之統一實體法，例如美國統一商法典
　　d. 透過聯邦最高法院所形成之普通法裁判爲相關法律事項之統一，如多數英美法系國家
　　e. 將某法域之實體法適用於其他特定法域，通常適用於殖民地等情況。
B. 以區際私法爲規範
　　國際實踐上復可區分爲下列類型：
　　a. 在聯邦憲法架構下，制訂全國統一之區際私法，例如1926年波蘭區際衝突法
　　b. 各法域各自制訂其區際私法
　　c. 類推適用國際私法規範爲解決
　　d. 不分國際與區際，統一適用同樣的衝突法規範，例如美國二次法律整編衝突法重述。

5.7.4　當事人本國為多法域國家之確定（學理）

衝突法律規範應適用當事人本國法，而當事人之本國為多法域國家時，即會產生就應適用該國何一法域之問題。就此，學理上有下列解決模式：

a. 如當事人本國有統一法規指示時：
　　a1 依該法規規定，定其人之法域法
　　a2 法規規定不明，依住所地或關係最切地
b. 當事人本國無統一法規，而當事人有住所於本國時：依住所地法（英美等國採）
c. 當事人本國無統一法規，而當事人有住所於本國以外時：
　　c1 依當事人於本國之最後住所地法，如無，依該國國都所在地法：較盛行於採本國法主義國家；或
　　c2 依當事人之現時住所地法：較盛行於採住所地法主義國家

5.7.5　當事人本國為多法域國家之確定──各國實踐

	直接指定主義	間接指定主義	最密切牽連關係	折衷主義
內涵	由內國之國際私法直接指定該外國某特定法域之法律為應適用之法律。	內國法（含其國際私法）不指定，而由該外國法律決定應適用之法律。	由法官就案件情況，適用該國各法域中與系爭民事關係最具密切關聯之法域之法律。	先採間接指定，該外國無相關法律之指定規定可資適用時，再依直接指定或關係最切予以解決之。
優劣	簡單明確，但有時會與該外國法律規定有出入。	尊重該外國，但如該外國無相關法律之指定規定時，則案件如何處理將生困難。	可適用多法域國家區際私法不同之情況，然可能造成法官無所適從。	具折衷優點。
範例	1964年日本法例第27條；我國舊涉民法第28條。	1995年義國際私法第18條。	大陸2010年涉民法第6條。	我國新涉民法第5條。

5.7.6　我國法規定

舊涉民28：依本法適用當事人本國法時，如其國內各地方之法律不同者，依其國內住所地法。國內住所不明者，依首都所在地法。

　　　⇨採直接指定主義、b及c1

新涉民5：依本法適用當事人本國法時，如其國內法律因地域或其他因素有不同者，依該國關於法律適用之規定，定其應適用之法律；該國關於法律適用之規定不明者，適用該國與當事人關係最切之法律。

　　　⇨採折衷主義、a2

　　　⇨立法疏漏：新涉民法§5後段僅規定「該國關於法律適用之規定不明」之情況，將會造成「該國無統一規定」時，無法可據之情況發生。有關此一立法疏漏，依新涉民法後段修正意旨，並無意將其擴大於其他國家之適用，因此仍應適用「該國與當事人關係最切之法律」。

5.7.7　新涉民法第5條及評釋

2010年 涉民法	1953年 涉民法	說明
第5條 依本法適用當事人本國法時，如其國內法律因地域或其他因素有不同者，依該國關於法律適用之規定，定其應適用之法律；該國關於法律適用之規定不明者，適用該國與當事人關係最切之法律。	第28條 依本法應適用當事人本國法時，如其國內各地方法律不同者，依其國內住所地法；國內住所地不明者，依其首都所在地法。	一、條次變更。 二、依本法適用當事人本國法時，現行條文就其國內各地方之不同法律，直接明定其應適用之法律，惟該國法律除因地域之劃分而有不同外，亦可能因其他因素而不同，且該國對其國內各不同法律之適用，通常亦有其法律對策。爰參考義大利國際私法第18條規定之精神，就其國內法律不同之原因，修正為地域或其他因素，並對當事人本國法之確定，改採間接指定原則及關係最切原則，規定依該國關於法律適用之規定，定其應適用之法律，該國關於法律適用之規定不明者，適用該國與當事人關係最切之法律。
評釋： 1. 實質更動：由直接指定主義 → 改採「折衷主義」 2. 「折衷主義」（先準據國法，再關係最密切法）為現代較多國家所採用（下列外國立法例參考）。		

3. 「地域或其他因素」：一如前述，多法域國家的成因很多，或國家間之聯合或合眾，如大英帝國（United Kingdom）及美利堅合眾國（United States of American）、或國家間之合併（如北愛爾蘭併入大英帝國）、國家之被兼併或復活（如二戰期間許多國家）、領土之割讓或回歸（如香港）、殖民地、國際託管、民族自決等。早期人權不彰時代，尚有因人種、男女及宗教等因素所導致於一國有不同適用法域的特殊現象。

4. 「關係最切（國）」並非指第三國，仍為「準據法國」，僅能從該一國數法之準據法國中，從「數法」中，找出關係最切之法。

外國立法例參考：

澳門1999年民法典第18條（一國數法律制度）
　　如被指向為準據法之法律體系，依據地域或人之因素而有多個法制共存，則在未指定適用哪一法制之情況下，依該體系所適用之標準確定準據法。
　　如無法確定該等標準，適用與有關情況較為密切關係之法制。

葡萄牙1966年民法典第20條（多法並存之法律制度）
　　於調整當事人國際問題時，如其準據法存在數個不同法域之國家法律時，得依該國的國內區域衝突規範確定各種不同情況所應適用的法律。
　　如該國無國內區域衝突規範，可適用該國國際私法規範。如其國際私法規範條款不足，可將當事人慣居地所在法域之法律作為支配當事人之法律。
　　於有關立法從地域上屬統一，但仍存在著多種調整不同種類當事人的法律規範時，如這些法律規範發生衝突，得依該立法規定處理。

列支敦士登1996年國際私法第5條第2項（實體規範之反致及轉致）
　　如某外國法律由多個不同法域所組成，則適用該外國法中之規則所指定之某一法域之法律；如不存在此種規則，則適用最密切聯繫之法域之法律。

委內瑞拉1998年國際私法第3條（一國數法）
　　若所指定之外國法同時存在屬個法制，則數個法制間所生法律衝突依相應外國法中之有效原則解決。

中華人民共和國2010涉外民事關係法律適用法第6條
　　涉外民事關係適用外國法律，該國不同區域實施不同法律的，適用與該涉外民事關係有最密切聯繫區域的法律。

日本2006法律適用通則法第40條（某國或地區之法律具有適用一群人民之不同法律系統）
　　1. 如某人為一國具有適用一群人民之不同法律系統之國民時，依該國規則所決定之法律（如無該規則，則適用與該人關係最密切關連之法律）應視為其本國法。
　　2. 前項規定應準用於依第25條（包括依第26條第1項或第27條所準用之事件）、第26條第2項(ii)款、第32條或第38條第2項適用某人之慣居地法且該慣居地具有適用一群人民適用不同法律系統之情況。且其應準用於夫妻最密切關連地而該地具有適用一群人民適用不同法律系統之情況。

義大利1995年國際私法制度改革法第18條非統一法律制度（一國數法）
　　1. 如所指定法律之所屬國因其地域存在著非統一法律制度，則應依該國法律制度標準予以確定準據法。
　　2. 如確認該標準仍無法確定，則適用與該特定案件最具密切聯繫之法律制度。

德國1896/2009年民法施行法第4條反致；一國數法
　　1. 於指定適用某國法律時，在不與該適用之意義無不相符合之情況下，亦適用該國之國際私法。如該國法律指定適用德國法，即應適用德國實體法規定。

2. 如當事人能選擇某國法律時，該選擇僅得就其實體法規範為之。
3. 如所指定之國家法律具有數不同法律系統，且未指定其如何適用時，則依該國法律決定應適用何一法律。如無該規定，則應適用各法律系統中與標的關係最密切關連之法律。

歐盟2008年關於契約之債準據法（羅馬I）第22條具超過一法律制度之國家
1. 凡某國由若干領土單位所組成，而每領土單位於契約之債方面均有其各自的法律規範時，為確定依據本公約之準據法，每一領土單位應視為一國家。
2. 於會員國內不同領土單位各有其各自有關契約之債之法律規範時，就這些領土單位間所發生之法律衝突不適用本公約。

歐盟2007年關於非契約之債準據法（羅馬II）第25條具超過一法律制度之國家
1. 凡某國由若干領土單位所組成，而每領土單位於非契約之債方面均有其各自的法律規範時，為確定依據本公約之準據法，每一領土單位應視為一國家。
2. 於會員國內不同領土單位各有其各自有關非契約之債之法律規範時，就這些領土單位間所發生之法律衝突不適用本公約。

1953年舊涉民法立法背景參考：

1908年法律適用條例	1953年涉民法	立法說明
第2條第3項 當事人本國內各地方法律不同者，依其所屬地方之法。	第28條 依本法應適用當事人本國法時，如其國內各地方法律不同者，依其國內住所地法；國內住所地不明者，依其首都所在地法。	原條例第2條第3項規定，當事人國內各地方法律不同者，以其所屬地方之法為其屬人法。但何者為所屬地方，往往不易確定，且外僑久居異國，往往只有國籍，而無由確定其所屬地方，在適用該原則時不無困難。本條爰參酌英、美、瑞士等國之法例，改為依國內之住所地法。蓋因英、美、瑞士，均為有不同地方法律之國家，在其國內地方法發生衝突時，關於屬人法規，咸以住所地法為準。本條採同一標準，則外僑在中國涉訟者，縱回國後，再經判決。引рет亦然無異，大可減少法律之衝突。至於國內住所不明者，適用其國都所在地之法，縱或當事人在第三國設有國設有住所，亦然無異，大可減少法律之衝突。至於國內住所不明者，適用其國都所在地之法，縱或當事人在第三國設有住所，亦非所問，如是仍可貫徹我國採本國法主義之精神。

5.8　反致 Remission, Renvoi（法）（涉民法第6條）

涉民法第6條

依本法適用當事人本國法時，如依其本國法就該法律關係須依其他法律而定者，應適用該其他法律。但依其本國法或該其他法律應適用中華民國法律者，適用中華民國法律。

5.8.1　先看二個關鍵案例

【法國1878 Forgo案】之動產繼承問題：

　　Forgo為1801年出生具巴伐力亞國籍之非婚生子女（私生子），5歲隨母定居法國，68歲死後無遺囑，在法國留有動產（存款）。依法國國際私法，繼承應適用死者之本國法，亦即巴伐力亞國法；然依巴伐力亞國法，私生子之某些旁系親屬，可以繼承，且巴伐力亞國另規定動產繼承應適用死者實際住所地法（亦即於本案之實際住所地為法國）。法國法院因此據以適用法國法，適用結果為，Forgo之旁系親屬不能繼承，因無人繼承，遺產全歸法國國庫。

【英國1887 Truffort案】之動產繼承問題：

　　Truffort為瑞士公民，於1878年死於法國，於法國有住所，生前曾立下遺囑，將其所有位於英國的動產由其養子繼承。但瑞士法規定親生子女可以繼承9/10，Truffort親生子女便於瑞士起訴，瑞士法院裁判親生子女可以取得9/10，子女持瑞士裁判前往英國為強制執行時，由於尚無兩國間之司法承認協議，英國重新審理該案。英國法律衝突法規定動產繼承依被繼承人之住所地法（法國法）；依法國規定，動產繼承依被繼承人之本國法（瑞士法），最後英國法院適用瑞士法為裁判，同意Truffort子女的繼承請求。

5.8.2　意義

◆指甲國國際私法規定某一涉外案件應準據乙國法，而乙國國際私法又認為應準據甲國法，因此甲國法院即據以適用甲國法而言。[8]（馬漢寶老師）

◆就某國涉外法律關係，依內國國際私法之規定，應適用某外國法，而依某外國國際私法之規定，應適用內國法或第三國法時，內國法院即以內國法或第三國法代替某外國法之適用。（劉鐵錚老師）[9]

5.8.3　發生原因

1. 主要為調和屬人法兩大主義（住所地法、本國法）間之衝突；
2. 適用外國法時，一併適用該國的國際私法或法律衝突法（亦即下述之「全部反致」），導致指向他國法之情況增加；
3. 各國定性及聯繫因素的認定標準不同。

8　馬漢寶，前揭書，頁245。

9　劉鐵錚，前揭書，頁489。

5.8.4　有關「反致」之正反理論

贊成說（通說）	反對說
有助國際間裁判之一致	可能造成循環論證
可以擴大內國法之適用	有服從外國主權之嫌
對外國禮讓之表示	實際上適用不便
可以獲得合理結果	違背公平及法律安定性原則
保持外國法律之完整	否定內國國際私法立法之妥當性
例如：	例如：
早期1896年德民	1980年有關契約之債法律適用之羅馬公
1980年奧地利法律衝突法§5.1	約第15條排除反致（影響各會員國之立
1985年仲裁示範法§28	法，例如德英瑞葡荷）
1955年解決本國法及住所地法衝突之海	1942年意民§30
牙規則§1	1992年澳洲法

5.8.5　種類

	直接反致 Remission （一級反致）	轉據反致 Transmission （二級反致）	間接反致 indirect remission	重複反致
意義	依法院地之國際私法應適用甲外國法，而依甲國國際私法則須適用法院地國法。	依法院地之國際私法應適用甲外國法，而依甲國國際私法則應適用乙外國法。	依法院地之國際私法應適用甲外國法；依甲國國際私法應適用乙外國法；而依乙國國際私法，又認為應適用法院地法。	直接反致或間接反致再追加一道程序，最終適用仍為外國法（僅限於實體法：避免循環不已）。
範例	有住所於德國之英國人，因能力問題涉訴於德國法院，而依德國國際私法規定，應適用當事人本國法，亦即英國法。而依英國國際私法判例應適用當事人住所地法，即德國法。	有住所於意國之德國人死於英國並於英國留有動產。依英國法應適用當事人住所地法（i.e.意國法）；依意國法應適用當事人本國法（i.e.德國法）。	有住所於英國之阿根廷人死於英國，於日本留有不動產，並於日本生繼承訴訟。依日本法應適用被繼承人本國法（i.e.阿根廷法）；依阿根廷法應適用最後住所地法（i.e.英國法）；依英國法，不動產繼承應適用不動產所在地法（i.e.日本法）。	如左例，再追加一道反致至阿根廷法。
圖示	內→A‧→內	內→A‧→B	內→A‧→B‧→內	內→A‧→內‧→A 內→A‧→B‧→內‧→A
◆有採取反致之國家，大都主採直接反致、轉據反致及重複反致，較少採間接反致（∵過分適用內國法）。 ◆契約之債部分大都排除反致之適用，然同意反致回法庭地法。				

	一部反致（單純反致） partial (single) renvoi	全部反致（雙重反致） total (double) renvoi
內容	內國國際私法之指示適用外國法時，僅適用該外國國際私法中對系爭涉外案件所指定之準據法，而不包括該外國國際私法上有關反致之規定。包括內→A→B或內→A→內	內國國際私法之指示適用外國法時，不僅適用該外國國際私法中對系爭涉外案件所指定之準據法，亦適用該外國國際私法上有關反致之規定。

5.8.6　1953年舊涉民法第29條規定

	條文	內涵
舊涉民法第29條	依本法適用當事人本國法時，如依其本國法就該法律關係須依其他法律而定者，應適用該其他法律。	「其他法律」：包括第三國法或內國法 第三國法：轉據反致　內→A→B 內國法：直接反致　內→A→內
	依該其他法律更應適用其他法律者亦同。	「該其他法律」包括第三國法及內國法 「其他法律」包括第四國法及內國法 內→A→B→C　　　屬轉據反致 內→A→B→內　　　屬間接反致 內→A→B→A　　　屬重複反致 內→A→內→C　　　不存在↓ 內→A→內→內、A　不存在↓
	但依該其他法律應適用中華民國法律者，適用中華民國法律。	「依該其他法律」包括第三、四國法及內國法 第三、四國法：屬間接反致，排除重複反致 內國法：不存在
批評	與各國多不採間接反致之立法例不同→欠缺比較法及理論依據。 出現多次「其他法律」，範圍不甚明確→立法技術欠佳。	
一般適用	本條僅適用「當事人本國法」之情況，亦即以「國籍」為聯繫因素之涉外案件始有適用之餘地。	

5.8.7　新涉民法第6條規定及評釋

2010年涉民法	1953年涉民法	說明
第6條 依本法適用當事人本國法時，如依其本國法就該法律關係須依其他法律而定者，應適用該其他法律。但依其本國法或該其他法律應適用中華民國法律者，適用中華民國法律。	第29條 依本法適用當事人本國法時，如依其本國法就該法律關係須依其他法律而定者，應適用該其他法律；<u>依該其他法律更應適用其他法律者亦同</u>。但依該其他法律，應適用中華民國法律者，適用中華民國法律。	一、條次變更。 二、現行條文關於反致之規定，兼採直接反致、間接反致及轉據反致，已能充分落實反致之理論，惟晚近各國立法例已傾向於限縮反致之範圍，以簡化法律之適用，並有僅保留直接反致之例。爰刪除現行條文中段「依該其他法律更應適用其他法律者，亦同」之規定，以示折衷。 三、直接反致在現行條文是否有明文規定，學說上之解釋並不一致。爰於但書增列「其本國法或」等文字，俾直接反致及間接反致，均得以本條但書為依據。

七、修正反致之規定。

現行條文第29條移列第6條，並刪除「依該其他法律更應適用其他法律者，亦同」，及增列「其本國法或」等文字，蓋外國立法例多已修正反致條款，揚棄複雜之全部反致而改採較單純之部分反致。爰刪除中段「依該其他法律更應適用其他法律者，亦同」，以限縮反致之種類，簡化法律之適用；直接反致之規範在現行條文之依據，學說上頗有爭議。爰於但書增列「其本國法或」等文字，俾直接反致及間接反致，均得以本條但書為依據。（修正條文第6條）

評釋：

	條文	內涵及評釋
新涉民法第6條	依本法適用當事人本國法時，如依其本國法就該法律關係須依其他法律而定者，應適用該其他法律。	「其他法律」：包括第三國法或內國法 第三國法：轉據反致　　內→A→B 內國法：直接反致　　內→A→內
	但依其本國法或該其他法律應適用中華民國法律者，適用中華民國法律。	其本國法：直接反致　　內→A→ 內 該其他法律：間接反致　內→A→ B→內

批評	◆與舊法同，與各國多不採間接反致之立法例不同→欠缺比較法及理論依據。 ◆雖刪除舊法中段，但後段增列「其本國法」，誠屬贅文→立法技術欠佳。 ◆新法仍包括直接反致、間接反致及轉據反致，與各國減少反致適用之趨勢不符。 ◆未處理「一部反致」或「完全反致」之爭議問題。
一般 適用	本條僅適用「當事人本國法」之情況，亦即以「國籍」爲聯繫因素之涉外案件始有適用之餘地。
外國立法例	**澳門1999年民法典第16條（反致）** 　　然澳門衝突規範所指向之衝突法引用另一法律時，而該法律擁有本身爲規範有關情況之準據法時，應適用該法律之內國法。 　　衝突規範所指向之法律之衝突法引用澳門國內法時，澳門域內法爲適用之法律。 **澳門1999年民法典第17條（不適用反致之情況）** 　　適用前條規定將導致依第15條規定原爲有效或產生效力之法律行爲成爲無效或不產生效力，或使原爲正當身分狀況變成不正當身分狀況時，即不適用前條之規定。 　　於容許當事人指定適用法律之情況下，當事人已指定法律者，亦不適用前條之規定。 **泰國1939年國際私法第4條（反致）** 　　於適用外國法時，如依該外國法應適用泰國法，則適用泰國國內法，而不適用泰國衝突法規則。 **韓國1962年國際私法第4條（反致）** 　　如依當事人之本國法，而依當事人本國法應適用韓國法時，則適用韓國法。 **匈牙利1979年國際私法第4條（反致）** 　　如本法規定要求應適用外國法，即應適用該外國法之實體規則（即直接支配之國內規則）。但如該外國法規定該問題應適用匈牙利法律，即應適用匈牙利法。 **葡萄牙1966年民法典第18條（反致）** 　　如葡萄牙的衝突規範指向某外國法，該外國法中之國際私法規範又指向葡萄牙國內法者，適用葡萄牙之國內法。 　　於自然人法律地位方面，僅當事人在葡萄牙擁有慣常居所或其居所地國法律應爲葡萄牙可適用於該法律關係者，才適用葡萄牙法。 **葡萄牙1966年民法典第19條（反致之限制）** 　　如某一法律行爲依本法第16條規定原爲合法或有效者，而適用前條規定將導致其非法或無效者，則排除適用前條之規定。 　　如法律規定當事人可指定準據法，則當事人指定外國法爲準據法時，前條規定同樣不予適用。 **葡萄牙1966年民法典第17條** 　　如葡萄牙的衝突規範指定某外國法，而該外國國際私法規範又指向第三國法律，該第三國法律規定可適用於某一民事法律關係者，則適用該第三國法律。 **委內瑞拉1998年國際私法第4條（反致）** 　　若所指定之外國法另指定應適用某第三國法律，且該第三國法律規定可適用者，則適用該第三國法律。 　　入所指定之外國法指定應適用委內瑞拉法，則須適用委內瑞拉法。 　　於前述二項未爲規定之情況，則適用委內瑞拉衝突規範所指定之某國實體法。 **中華人民共和國2010涉外民事關係法律適用法第9條** 　　涉外民事關係適用的外國法律，不包括該國的法律適用法。

日本2006法律適用通則法第41條（反致）

應依當事人本國法，而依該國法律應依日本法時，則依日本法。然依第25條（包括第26條第1項或第27條準用情況）或第32條規定，應依當事人本國法者，不在此限。

瑞士1987/2011年聯邦國際私法第14條

1. 如準據法反致適用瑞士法或其他國家法律時，僅當本法有規定時，始可適用該反致。

2. 有關公民身分問題，外國法反致瑞士法得予以接受。

奧地利1978/1999年國際私法第5條反致與轉致

(1) 外國法律指定亦包括其衝突法在內。

(2) 如外國法反致之結果應適用奧地利內國法（不包括衝突法）：如外國法轉致時，對轉致應予以尊重。但如某國內國法未指定任何別法律，或在其被其他法律為反致時，則應適用該外國之內國法。

(3) 如某外國法由數法域組成，則適用該外國法所指定之何一法域之法律。如無是類規則，則適用與之有最密切聯繫之法域之法律。

義大利1995年國際私法制度改革法第13條（反致）

1. 依以下各條文為外國法之指定時且於下列情況下，就該外國國際私法指向另一國家現行法律之反致規定應予考慮，：

(a) 該國法律承認反致；

(b) 反致指向義大利法律。

2. 第1項不適用於

(a) 本法規定依據有關當事人法律選擇適用外國法之情況；

(b) 法律行為方式；

(c) 與本篇第十一章規定有關的情況。

3. 於第33條、第34條及第35條所述情況，所指定之法律允許確定父母子女關係時，此反致才予以考慮。

4. 於本法規定可適用國際公約之任何情況下，公約採用有關反致問題之解決方式應予適用。

德國1896/2009年民法施行法第3條之1實體規範之指定；單一法規

1. 有關準據法體系實體法律規範之指定，不應包括其國際私法。

2. 第3及第4節指定某人之財產應適用某國法時，不適用該物品非位於該國之情況，此應受物品所在地國法相關特別規則之規範。

歐盟2008年關於契約之債準據法（羅馬I）第20條反致之排除

除本規則另有規定外，本規則所指定之任何國家之法律適用係指該國除其國際私法規範之外，於該國有效實施中之法律規範。

歐盟2007年關於非契約之債準據法（羅馬II）第24條反致之排除

本規則所指定之任何國家之法律適用係指該國除其國際私法規範之外，於該國有效實施中之法律規範。

5.8.8 反致之其他特殊適用

反致係適用於「依本法應適用當事人本國法」，並主要係為解決身分法律衝突之情況，而窺諸整部涉外民事法律適用法，除親屬繼承相關條文外，尚有第3條及第5條符合「依本法應適用當事人本國法」，因而有前述二條文是否同有反致適用之爭議：

相關條文	肯定說	否定說
新涉民§3：依本法應適用當事人本國法，而當事人無國籍時，適用其住所地法。	新涉民§3係因其本國法無從確定，而以其住所地法代之，其皆相當於本國法。	反致之成立，係以本國法主義和住所地法主義相衝突為前提，無國籍之人不至發生二主義衝突，因此無反致之適用。
新涉民§5：依本法適用當事人本國法時，如其國內法律因地域或其他因素有不同者，依該國關於法律適用之規定，定其應適用之法律；該國關於法律適用之規定不明者，適用該國與當事人關係最切之法律。	關係最切地法均係代替本國法之適用，等於本國法，而有反致之適用。	一國數法並無所謂之「本國法」，而係以關係最切地法為準；且採取關係最切地法之理由係為貫徹本國法主義，如採反致，會與該目的不相符合。

1953年舊涉民法立法背景參考：

1908年法律適用條例	1953年舊涉民法	立法說明
第4條 依本條例適用當事人本國法時，如依其本國法應適用中國法者，依中國法。	第29條 依本法適用當事人本國法時，如依其本國法就該法律關係須依其他法律而定者，應適用該其他法律；依該其他法律更應適用其他法律者亦同。但依該其他法律，應適用中華民國法律者，適用中華民國法律。	本條規定反致法則，乃仿效歐陸各國之先例，按其目的有二： (一) 調和內外國間關於法律適用法則之衝突，尤以屬人法則，在大陸法系諸國採本國法主義，而英美諸國採住所地法主義，其結果往往同類案件，因繫屬法院之國界不同，而引律互異，是以歐陸諸國，恆就屬人法則之案件，從當事人本國國際私法之所反致者，適用內國法，藉以齊一法律之適用。 (二) 參照外國之法律適用法則，對於系爭之法律關係，選擇其最適當之準據法。基於上列兩種原因，近世多數國家之國際私法咸承認反致法則，我國原條例第4條亦然，惟其規定僅止於直接反致，本草案擬擴而充之，兼採轉致，及間接反致，以求理論上之貫徹。

本章歷年國考考題（測驗題）：適用民國100年涉民法

1. 甲與乙為我國國民，為四親等表兄妹，但因雙方家庭從小不曾往來，故彼此並不認識。兩人在A國留學時結識，由於雙方與各自家庭關係不好，故自行在A國閃電結婚。求學完後回臺工作，雙方家庭聚餐才發現此一真相。A國法有關結婚係採本國法主義，關於甲、乙婚姻關係之有效無效在我國涉訟時，請問下列敘述何者正確？（100司法官 答案：D）
   (A) 雖然依我國法之規定，四等親內之表兄妹不得結婚，但若A國並不禁止，則基於既得權之保障，甲、乙婚姻有效
   (B) 雖然依我國法之規定，四等親內之表兄妹不得結婚，但若A國並不禁止，則基於既得權之保障，甲、乙婚姻有效。但因此處涉及法律規避（即選法詐欺），故仍應依我國法
   (C) 基於場所支配行為原則，甲、乙之結婚有效
   (D) 此涉及結婚之實質要件，仍應依雙方當事人之本國法決定婚姻之成立，故甲、乙之婚姻無效

2. A國男子甲娶B國女子乙為妻，關於婚姻之相關問題在我國涉訟，A國法律如允許一夫多妻，下列敘述何者錯誤？（100司法官 答案：AorD）
   (A) 法院適用A國法律時，應斟酌A國法規定有無違背我國公共秩序或善良風俗
   (B) 限制外國法之適用僅限於適用之結果違背我國公共秩序或善良風俗
   (C) 乙主張與其他配偶對甲在我國之財產有相同之權利時，A國一夫多妻之規定尚未違背我國之公序良俗
   (D) 甲主張在我國與多位妻子同居，依A國法允許一夫多妻，法院應准許

3. 關於反致，下列敘述，何者錯誤？（100律師 答案：A）
   (A) 我國涉外民事法律適用法第6條關於反致之種類包含直接、間接與重複反致、不包含轉據反致
   (B) 採用反致有可能使各國法院對同一涉外案件之判決得相同結果
   (C) 我國法規範反致可擴大我國法之適用
   (D) 福哥（Forgo）案中法院採用反致之目的，在於達成判決一致之結果

4. 甲為杜拜國人，杜拜國為伊斯蘭教國家，允許一夫多妻。甲分別娶杜拜國民乙、日本人丙、中華民國國民丁女為妻，並在杜拜國共同生活，嗣因丁不耐杜拜國夏天高達攝氏45度之氣溫，乃私下回到中華民國臺北。甲因而在中華民國法院起訴，請求丁應回杜拜國履行同居義務。下列敘述何者正確？（101司法官 答案：D）
   (A) 關於甲、丁婚姻是否有效之問題，應適用婚姻效力之準據法
   (B) 甲、丁重婚之問題，應適用杜拜國法律
   (C) 丁為中華民國人，關於甲、丁婚姻之效力，適用中華民國法律

(D) 本件甲、丁同居義務之準據法爲杜拜國法律，爲當事人住所地法，故無涉外民事法律適用法第6條反致規定之適用

5. 我國法院就涉外民事法律適用法第6條關於反致規定之適用，下列敘述何者正確？（101司法官　答案：A）

(A) 涉外民事法律適用法第6條之規定，於準據法爲當事人之本國法時始有適用

(B) 本條規定之反致包括直接反致、間接反致，但不包括轉據反致

(C) 涉外民事法律適用法第45條規定，婚約之成立，依各該當事人之本國法，並無本條反致規定之適用

(D) 當事人爲無國籍人時，無本條反致規定之適用

6. 我國籍18歲未婚之甲，兩個月前到A國遊學時在當地蒐購名牌精品皮包，並與乙訂購店內缺貨之全部當季商品，約定由乙負責空運商品到我國後，由甲一併給付商品價金與運費。甲返國後即對其浪費行爲心生懊悔，當商品運到我國後，甲以其爲限制行爲能力人且其父母拒絕承認爲由，主張其在A國所爲法律行爲無效，惟18歲之甲依照A國法律已經成年。依照現行涉外民事法律適用法（下稱本法）的規定，下列敘述何者正確？（101律師　答案：D）

(A) 依照本法第38條第1項，準據法爲物之所在地法A國法，故甲有行爲能力

(B) 依照本法第20條，準據法爲行爲地法A國法，故甲有行爲能力

(C) 依照本法第6條的規定，反致適用A國法關於保護內國交易安全的相關規定，故甲有行爲能力

(D) 依照本法第10條第1項規定，準據法爲我國法。故甲之法定代理人不爲承認時，甲乙間的法律行爲即不生效力

本章歷年國考考題（實例申論）：適用民國42年舊涉民法

外國法適用部分：

1. 試說明外國法之性質以及外國法之證明責任。（55司／律）

2. 試述調查外國法律義務之性質。並詳述外國法律經調查而被確認其欠缺有關法規時，應如何處理？（54司／律）

3. 關於外國法適用之錯誤，其種類有何？試分別舉例說明之。（78律）

4. 外國法適用錯誤之情形有幾？各有何救濟方法？（63律）

5. 於美國X州登記成立之甲公司，在我國因涉訟而委任我國律師乙爲其進行訴訟，雙方約定之委任條件爲：甲公司若勝訴，則由乙取得勝訴所得財物之一半，雙方並約定此委任契約之準據法爲美國X州之法律。假定X州之法律准許此種約款，而我國法律則否，今乙爲使甲獲得勝訴，俾向甲主張分其所得財物之一半，而與甲在我國法院涉訟。試問我國法院應如何處理？（88司）

6. 涉外民事法律適用法第25條規定「依本法適用外國法時，如其規定有背於中華民國公

共秩序或善良風俗者，不適用之。」此一條文之意義爲何？試舉例說明。（83司）

7. 涉外民事法律適用法第25條規定：「依本法適用外國法時，如其規定有背於中華民國公共秩序或善良風俗者，不適用之」。問：

(1)「外國法」之範圍如何？有無運用反致之可能？

(2)何謂「中華民國公共秩序或善良風俗」？

(3)應如何解釋「有背於中華民國公共秩序或善良風俗」？

(4)如外國法規定有背於中華民國公共秩序或善良風俗而不適用該外國法時，應如何處理？

試擬事例分別作重點式說明。（77司）

8. 涉外案件，有時其準據法經內國法官決定爲外國法後，該外國法可被認爲違背內國公序良俗；涉外案件，有時其當事人所適用之外國法，亦可被內國法官認爲故意逃避原應適用之法律。此二種情形之性質各如何？內國法官處理二者之方式，有何異同？試分析說明。（74司）

9. 試述我國、德國、英美國家有關外國法適用限制之立法例。外國法適用限制時，法官對該案件應如何處理？（64律）

10. 外國法適用限制的標準有幾種？我國國際私法有何規定？（62司）

11. 應以外國法爲準據法之民事案件，裁判上有無限制適用之原因？（59司／律）

12. 限制外國法之適用有何標準？我國國際私法之有關規定如何？（56司／律）

13. 國際私法運用上，有哪些排除外國法適用之原則或情形？試述之（90高）

14. 涉外民事法律適用法第25條規定：「依本法適用外國法時，如其規定有背於中華民國公共秩序或善良風俗，不適用之。」試擬事例分析說明之。（69高）

15. 涉外民事法律適用法第25條之規定，外國法之適用，有背於我國公序者，得不予適用，試就不列各題扼要作答：

該條規定之公序，究係指「內國公序」、抑指「國際公序」、抑兼指兩者？附理由並舉例說明之。

就適用外國法時，此一「公序」規定（或稱「保留條款」）之運用，究應視之爲原則？抑爲例外？理由？

外國法之適用，有背於公序而應排除其適用，指何些情形？

以「即刻適用法（immediate applicable law）」之適用代替「公序」之運用，其目的、法律性質爲何？其適用之方法與公序有何不同？（82律）

16. 甲國人A與乙國人B因婚姻成立問題涉訟於我國。甲國係因地域而有不同之法律，乙國係因宗教、種族等而有不同之法律。如管轄權無問題，問我國法院應如何決定AB婚姻成立所適用之法律。（80律）

17. 涉外民事法律適用法第1條規定：「人之行爲能力，依其本國法」。今有設住所於台北之美國人甲，因行爲能力問題在台北地方法院涉訟。按美國國內各地法律不同，且國際私法對行爲能力不採本國法主義。問：台北地方法院，依涉外民事法律適用法上其

他規定，

(1) 應如何確定甲之本國法？

(2) 適用甲之本國法時，應特別注意何一問題？（78司）

18. 甲國人Ａ爲乙國人Ｂ之夫，若管轄權無問題，二人因婚姻效力涉訟於我國法院，我國法院應以何國法爲準據法？有無反致之問題？若Ａ爲美國人時，則法院又應如何解決其應適用之法律？（73律）

19. 就某種涉外法律關係，係依一國國際私法之規定，應適用當事人之本國法，而當事人本國爲一複數法域之國家時，會發生何種問題？我國國際私法所採之對策爲何？（70高）

20. 我國仲裁法第31條規定：「仲裁庭經當事人明示合意者，得適用衡平原則判斷。」就法律適用言，本條規定之精神何在？「適用衡平原則」究何所指？（90律）

21. 涉外案件，有時其準據法經內國法官決定爲外國法後，該外國法可被認爲違背內國公序良俗；涉外案件，有時其當事人所適用之外國法，亦可被內國法官認爲故意逃避原應適用之法律。此二種情形之性質各如何？內國法官處理二者之方式，有何異同？試分析說明。（74司）

反致部分：

1. 何謂「雙重反致」（外國法院理論）？其與我國涉外民事法律適用法規定之精神，有何主要區別？反致規定在適用上有哪些限制？（90律）

2. 試述贊成採用反致之理由。（88高）

3. 試依順序扼要解答下列各題：(1)依買賣契約中，當事人約定準據法條款：「本契約爭議，依出賣人本國法，」試附理由回答：A.法院得否適用反致原則？B.該準據法條款與即刻適用法（immediate applicable law）相抵觸時，應如何決定所應適用之法律？(2)於買賣契約當事人，就爭議所應適用法律之意思不明時，試問：其爭議依我國「涉外民事法律適用法」之規定適用，與依「契約適切法」（the proper law of the contract）決定所應適用之法律，兩者有何重要不同？並略評述之。（88律）

4. 反致（RENVOI）之目的何在？試就涉外民事法律適用法之有關規定，分析說明之。（86司）

5. 試從下列三點，扼要討論我國國際私法對當事人意思自主原則之規定：

(1) 適用之對象限於何種法律關係？

(2) 對當事人選擇何國法爲準據法，是否有所限制？

(3) 有無反致規定之適用？（77律）

6. 涉外民事法律適用法第29條規定：「依本法適用當事人本國法時，如依其本國法就該法律關係須依其他法律而定者，應適用該其他法律，依該其他法律更應適用其他法律者亦同。但依該其他法律應適用中華民國法律者，適用中華民國法律。」試擬一事例逐句分析說明本條之規定。（76律）

7. 甲國人Ａ、Ｂ係好友，均在我國有住所。於甲國Ａ倒車時，因輕微過失傷及路旁之Ｂ。Ｂ

來華提起損害賠償之訴。設甲國法律規定，行人無故意或重大過失時，對友人不負賠償之責；其國際私法規定，因侵權行為所生之債，依被害人住所地法。試從管轄權、定性、準據法之選擇、準據法之適用（包括反致問題），扼要說明我國法院對本案應為之處理。（75司）

8. 舉例釋明下列名詞之意義：間接反致（74高）

9. 甲國人A為乙國人B之夫，若管轄權無問題，二人因婚姻效力涉訟於我國法院，我國法院應以何國法為準據法？有無反致之問題？若A為美國人時，則法院又應如何解決其應適用之法律？（73律）

10. 涉外民事法律適用法第29條規定：「依本法適用當事人本國法時，如依其本國法就該法律關係須依其他法律而定者，應適用該其他法律，依該其他法律更應適用其他法律者亦同。但依該其他律應適用中華民國法律者，適用中華民國法律。」試擬事例析述此條內容所採之制度，並說明此種制度之實益。（68司）

11. 反致得分幾種？並各舉例說明之。我國涉外民事法律適用法第29條之規定，應採用何種反致？（62律）

12. 何謂一等反致？何謂二等反致？試就我國涉外民事法律適用法第29條之條文，加以舉例釋明。（60司／律）

第六章　規避法律、時之適用

6.1　規避法律（evasion of law）（涉民法第7條）

涉民法第7條

　　涉外民事之當事人規避中華民國法律之強制或禁止規定者，仍適用該強制或禁止規定。

6.1.1　意義

■又名竊法舞弊、選法詐欺（fraudea la loi）、迴避法律。
■為便利達成某種目的，故意避免一種實體法，而適用另一種實體法（馬漢寶老師）[1]→聯繫因素之虛偽創設。
■當事人故意藉變更聯繫因素之歸屬關係，以逃避不利於己而原應適用之內國法，求得有利於己外國法律適用之謂（劉鐵錚老師）[2]。

1　馬漢寶，前揭書，頁271。
2　劉鐵錚，前揭書，頁533～534。

6.1.2　方法

變更聯繫因素。範例
■早期義大利不許離婚，遂遷移住所於鄰國瑞士而達到得離婚之意圖。
■甲為規避法國繼承應繼分之規定，先將財產移轉給所控制之美國公司，並將該公司
　股票信託給美國信託業者，甲仍享有該財產之使用及處分權利。

6.1.3　性質

≒內國法上之脫法行為：
具不適法性（消極規避內國法規）、虛偽性（主觀上欠缺誠實）、連續性。
≠ 違背公序良俗：
其為具體內國法之違反，而規避法律為消極規避某國法律。

6.1.4　適法性

	適法說	不適法說
理由	尊重當事人自由 詐欺主觀意圖舉證不易 如規避法律違法，易引起國與國間紛爭 阻礙內國法之進步	≒脫法行為，應為違法 造成鼓勵人人詐欺 破壞選法安定

一般對等契約關係：較易發生，尊重當事人意思自由→如契約重心在內國或主受內國法支配之契約，以違反內國公序為由，使之不適法。然仍應注意商業慣例之情況，蓋許多涉外商業契約，多慣以某國法為約定準據法（例如海商租傭船契約多以英國法或美國法為準據法），自應尊重之。
定型化契約關係：很難謂具有虛偽性或有消極規避內國法規之意圖，原則上先運用定型化契約之效力解釋原則（i.e.意外條款排除原則、不明確條款有利締約對造解釋原則、實質內容控制原則）確定選法條款之效力，再依前述一般對等契約關係之判定原則以決定其適法性。
身分關係：較不易發生，且各國多有明文限制規定，ex英美之「善意住所」或「惡意變更住所」。

6.1.5　構成要件

■聯繫因素需能依當事人之意思而變更
■當事人有變更聯繫因素之行爲
■詐欺內國法之意圖（惡意）
■新隸屬關係中獲得利益
■內國爲被詐欺國

6.1.6　規避法律之效力（以變更國籍達到離婚目的）

	絕對無效	完全有效	相對無效	相對有效
主張	不論是變更聯繫因素之行爲或其所欲達成目的之行爲一概皆屬無效。	根本否認規避法律問題之存在。是否規避法律，完全依該行爲之準據法而爲決定，不因聯繫因素變更或意圖而受影響。	規避法律並非當然無效，僅有在特定例外之情況下始爲無效：亦即(1)規避法律之行爲違反法律之立法目的；(2)當事人行爲係爲取得有利於己之權利效果。	變更聯繫因素本身有效，但其所欲達成目的之行爲方面則無效。
理由	詐欺毀滅一切。	規避法律之個人主觀意圖，證明不易，任意排除外國法適用易導致糾紛。	仍基於絕對無效說「詐欺毀滅一切」之立論，然設立條件加以緩和。	規避法律制度之目的在維護法律尊嚴，而變更聯繫因素本身並無損內國法律之尊嚴，而其欲達成之目的則有。
範例	變更國籍及離婚均無效。	變更國籍及離婚均有效。	視有無符合前述要件爲定；違反內國法目的部分無效。	變更國籍有效，但離婚無效。
優劣	變更聯繫因素本身並未達到違反法律之目的。是否有規避法律？應視違反法律之行爲效力及法律規定之內容爲定，而非當然無效除非全世界均採同一理論，否則當事人仍可以其他方式，例如選擇法院之方式達到迴避之目的。	完全忽略當事人規避法律之事實，有藐視內國法律之嫌。有鼓勵當事人逃避法律之可能。	同絕對無效說。	修正完全無效說何以能將「聯繫因素」與「達成目的行爲」爲區分，並賦予分別之效力，無法妥善連貫。
附註	新涉民法7，依其用語，似亦採「相對無效」說（如下表）。			

6.1.7　新涉民法第7條及評釋

2010年 涉民法	1953年 涉民法	說明
第7條 涉外民事之當事人規避中華民國法律之強制或禁止規定者，仍適用該強制或禁止規定。	無	一、本條新增。 二、涉外民事事件原應適用中華民國法律，但當事人巧設連結因素或聯繫因素，使其得主張適用外國法，而規避中華民國法律之強制或禁止規定之適用，並獲取原為中華民國法律所不承認之利益者，該連結因素或聯繫因素已喪失真實及公平之性質，適用之法律亦難期合理，實有適度限制其適用之必要。蓋涉外民事之當事人，原則上雖得依法變更若干連結因素或聯繫因素（例如國籍或住所），惟倘就其變更之過程及變更後之結果整體觀察，可認定其係以外觀合法之行為（變更連結因素或聯繫因素之行為），遂行違反中華民國之強制或禁止規定之行為者，由於變更連結因素或聯繫因素之階段，乃其規避中華民國強制或禁止規定之計畫之一部分，故不應適用依變更後之連結因素或聯繫因素所定應適用之法律，而仍適用中華民國之強制或禁止規定，以維持正當適用中華民國法律之利益。現行條文對此尚無明文可據，爰增訂之。

評釋：
1. 依立法理由說明，**新涉民法第7條似採「相對無效說」**，亦即聯繫因素之變更仍有效，然變更後所新適用之準據法無效，而仍適用中華民國強制或禁止規定。
2. **本條文屬「單面立法」**，僅規定規避中華民國法律之情況，未規定規避外國法律之情況，解釋上應準用之（亦即適用被規避國家法律之強制或禁止規定）。
3. 依前述立法例，規避法律之效力有採絕對無效，有採相對無效；有採單面立法原則，有採雙面立法原則，並非統一。
4. 「當事人意思」應排除適用：變更聯繫因素之行為為規避法律之基本要件之一，然聯繫因素包括主體（國籍或住所）、物之所在地、法律行為之方式及當事人之意思，前三者在聯繫因素變更之鑑別上較為容易，而「當事人之意思」如何鑑別？將會產生困難。本書以為，除非當事人之意思涉及定型化契約之適用解釋、詐欺或脅迫等，如準據法確係當事人在不受拘束之情況下自由議定，「當事人意思」此一聯繫因素變更不宜列入規避法律之認定，避免舉證及法律選擇上之困難。至於當事人共謀適用他國法律以迴避內國法之適用時，如涉及內國公序或強制規定，自得依公序良俗條款為處理。

外國立法例參考：

澳門1999年民法典第19條（法律詐欺）
　　對因存有詐欺意圖，以規避原應適用之準據法而造成之事實狀況或法律狀況，於適用衝突規範時，無須對該狀況予以考慮。

匈牙利1979年國際私法第8條（規避法律）
　　當事人採用偽造或詐欺方式造成涉外因素時，有關之外國法不得適用。
　　於本法，於有法律規避時，應適用無法律規避時之準據法。

匈牙利1979年國際私法第9條（規避法律之例外）
　　雙方當事人得以協議要求不適用在無法律規避時所應適用之準據法，而適用匈牙利法，或可選擇法律時適用所選擇之法律。

葡萄牙1966年民法典第21條（規避法律）
　　為規避原先應適用之法律，故意製作新的法律事實而導致適用另一法律之行為無效。

6.2　時間因素（time factor）（涉民法第62條）

涉民法第62條
　　涉外民事，在本法修正施行前發生者，不適用本法修正施行後之規定。但其法律效果於本法修正施行後始發生者，就該部分之法律效果，適用本法修正施行後之規定。

6.2.1　意義

　　涉外民事法律關係可能會因法律變更（例如法律修正）或聯繫因素變更（例如國籍變更）而產生應適用哪一時間點法律的問題。此在學理上稱之為「時間因素」（time factor）或「法律時際衝突」（intertemporal conflict of laws）。

　　時際衝突問題的解決一般是因循「法律不溯及既往」及「既得權保護」等原則。在此原則下，若干規範明文規定所應適用「某時間點」之法律，例如我國涉民法第58條前段規定「繼承，依被繼承人『死亡時』之本國法」；第51條規定「子女之身分，依『出生時』該子女、其母或其母之夫之本國法為婚生子女者，為婚生子女。但婚姻關係於子女出生前已消滅者，依『出生時』該子女之本國法、『婚姻關係消滅時』其母或其母之夫之本國法為婚生子女者，為婚生子女。」

6.2.2　時間因素衝突之類型

　　造成時間因素衝突之因素/類型主要有下列三類：

1. 「**法庭地國際私法變更**」所引起之新舊國際私法之衝突：例如我國涉民法2011年修正施行。

2. 「**聯繫因素變更**」所引起之新舊適用法律之衝突：例如國籍或住所變更，此由於聯繫因素變更所導致之時際衝突，學理上又稱之為「動態衝突」（conflicts mobiles）。

3. 「**應適用法律變更**」所引起的新舊準據法之衝突：例如親屬法或繼承法修正。

6.2.3　時間因素衝突（學理上）解決方式

　　時間因素衝突之解決方式雖以「法律不溯及既往」為原則，然此方式並無法解決所有時間上的問題，甚至有可能造成不合理狀況，蓋以意思自主所締結的契約為例，「締約時」所決定之準據法可能於「爭議發生時」或「契約未履行時」發生變動，究應適用哪一時間點的法律？不無爭議。至於可能造成不合理之情況，最典型案例為英國1971年Hornett v.s Hornett案[3]。

　　Hornett v.s Hornett案情大略為英國男子於1919年與一住在法國之法國女子結婚。女子於1924年於法國取得一離婚判決，然二人仍一直同居至1936年。1969年英國男子向英國法院訴請承認該法國離婚判決之效力，然依1967年以前之英國普通法，離婚依配偶住所地法，且妻以夫之住所為住所，基此，英國法院不承認前述1924年法國離婚判決之效力。然於1969年英國普通法卻變更前述判決，英國上議院同意本案英國男子請求。此案可能導致一問題是，如本案當事人於1924至1936年持續同居期間育有子女，如依1967年英國普通法（亦即不承認法國離婚判決），仍屬婚生子女；但如依1969年新判決，將成為非婚生子女。

　　基於前述討論，如單依「法律不溯及既往」原則並無法妥善解決所有時間因素問題，有時必須依個案情況，以求案件之合理解決，此為學理上所稱之「變更主義」或「調整主義」，亦即如法律無明文規定時際衝突解決方式時，法院得依個案情況，不依法律不溯及既往原則，以求案件之合理解決。學理上有關時間因素的解決方式大致有：

A. 法庭地國際私法變更所引起之新舊國際私法之衝突
　◆新制訂法變更舊制訂法，原則：法律不溯及既往
　◆新判例變更舊判例，英美法原則：判例不具溯及效力

B. 聯繫因素變更所引起之新舊適用法律之衝突
　◆最近具體化所指定之法律：ex.動產依取得時之法律（保護交易安全）
　◆最初具體化所指定之法律：ex.夫妻財產以結婚時夫之本國法或住所地法
　◆適用最相關連之法律：ex.親子關係訴訟可選擇對子女最有利之法律
　◆累積適用最密切關連之法律：ex.德國法：離婚適用起訴時夫之本國法，但夫為外國人時所發生之原因事實非依他國法亦認其為離婚原因者不得為之援用另一連結因素：ex.法國法：離婚原則上依當事人共同國法，如無，依婚姻住所地法

3　Hornett v. Hornett [1971] P. 255

C. 應適用法律變更所引起的新舊準據法之衝突

◆原則：應適用該準據法之全部，含其施行法，亦即新舊法律如何適用？依該施行法之規定。

6.2.4　立法方式

各國有關時間因素或時際衝突之立法方式，大致區分為下列幾種方式：

	個別規定主義	統一規定主義	併合主義	併採當事人意思自主原則
說明	於法律衝突規範或個別擇法條文中詳列準據法應適用之時間點。	不於個別擇法條文中為規定，於以單一條文統一規定時際衝突之處理。	不僅於個別擇法條文中為規定，亦有統一規定。	亦即容許當事人意思自主決定應適用哪一時間點的法律。
範例	例如我國涉民法第58條前段規定「繼承，依被繼承人『死亡時』之本國法」。	例如我國涉民法第62條「涉外民事，在本法修正施行前發生者，不適用本法修正施行後之規定。但其法律效果於本法修正施行後始發生者，就該部分之法律效果，適用本法修正施行後之規定。」	同左二欄	例如大陸1985年涉外合同法第41條規定，……如法律將來有新的規定，仍可按照合同原來約定執行；而對本法施行日之前成立之合同，經當事人協商同意，亦可適用本法。
優點缺點	適用較為明確且簡易，但相對地明確規定的結果可能僵化法律的選擇。	規範方式簡易，但如規定過於僵化，將造成適用上之欠缺彈性。	兼具左二欄的優缺點。	僅適用於可意思自主之法律衝突類型。

6.2.5　我國涉民法第62條及評釋

我國涉民法第62條規定「涉外民事，在本法修正施行前發生者，不適用本法修正施行後之規定。但其法律效果於本法修正施行後始發生者，就該部分之法律效果，適用本法修正施行後之規定。」

2010年涉民法	1953年舊涉民法	修正理由
第62條 涉外民事,在本法修正施行前發生者,不適用本法修正施行後之規定。但其法律效果於本法修正施行後始發生者,就該部分之法律效果,適用本法修正施行後之規定。	無	一、本條新增。 二、**本法增訂及修正條文之適用,以法律事實發生日爲準,原則上不溯及既往。**爰於本文規定涉外民事,在本法修正施行前發生者,不適用本法修正施行後之規定。例如因法律行爲或侵權行爲而生之涉外民事法律關係,即應以該法律行爲之成立日或侵權行爲之實施日等爲準,其在本法修正施行前發生者,原則上即不適用本法修正施行後之規定。**對於持續發生法律效果之涉外民事法律關係,例如夫妻在本法修正施行前結婚者,其結婚之效力,或子女在本法修正施行前出生者,其父母子女間之法律關係等,即使其原因法律事實發生在本法修正施行之前,亦不宜一律適用本法修正施行前之規定。**此等法律關係,應以系爭法律效果發生時爲準,就其於本法修正施行後始發生之法律效果,適用本法修正施行後之規定,其於此前所發生之法律效果,始適用本法修正施行前之規定。爰參考瑞士國際私法第196條之精神,於但書規定其法律效果於本法修正施行後始發生者,該部分之法律效果,適用本法修正施行後之規定。

評釋:

1. **適用範圍**:本條文僅適用於「法庭地國際私法變更所引起之新舊國際私法之衝突」,而不及於「聯繫因素變更」及「準據法變更」所引起之時際衝突。關於後二者,仍應依具體條文之明文規定或學理爲解決。

2. **屬優先適用性質**(與其他條文時間因素規範間之關係而言):本條文屬國際私法變更之適用問題,在性質上應優先於該法其他條文中有關時間因素規範之適用,亦即必須先適用新涉民法第62條,確認應適用新法或舊法後,再依該法個別條文中之時間因素予以決定所應適用之法律。涉民法第62條與同法其他具時間因素條文間並非原則規定與特別規定之相互適用問題。以涉民法第48條夫妻財產制爲例,新法規定採「合意適用國法」,舊法規定採「結婚時之夫所屬國法」,如有關夫妻財產之爭議於新法實施前已發生,依涉民法第62條規定,仍應適用舊法第13條依「結婚時之夫所屬國法」;然如夫妻財產之爭議係於新法施行後才發生,因夫妻財產之效力等於一直延續至新法施行後,因此應適用新法第48條規定。

3. **瑞士國際私法**:本條文立法理由所參酌瑞士國際私法第196條規定:
於本法施行前已發生且已產生其所有法律效果之法律事實及法律行爲,適用先前的法律。(Les faits ou actes juridiques qui ont pris naissance et produit tous leurs effets avant l'entrée en vigueur de la présente loi sont régis par l'ancien droit.)(Facts or legal

transactions that occurred and produced all their effects before the effective date of this Code shall be governed by the former law.）

於本法施行前已發生之法律事實及行為，然仍具法律效果者，於本法生效日前適用舊法，然於本法生效日後即應適用本法規定。（Les faits ou actes juridiques qui ont pris naissance avant l'entrée en vigueur de la présente loi, mais qui continuent de produire des effets juridiques, sont régis par l'ancien droit pour la période antérieure à cette date. Ils le sont, quant à leurs effets, par le nouveau droit pour la période postérieure.）（Facts or legal transactions that occurred before the effective date of this Code, but which continue to produce legal effects, shall be subject to the former law for the period prior to the effective date. Upon the effective date of this Code, their effects for the subsequent period shall be governed by the new law.）

本條文雖從瑞士國際私法第196條規定，但仔細比較，二者仍存有若干差異。瑞士國際私法偏採從新原則，以「所有法律事實及行為及其法律效果於該法施行前已全部發生」，才適用舊法，否則均適用本法。我國涉民法第62條對此並未明確規定，，因此假設某法律效果屬持續性發生且橫跨新舊法期間，依瑞士法，仍適用舊法；但依我國法，則解釋上似乎應適用新法。

4. **批評**：本條文應受批評之處有二，而最重要者，本條文可能抵觸憲法所保障之法律不溯及既往原則：

(1) **使用「法律效果」用語之意義範圍不明**：嚴格言之，「法律效果」四字並非民商法律通用名稱，我國各項立法使用「法律效果」四字者，多屬行政及刑事法規[4]，法律效果為學理上所慣用之用語，其代表透過法律實施以實現法律社會目的、價值或社會功能及其程度之一種狀況，簡言之就是指「違反法規時應受之處罰為何？」例如刑法271條「殺人者，處死刑、無期徒刑或十年以上有期徒刑」，殺人者為構成要件，死刑等為法律效果。在此解釋下，涉民法第62條所稱之「法律效果」究指為何？如依其立法理由之說明（婚姻之效力：父母子女法律關係），所指者仍應屬法律事實或法律關係類型（例如婚姻效力中之同居義務，或父母子女關係中之扶養義務），並非指一般概念上的法律效果（違反同居義務之效果、違反扶養義務之效果）。如依立法理由之說明，則所有具持續性質的法律事實或法律關係（例如多數契約類型或身分關係，復例如票據關係，新法實施前簽發，但卻於新法實施後未獲兌現），只要該事實或關係持續存在於新法實施之後，即適用新法！本條立法理由所舉範例似乎與一般認知之「法律效果」有所誤解。瑞士國際私法原文為「des effets juridiques」（屬法文），英文翻譯為「legal effects」，其中

---

4 按以「法律效果」以條文內容為搜尋，現行有效法規中有使用「法律效果」乙詞者約80餘筆法規，於民商法規部分，僅公司法（1筆）、消費者保護法（2筆）及證券投資人及期貨交易人保護法（1筆），另一則為涉外民事法律適用法出現「法律效果」達3筆之多。其餘將近80件法規多屬訴願法及貪污治罪條例等法規行政及刑事法規。

文翻譯可譯爲「法律效果」或「法律效力」，然在不加審酌法制間可能差異的情
況下，直接將瑞士法導入我國法，且錯誤立法理由解釋的結果，不僅造成法院日
後適用上之困擾，更可能已侵害我國憲法「法律不溯及既往」之基本原則。

(2) **可能違反憲法所保障的「法律不溯及既往」原則**：法律不溯及既往原則的相關論
述，於我國釋字第574號及605號解釋均有相當廣泛的論述。故法律不溯及既往原
則乃法治國原則底下，基於法律安定性及信賴保護之要求，而爲憲法上拘束立
法、行政及司法機關之基本原則，毋待憲法明文（釋字605）。於此二大法官解釋
文中，對於本條文原欲規範「發生於過去但尚未終結而繼續存在之事實或法律關
係」，係以「不眞正之溯及」或「回溯性之效力」稱之；相對地，將「對於過去
存在已終結之事實，嗣後予以變更或規範者」，則稱爲「眞正之溯及」或「追溯
性之效力」。依該二大法官解釋，無論是眞正溯及或不眞正溯及，基本上均違反
憲法所保障的法律不溯及既往原則[5]。

5. **建議**：本條文是整部新修正涉外民事法律適用法影響最爲深遠的條文，其不僅影響著
具持續性質法律事實或法律關係之擇法標準，且可能觸及違憲爭議。平心而論，相較
於60年餘前的舊法，新涉民法所表徵者爲較爲晚近的擇法標準，當較符合現代擇法原
則，也能更符合當事人的期待及國際私法所欲達到之目的，特別是身分法部分。然問
題是新法所使用之「法律效果」定義不明，加上立法說明「事實／關係與效果」不分
的擴張及不當解釋所導致的可能違憲爭議。綜觀附錄所列各國及國際法規，有相關規
定者不多，除瑞士法外，南斯拉夫1979年國際衝突法第39條規定新法適用於施行日前
尚未做出一審判決之案件；義大利1995年國際私法制度改革法第72條規定本法適用於
生效日後所提起之訴訟，本書作者認爲日後本法有修正之可能時，但書規定應予以刪
除，回歸法律不溯及既往之一般狀態，並由法院針對「法律事實及關係」之認定，爲
新舊法之適用。

5　釋字第574號解釋許玉秀大法官部分協同意見書言：「參、不溯既往原則於本案之適用 德國學理上將不
溯既往原則分成三個等級，第一個等級是刑法上罪刑法定原則所衍生的絕對不溯既往原則，第二和第三
個等級是適用於刑法以外其他法律領域的眞正與不眞正溯及既往原則。第一個等級的不溯及既往沒有例
外；第二個等級的眞正溯及既往所針對的是新法生效前已取得的權益，原則上違憲，例外合憲，例如新
法原本在預料之中、舊法因違憲溯及失效而由新法取代、舊法不明確而無法形成信賴、事件輕微或技術
性程序法而非有基本保障功能之程序法，以及爲排除立法漏洞補救公益之迫切需要等等；第三個等級的
不眞正溯及既往所針對的是自新法生效前持續存在至新法生效時的既得權事實，如逕行適用新法，原
則上合憲，例外違憲，例如對個人信賴的保護高於法律的公益目的，判斷依據包括：對於新法所生的負
擔是否因爲所保護的信賴正好是法律的持續有效而無評估義務、受衝擊的法益種類、新負擔的嚴重程度
等等。其中第三等級的不眞正溯及既往是否有存在價值，尚有討論空間，例如關於利率的計算，可能因
爲本金事實的連續，在利率條例有所修正時，落入不眞正溯及既往的類型，但如有固定和浮動兩種計算
方式，則事實早已界定清楚，根本沒有溯及既往與否的困擾，足見溯及既往與否的關鍵，還在於對事實
如何界定，事實一旦界定清楚，只有溯及和不溯及，並不需要中間型態的不眞正溯及。」

本章歷年國考考題（測驗題）：適用民國100年涉民法

尚無

本章歷年國考考題（實例申論）：適用民國42年舊涉民法

1. 涉外案件，有時其準據法經內國法官決定為外國法後，該外國法可被認為違背內國公序良俗；涉外案件，有時其當事人所適用之外國法，亦可被內國法官認為故意逃避原應適用之法律。此二種情形之性質各如何？內國法官處理二者之方式，有何異同？試分析說明。（74司）
2. 何謂規避法律？試述其成立條件。（85司）
3. 試述竊法舞弊（或稱選法詐欺）之特殊成立之要件及其效力。（52司/律）

第七章　屬人法（國籍、住所）

7.1　屬人法概說

7.1.1　概說

　　國際私法之功能係為公平合理地解決各國因民事法律規定互異所生之法律衝突，以私法法規為對象。自法則區別說以來，國際私法大致將所有涉外民事法律關係，分為屬人法則（statuta personalia）、屬物法則（statuta realia）及混合法則（statuta mixta）。前者適用於與人有關之法律關係，後二者則具屬地性，而與物之所在地或行為地發生密切關連。

7.1.2　屬人法二大原則及晚近發展

　　屬人法傳統上被公認的二大聯繫因素為大陸法系所採之「國籍主義」與英美法系所採之「住所主義」。此兩大法系間有關屬人法原則之衝突幾可謂近兩百年來國際私法統一的一大阻礙。鑑於「國籍」及「住所」的衝突及剛性或硬性選法概念，二十世紀中葉以後，國際社會逐漸以「慣居地」及「最重要牽連關係原則」作為取代或輔助屬人法二大原則之方向。

7.1.3　屬人法之適用範圍──能力及身分

　　屬人法既屬附隨於人適用之法律，因此基本上則與人有關之法律關係，包括人之「能力」與「身分」均在其適用範圍內。例如1804年拿破崙法國民法第3條第3項即規定：「關於人之身分及能力之法律，適用於所有法國人民，包括其居住外國者」。關於哪些身分及能力事項，應由屬人法管轄，各國並不完全一致，大體上可涵蓋人格、一般權利能力、行為能力、姓名，以及婚姻、父母子女監護、收養等親屬關係或繼承關係等問題。

　　有些國家的國際私法相關立法會明文規定「屬人法」之適用範圍，例如：

葡萄牙1966年民法典第25條（屬人法之範圍）

　　自然人之地位、能力、家庭關係、財產繼承關係適用當事人之屬人法，但法律另有特殊規定者除外。

匈牙利1979年國際私法第10條（屬人法）

　　人之權利能力、行為能力、個人身分及人格權依其屬人法決定。

　　因人格權受到侵犯而發生之請求權適用損害發生當地及當時之法律；然如匈牙利法規定對受害人的賠償更為有利者，則依匈牙利法。

7.1.4　屬人法之適用對象：自然人及法人（？）

屬人法最早發展時尚無「法人」概念，國籍或住所也是從自然人的角度所提出。法人制度興起後，屬人法原則是否同樣適用於法人，便生爭議，長久來有正反二見解。我國1953年舊涉民法第2條規定：「外國法人經中華民國認許成立者，以其住所地法爲其本國法」，以法人之住所確定其本國法（屬人法），似乎仍採肯定見解；然2010年新涉民法第13條「法人，以其據以設立之法律爲其本國法。」改採設立準據法主義之後，似乎與傳統屬人法原則脫離。對此，學者稱之爲「法人屬人法」，凡依法人屬人法無法人資格者，在他國不能爲法人；有關法人之設立、內部組織、對外關係及行爲能力等問題，概爲法人屬人法之適用範圍。換言之，法人權利能力之有無、權利能力之範圍、以及法人之法律行爲有無逾越章程所定之能力範圍，均爲法人屬人法所規範。

少數國家的立法不區分「自然人」與「法人」；較多國家立法採「自然人」及「法人」分別規定或僅專門針對「自然人」爲屬人法相關規定之方式。前者例如奧地利1978/1999年國際私法及葡萄牙民法典；後者如列支敦士登國際私法第10條第1項規定：

奧地利1978/1999年國際私法：

　　第9條第1項前段（自然人之屬人法）規定：「自然人之屬人法應爲該人所屬國法。」

　　第10條（法人之屬人法）規定：「法人或其他任何能承受權利或負擔義務之社團或財團，其屬人法應爲該法律實體設有事務所之國之法。」

葡萄牙1966年民法典

　　第31條第1項（屬人法之確定）規定：「自然人之屬人爲其本國法。」

　　第33條第1項（法人）規定：「法人之屬人法，爲其主要管理機構之實際所在地。」

列支敦士登國際私法

　　第10條第1項前段規定：「自然人國籍法爲該自然人所屬國家之法律。」

7.1.5　傳統屬人法二大原則之比較

屬人法原則（personal law/ lex personalis）：個人法律地位上之某些事項，應專受與其人有永久關係之國家之法律管轄，而不受其偶然所在之國家之法律支配，具域外效力，主要與個人身分及能力之事項，例如行爲能力/權利能力及親屬繼承相關。

	本國法（lex patriae）	住所地法（lex domicilii）
意義	個人「國籍」所屬國家之法律，亦即以「國籍」爲基礎。	個人「住所」所在國家之法律，亦即以「住所地」爲基礎。
發展	拿破崙法典1804＋（民族主義：忠順）	AD13c＋500＋（無忠順觀念）
主張	個人與國家之關係比個人與家園之關係爲深； 體現本國對其國民之對人管轄權； 確保法律上人格之一致。	個人的身分能力及權利與其家園或家庭的所在地不可分（生活中心）； 尊重當事人意思； 比較合乎平等原則； 私法交易安全。
採用國家	鼓吹民族主義國家；移民國 德、意	受移民國 美、英、法（wwII）、北歐國、中南美國、亞洲
優點	國籍較住所不易變更，不易以住所變更來規避法律。 國籍概念簡明，較易確定。	住所地法通常與涉訟法院同國，適用較爲便利、不易發生歧異。
缺點	涉訟國法院適用較爲不易。	住所意義分歧（以強制登記制防弊）。 國際交通頻繁，民事變動性大，易失法律統一性及永久性。 易生規避法律情事。

注意一：涉民法第6條反致之適用：適用當事人本國法→反致適用住所地法→依住所地法。

注意二：涉民法第3條無國籍時：依住所地法（∵無本國法可資適用）→此亦可反映屬人法「以本國法主義爲主，住所地主義（兼採慣居地）爲輔」之發展趨勢，以保障當事人之平等權利及利益。

注意三：除「本國法」及「住所地法」主義外，目前國際已逐漸採用所謂的「慣居地或常住地」（habitual residence）作爲屬人法事項之準據法（1955年海牙國際私法會議中被提出），慣居地屬住所與居所間之中間概念，屬事實上之概念，以主觀上之永久居住意思之強弱爲區分，分爲住所、慣居地、居所，此部分請另見本章有關「住所」之討論。

7.1.6　屬人法衝突之解決：1955年海牙公約

　　爲解決本國法及住所地法間之衝突，海牙國際私法會議曾於1955年6月15日訂立「解決本國法及住所地法衝突公約」[1]。大陸法系國家不強力要求一定適用「本國法」；且相對於大陸法系國家之讓步，英美法系國家亦同意對「住所」作擴大解釋而包括「慣常居所」。該公約僅有比利時、荷蘭、法國、盧森堡及西班牙等少數國家簽署，尚未生效。

　　該公約的核心條文爲第1條至第3條，視住所地國及其本國之規定，來決定應適用何國法律：

第1條：「如當事人之住所地國及其本國均規定適用當事人本國法，而其本國規定適用住所地法時，締約國即應適用住所地國之國內法規定。」

第2條：「如當事人之住所地國及其本國均規定適用住所地法，締約國即應適用住所地國之國內法規定。」

第3條：「如當事人之住所地國及其本國均規定適用當事人本國法，締約國即應適用其本國之國內法規定。」

7.2　國籍（nationality）（涉民法第2條及第3條）

7.2.1　意義

法律地位說（個人的法律地位）：指自然人基於忠順關係而隸屬於某一國家之地位。

法律關係說（個人與國家之法律關係）：指個人經與某一國家連結而具備之國民資格。

效果：受該國支配統治之客體而成爲「國民」，享該國一定之權利，並負一定之義務。

7.2.2　立法體制

規定於民法：早期的奧、荷、意、西法律→缺點：國籍應屬行政法範疇。

規定於憲法：美國舊法及中南美洲國家（委、巴、尼、秘）→缺點：修改不易。

規定於單行法：英、日、挪、瑞、瑞、美國新法→多數國家採之。

---

[1]　全文請參考作者編譯國際私法基本文件，公約約文僅有法文。

7.2.3　立法法則

　　國籍必有原則：任何人均應有國籍－目的：保全個人利益、完成國家目的、維持國家
　　　　　　　　　　和平。
　　國籍單一原則：任何人不得同時具有二國籍；個人利益因負雙重義務而受損。
　　尊重意思原則：國籍乃自願之忠順關係，應准許個人以自由意思，在一定要件下，變
　　　　　　　　　　更其國籍，亦即歸化。又稱爲「國籍非強制原則」。

7.2.4　國籍授與原則及限制

原則：
　　1. 個人是否具有某國國籍，依該國法律爲定，例如瑞士1987/2011年聯邦國際私法第
　　　　22條：「自然人國籍依系爭國籍國法決定之。」→會造成「無國籍」與「重國籍」
　　　　情況。
　　2. 一國對於個人是否具有外國國籍，無權過問，ex.舊法民：法女與外國人結婚者，
　　　　取得丈夫之國籍。
限制（國籍法公約[2]第1條）：不得違反
　　a. 國際公約；
　　b. 國際習慣；
　　c. 一般公認有關國籍之法律原則
國籍授與之二國際習慣：
　　a. 主觀因素方面：「尊重個人意思」，不應「強制入籍」；
　　b. 客觀事實方面：授籍國與個人間須有「身分上或領土上」之聯繫

2　目前國際間與國籍有關之公約不少，主要爲1930年國際聯盟時代所簽訂之1930年國籍法公約、1930年關
　　於國籍法衝突若干問題公約及聯合國時代所簽訂之1954年關於無國籍人地位公約及1961年減少無國籍人
　　狀態公約。

7.2.5　國籍之取得、喪失、回復、撤銷（我國——國籍法）

取得⇒			喪失⇒	撤銷	回復
生來之國籍	1. 血統主義：（中歐國家）		「不」反之亦然		一般採寬鬆或便宜主義
	2. 出生地主義：（中南美國家）				
	3. 以血統主義爲原則之併合主義：（西、南歐國家）及我國國籍法(2)	原則：父母血統　例外：出生地（無國籍）			
	4. 以出生地主義爲原則之併合主義：（英、美）				
傳來之國籍	1.（特殊歸化）親屬法	婚姻(4)_1合法居留183天+連續三年	爲外國人配偶(11)	未取得外國籍+內政部許可(14)	住所+品行端正+自足能力(15)
		親子（含認領（認知））(4)_2合法居留183天+連續三年	外國生父認領(11)		
		收養(4)_3合法居留183天+連續三年	爲外國人收養(11)		
		隨同歸化(7)	隨同喪失(11)		隨同回復(16)
	2. 歸化（自願性）	要件：當事人呈請+國家許可	自願取得外國籍(11)（20+行爲能力）		
		一般歸化之基本條件：(3)　須有住所　合法居留183天+連續五年滿20歲+有行爲能力　品行端正　專業及自足能力　語言能力+國民權義基本常識			
		特殊歸化　出生（本人）：住所+合法居留183天+連續三年(4)			
		特殊歸化　出生（本人+父/母）：住所+20+品行+自足能力(5)			
		特殊歸化　合法居留十年：住所+20+品行+自足能力(5)			
		特殊歸化　殊勳(6)			
		生效　許可之日(8)			許可之日(17)
		證明　提出喪失原國籍證明(9)			
		限制　任公職限制（10年）(10)			三年(18)
	3. 國際法原因	原因：所居領土被合併、征服或割讓（因戰爭或條約）　國籍變更方式：1.保有原國籍　2.取得繼受國國籍　3.人民自由選擇（國籍選擇條款）	反之亦然		
			一般限制（12）		
			特別限制（13）		
			(19)非法歸化、喪失或回復之撤銷		

7.2.6　國籍之衝突

國籍衝突原因：各國國籍法規定及所採主義不同
國籍衝突的結果：一人有二個以上之國籍（重國籍）⇨積極衝突（搶著要！）
　　　　　　　　　無任何國籍（無國籍）　　　　⇨消極衝突（沒人要！）

7.2.6.1　積極衝突

原因		解決方式	
		外國國籍間	內外國國籍間
生來國籍（大都爲同時衝突）	血統主義與出生地主義間；血統主義與以血統主義原則之併合主義間；血統主義與以出生地主義原則之併合主義間；父母本身具雙重國籍。	關係國中有住所者：依現有住所國定其國籍；關係國均無住所者： ■視爲無國籍； ■以與法院地國國籍法所採主義最近者 ■以與當事人關係最切國（ex舊涉民26後段）	共通原則：只認定其具有內國國籍（ex舊涉民26但書）
傳來國籍（大都爲異時衝突）	婚姻 認知 收養 歸化	傳來國籍大致上均由「當事人意思」而起，且有先後國籍取得之分，因此各國多以「最後或最近」取得之國籍定其國籍（ex舊涉民26前段）。	
涉民法	■1953年舊涉民法第26條：「依本法應適用當事人本國法而當事人有多數國籍時，其先後取得者，依其最後取得之國籍，定其本國法；同時取得者依其關係最切之國之法。但依中華民國國籍法應認爲中華民國國民者，依中華民國法律。」 ■新涉民法第2條：「依本法應適用當事人本國法，而當事人有多數國籍時，依其關係最切之國籍定其本國法。」→無論同時或異時取得，均採關係最切國法。（如下述） ■「關係最切」：依其居住、主要財產、家庭事業所在地等加以綜合觀察。		

7.2.6.2　消極衝突

原因		解決方式（與採「本國法」較有關）
生來國籍	血統主義與出生地主義間；不同併合主義間；父母均無國籍且出生地採血統主義。	∵個人與國家之關係，除國籍外，即以住所爲最密切之聯繫。∴通則：以住所地法視爲本國法（住所地法）住所不明者，以居所地法爲本國法（ex 舊涉民27.1）。
傳來國籍	婚姻歸化	解決方式有二：1. 依住所地法；2. 依原屬國（當事人關係最切及其國民性最近者）
其他	領土變更、棄兒、剝奪國籍等	？（締結條約等方式處理）
涉民法	1953年舊涉民法第27條第1項：依本法應適用當事人本國法而當事人無國籍時，依其住所地法；住所不明時，依其居所地法。⇨我國不區分生來或傳來衝突，概採「住所地法」之不區分說。新涉民第3條：「依本法應適用當事人本國法，而當事人無國籍時，適用其住所地法。」亦採「住所地法」之不區分說。	

7.2.6.3　分裂國家之國籍認定問題

◆當事人意思說：有明示時依明示之意思，無明示時，依客觀情況決定之。
◆複數法域說：依涉民法第5條（一國數法）決定之，亦即依住所地法。
◆雙重國籍說：依國籍之積極衝突方式處理。

7.2.6.4　涉民法第2條立法：國籍積極衝突

2010年新涉民法：「先後依後」「同時依關係最切」+我國籍但書→全部改採「關係最切」

2010年新涉民法	1953年舊涉民法	說明
第2條依本法應適用當事人本國法，而當事人有多數國籍時，依其關係最切之國籍定其本國法。	第26條依本法應適用當事人本國法，而當事人有多數國籍時，其先後取得者，依其最後取得之國籍定其	一、條次變更。二、依本法應適用當事人本國法，而當事人有多數國籍時，現行條文規定依其國籍係先後取得或同時取得之不同，而分別定其本國法，並於先後取得者，規定一律依其最後取得之國籍定其本國法。此一規定，於最後取得之國籍並非關係最切之國籍時，難免發生不當之結果，且按

本國法。同時取得者依其關係最切之國之法。但依中華民國國籍法，應認爲中華民國國民者，依中華民國法律。	諸當前國際慣例，亦非合宜。爰參考義大利1995年第218號法律（以下簡稱義大利國際私法）第19條第2項規定之精神，明定當事人有多數國籍之情形，一律依其關係最切之國籍定其本國法，俾使法律適用臻於合理、妥當。至於當事人與各國籍關係之密切程度，則宜參酌當事人之主觀意願（例如最後取得之國籍是否爲當事人眞心嚮往）及各種客觀因素（例如當事人之住所、營業所、工作、求學及財產之所在地等），綜合判斷之。此外，中華民國賦予當事人國籍，因此而生之法律適用之利益，既得一併於各國牽連關係之比較中，予以充分衡量，已無單獨規定適用中華民國法律之必要，爰刪除但書之規定。

修正總說明：

依本法應適用當事人本國法，而當事人有多數國籍時，無論其國籍取得之先後順序如何，均宜依其關係最切之國籍定其本國法，較爲合理。爰參考國際慣例修正之。此外，中華民國賦予當事人國籍而生之法律適用之利益，既得一併於各國之牽連關係之比較中，予以充分衡量。爰刪除但書優先適用中華民國法律之規定。

各國立法例參考：

中華人民共和國2010年涉外民事關係法律適用法第19條第1項

依照本法適用國籍國法律，自然人具有兩個以上國籍的，適用有經常居所的國籍國法律；在所有國籍國均無經常居所的，適用與其有最密切聯繫的國籍國法律。

日本2006年法律適用通則法第38條（本國法）第1項

1. 當事人有二個以上國籍，其於國籍國中有慣居所時，則以該國爲其本國法。如於國籍國無慣居所，則以與當事人關係最密切之國之法律爲其本國法。然其一國籍爲日本國籍時，則以日本法爲其本國法。

奧地利1978/1999年國際私法第9條（自然人之屬人法）第1項

(1)自然人之屬人法應爲該人所屬國法。如某人除具有某外國國籍外，又具內國國籍，應以奧地利國籍爲準。其他具有多重國籍者，應以與之有最密切聯繫之國家之國籍爲準。

德國1896/2009年民法施行法第5條（人法）第1項

(1)如所指定法律之國家，某人爲其國民且該人具雙重或多重國籍者，準據法應爲與該人關係最密切關連國家之法律，特別是考量其慣居地或其生活習慣。如該人爲德國國民，該法律地位應優先適用。

泰國1939年國際私法第6條第1-3項

於應適用當事人本國法時，如當事人不同時期取得二以上國籍，則適用最後取得國籍所屬國家之法律。

於應適用當事人本國法時，如當事人同時取得二以上國籍，則適用住所地所在地國之法律。如該當事人於他國亦有住所，則以訴訟開始時之住所地所在地法爲其本國法，如不知其住所，以居所所在地法爲其本國法。

　國籍衝突時，其中之一爲泰國籍，以泰國法爲其本國法。
韓國1962年國際私法第2條（本國法）第1項
　　應適用當事人本國法，而該當事人有一以上國籍時，其本國法由最後取得之國籍爲確認。然如各國籍之一爲韓國，則應適用韓國法。
土耳其1982年國際私法第4條（依照國籍確定準據法）
　　國籍是確定準據法之基本標準，但下列情況除外：
　　1. 無國籍人，依其住所地作爲確定準據法之標準，無住所者，依其居所，無居所者，適用受理案件國法。
　　2. 多重國籍人，同時具有土耳其國籍者，適用土耳其法。
　　3. 多重國籍人，不具有土耳其國籍者，適用與之關係最爲密切之國家之法律。
波蘭1966年國際私法第2條
　　應適用當事人本國法時，波蘭公民既使有外國承認之國籍，亦適用波蘭法。
　　具有二個以上國籍之外國人，以同他關係最密切之國家之法律爲其本國。
匈牙利1979年國際私法第11條（自然人之國籍）第1-3項
　　人之國籍決定其屬人法，國籍之變更不影響原有之個人身分及建立在原有國籍基礎上之權利及義務。
　　如某人具有數個國籍，而其中一國籍爲匈牙利國籍者，其屬人法爲匈牙利法。
　　如某人具有數個國籍，但均非匈牙利國籍，或者無國籍，其屬人法依其住所地法。
列支敦士登1996年國際私法第10條（自然人國籍法）第1項
　　如某人除外國國籍外，尙具有列支敦士登國家公民身分，則以列支敦士登法爲準。對於其他多國籍之人，則以其有最密切關係之國家之國籍爲準。
瑞士1987/2011年聯邦國際私法第23條
　　1. 某人於瑞士籍外，另爲其他國家之國民，基於國民管轄之目的，應認定其爲瑞士籍。
　　2. 某人具數國籍，除本法另有規定外，應以當事人最密切聯繫之國家之國籍確定其準據法。
　　3. 於瑞士必須以某人國籍作爲承認外國裁判之依據時，僅考量其數國籍之一即可。

1953年舊涉民法立法參考：

1908年法律適用條例	1953年涉民法	立法說明
第2條第1項 依本條例適用當事人本國法時，其當事人有多數之國籍者，依最後取得之國籍定其本國法。但依國籍法應認爲中國人者，依中國之法律。	第26條 依本法應適用當事人本國法而當事人有多數國籍時，其先後取得者，依其最後取得之國籍，定其本國法；同時取得者依其關係最切之國之法。但依中華民國國籍法應認爲中華民國國民者，依中華民國法律。	本條大致與原條例第2條第1項相同，惟原條例祗規定先後取得重複國籍之解決方法，而未能解決同時取得重複國籍之問題，本條爰參照1930年海牙國籍法公約第5條之立法精神予以補充。凡在同時取得之場合，依其關係最切之國之法。**所謂關係最切，應就當事人與各該國家之種族、文化、政治及經濟等具體關係，比較確定之，自不待言**。但當事人雖有多數國籍，而依中國國籍法，應認爲中國人者，則以中國法爲其本國法，不復適用他國法律。此項原則，徵諸海牙國籍法公約第3條「凡有二個以上國籍者，各該國家均得視之爲國民」之規定，亦相契合。（附註：海牙國籍法公約於民國22年12月18日經我國批准。）

7.2.6.5　涉民法第3條立法：國籍消極衝突

| 2010年新涉民法 |：**未實質更動─「住所地法」→「住所地法」**

2010年涉民法	1953年涉民法	說明
第3條 依本法應適用當事人本國法，而當事人無國籍時，<u>適用其住所地法</u>。	**第27條第1項** 依本法應適用當事人本國法，而當事人無國籍時，<u>依其住所地法，住所不明時，依其居所地法</u>。	一、條次變更。 二、現行條文第27條第1項前段係規定無國籍人之本國法之問題，其餘部分則規定當事人之住所地法問題，體例上宜分條規定之。爰將其前段單獨移列第3條，其餘部分移列第4條，並將「依」其住所地法，修正爲「適用」其住所地法，使條文之文字前後呼應。 三、現行條文第27條第2項前段、第1項後段、第3項，分別移列第4條第1項至第3項，並均比照第3條酌爲文字修正。此外，「關係最切之住所地法」之原則已可兼顧中華民國法律適用之利益，爰刪除現行條文第2項但書之規定。

修正總說明：

現行條文第27條第1項前段所規定者，爲無國籍人之本國法問題，其餘部分則規定當事人之住所地法問題，體例上宜分條規定之。爰將其前段單獨移列修正條文第3條，其餘部分移列第4條，並將「依」其住所地法，修正爲「適用」其住所地法，使條文之前後互相呼應。

各國立法例參考：

中華人民共和國2010年涉外民事關係法律適用法第19條第2項
自然人無國籍或者國籍不明的，適用其經常居所地法律。

日本2006年法律適用通則法第38條（本國法）第2項
2. 應依當事人本國法，而當事人無國籍時，依其慣居地。然第25條（包括依第26條第1項或第27條所準用之情況）或第32條所適用之情況，不適用之。

奧地利1978/1999年國際私法第9條（自然人之屬人法）第2項
(2) 無國籍人或無法確定其國籍之人，其屬人法應爲其有慣居所之國之法。

德國1896/2009年民法施行法第5條（人法）第2項
(2) 如該人爲無國籍或無法確定其國籍者，則以該人慣居地，或如無慣居地，則以其居所地，作爲應適用之準據法。

泰國1939年國際私法第6條第4項
無國籍當事人依住所地法，不知其住所地法者，依其居所地法。

韓國1962年國際私法第2條（本國法）第2項
無國籍人，以其住所地法視爲其本國法，如其住所地無法確定時，則適用其居所地法。

土耳其1982年國際私法第4條（依照國籍確定準據法）
國籍是確定準據法之基本標準，但下列情況除外：
1. 無國籍人，依其住所地作爲確定準據法之標準，無住所者，其居所，無居所者，適用受理案件國法。

2. 多重國籍人，同時具有土耳其國籍者，適用土耳其法。

3. 多重國籍人，不具有土耳其國籍者，適用與之關係最爲密切之國家之法律。

波蘭1966年國際私法第3條

應適用本國法而當事人國籍無法決定或無國籍時，適用其住所地法。

匈牙利1979年國際私法第11條（自然人之國籍）第3項

如某人具有數個國籍，但均非匈牙利國籍，或者無國籍，其屬人法依其住所地法。

葡萄牙1966年民法典第32條（無國籍人）

無國籍人之屬人爲其慣居地國法。未成年人或禁治產人之屬人法爲期法定住所地法。

無慣居地者，適用本法第82條2項之規定。

列支敦士登1996年國際私法第10條（自然人國籍法）第2項

如某人無國籍或其國籍無法確定者，則以其慣居地所在國之法律爲其國籍法。

瑞士1987/2011年聯邦國際私法第24條

1. 依1954年9月28日關於無國籍人地位紐約公約認定某人爲無國籍人，或該人與其本國關係中斷者，即爲無國籍人。

2. 依1979年10月5日難民地位公約被認定難民者，即爲難民。

3. 如本法應適用於無國籍人或難民時，以住所取代國籍。

1953年舊涉民法立法參考：

1908年法律適用條例	1953年涉民法	立法說明
第2條第2項 當事人無國籍者，依其住所地法。住所不明時，依中國之法律。	第27條 依本法應適用當事人本國法而當事人無國籍時，依其住所地法；住所不明時，依其居所地法。 當事人有多數住所時，依其關係最切之住所地法。但在中華民國有住所者，依中華民國法律。 當事人有多數居所時，準用前項之規定；居所不明者，依現在地法。	本條第1項之意旨與原條例第2條第2項相同，在解決無國籍人之屬人法問題，在原則上無國籍人依住所地法，住所不明時，依居所地法，惟按外國法律規定一人同時得有多數住所者間或有之，而事實上一人同時有多數居所者更屬常見，又無國籍人生活流浪既無住所，又無居所者，亦非絕無，凡此情形。均須另設標準，藉以確定其適用之法律，本條第2項及第3項即以此增設。

7.3　住所（domicile）／居所（residence）（涉民法第4條）

7.3.1　住所地位

歷史性：主宰AD13c＋500間的屬人法準則，移入國較喜採。

英美法系：較可解決一國多法（複數法域）之適用。

作爲國籍得喪回復之條件標準。

確定一般審判籍。

作爲本國法主義之輔助法則（住所之作用）：

1. 代替本國法：涉民法第2、27條；
2. 輔助無國籍或多國籍人之法律適用；
3. 代替行爲地法：涉民法第6.2條；
4. 完成內國法之適用：涉民法第3、4、20條；
5. 國籍之取得、喪失及回復等；
6. 判斷案件是否具有涉外因素之標準之一。

7.3.2　住所意義

要件：主觀上要有「久住之意思」（intention to reside permanently）＋客觀上要有「居住之事實」（residence in fact）（僅後者時，爲「居所」）

英美法原則：任何人必須有一住所；

　　　　　　一人同時不能有兩住所（住所單一原則）；

　　　　　　住所一經取得，除非變更，即永久存在；

　　　　　　具行爲能力之人始能選擇住所；

　　　　　　住所 ≠ 居所。

※英美法上之習慣居所（habitual residence）：≒居所，爲住所與居所間之中間概念，爲一習慣上居住之居所，非偶然或僅臨時居住而已。

※慣居地（harbitual residence）：

1. 爲1950年代以後的國際公約爲了調和屬人法兩大原則間之衝突及各國對法律概念上之「住所」定義不一才開始使用不具有法律概念而僅爲事實概念之「慣居地」，例如1955年海牙公約規範本國法及住所地法間衝突公約、1956年撫養兒童義務法律適用公約、1961年關於未成年人保護之管轄權及法律適用公約、1965年收養管轄權、法律適用或裁判承認公約及1988年關於死者遺產繼承的公約等。
2. 於各國立法方面，英美裁判已普遍接受慣居地之概念，德國1986年國際私法改革法第7條於處理國籍積極及消極衝突時，亦改採慣居地原則；瑞士1987年聯邦國際私法第33至35條亦同。
3. 意義：各國實踐上對慣居地並無統一定義或名詞界定，大體可包括「經常居住」、「持續相當時間」及「可藉由外觀加以認定」三特徵；係指「持續一定期間之經常居住事實」（英國Cruse v. Chittum[3]）或「某人於一段時間內之工作、生活或社會聯繫之中心及居住處所」，具有頻繁性、持續性之居住事實及某些程度的主觀居住意圖（而非像「住所」通常要具有「永久居住之意圖」）。

3　Cruse v. Chittum [1974] 2 All E R 940）

4. 住所與慣居地之各國立法例參考：

匈牙利1979年國際私法第12條（自然人之住所及慣居地）

　　住所是個人永久居住地或以永久居住之意思居住之地方。

　　慣居地是個人無永遠居住之意思而較長期居住之地方。

列支敦士登1996年國際私法第9條（住所與慣居地）

　　於本法意義上，自然人擁有：

　　1. 其住所，位於其有久居之意思而居住之地。

　　2. 其慣居地，位於其較長時間內生活之地，既使該期間自始已設定時亦同。

瑞士1987/2011年聯邦國際私法第20條

　　為本法之目的，自然人：

　　a. 居住且具永久停留意圖即於某國有其住所；

　　b. 居住於某國一段長時間，既使該期間極為受限，即於某國有慣居地；

　　c. 於某國有其營業中心所在，即於該國有營業處所。

7.3.3　住所之種類

固有住所（domicile of origin）（原始住所、生來住所）：因出生而必然取得之住所。

選擇住所（domicile of choice）（意定住所）：出生後因選擇而取得之住所（行為能力＋主觀＋客觀）。

　　普通選擇住所：民20以久住之意思住於一定之地域者，即為設定其住所於該地。

　　特別選擇住所：民22因特定行為選定居所者，關於其行為，視為住所。

法定住所（domicile by operation of law）：不依個人意思，由法律規定取得之住所：

　　未成年人：民1060未成年之子女，以其父母之住所為住所。

　　無／限制行為能力人：民21……以其法定代理人之住所為住所。

　　已婚女子：民1002共同協議之住所。

7.3.4　住所之確定

目的：適用住所地法之前提是，住所必須先確定。然由於各國法律對於住所之定義及其得喪變更規定互異，因此必需解決「住所確定」之問題。

類型：以某人在「法院地國」抑或「法庭地國以外國家」有無住所為分類標準：

　　A. 某人在「法院地國」有無住所之確定標準：依「法庭地國」法確定之。

　　B. 某人在「法庭地國以外國家」有無住所之確定標準：有諸多學說：

學說	意義及主張	優劣
屬地法說（領土法說）	依系爭住所所在地國法確定之（亦即依其事實上之居所所在地定其住所）∵於某地是否有住所，與國籍同，為某人與某國建立社會政治關係之基礎。	（通說）
當事人本國法說	依系爭當事人之本國法確定之。	「住所」定義與身分能力不同，非屬人法範疇，無須依當事人本國法。
法庭地法說	將住所之決定問題，視為法律關係性質之決定，由法院依法庭地國法律標準認定住所。	可能會因法庭地之變更，而造成住所認定互異。
當事人意思說	以當事人之明示或行為，認定其住所是否設置於某法域。	意思不明或不一或意思多數時，住所很難認定。無法解決「無國籍」以住所地法為本國法之問題。
法庭地法與屬地法併合主義	法庭地有無住所依法庭地法；他國有無住所，依該他國法律。	二說缺點均含之。
事件性質說	身分能力事項（含親屬繼承）：現今居所⇨父母現今住所⇨父母過去住所。債權物權事項：現今居所⇨過去最後居所。	

7.3.5　住所之衝突

同國籍之衝突：分積極衝突（重住所）及消極衝突（無住所）。

7.3.5.1　積極衝突：一人有雙重住所

原因		解決方式（應以締約方式規定一人一住所始可解決）
生來住所（同時取得）	因出生之事實，即取得兩個以上之住所ex父母住所不同。	A. 內外國住所間衝突：內國住所爲優先。 B. 外國住所間衝突（同時取得）：方式有二 　　a. 依居所⇨夫或父母之住所； 　　b. 由法院決定其中與當事人關係最切之住所爲住所。
傳來住所（異時取得）	後來取得他國住所。	A. 內外國住所間衝突：內國住所爲優先。 B. 外國住所間衝突（異時取得）：學說有三 　　a. 新住所說：最近取得之住所； 　　b. 舊住所說：最早取得之住所； 　　c. 當事人意思說：當事人選擇之住所。
涉民法		舊涉民法第27條第2項：當事人有多數住所時，依其關係最切之住所地法。但在中華民國有住所者，依中華民國法律。 新涉民法第4條第1項：「本法應適用當事人之住所地法，而當事人有多數住所時，適用其關係最切之住所地法。」
「關係最切」之意義： 1. 馬漢寶老師：應就各該住所地國與其政治、經濟關係之深淺，以定其最密切之住所地。[4] 2. 劉鐵錚老師：以居所何在、家屬在何地、主要營業、財產於何地而加以認定。[5]		

7.3.5.2　消極衝突：無住所

原因		解決方式（應以締約方式規範之）
生來住所	因出生之事實，未取得任一住所ex棄嬰於國界。	統一說：一律以居所地代之；無居所，以現時所在地爲住所地； 區分說：以居所地代之。
傳來住所	原住所廢棄後，未取得或無法取得新住所。ex終身流浪。	統一說：一律以居所地代之；無居所，以現時所在地爲住所地 區分說：適用舊住所地法。
涉民法		第4條第2項：住所不明時，依其居所地法。 第4條第3項：居所不明者，依現在地法。　　採統一說

4　馬漢寶，前揭書，頁119～120。
5　劉鐵錚，前揭書，頁116～117。

7.3.5.3　涉民法第4條立法

新涉民法：未實質更動：住所積極衝突→關係最切

　　　　　　　　　　住所消極衝突→居所地

　　　　　　　　　　居所積極衝突→關係最切

　　　　　　　　　　居所消極衝突→現在地

2010年涉民法	1953年涉民法	說明
第4條 依本法應適用當事人之住所地法，而當事人有多數住所時，適用其關係最切之住所地法。 當事人住所不明時，適用其居所地法。 當事人有多數居所時，適用其關係最切之居所地法；居所不明者，適用現在地法。	第27條 依本法應適用當事人本國法，而當事人無國籍時，依其住所地法，住所不明時，依其居所地法。 當事人有多數住所時，依其關係最切之住所地法，但在中華民國有住所者，依中華民國法律。 當事人有多數居所時，準用前項之規定，居所不明者，依現在地法。	一、條次變更。 二、現行條文第27條第1項前段係規定無國籍人之本國法之問題，其餘部分則規定當事人之住所地法問題，體例上宜分條規定之。爰將其前段單獨移列第3條，其餘部分移列第4條，並將「依」其住所地法，修正為「適用」其住所地法，使條文之文字前後呼應。 三、現行條文第27條第2項前段、第1項後段、第3項，分別移列第4條第1項至第3項，並均比照第3條酌為文字修正。此外，「關係最切之住所地法」之原則已可兼顧中華民國法律適用之利益，爰刪除現行條文第2項但書之規定。

各國立法例參考：

中華人民共和國2010年涉外民事關係法律適用法第20條

　　依照本法適用經常居所地法律，自然人經常居所地不明的，適用其現在居所地法律。

日本2006年法律適用通則法第39條 慣居地法

　　應依當事人慣居地法，然其慣居地不明時，依居所地法。然此不適用於第25條（包括依第26第1項或第27條準用之情況）及第32條之情況。

韓國1962年國際私法第3條（住所地法）

　　應適用當事人住所地法，如其住所地無法確定時，適用其居所地法。應適用當事人住所地法時，准用前條規定。

匈牙利1979年國際私法第11條（自然人之國籍）第4-5項

　　對於有數個外國永久居所之個人，適用與其關係最密切之國家之法律。

　　如依前述各規定無法決定某人之屬人法，且該人無住所，其屬人法依慣居地。如該人數慣居地中有一在匈牙利，則適用匈牙利法律。

1953年舊涉民法立法參考：

1908年法律適用條例	1953年涉民法	立法說明
第2條第2項 當事人無國籍者，依其住所地法。住所不明時，依中國之法律。	第27條 依本法應適用當事人本國法而當事人無國籍時，依其住所地法；住所不明時，依其居所地法。 當事人有多數住所時，依其關係最切之住所地法。但在中華民國有住所者，依中華民國法律。 當事人有多數居所時，準用前項之規定；居所不明者，依現在地法。	本條第1項之意旨與原條例第2條第2項相同，在解決無國籍人之屬人法問題，在原則上無國籍人依住所地法，住所不明時，依居所地法，惟按外國法律規定一人同時得有多數住所者間或有之，而事實上一人同時有多數居所者更屬常見，又無國籍人生活流浪既無住所，又無居所者，亦非絕無，凡此情形。均須另設標準，藉以確定其適用之法律，本條第2項及第3項即以此增設。

本章歷年國考考題（測驗題）：適用民國100年涉民法

1. 涉外民事法律適用法第2條關於國籍積極衝突之規定，下列敘述何者正確？（100司法官 答案：D）
   - (A) 本條所稱之本國法指中華民國法律
   - (B) 當事人有多數國籍，且其中之一為中華民國國籍時，其本國法為中華民國法律
   - (C) 當事人是否有某國之國籍，依據中華民國法律而定
   - (D) 當事人先後取得多數國籍時，依其關係最切之國籍定其本國法
2. 甲為無國籍人，甲在A、B兩國有住所，甲因行為能力在我國涉訟。下列敘述，何者正確？（101司法官 答案：A）
   - (A) 甲在A國有居所，應依A國法
   - (B) A、B兩國中有一為中華民國者，應依中華民國法
   - (C) 關於住所之衝突，我國採同時取得與異時取得而異其標準
   - (D) 甲先取得A國住所，而後取得B國住所，應依B國法
3. 我國男子甲與女子乙共赴A國留學，之後在A國就業、結婚。甲、乙均歸化取得A國國籍，甲拋棄我國國籍，但乙仍保留我國國籍。甲在A國任職之丙公司派甲來臺擔任臺灣地區總裁，時間預計為二年，二年後甲就可以回A國高升為總公司之總經理。乙眼見甲有這個好機會，遂辭職陪甲回臺。不料，回臺後，甲與臺灣分公司內部之職員發生婚外情，乙憤而向我國法院訴請離婚。下列敘述何者正確？（101司法官 答案：B）
   - (A) 甲之本國法為A國法，乙之本國法依內國國籍優先原則，為我國法
   - (B) 由於甲、乙依原訂計畫，二年後就要回A國，再加上甲、乙歸化A國已久，故乙得主張其本國法應為A國法
   - (C) 若乙之本國法為中華民國法律，甲、乙將無共同之本國法，須依與婚姻關係最切之法決定可否離婚
   - (D) 離婚事涉我國公序良俗，乙又具有我國國籍，從此觀點，我國應為關係最切之國

本章歷年國考考題（實例申論）：適用民國42年舊涉民法

1. 何謂屬人法之兩大原則？兩者在理論與實際上之利弊如何？（56司／律）
2. 試舉例說明：
   - (1) 何謂當事人之本國法？
   - (2) 何謂本國法主義？
   - (3) 何時法院地法即與當事人之本國法合而為一？（80司）
3. 何謂本國法？何謂本國法主義？此一主義興起之原因為何？又我國際私法採用此一主義之情形如何？試分別加以析述。（69律）（73高）

4. 國籍與住所在國際私法上之功用為何？又二者在我國國際私法法則上之地位如何？試分別加以說明。（69司）

5. 中巴混血幼童吳億華之糾紛，於涉外事件之訴訟上，引起與國際私法問題之關係有哪些？試論述之。（90司）

6. 某甲今年十九歲，他的祖父於五十年前從中國大陸移民美國，取得美國國籍。他的父親在美國出生，某甲也是在美國出生。某甲今年年初第一次到台灣訪問親友。某甲持美國護照入境。某甲從未自認為中華民國國民，但其在台親友則認為某甲為華僑。某甲自認為已為成年（美國人民於十八歲時即為成年），乃於今年五月間與汽車商某乙訂立一高級汽車之買賣合約。其後該買賣契約發生爭執。試從國際私法觀點討論本案有關之法律問題。（89律）

7. 關於多數國籍者本國法之確定，我國涉外民事法律適用法第26條規定，同時取得者依其「關係最切」之國之法，此一規定與國際私法上最重要關係（The most significant relationship）原則有何不同？（84司）

8. 涉外民事法律適用法於當事人同時取得多數國籍時，規定「關係最切之國之法」（第26條）；於當事人有多數住所時，規定「依其關係最切之住所地法」（第27條）。何謂「關係最切」試分別加以說明。（83高）

9. 設依涉外民事法律適用法應適用當事人本國法，問：
   (1) 如當事人有同時取得之多數國籍時，如何定其本國法？
   (2) 如當事人因無國籍須依其住所地法，而有多數住所時，如何定其住所地法？試就所知，擬具體事例加以說明。（75司）

10. 為中國人之遺孀，而自稱係日本人之女子甲，向臺北地方法院控告在臺北、東京及漢城，均有住所之韓國人乙不當得利，請求返還在東京交付而現在臺北之活動房屋一所。問：臺北地方法院應如何解決下列問題：
    (1) 甲有無日本國籍，應依何國法而定？
    (2) 乙在漢城有住所，應依何國法而定？
    (3) 活動屋一所係動產抑不動產，應依何國法律而定？
    (4) 不當得利之訴能否成立，應依何國法律而定？（74律）

11. 涉外民事法律適用法第22條規定：「繼承依被繼承死亡時之本國法」。問：此條規定，在理論上或在制度上，有何根據？又設被繼承人在多處均遺有動產及不動產，適用此規定時，有何實際困難否？試分別加以說明。

12. 涉外民事法律適用法第26條規定：「依本法應適用當事人本國法，而當事人有多數國籍時Ａ同時取得者，依其關係最切國之法」同法第27條第2項：「當事人有多數住所時，依其關係最切之住所地法。」問：何謂：「關係最切國」？何謂「關係最切之住所地」？試舉事例並釋明之？（72司）

13. 涉外民事法律適用法第26條規定「依本法應適用當事人本國法，而當事人有多數國籍時，其先後取得者，依其最後取得之國籍定其本國法。同時取得者，依其關係最切

之國之法。但依中華民國國籍法應認爲中華民國國民者，依中華民國法律。」試擬事例，表明先後取得多數國籍及同時取得多數國籍之原因，並分別定其本國法。（70律）

14. 何謂國籍之積極衝突？國際私法上所謂國籍積極衝突之解決，其眞義何在？我國涉外民事法律適用法對於國籍積極衝突之解決，有如何之規定？（70司）

15. 國籍與住所在國際私法上之地位各如何？一終身流浪漢，無國籍，住所又不明，依我涉外民事法律適用法之規定，應如何定其本國法？（82司）

16. 設依涉外民事法律適用法應適用當事人本國法，問：
   (1) 如當事人有同時取得之多數國籍時，如何定其本國法？
   (2) 如當事人因無國籍須依其住所地法，而有多數住所時，如何定其住所地法？試就所知，擬具體事例加以說明。（75司）

17. 當事人若有多數國籍時，應如何認定其本國法，試詳述之。（85高）

18. 大陸法系國家重視國籍，故關於屬人法事項，多採本國法主義，其理論依據何在？又在我國國際私法有關法律適用規定上，住所是否也有其重要性？（73高檢）

19. 國籍消極衝突原因何在？試舉二例說明之。國際私法上所謂國籍消極衝突之解決，其眞義爲何？我國國際私法國籍消極衝突之解決，有如何之規定？（70高）

20. 某甲與某乙爲德國國民，在美國生子某丙，某丙取得何國國籍？又依我國涉外民事法律適用法之規定，應如何適用某丙之本國法？試依現行法之規定及學者之主張申述之。（62律）

21. 「住所」在國際私法上功用爲何？住所在我國國際私法有何地位？（67律）

22. 住所如何確定？試依學說及我國國際私法之規定說明之。（65律）

23. 大陸法系國家重視國籍，故關於屬人法事項，多採本國法主義，其理論依據何在？又在我國國際私法有關法律適用規定上，住所是否也有其重要性？（73高檢）

24. 國籍與住所在國際私法上之地位各如何？一終身流浪漢，無國籍，住所又不明，依我涉外民事法律適用法之規定，應如何定其本國法？（82司）

25. 爲中國人之遺孀，而自稱係日本人之女子甲，向臺北地方法院控告在臺北、東京及漢城，均有住所之韓國人乙不當得利，請求返還在東京交付而現在臺北之活動房屋一所。問：臺北地方法院應如何解決下列問題：
   (1) 甲有無日本國籍，應依何國法而定？
   (2) 乙在漢城有住所，應依何國法而定？……（74律）

26. 試擬事例，釋明下列名詞：「關係最切之住所地法。」（73高）

27. 何謂：「關係最切國」？何謂「關係最切之住所地」？試舉事例並釋明之？（72司）

第二部分

國際私法各論

第八章　主體（含外國人）

8.1　國際私法主體概說

國際私法的主體係指國際民商或涉外民商法律關係之主體，亦即於涉外民事法律關係中享有權利及承擔義務之人。國際私法主體可包括四大類：自然人、法人、國家及國際組織。

8.1.1　「自然人」之國際私法主體資格

國際私法為涉外民商事件決定應由何法域管轄及決定應適用何國法律之法則，因此國際私法民商法律關係之最基本且最重要的主體為自然人與法人，而其資格取決於其具有之權利能力、（法律行為）行為能力及（侵權行為）責任能力。

除某些特殊事項外，各國對本國自然人於本國所為國際民商法律關係之主體資格一般均不加限制；然而，各國對於非本國人（亦即「外國人」）之主體資格，相關規定及其地位，並不全然與本國人相同，一般為課以較多的限制。

基上說明，國際私法有關主體之自然人的相關探討，除前章所討論之國籍及住所等衝突外，主要集中在自然人之權利能力、（法律行爲）行爲能力及（侵權行爲）責任能力，以及外國人的法律地位上。

8.1.2　「法人」之國際私法主體資格

國際私法的另一基本主體爲「法人」。由於法人於國際經濟發展的重要性，法人已成爲國際民商交往過程中的重要角色。同自然人般，法人亦應探討其權利能力、行爲能力及責任能力等問題；然與自然人不同的是，由於法人是一種必須依據某國法律所設立登記之組織（社團或財團），擁有爲營業事務進行所需之資產，許多大型的民商事活動非法人無法達成。

然「法人」畢竟是依某國家法律而成立，在各國有關法人設立標準不一的情況下，法人的權利能力及行爲能力等可能無法完全比照自然人，特別是未經認許的外國法人。國際私法有關法人地位的討論上，主要集中在「外國法人的地位及準據法」及「未經認許之外國法人」等議題上。

8.1.3　「國家」之國際私法主體資格

國家與自然人及法人一般，可從事國際民商活動，構成國際民商法律關係，享有民商權利並承擔民商義務。然「國家」畢竟爲具主權地位的公法人，與自然人及（私）法人所參與之國際民商活動有所不同，因此國家僅可稱爲國際私法之特殊主體。於國際民商關係，國家不僅具有法律關係主體之身分，亦具有身爲主權者之雙重身分：國家有時以國家自己的名義爲民商活動，有時以其授權之機關進行民商活動。

國家基於其主權者身分，不可避免的，在國家主權平等原則下，國家在某些領域享有若干程度之豁免，例如免受外國的行政管轄、司法管轄、稅務豁免及強制執行等，就此部分，有分爲絕對豁免理論（absolute immunity）及相對豁免理論（restrictive immunity，或稱之爲限制豁免理論），前者指國家無論其行爲爲何，除非放棄，否則於他國享有絕對的豁免；後者係將國家行爲區分爲主權行爲及非主權行爲、統治行爲及事務行爲，公法行爲及私法行爲，基本上於非主權行爲等不能享受豁免。目前國際上的實踐主要採取後者，亦即國家從事國際民商事行爲時雖仍可享有他國之司法管轄及強制執行之豁免，但仍應承擔其民商法律責任。

8.1.4　「國際組織」之國際私法主體資格

十九世紀初，隨著各國交往的增加，國際組織開始出現；二次大戰之後，各類型國際組織如雨後春筍般建立，目前已知較爲重要的國際組織約5,000個上下，其中政府間國際

組織超過500個之譜。

　　國際組織幾乎都是基於某一特定目的而成立，具有一定的法人格，以達其成立目的，包括內部事務及外部事務，例如訂定契約、訴訟、置產、解決國際爭端等。國際組織通常是一定數量以上之會員國爲達成某共同目的而創立，其資格、地位及相關權利義務及豁免，端賴國際組織之組織章程或組織公約爲定。與國家般，國際組織與自然人或（私）法人所參與之國際民商活動畢竟有所不同，因此國際組織與國家一樣僅可稱爲國際私法之特殊主體。政府間之國際組織於會員國之間通常具有一定的外交特權及豁免，爲特權及豁免程度爲何？各國實踐仍不一致，一般而言，於國際民商領域，政府間國際組織於其會員國間享有類似國家豁免之類似權利，例如具有司法管轄、強制執行等豁免，但相對地，仍應承擔其民商法律責任。

8.2　外國人之地位

8.2.1　意義及概說

外國人：指非「內國籍」之人，以國籍及有無忠順關係爲定，包括純外國人及無國籍人；具中華民國國籍之雙重國籍人，就涉及我國權益事項，解釋上仍爲中華民國人（學者間對此見解不同，有認爲此時應爲外國人）。

外國人地位：即外國人在內國法律上之地位，或外國人在內國所享權利及所負義務之實際狀態。

沿革及演進：

無地位時期	（又稱敵對待遇時期或賤外時期——古時聚落時代）
↓	
限制地位時期	（又稱差別待遇時期——封建時期約七至十八世紀，以土地爲政治基礎）
↓	
條約相互時期	（又稱相互對待主義或互惠主義——十八世紀起）限制外國人權利會影響貿易便利及國際交通之自由，分爲：
↓	條約相互（外交相互）主義：各國互訂條約規定其國人在相對國之權利義務 法律相互（立法相互）主義：以內國法制訂內外國人之相互保護
平等時期	（又稱平等對待時期——十九世紀迄今）權利爲人類天賦之物，非法律所創設（法律僅加以確認而已），既屬人類，是不問內外國人，決無區別。

8.2.2　法制

國民待遇（**national treatment**）：內國給予外國人之待遇與給予內國人者相同。（內國人←→外國人）

　　無條件國民待遇

　　互惠國民待遇：以外國人之本國亦給予內國人國民待遇爲條件

　　特定國民待遇：經由特定法律使某外國人就某些種類之權利與內國人完全相同

最惠國待遇（**most favored nation treatment**）：內國給予某一外國之國民之待遇或保護，不得低於或少於內國已給予或將給予任何第三國國民之待遇。（外國人←→外國人）

優惠待遇（**preferential treatment**）：內國爲某一特定目的，而給予某一外國之國民或其法人某種優惠之待遇。Ex外國投資條例16：投資人或所投資之事業，經行政院核准後，不受礦業法等限制。

普遍優惠待遇：已開發國家片面地給予開發中國家關稅減免或減徵之優惠待遇。Ex美國給予中共之PNTR（Permanent Normal Trade Relations）

不歧視待遇：利害關係國互相約定不將對其他國家所加之限制加諸於他方當事國。

互惠待遇：內國賦予外國人某些優惠時，亦要求外國人之本國給予在該國之內國國民同等之權利。

敵對待遇：與內國有敵對關係之國家之國民在內國所受之保護或待遇（通常較爲低劣）。ex二次大戰期間之滯美日僑

　　註：1999年涉民法草案初稿有關外國人地位及能力（當事人、行爲能力、訴訟能力等）曾有過下列規定：

　　第9條（參考民總施2）：外國人除條約或法律另有規定外，其地位與中華民國國民平等。

　　第10條（參考民總施11-14）：外國法人經認許者，除條約或法律另有規定外，其地位與同種類之中華民國法人平等（第1項）。外國法人之認許，以法律定之（第2項）。

　　第14條（參考民訴40）：涉外民事事件，外國人有權利能力者，有當事人能力（第1項）。外國人之胎兒，關於其可享受之利益，雖無權利能力，在中華民國，亦視爲有當事人能力（第2項）。外國法人，以經中華民國認許者爲限，有當事人能力。未經中華民國認許者，以設有代表人或管理人爲限，有當事人能力（第3項）。

　　第15條（參考民訴45-46）：涉外民事事件，外國人有行爲能力者，有訴訟能力（第1項）。外國人依其本國法律無訴訟能力，而依中華民國法律有訴訟能力者，其在中華民國之訴訟，視爲有訴訟能力（第2項）。

　　第16條：涉外民事事件，當事人是否係適當之當事人，依原告主張之法律關係所應適用之法律定之。

8.2.3 外國自然人之地位

國際保護之趨勢：與人權（human right）思想之興起相呼應：較為重要的具體實現為1948
年人權宣言所建立之基本原則a.任何人在任何地方均應被認為具有法律人格，在
法律上一律平等；b.依憲法或法律所享有之基本權利受侵害時，有權向國家法院
請求救濟；c.任何人之生活、住所、通訊、榮譽及信用等不容被侵犯；d.成年男
女有權結婚不受宗教種族國籍等之任何拘束；e.任何人均有權擁有財產且不容被
剝奪。

地位：
1. 出入境：原則採法律互惠；居留須辦居留證；有正當理由可驅逐出境；出境自由，
   但須無訴訟或欠稅；
2. 公法權義：無參政權；身體自由權（不得任意逮捕等）；有限度的出入自由及營業
   自由；請願、訴願、民刑訴訟等司法救濟；服從法律及納稅，但無服兵役義務；
3. 私法權義：有限度的工作權（互惠或許可）；有限度的財產權；繼承權。

8.3 權利能力（涉民法第9條）

2010年涉民法第9條
人之權利能力，依其本國法。
1908年舊法律適用條例§5.I：人之能力依其本國法。（「能力」？）
1953年舊涉民法§1：人之行為能力依其本國法。

8.3.1 分類

一般權利能力：法律上得作為權利義務主體之資格，亦即人格。
民§6（自然人之權利能力）：人之權利能力，始於出生，終於死亡。
民§7（胎兒之權利能力）：胎兒以將來非死產為限，關於其個人利益之保護，視為
既已出生。
民總施§2（外國人之權利能力）：外國人於法令限制內有權利能力。
特別權利能力：
a. 指除一般權利能力之外，得獨立享受或負擔某特定權利義務之資格。
b. 指外國人在內國享受權利負擔義務之狀態，屬外國法地位問題。

8.3.2　準據法

■一般權利能力

原則：法律之前人人平等，基本上「人」不得為權利之客體，例如販奴

衝突：權利能力之本質及其「始期」及「終期」（法律上或醫學上），各國仍存有相當差異。例如出生（有露出說、陣痛說、一部產出說、全部產出說、臍帶切斷說、獨立呼吸說、存活說）、胎兒的權利能力（或非死產、或承認胎兒之繼承能力等）；死亡（心跳停止、呼吸停止、瞳孔放大、腦波死亡等；生理死亡、擬制死亡）；推定死亡部分（我民法第11條「二人以上同時遇難，不能證明其死亡之先後時，推定其為同時死亡。」我國及德國等採同時死亡說，然有些國家會視年齡及性別等因素為推定死亡先後之認定，例如英國財產法第184條規定「年齡不同者同時死亡，推定年幼者後死。」然法國民法典則規定（720至722條），死亡者未達15歲，推定較年長者後死；死亡者達60歲以上者，推定較年輕者後死。

	屬人法主義			法庭地法主義	原因法律關係準據法
主張	人格制度與其所涉及之本國歷史、倫理觀念，風俗習慣等具有密切關係，亦即與當事人之屬人法最有關連。			權利能力與內國公益保護有關（例如本國准予販奴，亦即奴隸無權利能力，然內國不准販奴），具強行法性質，因此應以法庭地法為準據法。	一般權利能力乃取得某權利負擔某義務之基礎，因此其能力之有無應附隨於該權利義務之係爭法律關係，依該個案之原因法律關係準據法決定之。例如涉及婚姻案件之權利能力爭議，依婚姻之準據法決定之。
	本國法	住所地法	本國及住所地混合制		
採用	採本國法主義者採之（通說）；匈、奧、比等國。			法、義	瑞士
批評	可兼顧權利能力準據法單一化。			權利能力僅為私法權利義務之基礎，不應將其解為公法事項，繼而忽略公序良俗條款之既有功能。	可能會因原因法律關係不同使一人之權利能力受多數法律所支配；且將一般權利能力與特別權利能力相混淆。

■特別權利能力

內國人得否享受外國之權利：屬內國法在外國之法律地位問題，依外國法決定之。

外國人得否享受內國之權利：屬外國人地位問題，依內國法決定之外國人得否享受外國（含其本國及第三國）之權利，依其本國及第三國之法律定之。

8.3.3 我國法規定（涉民法第9條）

1953年舊涉民法§1僅規定「人之行為能力，依其本國法」，原則上不包括「權利能力」，屬立法疏漏。於1953年舊法適用期間，有關權利能力係以類推適用方式，適用舊涉民§1有關行為能力之規定。

2010年 涉民法	1953年 涉民法	說明
第9條 人之權利能力， 依其本國法。	無	一、本條新增。 二、現行條文關於人之一般權利能力，並未規定其應適用之法律，關於人之權利能力之始期及終期等問題，難免發生法律適用之疑義。衡諸權利能力問題之性質，仍以適用當事人之屬人法為當。爰參考德國民法施行法第7條第1項關於權利能力應適用之法律之規定，增訂本條，明定應依當事人之本國法。

評釋：

(1) 1953年舊涉民法並未針對「人之權利能力」為規定，一般係以準用「人之行為能力」之準據法為處理。今新法予以直接明文，採與人之行為能力一致之本國法主義。

(2) 「權利能力」：應僅指一般（民事）權利能力而言，而不及於特別權利能力或責任能力，蓋後者與法庭地法或與侵權行為地法有較為密切之牽連關係且涉及當地之公序或特別法規定，解釋上此部分應適用法庭地法或責任能力之侵權行為所在地法，而非適用當事人之本國法。

(3) 「人」：本條文所稱之「人」，國內通說普遍認為僅包括自然人，多數國家立法例直接明文為「自然人」之權利能力，我國法對此雖並未區分，自應為同樣解釋，法人部分則依涉民法第13條以下之條文。然本書認為，在本條文未明文限定僅適用於「自然人」之情況下，自應包括「法人」。涉民法第13條雖有針對法人之規定，然該規定「法人，以其據以設立之法律為其本國法」主要係針對法人之本國法為規範，而非其權利能力為規範，因此法人之權利能力之決定，係先依新涉民法第13條先決定其本國法後，再依本條（第9條）以其本國法決定該法人之權利能力。

外國立法例參考：

中華人民共和國2010年涉外民事關係法律適用法第11條

自然人的民事權利能力，適用經常居所地法律。

德國1896/2009年民法施行法第7條 權利能力及締約能力

(1) 人之權利能力及締約能力應受其本國法規範。此亦同樣適用婚姻之締約能力上。

(2) 一旦曾具有權利能力或締約能力，即不應因其被剝奪或喪失德國國民法律地位，而限制或喪失。

義大利1995年國際私法制度改革法第20條自然人身分

自然人身分應依其本國法。任何法律規定決定某關係之特殊身分條件，依該法律決定。

瑞士1987/2011年聯邦國際私法第34條

(1) 自然人法律權利能力依瑞士法。

(2) 自然人權利能力之產生及終止，依適用調整民事權利關係之法。

奧地利1978/1999年國際私法第12條 權利能力及行為能力

人之權利能力及行為能力，依其屬人法。

列支敦士登1996年國際私法第12條（權利能力及行為能力）

(1) 自然人的權利能力及行為能力依其國籍法確定之。

(2) 法律行為實施者，既使依照其國籍法無行為能力，如依照該法律行為實施地法律有行為能力，則不得以無行為能力為抗辯，除非對方當事人已經知道或應當然知道其無行為能力。本項規定不適用於家庭及繼承法律行為及其他涉及位於他國的不動產或與此同等權利之法律行為。

委內瑞拉1998年國際私法第16條

人之生存、民事地位及行為能力，依其住所地法。

澳門1999年民法典第25條（法人格之開始與終止）

(1) 法人格之開始與終止，依個人之屬人法規定。

(2) 某一法律效果取決於一人在他人死亡時是否仍生存，但二人具有不同屬人法，且該等屬人法對死亡之先後推定不相同時，適用第65條2項之規定。

澳門1999年民法典第26條（人格權）

(1) 對人格權之存在、保護及對其行使時所施加的限制，亦適用其屬人法。

(2) 然非本地居民在澳門不享有任何不為本地法律承認之法律保護。

土耳其1982年國際私法及國際訴訟程序法第8條（能力）第1項

當事人之民事權利及行為能力，適用當事人之本國法。

波蘭1966年國際私法第9條第1項

自然人的權利能力及行為能力，依其本國法。

匈牙利1979年國際私法第10條第1項

人之權利能力、行為能力、個人身分及人格權依其屬人法決定之。

匈牙利1979年國際私法第18條第1項

法人之法律能力、從事經濟活動之資格、人格權及成員間之法律關係，適用屬人法。

希臘1946年民法典第5條

自然人的權利能力適用其本國法。

葡萄牙1966年民法典第26條（法人格之產生及終止）

自然人之法人格之產生及終止適用各該自然人的屬人法。

如某一法律效力取決於雙方當事人死亡之先後順序，而雙方當事人的不同的屬人法對於推定死亡的先後順序規定不一致時，適用本法第68條2項之規定。

葡萄牙1966年民法典第31條（屬人法之確定）

自然人之屬人法為其本國法。

當事人在其慣居地國依該國法律所完成之行為，於葡萄牙仍然有效。

8.4　行為能力（涉民法第10條）

2010年涉民法第10條

人之行為能力依其本國法。

有行為能力人之行為能力，不因其國籍變更而喪失或受限制。

外國人依其本國法無行為能力或僅有限制行為能力，而依中華民國法律有行為能力者，就其在中華民國之法律行為，視為有行為能力。

關於親屬法或繼承法之法律行為，或就在外國不動產所為之法律行為，不適用前項規定。

8.4.1　概念

法律上獨立為有效法律行為之能力或地位，通常與意思能力有關。

廣義行為能力 ┤ 狹義：適法行為or法律行為能力－法律行為
┤ 責任能力：因其違法行為（侵權行為及債務不履行）而負擔義務之責任能力

※涉民法有關行為能力之規定一般僅適用於狹義的財產上行為能力，而不包括責任能力及身分行為能力，後兩者於涉民法均已有相關適用規定。

8.4.2　衝突的發生

各國有關自然人之行為能力之立法規定不同，例如法定成年年齡（ex18歲有德法英土中；20歲有瑞日；21歲有比泰瑞典；22歲有義大利；23歲有墨西哥等）、未成年人之分類及區隔（ex或以7歲、10歲或15歲等為區隔）；限制行為能力人所為法律行為之效力範圍亦有不同。

8.4.3　行為能力之準據法理論

	屬人法主義 分本國法主義及住所地法主義	行為地法主義	法律行為準據法主義
主張	行為能力制度主要在保護無完全或限制行為能力人之個人利益，而人之身體與其成長地域之人種氣候風土等影響甚鉅，因此當事人之行為能力及其所為法律行為效果之判定以屬人法規定為宜。	為保護交易安全，行為能力之狀態及其對於法律行為效力之影響，應以行為地之法律（通常為締約地）決定為妥。	原則上以當事人之屬人法為行為能力之準據法；然在有關商事契約之締約能力方面，則例外依行為地法定當事人之行為能力。又稱「混合準據法主義」
採用	通說，採本國法主義者如奧、日、德等國；採住所地法主義者如丹、挪及英美法系等國	美	英、義
批評	屬人法主義採單一標準，較為簡易妥當，然由於無法保護交易之安全（亦即交易前應先查明當事人依其本國法是否具有行為能力），已略有所修正而兼採行為地法主義或法庭地法主義之精神，類似混合準據法主義或「修正屬人法主義」		

8.4.4　行為能力屬人法準據法之例外

原因：國際民商交往頻繁，行為能力以屬人法為準據法，可能不利於經濟關係的穩定及交易安全，因行為地或交易地可能不同於行為人之本國/住所地國。基此，適用屬人法主義的國家，通常設有若干例外情況。

例外：
● 依屬人法無行為能力，但依行為地法（包括票據簽發地）有行為能力者，有行為能力；
● 依屬人法有行為能力，但依行為地法或內國法無行為能力者，有行為能力；

8.4.5 我國法規定（涉民法第10條）

2010年涉民法	1953年涉民法	說明
第10條 人之行爲能力依其本國法。 有行爲能力人之行爲能力，不因其國籍變更而喪失或受限制。 外國人依其本國法無行爲能力或僅有限制行爲能力，而依中華民國法律有行爲能力者，就其在中華民國之法律行爲，視爲有行爲能力。 關於親屬法或繼承法之法律行爲，或就在外國不動產所爲之法律行爲，不適用前項規定。	**第1條**（行爲能力之準據法） 人之行爲能力依其本國法。 外國人依其本國法無行爲能力或僅有限制行爲能力，而依中華民國法律有行爲能力者，就其在中華民國之法律行爲，視爲有行爲能力。 關於親屬法或繼承法之法律行爲，或就在外國不動產所爲之法律行爲，不適用前項規定。	一、條次變更。 二、現行條文第1條，移列本條第1項、第3項及第4項。 三、人之行爲能力之準據法所據以決定之連結因素或聯繫因素，依第1項規定應以行爲時爲準，但如當事人依其舊國籍所定之本國法已有行爲能力，而依行爲時之國籍所定之本國法卻無行爲能力或僅有限制行爲能力，仍不宜容許該當事人以其無行爲能力或僅有限制行爲能力爲抗辯。爰參考德國民法施行法第7條第2項規定之精神，增訂第2項，表明「既爲成年，永爲成年」之原則。

評釋：

依立法理由，本條僅限於行爲能力，而不及於權利能力及侵權行爲之責任能力。

第1項：人之行爲能力，依其本國法。
- ■原則上採取屬人法中之本國法主義
- ■本國法如有時間上之衝突，應採「法律行爲當時」所屬國之法律。

第2項：有行爲能力人之行爲能力，不因其國籍變更而喪失或受限制。
- ■第2項係新增，表明「既爲成年，永爲成年」之原則。
- ■法律行爲當時有行爲能力，嗣後無行爲能力，依「曾爲成年人，永爲成年人」原則，其已依法取得之能力不受影響。例如1908年舊法§5.III：「有能力之外國人取得中國國籍，依中國法爲無能力時，仍保持其固有能力。」

第3項：外國人依其本國法無行爲能力或僅有限制行爲能力，而依中華民國法律有行爲能力者，就其在中華民國之法律行爲，視爲有行爲能力。
- ■兼採「修正屬人法主義」，亦即兼採內國法或行爲地法
- ■目的保護交易安全，兼顧善意當事人利益（詳見立法說明）

　　　　■採單面立法法則，僅限於「外國人在我國所爲之法律行爲」，不包括「外國人在其本國或第三國」或「我國國民在他國」所爲之法律行爲

第4項：關於親屬法或繼承法之法律行爲，或在外國不動產所爲之法律行爲，不適用前項規定。

　　　　■從條文推理，第4項不適用第2項，原則上即應適用第1項（及第2項？），亦即依當事人本國法。惟第1項及第3項解釋上均屬財產上行爲能力之規定，因此本項亦可界定爲一有關身分法上之特有規定，而適用因法律行爲而生法律關係之準據法（例如婚約、結婚等之行爲能力，依各該法律關係之準據法）

外國立法例參考：

中華人民共和國2010年涉外民事關係法律適用法第12條

　　自然人的民事行爲能力，適用經常居所地法律。

　　自然人從事民事活動，依照經常居所地法律爲無民事行爲能力，依照行爲地法律爲有民事行爲能力的，適用行爲地法律，但涉及婚姻家庭、繼承的除外。

德國1896/2009年民法施行法第7條 權利能力及締約能力

　　(3) 人之權利能力及締約能力應受其本國法規範。此亦同樣適用婚姻之締約能力上。

　　(4) 一旦曾具有權利能力或締約能力，即不應因其被剝奪或喪失德國國民法律地位，而限制或喪失。

義大利1995年國際私法制度改革法第23條 自然人行爲能力

　　(1) 自然人之行爲能力應依其本國法。然如某行爲受某一對於行爲能力規定某特殊條件之法律所規範，則就該條件依該法律。

　　(2) 就位於同一國境內當事人所締結之契約，依契約締結地法認爲具行爲能力之人，僅於契約他方當事人於締結契約時明知其無行爲能力或因其本人過錯而未注意到其無行爲能力時，始可提出依其本國法無行爲能力之抗辯。

　　(3) 單方行爲依該行爲實施地所在國法律而認爲具有行爲能力之人，僅於未對本身無過錯而相信該人具實施此行爲之能力之其他國家公民造成不利之時，始可提出依其本國法無行爲能力之抗辯。

　　(4) 第2及第3項所規定之限制，不適用於與家庭關係及對死亡之人之繼承有關之行爲，亦不適用於與位於該行爲實施地之外之國家內之不動產物權有關之行爲。

瑞士1987/2011年聯邦國際私法第4條 行爲能力

　　(1) 人之行爲能力，依其本國法。

　　(2) 無論前項規定爲何，依行爲地法有行爲能力且法律行爲之所有當事人於行爲當時均位於同一法域者，無論依其本國法是否爲限制能力之人，均視爲有行爲能力。

　　(3) 前項規定不適用於依親屬關係或繼承法律規定所適用之法律行爲，及有關行爲地與不動產非位於同一法域之法律行爲。

瑞士1987/2011年聯邦國際私法第33條

　　除本法另有規定外，自然人住所地之瑞士法院及行政主管機關對自然人權利能力問題具管轄權；並適用當事人住所地法。

　　與人格權侵害所生之求償依本法有關侵權行爲規定（第129條以下）爲決定。

瑞士1987/2011年聯邦國際私法第35條

　　自然人行爲能力，依自然人住所地法律。自然人已取得行爲能力者，並不因其住所地變更而受影響。

瑞士1987/2011年聯邦國際私法第36條

(1) 當事人依其住所地法無行為能力而為法律行為時，如依行為完成地法為有行為能力，不得以其住所地法為據否認其行為能力，然對方當事人已知或應知者不在此限。

(2) 本規定不適用有關親屬法、繼承法或不動產物權法之法律行為。

奧地利1978/1999年國際私法第12條權利能力及行為能力

人之權利能力及行為能力，依其屬人法。

列支敦士登1996年國際私法第12條（權利能力及行為能力）

(3) 自然人的權利能力及行為能力依其國籍法確定之。

(4) 法律行為實施者，既使依照其國籍法無行為能力，如依照該法律行為實施國法律有行為能力，則不得以無行為能力為抗辯，除非對方當事人已經知道或應當然知道其無行為能力。本項規定不適用於家庭及繼承法律行為及其他涉及位於該國的不動產或與此同等權利之法律行為。

委內瑞拉1998年國際私法第16條

人之生存、民事地位及行為能力，依其住所地法。

委內瑞拉1998年國際私法第17條

已取得之行為能力，不受住所變更之限制。

委內瑞拉1998年國際私法第18條

依據前述規定為無行為能力之人，只要支配行為實體之法律認為其有行為能力，則其行為有效。

委內瑞拉1998年國際私法第19條

住所地法中基於種族、國籍、宗教或階級之差異能對行為能力所作的限制，於委內瑞拉無效。

澳門1999年民法典第27條（有關無能力後果之例外狀況）

(1) 如依屬人法之準據法，在澳門所為法律行為之人為無能力之人，但假使適用澳門域內法責任為該人有能力，則不得以其無能力為由，撤銷該法律行為。

(2) 他方當事人明知前項所指之人無能力，或有關之法律行為屬單方法律行為、屬親屬法或繼承法範圍或涉及處分位於澳門地區以外之不動產時，不適用前項之規定。

(3) 如無能力之人在澳門以外所為之法律行為，而該地之現行法律訂定與前二項相同之規定，則須遵守作出法律行為地之法律。

泰國1939年國際私法第10條

人之能力，依其本國法。外國人在泰國所為之法律行為，雖依其本國法無能力或限制能力，但依泰國法有能力者，視為有能力。此規定不適用於親屬法或繼承法之法律行為。

對於不動產之法律行為能力，依不動產之所在地法。

韓國1962年國際私法第6條（法律行為及能力）

人之行為能力依其本國法。

外國人在韓國為法律行為時，依其本國法其無行為能力，但依韓國法其有行為能力時，則應視為其有行為能力。

前項規定不適用於依家庭法或繼承法規定及涉及國外不動產之法律行為。

土耳其1982年國際私法及國際訴訟程序法第8條（能力）

當事人之民事權利及行為能力，適用當事人之本國法。

外國人在土耳其所為之法律行為，雖依該外國人之本國法為無行為能力，但依土耳其法有行為能力者，則視為有行為能力。前述規定不適用於依親屬法或繼承法所為之法律行為，以對於國外之不動產之法律行為。

依據當事人之本國法為成年者，並不因為本法之變化而喪失成年資格。

法人或團體之民事權利能力及行為能力適用其規章規定之管理中心所在地法律，如管理之實際中心在土耳其，則適用土耳其法律。

波蘭1966年國際私法第9條

自然人的權利能力及行為能力，依其本國法。

法人的能力，依法人主事務所所在地法。

雖有前項規定，法人或自然人為與其營業有關之法律行為時，其能力依其主要營業所所在地法。

波蘭1966年國際私法第10條

依本國法無能力之外國人於波蘭所為且產生法律效力之行為，其行為能力依波蘭法，但以該行為符合保護善意行為人之原則為限。本條規定不適用於親屬法、監護法及繼承法之法律行為。

匈牙利1979年國際私法第10條

人之權利能力、行為能力、個人身分及人格權依其屬人法決定之。

因人格權受到侵犯之請求權適用損害發生地及時之法律，然如匈牙利規定對受害人的賠償更為有利者，依匈牙利法。

匈牙利1979年國際私法第15條

除法另有明文外，外國人及無國籍人之權利能力、行為能力、人格權及財產權適用對匈牙利居民適用之同一法律。

依其屬人法無行為能力或僅有限制行為能力之外國人為取得日常生活需要而在匈牙利進行之財產交易，如依照匈牙利法有行為能力者，應認具有行為能力。

如交易之法律後果發生於匈牙利，且依匈牙利法有行為能力，應承認依其屬人法無行為能力或僅有限制行為能力之外國人，在其他財產法上之交易具有行為能力。

希臘1946年民法典第7條

法律行為能力適用當事人之本國法。

希臘1946年民法典第9條

外國人依其本國法關於某一法律行為無行為能力，而在希臘進行此一行為時，如依照希臘法其有行為能力，即視為其有行為能力。此規定不適用於親屬法或繼承法上之行為，亦不適用於與外國不動產物權有關之行為。

葡萄牙1966年民法典第25條（屬人法範圍）

自然人之地位、能力、家庭關係、財產繼承權適用當事人之屬人法，但法律另有特殊規定者除外。

葡萄牙1966年民法典第28條（無行為能力人之法律適用）

如自然人依其本國法為無行為能力人，而依據葡萄牙法為有行為能力之人，其在葡萄牙所為之法律行為為有效。

如當事人之對方知道該當事人為無行為能力之人，或該當事人之行為屬單方行為，或屬於家庭法及繼承法範圍，或屬於位於國外不動產之產權問題，前項規定不適用之。

如無行為能力人於外國為某一法律行為，而該行為地法規定有與本條前項規定為相同規定時，依該行為地國法。

1953年涉民法立法背景參考：

1908年法律適用條例	1953年涉民法	立法說明
第5條 人之能力依其本國法。 外國人依其本國法無能力，而依中國法為有能力者，就其在中國之法律行為視為有能力。但關於依親族法、繼承法及在外國不動產之法律行為，不在此限。 有能力之外國人取得中國國籍為依中國法為無能力時，仍保持其固有之能力。	**第1條（行為能力之準據法）** 人之行為能力依其本國法。 外國人依其本國法無行為能力或僅有限制行為能力，而依中華民國法律有行為能力者，就其在中華民國之法律行為，視為有行為能力。 關於親屬法或繼承法之法律行為，或就在外國不動產所為之法律行為，不適用前項規定。	(一) 第1項：按能力之涵義包括行為能力、權利能力、及責任能力三者，現行法律適用條例（以下簡稱原條例）第5條第1項規定：「人之能力依其本國法」云云，應解釋為專指人之行為能力而言，但泛稱能力，意義晦澀，本草案特將行為能力一語標出，以免與他種能力牽混。人之行為能力始於何時，及其限制、喪失等問題，與當事人本國之社會生活情況，相關最切，故應依其本國法，至於權利能力、責任能力之有無等問題，涉及法庭地，或行為地公序良俗，法律已另定其應適用之準據法，毋庸於本項中再為規定。 (二) 第2項：本項所謂外國人依其本國法無行為能力，或僅有限制行為能力，係指未達成年，或受禁治產之宣告，或不能因結婚而有行為能力等情形，此等之人，如依中國法有行為能力，則就其在中國所為之法律行為，仍承認其完全有效，蓋所以維護內國交易之安全，免使相對人或第三人困不明行為人本國之法律，而蒙受意外之損失。 (三) 第3項：本項為2項之例外規定，其結果仍適用第1項「依其本國法」之原則，原條例第5條第2項以之規定於但書中，本草案另列一項，以期明晰，所謂關於親屬法及繼承法之法律行為，即身分行為，以別於前項之財產行為，至於在外國不動產之法律行為，本草案特標明「處分」一語，為原條例所無，蓋在表明該項法律行為，係專指物權行為而言，凡所有權之移轉，及設定負擔等法律行為均屬之，原條例第5條第3項曾規定：「有能力之外國人取得中國國籍，依中國法為無能力時，仍保持其固有能力。」本草案予以刪除，蓋因此項問題之發生，大部由於外國法之成年年齡，較國內法為低之故，然按近代各國法律所定之成年年齡，大多數較我國為高，有一部分國家則與我國相等，其較我國為低者，僅有蘇俄、土耳其等少數國家，因此，原條例第5條第3項之規定，適用之機會極少，且成年之外國人，因收養、認領、或歸化等原因，取得中國國籍者，必係出於自己之意思，甘願與我同化，是其入籍後之行為能力，應受中國法之支配，亦屬事理之常，在法律上更毋庸特設規定，保留其固有行為能力。

8.5　死亡宣告（涉民法第11條）

新涉民法第11條：

凡在中華民國有住所或居所之外國人失蹤時，就其在中華民國之財產或應依中華民國法律而定之法律關係，得依中華民國法律爲死亡之宣告。

前項失蹤之外國人，其配偶或直系血親爲中華民國國民，而現在中華民國有住所或居所者，得因其聲請依中華民國法律爲死亡之宣告，不受前項之限制。

前二項死亡之宣告，其效力依中華民國法律。

8.5.1　概說

民法§8（死亡宣告）；民法§9（死亡時間之推定）；民法§10（失蹤人財產之管理）確定失蹤人死亡制度有二：

死亡宣告（declaration of death）：由法院或國家機關於失蹤人生死不明滿一定期限後（時間通常較長），藉死亡宣告而推定或擬制其爲死亡，賦予與自然死亡相同之法律效果。例如我國。

失蹤宣告（declaration of absence）：於下落不明達一定時間後（時間通常較短），由法院宣告失蹤人失蹤，以期在法律上解除或確立與其有關之法律關係，例如可認許其繼承人得就失蹤人之財產爲假占有，隨後依法定程序確定其占有。瑞、日、法採之。

8.5.2　衝突發生

若干國家僅採「死亡宣告」（如我國、德國）或僅採「失蹤宣告」（如瑞士、法國、日本）或二者均採之（如中國大陸、舊蘇聯）。得宣告之期間長短（1年到7年不等）、死亡或失蹤生效日期起算（宣告日、宣告所確定之日、失蹤日屆滿、最後消息日等）、死亡宣告之法律效果不同（有規定可爲失蹤人的財產設立監護、或先假占有再待死亡宣告時再繼承等）；宣告之國際管轄（本國法院、住所地法院）等均有差異。

8.5.3   國際管轄權

	本國宣告主義	住所地國宣告主義	折衷主義
主張	死亡宣告對失蹤人之地位及能力影響甚鉅，故應由與其地位及能力關係最為密切之本國法院或公權機關審理之。	死亡宣告之目的在確定以失蹤人之住所為中心之法律關係，因此應由與該關係最切之住所地法院或公權機關審理之。	以本國宣告主義為主（原則上由本國法院審理），以住所地國宣告主義為輔（例外且特定情況下由內國法院審理）之折衷主義。
批評	大陸法系採之（∵因死亡宣告屬實體事項）。	英美法系採之（∵因死亡宣告屬程序事項）。	各國已逐漸採用中，例如瑞士、捷克、日本、德國等。

8.5.4   死亡宣告原因準據法

屬人法主義		原因法律關係準據法主義（效果說）	法庭地法主義	折衷主義
本國法	住所地法			
主張				
死亡宣告可消滅人格或變更人之地位及能力，故應依失蹤人之屬人法，包括本國法（如奧、比）或住所地法（如瑞士）。		死亡宣告之原因及效力之準據法，應隨個別案件之性質而分別決定之。例如為繼承所為之死亡宣告案件，依繼承之準據法。	為保護內國公益及第三人利益，法庭地對死亡宣告既有管轄權，自應適用法庭地法，以求一致。	為前三主義之折衷。通常以屬人法主義為主，原因法律關係準據法及法庭地法主義為輔（視法庭地國有無宣告管轄權（例如匈德等國）或有無財產位於該國來決定（例如日本）。

8.5.5　死亡宣告效力準據法

死亡宣告之效力：ex民法§9－以判決內所確定死亡之時，推定其為死亡。

	統一適用說	區分適用說
主張	死亡宣告所生之效力，其準據法應與死亡宣告原因準據法一致，以避免具體適用時之歧異。	直接效力： 受死亡宣告者，其直接所生效果究為推定死亡抑或擬制死亡，應與宣告原因準據法一致，以免適用上之歧異。 間接效力： 與死亡宣告間接關連者，例如失蹤人婚姻之消滅、繼承之開始等，另依各該法律關係之準據法為據。

8.5.6　我國法規定（涉民法第11條）

2010年新涉民法	1953年舊涉民法	說明
第11條 凡在中華民國有住所或居所之外國人失蹤時，就其在中華民國之財產或應依中華民國法律而定之法律關係，得依中華民國法律為死亡之宣告。 前項失蹤之外國人，其配偶或直系血親為中華民國國民，而現在中華民國有住所或居所者，得因其聲請依中華民國法律為死亡之宣告，不受前項之限制。 <u>前二項死亡之宣告，其效力依中華民國法律。</u>	**第4條（外國人之死亡宣告）** 凡在中華民國有住所或居所之外國人失蹤時，就其在中華民國之財產或應依中華民國法律而定之法律關係，得依中華民國法律為死亡之宣告。 前項失蹤之外國人，其配偶或直系血親為中華民國國民，而現在中華民國有住所或居所者，得因其聲請依中華民國法律為死亡之宣告，不受前項之限制。	一、條次變更。 二、現行條文第4條，移列本條第1項及第2項。 三、中華民國法院對外國人為死亡之宣告者，現行條文未規定其效力應適用之法律。由於該死亡之宣告依第1項規定係依中華民國法律所為，其效力亦應依同一法律，較為安當。爰增訂第3項，明定其效力依中華民國法律，以杜爭議。

評釋：
(1) 本次修正僅增列第3項規定死亡宣告效力之準據法為中華民國法（亦即法庭地法）。
(2) **死亡宣告的國際管轄權方面**
　■依1953年舊涉民法立法說明「死亡宣告原則上應由失蹤人之**本國法**院依其本國法為之」，除有法定例外情況外，我國原則上採本國宣告主義。亦即，中國人失蹤，無論在何地失蹤，我國均得為死亡宣告；反之，外國人失蹤，無論失蹤在何地，原則上由其本國宣告。亦即，從前述舊法之立法說明觀之，我國法似採「本國宣告主義」。然晚近各國立法實踐中，已漸採折衷主義，亦即除失蹤人之本國法院外，其最後住所地或居所地法院，或於某些特殊情況下之財產所在地法院，亦有死亡宣告之國際管轄權。
　■第1項原則上為財產法律關係（因與我國私人或社會利益有密切關係），而第2項為身分法律關係（更進一步保護我國人民權益，避免身分關係限於不確定狀態）
(3) **死亡宣告原因準據法方面**
　■依1953年舊涉民法立法說明，「死亡宣告原則上應由失蹤人之本國法院依其本國法為之」，似採屬人法主義。惟法院對無管轄權之案件根本無須也不能決定其準據法為何國法律，因此本條重點在於我國法院之管轄權，而依本條內容，我國法院有管轄權之死亡宣告案件，都是以我國法律為準據法，因此我國事實上採「法庭地法主義」。
(4) **死亡宣告效力準據法方面**
　■1953年舊涉民法並無死亡宣告效力準據法之規定；2010年新涉民法已納入規定，採「統一適用說」。

外國立法例參考：
中華人民共和國2010年涉外民事關係法律適用法第13條
　宣告失蹤或者宣告死亡，適用自然人經常居所地法律。
德國1896/2009年民法施行法第9條 死亡宣告
　死亡宣告、死亡及死亡時間之認定、及生存及死亡之推定依失蹤之人可獲生存訊息之最後之點之本國法予以決定。如失蹤之人於該時間點為外國人，如有可裁判之利益位於德國，得依德國法為死亡之宣告。
義大利1995年國際私法制度改革法第22條下落不明、失蹤及死亡推定
　(1) 下落不明、失蹤、死亡推定之條件及效力應依該人最後所屬本國法。
　(2) 義大利法院對於第1項所述事項於下列情況下具管轄權：
　　(a) 如該人最後所屬本國法為義大利法律；
　　(b) 如該人最後居所位於義大利；
　　(c) 如下落不明、失蹤、死亡推定一經確定而與義大利法律有司法上聯繫者。
瑞士1987/2011年聯邦國際私法第41條
　(1) 失蹤人失蹤前於瑞士之最後住所地之瑞士法院對失蹤宣告案件有管轄權。
　(2) 為保護某特殊利益所需，瑞士法院有失蹤宣告之管轄權。
　(3) 宣告失蹤之條件及效力依瑞士法。

瑞士1987/2011年聯邦國際私法第42條

　　外國法院所爲之失蹤或死亡宣告，若該宣告係由失蹤人或死者住所地國或其本國所作出，瑞士即應予以承認。

瑞士1987/2011年聯邦國際私法第6條 失蹤之宣告

　　(1) 失蹤人於其最後被確認生存之時於日本有住所或具日本國籍者，日本法院得爲失蹤之宣告。

　　(2) 既使不符合前項要件，如失蹤人有財產於日本，日本法院就該財產得爲失蹤之宣告。同樣地，如失蹤人之法律關係準據法爲日本法，且法律關係之性質、當事人住所或國籍及其他情況觀之，該法律關係與日本具有一定程度之聯繫者，就該法律關係，日本法院亦得爲失蹤宣告。

奧地利1978/1999年國際私法第14條 死亡宣告及證明程序

　　(2) 死亡宣告或死亡證明程序之要件、效力及撤銷，依失蹤人最後爲人所知之屬人法。

列支敦士登1996年國際私法第15條（失蹤宣告）

　　透過列支敦士登法院宣告某人失蹤及宣告之效力適用列支敦士登法律。

泰國1939年國際私法第11條

　　外國人基於商法典第53及54條規定於泰國有住所或居所時，泰國法院認爲有必要採取臨時措施，依泰國法決定之。對該外國人之失蹤宣告及宣告之效力，除在泰國之不動產外，依該外國人之本國法。

土耳其1982年國際私法及國際訴訟程序法第10條（失蹤及死亡宣告）

　　失蹤及死亡之宣告適用當事人之本國法。

　　如被宣告失蹤或死亡之當事人於土耳其有財產，其配偶或其中一繼承人具有土耳其國籍者，則適用土耳其法律。

波蘭1966年國際私法第11條

　　宣告失蹤人爲死亡，依其本國法，死亡宣告亦同。

　　但由波蘭法院宣告死亡時，依波蘭法律。

匈牙利1979年國際私法第16條

　　失蹤人之最後屬人法爲宣告死亡、證明死亡及失蹤之準據法。

　　如匈牙利法院爲國內之法律利益宣告外國人死亡、失蹤或決定該人死亡之證明，適用匈牙利法。

希臘1946年民法典第6條

　　失蹤適用失蹤人的本國法。

　　外國人在失蹤以前如在希臘有住所或有居所或有財產，希臘法院得宣告其失蹤。

1953年舊涉民法立法參考：

1908年 法律適用條例	1953年 涉民法	立法說明
第8條 凡在中國有住所或居所之外國人，生死不明時，祗就其在中國之財產及應依中國法律之法律關係，得依中國法為死亡之宣告。	第4條（外國人之死亡宣告） 凡在中華民國有住所或居所之外國人失蹤時，就其在中華民國之財產或應依中華民國法律而定之法律關係，得依中華民國法律為死亡之宣告。 前項失蹤之外國人，其配偶或直系血親為中華民國國民，而現在中華民國有住所或居所者，得因其聲請依中華民國法律為死亡之宣告，不受前項之限制。	（一）第1項：按死亡之宣告，原則上應依受死亡宣告人之本國法，並由其本國法院為之，本項規定中國法院對於失蹤之外國人，得依中國法為死亡宣告之情形，乃上開原則之例外，死亡之宣告，影響重大，苟非失蹤之外國人，對於內國之私人或社會利益，有密切關係，內國法院實無為死亡宣告之必要，故本項沿襲原條例第8條之立法精神，規定在中國有住所或居所之外國人失蹤時，祇得就其在中國之財產或應依中國法而定之法律關係，依中國法為死亡之宣告，以示限制。 （二）第2項：在內國有住所或居所之外國人失蹤時，其影響於內國人之權益最切者，除前項之1.在中國之財產，2.應依中國法律而定之法律關係以外，莫若婚姻關係及親屬關係，設其利害關係人，僅因不合前項所定宣告要件，即不得聲請為死亡宣告，任令婚姻或親屬關係常陷於不確定之狀態，亦非保護內國人民權益之道，故本項特設擴充規定，以便利我國利害關係人之聲請，即凡在中國有最後住所或居所之外國人失蹤，其配偶或直系血視為中國人，而現在中國有住所或居所者，得聲請依中國法為死亡之宣告，不受前項之限制。

8.6　禁治產宣告→監護宣告（涉民法第12條）

新涉民法第12條：

凡在中華民國有住所或居所之外國人，依其本國及中華民國法律同有受<u>監護、輔助宣告</u>之原因者，得為監護、輔助宣告。

前項<u>監護、輔助</u>宣告，其效力依中華民國法律。

8.6.1　禁治產宣告【監護宣告】之目的

舊民法§14：

對於心神喪失或精神耗弱致不能處理自己事務者，法院得因本人、配偶、最近親屬二人或檢察官之聲請，宣告禁治產。

　　禁治產之原因消滅時，應撤銷其宣告。

　　舊民§15：禁治產人，無行為能力。

監護宣告【2009.11.23施行】

民§14：

　　對於因精神障礙或其他心智缺陷，致不能為意思表示或受意思表示，或不能辨識其意思表示之效果者，法院得因本人、配偶、四親等內之親屬、最近一年有同居事實之其他親屬、檢察官、主管機關或社會福利機構之聲請，為監護之宣告。

　　受監護之原因消滅時，法院應依前項聲請權人之聲請，撤銷其宣告。法院對於監護之聲請，認為未達第1項之程度者，得依第15條之1第1項規定，為輔助之宣告。

　　受監護之原因消滅，而仍有輔助之必要者，法院得依第15條之1第1項規定，變更為輔助之宣告。

民§15：

　　受監護宣告之人，無行為能力。

民§15-1：

　　對於因精神障礙或其他心智缺陷，致其為意思表示或受意思表示，或辨識其意思表示效果之能力，顯有不足者，法院得因本人、配偶、四親等內之親屬、最近一年有同居事實之其他親屬、檢察官、主管機關或社會福利機構之聲請，為輔助之宣告。

　　受輔助之原因消滅時，法院應依前項聲請權人之聲請，撤銷其宣告。

　　受輔助宣告之人有受監護之必要者，法院得依第14條第1項規定，變更為監護之宣告。

民§15-2：

　　受輔助宣告之人為下列行為時，應經輔助人同意。但純獲法律上利益，或依其年齡及身分、日常生活所必需者，不在此限：

一、為獨資、合夥營業或為法人之負責人。

二、為消費借貸、消費寄託、保證、贈與或信託。

三、為訴訟行為。

四、為和解、調解、調處或簽訂仲裁契約。

五、為不動產、船舶、航空器、汽車或其他重要財產之處分、設定負擔、買賣、租賃或借貸。

六、為遺產分割、遺贈、拋棄繼承權或其他相關權利。

七、法院依前條聲請權人或輔助人之聲請，所指定之其他行為。

　　第78條至第83條規定，於未依前項規定得輔助人同意之情形，準用之。

　　第85條規定，於輔助人同意受輔助宣告之人為第1項第1款行為時，準用之。

　　第1項所列應經同意之行為，無損害受輔助宣告之人利益之虞，而輔助人仍不為同意時，受輔助宣告之人得逕行聲請法院許可後為之。

　　為避免精神狀態異常或有障礙之自然人從事法律行為而受損失，另一方面為保護相對

人因不易辨識該自然人之精神狀態而與其為法律行為，在謀求社會交易安全之目的下，由法院對精神障礙者宣告禁治產，將其視為無行為能力人，其所享有之民事權利及承擔之民事義務及責任，原則上由法定代理人（監護人）承擔。

8.6.2　各國禁治產宣告【監護宣告】制度之衝突

1. 是否採用，有所不同：大陸法系國家普遍採用，但標準仍寬嚴不一。英美法系無「禁治產」抽象概念，而係採用精神病或酗酒等具體概念，而為「精神錯亂宣告declared lunatic」。另有些國家不採「禁治產」制度，而直接以無行為能力及限制行為能力代之。
2. 於有宣告之國家，宣告類型之不同：有（a）「禁治產宣告（或監護宣告）」單行制與（b）「禁治產宣告（或監護宣告）」（心神喪失）＋「準禁治產宣告（或準監護宣告）」（精神耗弱）雙行制二類。
3. 能力判定上之不同：有以識別能力為區分；有以宣告原因不同為區分。
4. 宣告效力不同：有主張其法律行為無效者（多數國家採之），有主張其法律行為為得撤銷者，亦即原則有效。
5. 國際公約：海牙國際私法會議（Hague Conference on Private International Law）曾於1905年通過「禁治產及類似保護措施公約」（1912年生效），該公約規定有關禁治產之原因應依「禁治產人之本國法」，且原則上由「禁治產人本國之主管機關」為禁治產之宣告。

8.6.3　國際管轄權

| | 本國法法院 | | 住所地或財產所在地法院 |
	本國專管主義	內國兼管主義（通說）	
主張	僅能由其本國之法院或相關主管機關為之。	若內國人離開本國，而於外國有禁治產之必要時，其居住地國法院亦有權為禁治產宣告。	主張應由住所地或財產所在地法院管轄（英國）。
採用		較兼顧實際需要。	我國2012.1.11家事事件法第164條採之。

8.6.4　宣告要件之準據法

何謂「要件」？ex我民§14.I之「心神喪失或精神耗弱致不能處理自己事務」

	本國法主義	法庭地法主義	本國法及法庭地法兼採主義
主張	禁治產之主要效力在剝奪或限制人的行爲能力，而人的行爲能力又以其本國法爲準。	被聲請人之居住國已依法有例外之管轄權，爲因應事實上之需要，且爲維護內國公序，應採法庭地法。	由於左二主義均有所偏，主張必須其本國法及法庭地法均認爲有宣告禁治產原因時，內國始得禁治產之宣告。
優劣	著重當事人利益保護；內國法院必須對被聲請人本國法爲調查；該本國法可能有違內國公序。	著重內國公序及交易安全；等於限制被聲請人本國法之效力。	折衷。

8.6.5　宣告效力之準據法

何謂「效力」？ex我民§15：受監護宣告之人，無行爲能力。

	本國法主義	法庭地法主義
主張	禁治產（或監護宣告）之主要效力在剝奪或限制人的行爲能力，而人的行爲能力又以其本國法爲準。	被聲請人之居住國已依法有例外之管轄權，爲因應事實上之需要，且爲維護內國公序，應採法庭地法。
優劣	著重當事人利益保護；內國法院必須對被聲請人本國法爲調查；該本國法可能有違內國公序。	著重內國公序及交易安全；等於限制被聲請人本國法之效力。

8.6.6　外國禁治產宣告【監護宣告】之承認

參照第五章有關外國裁判之承認及執行，適用民訴§402有關規定。

8.6.7　禁治產宣告【監護宣告】之撤銷

在禁治產宣告（或監護宣告）要件上，我國雖採較爲嚴格的「本國法及法庭地法兼採主義」（亦即均符合本國及法庭地國之要件），然在禁治產宣告之撤銷方面，原則上僅要符合其中任一國法律撤銷要件，即可爲撤銷。

8.6.8 我國法規定（涉民法第12條）

2010年涉民法	1953年涉民法	說明
第12條 凡在中華民國有住所或居所之外國人，依其本國及中華民國法律同有宣告監護之原因者，得為監護之宣告。 前項監護之宣告，其效力依中華民國法律。 輔助之宣告，準用前二項規定。	第3條（外國人之禁治產宣告） 凡在中華民國有住所或居所之外國人，依其本國及中華民國法律同有禁治產之原因者，得宣告禁治產。 前項禁治產之宣告，其效力依中華民國法律。	一、條次變更。 二、民法總則編與親屬編甫於97年5月23日修正公布，將禁治產宣告修正為監護宣告，並增訂輔助宣告之制度，爰依此項修正之意旨，調整第1項、第2項有關禁治產為監護之文字；並配合增訂第3項，規定輔助之宣告準用前二項規定，即關於輔助之原因，準用第1項，關於輔助宣告之效力，準用第2項之規定。 三、民法總則編與親屬編之修正條文將於98年11月23日施行，如本條之修正條文於該期日之前即已施行，於該期日之前，解釋上仍宜將條文中之監護，調整為禁治產，以利法律之適用。

評釋：

(1) 本條文係配合民法以「監護宣告」「輔助宣告」取代「禁治產」所為修正，實質選法原則並未更動。

(2) 監護宣告的國際管轄權方面：

■2010年新涉民法第12條有關國際管轄規定不明。我國於「家事事件法」（2012.1.11）生效實施前，國內學術界普遍類推適用我國民訴§597.I（禁治產人（或受監護宣告人）住所地專屬管轄）及§568.I,II（例外），為原則上本國專屬管轄，例外得為他國管轄；另依1953年舊涉民第3條之立法說明，亦為我國係採「內國兼管主義」之認定。然2012.1.11公布實施之家事事件法第164條規定「下列監護宣告事件，**專屬應受監護宣告之人或受監護宣告之人住所地或居所地法院管轄**；無住所或居所者，得由法院認為適當之所在地法院管轄：……」，依該法專屬管轄之明確規定，我國實質上已改採「住所地法專屬管轄主義」。

■由於屬例外性質之「兼管主義」，適用上應較為嚴格：亦即應符合事實上要件「中華民國有住所或居所之外國人」及法律上之要件「依其本國及中華民國法律同有禁治產（或監護宣告）之原因」。

(3) 監護宣告要件準據法方面：

■依條文用語及立法理由，我國採「本國法及法庭地法兼採主義」。

(4)監護宣告效力準據法方面：

　　■2010年新涉民法第12條及1953年舊法立法理由，採法庭地法主義。

外國立法例參考：

奧地利1978/1999年國際私法第15條 無行為能力之宣告

　　無行為能力宣告之要件、效力及終止，依被監護人之屬人法。

列支敦士登1996年國際私法第16條（禁治產宣告）

　　透過列支敦士登法院對某人宣告禁治產及宣告之效力適用列支敦士登法律。

澳門1999年民法典第29條（監護或類似範疇）

　　無行為能力之人之屬人法適用於監護及其他有關保護無行為能力人之類似範疇。

泰國1939年國際私法第12條

　　對在泰國有住所或居所之外國人，由泰國法院設定監護或保護時，其原因依外國人之本國法。但泰國法律不承認其為原因時，不得設定監護或保護。

　　於此情況下，監護或保護之效力，以宣告外國人禁治產或準禁治產之法院所屬國法律。

韓國1962年國際私法第7條（禁治產及部分禁治產）

　　禁治產及部分禁治產之原因依被禁治產人或被禁治產人之本國法決定之。禁治產宣告之效力依宣告國法決定之。

　　於韓國有住所或居所之外國人，如依其本國法有被禁治產或部分禁治產之原因者，則韓國法院得對其宣告禁治產或部分禁治產。然如韓國法不承認這些原因時，則本規定不適用之。

土耳其1982年國際私法及國際訴訟程序法第9條（監護及財產管理）

　　監護及財產管理之設立及撤銷，適用當事人之本國法。

　　但依據外國人之本國法，監護及財產管理無法設立及撤銷者，當事人若在土耳其有居所，則可以依據土耳其法做出設立及撤銷之裁判。

　　與監護及財產管理之設立及撤銷無關之其他法律關係適用土耳其法律。

波蘭1966年國際私法第23條

　　監護依被監護人之本國法。

　　前項規定亦適用於財產管理，但財產管理上之行為，依其行為應遵守之法律。

希臘1946年民法典第8條

　　禁治產適用禁治產人之本國法。

　　希臘法院對於有住所於希臘的外國人，得宣告其禁治產。如外國人於希臘有居所或有財產，僅能對其採取臨時措施。

葡萄牙1966年民法典第30條（監護）

　　為保護無行為能力人而實施之監護，適用無行為能力之人之屬人法。

1953年舊涉民法立法參考：

1908年法律適用條例	1953年涉民法	立法說明
第6條 凡在中國有住所或居所之外國人，依其本國法及中國法同有禁治產之原因者，得宣告禁治產 第7條 前條規定，於準禁治產適用之。	**第3條（外國人之禁治產宣告）** 凡在中華民國有住所或居所之外國人，依其本國及中華民國法律同有禁治產之原因者，得宣告禁治產。 前項禁治產之宣告，其效力依中華民國法律。	(一) 第1項：禁治產之宣告，原則上應用禁治產人之本國法院管轄，惟例外亦得由其居住國法院管轄，本項規定即係例外，其目的蓋在保証居住國之社會公安、及外國私人法益。至於禁治產之原因，究應依何國法律而定，向有本國法說、及法庭地說之分。依理而論，內國對外國人宣告禁治產，與對內國人宣告之情形，究有不同，該外國人之本國法與內國法自應同時並重，以保護居住國之社會公安及外國人之法益，故規定應依法庭地法及外國人之本國法同有宣告之原因時，始得為之。 (二) 第2項：本項規定禁治產宣告之效力依中國法，即宣告國法，係採學者之通說。蓋內國對於外國人既認有宣告禁治產之必要，而予以宣告，則其宣告之效果，必須使之與內國人受禁治產宣告者完全相同，始足以維設公益，而策交易之安全。原條例對於外國人在內國宣告禁治產之效力，未加規定，不免疏漏，故增列本項。又原條例第7條規定準禁治產之準據法，但現行民法，並無準禁治產制度，該條自應刪除。

8.7　外國法人概說

法人的權利能力及行為能力與自然人的權利能力及行為能力有若干區分：

項目	法人	自然人
權利能力及行為能力的起迄	兩者相同，始於成立，終於消滅。有權利能力就有行為能力。	兩者不同，權利能力始於出生，終於死亡；行為能力受年齡及意思能力等之影響而有不同。有權利能力不一定就有行為能力。
行為能力的方式	透過法人機關來達成。	自己的意思來達成。
能力之範圍	其權利能力及行為能力受法人之性質、法令及設立目的等之限制。	不受到限制。

　　大體而言，法人的權利能力等於行為能力，因此法人權利能力的準據法與其行為能力的準據法基本上也保持一致。

　　法人的意義、權利能力及行為能力等事項，各國規定並非一致。例如某些國家將合夥可為法人之認定，如法國；義大利則將商業合夥為法人之認定；然許多國家，如德、瑞等國不將合夥為法人之認定。於法人登記方式，有些國家採登記生效要件（如德商法典）；有些國家則採登記對抗要件（如日商法典）。於權限外行為的效力部分（亦即超出其章程業務範圍外之行為效力），英國法認為權限外之行為無效，然德國法並未此限制。

　　法人權利能力及行為能力的準據法，各國概依法人之屬人法為依據，或依其國籍，或依其住所（或主事務所所在地或營業中心）。此外，針對外國法人於內國或第三國之權利能力或行為能力問題，除適用外國法人之屬人法外，通常會重疊適用內國或該第三國法律。

8.8　外國法人之國籍及屬人法（涉民法第13條）

2010年涉民法第13條
　　法人，以其據以設立之法律為其本國法。

8.8.1　概說

意義：非屬內國國籍之法人
法人是否應具有國籍：法人與國家無忠順可能、法人與設立人間無血統關係、其設立為法律行為之結果→因此法人是否有國籍，仍有爭議，然為與內國法人有所區分，決定外國法人之國籍仍有其實益。
外國法人國籍及屬人法之確定標準：
　　外國法人的國籍是確定法人屬人法之主要依據。然法人之國籍卻不容易確定，一則因為各國對於法人之設立／登記標準不一，許多（跨國／國際）法人為避稅或規避行政管制等需求，於某些稅賦少，設立簡易之國家完成設立登記後，真正行政或控制中心可能設於另一國，而主要的經濟或營業活動中心又可能在第三國。因此，法人國籍究應如何決定？有相當多的學理依據：

	準據法說	住所地法所	控制說 （社員國籍說） （實際控制說）	併用說 （複合標準說）
理論	基於「法人擬制說」，法人國籍應依設立時之準據法。	基於「法人實在說」，法人國籍應依其住所地法，復分為「主事務所所在地說」、「營業中心地說」及「章程規定說」。	基於「法人否定說」，法人國籍應依其發起人（資本）之國籍爲定。	亦即兼採「準據法說」及「住所地法說」。
優點	設立國爲何較易確定。	較不易產生偽裝外國法人或造成規避內國法律之情形。	戰爭時可決定法人是否具敵性。	
缺點	易造成偽裝外國法人； 易造成規避內國法律。	住所（ex跨國公司之營業中心）之界定不易；採「主事務所所在地」者仍會有偽裝外國法人及規避內國法律之疑慮。	社員、資本變動性大，法人國籍難以確定。	
連繫因素	⇩ a.準據法爲何 b.主事務所所在地 c.營業中心地 d.依法人內部或外部關係而定：內部關係依準據法；外部關係依營業中心地法 e.關係最密切國：以利益分析及比較損害方法定之	⇩		

8.8.2　我國法規定（涉民法第13條）

2010年 涉民法	1953年 涉民法	說明
第13條 法人，以其據以設立之法律爲其本國法。	**第2條**（經認許外國法人之本國法） 外國法人經中華民國認許成立者，以其住所地法，爲其本國法。	一、條次變更。 二、按內、外國之法人均有應依其屬人法決定之事項（詳如第14條所列），本條所規定者即爲法人之屬人法。現行條文僅就外國法人予以規定，並以經中華民國認許成立爲條件，漏未規定中華民國法人及未經中華民國認許成立之外國法人之屬人法，顯有不足，實有擴大規範範圍之必要。現行條文規定外國法人以其住所地法爲其本國法，至於依中華民國法律設立之中

		華民國法人，則依法理以中華民國法律爲其本國法，二者所依循之原則不同，而有使其一致之必要。爰參考1979年泛美商業公司之法律衝突公約第2條及義大利國際私法第25條第1項等立法例之精神，均採法人之設立準據法主義，明定所有法人均以其所據以設立之法律，爲其本國法。

評釋：

(1) 新法針對外國法人本國法之認定已實質更動：從舊法的「住所地法主義」→變動爲「準據法主義」。

(2) 於我國法人部分，依我國民法第25條「法人非依本法或其他法律之規定不得成立」；民法第29條「法人以其主事務所所在地爲住所」，對我國法人之認定基本上採準據法主義。

(3) 於外國法人部分，依前述民法第25條、民法第29條及公司法第4條及新涉民法§13等規定原則已採準據法主義。

外國立法例參考：

奧地利1978/1999年國際私法第10條 法人之屬人法
　　法人或其他任何能承受權利或負擔義務之社團或財團，其屬人法應爲該法律實體設有事務所之國之法。

匈牙利1979年國際私法第18條（法人之屬人法）
　　法人之法律能力，從事經濟活動之資格、人格權及成員間之法律關係，適用屬人法。
　　法人之屬人法爲法人登記國法。
　　如法人依照數個國家法律進行登記，或依其主事務所所在地法無須登記，其屬人法爲其設立章程所指定之主事務所所在地法。
　　如依設立章程，法人無主事務所，或有數個主事務所，且未依任何國家法律進行登記，其屬人法爲管理中心所在地法。
　　法人個別登記之分支機構或工廠之屬人法爲分支機構或工廠之登記國法。

葡萄牙1966年民法典第33條（法人）
　　法人之屬人法，爲其主要管理機構之實際所在地。
　　法人之屬人法主要適用於法人之能力、法人之設立、經營、機構之權限、成員之加入及撤出、權利與義務、法人及其機構、成員對第三者之責任、法人之變更、終止及解散。
　　法人之所在地從某國遷往另一國之行爲，並不導致法人之終止，然以法人之原所在地國法與新的所在地國法規定相同爲限。
　　屬人法不同之二個法人，其合併應同時遵守二不同之屬人法。

葡萄牙1966年民法典第34條（跨國法人）
　　跨國法人之屬人法指該法人成立時章程所規定國家之法律；如章程中未對此爲規定，及爲其主要機構所在地國之法律。

泰國1939年國際私法第7條
　　法人國籍衝突時，以總事務所所在地或主要營業所在地國爲法人之國籍國。

1953年舊涉民法立法參考：

1908年法律適用條例	1953年涉民法	立法說明
第3條 外國法人經中華民國認許成立者，以其住所地法為本國法。	第2條（經認許外國法人之本國法） 外國法人經中華民國認許成立者，以其住所地法，為其本國法。	本條與原條例第3條之規定相同，所謂外國法人指外國公司、外國公益社團及財團而言，既曰外國法人，自須依外國法業已成立存在者，始足當之，外國法人經中國認許後即須確定何者為其本國法，以為適用之準據，我國向採通說，以法人之住所地法（即法人主事務所在地法）為其本國法，施行以來，尚無不便，本草案亦從之。

8.9　外國法人之內部事項（涉民法第14條）

2010年涉民法第14條

外國法人之下列內部事項，依其本國法：
一、法人之設立、性質、權利能力及行為能力。
二、社團法人社員之入社及退社。
三、社團法人社員之權利義務。
四、法人之機關及其組織。
五、法人之代表人及代表權之限制。
六、法人及其機關對第三人責任之內部分擔。
七、章程之變更。
八、法人之解散及清算。
九、法人之其他內部事項。

8.9.1　法人內部事項概說

學理上，法人有內部關係及外部關係之區分，然內部關係及外部關係難有明確區分，且事實上有許多關係（例如合併、分割、變更組織、重整、破產、解散、清算等）並非內部或外部關係可以簡單區分。大體而言：

外部關係：通常與法人本身之權利能力、行為能力及侵權行為能力有關。例如公司法第二章無限公司第三節為「公司之對外關係」，其內容包括第56條「代表公司之股東」、第57條「代表人之權限」、第58條「代表人權限之限制」、第59條「代表股東同為法律行為之禁止」、第60條「股東連帶責任」、第61條「應負擔加入前之債務」、第62條「表見股東之責任」、第63條「應先彌補虧損」、第63條「債權抵銷之禁止」。

內部關係：一般係指與法人內部機關及構成員間之關係，包括法人機關、機關運作（如股東會）、財務會計、增減資、變更章程等。公司法第二章無限公司第二節為「公司之內部關係」，其內容包括第42條「內部關係得以章程定之」、第43條「出資方式」、第44條「以債作股之責任」、第45條「執行股東之權利及義務」、第46條「業務執行之過半數同意」、第47條「章程變更」、第48條「非執行業務股東之營業查閱權」、第49條「執行業務股東無報酬請求權」、第50條「執行業務股東之墊款返還請求權」、第51條「執行業務股東不得無故辭職」、第52條「執行業務股東對公司之責任」、第53條「股東代收款項之責任」、第54條「執行業務股東之競業禁止」、第55條「任意出資轉讓之禁止」。

8.9.2　我國法規定（涉民法第14條）

2010年涉民法	1953年涉民法	立法說明
第14條 外國法人之下列內部事項，依其本國法： 一、法人之設立、性質、權利能力及行為能力。 二、社團法人社員之入社及退社。 三、社團法人社員之權利義務。 四、法人之機關及其組織。 五、法人之代表人及代表權之限制。 六、法人及其機關對第三人責任之內部分擔。 七、章程之變更。 八、法人之解散及清算。 九、法人之其他內部事項。	（無）	一、本條新增。 二、外國法人依前條所定之屬人法，其主要適用之範圍，乃該法人之內部事務，至其具體內容，則因包含甚廣，難以盡列。爰參考瑞士國際私法第155條及義大利國際私法第25條第2項等立法例之精神，就外國法人之內部事務於第1款至第8款為例示性之規定，再輔以第9款之補充規定，以期完全涵括。
評釋： (1) 本條規定於1999年最初草案原採「住所地法」說，後於2001年草案修改成「本國法」說，以便與其他條文保持一致。 (2) 本條所稱之「本國法」，依第13條規定，即為「其據以設立之法律」。 (3) 本條立法採剛性立法，僅適用法人之本國法。 (4) 本條規定主要參考瑞士國際私法第155條，按該條規定「除第156條至第161條另有規定外，公司之準據法（亦即公司據以成立之準據法）支配下列事項：(a)公司之法律性質；(b)公司之成立及解散……等」。亦即該條文不僅是專門針對「公司」且亦非		

僅專門針對法人之「內部事項」爲規定。本條文立法將其擴大適用於「法人」，並限定於「內部事項」，與所爰參考之外國立法例並不相符。

(5) 所列9款規定中，第1款之「法人之權利能力及其行爲能力」、第5款「法人之代表人及代表權之限制」及第8款「法人之解散及清算」，從前述有關「內部關係」及「對外關係」之說明，性質上並非專屬「內部事項」。

(6) 法人之「對外關係」通常涉及主事務所所在地或主要營業地及交易行爲等之交易安全之保護問題，因此通常不會以本國法爲案件審理之唯一準據法。但法人之「內部關係」則不同，法人國籍爲何？法人內部關係之構成員相當清楚，以法人之「本國法」作爲內部關係之準據法，不論從關係最切，抑或對內部關係構成員的保護而言，均不失爲最妥切之法律適用。然本條日後實踐上最大的問題可能會發生在「內部事項」之定義解釋上！國際投資盛行且方式非常複雜，且常訂有契約，本條採剛性立法將會造成適用上之衝突。另「內部事項」嚴格言之仍屬「學理名詞」，在定義範圍並未完全統一之情況下，亦生問題，例如「公司債」之發行，公司債爲公司以債券方式向大衆借貸，公司債是否單純屬內部事項，不無爭議。

外國立法例參考：

中華人民共和國2010年涉外民事關係法律適用法第14條

> 法人及其分支機構的民事權利能力、民事行爲能力、組織機構、股東權利義務等事項，適用登記地法律。
>
> 法人的主營業地與登記地不一致的，可以適用主營業地法律。法人的經常居所地，爲其主營業地。

義大利1995年國際私法制度改革法第25條 公司及其他企業

> (1) 公有或私有體制爲基礎之公司、社團、財團及其他機構，即便未具社團特徵，依其成立地所在國之法律。然如其主事務所設於義大利或主要營業機構位於義大利，則應適用義大利法律。
>
> (2) 特別是下列事項應適用於特定機構之準據法：
>> (a) 其法律性質；
>> (b) 商業或社團名稱；
>> (c) 成立、轉讓及解散；
>> (d) 能力；
>> (e) 組織架構、權利及運作方式；
>> (f) 機構；
>> (g) 取得或喪失組織成員資格之方式及因此產生之權利及義務；
>> (h) 企業債務之法律責任；
>> (i) 違反法律或公司章程之後果。
>
> (3) 企業登記辦公處所遷移至另一國家及登記辦公處所位於不同國家之企業間之合併，僅於依據前述國家之法律進行方具效力。

奧地利1978/1999年國際私法第10條 法人之屬人法

> 法人或其他任何能承受權利或負擔義務之社團或財團，其屬人法應爲該法律實體設有事務所之國之法。

委內瑞拉1998年國際私法第20條
　　私法法人之成立、行爲能力、運作及解散，依其設立地法律。
　　法人設立地係指滿足前述法人之形式及實質要件之所在地。
澳門1999年民法典澳門1999年民法典第31條（法人）
　　法人之屬人法即其行政管理機關之主要實際所在地法。
　　屬人法爲主要規範下列事項之準據法：法人之能力、法人機關之設立、運作及權限、成員資格之取得及喪失方式、以及成員之權利及義務、法人機關及其代表人對第三人之責任、法人組織之變更、解散及消滅。
　　法人住所移至屬不同法律體系之地方時，於該住所地之法律亦爲同樣規定時，該法人之法人格並未消滅。
　　對具有不同屬人法之實體之合併，需依雙方屬人之規定爲判定。
泰國1939年國際私法第7條
　　法人國籍衝突時，以其主事務所所在地或主要營業所所在地國爲法人之國籍國。
土耳其1982年國際私法及國際訴訟程序法第8條（能力）第4項
　　當事人之民事權利及行爲能力，適用當事人之本國法。
　　外國人在土耳其所爲之法律行爲，雖依該外國人之本國法爲無行爲能力，但依土耳其法有行爲能力者，則視爲有行爲能力。前述規定不適用於依親屬法或繼承法所爲之法律行爲，以對於國外之不動產之法律行爲。
　　依據當事人之本國法爲成年者，並不因爲本法之變化而喪失成年資格。
　　法人或團體之民事權利能力及行爲能力適用其規章規定之管理中心所在地法律，如管理之實際中心在土耳其，則適用土耳其法律。
波蘭1966年國際私法第9條
　　自然人的權利能力及行爲能力，依其本國法。
　　法人的能力，依法人主事務所所在地法。
　　雖有前項規定，法人或自然人爲與其營業有關之法律行爲時，其能力依其主要營業所所在地法。
匈牙利1979年國際私法第18條
　　法人之法律能力、從事經濟活動之資格、人格權及成員間之法律關係，適用屬人法。
　　法人之屬人法爲法人登記國法。
　　如法人依照數個國家之法律進行登記，或依其主事務所所在地法無須登記，其屬人法爲其設立章程所指定之主事務所所在地法。
　　如依設立章程，法人無主事務所，或有數主事務所，且爲依任何國家法律進行登記，其屬人法爲管理中心所在地法。
　　法人分別登記之分支機構或工廠之屬人法爲分支機構或工廠之登記國法。
希臘1946年民法典第10條
　　法人之能力適用其主事務所所在地。
葡萄牙1966年民法典第33條（法人）
　　法人之屬人法爲其主要管理機構之實際所在地法。
　　法人之屬人法主要適用於法人之能力、法人之設立、經營、機構之權限、成員之加入與撤出、權利與義務、法人及其機構、成員對第三人之責任、法人之變更、終止及解散。
　　法人之所在地從一國遷往另一國之行爲，不導致法人之終止，然以法人之原所在地國法與新的所在地國法規定與此相同者爲限。
　　屬人法不同之兩個法人，其合併應同時遵守二個不同的屬人法。

8.10　外國法人於我國之分支機構（涉民法第15條）

2010年涉民法第15條
依中華民國法律設立之外國法人分支機構，其內部事項依中華民國法律。

8.10.1　分支機構概說

　　世界經濟全球化的結果，一具規模經濟體系的公司透過在境外設立分支機構向境外顧客提供服務的情況相當普遍。分支機構在法規用語使用甚多，但定義及適用範圍寬窄不一。廣義而言，於法人登記處所以外之固定處所從事法人相關事務或業務，受法人管轄者即屬之。於公司法領域，如外國公司欲於我國經營商業者，非經認許，並辦理「分公司」登記，不得在中華民國境內營業（公司法第371條參照）；外國公司因無意在中華民國境內設立分公司營業，未經申請認許而派其代表人在中華民國境內爲業務上之法律行爲時，應報明左列各款事項，申請主管機關備案。前項代表人須經常留駐中華民國境內者，應設置「代表人辦事處」，並報明辦事處所在地，依前項規定辦理。（公司法第386條參照）。換言之，於公司法，分支機構可區分爲二類：一爲經認許而設立之「分公司」；另一爲未經認許而設置之「代表人辦事處」。

　　除公司法之「分公司」及「代表人辦事處」外，於銀行或證券交易商之分支機構可包括「分行」。另保險業設立遷移或裁撤分支機構管理辦法（97.1.9）第2條規定：「本辦法所稱分支機構之範圍如下：一、國內分支機構：包括分公司（分社）及通訊處、展業處等其他分支機構。二、國外分支機構：包括子公司、分公司及代表人辦事處。」此定義非常特別，因具獨立法人格之「子公司」，亦包括在分支機構之定義範圍內。

　　無論分支機構之名稱爲何，依我國商業登記法第14條第1項規定「商業之分支機構，其獨立設置帳簿者，應自設立之日起十五日內，將下列各款事項，向分支機構所在地之主管機關申請登記。」第2項規定「前項分支機構終止營業時，應自事實發生之日起十五日內，向分支機構所在地之主管機關申請廢止登記。」依經濟部函令，所稱分支機構係指有設帳計算盈虧，其財務會計獨立，且每月銷售額達營業稅課徵起徵點而言。（經濟部九〇、六、六經商字第〇九〇〇二一一四七一〇號函）

　　分支機構乃爲公司人格之一部分，而法人之人格爲單一原不可分割，所以分支機構並無獨立之人格，而經濟部在五七、一、一〇商〇〇九四五號文中函釋：「公司爲依照公司法組織、登記、成立之社團法人，依民法第26條規定除專屬於自然人之權利義務外，於法令限制內有享受權利負擔義務之能力。分公司爲本公司之分支機構，本身並不具有獨立人格，不能爲權利義務主體。」包括分公司在內之公司之分支機構，本身並不具有獨立人格，不能爲權利義務主體。另1983.5.2司法院第三期司法業務研討會研討意見認爲：「分公司是總公司之分支機構，無權利能力。但實務上爲訴訟進行便利起見，承認分公司在訴

訟法上有當事人能力。因人格不可分割，分公司與總公司係屬同一個權利主體，故對於分公司所為之裁判，其效力應及於總公司。分公司為本公司之分支機構，分公司之財產，應為公司總財產之一部分，且分公司既無權利能力，無享有所有權之能力，因此對於分公司所命給付金錢之裁判，可就同一公司之其他分公司財產執行之。」基於民事訴訟法與行政程序法二者在於規範當事人程序性規定，性質上相近，本件似可參照民事訴訟為應實務上便利，承認分公司就其業務範圍內事務涉訟時，於訴訟程序上有當事人能力（最高法院42台上字第154號、66年台上字第3470號判例參照），即經認許之外國分公司，於其業務範圍內，在行政程序上亦有當事人能力。（法務部（90）法律字第045323號）

於公益法人方面，人民團體法（98.5.27）第6條規定：「人民團體會址設於主管機關所在地區。但報經主管機關核准者，得設於其他地區，並得設分支機構。」

8.10.2　我國法規定（涉民法第15條）

2010年涉民法	1953年涉民法	立法說明
第15條 依中華民國法律設立之外國法人分支機構，其內部事項依中華民國法律。	（無）	一、本條新增。 二、外國法人依中華民國法律設立分支機構者，例如外國公司經中華民國政府認許而設立在中華民國之分公司之情形，該分支機構在法律上雖仍為該外國法人之一部分，其設立卻是該外國法人在中華民國境內營業或為其他法律行為之必要條件，實務上並有直接以其為權利主體或行為主體之例，故亦有必要就該分支機構，單獨決定其內部事項應適用之法律。此等分支機構性質上固非屬於中華民國法人，但因其乃依據中華民國法律設立，關於該分支機構本身之內部事項，自宜適用中華民國法律。爰增訂明文規定，以應實際需要。本條規定僅適用於外國法人在內國之分支機構依前條所定之內部事項，如為該分支機構之外部事項或對外法律關係（例如與第三人訂定契約所生之問題等），因該外部事項或對外法律關係另有其應適用之法律，自非本條之適用範圍；至於外國法人依內國法律設立另一內國法人之情形，例如外國公司轉投資而依中華民國法律設立中華民國之子公司等，其內部事項乃具有單獨人格之該中華民國法人（子公司）本身之問題，亦非屬本條之適用範圍。

評釋：

(1) 本條規定亦參考自瑞士國際私法第160條「主事務所所在地在外國的公司，得在瑞士設立分支機構，該分支機構受瑞士法律支配。」依該條規定，僅適用於「公司之分支機構」且不限於「內部事項」。

(2) 本條係規定「依中華民國法律設立之外國法人分支機構」，因此如「非依中華民國法律」或「中華民國法律無分支機構設立規定」所設立之分支機構，解釋上均非本條適用範圍。

(3) 本條日後適用上最大爭議仍在於「分支機構」及「內部事項」之範圍界定上，特別是不具權利能力之分支機構，究竟包括哪些「內部事項」之解釋上。

(4) 應注意，依修法說明，「分支機構」並不包括「子公司」。

外國立法例參考：

中華人民共和國2010年涉外民事關係法律適用法第14條

法人及其分支機搆的民事權利能力、民事行為能力、組織機構、股東權利義務等事項，適用登記地法律。

法人的主營業地與登記地不一致的，可以適用主營業地法律。法人的經常居所地，為其主營業地。

匈牙利1979年國際私法第18條

法人之法律能力、從事經濟活動之資格、人格權及成員間之法律關係，適用屬人法。

法人之屬人法為法人登記國法。

如法人依照數個國家之法律進行登記，或依其主事務所所在地法無須登記，其屬人法為其設立章程所指定之主事務所所在地法。

如依設立章程，法人無主事務所，或有數主事務所，且為依任何國家法律進行登記，其屬人法為管理中心所在地法。

法人分別登記之分支機構或工廠之屬人法為分支機構或工廠之登記國法。

8.11　外國法人之認許（recognition）

8.11.1　外國法人之認許概說

意義：指內國法律承認事實上已存在之外國法人之人格，而使其具有享受權利負擔義務之資格。

主義／方式：

	限制說 （域內效力說）	自由說 （域外效力說）	認許說			
			特別認許	相互認許	一般認許	分別認許
主張	否認認許，因法人格爲屬國所擬制，該國法律應限於其領域內；因此外國法人欲取得內國法人資格，應依內國法重新設立登記。	必須認許，法人等於自然人，應具有人格（通說）。	外國法人必須個別經內國政府之特許始有其存在或人格。	兩國基於條約對彼此依本國法有效成立之法人，均認許其具有人格，而無須再經特別認許手續。	外國法人無論何性質，一般均被認許具有人格。	應視其種類而分別採用不同主義。例如公法人或營利法人均認爲具有人格；至於非營利法人，往往從事政治活動，一般須先特別認許。
優缺點	妨礙內國經濟發展；忽略法人在國際社會上獨立實際存在之事實。	無條件認許外國法人可能會危害內國公益。	緩和「限制說」與「自由說」之極端。			

民法總則施行法11：外國法人，除依法律規定外，不認許其成立。⇨單從本條字面「依法律規定」解釋，及民法總則施行法15規定，我國法顯採「特別認許主義」；舊公司法373有互惠認許之規定已不復見，亦即仍採「特別認許主義」。

認許後之權義：民法總則施行法12：經認許之外國法人，於法令限制內與同種類之中國法人有同一權利能力。……外國法人，其服從中國法律之義務，與中國法人同。

　　　　　　權利能力 ⎰ 一般權利能力：依法人本國法
　　　　　　　　　　⎱ 特別權利能力：內國法：「法令限制內」

　　　　　　行爲能力 ⎰ 狹義行爲能力：依法人本國法＋內國法
　　　　　　　　　　⎱ 責任能力：依法人本國法＋內國法

8.11.2　未經認許之外國法人

權利能力：

原則：於內國無權利能力（民總施12之反面解釋）→無訴訟當事人能力？（民訴§40）→不得營業（公§371）

例外：得承認其有為民事訴訟原告或被告之資格→有訴訟能力（民訴§45，§46）

未經認許之外國法人，其代表於內國以法人名義與他人為法律行為之責任

立法例：

無權代理說：為無權代理，僅對善意相對人負損害賠償之責（民§110）。

連帶責任說：行為人與該未經認許之外國法人負損害賠償責任。

　　→目的在維護交易安全及保護既得權，例如使用通訊締約

我國法規定：採連帶責任說：民總施§15－未經認許其成立之外國法人，以其名義與他人為法律行為者，其行為人就該法律行為應與該外國法人負連帶責任。→ex船務代理

遭刪除之修正草案（2001年草案）：無代表權人以外國法人名義為法律行為準據法

涉民法部分條文修正草案		
修正條文	現行條文	說明
第21條 無代表權人，以外國法人之名義，在中華民國為法律行為者，該行為人之責任，依中華民國法律。	無	一、本條新增。 二、以法人代表人之名義為法律行為者，其是否構成無權代表，固應以法人之屬人法為斷，惟無代表權人之責任，仍須考慮其相對人及第三人利益之保護問題。爰規定無代表權人，以外國法人之名義，在中華民國為法律行為者，應依中華民國法律，定該行為人之責任，以保護中華民國之交易秩序及公共利益。
修正總說明部分： 第二章 準據法一、第一節「人」部分 （六）增訂無權代表人責任準據法之規定。（修正條文第21條） 無代表權人之責任，仍須考慮其相對人及第三人利益之保護問題，爰規定無代表權人，以外國法人之名義，在中華民國為法律行為者，應依中華民國法律，定該行為人之責任，以保護中華民國之交易秩序及公共利益。		
本草案刪除幾點理由： ‧與民總施15條無法為有效區分，雖然草案是針對「該行為不是由外國法人之代表人所為」即可適用！ ‧「無代表權人」之定義不明，且是否具代表權，有無授權，此部分要依哪一法律，均尚待解決。且無代表權，即屬個人行為問題，或無權代理問題。		

遭刪除之修正草案（2001年草案）：法人合併之準據法

涉民法部分條文修正草案		
修正條文	現行條文	說明
第22條 法人之合併，依各該合併之法人之住所地法。但合併後依其他國家之法律，設立獨立之法人者，依該其他國家之法律。	無	一、本條新增。 二、法人之合併涉及各當事法人之內部事務，故應兼顧各法人之住所地法。本草案就法人之吸收合併，採當事法人屬人法之併行主義，規定應依蓋該合併之法人之住所地法。法人之新設合併，與擬設立之法律關係密切，爰規定應依據擬以設立新法人之法律，以應實際需要。
修正總說明部分： 第二章準據法一、第一節「人」部分 （七）增訂法人合併準據法之規定。（修正條文第22條） 法人之合併涉及各當事法人之內部事務，故應兼顧各法人之住所地法。本草案就法人之吸收合併，採當事法人屬人法之併行主義，規定應依蓋該合併之法人之住所地法。法人之新設合併，與擬設立之法律關係密切，爰規定應依據擬以設立新法人之法律，以應實際需要。		

本章歷年國考考題（測驗題）：適用民國100年涉民法

1. A國人甲於10年前來臺旅遊時結識我國女子乙，兩人一見鍾情，半年後結婚並定居於臺北，7年前甲突然失蹤，生死不明，不知去向，若乙向臺北地方法院請求對甲為死亡宣告。關於本件死亡宣告事件，下列敘述，何者正確？（100律師 答案：C）
   (A) 我國法院無管轄權
   (B) 死亡宣告之效力依失蹤人之本國法
   (C) 死亡宣告要件與效力之準據法均為中華民國法律
   (D) 死亡宣告要件之準據法原則上為失蹤人之住所地法

2. 19歲之A國人甲到我國自助旅行，關於行為能力問題，下列敘述，何者錯誤？（100律師 答案：D）
   (A) 關於行為能力之立法主義，主要有屬人法主義及行為地法主義
   (B) 行為地法主義謂，行為能力之問題應依該系爭法律行為之行為地法律作為準據法，著重涉外交易安全之考慮
   (C) 涉外民事法律適用法第10條第1項所規定之行為能力主要是指財產上行為能力，不包含身分能力
   (D) 涉外民事法律適用法第10條第1項所稱之「本國法」，係指訴訟當時之本國法

3. 我國籍18歲未婚之甲，兩個月前到A國遊學時在當地蒐購名牌精品皮包，並與乙訂購店內缺貨之全部當季商品，約定由乙負責空運商品到我國後，由甲一併給付商品價金與運費。甲返國後即對其浪費行為心生懊悔，當商品運到我國後，甲以其為限制行為能力人且其父母拒絕承認為由，主張其在A國所為法律行為無效，惟18歲之甲依照A國法律已經成年。依照現行涉外民事法律適用法（下稱本法）的規定，下列敘述何者正確？（101律師 答案：D）
   (A) 依照本法第38條第1項，準據法為物之所在地法A國法，故甲有行為能力
   (B) 依照本法第20條，準據法為行為地法A國法，故甲有行為能力
   (C) 依照本法第6條的規定，反致適用A國法關於保護內國交易安全的相關規定，故甲有行為能力
   (D) 依照本法第10條第1項規定，準據法為我國法。故甲之法定代理人不為承認時，甲乙間的法律行為即不生效力

本章歷年國考考題（實例申論）：適用民國42年舊涉民法

1. 年滿二十歲之A國籍人甲，在台北將位於B國之倉庫一間以及其中儲藏之木材贈與中華民國國籍人乙，後甲以A國法律規定二十一歲成年，渠能力有欠缺，以此為理由主張贈與無效。乙向台北地方法院提起訴訟，請求履行贈與契約。問台北地方法院應如何處理此案？（87司）

2. 人之權利能力有無法律衝突問題？若有法律衝突問題，在我國國際私上應如何決定其準據法？（85律）

3. 涉外民事法律適用法第1條規定：「人之行為能力，依其本國法」。今有設住所於台北之美國人甲，因行為能力問題在台北地方法院涉訟。按美國國內各地法律不同，且國際私法對行為能力不採本國法主義。問：台北地方法院，依涉外民事法律適用法上其他規定，(1) 應如何確定甲之本國法？(2) 適用甲之本國法時，應特別注意何一問題？（78司）

4. 德國公司A由波昂以電報向美商台北分公司B訂購加工品一批。B依A指示回電承諾，並經確認。貨物抵德境交付後，A發見部分品牌質量不合約定致生糾紛。請具理由精簡回答下列問題：(1) A公司有無向我國法院以B公司為被告訴請損害賠償之權？(2) 我國法院對本案件有無管轄權？(3) A、B兩公司可否明示選擇英國法為契約準據法？(4) 倘無當事人自治法律可以適用，該契約糾紛應依何國法律解決？(5) B公司之美籍留華工讀生丹尼十八歲，法國有住所，其在我國有無締約能力應依何法決定？（78司）

5. 近年來，我國經濟成長快速，外籍勞工爭相來我國工作，涉外民事事件亦日漸增多。請問：(1) 外國人權利之保護與國際私法有何關係？(2) 外國人在我國之工作權是否應予保障？可否加以限制？(3) 各國對外國人之財產權有何最低限度之保護？對其取得動產、不動產物權以及無體財產權有無限制？（77律）

6. 中華民國國民阿娟，年滿十八歲，赴法國讀大學，抵巴黎第二週，即與一法籍老婦人締結一年期房屋租賃契約；旋又改變主意寄居學生宿舍，遂以其向無完全締約能力為由，主張撤銷該契約。四年後學成，並偕大她兩歲法國籍男友亨利回國，籌備在台結婚；次年生一女安妮。請簡述理由，釋答下列問題：(1) 法國民法規定十八歲為成年，而法國國際私法及法院判例，對行為能力之準據法，與我國法之規定採同一態度；阿娟在法國究有無完全之締約能力？(2) 阿娟與亨利在台北結婚，其實質與形式要件，各應以何國法為準據？(3) 亨利、阿娟與安妮之親子關係之一般效力，應依法國法抑我國法？（77司）

7. 二十一歲之A國人甲，依其本國法尚未成年。在住所地台北，就其所座落A國及B國之房屋各一處，分別設定抵押權。嗣在台北地方法院發生有關甲無行為能力之訴訟。問：台北地方法院應如何適用法律？其後果又如何？（75律）

8. A原為甲國人，後變更國籍，於為債之行為時為乙國人。如無反致之適用，試問於下述假設下，我國法院應如何認定A行為能力之有無：(1) 依甲國法A無行為能力，依乙國法A有行為能力。(2) 依甲國法A有行為能力，依乙國法A無行為能力。(3) 依甲國法A無行為能力，依乙國法A無行為能力，依中國法A有行為能力，行為地在中國。（74司）

9. 某甲外國人與某乙外國人簽訂一債之契約，雙方並約定就契約關用甲國法。嗣後，有關該乙外國人之行為能力發生爭執，涉訟於我國法院。假設我國法院有管轄權，乙國國際私法有關行為能力之準據法，係採本國法主義，其民法規定廿一歲有完全行為能

力，結婚對行爲能力無影響，而某乙外國人十八歲已結婚。試回答下列問題，並扼要說明理由。(1) 關於乙外國人行爲能力問題，法院是否適用雙方合意適用之甲國法？(2) 關於乙外國人行爲能力，原則上應適用何國法？有無完全行爲能力？(3) 若契約係於甲國簽訂，乙外國人之行爲能力適用何國法？有無完全行爲能力？(4) 若契約係於中國簽訂，乙外國人之行爲能力適用何國法？有無完全行爲能力？（72律）

10. 關於「人之權利能力」之準據法，試述有關之學說。關於「人之行爲能力」之準據法，試述各國之立法例。當事人因「權利能力」及「行爲能力」在我國法院起訴時，我國法院應適用何國之法律？試說明之。（64律）

11. 試說明涉外民事法律適用法上，對於行爲能力例外不適用當事人本國法之情形，並闡述於此項例外情形所應適用之法律。（59司／律）

12. 有住所於東京之日本人某甲，在台北設事務所經營商業，後因車禍失其神智，與其同居之中國女子乙，以其妻之身分向台北地院聲請宣告禁治產，並自任監護人，問台北地方法院應如何處置？（68律）

13. 試述關於外國人禁治產宣告所應具備之要件及關於其禁治產宣告之效力所應適用之法律。（52司／律）

第九章　法律行為方式與代理

9.1　法律行為概說

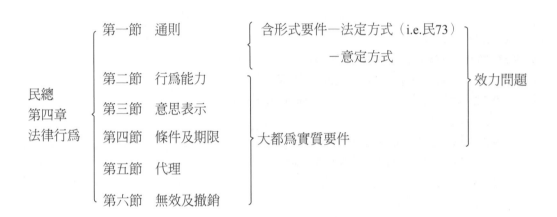

9.2　行為方式之準據法（涉民法第16條）

涉民法第16條
　　法律行為之方式，依該行為所應適用之法律。但依行為地法所定之方式者，亦為有效；行為地不同時，依任一行為地法所定之方式者，皆為有效。

9.2.1　「行為地法」（lex loci actus）概說

　　行為地法係指完成某種（涉外）民事法律關係之行為時，行為所在國家之法律。
　　此原則源自十四世紀義大利學者巴塔路斯所主張之「場所支配行為原則」。行為地法主要用於解決「行為方式」之效力問題。由於法律關係所源之行為方式各不相同，因此行為地法亦相當多樣，例如：
　　「締約地法」（lex loci contractus）
　　「契約履行地法」（lex loci solutionis）
　　「侵權行為地法」（lex loci delicti）
　　「婚姻締結地法」（lex loci celebrationis）
　　「立遺囑地法」
　　「發票地法」
　　「背書地法」等。

9.2.2　場所支配行為原則（Locus Legitm Actum）

早期理論：法律行為之「實質」及「方式」，悉應以「行為作成地」之法律為根據。
　　⇩
晚期理論（十六世紀以後）：多僅指法律行為之「方式」應依行為地法。[1]
　　⇩
近期理論：法律行為之形式要件，可依行為地法律，亦可依法律行為之準據法。
Ex涉民法第16條：法律行為之方式，依該行為所應適用之法律。但依行為地法所定之方式者，亦為有效。
　　（原則：法律行為之準據法）　（例外：行為地法）

9.2.3　理論依據

1. **法則區別說**：法律關係之發生，分屬人、屬物及屬行為三種，屬行為之法律關係自應依行為地法→過於簡單；
2. **主權說**：法律為一國主權作用之結果，因此凡在行為地國為法律行為者，自應服從當地主權→過份強調領土主權；
3. **證明手段說**：法律行為方式係為確定當事人之意思表示，以為日後證明之用，而證明最為便利者，即為行為地法→過於偏頗，意思之證明，尚有履行地法；
4. **各國默認說**：場所支配原則已為各國所共採→實際上各國承認程度不一；
5. **任意服從說**：在某地為法律行為即應推定當事人有服從該地法律之意思→有時當事人之行為誠屬偶然；
6. **便宜說**：內外國人交往頻繁後，若皆依當事人之本國法，將過於繁雜，依行為地較為便利且符合需要。

9.2.4　法律行為（主要為契約）方式之準據法

法律行為（主要為契約）方式包括方式之種類（要式、不要式）、法定方式或意定方式，及其效力等，各國規定不一。

1　法律行為之**實質要件**現已改採「當事人意思自治原則」。

準據法之決定：

	行為地法主義	行為地法與本案準據法選擇適用主義
主張	因契約是「出生」於當地，因此場所支配行為理論應強制適用於契約之方式。	使契約之方式要件與實質要件適用同一準據法較為妥當，以免產生一有效，而另一無效之不一致現象。為使契約盡量成立，採取選擇適用方式，只要契約依其實質要件準據法或行為地法可成立生效者，該契約即可成立生效。
採用	英、阿、荷、西等。	德、日、法、義等（多數說）。
批評	論述簡單，但對當事人實屬不便（ex兩台灣友人在英國偶遇而一方同意讓售汽車一部）；可能違反當事人意思；且亦造成法律行為方式依「行為地」，然法律行為之實質依「當事人意思」之法律割裂現象。	可使契約易於有效成立，亦可使法律行為之形式要件與實質表裡一致，並便於訴訟。

9.2.5　法律行為（契約）「地」之確定

確定之目的：主要為解決「隔地契約」之契約行為地之確定問題

學說理論：

	行為完成地說	一方行為地說	雙方行為地說	要約地說	承諾地說
主張	要約僅是喚起相對人承諾之一種意思表示，其本身尚非完成契約之行為，而契約因要約相對人之承諾而成立，故承諾乃完成契約之行為，故應以承諾地為行為地。	主張契約為要約與承諾二個意思表示合致而成立，要約與承諾本身各自為一法律行為，自可視為各該法律行為之行為地。	應就契約整體為全部之衡量，亦即累積適用要約與承諾兩地之法律，以觀其是否符合兩地法律所規定之方式要件。	要約為契約成立之前提，且為構成契約不可缺之部分，為法律適用簡便計，應以要約通知地視為契約行為地。	英美法系對於非對話之意思表示主採發信主義，因此應以承諾地為為契約訂立地。

| 批評 | 簡單易行；但承諾地≠行為完成地，承諾地通常僅為承諾意思表示地，仍涉及該承諾意思表示何時何地發生效力問題，採發信主義或採到達主義，其結果即不同。 | 將單一概念之契約予以割裂，等於要約或承諾之行為地，而非契約之行為地。 | 欲同時符合兩地法律規定，相當窒礙難行。學者主張此雙方行為所可藉承認雙方行為地皆為契約行為地，並從其中選擇某一可認定該法律行為成立之法律為行為地法。（新涉民法改採之） | 我國學理採之。 | 註：我國採到達主義。 |

9.2.6　我國法規定（涉民法第16條）

2010年涉民法	1953年涉民法	說明
第16條 法律行為之方式，依該行為所應適用之法律。但依行為地法所定之方式者，亦為有效；行為地不同時，依任一行為地法所定之方式者，皆為有效。 第39條 物權之法律行為，其方式依該物權所應適用之法律。 第21條第1項 法律行為發生票據上權利者，其成立及效力，依當事人意思定其應適用之法律。	第5條 法律行為之方式，依該行為所應適用之法律，但依行為地法所定之方式者，亦為有效。 物權之法律行為，其方式依物之所在地法。 行使或保全票據上權利之法律行為，其方式依行為地法。	一、條次變更。 二、現行條文第5條規定之各類法律行為，性質本不相同，其方式問題宜配合各該法律行為之成立要件及效力予以規定，較為妥適。爰將其第1項有關一般法律行為（主要為債權行為）之規定，移列為本條，並增訂行為地不同時，依任一行為地法所定之方式者，皆為有效，以貫徹立法旨意。

評釋：一般法律行為之方式（新涉民第16條）

(1) 本條文於1999/2001年修正草案：

■第1項規定「法律行為之方式，**除本法另有規定外**，依該行為之準據法，法律行為地所定之方式者，亦為有效。」修正理由為：「現行條文第1項採實質要件之準據法與行為地法選擇適用主義，較有利於涉外法律行為之有效成立，本草案亦採同一主義。惟法律行為種類繁多，本項規定僅係原則規定，如就法律行為方式之準據法，另有特別規定者，自應優先適用之，爰將第2項與第3項移列於各該法律行為之特別規定，並就第1項之文字酌予調整。」

■第2項規定「**法律行為跨連數國，或數行為人同時於數國為同一法律行為者，該數國之法律，皆為第1項之行為地法。**」修正理由為：「法律行為之行為地法，於法律行為跨連數國或數行為人同時於數國為同一法律行為者，認定即有疑義。爰規定該數國之法律，皆為第1項之行為地法，以利於法律行為之有效成立。」

■2010通過之新涉民法，很顯然地，1999/2001年草案第1項中之「除本法另有規定外」予以刪除，另第2項用語修正為「**行為地不同時，依任一行為地法所定之方式者，皆為有效。**」

(2) 本條文於研修期間主要衍生二大爭議：第一爭議是原草案第1項「除本法另有規定外」是否保留問題，蓋有學者主張本條文地位應與民法第73條為法律行為之一般性規定，不應割裂而有特例；第二爭議是本條文係指「成立要件」或「效力要件」，抑或兩者兼採之。

◆第一爭議部分：最後將第1項「除本法另有規定外」予以刪除，另為顧及涉民法尚有其他特別規定，於修法說明中「爰將其第1項有關一般法律行為（**主要為債權行為**）之規定」之用語。筆者以為，有無規定，關係不大，如無此但書，如其他條文有特別規定，仍應從特別規定。

◆第二爭議部分：研修期間並未達成共識，此即為立法說明中有「宜配合各該法律行為之成立要件及效力」等語之主要理由。

(3) 依修法說明，本條文採「行為地法及本案準據法選擇適用主義」及「雙方行為地法說」。

(4) 本項適用原則上僅限於「債權行為」，不包括身分行為之成立要件（新涉民第45條以下）、物權行為（含準物權）（新涉民第39條）、票據行為（新涉民第21.I條）→亦即本項僅適用於一般債權行為及其他未設明文規定之法律關係。

(5) 法律行為之「方式」為何（ex書面、口頭；書面方式、證人在場、送達方式、文書認證等），屬定性問題。

(6) 「該行為所應適用之法律」係指該法律行為實質要件之準據法，非效力之準據法（司法院72年第三期司法業務研究會）。

(7)「行為地法」在我國概採要約地法，但對於「隔地契約」，涉民法已確定採用雙方行為地說之理論，以為適用。

外國立法例參考：

德國1896/2009年民法施行法第11條 法律行為之方式

(1) 法律行為如其符合構成該法律行為主要法律關係之準據法或行為地法國之方式要件，即為有效。

(2) 如契約由位於不同國家之當事人所締結，如其符合構成該契約主要法律關係之準據法或該不同國家之法律方式要件，即為有效。

(3) 如契約為代理人所締結，第1及2項之適用依代理行為地國法。

(4) 物權取得或移轉之法律行為，僅於符合構成該法律行為主要法律關係之準據法之方式要件，方為有效。

瑞士1987/2011年聯邦國際私法第124條

(1) 有關契約之方式，如符合契約準據法或締結地法，該契約即屬有效。

(2) 不同國家間之當事人締結契約之方式，如符合任一國家之法律，即屬有效。

(3) 如某法規定應符合某一特別方式，為保護一方當事人，契約方式應專依契約準據法，然該法律允許適用另一法律者除外。

日本2006年法律適用通則法第10條 法律行為之方式

(1) 法律行為之方式依該行為之成立所應適用之法律（如該準據法於法律行為後依前條規定而有所變更時，則依先前所適用之法律）。

(2) 無論前條規定為何，如法律行為符合法律行為地法，該法律行為即屬有效。

(3) 於適用前項規定時，法律行為係對某一位於不同法域之人所為之意思表示，意思表示通知地視為法律行為地。

(4) 前二項規定不應適用於位於不同法域之當事人間所締結之契約。於此情況，無論第1項規定為何，如該契約符合發要約地或發承諾地之法律規定，該契約即屬正式有效。

(2) 前述三項規定不適用於設定或處分物權及其他應登記權利的法律行為。

奧地利1978/1999年國際私法第8條 方式

法律行為之方式，依規範該法律行為本身之同一法律；然依該法律行為發生地國有關方式要求者，亦為有效。

澳門1999年民法典第35條表示方式

(1) 法律行為意思表示之方式，由適用於法律行為之實質之法律規範。然意思表示之方式僅需遵守在意思表示地當時生效之法律即可，但規範法律行為之實質之法律要求法律行為須遵守特定方式，即使在外地作出仍須遵守，否則無效或不產生效力者除外。

(2) 如法律行為意思表示未依意思表示地之法律所規定之方式為之，然已遵守該法律之衝突規範所援引之法律體系所規定之方式，則該法律行為之意思表示在形式上仍屬有效，但不影響前項最後部分規定之適用。

捷克1964年國際私法及國際民事訴訟法第4條法律行為

為合理調整法律關係，一切法律行為的成立及其無效的效力，除有必要特別規定外，適用同一法律行為效力之同一法律；然其方式，除支配該契約之法律規定書面形式為該行為之要件外，依意思表示地法。

波蘭1966年國際私法第12條

法律行為的方式，依支配法律行為實質的法律，但如遵守行為地國家法律所規定之方式，亦為有效。

匈牙利1979年國際私法第30條

(1) 除雙方當事人有協定或本法令另有規定外，契約的準據法適用於債務關係的所有因素，特別是適用於契約的訂立、形式有效要件、契約的拘束力以及與保證契約（抵押契約、保證債務等）有關的契約反要求的抵銷、讓與或債務的承擔。

希臘1946年民法典第11條

法律行為的方式如果符合決定行為內容的法律，或者符合行為地法，或者符合全體當事人的本國法，就認為有效。

葡萄牙1966年民法典第36條意思表示方式

(1) 意思表示方式適用調整行為實質的法律。意思表示方式通常只要符合意思表示地的法律即可，但調整行為實質的法律規定有在外國完成的行為應符合特殊方式的除外。

(2) 意思表示的方式除符合行為地法律規定的方式外，如果符合行為地衝突規範所指向的外國法中規定的方式，也同樣有效。

阿根廷1974年國際私法第15條法律行為的形式

適用於法律行為內容的法律也適用於該行為的形式要件、履行及不符此種形式的後果。

如果此項實體法未明示要求其適用具有排他性，則該實體法確立的形式也可依法律行為地國法。在任何情況下，該實體法有必要將已完成之形式視為符合其所要求的形式要件。

委內瑞拉1998年國際私法第37條

滿足下列任一法制規定要件的法律行為在形式上有效：

(1) 行為實施地法；

(2) 支配行為內容的法律；

(3) 行為發起人住所地法或多個發起人的共同住所地法。

9.3　法律行為方式之例外

9.3.1　物權行為之方式（涉民法第39條）

9.3.1.1　物權行為方式之準據法概說

由於各國物權與該國社會、經濟、歷史發展等緊密牽連，具有較高的國家性、主權性及地域性，基此，無論是為十四世紀義大利法則區別說發展以來，抑或十八世紀薩維尼的「本座」理論，「物權依物之所在地」一直是有關物權法律關係準據法之基本原則，蓋無論從對物之直接利用之權利關係，確保物之法律關係穩定及物品財產流通之安全，物權適用物之所在地法律仍為最為妥適之方式。本書第十一章物權之各項相關法律適用問題，會有進一步探討。

物權可區分為動產、不動產及準物權等。「不動產」物之所在地之認定較無問題，然對於動產，特別是移動中之動產或無體物或權利物權等，物之所在地之認定即生問題，而應依性質分別決定物之所在地之歸屬。例如：

1. 一般動產：通常會適用該物權得喪變更原因發生時之動產所在地，某段時期尚有「動產隨人」之理論；

2. 運送中或移動中的動產：通常依最後目的地；

3. 無體財產權：著作權等智慧財產權及其他準物權通常依權利登記地或取得地法等。至於物權行為方式之準據法，多數國家一般將其涵蓋在「物權依物之所在地」之適用中，對此較少有特別規定。

9.3.1.2　我國法規定（涉民法第39條）

2010年涉民法	1953年涉民法	說明
第39條 物權之法律行為，其方式依該物權所應適用之法律。	第5條 法律行為之方式，依該行為所應適用之法律，但依行為地法所定之方式者，亦為有效。 物權之法律行為，其方式依物之所在地法。 行使或保全票據上權利之法律行為，其方式依行為地法。	一、條次變更。 二、物權之法律行為之方式，現行條文僅於第5條第2項規定應依物之所在地法，然此一規定僅能適用於以物為標的物之物權，至於前條第2項及第4項之物權，其物權行為之方式，則宜依各該物權所應適用之法律。爰將其移列增訂為單獨條文，並依此意旨予以修正，俾能適用於各種類型之物權行為。

評釋：

(1) 涉民法第38.I條：關於物權依物之所在地法。→∵物權與物之所在地國之公序、經濟政策關係密切。例如土地所有權移轉及抵押權設定等。

(2) 涉民法第38.I條（或1953年舊涉民法第10條）之「物權」當然包括使物權發生得喪變更之物權行為方式，1953年舊涉民法第5.II條「物權之法律行為，其方式依物之所在地法」即為依循此原則，而為舊涉民法第5.I條之例外規定，舊涉民法第5.II條並非根據「場所支配行為」理論而來。

(3) 「物權之法律行為」僅指物權之移轉、設定、變更或拋棄等物權行為而言，不包括發生債之關係之債權行為在內（後者仍適用新涉民法第16條或第20條之規定）。

(4) 新涉民法將原「物之所在地法」改採「物權準據法說」，依修法說明，主要是配合前條（亦即新涉民法第38條）第2項（以權利為標的之物權）及第4項（船舶及航空器之物權）而來，蓋權利為標的之物權係依權利之成立地；而船舶航空器之物權通常依船籍國或登記國，並非全然依「物之所在地」。

(5) 雖然改採「物權準據法說」，然對於「物權依物之所在地」之傳統原則並不生影響，因物權之準據法，依第38條規定，本為「物之所在地法」。

外國立法例參考：

德國1896/2009年民法施行法第11條 法律行為之方式

　　(4) 物權取得或移轉之法律行為，僅於符合構成該法律行為主要法律關係之準據法之方式要件，方為有效。

義大利1995國際私法制度改革法第55條 有關物權行為之公示
　　有關物權之取得、轉移及消滅行為之公示依該行為時財產所在地法。
瑞士1987/2011年聯邦國際私法第119條
　　(1)有關不動產及其使用契約,適用不動產所在地國法。
　　(2)允許當事人選擇法律。
　　(3)契約方式應依不動產所在地法,然不動產所在地法規定應適用其他法律者除外。動產位於
　　　　瑞士境內者,契約方式依瑞士法。
日本2006年法律適用通則法第10條 法律行為之方式
　　(5) 前述三項規定不適用於設定或處分物權及其他應登記權利的法律行為。
希臘1946年民法典第12條
　　(1) 物權的法律行為的方式適用物的所在地法。
土耳其1982年國際私法及國際訴訟程序法第23條物權
　　(4) 不動產物權的法律行為方式,適用物之所在地法律。

9.3.2　行使或保全票據上權利之法律行為方式之準據法(涉民法第21.III條)

9.3.2.1　票據法律關係概說

　　票據指發票人記載一定日、時、地點,並簽名於票據,無條件約定由自己或委託他人,以支付一定金額為目的之有價證券。具匯兌、信用及支付等功能。包括匯票、本票、支票三類。具設權、有價、金錢、文義、要式、無因、流通、提示及繳回等證券性質。

　　票據行為係指以發生或移轉票據權利義務為目的,而於票據上所為之要式法律行為。包括基本票據行為,如發票;及附屬票據行為,如背書、承兌、參加承兌、保證等。具要式性、無因性、文義性、獨立性及協同性等性質。而其中之要式性部分,除應交付及具有權利能力、行為能力、意思表示健全之法律行為實質要件外,依我國票據法第11條I項「欠缺本法所規定票據上應記載事項之一者,其票據無效。但本法別有規定者,不在此限。」及第12條「票據上記載本法所不規定之事項者,不生票據上之效力。」票據尚應具備「法定款式」及「簽名」二項重要的形式要件。

9.3.2.2　行使或保全票據上權利之法律行為方式之衝突及準據法

　　國際間大致上發展具三大票據法系:法國法系、德國法系及英美法系。法國法系著重在票據代替現金的功能上,因此並不嚴格區分票據關係與基礎關係。德國法系則著重在票據的信用及流通功能,將票據關係與基礎關係予以區分。英美法系與德國法系較為雷同,均著重票據之信用及流通。然相對於德國法系對票據格式的嚴格,英美法系較著重票據應用之便利。

　　票據行為,無論是發票之基本票據行為,抑或背書、承兌、參加承兌及保證等各種票據債務人之附屬票據行為,因各國所規定之票據種類不同、方式要件不同,欠缺某要件之法律效果及票據債務或票據權利取得之準據等亦不同。例如以歐陸為主的國家,匯票必須

在票據上記載「匯票」字樣，否則無效，然而英美法系國家卻無此規定，其結果將導致於英美國家所簽發無「匯票」字樣之匯票，於歐陸等國將被認定為無效。

「行使票據上權利之法律行為」係指票據權利人請求票據債務人履行票據債務之行為，例如請求承兌、付款提示等付款請求權，以及追索權等；而「保全票據上權利之法律行為」係指為確保票據權利，不使之消滅之行為，例如按期提示、作成拒絕證書、中斷時效，行使追索權等。由於三大票據法系之差異，致使票據有關問題規範上存在著相當多差異，於前述行使及保全票據上權利之法律行為準據法，各國衝突主要發生在權利行使期間及權利保全方式方面。各國對此問題準據法選擇之基本原則係以「方便票據權利人之權利行使」為首要考量，以保障票據權利人之權益；其次，另基於票據債權的有效實現、票據的流通性及確定較為方便等考量，較多國家以「支付地法」或「付款地法」為行使及保全票據上權利之法律行為之準據法。惟若干國家對於票據權利之取得或追索權期限等，係以締約地法或發票地法為準據法，例如英國。

「支付地」或「付款地」通常為請求承兌地、票據提示期限、追索權行使地、拒絕證書作成地/期限、請求權時效及追索權行使為同一地點。例如1930年日內瓦解決匯票本票法律衝突公約、1931年日內瓦解決支票法律衝突公約、1975年美洲國家間匯票、本票及發票法律衝突公約及1979年美洲國家間支票法律衝突公約對於票據權利之取得基本上均依拒絕證書或類似文書之製作地國法或相關行為或應予行為地法；於追索權行使期間方面，前二公約則依票據成立地（發票地）法，而後二公約仍依相關行為或應予行為地法。例如1975年美洲國家間匯票、本票及發票法律衝突公約第6條規定：「承兌、付款及拒付之程序及期限應依其行為地或應予行為地法。The procedures and time-limits for acceptance, payment and protest shall be governed by the law of the place where such acts are or should be performed.」

9.3.2.3　我國法規定（涉民法第21條第3項）

2010年涉民法	1953年涉民法	說明
第21條 法律行為發生票據上權利者，其成立及效力，依當事人意思定其應適用之法律。 當事人無明示之意思或其明示之意思依所定應適用之法律無效時，依行為地法；行為地不明者，依付款地法。 行使或保全票據上權利之法律行為，其方式依行為地法。	**第5條** 法律行為之方式，依該行為所應適用之法律，但依行為地法所定之方式者，亦為有效。 物權之法律行為，其方式依物之所在地法。 行使或保全票據上權利之法律行為，其方式依行為地法。	一、條次變更。 二、法律行為發生票據上權利者，關於票據債務人之債務內容，現行條文未設明文規定，適用上不免發生疑問。爰參考1975年泛美匯票、本票及發票法律衝突公約第3條至第5條及1979年泛美支票法律衝突公約第3條規定之精神，增訂第1項，明定法律行為發生票據上權利者，其成立及效力，依行為地法，行為地不明者，依付款地法。票據上如有關於應適用之法律之記載，該記載之效力，亦宜依本項所定之法律予以決定。同一票據上有數票據行為之記載者，頗為常見，此時各票據行為均個別獨立，其應適用之法律亦應各別判斷。即某一票據上權利依其應適用之法律不成立者，對其他依本身應適用之法律已成立之票據上權利不生影響。 三、現行條文第5條第3項，移列為本條第2項。

評釋：

(1) 本項適用上應特別注意何謂「行使或保全票據上權利之法律行為」及「行為地」之解釋上：

■「行使票據上權利之法律行為」係指票據權利人請求票據債務人履行票據債務之行為，例如請求承兌、付款提示、追索權利等；而「保全票據上權利之法律行為」係指為確保票據權利，不使之消滅之行為，例如按期提示、作成拒絕證書、中斷時效，行使追索權等。

■「行為地或（及應行為地法）」（the law of the place where such acts are or should be performed）基本上為請求承兌、請求付款、作成拒絕證書等行為之國家之法律。本法採用類似「行為地法」用語，而非類似日內瓦公約之「拒絕證書或類似文書之製作地國法」或許多國家所使用之「付款地法」或「支付地法」。

(2) 行使或保全票據上權利之法律行為（ex為票據提示、請求付款或作成拒絕證書），與行為地之法律有特別密切關係，因此應專依「行為地法」解決，而不適用涉民法第16條所採以法律行為準據法為原則（i.e.「行為地法及本案準據法選擇適用主義」及「雙方行為地法說」），而專以行為地法為例外之規定。

(3) 「行使或保全」票據上權利以外之票據行為，例如發票及背書等，原則上應適用涉民法第21.I條行為地法之規定，而非本項規定。

外國立法例參考：

韓國1962年國際私法第37條 匯票效果
　　匯票承兌人和本票發票人的債務的效果適用付款地法，由支票產生的債務的效果適用簽名地法。
　　不屬前項規定的人因簽名而負擔對匯票、本票或支票的支付義務的效果，適用簽名地法。
　　但所有簽名人因匯票、本票或支票行使追索權的期間適用票據發出地法。

韓國1962年國際私法第38條 作為發票基礎的債權的取得
　　匯票的持票人是否取得作為匯票發出基礎的債權，適用發票地法。

韓國1962年國際私法第39條 部分承兌及部分付款
　　對於匯票和本票的承兌是否可以限於票額的一部分，以及持票人是否有接受部分付款的義務，適用付款地法。

韓國1962年國際私法第40條 行使和保全權利的聲明的方式
　　關於拒絕（承兌或付款）的證書的方式，作成這些證書的期間，及其他為行使或保全由匯票、本票或支票產生的權利所必要的法律行為的方式，適用拒絕證書作成地法或法律行為地法。

韓國1962年國際私法第41條 匯票的遺失及失竊
　　匯票或本票遺失或失竊時應適用的程序，適用付款地法。

韓國1962年國際私法第42條 劃線支票
　　如支票人或持票人的票據上註有"只可匯賬"或同樣意義之字樣，因而禁止以現金支付，則該在國外發出而在韓國付款的支票與普通劃線支票的效果相同。

韓國1962年國際私法第43條 付款地法
　　有關支票的下列事項適用支票付款地法。
　　(1) 支票是否見票即付，可否在見票後某期間內付款，以及倒填發票日期的支票的效果；
　　(2) 提示期間；
　　(3) 支票可否承兌，付款可否得到保證，支票可否得到確認或簽證，以及以上各項的效果；
　　(4) 持票人可否要求部分付款，他是否有義務接受部分付款；
　　(5) 支票可否劃線，以及註明"劃線"或同樣意義的字樣的效果；
　　(6) 持票人對於償還準備金是否享有特別的權利，以及這種權利的性質；
　　(7) 支票發票人能否撤回兌付支票的委託，能否實行停止兌付支票的程式；
　　(8) 支票遺失或失竊時進行的程序；
　　(9) 為了對背書人或其他對支票負擔義務的人保持追索權，是否需要一拒絕證書或具有同樣效果的聲明。

羅馬尼亞1992年關於調整國際私法法律關係之第105號法第128條
　　對匯票、有價證券或支票債務的承擔必須符合債務認購地所在國家法律所規定的形式要求。
　　對於支票只須滿足支付地法律對形式的要求即可。
　　如依據前項所確定的法律所承擔的債務被認為無效，而它卻符合另一後繼債務認購地國家的法律，則先前債務的無效並不影響到後繼債務的有效性。

羅馬尼亞1992年關於調整國際私法法律關係之第105號法第129條
　　追索權的行使期限對任何認購者而言均應適用出票地法律。
羅馬尼亞1992年關於調整國際私法法律關係之第105號法第130條
　　拒付證明的形式與期限以及匯票、有價證券或支票事務請求權的行使與保護所必須的形式要求適用拒付或其他法律行為實施地國家的法律。
羅馬尼亞1992年關於調整國際私法法律關係之第105號法第131條
　　匯票承兌人和有價證券簽發人所承擔責任的效力受票據支付地法律支配。
　　匯票或有價證券的其他債務承擔人，其簽名的效力適用簽名地所在國家法律。
羅馬尼亞1992年關於調整國際私法法律關係之第105號法第132條
　　匯票持有人是否獲得出票時票面所載的應付款項，取決於票據發行地法。
　　羅馬尼亞1992年關於調整國際私法法律關係之第105號法第133條
　　是否可以部分付款或者票據持有人是否有義務接受部分付款由支付地國法律決定。
羅馬尼亞1992年關於調整國際私法法律關係之第105號法第134條
　　匯票票據遺失或被盜後應採取的措施由匯票或有價證券支付地國家法律。
羅馬尼亞1992年關於調整國際私法法律關係之第105號法第135條
　　支票應由何人付款由支票付款地國法律決定。
羅馬尼亞1992年關於調整國際私法法律關係之第105號法第136條
　　如依據第135條所確定的法律支票因付款人無權付款而被認定無效，則根據票據上的簽名而承擔的義務仍為有效，要該簽名是在另一國家所為而該國並不存在此種限制。
羅馬尼亞1992年關於調整國際私法法律關係之第105號法 第137條
　　由支票而產生的責任，其效力應適用該責任承擔地國家的法律。
羅馬尼亞1992年關於調整國際私法法律關係之第105號法 第138條
　　支票支付地國法律特別適用於以下事項：
　　(1) 票據是否見票即付或在見票後一定期間內支付，以及補填日期的效力；
　　(2) 提示付款期限；
　　(3) 支票能否被接受、證明、確認或背書以及票據登記的效力；
　　(4) 持票人是否可以要求部分支付或必須接受此種支付；
　　(5) 支票是否可以劃線或附上「可匯劃結算」條款或其他類似批註，以及劃線、所附條款或其他批註的效力；
　　(6) 持票人對保證金是否有特殊請求，以及該保證金的法律性質；
　　(7) 開票人能否撤回支票及對支票的兌付提出異議；
　　(8) 支票遺失或被盜後能採取的補救措施；
　　(9) 為保護追索請求權是否需要針對付款人、出票人或其他責任人提出拒付證明或其他同等作用的聲明。
英格蘭衝突法（1980年戴西及莫里斯衝突法論）規則164
　　如於某國開出之匯票在另一國議付、承兌或支付，則該當事人的權利、義務及責任應如下確定：
　　(1) 匯票的效力，就形式要求而言，由簽發國法律決定，而附帶契約，如承兌、背書或參加承兌的效力，就形式要求而言，由此類契約訂立國法決定。然前提是：
　　　　(a) 如匯票在聯合王國之外簽發，其不僅僅因為未依據簽發國的法律蓋章而無效；
　　　　(b) 如於聯合王國以外簽發的匯票就形式而言，符合聯合王國的法律，為強制其支付的目的，其被視為在流通、持有或在聯合王國成為當事人的所有人之間有效。

美國1971年第二次衝突法重述第215條 背書人和出票人的義務

(1) 除第2項及第216條和第217條規定外，匯票或本票背書人及匯票出票人之義務，依其交付票據地州的本地法。該州推定爲票據註明日期時的所在州，且於票據上無相反聲明時，此一推定對正當持票人是具決定性的。

(2) 當票據註明某州爲付款地時，該州的本地法決定提示可在哪州或哪些州進行。

美國1971年第二次衝突法重述 第216條 流通票據權益之轉讓

(1) 流通票據中權益之轉讓在該轉讓當事方以外之人之間之有效性及效力，依轉讓時該票據所在州之本地法。

(2) 某人是否爲票據的正當持票人，依轉讓給該人時，該票據所在地州的本地法。

美國1971年第二次衝突法重述 第217條 提示、付款、拒絕和拒絕通知的細節

提示、付款、拒絕及拒絕通知的細節，依這些行爲發生地州的本地法。

義大利1995國際私法制度改革法第59條 信用票據

(1) 無論任何情況，有關匯票、本票、支票依1930年6月7日日內瓦關於解決匯票、本票法律衝突公約及1931年3月19日關於解決支票衝突公約。前一公約規範於1932年8月25日第1130號王室法令中，後又轉換爲1932年12月22日第1946號法令；後一公約規範於1933年8月24日第1077號王室法令中，後又轉換爲1934年1月4日第61號法令。

(2) 公約規定亦適用於發生於締約國領土外之義務，亦適用於公約指定非締約國法律之情形。

(3) 其他信用票據依其發行地法。然任何非主要義務依各項義務發生地法。

阿根廷1974年國際私法第43條

匯票的形式、背書、承兌、擔保、拒付和行使或保有匯票權利之必要行爲，適用行爲地國法。如匯票產生的債務依前項所指法律屬無效，但確實符合後繼債務締約地國法，則匯票形式不符合規則並不影響該債務的有效性。

阿根廷1974年國際私法第44條

前條規定適當時亦適用於本票、銀行票據及其他向指定人付款的票據。

該項規定也適用於支票。然以下事項適用支票付款地國法：(1)提示的時間；(2)支票可否承兌、劃線、保付或保兌，以及此種行爲的效力；(3)持票人對資金條款的權利及此種權利的性質；(4)出票人撤回支票或停止付款的權利；(5)爲保有向背書人、出票人和其他債務人抗辯的權利，而作成拒絕證書或類似行爲之必要；(6)其他有關支票格式特徵的情況。

阿根廷1974年國際私法第45條

流通票據和其他向持票人付款的票據，其形式和法律效力適用票據作成地國法。

債券及向持票付款的票據，其轉讓，適用轉讓地國法。

1953年舊涉民法立法背景參考：

1908年 法律適用條例	1953年 涉民法	立法說明
第26條 法律行為之方式，除有特別規定外，依行為地法。但適用規定行為效力之法律所定之方式，亦為有效。 <u>以行使或保全票據上權利為目的之行為，其方式不適用前項但書規定</u>	第5條（法律行為方式之準據法） 法律行為之方式，依該行為所應適用之法律。但依行為地法所定之方式者，亦為有效。 物權之法律行為，其方式依物之所在地法。 <u>行使或保全票據上權利之法律行為，其方式依行為地法。</u>	一、第1項：本項所謂「該行為所應適用之法律」，指法律行為實質所應適用之法律而言，亦即法律行為之方式，應依法律行為之實質所應適用之準據法，斯為原則。原條例第26條第1項規定，法律行為之方式依行為地法，而適用規定行為效力之法律所定之方式者亦為有效。其立法精神，與本項頗有出入，且在理論上亦未盡妥適。蓋因法律行為之方式與實質，表裡相依，關係密切。在通常情形下，法律行為之方式，依照其實質所應適用之法律，匪特較便於行為人，且按諸法理，本應如是。至於行為之方式依行為地法，按「場所支配行為」之原則，雖未始不可認為有效，要屬例外情形，祇可列為補充規定，故本項特予改訂如正文。又本項乃規定一般法律行為方式所應適用之準據法，至於某法律行為方式有適用特別準據法之必要者，本項以下各條項另有規定，應當使先適用，不復援用本項之規定，原條例所列「除有特別規定外」一語，似無必要，擬刪。 二、第2項：本項所定「處分物權之法律行為」，係別於債權行為而言，凡物權之移轉，及設定負擔等均屬之，依照屬物法則，物之法律關係，應依其所在地法，關於處分物權行為之方式，自亦不能例外，應專依物之所在地法，以保護所在地之公安或國策。 三、第三項：行使或保全票據上權利之法律行為，與行為地之法律有特別關係，其方式應專依行為地法，是亦為對於本條第一項之特別規定。

9.4　代理（涉民法第17條至第19條）

涉民法第17條

代理權係以法律行為授與者，其代理權之成立及在本人與代理人間之效力，依本人及代理人所明示合意應適用之法律；無明示之合意者，依與代理行為關係最切地之法律。

9.4.1　概說

民法總則 第四章 法律行為 第五節 代理

第103條（代理行為之要件及效力）→代理權限＋本人名義→對本人生效

第104條（代理人之能力）→不受代理人為限制行為能力人影響

第105條（代理意思表示之瑕疵）→以代理人決之

第106條（自己代理及雙方代理之禁止與例外）→原則不可，專屬債者例外

第107條（代理權之限制及撤回之效力）→不得對抗善意第三人

第108條（代理權之消滅與撤回）→依原法律關係定之

第109條（代理權消滅之效果）→繳還授權書

第110條（無權代理人之責任）→善意相對人負損賠之責

代理為代理人於代理權限內，以本人（被代理人）名義，向第三人為意思表示或接受意思表示，其效力直接及於本人之行為。

代理主要區分為依據法律規定所產生之法定代理及指定代理，以及依據當事人意思而產生之意定代理等，依新涉民法第17條「代理權係以法律行為授與者」主要係指「意定代理」而言。

9.4.2　涉外代理之發生

涉外代理係指代理關係中具有涉外因素之代理，例如本人、代理人或第三人為不同國籍或住所；授權行為地及代理行為地分屬不同國家等。

9.4.3　衝突

各國於代理關係之發生、代理關係之範圍、代理之內容等均有相當大差異。例如傳統英美法將代理權之發生，除法定代理外，尚包括明示指示、默示授權、緊急必要代理、追認之代理等，屬傳統契約法範疇，內容涵蓋大陸法系部分無因管理之概念（例如緊急必要代理）；於美國法律整編第二版之代理法，代理尚涵蓋雇主與受僱人間之僱用關係及獨立契約履行輔助人與本人間之代理關係等。

其次，各國在隱名代理、複代理、表見代理、無權代理等是否規定及其法律效果亦存有相當差異。

9.4.4　1978年代理準據法公約

1978年3月14日第13屆海牙國際私法會議通過的「代理法律適用公約」（Convention on the Law Applicable to Agency），已於1992年5月1日生效。

該公約總計五章28條文。主要內容包括：

公約適用範圍：（第1條）
1. 由一方（代理人）代表他人（本人）與第三人進行具有國際性質之交易活動所生關係之準據法。不管代理人是否是以自己的名義或以本人名義進行代理活動，均屬該公約適用範圍。
2. 亦得適用於代理人以他人名義接受或傳達意思表示，或與第三人進行協商等情況。
3. 無論是顯名代理或隱名代理，亦無論是經常代理或臨時代理，公約均得予適用。

公約不適用範圍：（第2條）
1. 當事人行為能力；
2. 法律行為方式之要求；
3. 家族法、夫妻財產制或繼承法上之法定代理；
4. 依據司法機關或準司法機關所決定之代理，或於該類機關直接監督下之代理；
5. 具司法特徵之程序有關之代理；
6. 船長執行其職務上之代理。

本人與代理人間內部關係之準據法：
1. 適用範圍（第8條）：代理成立及效力、義務、履行條件、違約、消滅等
2. 原則（第5條）：意思自治原則（明示協議或可合理推定之議）
3. 無意思自治時（第6條）：
   (1) 本人於行為地設有營業所或具慣居所↓
   (2) 代理人之營業所→慣居地
4. 特別考量（第9條）：履行地法

本人、代理人與第三人間外部關係之準據法：
1. 適用範圍：代理權有無、範圍、效力、越權代理或無權代理等
2. 原則：
   (1) 本人與第三人已有書面協議（第14條），如無↓
   (2) 代理人行為時之營業所所在地法（第11條）
3. 例外：符合下列條件之行為地法：

　　(1) 本人於行為地設有營業所或具慣居所及以本人名義為行為↓
　　(2) 第三人於行為地設有營業所或具慣居所
　　(3) 代理人係於交易所或拍賣所為作為
　　(4) 代理人無營業所
　4. 跨國代理行為：代理人營業所在地國或慣居地國

一般條款及其他問題：
　1. 國內法強制性規定優先適用原則（第16條）
　2. 公共秩序保留（第17條）
　3. 公約容許保留：如銀行、保險等（第18條）。

9.4.5　本人與代理人間關係（內部關係）之準據法（涉民法第17條）

　　我國債編雖有「代理權授與」乙節，然國際間對於本人與代理人間關係之建立大都係依契約關係，因此本人與代理人間關係之準據法，通常即為**以當事人意思自主為主之契約關係準據法**。亦即當事人得合意選定支配本人與代理人間代理權利義務關係之準據法。如代理契約當事人未選擇契約準據法時，代理內部關係準據法應如何選擇，有下列各種學說及各國實踐：

	代理關係成立地法（或代理契約締結地）	代理行為地法	代理人營業地法（或住所地法）	本人營業地法	關係最切地
主採	英國	奧	捷、匈、波、德國學說見解等	公約部分採用	美國

9.4.5.1　我國法規定（涉民法第17條）

2010年涉民法	1953年涉民法	說明
第17條 代理權係以法律行為授與者，其代理權之成立及在本人與代理人間之效力，依本人及代理人所明示合意應適	無	一、本條新增。 二、代理權之授與，與其原因法律關係（如委任契約）本各自獨立，並各有其準據法。本條係針對代理權授與之行為，明定其應適用之法律，至其原因法律關係應適用之法律，則宜另依該法律關係（如委任契約）之衝突規則決定之。代理權係以法律行為授與者，本人及代理人常可直接就其相關問題達成協

用之法律；無明示之合意者，依與代理行為關係最切地之法律。		議。爰參考1978年海牙代理之準據法公約第5條、第6條規定之精神，明定代理權之成立及在本人與代理人間之效力，應依本人及代理人明示之合意定其應適用之法律，以貫徹當事人意思自主原則。至於當事人無明示之合意者，則由法院就具體個案中之各種主觀、客觀因素及實際情形，比較代理行為及相關各地之間之關係，而以其中與代理行為關係最切地之法律，為應適用之法律。例如A國人甲（本人）授權在B國營業之B國人乙（代理人）處分甲在B國之財產，甲、乙未明示合意定其應適用之法律，則就甲、乙之間關於其授權之內容及範圍之爭議，B國法律乃關係最切地之法律。

評釋：

(1) 於第17條至第19條之適用範圍方面：如依新涉民法之章節結構「第三章法律行為之方式及代理」，屬民法總則第四章第五節所規定之代理，適用範圍較大；然依修法說明，本條文係針對「代理權授與之行為」，明定其應適用之法律！亦即僅應適用於債編第一節「債之發生」第二款「代理權之授與」。於後者，適用範圍明顯較窄，僅限於債之發生有關之代理，而不應及於例如親屬繼承之代理、訴訟代理或準訴訟代理等。此從1978年代理準據法公約之適用規定，亦可為同樣解釋。

A. 船長執行職務之代理：1978年代理準據法公約有公約不適用於「船長執行職務之代理」之特殊規定，此部分是否有本條文之適用，將不無爭議。本書認為本條文適用要件為「代理權係以法律行為授與者」，而「船長執行職務之代理」在性質上屬法定代理，解釋上亦非本條文適用。

B. 銀行及保險等特殊代理：1978年公約第18條容許締約國得針對銀行交易及保險業務代理等為保留，我國條文並未對此有特別規定，解釋上銀行保險等相關業務之代理仍有本條文等之適用。

C. 至於其他特殊代理方面，學理或立法實踐上，其準據法有下列擇定標準：

a. 船長代理權：依各國實踐，基本上依船旗國法；

b. 土地代理行為：例如土地轉讓或設定負擔等，依1971年美國法律整編第二版，依土地所在地法；

c. 複代理：是否可為複代理，各國規定不一，如可，有關複代理之準據法，基本上依本人與代理人間之內部關係準據法為定；

d. 表見代理：由於著重於代理行為，因此一般以「代理行為地」法為準據法；

e. 隱名代理：隱名代理，各國規定不一，其準據法有依「主契約說（代理人與第三人締結之契約）」；有採「統一說」，亦即不分隱名代理或顯名代理，均適用同一準據法。

(2) **於第17條本身之適用範圍方面**：本條文僅規定適用於「代理權之成立及在本人與代理人間之效力」，解釋上代理內部關係所涉及之代理義務、履行條件、違約、消滅等亦應準用本條規定。

(3) **於準據法方面（明示約定→關係最切）**：本條文立法說明雖言明參考1978年公約，然實際上僅參考「意思自治」部分，無意思自治時，則不採公約折衷主義，改採關係最切主義之彈性選法原則。

   A. 明示約定：1978年公約所規定之意思自治包括「明示意思及可合理推定之推定意思」。師認為，無論從我國法在意思表示之分類概念，以及本條文改採關係最切可有效將推定納入考量，因此解釋上本條文之明示約定應為狹隘解釋，亦即僅限於「明示意思」，而不包括「推定意思」。

   B. 關係最切：本條文修法理由針對何謂關係最切有下列說明：「則由法院就具體個案中之各種主觀、客觀因素及實際情形，比較代理行為及相關各地之間之關係，而以其中與代理行為關係最切地之法律，為應適用之法律。」較為強調「代理行為」之主體性，此部分與公約第9條強調應考量「履行地法」雖然符合，但與公約所採兼顧本人或代理人於行為地設有營業所或慣居所之折衷主義並不完成相同。本書認為，日後我國法院在解釋「關係最切」之司法實踐上，除「代理行為地」或「履行地」外，仍無妨參考1978年公約所表徵之各項選法規則，包括本人或代理人於行為地設有營業所或慣居所，以及前述之推定協議地。

9.4.6　本人與第三人關係（外部關係）之準據法（涉民法第18條）

　　本人與第三人關係主要核心問題在代理人與第三人間所為之法律行為是否有效拘束本人，其通常涉及代理人是否具有代理權、代理人權限之限制、代理權是否業經撤銷、或有無越權或無權代理等代理人有權拘束本人（代理契約）及代理人與第三人間所為之法律行為（主契約）是否有效等問題。

　　有關本人與第三人關係之準據法，有下列學說及立法主義：

	主契約準據法說	本人住所地法或代理內部關係準據法	代理行爲地法	兼採代理人營業地或慣居地或行爲地法	關係最切法
內涵	◆著眼於保護第三人利益。 ◆依代理人與第三人所締結之契約之準據法，有合意地，即依合意地；無合意地，則依契約締約地或履行地。此均爲第三人可事先預料。	◆著眼於保護本人之利益。 ◆代理作用在擴張或補充本人之屬人法，代理關係自應適用本人之屬人法。 ◆此爲早期見解。	◆亦著眼於保護第三人利益。 ◆依代理人與第三人締結契約之締結地法。	◆前述各說均有所偏，本說著眼於各當事人間之利益平衡。	◆斟酌所有主觀及客觀之因素
主採	1940年國際民法公約	盧森堡	奧、美、德、荷、比	1978年代理法律適用公約	

9.4.6.1　我國法規定（涉民法第18條）

2010年涉民法	1953年涉民法	說明
第18條 代理人以本人之名義與相對人爲法律行爲時，在本人與相對人間，關於代理權之有無、限制及行使代理權所生之法律效果，依本人與相對人所明示合意應適用之法律；無明示之合意者，依與代理行爲關係最切地之法律。	無	一、本條新增。 二、本人因代理人代爲法律行爲，而與相對人發生之法律關係，與代理權之授與及代理人代爲之法律行爲，關係均甚密切。爰參考1978年海牙代理之準據法公約第11條至第14條規定之精神，規定在本人與相對人間之法律關係，原則上應依本人與相對人所明示合意應適用之法律，如其對此無明示之合意，則依與代理行爲關係最切地之法律。法院於認定某地是否爲關係最切地時，應斟酌所有主觀及客觀之因素，除當事人之意願及對各地之認識情形外，尚應包括該地是否爲代理人**或其僱用人**於代理行爲成立時之營業地、標的物之所在地、代理行爲地或代理人之住所地等因素。例如A國人甲（本人）授權在B國營業之B國人乙（代理人）處分甲在C國之財產，並由C國人丙（相對人）買受，如甲、丙未明示合意定其應適用之法律，則就甲、丙之間關於乙所受授權之內容及範圍之爭議，C國法律關於保護丙之信賴具有重要之利益，可認爲關係最切地之法律。

評釋：
(1) **適用範圍**：本條規定「本人與相對人」間之法律關係，包括代理權之有無、限制及行使代理權所生之法律效果。
(2) **擇法標準**：本條準據法係採「明示合意→關係最切」，與1978年公約所規定之「書面合意→行為地→營業所在地」之選法原則並不完全一致。
(3) **明示合意部分**：公約第14條採非常嚴格的「書面指定」（written specification）規範，我國僅言「明示合意」，範圍顯廣於公約之「書面指定」。
(4) **關係最切部分**：修法說明針對關係最切有下列敘述：「應斟酌所有主觀及客觀之因素，除當事人之意願及對各地之認識情形外，尚應包括該地是否為代理人或其僱用人於代理行為成立時之營業地、標的物之所在地、代理行為地或代理人之住所地等因素。」此敘述似已包括公約所採用之行為時之營業所所在地、行為地法等選法標準。本書認為，本條文雖針對無明示合意採用「關係最切」之擇法原則，然法院在實踐上，仍儘量以遵守公約所表徵以「相關行為地法」為優先考量，次為「代理人行為時之營業所所在地」等先後順序，作為關係最切之衡量標準。
(5) **跨國代理部分**：我國法並未類似公約第13條針對跨國為代理行為為相關規範，解釋上仍應適用本條「明示合意→關係最切」之擇法原則，惟為關係最切之認定時，應特別將公約「代理人營業所在地國或慣居地國」作為擇法之優先考量。

9.4.7 代理人與第三人關係（無權代理或越權代理）之準據法（涉民法第19條）

代理人於代理權限內以本人名義所為之代理行為，其法律效果直接本人。代理行為之法律效果直接由本人所承受，代理人基本上無須負責。然如代理行為造成對第三人權利之侵害、或無權代理、或越權代理等時，其法律關係之準據法應如何適用？即生問題。大體而言，其處理有下列學說或立法例：

1. 侵權行為：依侵權行為地法決定代理人之侵權行為責任。
2. 無權代理或越權代理：
   (1) 無權代理人之代理行為地；
   (2) 主契約準據法；
   (3) 本人與第三人關係之準據法；
   (4) 代理人之屬人法或主營業地法等。

9.4.7.1 我國法規定（涉民法第19條）

2010年 涉民法	1953年 涉民法	說明
第19條 代理人以本人之名義與相對人爲法律行爲時，在相對人與代理人間，關於代理人依其代理權限、逾越代理權限或無代理權而爲法律行爲所生之法律效果，依前條所定應適用之法律。	無	一、本條新增。 二、代理人欠缺代理權或逾越代理權限，仍以本人之名義爲法律行爲者，其相對人與代理人因此所生之法律關係，例如就其所受損害請求賠償之問題等，亦有決定其準據法之必要。爰參考1978年海牙代理之準據法公約第15條規定之精神，規定應與前條所定之法律關係適用相同之準據法。例如A國人甲（本人）未授權B國人乙（無權代理人）處分甲在C國之財產，乙竟以甲之代理人名義予以出售，並由C國人丙（相對人）買受之，如該代理行爲因甲未予以承認而未生效，丙擬向乙請求損害賠償，則應依本人與相對人所明示合意應適用之法律，無明示之合意者，則依與代理行爲關係最切地之法律，以保護丙之信賴利益。

評釋：
(1) **適用範圍**：本條規定「代理人與相對人」間之法律關係，包括代理權限、越權代理、無權代理所生之法律效果。
(2) **擇法標準**：與前條規定同（本人與相對人），亦即「明示合意→關係最切」；同樣地，此1978年公約所規定之「書面合意→行爲地→營業所在地」之選法原則並不完全一致。有關「明示合意」及「關係最切」之解釋，詳見前點說明。

9.4.8　有關代理之各國立法例參考

中華人民共和國2010年涉外民事關係法律適用法第16條
　　代理適用代理行爲地法律，但被代理人與代理人的民事關係，適用代理關係發生地法律。
　　當事人可以協定選擇委託代理適用的法律。

德國1896/2009年民法施行法第11條法律行爲之方式
　　(1) 法律行爲如其符合構成該法律行爲主要法律關係之準據法或行爲地法國之方式要件，即爲有效。
　　(2) 如契約由位於不同國家之當事人所締結，如其符合構成該契約主要法律關係之準

據法或該不同國家之法律方式要件，即為有效。

(3) 如契約為代理人所締結，第1及2項之適用依代理行為地國法。

(4) 物權取得或移轉之法律行為，僅於符合構成該法律行為主要法律關係之準據法之方式要件，方為有效。

義大利1995國際私法制度改革法第60條 意定代理

(1) 意定代理依代理人營業地所在國法，然以代理人行為符合其職業要求且該代理之成立為第三人所知或應知者為限。如不符合前述條件，則適用代理人於特定案件中主要行使代理權之國家之法律。

(2) 於代理方式，如授予代理權之行為依規範該行為實質有效之法律或使該行為產生效力之國家之法律行為為有效，則該行為即屬有效。

瑞士1987/2011年聯邦國際私法第126條

(1) 如代理係基於契約而產生，本人與代理人間之關係依契約準據法。

(2) 代理人所從事與被代理人、締約第三人有關連之行為條件，依代理人營業處所所在地法；如代理人無營業處所或為締約第三人所不承認，依代理人主要行為地法。

(3) 如代理人與本人間有一僱傭契約且代理人無自己的營業處所，本人之註冊處所即應視為代理人之營業處所。

(4) 第2項所指定之法律亦適於無權代理人與第三人間關係。

奧地利1978/1999年國際私法第49條 雙方同意的代理

(1) 雙方同意代理之要件及效力，就委託人及代理人與第三者之關係而言，依該委託人以第三者明顯可見方式所指定之法律。

(2) 如準據法未予以指定，則依代理人依委託人為第三者明顯可見意思而在其中行事之國家之法律；如代理人受委託為數種行為，則依代理人於通常情況下依委託人為第三者明顯可見意思而在其中行事之國家之法律。

(3) 如果依第2款規定仍不能作出法律選擇，依代理人在其中為代理行為的國家的法律。

澳門1999年民法典第36條法定代理

法定代理受規範產生代理權之法律關係之法律約束。

澳門1999年民法典第37條組織之代表

法人機關代表法人，受法人之屬人法規範。

澳門1999年民法典第38條意定代理

(1) 意定代理之代理權，其設立、範圍、變更、效果及終止，受代理權行使地之法律規範。

(2) 然如代理人在某一非為被代理人所指定之國家或地區行使代理權，而與代理人訂立契約之第三人知悉此事者，則適用被代理人常居地法。

(3) 如代理人以行使代理權作為其職業，而訂立契約之第三人知悉此事者，則適用職業住所地法。

(4) 代理涉及不動產之處分或管理時，適用不動產所在地之法律。

葡萄牙1966年民法典第37條法定代理

法定代理適用調整代理關係的法律。

葡萄牙1966年民法典第38條機構代理

法人以其職能機構為代理行為的，適用該法人的屬人法。

葡萄牙1966年民法典第39條合意代理

(1) 合理代理的產生、變更、代理權的終止和效力，適用代理權行使地國家的法律。

(2) 如果代理人在被代理人指定的國家之外行使代理權，並與第三者進行交往的，適用被代理人慣常居所地國家的法律。

(3) 如果由專業性代理機構行使代理權，且第三者知道這一情況的，適用專業性代理機構所在地國家的法律。

(4) 如果代理行為所涉及的是不動產的占有和管理，則準據法為不動產所在地國家的法律。

列支敦士登1996年國際私法第53條私人代理

(1) 私人代理的條件和效力在本人及代理人與第三人的關係上適用本人以第三人能夠了解的方式所確定的法律。

(2) 如果所適用的法律無法確定，則適用代理人依據本人為第三人所瞭解的意願從事業務的國家的法律；如果代理人被委託從事多項業務，則適用他依照本人的為第三人所瞭解的意願所通常從事業務的國家的法律。

(3) 如第3條所規定的連結點仍不能成立，則適用代理人從事業務的國家的法律。

本章歷年國考考題（測驗題）：適用民國100年涉民法

1. A國人甲授權我國國民乙代其向丙公司為大額採購。授權書中提到以B國法為準據法。現在乙超額採購，甲不願付錢給丙，請問下列陳述何者為正確？（100律師 答案：D）
   (A) 就甲與乙間代理權之效力，應依行為地法而定，本案中即發要約通知地之A國法
   (B) 丙就乙是否有權代理一事與甲發生爭執時，應先視甲、丙間有無明示或默示選擇之準據法，若無，則依與此代理行為關係最切之法
   (C) 丙對乙若主張越權代理之賠償責任時，應依我國法
   (D) 當甲與乙關於B國法之選擇被視為無效時，即以與代理行為關係最切之法為準據法
2. A國人甲在B國，對在C國營業的A國人乙發買賣契約之要約，乙則在D國對在E國的甲發該買賣契約之承諾，均未提及準據法，就買賣契約之方式在臺灣臺北地方法院涉訟，就準據法敘述何者錯誤？（100律師 答案：D）
   (A) 買賣契約方式，得依該買賣契約成立要件及效力應適用之法律
   (B) 買賣契約方式，得依發要約地（B國）法律所定之方式
   (C) 買賣契約方式，得依發承諾地（D國）法律所定之方式
   (D) 買賣契約方式，得依我國法律所定之方式
3. 涉外民事法律適用法第17條關於意定代理準據法之規定，下列敘述何者錯誤？（101司法官 答案：B）
   (A) 代理權之授與，與其原因法律關係（如委任契約）各自獨立，各有其準據法
   (B) 本人與代理人間法律關係，不採當事人意思自主原則
   (C) 法院於認定某地是否為關係最切地時，應斟酌所有主觀及客觀之因素，除當事人之意願及對各地之認識情形外，尚應包括該地是否為代理人或其僱用人於代理行為成立時之營業地、標的物之所在地、代理行為地或代理人之住所地等因素
   (D) A國人甲（本人）授權在B國營業之B國人乙（代理人）處分甲在B國之財產，甲、乙未明示合意定其應適用之法律，則就甲、乙之間關於其授權之內容及範圍之爭議，B國法律乃關係最切地之法律
4. A國人甲（本人）授與在B國營業之B國人乙（代理人）處分甲在B國之財產，就甲、乙間關於授權之內容與範圍之爭議在我國涉訟，下列敘述何者錯誤？（101 律師 答案：B）
   (A) 應依甲、乙間明示合意定其應適用之法律
   (B) 應依甲、乙間明示或默示合意定其應適用之法律
   (C) 甲、乙未合意定其應適用之法律，應依關係最切地之法律
   (D) B國為乙之國籍、營業地及財產所在地，B國法律屬關係最切地之法律

本章歷年國考考題（實例申論）

1. 「行為地」在我國國際私法規定上，可指那幾種地方？試分別加以析述。（81司）
2. 掛中華民國國旗之貨船停泊於日本神戶港口，因船上甲板破舊，擬重新裝修，乃將其賣與港口之某木材商，該法律行為所應適用之方式，應依何國法，試說明之。若該貨船本身賣予港口地之輪船航運公司，該法律行為所應適用之方式，應適用何國法，試說明之。（72司）
3. 法律行為方式原則有幾種？依我國國際私法之規定採用何種？（62司）
4. 法律行為方式之準據法有何重要原則？我國國際私法之有關規定如何？（55司/律）
5. 甲為我國國民，擔任依A國法設立登記但總部設於B國的乙公司的「副執行長」（Vice CEO），在A國及我國經營貿易事業。A國人丙在B國有住所，因向乙公司購買貨物，價金之半數以現金支付，其餘承諾按期付款，並由丙在B國簽發一張英文字據給甲，其上有「PROMISSORY NOTE」的字樣，並載有相當於「此票受B國法律支配及依B國法律解釋」的英文條款。甲代表乙公司在我國法院對丙請求付款，雙方先就甲得否為乙公司的法定代理人或代表人發生爭議，再就丙對該英文字據是否應依我國票據法負擔本票之責任發生爭議。假設A國、B國和我國法律關於公司之代表人及本票之要件效力等問題，規定均不一致，請問我國法院對於上述爭議，應如何適用法律？（96司）

第十章　涉外之債，聯繫因素：當事人意思，債之發生 —— 法律行為、非法律行為，債之移轉、時效、消滅

10.6 無因管理（涉民法第23條）

10.6.1 概說

10.6.2 衝突之發生

10.6.3 無因管理準據法決定之立法主義

10.6.4 我國法規定（涉民法第23條）

10.7 不當得利（涉民法第24條）

10.7.1 概說

10.7.2 衝突之發生

10.7.3 不當得利準據法決定之立法主義

10.7.4 我國法規定（涉民法第24條）

10.8 一般侵權行為（涉民法第25條）

10.8.1 一般侵權行為概說

10.8.2 衝突之發生

10.8.3 侵權行為準據法決定之立法主義

10.8.4 我國法規定（涉民法第25條）

10.9 特殊侵權行為概說

10.10 特殊侵權行為──商品製造人責任（涉民法第26條）

10.10.1 發生

10.10.2 國際統一立法

10.10.3 侵權行為準據法決定之立法主義：「複式選法規則」、「預見原則」及「關係最切」

10.10.4 我國法規定（涉民法第26條）

10.11 特殊侵權行為──不正競爭（涉民法第27條）

10.11.1 概說

10.11.2 衝突之發生

10.11.3 不正競爭準據法決定之立法主義

10.11.4 我國法規定（涉民法第27條）

10.12 特殊侵權行為──媒體侵權（涉民法第28條）

10.12.1 概說

10.12.2 衝突的發生

10.12.3 立法主義

10.12.4 我國法規定（涉民法第28條）

10.13 特種侵權行為──對保險人直接訴權（涉民法第29條）

10.13.1 對保險人直接訴權概說

10.13.2 衝突的發生

10.1　涉外之債——概說

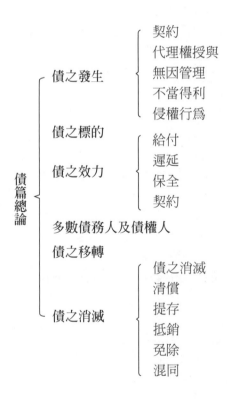

10.1.1 　「債」

　　「債」爲特定人間請求特定行爲（作爲或不作爲）之法律關係，主要包括債權及債務
二層面。債法以債之關係爲其規範對象，而債之法律關係之構成包括法律關係之主體、客
體及法律關係之變動（發生、變更及消滅）等。

10.1.2 　涉外之債

　　「國際私法之債」或「涉外之債」主要規範從事國際民商事交往之法律主體間之債之
法律關係。包括
　　◆債之「主體」有一方或雙方爲外國人或於外國有住所；
　　◆債之「客體」位於外國；
　　◆債之「法律關係變動」亦即債之法律關係之發生、變更或消滅之法律事實發生於外
　　　國。

10.1.3 　涉外之債之分類

　　「涉外之債」因類型複雜，各國劃分標準亦不相同。大體有下列二種分類模式：
1. 以「債之發生」爲分類基礎，並區分爲「合意之債」及「非合意之債」二類：合意
　　之債主要係指契約之債；非合意之債主要係指侵權行爲之債、不當得利之債、無因
　　管理之債等法定之債。依前述各種不同債之發生類型爲準據法之個別規範。非合意
　　之債通常涉及一國公益、與特定國家之聯繫較爲明顯且緊密、法律關係較契約之債
　　簡單，國際間相關統一規範較少，目前較爲重要者爲歐盟於2007年所頒布之「關於
　　非契約之債之準據法」（簡稱「羅馬II」）。相反地，契約合意之債所涉及之法律
　　關係較爲複雜，國際間爲解決此一複雜情況，訂有不少國際實體法律選擇規範，例
　　如1980年契約之債準據法公約（簡稱羅馬公約）及歐盟於2008年頒布之「關於契約
　　之債準據法」（簡稱「羅馬I」），以及與產品責任、國際貿易相關之各類公約。
2. 以「涉外貿易相關與否」爲分類：國際貿易相關商業活動（包括貨物買賣、運輸、
　　保險、國際付款、技術合作等）是相當常見之涉外之債類型，許多國家針對這些商
　　業活動類型訂有特別規範，例如歐盟2008年契約之債準據法（羅馬I）除第3條針對
　　擇法自由爲一般性規範外，另於第5條針對運送契約、第6條消費者契約、第7條保
　　險契約及第8條個人僱傭契約爲特別規定。至於與國際貿易相關商業活動無關之債
　　之發生，則適用涉外之債之一般準據法適用規範。

10.2　聯繫因素——當事人意思（Autonomy of the parties）（Autonomy of will）

主要聯繫因素：主體（國籍、住所）、客體（物）、行為（行為地）、當事人意思（合意）

10.2.1　國際私法上之概念

10.2.1.1　意義

指涉外案件應適用之法律，依當事人的意思加以決定（lex voluntatis）。亦即當事人得以合意選擇某國法（包括其強行或任意規定），代替原應適用之準據法（亦包括其強行或任意規定），亦稱為「國際私法上之引用」。[1]

10.2.1.2　發展

「意思自主」、「意思自治」或「當事人意思」原則最早為十六世紀法國學者Charles Dumoulin（1500至1566）在延續義大利法則區別說原則基礎下，引申自「契約自由」概念而首創。蓋契約既為合意之債，當事人亦應能自由選擇該契約所應適用之法律。

「當事人意思」原則與當時工業革命、資產主義之利益相結合，突破傳統「屬地主義」之窠臼，賦予當事人自由選擇準據法之權利，廣為十七至十九世紀自由資本社會的接受，逐漸成為契約關係準據法一普遍接受之基本原則。「當事人意思」主義之發展，連帶造成「物法」及「屬地法」範圍之削弱。

「當事人意思」原則主要適用於法律行為發生債之關係，特別是契約關係上。晚近有逐漸發展至其他法律關係之趨勢，例如「非法律行為發生債之關係」及夫妻財產制（瑞士）。

1　國際私法上之引用（亦即國際私法上之當事人意思自主原則）≒實體法上當事人意思自主原則。
　　實體法上當事人意思自主原則（契約自由原則）：指當事人得以合意代替原應適用法律上之任意規定，但不得以合意代替該法律之強行規定。例如民法§351：買受人於契約成立時，知有權利之瑕疵者，出賣人不負擔保之責。但契約另有訂定者，不在此限。
　　範例：
　　國際私法上之當事人意思自主原則：例如載貨證券上之Law and Jurisdiction Clause
　　實體法上當事人意思自主原則：例如載貨證券上之Paramount Clause

10.2.2　學說理論

	否認說	承認說（肯定說）	
立論	承認當事人意思自主原則： 1. 不宜使個人成為立法者 2. 逃避原應適用法律之強行法之嫌 3. 會造成循環論斷（因要先決定該合意是否有效）	1. 涉外法律關係，適用雙方當事人合意適用之法律，裁判結果較易為當事人所接受 2. 雖然逃避原應適用法律之嫌，然仍受合意選定法律之拘束，並須受內國公序良俗條款之檢驗 3. 決定合意是否有效，可由內國法院加以決定，可避免循環論斷	
法制採用		自由說	限制說
		當事人對於合意選擇任何國家之法律為契約之準據法，有絕對自由，以達到裁判一致之最高目標。 ∵國際貿易形形色色，如強使一概依某種關係或牽連以定其準據法，事實上常不可能。	當事人僅能於與契約有牽連關係國家中加以選擇，不可選擇與契約毫無牽連關係國家之法律，否則將有逃避法律之嫌
	拉丁美洲之蒙城公約附加議定書：各項條約所定之管轄及準據法，除經本法認可外，不因當事人之意思而變更。 丹、挪、蘇：契約在適格法律範圍內，不承認當事人得合意選定契約之準據法	已為多數國家及公約所採用，例如1951年國際商品買賣契約公約用語：「當事人明示或默示所定之法律」、「當事人之意思」、或以「如無合意選定之法律」為條件	主要為民族主義色彩濃厚之拉丁美洲國家 ex智利民法：在外國訂立而在智利履行之契約，其效力依智利法而定； 美國：原採否認說（依訂立地法），目前逐漸改採有「最重要關係」之限制說
評釋	國內學者多贊同自由說。理由為，各國立法對於國際貿易事項，極少強行規定，既使有，亦多與公序有關。換言之，在內國公序規範下，採自由說並無否認說及限制說稱逃避法律之顧慮。		
我國	新涉民§20.I（舊涉民法§6.I）：法律行為發生債之關係者，其成立要件及效力，依當事人意思定其應適用之法律。→採自由說		

10.2.3　當事人意思之種類及運用

　　「當事人意思」原則雖爲契約關係準據法一普遍接受之基本原則，然對於何謂「意思自主」？其選擇是否應有所限制？當事人意思應爲明示或包括默示，各國學說及法律規範實踐仍有所分歧。

	明示的意思	默示的意思	推定或假設的意思			
			準據法個別確定		準據法一般確定	
			當事人假設意思說（主觀說）	契約最眞實關係說（客觀說）	非確決性原則（prima facie rules）	硬性規則
內涵	當事人於契約中或契約外明白表示雙方合意選擇之法律。	契約就準據法無明白規定，但可自契約內容及文句，推知當事人對於契約準據法默示之意思。	法官的任務在於確定當事人適用某國法律之意念，進而發現當事人推定之合意。	法官應從訂約當時之客觀環境及相連事實，分析比較出與契約關係最密切之國家，亦即假定當事人合意意思不存在。	英國由於適當法說之發展，對當事人意念中之準據法，曾經建立若干推定或假定事實。	多數國家在當事人意思不明時，以法律明文規定某些標準，作爲確定契約準據法之根據。
範例或評釋	國貿或船運多種契約格式。	契約以某國文字訂立或使用某國法律特殊用語。	當事人主觀之假設意思通常難以確定。	比較符合涉外關係之事實。	物之所在地法、船旗國法。	例如義民施以共同國籍國爲斷。

我國舊涉民法6→新涉民法20

舊涉民法§6：

舊涉民§6.I：法律行爲發生債之關係者，其成立要件及效力，依當事人意思定其應適用之法律。　採自由說

舊涉民§6.II以下：當事人意思不明時→依本國法→行爲地法→發要約通知地→要約人住所地→履行地　採硬性法則

1. 「法律行爲」：包括以意思表示爲要素之單方行爲、雙方行爲及共同行爲，以契約行爲爲較常見。

2. 舊涉民法第1項「當事人意思」：當事人意思從文義解釋上似應包括明示及默示合意，惟若干學者主張僅包括明示合意，亦即主要當事人無明示合意即屬意思不明，而逕行適用第2、3項之硬性規定，以避免默示意思探求之困難。於國際實踐上，明示或兼採默示之立法例均有，惟以明示爲多，例如：

(1) 1980年契約之債準據法公約（羅馬公約）第3.I條規定「契約應適用當事人所擇定之法律。該選擇應為明示，或由契約條款或具體情況可合理確定為是項表示。」（註：此公約拘束已簽署批准此公約之國家（歐盟國家為主），例如德、義）

(2) 2008年歐盟契約之債準據法（羅馬I）第3.I條規定「契約應適用當事人所擇定之法律。該選擇應為明示，或由契約條款或具體情況可明白確定為是項解釋。」（註：此歐盟規則拘束所有歐盟國家）

3. 舊涉民法§6.II以下屬硬性法則

新涉民法§20：

新涉民法§20.I：法律行為發生債之關係者，其成立及效力，依當事人意思定其應適用之法律。→亦採自由說；依第二項規定，本項之當事人意思僅指「明示」

新涉民法§20.II：當事人無明示之意思或其明示之意思依所定應適用之法律無效時，依關係最切之法律。→改採彈性選法法則

新涉民法§20.III：法律行為所生之債務中有足為該法律行為之特徵者，負擔該債務之當事人行為時之住所地法，推定為關係最切之法律。但就不動產所為之法律行為，其所在地法推定為關係最切之法律。→增訂關係最切之推定【法律行為之特徵】

其他評析：

4. 成立（要件）：

　　　實質要件：行為能力…… → 依新涉民法10
　　　　　　　　標的
　　　　　　　　意思表示　　　　} 依新涉民法20
　　　　　　　　要約承諾合致
　　　方式要件……………… → 依新涉民法16

5. 效力：包括權利義務、契約保全、解除、訂金違約金、損害賠償、危險負擔、消滅

10.2.4　有關問題

10.2.4.1　準據法內容之涵義

當事人選定某國法律為契約之準據法時，應指契約受該法律制度「全部法規」之管制而言，包括其強行法規及任意法規。任意法規方式尚可約定排除，但強行法規部分無約定排除之自由。例如海上貨物運送之海牙規則（Hague Rules）。

10.2.4.2　準據法內容之變更

如當事人合意選擇之準據法，嗣後有發生廢止修正等內容變更時，該契約即應適用變更後之新規定，亦即應適用現時有效之法律（？）。

10.2.4.3　多數法律之選定

當事人有時基於某些特殊原因，得就契約關係之某些部分，合意適用準據法以外之其他法律。例如載貨證券上之準據法為「日本法」，然其共同海損條款卻約定適用2004年約克安特衛普規則（York-Antwerp Rules）【與"法律事實"條文間之適用衝突？】

10.2.4.4　非外國實體法之選定

常見於仲裁等國際商務契約上，使仲裁或糾紛解決能使法院或仲裁人直接適用例如下列慣例、公約或法理，而非指定適用某外國實體法：

■國際公約或條約：如前述之Hague Rules、Visby Rules等
■國際（商務）慣例或貿易習慣法Lex mercatoria：例如UCP、Intcoterms等
■國際法之一般法律原理原則：例如「公允善意原則」（amiable composition principle）、「衡平原則」（principle of equity）。

10.2.4.5　契約選法自由之限制

分限制說及不限制說（自由說）

1. 限制說：外國法律與契約間應有某種牽連關係才是（例如締約地、履行地、當事人本國等），否則當事人合意選定一與契約毫無關連之國家法律，豈無實益且可能有逃避關連國家法律之嫌，故選法自由應有所限制

2. 自由說：國際性契約複雜變化大，應容許當事人選定當事人共同熟悉或具中立性質之法律，限定當事人僅能選擇有牽連關係國家之法律，將缺乏彈性，且會造成法庭地國確定準據法之負擔。（較多數說）　→例外：自由說下當事人所選定之準據法不得抵觸內國公序

10.2.4.6　契約無效

依合意選定之法律規定，契約不能成立或歸於無效→尊重當事人意思，原則上該契約即應任契約歸於無效（全部無效）；另一說為僅該影響契約效力之部分無效（一部無效）

10.2.4.7　反致

當事人合意選定某國法律為契約之準據法時，其目的在使該契約適用該國之契約法，應無運用反致，以適用其他國家法律之意。亦即，合意選擇之準據法，原則上僅為該國之契約法，而不包括其國際私法。

10.3　債權法律行為（涉民法第20條）

第20條

法律行為發生債之關係者，其成立及效力，依當事人意思定其應適用之法律。
當事人無明示之意思或其明示之意思依所定應適用之法律無效時，依關係最切之法律。

法律行為所生之債務中有足為該法律行為之特徵者，負擔該債務之當事人行為時之住
所地法，推定為關係最切之法律。但就不動產所為之法律行為，其所在地法推定為關
係最切之法律。

10.3.1　債權契約實質（含實質要件及效力）之準據法及主要立法主義

內涵：源自「場所支配行為」理論，契約所生之債，與其他涉外法律關係同，本
質上應與特定當事人或特定法域有一定之牽連關係，故其準據法應由一國
立法或司法機關予以確定，不容當事人自由意思決定。

1.非意思主義（客觀主義）	分類：	主張	優缺
	契約訂約地法主義	認為締約地國有權力創設契約，因此應以契約訂約地之法律為契約實質之準據法	優點：便利明確 缺點：無法解決隔地契約之問題
	契約履行地法主義	履行為契約之最終目的，履行地為債權債務之重心	優點：爭訟多在履行地；缺點：履行地有多處時，無法確定
	契約訂約地與履行地選擇適用主義	著眼於使契約易於成立	
	債務人本國法主義	主張唯債務人所屬國始有命債務人為給付之權限	忽略對債務人或其財產有事實上管領力之國家皆有權命債務人為給付
	債務人住所地法主義	債務人為經濟上之弱者，以其住所地法最能保護債務人之利益	過分偏袒債務人
	當事人共同本國法	認為當事人共同本國法為當事人最為熟悉之法律	法律行為發生債之關係並非屬人法事項，無須適用本國法
	法庭地法主義	當事人在當地起訴，即推知當事人有自願服從該地法律之意思	易造成濫擇法院

2.
意
思
主
義
（
主
觀
主
義
）

內涵：契約而生之債，具有高度人爲性及技術性，難以從客觀上加以認定與特定法域具有某種牽連關係，因此其準據法不宜由一國做硬性規定，而應尊重當事人意思，由當事人以自由意思選擇所適用之準據法。

分類：

絕對主義：　即以當事人意思所擇定之法律爲唯一應適用於契約之準據法
相對主義：　於當事人意思不明時，一國應制訂若干硬性標準，作爲涉外契約之債應適用準據法之依據

3.
關
係
最
切
主
義
（
最
密
切
關
連
說
）

最早提出：美國紐約州最高法院Full法官於1954年Auten v.s. Auten案所提出，Full法官認爲法院並非將契約締結地或履行地作爲契約未準據法合意時之決定依據，其應考量哪國法律與案件有最密切關連，找出與法律關係本身之「重力中立地」及「關係聚集地」二新概念，以決定所應適用之準據法。

概念：法院針對契約當事人未合意約定準據法時，應綜合考量與契約有關之各種因素，例如契約締結地、履行地、當事人國籍及住所、標的所在地、法院地、仲裁地等，於所有聯繫因素中，由法院根據具體案情，進行衡量及裁量，然後尋出與契約具最密切關連之國家之法律。

優缺點：優點爲賦予法官自由裁量權，由法官於綜合判斷案情，使與案件有重大利益關連之國家法律得以適用，提高法院處理複雜法律衝突之彈性，以因應日趨複雜之民商事法律關係。缺點爲本說欠缺一定程度明確性及可預見性，造成法律選擇之隨意或任意，特別是法院或法官對擇法有所偏頗時尤然。

補充性質及選法主流：關係最切或最密切牽連關係之彈性選法規範於二十世紀後半時期開始，已成爲補充包括契約之債等國際私法選法原則之重要主流。

※契約之本據，不似其他法律關係易於確定，亦非其他法律關係多爲強行規定可比，因此各國立法多採當事人意思自治原則，允許契約當事人以合意選擇應適用之法律

10.3.2　當事人意思自主原則適用上之限制

前提：不得違反法庭地國之公序（例如定型化契約）、所適用之準據法應爲該國現行有效之準據法（原則）

當事人明示選定契約準據法時		當事人未選定契約準據法時	
準據法與契約間應存有眞實聯繫（肯定說）	準據法與契約間無須存有眞實聯繫（否定說）	當事人推定意思說	合理之人說（最重要牽連說）
可避免規避法律。	選法絕對自由。	由法院從契約之條款等推定當事人於類似情況發生時可能會選擇之法律。	法院將雙方當事人視爲一般合理之人，就面對當前契約之內容及環境，所應具有之意思，作爲當事人之意思。

10.3.3　1953年舊涉民法第6條規定

1953年涉民法第6條		評釋
I	法律行爲發生債之關係者，其成立要件及效力，依當事人意思定其應適用之法律。	■採意思主義中之相對主義 ■「當事人意思」：部分學者認爲應包括明示意思及默示意思，而分別採取「絕對自由說」（明示意思）及「最重要牽連說」（默示意思），然本書認爲本項應僅適用明示意思，而默示意思應適用第2、3項之硬性規定。 ■注意：新涉民法已確採「明示意思」原則。
II	當事人意思不明時，同國籍者依其本國法，國籍不同者依行爲地法，行爲地不同者以發要約通知地爲行爲地，如相對人於承諾時不知其發要約通知地者，以要約人之住所地視爲行爲地。	■僅適用須雙方意思表示一致之契約行爲，不包括單獨行爲 ■本項屬「硬性規定」或「硬性規則」 ■注意：新涉民法已廢棄本項硬性規則而改採「關係最切國主義」
III	前項行爲如兼跨二國以上或不屬於任何國家時，依履行地。	
準據法之適用範圍應包括：契約之成立（債總第一章第一節第一款）、債之效力（債總第一章第三節）、債之消滅（債總第一章第六節）、債之保全（債總第一章第三節第三款）等		

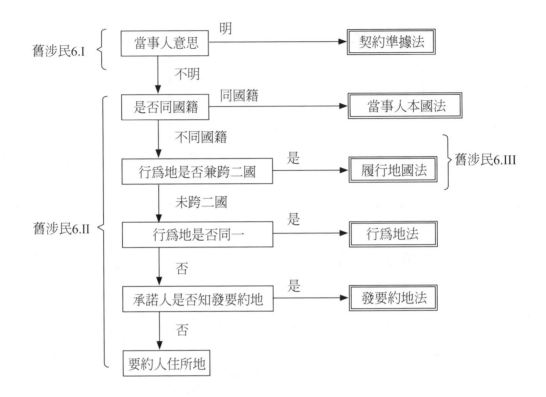

10.3.4　2010年新涉民法第20條

2010年 涉民法	1953年 涉民法	說明
第20條 法律行為發生債之關係者，其成立及效力，依當事人意思定其應適用之法律。 當事人無明示之意思或其明示之意思依所定應適用之法律無效時，依關係最切之法律。	**第6條** 法律行為發生債之關係者，其成立要件及效力，依當事人意思定其應適用之法律。 當事人意思不明時，同國籍者依其本國法，國籍不同者依行為地法，行為地不同者以發要	一、條次變更。 二、現行條文第6條第1項，移列本條第1項，維持當事人意思自主原則，並為配合本法用語之統一，將「成立要件」一詞修正為「成立」。 三、現行條文關於債權行為適用之法律，於當事人意思不明時係以硬性之一般規則予以決定，有時發生不合理情事。爰參考德國民法施行法第28條規定之精神，於本條第2項改採關係最切之原則，由法院依具體案情個別決定其應適用之法律，並在比較相關國家之利益及關係後，以其中關係最

法律行為所生之債務中有足為該法律行為之特徵者，負擔該債務之當事人行為時之住所地法，推定為關係最切之法律。但就不動產所為之法律行為，其所在地法推定為關係最切之法律。	約通知地為行為地，如相對人於承諾時不知其發要約通知地者，以要約人之住所地視為行為地。 前項行為地，如兼跨二國以上或不屬於任何國家時，依履行地法。	切之法律為準據法，以兼顧當事人之主觀期待與具體客觀情況之需求。此外，為減少本條適用上之疑義，現行條文第2項關於「當事人意思不明」之用語，亦修正為「當事人無明示之意思或其明示之意思依所定應適用之法律無效」，以重申第1項當事人之意思限定於明示之意思，且當事人就準據法表示之意思，應依其事實上已表示之準據法，決定其是否有效成立之問題。 四、本條第2項關係最切之法律之認定，各國法院常有漫無標準之困擾，為兼顧當事人對於其準據法之預測可能性。爰參考1980年歐洲共同體契約之債準據法公約（即羅馬公約）第4條之精神，規定法律行為所生之債務中有足為該法律行為之特徵者，負擔該債務之當事人行為時之住所地法，推定為關係最切之法律。至於具有特徵性之債務之判斷，則宜參考相關國家之實踐，分別就個案認定，並逐漸整理其類型，以為法院優先考量適用之依據。法院就既已定型之案件類型，固應推定負擔該具有特徵性之債務之當事人行為時之住所地法，為關係最切之法律，並以其為準據法，但如另有其他法律與法律行為之牽連關係更密切，仍得適用之，其應說明比較此二法律與法律行為之牽連關係，乃屬當然。就不動產所為之法律行為，該不動產之所在地法，與負擔具有特徵性之債務之當事人行為時之住所地法相較，仍以該不動產之所在地法關係較切，爰於但書推定其為關係最切之法律。 五、現行條文第6條第3項原係配合同條第2項之規定而設，現因本條第2項已改採關係最切之原則，爰配合予以刪除。

評釋：

1. 適用範圍：限於以法律行為發生債之關係（不含法律事實）；包括單獨行為（例如捐助），而以債權契約為代表；包括除行為能力（新涉民法10）以外之實質要件及效力，不含形式要件（涉民法16）

2. 第1項「法律行為發生債之關係者，其成立及效力，依當事人意思定其應適用之法律。」：

    (1) 本條規定為「法律行為發生債之關係」之基礎條文，以其他條文未明文規定者（解釋上包括應適用之國際公約），方得適用。

    (2) 仍採意思主義中之相對主義

    (3) 「當事人意思」：改採「明示意思」原則。

3. 第2項「當事人無明示之意思或其明示之意思依所定應適用之法律無效時，依關係最切之法律。」：

    (1) 僅適用須雙方意思表示一致之契約行為，不包括單獨行為

    (2) 本項廢棄舊法「硬性規定」或「硬性規則」，改採「關係最切」之「彈性選擇規則」。

4. 第3項「法律行為所生之債務中有足為該法律行為之特徵者，負擔該債務之當事人行為時之住所地法，推定為關係最切之法律。但就不動產所為之法律行為，其所在地法推定為關係最切之法律。」：

    (1) 本項為第2項「關切最切」（亦即當事人無明示意思或該意思依準據法為無效）之推定，以避免關係最切選法欠缺明確性及可預見性之負面弊病。（註：類似關係最切之推定並非僅見於契約之債，只要採「關係最切」擇法標準之立法，或多或少均有類似推定規定）

    (2) 國際立法例：最早見於1980年契約之債準據法公約（羅馬公約）第4條，後為2008年歐盟契約之債準據法（羅馬I）所繼受。各國立法方面，瑞士1987/2011年聯邦國際私法第117條及日本2006年法律適用通則法第8條亦有類似規定。

    (3) 「法律行為所生之債務中有足為該法律行為之特徵者」：立法說明並未針對「法律行為所生之債務中有足為該法律行為之特徵者」為定義說明。綜合前述各國際立法例，「法律行為之特徵」可為下列範例：

      A. 瑞士聯邦國際私法第117條第3項：

        a. 贈與契約：贈與人義務

        b. 物品或權利使用契約：給予物品或權利使用之一方當事人義務

        c. 委任、僱傭或類似服務契約：所提供之勞務

        d. 倉庫契約：倉庫保管人義務

        e. 擔保或保證契約：擔保人或保證人義務

B. 2008年歐盟羅馬I規則第4條：
   a. 貨物買賣契約：依賣方慣居地
   b. 服務提供契約：服務提供者慣居地
   c. 不動產物權或租賃契約：財產所在地
   d. 不動產之私人短期租賃（六個月以下）：依地主慣居地（承租人與地主之慣
      居地為同一國）
   e. 經銷或加盟契約：經銷商或加盟商慣居地
   f. 貨物拍賣：拍賣舉行地

(4) 「負擔該債務之當事人行為時之住所地法」：國際及各國規範一概採「慣居地」
   （hibitual residence）。慣居地之認定標準可為：
   A. 當事人設有營業所：依該營業所所在地（日本法）
   B. 當事人於不同地域分設有營業所：依主營業所所在地（日本法）
   C. 法人或非法人團體：管理中心所在地（1980年羅馬）
   D. 貿易或營業活動：（1980年羅馬）
      a. 原則：主要營業所
      b. 例外：關係更切之其他營業所
   E. 特例：
      a. 不動產：不動產所在地
      b. 貨物運送契約：運送人主要營業地同為裝貨港或卸貨港或託運人主要營業
         地。

(5) 「推定」：此推定應指法律上之推定，如欲反證證明其為不實或更有關係最切
   者，原則上由欲主張之當事人負舉證之責。

(6) 「例外原則或背離原則：Escape條款」：前述各國際規範普遍對於「關係最切之
   推定」另外規定有所謂之「例外原則或背離原則」，亦即當符合某些情況時，即
   不適用該「推定」，這些情況包括：
   ◆無法確定契約之特定履行特徵；
   ◆整體情況顯示契約與另一國家具更密切關連者。（1980年羅馬公約第4.5條、
      2008年歐盟羅馬I規則第4.3及4.4條）

(7) 特種契約：各國際公約或規範針對「契約之債」，於前述「合意→關係最切」適
   用原則外，針對若干特種契約類型訂有準據法選擇之特殊規定，這些契約類型主
   要包括：
   A. 運送契約：包括貨物運送及旅客運送
   B. 消費者契約
   C. 保險契約：包括財產保險、人身保險及強制保險
   D. 個人僱傭契約

本書認為，如涉訟契約屬前載契約類型時，法院或法官為「合意→關係最切」及「關係最切之推定時」，宜參酌各相關國際公約或規範所規定之選法原則，較為妥適。

(8) 契約準據法之嗣後變更：契約準據法通常為「事先合意」，如未明示合意，則適用「關係最切」；另新涉民法第31條規定「非因法律行為而生之債，其當事人於中華民國法院起訴後合意適用中華民國法律者，適用中華民國法律。」僅限適用於「非因法律行為而生之債」，而此衍生一問題是：**契約之債得否於嗣後合意變更之？**從意思自主原則，解釋上並非不可，另外於國際立法實踐上，例如1980年羅馬公約及2008年歐盟羅馬I規則第3.2條，均規定當事人得於契約締結後之任何時間變更原所約定之準據法，然此一變更通常受下列二情況之限制：

A. 準據法之變更不應損及契約形式上之效力；

B. 準據法之變更不應對第三人權利造成不利影響。

國際立法例參考：

奧地利1978/1999年國際私法第35條 通則

屬於1980年6月19日契約之債準據法公約適用範圍內之債務，依當事人明示合意或確認的準據法（第11條）。

前述債之準據法之指定不影響符合本聯邦法或第46條至第49條規定。

日本2006年法律適用通則法第7條 當事人選擇準據法

法律行為之方式及效力應受當事人於行為當時所選擇之法律所規範。

日本2006年法律適用通則法第8條 當事人未選擇準據法時

(1) 如當事人未依前條規定為準據法選擇，法律行為之方式及效力應依行為當時與該行為最密切關聯之法律所規範。

(2) 於前項情況，如法律行為之履行特徵為一方當事人所為者，則該當事人之慣居地應被推定為該法律行為最密切關聯之法律（如與該法律行為有關之當事人有設立營業所，則依該營業所所在地之法律，如該當事人於不同法域設有數營業所者，則依主營業所所在地之法律）。

(3) 無論前項規定為何，於適用第1項規定時，如法律行為之標的為不動產，則該不動產所在地法應被推定為最密切關聯之法律。

日本2006年法律適用通則法第9條 當事人準據法之變更

法律行為之當事人得變更規範其方式及效力之法律。然該準據法之變更不應損及第三人之權利，且該變更不得對抗該第三人。

日本2006年法律適用通則法第11條 消費者契約之特別規定

(1) 如規範消費者（本條稱「消費者」係指非或為商業目的成為契約當事人之個人）與營業商（本條稱「營業商」係指法人或其他社團或財團或於或為商業目的成為契約當事人之個人）所締結之契約（勞動契約除外）（本條以下各項稱之為「消費契約」）而依據第7條或第9條所選擇或變更適用消費契約成立及效力之準據法為消費者慣居地法以外之法律，且該消費者慣居地法具有關該消費契約成立及效力之強制性規範時，即應適用該強制規範，然以該消費者向營業商明示其欲適用該強制規範者為限。

(2) 如契約當事人並未依第7條選定規範該消費契約成立及效力之法律，則無論第8條規定為何，該消費契約成立及效力應適用消費者慣居地法。

(3) 即使已選定消費者慣居地法以外之法律適用規範第7條消費契約之成立及效力，則無論前條第1、2及4項規定為何，於該強制規範適用於消費契約成立及效力之情況下，該慣居地法之特定強制規範仍應專屬適用之，然以該消費者向營業商明示其欲適用該強制規範者為限。

(4) 如選定消費者慣居地法作為規範第7條消費契約成立及效力之準據法，且如消費者已向營業商明示其慣居地法應專屬適用於消費契約之成立時，無論前條第2及第4項規定為何，該消費契約之成立應適用消費者慣居地法。

(5) 如當事人未依第7條選定消費契約成立之準據法，無論前條第1、2及4項規定為何，消費契約成立之準據法應適用消費者慣居地法。

(6) 第1至第5項規定不適用於下列情況：
　(i) 營業商營業所所在地與消費者慣居地位於不同法域之情況下，消費者前往該營業所所在地法域簽定消費契約，然消費者係被營業商勸誘於該法域締結消費契約者除外；
　(ii) 於營業商營業所所在地與消費者慣居地位於不同法域，且消費者前往該營業所所在地法域簽定消費契約，並接受或將接受消費契約債務之全部履行，然消費者係被營業商勸誘於該法域接受消費契約之全部履行者除外；
　(iii) 簽定消費契約時，營業商不知消費者之慣居地，且其對該不知情具相當理由者；
　(iv) 簽定消費契約時，營業商誤認對方當事人並非消費者，且對該誤認具相當理由者。

日本2006年法律適用通則法第12條 勞動契約特別規則

(1) 既使依據第7條或第9條所擇定或變更有關勞動契約成立及效力之準據法為與勞動契約最密切關連地法外之其他法律，而與該勞動契約最密切關連地法之強制規定且該強制規範係有關該勞動契約成立及效力時，即應適用該強制規範，然以受雇人向雇主明示其欲適用該強制規範者為限。

(2) 於適用前項規定時，依勞動契約之勞動提供地法（如無法確定勞動提供地，則為與受雇人締結勞動契約之營業所所在地；次項亦適用同一原則）應被推定為該勞動契約最密切關連地。

(3) 如當事人未依第7條選定勞動契約成立及效力之準據法，無論第8條第1、2及4項規定為何，勞動契約提供地法應被推定為該勞動契約最密切關係法。

瑞士1987/2011年聯邦國際私法第112條

(1) 有關因契約所生之訴訟，其管轄權屬於被告住所地或如無住所地，則為慣居所地之瑞士法院。

(2) 如被告於瑞士有營業處所，該營業處所於營業活動中所生契約之債之訴訟，其管轄權屬營業處所所在地之瑞士法院。

瑞士1987/2011年聯邦國際私法第113條

如契約之債務履行特徵於瑞士實施，於其實施時，應於瑞士法院起訴。

瑞士1987/2011年聯邦國際私法第114條

(1) 依第120條第1項有關消費契約所提起之訴訟，得依消費者之選擇，於下列瑞士法院提起之：
　a. 消費者於瑞士境內之住所地或如無住所則為慣居所地；
　b. 出賣人於瑞士之住所地或如無住所則為慣居所地。

(2) 消費者不得事先放棄其住所地或慣居地法院之管轄權。

瑞士1987/2011年聯邦國際私法第115條

(1) 有關僱傭契約之債之訴訟，由被告住所地或慣居地之瑞士法院管轄，或受僱人慣於執行其工作之地之瑞士法院管轄。

(2) 於受僱人提起訴訟，其於瑞士之住所地或慣居地法院具管轄。

(3) 此外，於有關僱傭契約及執行工作之薪資條件之訴訟，受僱人為執行其全部或一部工作而被派遣出國一段時間之派遣地瑞士法院具管轄權。

瑞士1987/2011年聯邦國際私法第116條

(1) 契約應依當事人所選擇之法律。

(2) 當事人選擇法律應以明示方法或契約條款及相關情況已為明確載明。所有其他情況依所選定之法律。

(3) 當事人隨時均可選擇法律或對其作出修正。如於締結契約時已選定其準據法，該法律從契約成立之日起規範該契約。第三者的權利予以保留適用。

瑞士1987/2011年聯邦國際私法第117條

(1) 未選擇法律時，契約應依最密切聯繫之國家之法律。

(2) 存在最密切聯繫之國家係指特徵性義務履行人之慣居地國，如契約所涉業務活動或商務活動，指營業機構所在地國。

(3) 特別是，下列情況應被認定有特徵性義務：

　　a. 於贈與契約中，贈與人義務；

　　b. 於物品或權利使用契約，給予物品或權利使用一方當事人之義務；

　　c. 於委任、僱傭契約及類似服務契約，所提供之勞務；

　　d. 於倉儲契約之保管人義務；

於擔保或保證契約中之擔保人或保證人義務。

義大利1995年國際私法制度改革法第56條 贈與

(1) 贈與依贈與時贈與人之本國法。

(2) 贈與人於贈與時亦可以明示方式使該贈與依其居住地法。

(3) 於贈與方式，如規範實質效力之法律或贈與發生地法認為贈與於方式上為有效的，則該贈與即屬有效。

義大利1995年國際私法制度改革法第57條 契約之債

無論任何情形，契約之債依1980年6月19日羅馬關於契約之債準據公約。該公約依據1984年12月18日第975號法令已於義大利生效實施，然此並不妨礙其他應適用之國際公約之適用。

義大利1995年國際私法制度改革法第58條 片面承諾

片面承諾依承諾作出地法。

中華人民共和國2010年涉外民事關係法律適用法第41條

當事人可以協議選擇合同適用的法律。當事人沒有選擇的，適用履行義務最能體現該合同特徵的一方當事人經常居所地法律或者其他與該合同有最密切聯繫的法律。

中華人民共和國2010年涉外民事關係法律適用法第42條

消費者合同，適用消費者經常居所地法律；消費者選擇適用商品、服務提供地法律或者經營者在消費者經常居所地沒有從事相關經營活動的，適用商品、服務提供地法律。

中華人民共和國2010年涉外民事關係法律適用法第43條

勞動合同，適用勞動者工作地法律；難以確定勞動者工作地時，適用用人單位主營業地法律。勞務派遣，可以適用勞務派出地法律。

澳門1999年民法典第34條法律行為之意思表示

(1) 法律行為意思表示之完成、解釋及填補，均由適用於法律行為之實質之法律規範；意思之欠缺或瑕疵亦由該法律規範。

(2) 一行為是否作為法律行為之意思表示，按表意人及相對人之共同慣居地法確定；如無共同慣居地，則依行為發生地法確定。

(3) 沉默是否作為意思表示方式，亦按共同慣居地法確定；如無共同慣居地，則按要約收受地法確定。

澳門1999年民法典第40條由法律行為所生之債

(1) 因法律行為而生之債以及法律行為本身之實質，受有關主體指定之法律或明示之法律所規範。

(2) 然當事人指定之法律或明示之法律，僅得為符合表意人之應予重視利益而可適用之法律，或與該法律行為中任一為衝突法所考慮之要素有聯繫關係之法律。

澳門1999年民法典第41條候補標準

未定出準據法者，適用與法律行為有較密切聯繫地法。

泰國1939年國際私法第13條

契約要件及效力，應依當事人意思所決定的法律。當事人明示或默示的意思不明時，如當事人同屬一國，依共同本國法，如屬不同國家，依契約締結地法。

對於隔地成立之契約，承諾人向要約人承諾的通知到達地視為契約成立地。如到達地不明，依契約履行地法。契約方式，依支配該契約效力的法律。

土耳其1982年國際私法及國際訴訟程序法第24條契約之債

契約之債適用契約當事人共同明示選擇之法律。

當事人未作出明示選擇者，適用契約履行地法律。如同時存在數履行地，適用具有特徵之履行地法律。契約履行地無法確定的，適用與契約有最密切聯繫國法。

捷克1964年國際私法及國際民事訴訟法第9條法律選擇

(1) 契約當事人可選擇適用於其間財產關係之法律。據有關事項對當事人意思不存在疑問時，亦可確定雙方默示之法律選擇。

(2) 依據當事人選擇之法律所確定的衝突規則，不予考慮；然從當事人意思表示中作出特別解釋時不在此限。

捷克1964年國際私法及國際民事訴訟法第10條

(1) 當事人未選擇法律時，適用宜於合理調整該債權關係之法律。

(2) 因此，一般係依下列法律：

　(a) 買賣及物品加工供應契約，依締結契約時賣方或加工者所在地（或住所地）法；

　(b) 不動產契約，依不動產所在地法；

　(c) 運送契約（運送契約、發貨契約及其他契約），依締結契約時承運人或發貨人所在地（或住所地）法；

　(d) 保險契約，包括不動產保險契約，依締結保險契約時保險人所在地（或住所地）法；

　(e) 批發契約及類似契約，依締結契約時批發商所在地（或住所地）法；

　(f) 商業代理及經紀契約，依締結代理契約時代理人或經紀人所在地（或住所地）法；

　(g) 多邊商業交易契約，依支配其整個關係最為合理的法律。

(3) 其他的契約，一般依雙方當事人所在地（或住所地）法。雙方當事人所在地（住所）不在同一國內的：當事人當面締結的契約，依締結契約地法；擁通訊方式締結的契約，依承諾人所在地（或住所地）法。

捷克1964年國際私法及國際民事訴訟法第11條

本法第9條或第10條規定的法律，亦適用於契約之變更、擔保及不履行之後果，然從當事人的意思或事物的性質中引申出別的規則的不在此限。

波蘭1966年國際私法第25條

(1) 契約債權，依當事人所選擇的法律，然所選的法律與該法律關係必須有一定聯繫。

(2) 不動產債務，依不動產所在地法。

波蘭1966年國際私法第26條

契約當事人未選擇準據法時，依締結契約時雙方當事人的住所地法。此規定不適用於不動產債務。

波蘭1966年國際私法第27條

(1) 當事人住所不在同一國內，又未選擇法律時，依下列法律：
  (a) 動產買賣契約或貨物買賣契約，依賣主或交貨人締結契約時之住所地法；
  (b) 承攬、代理、委任、經紀、運輸、發貨、委託、寄託等契約，依承包人、代理人、寄售人、經紀人、承運人、發貨人、受託人或受寄人締結契約時住所地法；
  (c) 保險契約，依保險人締結契約時住所地法；
  (d) 出版契約，依發行人締約時住所地法。
(2) 前項所規定的當事人住所無法確定時，依契約締結地法。
(3) 對於承攬作業的契約，依承攬企業主事務所所在地法，而不適用承攬本人或自然人住所地法。

波蘭1966年國際私法第32條

勞動關係，依當事人所選擇的法律，但選擇的法律須與該勞動關係有一定聯繫。

波蘭1966年國際私法第33條

(1) 當事人未選擇法律之勞動關係，依當事人設定該法律關係時之住所地法。勞動將必須或已經在雇主的企業裏履行時，依企業所在地法，而不適用雇主住所地法。
(2) 當事人住所不在同一國內，又未選擇所適用的法律時，依勞動已經、應當或正在履行地國家的法律。

匈牙利1979年國際私法第24條

對契約適用雙方當事人在訂立契約時或在此以後選擇的法律。如未選擇法律，則根據本章第25條至第29條的規定確定對一些特別類型的契約的準據法。

匈牙利1979年國際私法第25條

下列各種契約適用訂立契約時下列當事人的住所地法、居所地法、商業主事務所所在地法或工廠所在地法。

(1) 買賣契約，適用出賣人的上述法律；
(2) 租賃或用益租賃契約適用出租人的上述法律；
(3) 與使用及利用著作權有關的契約，適用被許可人的上述法律；
(4) 與使用及利用專利和其他工業財產權有關的契約，適用許可人的上述法律；
(5) 倉庫保管契約，適用受寄人（倉庫業者）的上述法律；
(6) 委託契約，適用被委任人的上述法律；
(7) 行紀契約，適用行紀人的上述法律；
(8) 商業代理契約，適用代理人的上述法律；
(9) 旅客或商品運輸契約，適用運送人的上述法律；
(10) 銀行信貸契約，適用銀行的上述法律；
(11) 保險契約，適用保險人的上述法律；
(12) 金錢及商品借貸契約，適用貸與人的上述法律；
(13) 贈與契約，適用贈與人的上述法律。

匈牙利1979年國際私法第26條

(1) 有關不動產的契約，適用不動產所在地法。有關已登記的船舶及飛機的契約，適用其船旗或其他標誌國法。
(2) 承攬（設計、安裝及服勞務等）契約，適用根據契約承攬的活動或計劃的結果應完成地法。
(3) 贍養及終身年金契約，適用贍養費或終身年金提供地法。

匈牙利1979年國際私法第29條

如依照第24條至第28條規定無法確定準據法，適用應履行最具特徵性義務之義務人之住所地、慣居所地或主事務所所在地法。如採用該方法仍不能解決準據法，以與該契約關係的主要因素具有最密切關係的法律作為準據法。

匈牙利1979年國際私法第30條

(1) 除雙方當事人有協定或本法令另有規定外，契約準據法適用於債務關係的所有因素，特別是適用於契約的訂立、形式有效要件、契約拘束力及與保證契約（抵押契約、保證債務等）有關的契約反要求的抵銷、讓與或債務承擔。

(2) 除雙方當事人另有協議外，債權人檢查權利或義務是否存在、檢查之方法，有關訴訟的時效及這些因素之法律效果，依目的地或交貨地法。

(3) 如契約依照以上各條（第24條至第29條）規定在方式上無效，而法院地法、契約訂立地法或預期法律效果發生地法認為有效，法院應認為契約有效。

(4) 訴訟時效，適用該訴訟請求的準據法。

希臘1946年民法典第25條

契約債務適用當事人自願受制的法律。如無該法律，適用依照全部具體情況對該契約適當的法律。

葡萄牙1966年民法典第35條意思表示

(1) 意思表示的成立，解釋適用調整行為實質的法律。該法律同時適用於意思表示的瑕疵問題。

(2) 對意思表示接受適用意思表示人與接受人的共同慣居所地法。沒有共同慣居所地的，適用意思表示地法。

(3) 對意思表示的沉默，同樣適用意思表示人與沉默者的共同慣居所地法。沒有共同慣居地的，適用收到要約地的法律。

葡萄牙1966年民法典第42條

(1) 當事人未指定準據法，單方法律行為適用意思表示人的慣居地法；契約適用當事人各方共同慣居地法。

(2) 無共同居所的，如屬無報酬契約，適用非受益方之慣居地法；如為其他契約，適用締約地法。

列支敦士登1996年國際私法第39條一般規定

(1) 債權關係適用當事人明示或者能夠推斷出的決定所選擇的法律（第11條）如能從有關情況中推斷出當事人已接受某一特定法律的約束，則構成一能推斷出的決定。

(2) 如當事人未作選擇，或依據本法該選擇無效，則適用第40條至第53條規定。

列支敦士登1996年國際私法第40條互惠契約

規定一方當事人對另一方當事人以給付金錢為主要義務之雙務契約，適用另一當事人慣居地國法律。如果該方當事人作為企業締結該契約，則以其締結契約時的營業所代替慣居地。

列支敦士登1996年國際私法第41條單務契約及單邊法律行為

單務契約及產生債務之單邊法律行為，適用債務人慣居地國法律，在第40條第2句情況下為其營業所所在地。

列支敦士登1996年國際私法第42條銀行業務及保險契約

(1) 銀行業務適用依據銀行法從事業務之企業營業所所在地國法律第40條第2句；該企業間之銀行業務適用受託企業營業所所在地國法律。

(2) 保險契約適用保險人營業所第40條第2句所在地國法律。

列支敦士登1996年國際私法第44條拍賣

拍賣適用拍賣舉行地國法律。

列支敦士登1996年國際私法第45條消費者契約

(1) 如契約一方當事人慣居地國法將該當事人作為消費者而給予特別的私法上的保護，只要該契約因企業或企業雇用的人員為締結該契約而在該國境內實施的任一行為而成立，則該契約應適用該國法律。

(2) 如涉及到本法中強制性規定，則任何對消費者不利之法律選擇無效。

(3) 在消費者契約中，如某項法律選擇降低對消費者免受權利濫用條款危害之保護，則該法律選擇無效。

列支敦士登1996年國際私法第48條勞動契約

(1) 勞動契約適用受雇人通常勞動地國法律。如受雇人被派往另一國家境內的工作場所，該法律仍應適用。

(2) 如受雇人通常在幾個國家從事工作或其無有習慣工作地，則適用雇主慣居地（在第40條第2句情況下爲營業所）所在地國法。

(3) 法律選擇僅於明示作出時方爲有效。然如涉及到第（1）項及第（2）項所規定法律中之強制條款，對受雇人造成不利，該法律選擇即使明示作出亦爲無效。

列支敦士登1996年國際私法第49條附屬法律行爲

法律行爲如其效力依賴某另一既存債務，則適用支配該債務實體法律所屬國家之實體法。此規定尤其適用於以某一債務之保證或改變爲物件之法律行爲。第42條第（1）項規定保持不變。

阿根廷1974年國際私法第35條

契約適用當事人自由選擇之法律，或推定應予適用之法律；然法律選擇不得有利於當事人的不當利益。此項規定不適用於在國際私法範圍內契約及準據法所屬國有合理聯繫的情況。

法律選擇的有效性也適用當事人選擇之法律。

阿根廷1974年國際私法第36條

在無明示或默示的法律選擇時，法律行爲地法適用於該行爲事實上的存在、性質、有效性、效力、後果及履行。

雙務契約適用特徵履行地國法。

然長期契約的實質有效性適用締約地國法及其效力、後果依履行適用特徵履行地國法。

確定的特定物契約視爲在締約時該物所在地國履行。種類之物之契約必於締約時債務人住所地履行。勞務契約：(1) 如其指向某物，適用締約時物之所在地法；(2) 如其效力與某一特定地域有聯繫，適用契約生效地法；(3) 於其他情況下，適用債務人締約時之住所地法。

異地契約之締結地爲承諾發出地國法所指定之地方。如契約是依準據法所締約，承諾發生之時日就是當事人訂立契約時日。

阿根廷1974年國際私法第37條

捐助行爲，適用捐助人住所地法。

阿根廷1974年國際私法第38條

位於不同國家及物品間之交換，如受制於相衝突之法律，適用當事人易物時之共同住所地法，如住所地不同，適用易物地法。

阿根廷1974年國際私法第39條

陸上保險契約，適用締約時作爲保險標的的財產之所在地國法；人身保險適用保險公司或其分支機構、代理機構所在地國法。

委內瑞拉1998年國際私法第29條

契約債務，依當事人指定之法律。

委內瑞拉1998年國際私法第30條

未作有效指定時，契約債務依與其有最直接聯繫的法律。爲確定該法，法院須考慮契約中的所有主、客觀因素。此外，法院須考慮受國際機構承認的國際商法普遍原則。

委內瑞拉1998年國際私法第31條

除前述各條規定外，爲在個案審理中實現公正、合理之目的，如適當，國際商法的規定、習慣、原則及普遍接受的商業慣例與實踐得以適用。

1953年舊涉民法立法背景參考：

1908年 法律適用條例	1953年涉民法	立法說明
第23條 法律行為發生債權者，其成立要件及效力，依當事人意思定其應適用之法律。當事人意思不明時，同國籍者依本國法。國籍不同者，依行為地法。 行為地不同者，以發通知之地為行為地法。 其要約地與承諾地不同者，其契約之成立及效力，以發要約通知地為行為地。 若受要約人於承諾時不知其發信地者，以要約人之住所地視為行為地。	第6條（因法律行為所生之債之準據法） 法律行為發生債之關係者，其成立要件及效力，依當事人意思定其應適用之法律。 當事人意思不明時，同國籍者依其本國法；國籍不同者，依行為地法；行為地不同者，以發要約通知地為行為地；如相對人於承諾時不知其發要約通知地者，以要約人之住所地視為行為地。 前項行為地，如兼跨二國以上或不屬於任何國家時，依履行地法。	一、第1項：近代各國之國際私法，多承認當事人得自由決定關於債之準據法，是為「當事人意思自主」之原則，本項與原條例第23條第1項相同，係基此原則而為規定，即凡足以發生債之關係之法律行為，無論其為契約，抑為單獨行為，關於其成立要件及效力，均准許當事人依自己之意思，定其應適用之法律。 二、第2項：本項係規定當事人意思不明時，所應適用之準據法。按各國立法例，雖多數規定在當事人意思不明時，應即適用法律行為地之法律，然單純適用行為地法，亦不免有窒礙之處，蓋外國人間之法律行為發生債之關係，係因旅經某地，而偶然為之者，不乏其例，其主觀上甚或不知行為地法為何物，若強以行為地法為準，實難期公允，故本項與原條例相同，規定於當事人意思不明時，應儘先適用其本國法，萬一當事人之國籍又不相同，各該當事人之本國法可能發生歧異，始適用行為地法以為決定。本項後段規定行為地不同云云，係專指契約行為地而言，蓋法律行為發生債之關係者，不外單獨行為、契約行為兩種，在單獨行為祇須有單獨之意思表示，其行為即告成立，不致發生行為地不同之情形，至於契約，必待行為人雙方之意思表示一致，始告成立，設行為人處於不同之法域，而隔地訂約，其行為地不同，即生問題，故本項後段乃有另定行為地標準之必要，原條例第22條於要約地與承諾地不同之情形以外，又於第3項規定謂：「行為地不同者，以發通知之地為行為地。」其意似謂除契約以外，其他發生債之關係之法律行為，尚有不同行為地之情形，然基於以上說明，此種情形殊不可能，該項之設，近於贅文，故予刪除。 三、第3項：近代國際交通發達，舟車迅捷，無遠弗屆，當事人之法律行為，往往兼跨數國地區，始行完畢，或其行為發生於無主地域者亦屢見不鮮，何者為其行為地法，頗成問題，本項特規定依債務履行地法，以濟其窮。

10.4　票據（涉民法第21條）

涉民法第21條

　　法律行為發生票據上權利者，其成立及效力，依當事人意思定其應適用之法律。

　　當事人無明示之意思或其明示之意思依所定應適用之法律無效時，依行為地法；行為
地不明者，依付款地法。

　　行使或保全票據上權利之法律行為，其方式依行為地法。

10.4.1　概說

票據之意義：指發票人記載一定日、時、地點，並簽名於票據，無條件約定由自己或委託
　　他人，以支付一定金額為目的之有價證券。

性質：設權證券、有價證券、金錢證券、文義證券、要式證券、無因證券、流通證券、提
　　示證券、繳回證券。

經濟效用：匯兌功能、信用功能、支付功能

分類：

　　　　法律分類（匯票、本票、支票）

　　　　功能分類（信用證券、支付證券）

　　　　流通分類（無記名、指示、記名）

　　　　付款分類（自付證券、委託證券）

票據行為

　　　　意義：以發生或移轉票據權利義務為目的，而於票據上所為之要式法律行為。

　　　　種類：基本票據行為：發票（匯本支）

附屬票據行為：背書（匯本支）、承兌（匯）、參加承兌（匯）、保證..

　　　　性質：契約說、單獨行為說（通說）

　　　　特性：要式性、無因性、文義性、獨立性、協同性..

要式性：ex票§11.I：「欠缺本法所規定票據上應記載事項之一者，其票據無效。但本法
　　別有規定者，不在此限。」票§12：「票據上記載本法所不規定之事項者，不生票
　　據上之效力。」

要件：交付＋形式要件：「法定款式」＋「簽名」

　　　　　　　　實質要件：「權利能力」＋「行為能力」＋「意思表示」

票據權利及其行使

　　　　意義：執票人為取得票據金額為目的，依據票據所賦予對票據行為之關係人，所得
　　　　　　　行使之權利。

　　　　種類：付款請求權：對象──主債務人、擔保付款人、票據交換所

追索權：第二債務人
　　　取得：原始取得：發票、善意取得
　　　　　　繼受取得
　　　行使：票據權利人請求票據債務人履行票據債務之行為，例如請求承兌、付款提示
保全：為確保票據權利，不使之消滅之行為，例如按期提示、作成拒絕證書、中斷時效，
　　　行使追索權等。

10.4.2　涉外票據及衝突發生

　　國際經濟或貿易活動中，經常需要使用許多支付工具，例如使用票據、匯票支付或託收、信用狀等，此屬國際支付準據法（international payment）之一環。用於國際支付之票據或證券，極有可能於A國簽發，B國背書，C國承兌，而於D國支付，而這些國家的法律均可能影響該票據或證券之效力及當事人間之權利義務。

　　國際間大致上發展具三大票據法系：法國法系、德國法系及英美法系。法國法系著重在票據代替現金的功能上，因此並不嚴格區分票據關係與基礎關係。德國法系則著重在票據的信用及流通功能，將票據關係與基礎關係予以區分。英美法系與德國法系較為雷同，均著重票據之信用及流通。然相對於德國法系對票據格式的嚴格，英美法系較著重票據應用之便利。

　　然各國有關票據或證券之形式、種類、簽發或記載、行使及保全方式、時效等規定均有不同，例如德日僅有匯票及本票，然我國將票據分為匯票、本票及支票三種。因各國所規定之票據種類不同、方式要件不同，欠缺某要件之法律效果亦不同。例如以歐陸為主的國家，匯票必須在票據上記載「匯票」字樣，否則無效，然而英美法系國家卻無此規定，其結果將導致於英美國家所簽發無「匯票」字樣之匯票，於歐陸等國將被認定為無效。另涉外票據或證券之流通，涉及票據或證券之簽發、背書、承兌、保證及付款等票據或證券行為，其產生複數內容不同之法律關係，若允許當事人自由選擇其行為適用之法律，勢必造成票據或證券當事人之間權利義務的失衡，不利於第三人利益保護，造成票據或證券處於一不穩定法律基礎之下。票據或證券於各國大都屬嚴格要式證券，為保證票據及證券之流通性及安全性，各法系原則上均排斥當事人意思自治原則之適用，而依「場所支配原則」採取較為硬性的法律衝突解決規範；並依「切割原則」將票據或證券當事人之行為能力、證券格式或方式、證券權利之行使及保全等為區分處理，建立不同法律適用規則。

　　多數國家於其票據相關規範中均訂有相關的法律衝突規範，例如英國1882年匯票及本票法、德國票據法第四章、德國支票法第十二章、日本匯票本票第五章等，然我國票據法等並無類似規定。

　　票據為一上位概念，十二世紀義大利發展出近代票據的前身「兌換證券」，以迄十七世紀末法國陸上商法條例針對「票據」為最早規範，各國逐漸針對票據為規定，為併入商法典中或制訂單行法。然各國就票據之種類、開票、背書、保證、付款、承兌、拒付、遺

失毀損等權利義務及程序，並不全然一致。爲整合前述法律衝突，國際間訂有若干有關國際支付之相關公約，例如日內瓦1930年統一匯票本票法律公約、日內瓦1931年統一支票法律公約、聯合國1988年國際匯票及國際本票公約、UCC跟單信用狀統一慣例、託收統一規則等實體法規範，及美洲國家間於1975年制訂之「美洲國家間匯票、本票及發票法律衝突公約」及1979年「美洲國家間支票法律衝突公約」等衝突法規範。然既使有這些公約之存在，由於票據作爲信用及支付工具，與各國經濟及交易安全關係密切，因此各國仍存有相當多的自主規範，繼而衍生涉外票據之法律衝突問題。以票據種類爲例，德日票據法僅有匯票及本票二種，而美國統一商法典第3-104條將票據區分爲匯票、本票、支票及存款單四種。

10.4.3　涉外票據國際及各國規範概略

本次新修正涉民法有參考者爲美洲國家間於1975年制訂之「美洲國家間匯票、本票及發票法律衝突公約」及1979年「美洲國家間支票法律衝突公約」。以下整理1975年美洲國家間匯票、本票及發票法律衝突公約及1979年美洲國家間支票法律衝突公約二公約有關匯票支票等法律衝突之準據法：

1975年美洲國家間匯票、本票及發票法律衝突公約		1979年美洲國家間支票法律衝突公約	
項目	準據法	項目	準據法
因匯票承擔債務	依債務承擔地法	由支票締結債務之能力	依債務締結地
匯票簽發背書保證參加承兌及拒付之方式	依行爲地法。	支票簽發背書保證參加承兌及拒付之方式	依行爲地法。
因匯票所生一切債務	債務成立地法 →次依匯票支付地 →再依發票地	因支票所生債務	依債務締結地 →次依支票支付地 →再依發票地
承兌付款及拒付之程序及期限	依行爲地。	拒付程序期限及其他保留	依行爲實施地。
遭盜竊僞造遺失毀損應採取之措施	依匯票支付地。	支票之性質； 支票方式與效力； 提示時間； 支票簽發之對象； 支票是否只爲存放而簽發，簽發應否劃線、公證或確認及該行爲之效力； 持票人要求提供款項之權利及該權利之性質；	依支票支付地

| 前述規定亦適用於本票（promissory notes）、具流通證券性質之發票（invoice） | 持票人是否可要求或是否有義務接受部分支付； 發票人撤回支票或反對支付之權利； 拒付之必要性或其他保留以對抗背書人、發票人或其他債務承擔人權利之同等行為之必要性； 於支票被搶、被盜、偽造、遺失、被毀或文書本身變質無法使用地步等情況下，應採取之措施； 所有有關支票支付之事項。 | |

各國有關涉外票據之衝突法規範：各國有關涉外票據之衝突法規範主要規定於該國票據相
關法規中，例如德國票據法規定於第四章、支票法規定於第十二章、日本匯票本票法
規定於第五章等。因此於各國國際私法相關規範中，卻罕見有關票據之相關規定，於
我國新涉民法所主要參考之德、日、奧、義、瑞士等國的國際私法規範中，僅有瑞士
聯邦國際私法於其第七編「物權」第106條第1項有「權利證券上所指定之準據法，應
適用該指定之法律。未指定者，相關問題應適用證券發行人營業處所所在地法。」

10.4.4 涉外票據之性質、立法原則及理論

涉外票據於國際私法上之性質（定性）：票據行為雖為法律行為之一，然票據首重流通，
因此於國際私法定位上，流通票據一般被視為「有體動產」之「物」；另為維護票據
信用及交易安全，需採嚴格要式主義，因此並受傳統屬地主義「場所支配行為」理論
之局部拘束。因此，依「物權依物之所在地」及「場所支配行為」法理，票據之流通
及權利之保全及行使，通常會依「流通地」或「行使（為）地」法。而不受法律行為
所生之債以意思自主為衝突法解決標準。

涉外票據準據法決定之立法原則：

1. **排除「意思自治」原則**：由於涉外票據涉及發票、背書、承兌、保證等複數不同法律關係，若允許當事人自由選擇其行爲之準據法，將造成這票據當事人間之權利義務之失衡，危及第三人利益。

2. **硬性選法規範**：爲確保票據之流通性及安全性，各國及國際規範普遍採取硬性選法規範，特別是針對流通性票據。

3. **「債」「票」分離處理原則**：此爲「票據關係」與「基礎關係（實質關係）」分離之表徵。「基礎關係」及「票據關係」分別適用不同的法律衝突規範。基礎關係（主要爲債之關係）原則上依債務成立地法；票據關係則依各票據行爲分別處理，原則上依行爲地法。

4. **各票據行爲區分處理原則**：票據行爲具高度複雜性，因此各國並非採取統一式或單一式擇法規範，而是普遍將涉外票據之票據當事人行爲能力、票據方式、票據權利之實現及保全等，依各自不同聯繫，分別確定其準據法。

涉外票據主要問題準據法之立法主義：

A. 涉外票據「行爲人能力」準據法：

概念：涉外票據之票據行爲人能力基本上屬「屬人法」問題，依本國法主義或住所地法主義或慣居地法。然爲票據流通及安全，通常會並採「行爲地法」主義。另在各國及國際公約實踐上，兼採得予反致，以擴大票據行爲人行爲能力之效力，使票據具效力。例如1975年美洲間國家匯票本票及發票法律衝突公約第1條規定「因匯票而承擔債務之能力應依債務成立地法。然如債務人依前述法律規定爲無能力之人，而依本公約其他締約國法律規定其債務屬有效時，於該國境內不得據此認其爲無能力之人。」

立法例：

	屬人法爲主，行爲地法爲輔＋反致	行爲地法爲主，屬人法爲輔＋反致	行爲地法主義＋反致
採用	日本 1930及1931年日內瓦公約		1975年美洲國家間匯票、本票及發票法律衝突公約； 1979年美洲國家間支票法律衝突公約。

B. 涉外票據「票據形式」準據法：

概念：票據應記載事項，各國票據法規定不一，例如是否必須記載「票據種類」，英美及德日規定即不一，因此會造成某票據是否符合其形式要求而具有效力問題。

立法例：

	依發票地法		行為地法	付款地或支付法	發票地支付地並用
	簽名地	首次交付地			
採用	德、日、法	英國	1975年美洲國家間匯票、本票及發票法律衝突公約；1979年美洲國家間支票法律衝突公約。	英國	原則依發票地，然當事人可協議適用支付地，如中國大陸。

C. 涉外票據「票據行為方式」準據法：

	簽字地法主義			行為地法主義
	票據不區分說	票據區分說		
		匯票／本票	支票	
	簽字地國法	簽字地國法	簽字地國及付款地國選擇適用	
主張	票據行為之方式概依簽字地國法。使每一票據行為彼此獨立，確保票據之流通。	原則依簽字地國法，但支票則另外採取付款地選擇適用。一方面確保票據之獨立性及流通性，亦兼顧支票之支付性質。		票據行為之方式應適用行為地法，亦即票據之交付地法。
採用	部分歐陸國家。	日內瓦公約為主之歐陸國家；1930年日內瓦解決匯票本票法律衝突公約及1931年日內瓦解決支票法律衝突公約。		英美法系國家；1975年美洲國家間匯票、本票及發票法律衝突公約及1979年美洲國家間支票法律衝突公約。
註1：	無論是「簽字地法」抑或「行為地法」，大體上仍依循傳統的「場所支配行為」原則，兼顧票據之獨立性、流通性及支付性。亦即歐陸國家主要以「簽字地」作為行為地，而英美國家以「票據交付地」作為行為地，多數情況下，二行為地是同一的。			
註2：	各國規定普遍採用場所支配行為理論下之「行為地法」。惟各國或國際公約對於「行為地」之解釋不同。例如英國1882年票據法指「交付地」法；1930年日內瓦解決匯票本票法律衝突公約及1931年日內瓦解決支票法律衝突公約採「因票據所訂契約之契約簽訂地法」；1975年美洲國家間匯票、本票及發票法律衝突公約及1979年美洲國家間支票法律衝突公約擇採「行為實施地法」（the law of the place which the act is performed）。			

D.涉外票據「追索權行使期限」準據法：
　概念：追索權爲票據不獲承兌或付款時，持票人對其前手請求償還票據金額之權利；
　　　　持票人未於規定期限內行使，通常會喪失對其前手之追索權。而各國對於追索
　　　　權行使期限之規定並不一致。
　立法例：

	依發票地法	行爲地法	拒絕付款地法
採用	1930年日內瓦公約 德國、日本	英國 1975年美洲國家間匯票、本票及發票法律衝突公約 1979年美洲國家間支票法律衝突公約	英國

10.4.5　我國法規定（涉民法第21條）

2010年涉民法	1953年涉民法	說明
第21條 法律行爲發生票據上權利者，其成立及效力，依當事人意思定其應適用之法律。 當事人無明示意思或其明示之意思依所定應適用之法律無效時，依行爲地法；行爲地不明者，依付款地法。 行使或保全票據上權利之法律行爲，其方式依行爲地法。 【司法院、行政院原提案條文：】 法律行爲發生票據上權利者，其成立及效	第5條 法律行爲之方式，依該行爲所應適用之法律，但依行爲地法所定之方式者，亦爲有效。 物權之法律行爲，其方式依物之所在地法。 行使或保全票據上權利之法律行爲，其方式依行爲地法。	【司法院、行政院原提案條文說明】 一、條次變更。 二、法律行爲發生票據上權利者，關於票據債務人之債務內容，現行條文未設明文規定，適用上不免發生疑問。爰參考1975年泛美匯票、本票及發票法律衝突公約第3條至第5條及1979年泛美支票法律衝突公約第3條規定之精神，增訂第1項，明定法律行爲發生票據上權利者，其成立及效力，依行爲地法，行爲地不明者，依付款地法。票據上如有關於應適用之法律之記載，該記載之效力，亦宜依本項所定之法律予以決定。同一票據上有數票據行爲之記載者，頗爲常見，此時各票據行爲均個別獨立，其應適用之法律亦應各別判斷。即某一票據上權利依其應適用之法律不成立者，對其他

力，依行為地法；行
為地不明者，依付款
地法。
行使或保全票據上權
利之法律行為，其方
式依行為地法。

依本身應適用之法律已成立之票據上
權利不生影響。
三、現行條文第5條第3項，移列為本條第2
項。
【審查會】：
一、國際金融業務分行（OBU）的授信對
象為境外法人，其行為地多為境外，
依現行實務作法，銀行均會與授信戶
約定依我國法律辦理。爰依當事人意
思自主原則及國際金融業務分行實務
運作之需求，將第1項後段「依行為地
法；行為地不明者，依付款地法」修
正為「依當事人意思定其應適用之法
律」。並增訂第2項「當事人無明示意
思或其明示之意思依所定應適用之法
律無效時，依行為地法；行為地不明
者，依付款地法」。原第2項文字改列
為第3項。
二、餘照案通過。

評釋：
(1) **條文位置**：從涉外票據準據法性質及瑞士國際私法立法例觀之，有關票據行為之準
據法似宜置放於新涉民法第三章「法律行為之方式及代理」，不宜置放於新法第四
章「債」。
(2) **條文適用範圍**：與國際公約相較，本條文適用範圍不僅較窄，僅限於票據行為之成
立、效力及相關權利之行使及保全；且所採「當事人意思自主」主義及「行為地
法」統一立法主義，與國際涉外票據不採當事人意思自主及採用「區分立法」原則
之立法例迥異。
(3) **本條文修法歷程**：本條文為2003年草案定稿後，唯一於立院審查會進行實質修正之
條文（其餘條文主要是將禁治產修正為監護而已）。以國際金融分行業務（OBU）
作業實務為理由，將原本之「行為地法」統一主義，改採「當事人意思自主為主，
行為地法為輔」原則。

(4) **與國際立法相較，立法不足之處**：與本條文修正所參酌之1975及1979年公約相較，我國法有下列不足之處：

(a) 未針對涉外票據之「基礎關係」準據為規範（公約採「債務成立地」）；

(b) 在票據行為能力方面，各國及相關公約以「屬人法為主，行為地法為輔＋反致」為法律衝突之擇法標準，然本條文蓋採「行為地法」，過於簡略，與國際立法趨勢不符；

(c) 未規定票據之偽造及變造

(d) 未規定票據喪失之救濟：公約概採「支付地」或「付款地」法。

(5) **第1項**：「**法律行為發生票據上權利者，其成立及效力，依當事人意思定其應適用之法律。**」

(a) 本條文僅適用於「法律行為發生票據上之權利」，僅涵蓋票據行為及票據關係，解釋上不包括「基礎關係」及「偽造變造」等違法行為。

(b) 本條文僅適用於「法律行為發生票據上之權利」，僅涵蓋票據行為及票據關係，解釋上不包括「基礎關係」及「偽造變造」等違法行為。

(c) 「**法律行為發生票據上之權利**」：主要係指「票據行為」，包括學理上的狹義票據行為，如發票（含代理）、背書、承兌、參加承兌、保證；及廣義的票據行為，如付款、參加付款及追索等。而票據上之權利主要為付款請求權及追索權二者。

(d) 「**成立**」：包括實質要件，如票據能力及意思表示；及形式要件，包括書面記載（應記載、得記載、不得記載）及交付。

(e) 「**效力**」：依各票據行為而定，例如於匯票，對發票人之效力為擔保承兌及擔保付款；對受款人為取得付款請求權；對付款人為經承兌時負付款義務。

(f) 「**當事人意思**」：票據著重流通及信用，因此票據關係可能非常複雜，至少包括票據債權人、債務人（含主債務人及第二債務人以下之後債務人）、擔保付款人及票據交換所等；如依票據之種類，除委託證券類型外，尚有自付證券類型。本條文所稱之「當事人」究指為何？有討論之必要。從票據行為觀之，發票行為之當事人為發票人及受票人；背書行為之當事人為背書人及被背書人；承兌行為之當事人為請求承兌之人及承兌銀行，不一而足，如每一票據行為均得由當事人自由議定票據準據法，那怕法律關係不更行複雜，而此即為各國及國際有關票據準據法立法不採意思自主之主要理由之一；不採當事人意思自主之另一理由為「會造成票據當事人間之權利義務之失衡，危及第三人利益」。另從本條文審查會之修法理由觀之，其係以「國際金融分行業務（OBU）作業實務」為主要修正理由，換言之，其完全著重在「銀行（擔保付款或承兌人）與帳戶使用人（主要為發票人）間之法律關係」，不考量票據之各種類型及票據行為中其他利害關係人之利益，是一個非常不符國際現況的作法。

(g) 「基礎關係」準據法：本項未規定「基礎關係」之準據法，基於「債」「票」分離原則，基礎關係準據法不宜準用「行為地法」，而應依法理適用國際公約，依債務成立地法。

(h) 票據之偽造變造等：票據之偽造變造非屬法律行為，自非本項適用範圍。然由於票據之偽造變造仍具有準票據行為之若干效力，自應受場所支配行為原則之適用，學理解釋上仍可適用「行為地法」，然注意非本條第1項之準用。

(6) 第2項：「當事人無明示意思或其明示之意思依所定應適用之法律無效時，依行為地法；行為地不明者，依付款地法。」

(a) 「行為地」：行為地於各國實踐包括「支付地」、「因票據所訂契約之契約簽訂地法」及1975年美洲國家間匯票、本票及發票法律衝突公約及1979年美洲國家間支票法律衝突公約則採「行為實施地法」（the law of the place which the act is performed）。由於修法說明係採1975年及1979年公約，因此解釋上為「行為實施地」。而何謂「行為實施地」？應依所涉票據行為為定，如發票行為，解釋上應「發票地」；如為背書行為，則為「背書地」，以下類推。

(b) 「付款地」：由於票據具流通性，最後執票人為誰並不確定；且加上背書人、承兌人等背書承兌等行為地可能不同，以及追索權之行使，本書認為「付款地」應指最後執票人請求付款地，而非訴請發票人、背書人或承兌人等之付款地。

(7) 第3項：「行使或保全票據上權利之法律行為，其方式依行為地法。」

(a) 行使或保全票據上權利之法律行為：ex為票據提示、請求付款或作成拒絕證書，包括追索權行使期限，與行為地之法律有特別密切關係，因此應專依"行為地法"解決，而不適用涉民法§16所採以法律行為準據法為原則（i.e.「行為地法及本案準據法選擇適用主義」及「雙方行為地法說」），而專以行為地法為例外之規定。

(b) 「行使或保全」票據上權利以外之票據行為：例如發票、背書、承兌等，應適用新涉民法§21.I行為地法之規定。

(c) 票據喪失之救濟：票據可能因遺失、被盜、毀損而喪失票據之占有，然票據喪失占有並不代表票據權利亦隨之喪失，因此各國普遍設有救濟程序。各國際公約對此原則上係依「支付地」或「付款地」法。我國法對此未規定，不宜準用「行為地法」，建議以學理方式，採「支付地」或「付款地」法。

外國立法例參考：

義大利1995國際私法制度改革法第59條信用票據

(1) 無論任何情況，有關匯票、本票、支票依1930年6月7日日內瓦關於解決匯票、本票法律衝突公約及1931年3月19日關於解決支票衝突公約。前一公約規範於1932年8月25日第1130號王室法令中，後又轉換為1932年12月22日第1946號法令；後一公約規範於1933年8月24日第1077號王室法令中，後又轉換為1934年1月4日第61號法令。

(2) 公約規定亦適用於發生於締約國領土外之義務，亦適用於公約指定非締約國法律之情形。

(3) 其他信用票據依其發行地法。然任何非主要義務依各項義務發生地法。

阿根廷1974年國際私法第43條

匯票的形式、背書、承兌、擔保、拒付和行使或保有匯票權利之必要行為，適用行為地國法。

如果匯票產生的債務依前款所指法律屬無效，但確實符合後繼債務締約地國法，則匯票形式不符合規則並不影響該債務的有效性。

阿根廷1974年國際私法第44條

前條規定適當時也適用於本票、銀行票據和其他向指定人付款的票據。

該項規定也適用於支票。但是，以下事項適用支票付款地國法：(1)提示的時間；(2)支票可否承兌、劃線、保付或保兌，以及此種行為的效力；(3)持票人對資金條款的權利和此種權利的性質；(4)出票人撤回支票或停止付款的權利；(5)為保有向背書人、出票人和其他債務人抗辯的權利，而作成拒絕證書或類似行為之必要；(6)其他有關支票格式特徵的情況。

阿根廷1974年國際私法第45條

流通票據和其他向持票人付款的票據，其形式和法律效力適用票據作成地國法。

債券和向持票付款的票據，其轉讓，適用轉讓地國法。

阿根廷1974年國際私法第46條

從匯票、支票和其他向指定人或持票人付款的票據中產生的權利和義務的有效性，不適用有關印花稅的規定。

韓國1962年國際私法第34條匯票能力

一個人負擔基於匯票、本票或支票的債務的能力，適用這個人的本國法。但如該國法規定適用其他國法，則適用該其他國法。

如果一個人雖然按前款規定無匯票、本票或支票能力，但如該人在其一國的領土上簽名於匯票、本票或支票，而按該國法律他有匯票、本票、支票能力時，則他因（這一簽名）負擔責任。

韓國1962年國際私法第35條支票付款

支票付款地法決定誰可以為支票的付款人。

一支票由於以依付款地法不能作為付款的人為付款人而無效時，這一原因對於支票在其他國簽名而負擔債務的效果不發生影響，只要該其他國並無相當於支票付款地法的規定。

韓國1962年國際私法第36條匯票的方式

關於匯票、本票和支票的法律行為的方式，適用簽名地法。但支票也可使用付款地法規定的方式。

一法律行為根據前款規定無效時，以後的法律行為如果符合行為地法，其效果不因前一法律行為無效而受影響。

一韓國人在國外進行關於匯票、本票或支票的（法律）行為時，該（法律）行為如果只符合韓國法，則無論如何對另一韓國人有效。

韓國1962年國際私法第37條匯票效果

匯票承兌人和本票發票人的債務的效果適用付款地法，由支票產生的債務的效果適用簽名地法。

不屬前款規定的人因簽名而負擔對匯票、本票或支票的支付義務的效果，適用簽名地法。

但所有簽名人因匯票、本票或支票行使追索權的期間適用票據發出地法。

韓國1962年國際私法第38條作為發票基礎的債權的取得

匯票的持票人是否取得作為匯票發出基礎的債權，適用發票地法。

韓國1962年國際私法第39條部分承兌，部分付款

對於匯票和本票的承兌是否可以限於票額的一部分，以及持票人是否有接受部分付款的義務，適用付款地法。

韓國1962年國際私法第40條行使和保全權利的聲明的方式

關於拒絕（承兌或付款）的證書的方式，作成這些證書的期間，以及其他為行使或保全由匯票、本票或支票產生的權利所必要的法律行為的方式，適用拒絕證書作成地法或法律行為地法。

韓國1962年國際私法第41條匯票的遺失及失竊

匯票或本票遺失或失竊時應適用的程序，適用付款地法。

韓國1962年國際私法第42條劃帳支票

如果一支票人或持票人的票據上注有"只可匯帳"或同樣意義的字樣，因而禁止以現金支付，則這種在國外發出而在韓國付款的支票與普通劃帳支票的效果相同。

韓國1962年國際私法第43條付款地法

有關支票的下列事項適用支票付款地法。

(1) 支票是否見票即付，可否在見票後某期間內付款，以及倒填發票日期的支票的效果；

(2) 提示期間；

(3) 支票可否承兌，付款可否得到保證，支票可否得到確認或簽證，以及以上各項的效果；

(4) 持票人可否要求部分付款，他人是否有義務接受部分付款；

(5) 支票可否劃帳，以及註明「劃帳」或同樣意義的字樣的效果；

(6) 持票人對於償還準備金是否享有特別的權利，以及這種權利的性質；

(7) 支票發票人能否撤回兌付支票的委託，能否實行停止兌付支票的程式；

(8) 支票遺失或失竊時進行的程式；

(9) 為了對背書人或其他對支票負擔義務的人保持追索權，是否需要一拒絕證書或具有同樣效果的聲明。

羅馬尼亞1992年關於調整國際私法法律關係之第105號法第127條

依照其本國法不具有承擔匯票、有價證券或支票債務的能力的人，如果其簽名是在某一國家所為，而根據該國法律該人具有認購能力，則可以通過該票據承擔有效債務。

羅馬尼亞1992年關於調整國際私法法律關係之第105號法第128條

對匯票、有價證券或支票債務的承擔必須符合債務認購地所在國家法律所規定的形式要求。對於支票只須滿足支付地法律對形式的要求即可。

如果按照前款所確定的法律所承擔的債務被認為無效，而它卻符合另一後繼債務認購地國家的法律，則先前債務的無效並不影響到後繼債務的有效性。

羅馬尼亞1992年關於調整國際私法法律關係之第105號法第129條

追索權的行使期限對任何認購者來說都應適用出票地法律。

羅馬尼亞1992年關於調整國際私法法律關係之第105號法第130條

拒付證明的形式與期限以及匯票、有價證券或支票事務請求權的行使與保護所必需的形式要求適用拒付或其他法律行為實施地國家的法律。

羅馬尼亞1992年關於調整國際私法法律關係之第105號法第131條

匯票承兌人和有價證券簽發人所承擔責任的效力受票據支付地法律支配。

匯票或有價證券的其他債務承擔人，其簽名的效力適用簽名地所在國家法律。

羅馬尼亞1992年關於調整國際私法法律關係之第105號法第132條

匯票持有人是否獲得出票時票面所載的應付款項，取決於票據發行地法。

羅馬尼亞1992年關於調整國際私法法律關係之第105號法第133條

是否可以部分付款或者票據持有人是否有義務接受部分付款由支付地國法律決定。

羅馬尼亞1992年關於調整國際私法法律關係之第105號法第134條

是否可以部分付款或者票據持有人是否有義務接受部分付款由匯票票據遺失或被盜後應採取的措施由匯票或有價證券支付地國家法律。

羅馬尼亞1992年關於調整國際私法法律關係之第105號法第135條

支票應由何人付款由支票付款地國法律決定。

羅馬尼亞1992年關於調整國際私法法律關係之第105號法第136條

如果按照第135條所確定的法律支票因付款人無權付款而被認定無效，則根據票據上的簽名而承擔的義務仍為有效，『要該簽名是在另一國家所為而該國並不存在此種限制。

羅馬尼亞1992年關於調整國際私法法律關係之第105號法第137條

由支票而產生的責任，其效力應適用該責任承擔地國家的法律。

羅馬尼亞1992年關於調整國際私法法律關係之第105號法第138條

支票支付地國法律特別適用於以下事項：

(a) 票據是否見票即付或在見票後一定期間內支付，以及補填日期的效力；

(b) 提示付款期限；

(c) 支票能否被接受、證明、確認或背書以及票據登記的效力；

(d) 持票人是否可以要求部分支付或必須接受此種支付；

(e) 支票是否可以劃線或附上「可匯劃結算」條款或其他類似批註，以及劃線、所附條款或其他批註的效力；

(f) 持票人對保證金是否有特殊請求，以及該保證金的法律性質；

(g) 開票人能否撤回支票及對支票的兌付提出異議；

(h) 支票遺失或被盜後能採取的補救措施；

(i) 為保護追索請求權是否需要針對付款人、出票人或其他責任人提出拒付證明或其他同等作用的聲明。

英格蘭衝突法（1980年戴西及莫里斯衝突法論）規則162

(1) 任何擔保金錢支付的票據，例如匯票、政府債券，不論是在英格蘭還是在其他地方簽發的，於下述情況下在英格蘭都可以作為流通票據

(a) 依據英格蘭商界習慣，即使該習慣（一經確立）可能是最新起源的；或者

(b) 依據議會法。

否則，不能作為流通票據。

(2) 「流通票據」是指具有以下特徵的擔保金錢支付的票據：

(a) 由於背書和交付，或者僅僅由於交付，票據中的財產及其所有權利轉移給某善意持有人。

(b) 此類持有人根據這種票據擁有財產和權利，不受前一讓與人或持有人權利瑕疵或對其請求抗辯的影響。

英格蘭衝突法（1980年戴西及莫里斯衝突法論）規則163

就法律適用而言，任何關於匯票或本票的法律衝突都必須根據《1882年匯票法》的規定加以確定。

英格蘭衝突法（1980年戴西及莫里斯衝突法論）規則164

如果在一國開出的匯票在另一國議付、承兌或支付，那麼，其當事人的權利、義務和責任應如下確定：

(1) 匯票的效力，就形式要求而言，由簽發國法律決定，而附帶合同，如承兌、背書或參加承兌的效力，就形式要求而言，由此類契約訂立國法決定。

只要：

(a) 如果匯票在聯合王國之外簽發，它不僅僅因為未按照簽發國的法律蓋章而無效；

(b) 如果在聯合王國以外簽發的匯票就形式而言，符合聯合王國的法律，為了強制其支付的目的，它被視為在流通、持有或在聯合王國成為當事人的所有人之間有效。

英格蘭衝突法（1980年戴西及莫里斯衝突法論）規則165

如果匯票被拒付，那麼，賠償將被視為清算性的賠償，計算方法應是

(1) 持票人可以向匯票中有責任的任何當事人請求賠償，被迫支付匯票的發票人可以向承兌人、發票人或前一背書人請求賠償，

　(a) 匯票上的數額；

　(b) 如果是即期匯票，從提示支付時起，在任何其他情況下，從匯票期滿時起，匯票利息；

　(c) 通知的費用，或者在異議書是必須的，並且已經提出異議的情況下，提出異議的花費。

(2) 如果根據本法，利息可以作為損害來賠償，基於公正的需要，這種利息可以全部或部分免除；如果匯票明確規定，應按一定的利率支付，那麼，作為損害的利息可以按照也可以不按照這一利率支付。

美國1971年第二次衝突法重述 第214條出票人和受票人的義務

(1) 除第216條及第217條規定外，本票的出票人及匯票的受票人之義務，依票據中註明之付款地州之本地法。

(2) 除第216條及第217條規定外，未註明付款地時，出票人及受票人的義務依票據交付地州的本地法。該州推定為票據註明日期時的所在州，且於票據上無相反聲明時，此一推定對正當持票人是具決定性的。

美國1971年第二次衝突法重述 第215條 背書人和出票人的義務

(1) 除第2項及第216條和第217條規定外，匯票或本票背書人和匯票出票人之義務，依其交付票據地州的本地法。該州推定為票據註明日期時的所在州，且於票據上無相反聲明時，此一推定對正當持票人是具決定性的。

(2) 當票據註明某州為付款地時，該州的本地法決定提示可在哪個州或哪些州進行。

美國1971年第二次衝突法重述 第216條 流通票據權益之轉讓

(1) 流通票據中權益之轉讓在該轉讓當事方以外之人之間之有效性及效力，依轉讓時該票據所在州之本地法。

(2) 某人是否為票據的正當持票人，依轉讓給該人時，該票據所在地州的本地法。

美國1971年第二次衝突法重述 第217條 提示、付款、拒絕和拒絕通知的細節

提示、付款、拒絕及拒絕通知的細節，依這些行為發生地州的本地法。

1953年涉民法立法背景參考：

1908年 法律適用條例	1953年 涉民法	立法說明
第26條 法律行為之方式，除有特別規定外，依行為地法。但適用規定行為效力之法律所定之方式，亦為有效。 以行使或保全票據上權利為目的之行	**第5條（法律行為方式之準據法）** 法律行為之方式，依該行為所應適用之法律。但依行為地法所定之方式者，亦為有效。 物權之法律行為，其方式依物之所在	(一) 第1項：本項所謂「該行為所應適用之法律」，指法律行為實質所應適用之法律而言，亦即法律行為之方式，應依法律行為之實質所應適用之準據法，斯為原則。原條例第26條第1項規定，法律行為之方式依行為地法，而適用規定行為效力之法律所定之方式者亦為有效。其立法精神，與本項頗有出入，且在理論上亦未盡妥適。蓋因法律行為之方式與實質，表裡相依，關係密切。在通常情形下，法律行為之方式，依照其實質所應適用之法律，匪特較便於行為人，且按

| 爲，其方式不適用前項但書規定 | 地法。
行使或保全票據上權利之法律行爲，其方式依行爲地法。 | 諸法理，本應如是。至於行爲之方式依照行爲地法，按「場所支配行爲」之原則，雖未始不可認爲有效，要屬例外情形，祇可列爲補充規定，故本項特予改訂如正文。又本項乃規定一般法律行爲方式所應適用之準據法，至於某法律行爲方式有適用特別準據法之必要者，本項以下各條項另有規定，應當優先適用，不復援用本項之規定，原條例所列「除有特別規定外」一語，似無必要，擬刪。
(二) 第2項：本項所定「處分物權之法律行爲」，係別於債權行爲而言，凡物權之移轉，及設定負擔等均屬之，依照屬物法則，物之法律關係，應依其所在地法，關於處分物權行爲之方式，自亦不能例外，應專依物之所在地法，以保護所在地之公安或國策。
(三) 第3項：行使或保全票據上權利之法律行爲，與行爲地之法律有特別關係，其方式應專依行爲地法，是亦爲對於本條第1項之特別規定。 |

10.5　證券（涉民法第22條）

涉民法第22條
　　法律行爲發生指示證券或無記名證券之債者，其成立及效力，依行爲地法；行爲地不明者，依付款地法。

10.5.1　概說

　　民 §710.I：稱指示證券者，謂指示他人將金錢、有價證券或其他代替物給付第三人之證券。
　　民 §719：稱無記名證券者，謂持有人對於發行人，得請求其依所記載之內容爲給付之證券。

　　於我國，指示證券及無記名證券爲民事權利證券化之重要表徵，而所謂的民事權利主要包括債權、物權及無體財產權等。民事權利證券化不僅能使財產轉讓活動更爲簡易便捷，更可使民事權利藉由證券方式得以取得更爲具體實體性之顯示，有利於經濟的活絡發展。證券類型分類相當多樣，有以證券功能爲分類，包括金額證券（例如郵票、印花、禮券）、資格證券（如存摺、車票、行李票等）及有價證券（如國庫券、股票、債券、倉單、提單等）；另有設權證券及證權證券、完全證券及不完全證券、物權證券及債權證券，以及記名證券、不記名證券及指示證券等分類。記名證券指證券上記載權利主體之名稱，原則上僅該所載之證券權利人始得行使權利，證券流通性較弱；而無記名證券及指示證券或不記載權利主體名稱或候待指示，證券流通性較強，相對地具有權利主體認定上之

困難度。另一方面，有價證券或可為債權證券，或物權證券。債權證券係以債權為內容之證券，例如債券（國債或公司債）；物權證券係以物權作為證券表彰內容之證券，例如倉單及提單即具有部分物權證券之效力。

10.5.2　衝突發生及各國規範

民事權利證券化為近代經濟及法制發展趨勢，然商品經濟證券化之高度發展，轉讓安全性之需求（公開或私下）、自由交易之順暢等，使各國對於證券類型、各類證券之性質、內容及相關權益規範不一。以無記名證券為例，我國民法雖將其規定於債編各論，然德國民法典第1293條將其作為物權處理，適用有關動產質權之規定；另我國最高法院83臺上913號判決依民法951條「金錢或無記名證券」準用遺失物拾得之規定，將票據及無記名證券亦為動產物權之認定。另無記名證券一般可分為自付證券及委託證券，而我國民法債編所稱之無記名證券依其定義在適用上僅限於「自付證券」，而不及於委託證券。此外，由於證券種類多樣且性質複雜，屬債權證券者，證券上復常有準據法之意定，更造成法律衝突解決上之困難。

國際間有關無記名證券及指示證券之法律衝突規範相關罕見。以本次涉民法修正所參酌之各國立法（德、日、義、奧、瑞士）為例，僅僅有瑞士聯邦國際私法於其第七編「物權」第106條第1項有「權利證券上所指定之準據法，應適用該指定之法律。未指定者，相關問題應適用證券發行人營業處所所在地法。」另匈牙利1979年國際私法第28條第1項規定「證券義務的產生及範圍，適用履行地法。」另中國 2010年涉外民事法律適用法第39條亦有「有價證券，適用有價證券權利實現地法律或者其他與該有價證券有最密切聯繫的法律。」之規定。

10.5.3　無記名證券及指示證券準據法決定之立法原則

各國或國際有關無記名證券及指示證券法律衝突之立法例並不多見，學術相關論述亦有限，加上無記名證券及指示證券之種類及性質相當多樣且複雜，並無明確立法原則可尋。惟從前述各項論述，有關無記名證券及指示證券之法律衝突準據法之確定，原則上應依證券本身之性質為定，亦即如證券性質：

1. 如具債權證券性質：採「債、券」分離原則，原債權應依債務發生地法
2. 具物權證券性質：依「物權依物之所在地法」原則，原則依證券持有人主張權利地法
   (1) 具流通證券性質：
   (2) 其簽發及方式原則上應依簽發地法（場所支配行為原則）
   (3) 其權利之行使及保全應依行為地法。

10.5.4　我國法規定（涉民法第22條）

2010年 涉民法	1953年 涉民法	說明
第22條 法律行爲發生指示證券或無記名證券之債者，其成立及效力，依行爲地法；行爲地不明者，依付款地法。	無	一、本條新增。 二、各國法律在票據制度之外，多設有指示證券及無記名證券之制度，以補票據制度之不足，而關於指示證券及無記名證券之規定，各國法律並非一致。爰仿票據之例，明定其成立及效力，依行爲地法，行爲地不明者，依付款地法。

評釋：

(1) 本條文在適用上面臨幾項重大問題，其中以「適用範圍」爲最。

(2) 「適用範圍」方面：本條文堪爲「指示證券或無記名證券」法律衝突準據法選擇之通則規範，因此除本法另有明文（例如第21條票據），解釋上所有涉外指示證券或無記名證券之法律衝突概應依本條文爲準據法之擇定！如爲如此解釋，蓋凡指示證券或無記名證券類型，如倉單、提單、債券、國庫券、股票等，無論其爲設權證券或證權證券，亦無論其爲有價證券或資格證券，均應適用本條文！從本條立法理由「各國法律在票據制度之外，多設有指示證券及無記名證券之制度，以補票據制度之不足」觀之，本條應僅適用於性質上與票據類似之「設權流通式有價證券」而已，然如爲此狹隘解釋，將造成本條文適用上的極度限縮，且於民法債編所規範之指示證券及無記名證券內容不相符合。**本書認爲，一如前節有關第21條之評析，本條文應僅適用於「法律行爲方式之成立及效力之準據法」認定上，並非所有有關是類涉外證券之準據法，全依第21條處理**；是類證券所表徵之債權關係及物權關係，則分別另依相關擇法條文爲規範。以新涉民法第五章物權第43條載貨證券爲例，載貨證券兼具債權及物權及流通證券功能，即分別適用三條文，亦即載貨證券之法律行爲方式依第21條、載貨證券之債權效力依第20條、載貨證券之物權效力依第43條。唯有如此，本條規定方能與第20條之規定及解釋保持一致。

(3) 「條文定位」之不當：一如前段說明，本條文主要係在適用「法律行爲之方式」，宜置放於新涉民法第三章，而非第四章。置放於第四章「債」之結果，因無記名證券及指示證券之種類及性質多樣，將造成適用上之高度困擾。

外國立法例參考：

瑞士1987/2011年聯邦國際私法 第七編 物權 第106條
> (1) 權利證券上所指定之準據法，應適用該指定之法律。未指定者，相關問題應適用證券發行人營業處所所在地法。
> (2) 如該證券涉及某動產物權，有關物權適用規範該證券之法律。

> (3) 如某商品物權爲數人所共有，則可直接依據調整商品關係之法律決定何人享有優先權利。
> **匈牙利1979年國際私法第28條**
> 　(1) 證券義務的產生和範圍，適用履行地法。
> 　(2) 以公債形式發行的債券的契約權利和義務的產生、轉移、消滅和生效，適用發行人屬人
> 　　　法。
> 　(3) 如果證券確保處置商品的權利，其對物權的影響適用本法令對物權關係的規定。
> 　(4) 如果證券涉及社員權利、證券權利和義務的產生、轉移、消滅和生效適用法人屬人法。
> **中華人民共和國2010年涉外民事關係法律適用法 物權章 第39條**
> 　有價證券，適用有價證券權利實現地法律或者其他與該有價證券有最密切聯繫的法律。

10.6　無因管理（涉民法第23條）

涉民法第23條

　　關於由無因管理而生之債，依其事務管理地法。

10.6.1　概說

　　民§172（無因管理之要件）：<u>未受委任</u>，<u>並無義務</u>，而爲他人管理事務者，其管理
　　　　應依本人明示或可得推知之意思，以有利於本人之方法爲之。

　　民§173（管理人之通知及計算義務）

　　民§174（管理人之無過失責任）

　　民§175（因急迫危險而爲管理之免責）

　　民§176（適法管理之管理人請求權）

　　民§177（不適法管理之本人權利義務）

　　民§178（無因管理經承認之後果）

10.6.2　衝突之發生

　　無因管理於羅馬法時代即存在於「準契約之債」類型中，以保護財產管理人及被管理
人（本人）之權利。法國民法典承襲羅馬法將其列爲「準契約」章節中，而其他多數大陸
法系國家卻將無因管理並列爲債之發生原因之一，然其獨立定位仍有不同。例如德瑞等國
雖將無因管理列爲獨立債之發生原因，但仍將其作爲類似委任契約般處理，屬廣義契約之
債之範疇；而其他大陸法系國家則將無因管理列爲獨立的債之發生原因，具有完整的法律
規範及架構。相對於大陸法系普遍承認無因管理，英美法系對無因管理或類似無因管理之
制度就較不明確，其大都隱藏在緊急事故之代理及restitution回復請求之主張中，適度復以
無法律上義務管理他人事務之人之請求權。

　　一如前述，無因管理不僅合於本人利益，亦有助社會公益，因此多數國家（主要爲歐陸大陸法系國家）多普遍接受無因管理制度，惟對於無因管理之定位（例如具債之發生原因之完全獨立地位或準用委任契約）、構成（有無義務及義務之範圍、是否有利於本人等）及法律效果（適法管理人之請求權等）等方面，規範仍不相當一致。

10.6.3　無因管理準據法決定之立法主義

準用委任契約主義	屬人法主義			事實發生地主義（管理行爲地法）（事務管理地）	彈性處理主義	分別處理主義
	共同屬人法主義	本人或管理人之屬人法主義	本人及管理人之屬人法主義			
主張無因管理與委任契約之法律關係相近，因此應準用委任契約之規定決定之。	主張應使同國籍之人，就其間之無因管理事件，應適用其共通之屬人法。	認爲管理人與本人之住所，在無因管理案件中具有最重要之牽連關係，因此主張應依當事人一方之屬人決定。	由於管理人與本人間互有請求關係，債之主體不同，應分別適用各該債務人之屬人法。	認爲無因管理係爲社會公益而設，具屬地性質並受傳統場所支配行爲原則之影響，應由事實發生地（無因管理行爲地）之法律規範。	採「最重要牽連關係」理論或「適當之法」學說而予以彈性處理。	認爲無因管理之法律關係相當複雜，應依其性質，細分爲二種以上不同的類型，而依不同的衝突規則決定其準據法，例如契約關係以外之無因管理依契約準據法。
瑞	波			多國採之	英、美採之	
無因管理屬法定之債，委任屬契約之債，兩者不同。	屬人法通常適用於身分關係，然無因管理係屬債之法律關係。	忽略無因管理之「作爲」才是導致債之權義形成之主因。	造成準據法適用之割裂。	行爲地牽涉數法域時，會生爭議。		

10.6.4　我國法規定（涉民法第23條）

2010年 涉民法條文	1953年 涉民法條文	說明
第23條 關於由無因管理而生之債，依其<u>事務管理地法</u>。	第8條 關於由無因管理、<u>不當得利或其他法律事實而生之債，依事實發生地法</u>。	一、條次變更。 二、現行條文第8條有關無因管理之部分移列第23條，關於不當得利之部分，移列第24條，並修正其內容。 三、本法對於法律行為及侵權行為而生之債，均單獨規定其應適用之法律。現行條文第8條就關於由無因管理、不當得利或其他法律事實而生之債，固明定應依事實發生地法，但無因管理與不當得利之法律事實之性質未盡一致，有對其個別獨立規定之必要。爰將現行條文第8條關於由無因管理而生之債部分移列第23條，關於由不當得利而生之債部分移列第24條，**並衡酌無因管理之法律事實之重心，參考奧地利國際私法第47條、德國民法施行法第39條等立法例之精神，修正其應適用之法律，為其事務管理地法。** 四、【略】

評釋：

(1) 「無因管理」：包括無因管理之成立要件、管理所生之一切義務等均屬之。

(2) 「事實發生地」→「事務管理地」：事實發生地係指無因管理之對象或客體之所在地，強調事實發生地公共利益之維護，例如：救屋火→屋之所在地；修繕毀屋→屋之所在地；救人→現實所在地；跨國事業→事業中心所在地；客體所在地變更→開始管理時之客體所在地，以被管理之對象或標的為標準，認定較為明確→**新法明確訂為「事務管理地」**。

(3) 「事務管理地」（**the place of the transaction was performed**）：事務管理地法係基於無因管理之結果，管理人所取得者為一既得之權利，為平衡雙方利益，被管理人如依管理地法應負無因管理之債時，自應使其成立。**事務管理地係以「管理人」為主體，強調「管理人之管理行為」**。大多情況下，無因管理之事實發生地與事務管理地通常一致，例如救鄰火，然對於「隔地管理」則會產生差異，例如A國人於B國管理C國人位於C國之事務，即屬之。

(4) 「事務管理地（屬地法）」≠「管理人所在地（屬人法）」：事務管理地仍屬傳統屬地法之一環，強調「事務管理行爲」之屬地性，而非「管理人」之屬人性。此情況於管理人爲法人時，區別性會更明顯，蓋法人可能有其國籍及營業處所。

(5) 原修正草案：原修正草案原另外訂有「爲履行因法律關係而生之義務，而爲無因管理者，依該法律關係之準據法」之草擬，亦即採原據法說。

(6) 從下點外國立法例參考顯示，各國有關無因管理之準據法規範差異性相當大：

　　a. 歐盟羅馬II：密切關連原據法→同一慣居地法→行爲實施地法+Escape Clause

　　b. 德國：事故管理地

　　c. 義大利：原據債事實發生地

　　d. 奧地利：密切關聯地→管理行爲完成地

　　e. 日本：原因事實發生地

　　f. 中共：協議地→共同常居地　無因管理發生地

　　g. 澳門：管理人主要行爲地

　　h. 泰國：原因事實發生地

　　i. 葡萄牙：管理人主要活動地

　　j. 列支敦士登：無因管理地

　　k. 阿根廷：主要管理行爲實施地

　　l. 委內瑞拉：引起債務之事件發生地

外國立法例參考：

2007年歐盟_非契約之債準據法（羅馬II）（基本上拘束所有歐盟國家）

第11條無因管理Negotiorum gestio

1. 如因對他人事務實施未獲授權之行爲所生之非契約之債，其係基於當事人間已存在、與不當得利有密切聯繫例如契約、侵權或違法行爲關係者，則應適用支配該關係之法律。If a non-contractual obligation arising out of an act performed without due authority in connection with the affairs of another person concerns a relationship existing between the parties, such as one arising out of a contract or a tort/delict, that is closely connected with that non-contractual obligation, it shall be governed by the law that governs that relationship.

2. 如準據法無法依據本條第1項爲確定，且當事人於事件發生時於同一國家同有慣居所時，則適用該慣居地國法。Where the law applicable cannot be determined on the basis of paragraph 1, and the parties have their habitual residence in the same country when the event giving rise to the damage occurs, the law of that country shall apply.

3. 如準據法無法依據本條第1項或第2項爲確定，則應適用行爲實施地國法。Where the law applicable cannot be determined on the basis of paragraphs 1 or 2, it shall be the law of the country in which the act was performed.

4. 如從案件各方跡象顯示，未經適當授權之行爲所生非契約之債明顯與第1、2及3項所指國家以外之某國家存在更爲密切之聯繫時，則應適用該另一國法律。Where it is clear from all the circumstances of the case that the non-contractual obligation arising out of an act performed without due authority in connection with the affairs of another person is manifestly more closely connected with a country other than that indicated in paragraphs 1, 2 and 3, the law of that other country shall apply.

依該規則規定，無因管理準據法已非單採傳統的「事實發生地法」或「事務管理地」法，而係採取「密切關連原據法→同一慣居地法→行為實施地法＋Escape Clause」之綜合擇法規範。

德國1896/2009年民法施行法第39條無因管理（Negotiorum gestio）
　　(1) 未經授權而管理他人事務所生之法律請求，依事務管理地國法。
　　(2) 為履行他人債務所生之求償，依規範該債務之法。

義大利1995年國際私法制度改革法第61條法定之債
　　如本法無其他規定之情況下，無因管理、不當得利、未到期利益之支付及其他任何法定之債依致生該債所由生事實發生地法。

奧地利1978/1999年國際私法第47條無因管理
　　無因管理依該管理行為完成地之法律；然如與另一法律義務或關係具有密切聯繫，類推適用第45條規定。

日本2006年法律適用通則法第14條無因管理及不當得利
　　因必要代理（無因管理）或不當得利所生之債之成立及效力，依該原因事實發生地法。

中華人民共和國2010年涉外民事關係法律適用法第47條
　　不當得利、無因管理，適用當事人協議選擇適用的法律。當事人沒有選擇的，適用當事人共同經常居所地法律；沒有共同經常居所地的，適用不當得利、無因管理發生地法律。

澳門1999年民法典第42條無因管理
　　無因管理適用管理人主要行為地法。

泰國1939年國際私法第14條
　　因無因管理或不當得利而產生之債，依其原因事實發生地法。

葡萄牙1966年民法典第43條無因管理
　　無因管理適用管理人主要活動地法。

列支敦士登1996年國際私法第51條無因管理
　　無因管理適用無因管理地國家法律；如果牽涉到另一法律關係，則原則上適用第49條的規定。

阿根廷1974年國際私法第34條
　　犯罪行為產生的債務，適用支配該罪行刑事方面的法律；單純民事不法行為產生的債務，適用不法行為地國法。
　　無因管理適用主要管理行為實施地國法。
　　不當得利適用得利人財產增值地法。

委內瑞拉1998年國際私法第33條
　　無因管理、無債支付及不當得利，依引起債務的事件發生地法。

1953年舊涉民法立法背景參考：

1908年法律適用條例	1953年涉民法	立法說明
第24條關於因事務管理不當得利發生之債權，依事實發生地法。	第8條（因法律事實所生之債之準據法）關於由無因管理，不當得利或其他法律事實而生之債，依事實發生地法。	關於由無因管理或不當得利等而生之債，應以事實發生地法為準據法，乃現在之通說，日本法例亦採之（見日本法例第11條），惟與侵權行為合併規定，微嫌牽混，本草案仍依原條例之舊，於本條專定關於無因管理不當得利之準據法，而將侵權行為另列一條，以期明晰，惟按可能發生債權債務關係之法律事由，除侵權行為及本條所列之無因管理，及不當得利以外，尚有他種原因，如救助，撈救，共同海損之類，雖在公海上發生者，另有其準據法，但如發生於領海以內，亦應適用事實發生地法，故本條特增設「或其他事實」一語，以資賅括。

10.7　不當得利（涉民法第24條）

涉民法第24條

　　關於由不當得利而生之債，依其利益之受領地法。但不當得利係因給付而發生者，依該給付所由發生之法律關係所應適用之法律。

10.7.1　概說

　　民法§179（不當得利的要件及效果）：無法律上之原因而受利益，致他人受損害者，應返還其利益。雖有法律上之原因，而其後已不存在者，亦同。

　　民法§180（特殊不當得利）'

　　民法§181（受領人利益之返還）

　　民法§182（受領人利益返還之範圍）

　　民法§183（第三人之返還責任）

10.7.2　衝突之發生

　　不當得利的歷史相當久遠，從羅馬法時代最早的果實自落鄰地之不當得利概念，以迄較晚近「損人利己應返還利益」之衡平觀念，由於各國法理發展不同，全球各法系/國家有關不當得利制度並未統一。有些國家將其訂為一獨立法制（例如我國、德、瑞、日）、或認為其僅具補充其他制度之功能（例如義、奧、法國將其視為準契約處理）、或不存在明確的不當得利制度，而以其他制度代之或隱藏在其他制度內（例如英美法系國家長期以類似返還請求之restitution回復救濟制度為請求基礎，並散見在準契約及信託法等各項制度中），各國規範仍不相當一致。除不當得利的法制獨立性外，於不當得利的構成要件中，一方受益而一方受損基本要件外，大陸法系較強調無法律上之原因，而英美法則強調受益的不當性，不當利益應返還（相對於侵權行為之不法侵害應予以賠償）；此外，在不當得利法制上，尚有統一說（所有不當得利的請求基礎同一）及非統一說（應區分為給付型及非給付型的不當得利）等。在要件之利益取得方面，英美法的利益僅限於財產金錢或勞務上之利益，而德國法則主張包括智慧財產權及期待權等。

10.7.3　不當得利準據法決定之立法主義

　　由於不當得利法制各國差異性大，導致涉外不當得利準據法之相關理論亦異常多樣，比較重要者可包括：

不當得利地法主義（事實發生地法主義）	債務人或雙方共同之屬人法主義	契約履行地法主義；或物之所在地	法庭地法主義	最重要牽連關係主義（彈性選法主義）	原因關係準據法主義（間接選法主義）
受場所支配行為理論之影響，事實發生地之法律與不當得利案件關係最為密切。復分為： 1.原因行為發生地； 2.損害發生地 3.利益發生地 4.行為完成地 5.財產返還地	主張不當得利攸關自然正義或衡平法則，受益人利益之不當獲得，有時並非自願或明知，因此應以債務人或不當得利雙方之共同所屬之正義或衡平標準定之。	主張不當得利仍屬「準契約」類型，依契約作成地或履行地法定之；如不當得利涉及不動產，則適用不動產所在地。	主張不當得利具公共秩序性質或具程序性質，因此應適用法庭地法。	主張準據法之決定須符合客觀正義之要求，並應兼顧當事人之期待與其他相關因素，就與不當得利最具重要牽連關係之法律定之。	主張超越不當得利之定性問題，只判斷案件是否已因某種法律關係而發生不當之損益變動，並直接將案件定性為該法律關係，並依該法律關係之準據法決定。
早期通說，新涉民法採之。日、義、埃、泰、匈、捷、土、葡等。		比	法探之	英、美探之	德、瑞，晚近通說；新涉民法兼採之。

10.7.4　我國法規定（涉民法第24條）

2010年 涉民法條文	1953年 涉民法條文	說明
第24條 關於由不當得利而生之債，依其利益之受領地法。但不當得利係因給付而發生者，依該給付所由發生之法律關係所應適用之法律。	**第8條** 關於由無因管理，不當得利或其他法律事實而生之債，依事實發生地法。	一、條次變更。 二、現行條文第8條有關無因管理之部分移列第23條，關於不當得利之部分，移列第24條，並修正其內容。 三、本法對於法律行為及侵權行為而生之債，均單獨規定其應適用之法律。現行條文第8條就關於由無因管理、不當得利或其他法律事實而生之債，固明定應依事實發生地法，但無因管理與不當得利之法律事實之性質未盡一致，有對其個別獨立規定之必要。爰將現行條文第8條關於由無因管理而生之債部分移列第23條，關於由不當得利而生之債部分移列第24條，並衡酌無因管理之法律事實之重心，參考奧地利國際私法第47條、德國民法施行法第39條等立法例之精神，修正其應適用之法律，為其事務管理地法。 四、關於由不當得利而生之債，有因當事人對於不存在之債務提出給付而發生者，亦有因其他原因而發生者，凡此二種法律事實是否構成不當得利，受領人所受利益應返還之範圍等問題，均有必要明定其應適用之法律。按因當事人之給付而生之不當得利，例如出賣人為履行無效之買賣契約，而交付並移轉標的物之所有權，其所發生之不當得利問題，實際上與該給付所由發生之法律關係，即該買賣契約之是否有效之問題，關係非常密切，其本質甚至可解為該買賣契約無效所衍生之問題，故宜依同一法律予以解決。非因給付而生之其他不當得利，其法律關係乃因當事人受領利益而發生，法律事實之重心係在於當事人之受領利益，則宜適用利益之受

| | | 領地法，以決定不當得利之相關問題。爰參考奧地利國際私法第46條、瑞士國際私法第128條、德國民法施行法第38條等立法例之精神，規定關於由不當得利而生之債，原則上應依其利益之受領地法，並於但書規定不當得利係因給付而發生者，依該給付所由發生之法律關係所應適用之法律。 |

評釋：

(1) 「不當得利」：包括不當得利之成立要件、返還等效果均屬之。

(2) 「事實發生地」→「利益受領地法」：舊涉民法不當得利之「事實發生地」為何？每屢有爭議，包括下列學說，今新涉民法明確採用「利益受領地法」說：

	利益獲得說 （利益發生說）	原因行為地說	損害發生地說
主張	以利益獲得地為不當得利之事實發生地。	以造成不當得利之原因行為地作為不當得利之事實發生地。	同左說，在著眼以損害發生地為聯繫因素。
批評	不當得利乃依法產生，在準據法未確定前，是否獲得利益及利益地為何，尚無法確定，此說會造成循環論證之後果。	不當得利之重點在於所獲利益的返還，而非損害之賠償，此說會造成有行為即有不當得利之誤解。	忽略得利與其所由發生之行為或法律關係間之重要牽連。

(3) 「不當得利係因給付而發生者」：受利益+致他人受損害+無法律上原因為不當得利三大構成要件。而依不當得利「非統一說」見解（亦即應區分為給付型及非給付型之不當得利類型，分別探求財產變動在法律上之原因），「無法律上原因」主要包括「本於給付而生」（例如自始無目的、目的不達、目的消滅）及「本於給付以外之事由」（例如出於受益人之事實行為、出於受損人之行為、出於第三人之行為、出於事件之結果及添附時效善意受讓等出於法律規定等多種），而本但書所指即為前者而言。「自始無目的之給付」例如法律行為未成立或無效、「目的不達之給付」例如以受清償為目的而交付收據，但債務並未清償、附條件債務，然已履行而條件未成就；「目的消滅之給付」例如為給付後依法免除給付義務、預支租金然未到期即終止契約、訂婚受聘金然其後婚約解除等。

外國立法例參考：

2007年歐盟_非契約之債準據法（羅馬II）
　　第10條不當得利Unjust enrichment
　　1. 如因不當得利（包括錯誤給付）所生之非契約之債，其係基於當事人間已存在、與不當得利有密切聯繫例如契約、侵權或違法行爲關係者，則應適用支配該關係之法律。If a non-contractual obligation arising out of unjust enrichment, including payment of amounts wrongly received, concerns a relationship existing between the parties, such as one arising out of a contract or a tort/delict, that is closely connected with that unjust enrichment, it shall be governed by the law that governs that relationship.
　　2. 如準據法無法依據本條第1項爲確定，且當事人於造成不當得利之事件發生時於同一國家擁有慣居所時，則適用該慣居地國法。Where the law applicable cannot be determined on the basis of paragraph 1 and the parties have their habitual residence in the same country when the event giving rise to unjust enrichment occurs, the law of that country shall apply.
　　3. 如準據法無法依據本條第1項或第2項爲確定，則應適用不當得利發生地國法。Where the law applicable cannot be determined on the basis of paragraphs 1 or 2, it shall be the law of the country in which the unjust enrichment took place.
　　4. 如從案件各方跡象顯示，不當得利明顯與第1、2及3項所指國家以外之某國家存在更爲密切之聯繫時，則應適用該另一國法律。Where it is clear from all the circumstances of the case that the non-contractual obligation arising out of unjust enrichment is manifestly more closely connected with a country other than that indicated in paragraphs 1, 2 and 3, the law of that other country shall apply.
　　依該規則第10條規定，不當得利準據法已非單採傳統的「事實發生地法」或「不當得利地」法，而係採取「密切關連原據法→同一慣居地法→不當得利發生地 + Escape Clause」之綜合擇法規範。

德國1896/2009年民法施行法第38條不當得利（Unjust enrichment）
　　(1) 因履行給付所生之不當得利請求，依規範該履行有關法律關係之法律。
　　(2) 因違反利益保護所生之不當得利請求，依違反地國法。
　　(3) 於其他不當得利請求，依不當得利國法。

瑞士1987/2011年聯邦國際私法第127條
　　不當得利之訴，由被告住所地或無住所地則爲慣居所地或其營業處所地之瑞士法院管轄。

瑞士1987/2011年聯邦國際私法第128條
　　1. 不當得利之訴，依規範該不當得利既有或所主張之法律關係之準據法。
　　2. 如不存在該法律關係，則適用不當得利發生地國法，當事人亦可選擇適用法院地法。

義大利1995年國際私法制度改革法第61條法定之債
　　如本法無其他規定之情況下，無因管理、不當得利、未到期利益之支付及其他任何法定之債依致生該債所由生事實發生地法。

奧地利1978/1999年國際私法第46條不當得利（Bereicherung）
　　不當得利之請求，依不當得利發生地國之法律。然於履行法律義務或關係過程中所生之不當得利，依規範該法律義務或關係之國家之實體規則；本規定類推適用於其他人就其費用所提出之補償請求。

日本2006年法律適用通則法第14條無因管理及不當得利
　　因必要代理（無因管理）或不當得利所生之債之成立及效力，依該原因事實發生地法。

中華人民共和國2010年涉外民事關係法律適用法第47條
　　不當得利、無因管理，適用當事人協議選擇適用的法律。當事人沒有選擇的，適用當事人共同經常居所地法律；沒有共同經常居所地的，適用不當得利、無因管理發生地法律。

> **澳門1999年民法典第43條不當得利**
> 　　規範不當得利之法律，爲財產利益轉移予受益人之事實所依據之法律。
> **泰國1939年國際私法第14條**
> 　　因無因管理或不當得利而產生之債，依其原因事實發生地法。
> **匈牙利1979年國際私法第35條**
> 　　不當得利及其法律上後果，適用利益發生地法。
> **葡萄牙1966年民法典第44條不當得利**
> 　　不當得利適用同財產所有權人交還財產的地方的法律。
> **列支敦士登1996年國際私法第50條不當得利**
> 　　不當得利的請求權適用不當得利發生地國家法律。但如果不當得利是基於由某一法律所導致
> 的履行，則適用支配該法律關係的實體法所屬國家的實體規範；本規定原則上也適用于對方
> 當事人可能提起的有關費用補償的請求權。
> **阿根廷1974年國際私法第34條**
> 　　犯罪行爲產生的債務，適用支配該罪行刑事方面的法律；單純民事不法行爲產生的債務，適
> 用不法行爲地國法。
> 　　無因管理適用主要管理行爲實施地國法。
> 　　不當得利適用得利人財產增值地法。
> **委內瑞拉1998年國際私法第33條**
> 　　無因管理、無債支付及不當得利，依引起債務的事件發生地法。

10.8　一般侵權行為（涉民法第25條）

涉民法第25條
　　關於由侵權行爲而生之債，依侵權行爲地法。但另有關係最切之法律者，依該法律。

10.8.1　一般侵權行為概說

民184：因故意或過失，不法侵害他人權利者，負損害賠償責任。故意以背於善良風
　　　　俗之方法，加損害於他人者，亦同。
　　　　違反保護他人之法律，致生損害於他人者，負賠償責任。但能證明其行爲無
　　　　過失者，不在此限。
意義：因自己之行爲構成侵害他人權利爲要素，亦即第184條所規定之侵權行爲類型
類型：a. 故意或過失，不法侵害他人之權利（民§184.I前）
　　　　b. 故意以背於善良風俗之方法，加損害於他人（民§184.I後）
　　　　c. 違反保護他人之法律，致生損害於他人（民§184.II）
構成要件：
主觀要件：具故意過失+責任能力
客觀要件：加害行爲+侵害他人權利+發生損害+因果關係+行爲須不法

效力：

意義：侵權行為一經成立，即發生損害賠償之債，因此其為一般侵權行為或特殊侵權
　　　　行為，侵權行為人對被害人或特定權利人，應負損害賠償責任。

損害賠償權利人：

　　　原則：直接被害人

　　　例外：支出喪葬費用之人、有扶養請求權之人、被害人之父母子女配偶

損害賠償義務人：侵權行為人

賠償範圍及方法：

　　　◆生命權受侵害：財產上之損害＋非財產上之損害

　　　◆身體、健康：財產上之損害＋非財產上之損害

　　　◆名譽、自由、信用、隱私、貞操或不法侵害其他人格法益而情節重大

　　　◆基於父母子女或配偶關係之身分法益而情節重大者

　　　◆物之侵害：回復原狀or請求賠償其物因毀損減少之價額

　　　◆其他財產上之損害

時效

期間：二年：自請求權人知有損害及賠償義務人時起算。

　　　　十年：自有侵權行為時起算。

時效屆滿後之後果：

　　　◆侵權行為損害賠償請求權與不當得利返還請求權之競合：

　　　◆債務得拒絕履行

10.8.2　衝突之發生

　　侵權行為於羅馬時代係以侵害他人財產或人身之不法行為之「私犯」為規範。大陸法
系國家一般以立法方式概括規定侵權行為之定義及類型；而於英美法系，侵權行為法雖以
一獨立領域為發展，惟仍屬諸多侵害行為的總合（law of torts），欠缺對侵權行為統一概
念。鑑於前述及各國經濟文化等發展差異等因素，各國對於侵權行為之範圍（從早期的人
身傷亡、財產毀損，以迄人格權侵害、污染、網路侵權等）、侵權行為之構成要件（例如
故意或過失之種類及認定、因果關係、權利保護範圍等）及效力（特別是損害賠償範圍之
認定、數額、計算、標準及限額）存有若干差異。

10.8.3　侵權行為準據法決定之立法主義

	共同屬人法原則	最密切關係原則	法庭地法主義	侵權行為地法主義			併用主義		
主張	同國籍或同住所之當事人於外國發生侵權行為實屬偶然。	侵權行為類型及行為地之認定過於複雜，傳統硬性規則容易產生不公平結果。	認為侵權行為責任與刑事責任類似，具反社會性及反倫理性，與一國公序有關，因此應以法庭地法規定為準。	行為地如構成侵權行為而生一定之債，已為一既得權，該既得權應予以保護；另侵權行為亦與侵權行為地之公序最具關連（與場所支配行為存有若干關聯）。惟此說無法妥善解決複數侵權行為地或行為地與損害發生地不同之情況。			侵權行為與法庭地及侵權行為地二國公序均有關連，為維持二國公序，宜兼顧二地之法律。		
優缺點分類			※過度擴張內國之公序觀念　※違背法律之安定性（行為地≠在法庭地國）　※不合理限制當事人之訴權　※裁判難期公允　※侵權行為責任與刑事責任不同	行為作成地	損害造成地	被害人選擇說	A	B	C
				由於損害地常有多處，因此以行為地本人或其使用人作成行為地之法律為準。	民事責任之目的在填補被害人損害，無損害則無侵權。	為保護被害人，被害人得就行為作成地及損害發生地擇一有利於己之法律主張之。	以侵權行為地法為準據法，惟使其受法庭地法限制之不附條件之併用主義。	以侵權行為地法為準據法，惟於侵權行為人為內國人，使其受法庭地法限制之附條件之併用主義。	以法庭地法為準據法，惟兼顧侵權行為地法之併用主義。
			※難期實現裁判一致之目的。	主要大陸法系國家。	美	81台上935	亦即須同時符合侵權行為地及法庭地二地之法律，採累積適用方式，日本法及我國舊涉民法採之。	原則依侵權行為地，但侵權行為人為內國人時，得例外累積適用法庭地國法，德國採之。	以法庭地法為準據法，且該行為依行為地法亦為不正。英國採之。
採用	波、匈等國	美、奧等國	蘇、希等少數國	多數說					

10.8.4　我國法規定（涉民法第25條）

2010年 涉民法	1953年 涉民法	說明
第25條 關於由侵權行爲而生之債，依侵權行爲地法。但另有關係最切之法律者，依該法律。	**第9條** 關於由侵權行爲而生之債，依侵權行爲地法。但中華民國法律不認爲侵權行爲者，不適用之。侵權行爲之損害賠償及其他處分之請求，以中華民國法律認許者爲限。	一、條次變更。 二、現行條文第9條移列本條，並修正其內容。 三、現行條文就因侵權行爲而生之債，原則上採侵權行爲地法主義，有時發生不合理之結果。爰參考奧地利國際私法第48條第1項、德國民法施行法第41條等立法例之精神，酌採最重要牽連關係理論，於但書規定另有關係最切之法律者，依該法律，以濟其窮。此外，本法對因特殊侵權行爲而生之債，於第26條至第28條規定其應適用之法律，其內容即屬本條但書所稱之關係最切之法律，故應優先適用之。 四、涉外侵權行爲之被害人，於我國法院對於侵權行爲人，請求損害賠償及其他處分時，其準據法之決定既已考量各法律之牽連關係之程度，中華民國法律之適用利益及認許範圍，亦當已於同一過程充分衡酌，無須再受中華民國法律認許範圍之限制，爰刪除現行條文第2項。

評釋：

(1) 「**侵權行爲地及法庭地法併用主義**」改採→「**侵權行爲→關係最切**」原則：舊涉民法採用「以侵權行爲地法爲準據法，惟使其受法庭地法限制之不附條件之併用主義」（請詳見舊法立法理由）。新涉民法改採「以侵權行爲地爲原則，以關係最切國法爲例外」原則。

(2) 「**侵權行爲**」：本點侵權行爲從民法架構，似應僅指「一般侵權行爲」而言；然於涉民法結構下，第26條至第28條以外之特殊侵權行爲（不含特別法規定，例如船舶碰撞依海商法、海洋污染部分適用海洋污染防治法），仍應依第25條規定處理。

(3) 「**由侵權行爲而生之債**」：包括侵權行爲之成立要件（例如於我國：加害行爲+行爲須不法+侵害權益+致生損害+責任能力+故意過失等）及侵權行爲之效力（含損害賠償之當事人及其範圍及方法）等。

(4) 「侵權行為地法」：一如前述，「侵權行為地法」有行為作成地、損害造成地及當事人選擇等不同學說。晚近國際間從受害保護觀點，明確採其中之「損害造成地」法，並以Escape Clause以為輔助及調整。新涉民法雖採用但書Escape Clause規範，然仍保留「侵權行為地」之擇法標準，爭議依舊，不無可惜之處。依本條文修法理由所參考之各國立法例，奧地利國際私法第48條第1項明文採用「損害行為發生地」（條文：Außervertragliche Schadenersatzansprüche sind nach dem Recht des Staates zu beurteilen, in dem das den Schaden verursachende Verhalten gesetzt worden ist. Besteht jedoch für die Betei ligten eine stärkere Beziehung zum Recht ein und desselben anderen Staates, so ist dieses Recht maßgebend.）、德國民法施行法第40條採用「被害人選擇主義」（條文：侵權行為應依侵權行為人行為地國法。除該法外，受害人得請求適用損害發生地法。該選擇僅能於一審法院審前聽證或書面準備程序完成前為之。Ansprüche aus unerlaubter Handlung unterliegen dem Recht des Staates, in dem der Ersatzpflichtige gehandelt hat. Der Verletzte kann verlangen, daß anstelle dieses Rechts das Recht des Staates angewandt wird, in dem der Erfolg eingetreten ist. Das Bestimmungsrecht kann nur im ersten Rechtszug bis zum Ende des frühen ersten Termins oder dem Ende des schriftlichen Vorverfahrens ausgeübt werden.）；另依前述2007年歐盟非契約之債準據法規則第4條規定（前述奧地利及德國等均應受該規則規範），亦採「損害發生地」見解，因此，本書認為，無論從修法主要參考國家之立法例及國際公約，以及本條文已有但書Escape Clause為輔助及調整二角度，本條「侵權行為地法」應採「損害造成地法」主義為宜。再者，採「損害造成地」之另一優點為，可妥善解決「非主權管轄地所為侵權」之認定問題，例如船舶於公海發生污染事故。至於船舶於公海上發生碰撞，依國際海商海事碰撞規範，原則依船旗國法或航空器登記國法處理。

(5) 「關係最切之法律」：此為學理上之「Escape Clasue」（例外條款或背離條款），本條款之運用為二十世紀後半期國際私法「最密切關連」彈性選法原則之進一步具體呈現。應注意的是，與新涉民第20.II等相比較，同樣是採用「關係最切」，然「Escape Clasue」條款下之關係最切屬特殊例外之適用規定，其適用及解釋不僅應嚴格，且不應被當作一般選法原則處理。

(6) 「法條競合」及「請求權競合」→應採取「法條競合」：侵權行為為「法條競合」抑或「請求權競合」最容易發生之型態。以契約關係為例，如其同時符合侵權行為構成要件者，從保護受害人觀點，國內普遍採取保護受害人較優之「請求權競合」理論，由受害人於契約不履行或侵權行為損害賠償為選擇，而較少採僅認契約關係而排除侵權行為法規適用之「法條競合」原則。於國際私法領域，由於不同的請求權基礎之屬類，有不同之擇法標準及原則規範，採用「請求權競合」理論，勢將進一步造成擇法基礎之混亂及不穩定。是故有若干國家及國際立法例，例如前述2007年歐盟非契約之債準據法規則第4條第3項有關Escape Clause後段決定關係最切時，

應特別考量「與另一國間之明顯密切聯繫特別是可建立於雙方先前已存在並與相關侵權或違法行為緊密聯繫之相互關係（例如契約）基礎上。」；德國民法典施行法第41條第2項亦為類似規定。另瑞士聯邦國際私法第133條第3項「不論如何，如侵權行為侵害當事人間某一法律關係，有關侵權行為之訴訟，適用規範該法律關係之法律。Nonobstant les alinéas précédents, lorsqu'un acte illicite viole un rapport juridique existant entre auteur et lésé, les prétentions fondées sur cet acte sont régies par le droit applicable à ce rapport juridique.」從前述各立法例，本書認為，涉外民商事件如同時具備二以上請求權基礎者，宜採取「法條競合」見解，雖不致直接適用原法律關係（例如契約關係）之擇法規定，至少應啟動「Escape Clause關係最切地」為相關之認定。

外國立法例參考：

2007年歐盟——非契約之債準據法（羅馬II） Article 4第4條 General rule一般規則
(1) 除本規則另有規定外，因侵權或不法行為所生非契約之債之準據法應為損害發生地國法，而無論造成損害之事件發生於何國，亦不論該事件之間接後果發生於任何一個或數個國家。
(2) 然於損害發生時，如被指控應對損害負責之人與遭受損害之人於同一國家擁有慣居地，則應適用該國法律。
(3) 如從案件各方跡象顯示，侵權或違法行為明顯與前兩項所指國家以外之某國家存在更為密切之聯繫時，則應適用該另一國法律。與另一國間之明顯密切聯繫特別是可建立於雙方先前已存在並與相關侵權或違法行為緊密聯繫之相互關係（例如契約）基礎上。
係採「損害造成地法→同一慣居地法（共同屬人法）+Escape Clause」之綜合擇法規範。

瑞士1987/2011年聯邦國際私法第129條
(1) 侵權行為之訴，由被告住所地、或如無住所地則依慣居地或營業所在地之瑞士法院管轄。如被告於瑞士既無住所，亦無慣居所，訴訟由侵權行為地或結果發生地之瑞士法院管轄。

瑞士1987/2011年聯邦國際私法第133條
(2) 侵權行為之訴，如加害人與受害人於同一國具慣居所，依該國法。
(3) 如加害人與受害人於同一國家無慣居所，依侵權行為實施地國法。然侵權結果發生於另一國，且加害人應預見結果發生者，依該另一國法。
(4) 不論如何，如侵權行為侵害當事人間某一法律關係，有關侵權行為之訴訟，適用規範該法律關係之法律。

日本2006年法律適用通則法第17條 侵權行為
因侵權行為所生之債之成立及效力應適用侵權結果發生地法。然如侵權結果於該地發生於通常情況下為不可預見者時，則適用侵害行為實施地法。

日本2006年法律適用通則法第19條 有關名譽毀損特別規則
無論第17條規定為何，名譽毀損所生之債之成立及效力而向某個人或團體為請求者，應適用受侵害人慣居地法（如受害人為一法人或其他社團或財團時，則適用其主事務所所在地法）。

日本2006年法律適用通則法第20條 存在更緊密聯繫地時之例外
無論前3條規定為何，因侵權行為所生之債之成立及效力，如慮及當事人於事件發生當時於同一法域均具有慣居地、侵權行為係因與當事人間之某一契約有所關連或其他因素，而與該侵權行為有比前3條規定更為密切聯繫之地時，則應適用該更密切聯繫地法。

奧地利1978/1999年國際私法第48條 非契約損害請求
  (1) 非契約損害之請求，依造成該損害行為發生地國家之法律。然如所涉及之人均與另外同一國家之法律有更密切聯繫時，則適用該國家之法律。
  (2) 因不正當競爭所生損害與其他請求，依受此競爭影響市場所在國家之法律。
義大利1995年國際私法制度改革法第62條 侵權責任
  (1) 侵權責任依損害發生地法，然受損害之人亦可主張適用導致損害結果之事件發生地法。
  (2) 如侵權責任當事人係同一國國民，且均為該國居民，則該國法律應予適用。
澳門1999年民法典第44條 非契約責任
  (1) 基於不法行為、風險或任何合規範之行為而產生之非契約責任，受引致損失之主要行為發生地之法律規範；因不作為而產生責任時，適用責任人應為行為地法。
  (2) 損害結果發生地之法律認為行為人應負責，而行為地之法律不如此認為時，適用損害結果發生地之法律；然如行為人應能預見其作為或不作為會在受該法律約束之地造成損害。
  (3) 然如行為人及受害人有同一常居地而偶然身處外地，則適用共同常居地法，但不影響上兩款所指定之法律體系中應對任何人一律適用之規定之適用。
泰國1939年國際私法第15條
  因不法行為而產生之債，依物或不法行為事實發生地法。但泰國法律不承認在外國發生的事實為不法行為時，則不適用本條規定。
土耳其1982年國際私法及國際訴訟程序法第25條 侵權行為之債
  非契約性的侵權行為之債，適用侵權行為實施地法律。
  當侵權行為之實施與損害結果位於不同國家時，適用損害結果發生地法律。
  因侵權行為而產生的法律關係與他國有更為密切聯繫的，則適用該國法律。
捷克1964年國際私法及國際民事訴訟法第15條
  損害賠償請求權，除因違反契約及其他法律行為而規定的義務外，依損害發生地或賠償請求原因事實發生地法。
波蘭1966年國際私法第31條
  (1) 非法律行為所產生之債，依債務原因事實發生地法。
  (2) 但當事人有同一國籍，又在同一國內有住所時，依當事人本國法。
  (3) 限制能力人對其不法行為所產生的損害是否負賠償責任，依前兩項所定法律。
匈牙利1979年國際私法第32條
  (1) 除本法令有相反規定外，在契約關係以外所造成的損害，適用侵權行為或不行為發生的時間及地點之法律。
  (2) 如損害發生地法對受害者更加有利，以該法作為準據法。
  (3) 如侵權行為人及受害人之住所在同一個國家，適用該國法。
  (4) 如依照侵權行為準據法，責任以有過失為條件，過失的存在可依侵權行為人的屬人法或損害發生地法決定。
匈牙利1979年國際私法第33條
  (1) 違反交通或其他安全規章的侵權行為以侵權行為地法作為準據法。
  (2) 如侵權之行為或不行為是對登記的船舶或飛機實行的侵權行為的損害及其後果，應依發生法律上損害時該船舶或飛機的旗幟國或標誌國法決定，即使該項損害發生於該國的國家管轄之外者，亦同。
匈牙利1979年國際私法第34條
  (1) 匈牙利法院不得對匈牙利法不認為是非法的行為決定責任。
  (2) 匈牙利法院不得對侵權行為決定匈牙利法所不認可的法律後果。
希臘1946年民法典第26條
  侵權行為的債務適用侵權行為地法。

> **葡萄牙1966年民法典第45條侵權責任**
>
> (1) 侵權責任，無論是產生於非行爲、風險，還是由某些合法行爲所引起的，均適用造成損害的主要行爲實施地國家的法律。因不作爲造成的侵權責任，適用責任者本應作爲的行爲地法。
>
> (2) 如侵權結果發生地國的法律認爲行爲人是侵權人，但侵權行爲實施地法不認爲是侵權人的，適用前者的法律。
>
> (3) 如侵權行爲人及受害人具有相同國籍，或擁有共同慣常居所地者，恰好雙方都臨時在國外，則可適用其共同本國法或共同慣常居住地法。
>
> **列支敦士登1996年國際私法第52條契約之外的賠償請求權**
>
> (1) 契約之外的賠償請求權適用導致損害發生的行爲實施地國法律。但如果對於當事人來說與另一國家的法律存在更強聯繫，則適用該另一國法律。
>
> (2) 由不正當競爭導致的損害賠償請求權及其他請求權適用其市場受到該競爭行爲影響的國家的法律。
>
> **阿根廷1974年國際私法第34條**
>
> 犯罪行爲產生的債務，適用支配該罪行刑事方面的法律；單純民事不法行爲產生的債務，適用不法行爲地國法。
>
> 無因管理適用主要管理行爲實施地國法。
>
> 不當得利適用得利人財產增値地法。
>
> **委內瑞拉1998年國際私法第32條**
>
> 侵權行爲依侵權結果發生地法律。但受害人得要求適用侵權原因發生地國法。

1953年舊涉民法第9條立法背景參考：

1908年 法律適用條例	1953年 涉民法	立法說明
第25條 關於因不法行爲發生之債權，依行爲地法。但依中國法不認爲不法者，不適用之。 前項不法行爲之損害賠償及其他處分之請求，以中國法認許者爲限。	**第9條（侵權行爲之準據法）** 關於由侵權行爲而生之債，依侵權行爲地法。但中華民國法律不認爲侵權行爲者，不適用之。 侵權行爲之損害賠償及其他處分之請求，以中華民國法律認許者爲限。	侵權行爲應以何法爲其準據法，立法例及學說亦不一致，有主張採法庭地法主義者，以爲侵權行爲之法規，均與公序良俗有關，適用法庭地法，即所以維持當地之公安，亦有主張採事實發生地法主義者，以爲行爲之是否構成侵權行爲及其效果，均應依行爲地之法律而爲決定。以上二說各有所偏，故近世立法例，多採折衷主義，認爲行爲之是否適法，應依侵權行爲地法，但同時亦須法庭地法認其行爲構成侵權行爲，然後始於認許之範圍內，發生損害賠償或其他請求之債權，原條例第25條採此主義，本草案從之，僅於文字上酌加修正。

10.9　特殊侵權行為概說

　　各國民事立法體例於一般侵權行為，普遍訂有若干特殊侵權行為類型，例如我國民法第185條共同侵權行為、民法第186條公務員侵權責任、民法第187條法定代理人責任、民法第188條僱用人責任、民法第189條定作人責任、民法第190條動物占有人責任、民法第191條工作物所有人責任、民法第191條之1商品製造人責任、民法第191條之2動力車輛駕駛人責任、民法第191條之3危險製造人責任。

　　於國際私法領域，以往通常僅有侵權行為之一般性規定，罕見特殊侵權行為規定。然晚近立法，由於國際貿易及網路媒體的興盛，特殊侵權行為適用需求越趨重要，且這些侵權行為要件及保護型態各異，各國及國際立法便逐漸針對若干特殊侵權類型為法律衝突準據法為規範。以下大致列舉新涉民法所參酌之各國立法中，有關特殊侵權行為之規範類型：

奧地利1978年國際私法：

　　第48條第2項（不正競爭依競爭影響市場所在國法）

義大利1995年國際私法制度改革法：

　　第63條（產品責任由受害人於產品製造人所在地或產品銷售地法為選擇）

德國2009年民法典施行法：

　　第二章第五節「非契約之債」明文規定原則上適用歐盟2007年非契約之債準據法規則（羅馬I）

瑞士1987/2011年聯邦國際私法：

　　a. 第130條核子設施或核物質運輸，損害事實發生地為瑞士者，依瑞士法

　　b. 第134條交通運輸事故，適用1971年交通運輸事故準據法公約

　　c. 第135條產品責任，由受害人於被告主要營業所或購買地法選擇之

　　d. 第136條不正競爭，原則依發生損害之市場所在地法

　　e. 第137條限制競爭，依直接造成受損害人影響之市場所在地法

　　f. 第138條不動產內之排放所致損害，由受害人於不動產所在地或妨害結果發生地法中選擇之

　　g. 第139條媒體毀謗及人格侵害，由受害人於其慣居地、侵權行為主要營業所或可預見之侵權結果發生地法選擇之

　　h. 第140條共同侵權行為，適用各自之法律

日本2006年法律適用通則法

　　a. 第18條產品責任，依產品交付給受害人之地法，如不可預見該地，則依製造人主營業所所在地法

　　b. 第19條名譽毀損，依受侵害人慣居地法

另依2007年歐盟非契約之債準據法規則

　　a. 第5條產品責任，受害人受害時之慣居地法==>產品取得地法==>損害發生地法

　　b. 第6條不正競爭或限制競爭，依受競爭影響之國之法

　　c. 第7條環境損害，原則依損害發生地國法

　　d. 第8條侵害智慧財產權，依受智慧財產權請求保護國之法

　　e. 第9條工業活動所致損害，活動應發生或依發生國法

我國2010年涉民法所增訂特殊侵權行為類型：包括

　　a. 第26條商品損害關係→原則依損害發生地法or商品買受地or被害人住所地法

　　b. 第27條不公平競爭之債之關係——市場競爭秩序受妨害之國之法

　　c. 第28條傳播媒介侵權→被害人指定（行為實施地or損害發生地or人格被侵害地）

10.10　特殊侵權行為——商品製造人責任（涉民法第26條）

民法第191-1條（商品製造人之責任）

　　商品製造人因其商品之通常使用或消費所致他人之損害，負賠償責任。但其對於商品之生產、製造或加工、設計並無欠缺或其損害非因該項欠缺所致或於防止損害之發生，已盡相當之注意者，不在此限。

　　前項所稱商品製造人，謂商品之生產、製造、加工業者。其在商品上附加標章或其他文字、符號，足以表彰係其自己所生產、製造、加工者，視為商品製造人。

　　商品之生產、製造或加工、設計，與其說明書或廣告內容不符者，視為有欠缺。

　　商品輸入業者，應與商品製造人負同一之責任。

10.10.1　發生

　　產品責任隨著消費者保護意識，於二十世紀中葉逐漸受到各國重視。隨著國際貿易經濟蓬勃發展，涉外產品責任問題逐漸浮現。由於產、銷、運、消費及損害可能涉及數國，而各國對於產品責任之性質、「產品或商品」之責任適用範圍、責任基礎、損害內容及賠償範圍等，因各國對產品責任之立法要求程度互異，造成涉外產品責任法律衝突準據法之需求。

10.10.2　國際統一立法

　　為統一涉外產品責任之法律衝突及適用問題，國際間於1973年制訂「產品責任準據法公約」（Convention on The Law Applicable to Products Liability）。該公約規範要旨大致如下：

a. 第1條規定公約適用範圍，亦即製造人及其他由第3條所規定之人因產品造成之損害，包括因對產品之錯誤說明或對其品質、特性或使用方法未提供適當說明而造成損害之責任所應適用之法律。

b. 第2條規定「產品」及「損害」之定義。

c. 第3條規定公約對「應負責之人」之適用，包括製造人、生產人、供應商、準備或銷售環節之其他人（如修理人及倉庫管理人），及前述之人之受雇人或代理人。

d. 第4條規定第二順位準據法為「損害地所在國」（必須同為受害人慣居地或應負責人之主要營業地或取得產品地）。

e. 第5條規定第一順位準據法為「直接受害人慣居地」（必須同為應負責人之主要營業地或取得產品地）。

f. 第6條規定第三順位準據法為「應負責之人之主要營業地所在國」。

g. 第7條規定如銷售地為責任人所無法預見，則不適用損害所在國及受害人慣居地國法。

h. 第8條規定準據法用以決定之項目，例如責任基礎及範圍等。

i. 第9條規定準據法擇定時應考量產品銷售地之行為及安全規範。

j. 第10條規定公序良俗（必須明顯抵觸）。

10.10.3　侵權行為準據法決定之立法主義：「複式選法規則」、「預見原則」及「關係最切」

　　涉外產品責任因產銷環節複雜，生產、消費及損害可能分處不同國家，主要涉及的聯繫因素包括「產品製造人屬人法（國籍或住所）」、「消費受害人之屬人法（國籍或住所）」、「產品取得地或銷售地」及「損害發生地」等。採單一聯繫因素準據法規則，恐無法兼顧產品製造人與消費者間利益及權益平衡，因此國際間普遍採用「複式選法規則」，交叉複合採用前述各聯繫因素，以平衡雙方權益。再者，由於國際商品買賣層層分銷之故，貨品可能會因分銷之故而售往商品製造人可能毫無預見之國家，造成商品製造人面臨完成無法預測之責任風險，因此晚近部分國家或國際立法融入「預見產品銷售地」之規範模式。最後，由於產品製造責任之聯繫因素過多，複式選法規則及預見原則之採用雖具平衡雙方權益之效，然不免造成選法規則之僵化及過度複雜化，基此，部分國家或國際立法亦融入「最密切關連」或「關係最切」彈性選法，以為輔助及調整。

　　於複式選法規則中，國際間主要採用之立法方式亦可區分如下：

	被害人選擇說	硬性選法規範
主張	A. 稍偏重受害人之保護； B. 規定被害人得於幾個既定的聯繫因素中爲選擇。	爲平衡雙方權益，規定較爲嚴格的硬性選法順序及條件，避免由受害人單方選擇；
立法例	A. 義1995年國際私法改革法第63條：「於產品責任，受損害人得選擇適用製造商所在地法或製造商品之管理機構所在地法，或產品銷售地法，然製造商能證明該產品未經其同意而於國家上市銷售者除外。」 B. 瑞士1987/2011年聯邦國際私法第135條規定因產品瑕疵或缺陷所生之求償，由受害人於「被告主要營業所」或「產品購得地（+預見原則）」之法選擇之。	爲國際間立法主流： 典型範例： 1973年制訂「產品責任準據法公約 A. 第一順位：「直接受害人慣居地」（必須同爲應負責人之主要營業地或取得產品地）。（第5條） B. 第二順位：「損害地所在國」（必須同爲受害人慣居地或應負責人之主要營業地或取得產品地）。（第4條） C. 第三順位：「應負責之人之主要營業地所在國」。（第6條） 日本2006年法律適用通則法第18條 A. 第一順位：「產品交付地法」 B. 第二順位：交付地不可預見時，依「商品製造人主要營業地所在或慣居地國」 2007年歐盟——非契約之債準據法（羅馬II）第5條 A. 銷售地爲可預見： 　a. 第一順位：「受害人慣居地」（必須同爲取得產品地）。 　b. 第二順位：「產品取得地國」（必須同爲商品於該國銷售）。 　c. 第三順位：「損害發生地」（必須同爲商品於該國銷售）。 B. 銷售地爲不可預見：概依「應負責之人之慣居地國法」 C. 例外：關係最切（Escape Clause）

10.10.4　我國法規定（涉民法第26條）

2010年 涉民法	1953年 涉民法	說明
第26條 因商品之通常使用或消費致生損害者，被害人與商品製造人間之法律關係，依商品製造人之本國法。但如商品製造人事前同意或可預見該商品於下列任一法律施行之地域內銷售，並經被害人選定該法律為應適用之法律者，依該法律： 一、損害發生地法。 二、被害人買受該商品地之法。 三、被害人之本國法。	無	一、本條新增。 二、因商品之通常使用或消費致生損害者，被害人與商品製造人間之法律關係，涉及商品製造人之本國法關於其商品製造過程之注意義務及所生責任之規定，爰規定原則上應適用商品製造人之本國法。此一規定不問商品係經外國製造人事前同意而進口，或經由貿易商依眞品平行輸入之方式而進口者，均有其適用。如前述被害人之所以因商品之通常使用或消費而受損害，乃是因為商品製造人之創造或增加被害人與商品接觸之機會所致，或謂其間具有相當之牽連關係者，即有特別保護被害人之必要。爰參考1973年海牙產品責任準據法公約第4條至第7條、瑞士國際私法第135條、義大利國際私法第63條等立法例之精神，於但書明定如商品製造人事前同意或可預見該商品於損害發生地、被害人買受該商品地或被害人之本國銷售者，被害人得就該等地域之法律選定其一，為應適用之法律。

評釋：
(1) 新法採「預見」及「被害人選擇」原則：新涉民法第26條採用「預見（含同意）」及「被害人選擇」二立法原則，亦即：
■銷售地不可預見：依商品製造人之本國法
■銷售地可預見：由被害人於「損害發生地」「買受地」「被害人本國法」選擇之
(2) 新法所採立法原則之批評：
　A.「被害人選擇」主義非現今國際立法主流：一如前述，國際立法主流為「複式選法」之硬性選法規則。義大利及瑞士雖採「被害人選擇」主義，然於2007年歐盟非契約之債準據法規則正式實施後，身為歐盟會員國之義大利及瑞士必須進行適當修法，是遲早的事。
　B.「被害人數法選擇」之規範不當：我國法規定於預見前提下，被害人得於「損害發生地」「買受地」「被害人本國法」選擇之。此數法雖見於1973年公約及2007年羅馬II規則，但此二者係採複式嚴格立法原則，不能混為一談。被害人選擇

說形同賦予被害人權利，因此可得選擇之法律必須較爲限縮且應較有利於「產品製造人」，以爲雙方權益之平衡，此爲義瑞採被害人選擇之國家僅能從「產品製造人本國法」及「可預見之銷售地」爲選擇之主要原因。

C. 造成「是否預見」舉證責任之混淆：解釋上「預見與否」涉及產品製造人之營業行銷作業及認知，一般消費者很難有效得知，因此在舉證法理及若干國家規範上，是否預見係由產品製造人舉證。然於我國新法，並未針對預見與否之舉證爲明文；按選擇權之行使屬被害人之權利，從舉證法理及順序，被害人爲有效行使其權利，勢必先舉證「產品製造人可預見」，如產品製造人有異議，再提出反證。此情況將造成「是否預見」舉證責任上之混淆，加重受害人之舉證責任負擔。

D.「事前同意」規範之不妥：從前述新涉民法所主要參考之各國及國際立法例中，並無「事前同意」之相關規範！按產品製造人責任向有契約說及侵權行爲說二大理論。由於商品製造銷售環節複雜，各國實踐普遍偏向將其列爲「特殊侵權行爲」；而「事前同意」乙點，不僅造成是否並採「契約說」之混淆，亦造成例如「產品保固書」、「產品使用規範及說明」上如有相關準據法約定等，是否屬「事前同意」之認定爭議。再者，於新法第31條非法律行爲之債得嗣後合意爲中華民國準據法適用之規範下，本條文「事前同意」規範似無存在之積極意義。

(3)「商品」：於我國法理論，民法第191條之1所稱之商品，係指自然產物及工業產品之有形商品（包括動產、不動產、最終產品、半成品、原料或組件等），不包括服務之無形商品。1973年公約第2條(a)款定義「產品」或「商品」爲「應包括天然產品及工業產品，不論是否未加工或已加工，亦不論是動產或不動產」（the word "product" shall include natural and industrial products, whether raw or manufactured and whether movable or immovable）亦可爲參照。

(4)「商品製造人」：於我國法理論，配合前述商品之定義，係指有形商品之生產、製造及加工之人，包括該商品之輸入業者，包括自然人及法人。於1973年公約第3條，該公約所適用之產品製造人之範圍較我國法理論更廣，包括「成品或配組件之製造人」、「天然產品之生產人」、「產品之供應人」（suppliers）、「於產品準備或銷售商業環節中之其他人，包括修理人及倉庫管理人（repairers and warehousemen）」及「前述所述之人之代理人或受雇人」。因此，於「商品製造人」日後解釋適用上，得爲參酌1973年公約規定爲擴大解釋。

(5)「商品之通常使用或消費」：依我國法理論，產品之通常使用或消費係指依一般交易觀念認知該商品之效用或用途而爲利用，例如一般轎車使用於越野。前述國際公約及各國立法並無類似「通常使用或消費」之明文。爲使國際私法能有效涵蓋相關爭議，「通常使用或消費」似無訂定之絕對必要，蓋不僅相關案件之審理必須先決定是否爲「商品之通常適用或消費」，且進一步導致「非商品之通常或消費」之商

品爭訟之準據法如何決定問題。更甚之，「商品之通常使用或消費」雖與我國民法第
191條之1用語一致，然消費乙詞可能會造成是否擴及「無形商品：服務」之適用爭
議。

(6)「致生損害」：損害之發生為侵權行為損害賠償請求之基本要件，蓋「無損害，即
無賠償」。另依我國法理論，損害乙詞包括「權利之損害」及「利益之損害」二層
面，解釋上，無論是實體損害、金錢損害、人身傷亡，亦無論是直接損害抑或間接
損害，均應包括之。然應注意的是，1973年公約第2條(b)款定義「損害」係指「人身
傷害或財產損害及經濟損失。然除與其他損害有所聯繫，不應包括產品本身之損害
及間接損害。」亦即我國法理論與1973年公約所適用之產品損害，兩者概念上並非
完全一致。

國際暨各國立法例參考：

2007年歐盟_非契約之債準據法（羅馬II）（基本上拘束所有歐盟國家）

第5條產品責任Article 5 Product liability

1. 於不損及第4條2項之情況下，因產品所致損害所生非契約之債之準據法應為如下：Without
prejudice to Article 4(2), the law applicable to a non-contractual obligation arising out of damage
caused by a product shall be:

   (a) 遭受損害之人於損害發生時之慣居地國法，且該產品於該國銷售；或不符此情況時，the
   law of the country in which the person sustaining the damage had his or her habitual residence
   when the damage occurred, if the product was marketed in that country; or, failing that,

   (b) 產品取得地國法，且該產品係在該國銷售；或不符此情況時，the law of the country in
   which the product was acquired, if the product was marketed in that country; or, failing that,

   (c) 損害發生地國法，且該產品係於該國銷售。the law of the country in which the damage
   occurred, if the product was marketed in that country.

   然如被指控應負責之人無法合理預見該產品或同類產品會於其法律可能適用之前述(a)、(b)
   或(c)款所載國家之市場為銷售者，則適用該被指控應負責之人慣居地國法。However, the
   law applicable shall be the law of the country in which the person claimed to be liable is habitually
   resident if he or she could not reasonably foresee the marketing of the product, or a product of the
   same type, in the country the law of which is applicable under (a), (b) or (c).

2. 如從案件各方跡象顯示，侵權或違法行為明顯與前項所指國家以外之某國家存在更為密切
之聯繫時，則應適用該另一國法律。與另一國間之明顯密切聯繫特別是可建立於雙方先前
已存在並與相關侵權或違法行為緊密聯繫之相互關係（例如契約）基礎上。Where it is clear
from all the circumstances of the case that the tort/delict is manifestly more closely connected
with a country other than that indicated in paragraph 1, the law of that other country shall apply. A
manifestly closer connection with another country might be based in particular on a pre-existing
relationship between the parties, such as a contract, that is closely connected with the tort/delict in
question.

瑞士1987/2011年聯邦國際私法第135條

因產品瑕疵或缺陷所生之求償，依下列之法由受害人選擇之：

a. 被告主要營業所在地或如無主要營業所則依慣居地國法；或

b. 購得產品之國之法，然被告能證明該產品透過商業管道進入該國未經其同意者除外；

如對產品瑕疵或缺陷而提起之訴訟適用某外國法，於瑞士提出之救濟請求，瑞士之裁判不得
超過如依瑞士法所能判給之損害賠償。

中華人民共和國2010年涉外民事關係法律適用法第45條
　　產品責任，適用被侵權人經常居所地法律；被侵權人選擇適用侵權人主營業地法律、損害發生地法律的，或者侵權人在被侵權人經常居所地沒有從事相關經營活動的，適用侵權人主營業地法律或者損害發生地法律。
日本2006年法律適用通則法第18條產品責任之特殊規則
　　無論前條規定為何，侵權行為所生之債之成立及效力為產品（本條所稱「產品」乙詞意旨所生產或加工之任何貨品）瑕疵致生他人之人命傷亡及財產損害，而向製造人（本條所稱「製造人」乙詞意旨於其業務過程中為產品生產、加工、進口、出口、配送或出售之任何人），或於產品標示上標示為製造人之任何人，則推定其為製作人（該人等於本條稱之為「製造人」等），應適用產品交付給受害人之地法。然如產品交付地依通常情況為不可預見，則應適用製造人等之主營業所在地法（如其無主營業所，則依其慣居地法）。
義大利1995年國際私法制度改革法第63條產品責任
　　於產品責任，受損害人得選擇適用製造商所在地法或製造商品之管理機構所在地法，或產品銷售地法，然製造商能證明該產品未經其同意而於國家上市銷售者除外。
列支敦士登1996年國際私法第45條消費者契約
　　(1) 如果契約一方當事人慣常居所地國法律將該當事人作為消費者而給予特別的私法上的保護，要該契約因為企業或者企業雇用的人員為締結該契約而在該國境內實施的任一行為而成立，則該契約應適用該國法律。
　　(2) 如果涉及到本法中的強制性規定，則任何對消費者不利的法律選擇無效。
　　(3) 在消費者契約中，如果一項法律選擇降低了對消費者免受權利濫用條款危害的保護，則該法律選擇無效。

10.11　特殊侵權行為──不正競爭（涉民法第27條）

涉民法第27條
　　市場競爭秩序因不公平競爭或限制競爭之行為而受妨害者，其因此所生之債，依該市場之所在地法。但不公平競爭或限制競爭係因法律行為造成，而該法律行為所應適用之法律較有利於被害人者，依該法律行為所應適用之法律。

10.11.1　概說

　　我國公平交易法第4條定義「競爭」為二以上事業在市場上以較有利之價格、數量、品質、服務或其他條件，爭取交易機會之行為。我國公平交易法所規範之行為包括反托拉斯及不公平競爭二大類，架構如下：

公平交易法	限制競爭行為	獨占行為	事業在特定市場處於無競爭狀態，或具有壓倒性地位，可排除競爭之能力者。（§5）
		結合行為	與他事業合併、持有或取得他事業之股份或出資額，達到他事業有表決權股份或資本總額三分之一以上、受讓或承租他事業全部或主要部分之營業或財產等（§6）
		聯合行為	事業以契約、協議或其他方式之合意，與有競爭關係之他事業共同決定商品或服務之價格，或限制數量、技術、產品、設備、交易對象、交易地區等，相互約束事業活動之行為（§7）
	不公平競爭行為	維持轉售價格行為	事業對於其交易相對人，就供給之商品轉售與第三人或第三人再轉售時，應容許其自由決定價格；有相反之約定者，其約定無效。（§18）
		妨礙公平競爭行為	以損害特定事業為目的，促使他事業對該特定事業斷絕供給、購買或其他交易；無正當理由，對他事業給予差別待遇之行為；以脅迫、利誘或其他不正當方法，使競爭者之交易相對人與自己交易之行為、使他事業不為價格之競爭、參與結合或聯合之行為等（§19）
		仿冒他人商品或服務表徵行為	以相關事業或消費者所普遍認知之他人姓名、商號或公司名稱、商標、商品容器、包裝、外觀或其他顯示他人商品之表徵，為相同或類似之使用，致與他人商品混淆，或販賣、運送、輸出或輸入使用該項表徵之商品等行為（§20）
		虛偽不實廣告行為	事業不得在商品或其廣告上，或以其他使公眾得知之方法，對於商品之價格、數量、品質、內容、製造方法、製造日期、有效期限、使用方法、用途、原產地、製造者、製造地、加工者、加工地等，為虛偽不實或引人錯誤之表示或表徵。（§21）
		損害他人營業信譽行為	事業不得為競爭之目的，而陳述或散布足以損害他人營業信譽之不實情事。（§22）
		不當多層次傳銷行為	多層次傳銷，其參加人如取得佣金、獎金或其他經濟利益，主要係基於介紹他人加入，而非基於其所推廣或銷售商品或勞務之合理市價者，不得為之。（§23）

其他足以影響交易秩序之欺罔或顯失公平之行為（§24）

依我國法，事業違反公平交易法規定，除受相關罰則之處罰外（公平交易法第35條至44條參照），被害人尚得主張排除侵害、防止侵害（公平交易法第30條）、損害賠償請求

權（公平交易法第31條）及判決書登載新聞紙請求權（公平交易法第34條）；如為事故之故意行為，更得主張不超過已證明損害額的三倍之賠償（公平交易法第32條）。請求權時效部分，比照一般侵權行為規定分別為二年及十年。

另國際間於1979年10月2日所修正之1883年3月20日「保護工業產權巴黎公約」（Paris Convention for The Protection of Industrial Property），第10條之2針對不正競爭有下列規定：

(1) 本聯盟國家有義務對各該國國民保證給予制止不正當競爭的有效保護。

(2) 凡在工商業事務中違反誠實的習慣做法的競爭行為構成不正當競爭的行為。

(3) 下列各項特別應予以禁止：

1. 具有不擇手段地對競爭者的營業所、商品或工商業活動造成混亂性質的一切行為；

2. 在經營商業中，具有損害競爭者的營業所、商品或工商業活動商譽性質的虛偽說法；

3. 在經營商業中使用會使公眾對商品的性質、製造方法、特點、用途或數量易於產生誤解的表示或說法。

10.11.2　衝突之發生

全球經濟於十九世紀末開始從自由競爭市場，逐漸走向公平競爭市場以來，各國開始針對公平競爭制訂相關規範，從最早的德國1896年反不正競爭法，到日本的禁止私人壟斷及確保公平競爭法，以迄我國的公平交易法等均屬之。但各國對於涉及他國不正競爭行為之定義、要件、內容、範圍及態樣認定（例如垂直交易、杯葛行為、差別待遇、折扣優惠、搭售行為、贈品贈獎行為等）、處理、損害賠償及罰則等的規範並非一致。為謀求統一，世界智慧財產權組織曾於1996年擬定「反不正競爭示範法」，試圖以示範法方式，引導各國在此議題上之統一標準，然幾年下來的成效仍屬有限。

更為複雜的是，不正競爭規範非僅是私法或實體法問題而已，更是各國政府為維護市場秩序、調解市場利益紛爭、平衡跨國不當貿易之重要手段，不似一般的實體法涉外爭議，不正競爭含有較多成分的強制及主權因素。

10.11.3　不正競爭準據法決定之立法主義

	侵權行為地法 （損害發生地法）	有限度的當事人意思自治	關係最切國法
主張	不正競爭屬侵權行為類型之一，侵權行為本依侵權行為地法。另從各國有關不正競爭之規範視之，多以損害競爭對手或消費大眾對商品造成混亂等，此均屬被侵權行為地之概念所涵蓋，涉外不正競爭行為與被侵權地之聯繫最為密切，特別是損害發生地。	許多競爭關係與契約行為有關，因此早期有若干國家係以當事人意思自治作為不正競爭法律衝突之適用原則。然由於不正競爭復又涉及侵權及政府干預，因此通常會附加某些因素（例如是否為共同屬人法）限制當事人之選擇。	不正競爭的成分非常複雜，或侵權、或契約、或行政管制等，且與法庭地國公序有關，任一剛性擇法原則均會有所偏頗，而採用關係最切國法之彈性選法規則，可有效處理不正競爭關係及性質複雜之現實。
採用	瑞士等		美國

10.11.4　我國法規定（涉民法第27條）

2010年 涉民法條文	1953年 涉民法	說明
第27條 市場競爭秩序因不公平競爭或限制競爭之行為而受妨害者，其因此所生之債，依該市場之所在地法。但不公平競爭或限制競爭係因法律行為造成，而該法律行為所應適用之法律較有利於被害人者，依該法律行為所應適用之法律。	無	一、本條新增。 二、不公平競爭或限制競爭等違反競爭法規或公平交易法之行為，對於藉該等法規維持之市場競爭狀態或競爭秩序，均構成妨害，其因此而發生之債權債務關係，亦與該市場所屬國家之法律密切相關。爰參考奧地利國際私法第48條第2項、瑞士國際私法第136條、第137條等立法例之精神，明定其應依該市場所在地法或所屬國家之法律。不公平競爭或限制競爭行為所妨害之市場橫跨二國以上者，各該國均為市場之所在地，就該等行為在各地所生之債，應分別依各該市場之所在地法。如不公平競爭或限制競爭之行為係以法律行為（例如契約或聯合行為）實施，而該法律行為所應適用之法律較有利於被害人者，為保護被害人之利益，自應依該法律行為所應適用之法律。

評釋：

(1) 採「**侵權行為（損害發生）地法及有限度的當事人意思自主說**」：本法原則上採侵權行為（損害發生）地法，亦即因不公平競爭或限制競爭之行為而受妨害之市場所在地法，例外承認不公平競爭許多以意思表示為要素之法律行為有關之事實，採取有利被害人之法律行為準據法說。

(2) **但書適用衍生問題**：本條但書兼採「有限度的當事人意思自主說」，雖有尊重契約自由及保護受害人之雙重考量，然在訴訟實務可能產生困擾：第一、是否為不公平競爭之認定，各國標準本就不一，今承審法院必須同時針對「受妨害市場所在地」及「有利被害人之法律行為準據法」為同時認定；第二、限制競爭及不公平競爭可能會同時造成消費市場的損害及特定被害人的損害，如後者適用有利被害人法律行為準據法之結果，而發生「市場所在地法」與「法律行為準據法」分屬不同國法時，法院適用上將更為困難。日後如有修正可能，建議採用羅法II第6條立法例，兼採關係最切。

(3) **限制競爭行為**：又稱為反托拉斯行為，概指公平交易法所稱之獨占、結合、聯合等行為。

(4) **不公平競爭行為**：指維持轉售價格行為、妨礙公平競爭行為、仿冒他人商品或服務表徵行為、虛偽不實廣告行為、損害他人營業信譽行為、不當多層次傳銷行為等。

(5) **定性**：各國對限制競爭行為及不公平競爭行為的定義及內涵並不一致，此部分應依定性法例予以解決。

各國立法例參考：

2007年關於非契約之債準據法（羅馬II）第6條不正當競爭和限制自由競爭行為

(1) 因不正競爭所生非契約之債之準據法，應為競爭關係或消費者集體利益受到或可能受到影響之國之法。

(2) 不正競爭行為之影響僅限於特定競爭者之利益時，則適用第4條規定。

(3) (a) 因限制競爭行為所生之非契約之債之準據法，應為受或可能受影響之市場所在地國之法。

(b) 如受或可能受影響之市場超過一國，求償權人於被告住所地法院起訴時，只要該會員國之市場亦是限制競爭行為所致直接、實質性影響之市場，即可選擇基於其訴訟之法庭地國法；求償權人依照應適用之管轄規則於該法院起訴多位被告，如所涉及之各被訴被告之限制競爭行為亦對該法院地國之市場造成直接、實質影響，可選擇基於其訴訟之法庭地國法。

(4) 本條準據法不因依據第14條之協議而有所影響。

參考條文 羅馬II Article 4第4條 General rule 一般規則

(1) 除本規則另有規定外，因侵權或不法行為所生非契約之債之準據法應為損害發生地國法，而無論造成損害之事件發生於何國，亦不論該事件之間接後果發生於任何一個或數個國家。

(2) 然於損害發生時，如被指控應對損害負責之人與遭受損害之人於同一國家擁有慣居地，則應適用該國法律。

(3) 如從案件各方跡象顯示，侵權或違法行為明顯與前兩項所指國家以外之某國家存在更為密切之聯繫時，則應適用該另一國法律。與另一國間之明顯密切聯繫特別是可建立於雙方先前已存在並與相關侵權或違法行為緊密聯繫之相互關係（例如契約）基礎上。

瑞士1987/2011年聯邦國際私法第136條
　　(1) 因不正競爭行為所生求償，依發生損害結果之市場所在地國法。
　　(2) 不正當競爭造成當事人商業利益或工業利益損害者，適用受損害人營業所在地國法律。
　　(3) 本法第133條第3項規定予保留適用。
瑞士1987/2011年聯邦國際私法第137條
　　(1) 限制競爭所生之債，依直接造成受損害人影響之市場所在地法。
　　(2) 如該訴訟適用外國法，於瑞士提出之救濟請求，於瑞士之裁判不得超過如依瑞士法所能判給之損害賠償。
奧地利1978/1999年國際私法第48條 非契約損害請求
　　(1) 非契約損害之請求，依造成該損害行為發生地國家之法律。然如所涉及之人均與另外同一國家之法律有更密切聯繫時，則適用該國家之法律。
　　(2) 因不正當競爭所生損害與其他請求，依受此競爭影響市場所在國家之法律。
列支敦士登1996年國際私法第52條契約之外的賠償請求權
　　(1) 契約之外的賠償請求權適用導致損害發生的行為實施地國法律。但如果對於當事人來說與另一國家的法律存在更強聯繫，則適用該另一國法律。
　　(2) 由不正當競爭導致的損害賠償請求權及其他請求權適用其市場受到該競爭行為影響的國家的法律。

10.12　特殊侵權行為——媒體侵權（涉民法第28條）

涉民法第28條
　　侵權行為係經由出版、廣播、電視、電腦網路或其他傳播方法為之者，其所生之債，依下列各款中與其關係最切之法律：
　　一、行為地法；行為地不明者，行為人之住所地法。
　　二、行為人得預見損害發生地者，其損害發生地法。
　　三、被害人之人格權被侵害者，其本國法。
　　前項侵權行為之行為人，係以出版、廣播、電視、電腦網路或其他傳播方法為營業者，依其營業地法。

10.12.1　概說

　　「媒體」或「大眾傳播媒體」係指報章雜誌、廣播、電視、網路等資訊傳播媒介之通稱。「媒體侵權」係指媒體使用人、媒體服務提供人或媒體內容提供人，透過媒體故意或過失不法侵害他人權益之行為。其可包括二概念及類別：
　　第一類：所稱「媒體」為名詞，亦即媒體業者為行為主體及責任主體，透過其所營傳播媒介故意或過失侵害他人權利；
　　第二類：所稱「媒體」為動詞，亦即任何人利用媒體此一傳播媒介，故意或過失侵害他人權利。此部分為了與第一類相區分，或可以「媒介侵權」稱之。此部分

的侵權行為主體雖非媒體業者，然由於其係提供媒介平台，在某些情況下必須承擔若干連帶責任。

第一類的媒體侵權大都涉及新聞自由與隱私權保障等人權問題，有時涉及姓名權、肖像權、名譽等人格權，有時或以「新聞侵權」稱呼之。被告為新聞及媒體業者，晚近原告以官方機構、公務人員、名人等居多。

第二類的媒體侵權逐漸躍居主流，特別是網路盛行之後。在過去，一般人僅是媒體使用人，但於網路盛行之後，人人不僅是網路媒體的使用者，更成為媒體內容的提供者。網路侵權主要類型可包括(1)利用網路侵害他人之人格權、財產權等傳統民事權利；(2)利用網路侵害他人智慧財產權；(3)非法網路侵入，竊取資料或利用病毒進行攻擊等。與傳統侵權或媒體侵權相比較，網路侵權具有許多特徵，而這些特徵也造成傳統侵權行為準據法確認上之困難，其包括網路侵權是在電腦間所建構的虛擬空間中進行，受害人不開電腦不看電腦，很難察覺侵權之存在，另一方面侵權人也遮蔽自己的身分；網路侵權的責任主體較為複雜，除侵權之直接行為人外，網路服務提供者、轉貼者、甚至是按「讚」者，都可能會成為共同侵權行為人；網路無遠弗屆，可能透過位於全球不同地點的伺服機器或網路服務提供者，不斷被轉用或取用的結果是，使加害行為擴及全球各角落；網路侵權類型具多樣性，例如提供下載、轉貼、使用病毒及駭客等，侵權所造成之後果或損失之估算，通常較為困難；網路侵權舉證困難，網頁經常更新且易於被刪除，被害人舉證有其困難度；侵害行為可能造成的永久性，許多網路侵害之項目，例如隱私等人格權，商場機密及智慧財產權等，一旦在網站上被公開，將很難回復原狀。

10.12.2　衝突的發生

由於媒體侵權的複雜性、多樣性且諸多部分尚屬發展中的法律，媒體侵權普遍涉及新聞自由、言論自由及等憲法層面問題，各國普遍有針對媒體監管之相關法令（如新聞法、大眾傳播法、廣電法等），以及各國民情對於隱私權、名譽等人格權保障見解接受程度不一等因素，各國對於媒體侵權責任之規範及其方式相當不一致。各國目前尚無比較明確的媒體侵權的整合立法，大陸法系國家大多以一般侵權行為解決媒體侵權問題，英美法除一般過失侵權外，尚有過去普通法所建立的毀謗法則為主要依據。另在網路侵權方面，已開始有若干國家針對媒體服務及內容提供者課以某些程度的責任，但多數國家對此仍欠缺相關明文規定。換言之，媒體侵權準據法衝突的發生並非各國對於媒體侵權準據法規範上之不一致（既使有規範，媒體侵權之構成要件、免責抗辯事由及侵權效力等，規範仍不甚一致），而是各國對於媒體侵權相關規定之欠缺所導致適用不易之衝突。

10.12.3　立法主義

	意思自治原則	加害人屬人法	最密切關係原則	法庭地法主義	侵權行為地法主義		
主張	媒體使用通常會有相關合意規定，得以合意方式解決複雜的媒體或網路侵權問題。	媒體無遠弗屆，受害處所及受害人可能位於多數法域，相對於加害人可能單一，權利主張及執行有其便利之處。	侵權行為類型及行為地之認定過於複雜，傳統硬性規則容易產生不公平結果。	認為侵權行為責任與刑事責任類似，具反社會性及反倫理性，與一國公序有關，因此應以法庭地法規定為準。	行為地如構成侵權行為而生一定之債，已為一既得權，該既得權應予以保護；另侵權行為亦與侵權行為地之公序最具關連（與場所支配行為存有若干關聯）。惟此說無法妥善解決複數侵權行為地或行為地與損害發生地不同之情況。		
分類及優缺點	僅解決部分，但非全部，例如濫發郵件，很難有事先合意。	純以求償便利性作為擇法標準，與傳統侵權行為依侵權行為地法的理論有所衝突。	彈性選法原則可有效處理媒體侵權複雜多樣之本質，但關係最切卻不一定是最保護受害人。	※過度擴張內國之公序觀念 ※違背法律之安定性（行為地≠在法庭地國）。 ※不合理限制當事人之訴權。	**行為作成地** 由於損害地常有多處，因此以行為人本人或其使用人作成行為地之法律為準。	**損害造成地** 民事責任之目的在填補被害人損害，無損害則無侵權。	**被害人選擇說** 為保護被害人，被害人得就行為作成地及損害發生地擇一有利於己之法律主張之。

10.12.4　我國法規定（涉民法第28條）

2010年 涉民法	1953年 涉民法	說明
第28條 侵權行為係經由出版、廣播、電視、電腦網路或其他傳播方法為之者，其所生之債，依下列各款中與其關係最切之法律： 一、行為地法；行為地不明者，行為人之住所地法。 二、行為人得預見損害發生地者，其損害發生地法。 三、被害人之人格權被侵害者，其本國法。 前項侵權行為之行為人，係以出版、廣播、電視、電腦網路或其他傳播方法為營業者，依其營業地法。	無	一、本條新增。 二、侵權行為係經由出版、廣播、電視、電腦網路或其他傳播方法實施者，其損害之範圍較廣，而行為地與損害發生地之認定亦較困難。為保護被害人並兼顧有關侵權行為之基本原則。爰參考瑞士國際私法第139條規定之精神，規定被害人得依與其關係最切之下列法律，而主張其權利：一、行為地法，行為地不明者，作為行為人私法生活重心之住所地法；二、行為人得預見損害發生地者，其損害發生地法；三、人格權被侵害者，為被害人人格權應適用之法律，即其本國法。法院認定某法律是否為關係最切之法律時，應斟酌包括被害人之意願及損害填補之程度等在內之所有主觀及客觀之因素，再綜合比較評定之。 三、侵權行為之行為人，係以出版、廣播、電視、電腦網路或其他傳播方法為營業者，即公共傳播媒介業者本身為侵權行為之行為人時，該侵權行為與其營業行為密不可分，有依同一法律決定該行為之合法性及損害賠償等問題之必要。爰規定應依其營業地法，以兼顧公共傳播媒介之社會責任原則。

評釋：
(1) 「原則採關係最切主義，例外採營業地法說（屬人法）」或「媒體侵權採營業地法（屬人法），媒介侵權採關係最切主義」：本條文採媒體侵權及媒介侵權區分規定，媒體侵權（亦即侵權行為人為媒體業者）採營業地法主義，其他的媒介侵權則採有限度的關係最切主義，亦即僅能在行為地法、預見損害發生地法及人格權受侵害之受害人本國法中為選擇。

(2) **爭議**：本條文採用「媒體侵權採營業地法（屬人法），媒介侵權採關係最切主義」
不無受批評之處：

第一、修法理由明文參考瑞士聯邦國際私法第139條，然事實上該瑞士法條文係採
「受害人選擇主義」，且僅限於人格權受侵害之受害人。我國法適用上不僅
不限於人格權受侵害（亦即包括例如智慧財產權等財產權受侵害），且改採
關係最切主義。

第二、關係最切主義基本上係因由管轄法院就案件各類因素予以綜合考量予以確
認，今我國法卻將關係最切僅限制於行為地法、預見損害發生地法及人格權
受侵害之受害人本國法中為選擇，實與關係最切之基本原則不符。

第三、採用媒體侵權及媒介侵權區分規定並非不可，但媒介侵權有諸多情況會發生
「媒體提供商連帶責任」之情況，此將發生「媒介侵權人」適用關係最切
法，而負擔媒體侵權連帶責任之媒體提供者卻適用營業地法之割裂情況。

建議：本條文日後如有修法之可能，建議採媒介侵權及媒體侵權不區分方式，統採
不限制之關切最切主義。

(3) **意思自治原則之適用**：無論是媒體侵權，抑或媒介侵權，均屬涉民法第39條所規定
之「非因法律行為而生之債」，其當事人於中華民國法院起訴後合意適用中華民國
法律者，適用中華民國法律。

各國立法例參考：

瑞士1987/2011年聯邦國際私法第139條

(1) 受印刷品、無線廣播、電視或其他大眾傳播工具之誹謗而提出之人格權損害之求償，原告
可於下述數法律中選擇其準據法：
a. 受害人慣居所地國法，該慣居所以侵權行為人得預見其效果會發生於該國為限；
b. 侵權行為人之主要營業所在地或慣居所地國法律；
c. 侵權結果發生地國法，該發生地以侵權行為人得預見其效果會發生於該國為限。

(2) 媒體重播權應專依播放地國或廣播或電視節目播放國之法律。

(3) 第1項規定亦應適用於透過個人資料傳輸之人格權侵害所生之求償及有關個人資料保護之
侵害所生之求償。

中華人民共和國2010年涉外民事關係法律適用法第46條

通過網路或者採用其他方式侵害姓名權、肖像權、名譽權、隱私權等人格權的，適用被侵權
人經常居所地法律。

10.13 特種侵權行為——對保險人直接訴權（涉民法第29條）

涉民法第29條

侵權行為之被害人對賠償義務人之保險人之直接請求權，依保險契約所應適用之法
律。但依該侵權行為所生之債應適用之法律得直接請求者，亦得直接請求。

10.13.1　對保險人直接訴權概說

於我國，有關被害人對加害人（賠償義務人）之保險人之直接請求權基礎規範僅有三條文：一為保險法第94條；另一為強制汽車責任保險法；第三為海洋污染防治法：

保險法第94條規定：

保險人於第三人由被保險人應負責任事故所致之損失，未受賠償以前，不得以賠償金額之全部或一部給付被保險人。

被保險人對第三人應負損失賠償責任確定時，第三人得在保險金額範圍內，依其應得之比例，直接向保險人請求給付賠償金額。

強制汽車責任保險法第7條規定：

因汽車交通事故致受害人傷害或死亡者，不論加害人有無過失，請求權人得依本法規定向保險人請求保險給付或向財團法人汽車交通事故特別補償基金（以下簡稱特別補償基金）請求補償。

海洋污染防治法第34條規定：

污染損害之賠償請求權人，得直接向責任保險人請求賠償或就擔保求償之。

前述三條文均與「責任保險」直接牽連，保險法第94條為基礎規範，提供我國諸多必須投保（意外）責任保險業者或從業人員於執行業務過程中致生第三人損害時，得對保險人為直接求償的法源。我國強制汽車責任保險雖屬公辦民營，然畢竟屬社會型保險，是否屬涉外民事法律適用法所謂的民事，不無討論之處。同樣地，海洋污染防治法屬行政規範，亦有涉民法是否適用之疑慮。

從契約知情或契約當事人原則，除符合第三人利益契約之概念外，被害人與加害人之責任保險人間並不產生直接牽連，我國於2001年7月9日修正保險法，增列第94條第2項直接訴權規定，在某些前提要件的適用下，賦予債權人對債務人之責任保險人的直接請求權，其法律性質為何？在適用上有那些限制或要求？國內對此的論述相當受限。基此，保險法施行細則第2003年全面修正時，於第7條規定「第三人依本法第九十四條第二項規定，直接向保險人請求給付賠償金額時，保險人基於保險契約所得對抗被保險人之事由，皆得以之對抗第三人。」另在修法說明中，給與直接訴權為法定債權讓與之性質定位。雖然如此，有關直接訴權之其他問題，許多仍懸而未決，例如：

(1) 僅適用於侵權行為，抑或亦適用於契約責任或其他法定責任？

(2) 直接訴權的時效何時起算及期間如何衡定？

(3) 如受害人有數人，在保險金有限的情況下，訴訟程序上如何進行分配？

(4) 保險契約如有「付應已付」（pay to be paid）條款時，應如何處理？

(5) 被保險人違反保費支付、安全衛生等公安規定而導致保險契約失效時，應如何處理？

(6) 保險人及債務人（被保險人）是否有保險資料提供之義務？如無，直接訴權將如何進行？

(7) 保險契約上如有仲裁或調解條款之約定，第三人是否應受該條款之拘束？

(8) 被保險人違反保險契約不實陳述或未告知或違反通知義務而導致保險人得有解除保險契約之權利時，直接訴權將如何行使？

10.13.2　衝突的發生

各國有關受害人（債權人）對債務人之保險人之直接訴權之規定差異相當大。例如英國法（主要為1930年及2010年第三人對保險人直接請求法）係以被保險人破產或清算且破產清算當時被保險人對第三人之責任已經發生者，為受害人（債權人）得向保險人請求之權利基礎，性質上歸屬權利移轉，另有保險資料提供義務等配套規定。前述英國2010年法規定僅明文規定不適用於再保險，換言之，財產保險或人身保險均適用之。同屬英美法系的澳洲，並無類似英國法於被保險人破產或清算時，賦予第三人得向被保險人之保險人為直接訴權，除非被保險人死亡或失蹤；其僅規定第三人對於保險金有較被保險人之其他債權人更為優先受償之權利而已。同樣地，於同屬英美法系的紐西蘭，其1936年保險改革法（Insurance Law Reform Act）第9條。大體而言，該條文賦予因加害人疏失蒙受損失之受害第三人直接向加害人之保險人為直接求償之權利。此第三人權利係該第三人得就被保險人對其所應負責之賠償額同等之保險金款項中為執行之一法定權利。該權利之施行不以被保險人清算或破產為限。

法國直接訴權之概念類似我國法所稱之第三人利益契約，法國保險法以賦予特別權利方式，使保險人應直接對其所承保之責任保險事故對受害第三人直接負責；在此特別權利下，受害第三人為保險金給付之第一順位請求權人。法國直接訴權的概念僅適用於「具補償性質的財產保險或責任保險」；受害人不得超額求償，在時效方面，受害人不僅應受到一般時效之限制，亦受到保險金請求時效之拘束。

德國一般責任保險並無直接訴權之規定，僅強制責任保險部分有特別規定（德國保險契約法第158.b至第158.k條）。該規定分別針對一般型的強制責任保險（例如汽機車強制責任保險），及營業型或專業型強制責任保險為規定。

於比利時，依比利時1992年陸上保險法規定，無論被保險人是否破產，第三人均享有對保險人直接求償之權。保險人應負之補償僅屬受害人獨有，應除外於被保險人之其他債權人之外。於確定保險人與被保險人責任方面，第三人得直接向保險人提出求償。第三人無須同時向被保險人提出求償，然被保險人得介入其對保險人之訴訟程序。於第三人向保險人訴請程序中，保險人得向法院聲請將被保險人列為被告之一。

於加拿大部分，保險於加拿大屬省法範圍，各省保險法對於第三人直接訴權方面的規定大致類似，亦即第三人有權向保險人為訴請之前提是，第三人必須已獲取對被保險人之確定裁判且該其執行無法充分滿足裁判結果。

於美國部分，保險屬各州州法範圍，例如路易斯安娜州1983年「直接訴權法」（Louisiana Direct Action Statute）規定「所有的責任保險保單係為被保險人對其應負責之

所有受害者之利益而制訂。」（All liability policies are executed for the benefit of all injured person to whom the isnured is liable.）該法賦予受害第三人得直接向責任保險人及被保險人共同提起訴訟，或於被保險人死亡或破產時，單獨直接向責任保險人提起訴訟之權利。威斯康新州直接訴權法（The Wisconsin Direct Action Statute）第260.11規定，第三人得單獨向保險人提出直接訴訟。依此規定，受害第三人得單獨向保險人提起訴請而無須一併將被保險人起訴或以被保險人必須已經破產或死亡為前提。紐約1984年保險法（New York Insurance Law 1984）第3420條規定，准以受害第三人於被保險人破產或已取得其對被保險人之裁判時，得向責任及補償保險人（liability and indemnity insurers）提起訴請。

10.13.3　直接訴權準據法決定之立法主義

　　直接訴權涉及受害人、加害人（債務人或被保險人）及保險人三者間之關係，基於契約當事人原則，直接訴權多屬法定權利，以法有明文規定為限，或有公共利益上之考量或為保護受害人等不同考量。性質上以法定債權讓與或移轉為主流，然並非全然如此。各國有關直接訴權之準據法規定非常罕見，學理上大致上有下列：

	原據法說（準用債權讓與說）	保險契約準據法說	原據法及保險契約準據法併合說	法庭地法說
主張	受害人（第三人）對保險人直接訴權之權利基礎來自原因法律關係之權利法定讓與而來，自應準據原據法。	依契約當事人原則，保險人無須對第三人為直接負責，直接訴權誠屬例外，且保險人責任亦不應超過保險契約原應負責之範圍，因此應依據保險契約準據法。	從雙重保障受害人觀點，原據法或保險契約準據法任一有規定直接訴權時，即可以該規定為準據法。	保險人是否因直接訴權規定而具被告資格，且法庭地國大都為被告保險人所在地國，此涉及法庭地國公序，因此應準據法庭地法。
採用	羅馬I, 羅馬II		德、瑞	

10.13.4　我國法規定（涉民法第29條）

2010年 涉民法	1953年 涉民法	說明
第29條 侵權行為之被害人對賠償義務人之保險人之直接請求權，依保險契約所應適用之法律。但依該侵權行為所生之債應適用之法律得直接請求者，亦得直接請求。	無	一、本條新增。 二、侵權行為人投保責任保險者，被害人並非保險契約之當事人，保險人非為侵權行為之債之當事人，被害人之得否直接向保險人請求給付，有認為應依該保險契約之準據法者，也有認為應依侵權行為之準據法者。惟為保護被害人之利益，宜使被害人得就此二準據法選擇適用，以直接向保險人請求給付，較為妥當。爰參考德國民法施行法第40條第4項、瑞士國際私法第141條等立法例之精神，規定侵權行為之被害人對賠償義務人之保險人之直接請求權，依保險契約所應適用之法律；但依該侵權行為所生之債應適用之法律得直接請求者，亦得直接請求。

評釋：

(1) **採用**：我國法採用「原據法及保險契約準據法併合說」，亦即保險契約之準據法或侵權行為所生之債之準據法其一規定得直接請求者，亦得直接請求。

(2) **適用範圍──「侵權行為」？**：本條文開宗明義「侵權行為之被害人對賠償義務人之保險人之直接請求權」，顯將本直接訴權規定僅限制適用於「侵權行為」。侵權行為為直接訴權最常發生之原因，然非絕對。是否應僅限適用於侵權行為，不無應受討論之處。按無論從本條文所參考之德國法及瑞士法，並未為如此限定，二規定均言「侵權行為地準據法」或「保險契約準據法」有如此規定時，其並未將條文限定適用於侵權行為。同樣地，於2007年關於非契約之債準據法（羅馬II）相關規定中，其亦適用於「非契約之債之準據法」或「保險契約準據法」，亦未僅限定於「侵權行為準據法」。再者，國內保險學術針對保險法責任保險是否僅限適用於「侵權行為」，向有學術爭議，然通說均認為並不限定於侵權行為。此問題相當重要，因前述有關各國直接訴權之規定，或以被保險人破產或清算為適用要件，或以被保險人依法應對第三人負損害賠償責任（不限於侵權行為）為要件，其將造成一結果是，既使保險契約之準據法有直接訴權之規定，然某一案件非屬「侵權行為」定性時，即非本條適用範圍！基此，本書以為，對於「侵權行為以外，對賠償義務人之保險人之直接請求權」屬本次修正的瑕疵，應以學理方式準用本條規定，亦即依「保險契約準據法」或「原因事實準據法」。

(3) **適用範圍——任意保險或強制保險？**：本條文是否適用強制保險（主要是但書部分），例如我國汽機車強制責任保險法？恐有爭議。按強制保險爲某國法律所強制要求，有其特殊的適用條件及範圍，自應受該強制保險國法律拘束，適用保險契約所應適用之法律自無問題，然如適用侵權行爲地法即有爭議。例如A國無汽機車強制保險之規定，A國人開車到有汽機車強制責任保險要求之國家發生車輛事故（侵權行爲地），將產生適用上之爭議。對此，本書以爲，基於強制保險之國家強行規範性質，不宜受但書侵權行爲地法之拘束。

(4) **適用範圍——財產保險（含責任保險）或人身保險？**：直接訴權主要適用於具補償性質之財產保險下之責任保險類型，然有些國家的立法例並不限於責任保險，如英國法，主要是以被保險人死亡或破產時對第三人負有損害賠償責任，不限於財產保險（含責任保險）及人身保險。於我國法，直接訴權規定主要限於責任保險，而不及於人身保險，甚至不及於責任保險以外之其他財產保險。涉民法本條文僅言「賠償義務人之保險人」，並未針對哪種險種之保險人爲界定，本書認爲，如保險契約準據法或侵權行爲準據法肯認直接訴權可針對「侵權行爲之被害人對賠償義務人之人身或任何類型之財產保險人」爲之，亦無不許之理。

(5) **本條文之作用**：本條文除規範直接訴權所應適用之準據法外，另一作用在於解決保險人訴訟當事人適格問題。假設法庭地國無直接訴權之相關規定，或所涉案件不符合法庭地國直接訴權規定，將造成保險人可否爲訴訟被告之適格爭議。

(6) **直接訴權之準據法**：本條文雖採「原據法及保險契約準據法併合說」，但從直接訴權的準據法適用而言，從本條文用語，似乎僅限於適用保險契約準據法，但書侵權行爲準據法僅爲解決保險人訴訟當事人適格問題而已。亦即，當保險人具直接訴權之被告資格一旦確定，有關直接訴權行使及效力等相關事項，概應僅依「保險契約準據法」。

各國立法例參考：

2007年關於非契約之債準據法（羅馬II）第18條對應負責之人之保險人之直接訴權
　如非契約之債之準據法或保險契約之準據法有如是規定時，遭受損害之人即得直接向應負責之人之保險人爲補償之請求。

瑞士1987/2011年聯邦國際私法第131條
　向保險人主張之直接訴權，得於該保險人營業所在地或行爲造成損害地或損害發生地之瑞士法院提起之。

瑞士1987/2011年聯邦國際私法第141條
　如侵權行爲準據法或保險契約有如是規定時，受害人就其求償得直接向應負責之人之保險人請求之。

德國1896/2009年民法施行法第40條　侵權行爲
　(1) 侵權行爲應依侵權行爲人行爲地國法。除該法外，受害人得請求適用損害發生地法。該選擇僅能於一審法院審前聽證或書面準備程序完成前爲之。
　(2) 如於系爭責任之事件發生當時，侵權行爲人及受害人於同一國家均具有慣居所，應適用該國法律。於公司或企業及其他法人或非法人團體，慣居地應爲其主事務所或涉及其分支機構時，其分支機構所在地。

(3) 準據法爲他國之請求，於下列情況下不適用之：
　　1. 實質背離受害人適當賠償所需，
　　2. 與被害人適當賠償之目的明顯背離，
　　3. 與德國聯邦法有關責任之強制規範相抵觸。
(4) 受害人得向應負責之人之保險人提出直接賠償請求，然以侵權行爲準據法或保險契約準據
　　法有相關規定者爲限。

10.14　其他法律事實（涉民法第30條）

第30條

　　關於由第20條至前條以外之法律事實而生之債，依事實發生地法。

10.14.1　其他法律事實概說

　　「法律事實」係指法律效果所由之原因事實。不生法律效果之事實，即「非法律事實」（如花開、花謝等）。法律事實因人之精神活動及作用所產生亦可進一步區分爲「行爲事實」（或稱爲人之精神事實）及「非行爲事實」（或稱爲人之精神以外之事實）。法律事實體系表可大致圖示如下：

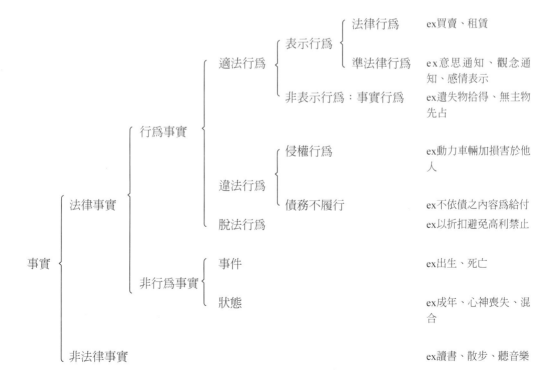

行為事實（或人之精神事實）又可區分為適法行為、違法行為及脫法行為三大類：

適法行為：即符合法律精神，為法律所容許之行為，基於意思表示，希望發生法律效果而表示於外部之行為。而適法行為又依是否以意思表示為之，區分為「表示行為」及「事實行為」。後者如遺失物拾得、無主物先占、加工、無因管理等。前者適法行為又可次分為「法律行為」及「準法律行為」，前者「法律行為」係表示行為，表現一定的意思內容，並基於其表現而發生法律效果之行為，以契約為主；後者「準法律行為」，其發生之效果係基於法律之規定，而非當事人之意思，主要包括意思通知（如通知租方繳納到期租金）、觀念通知（如承認、時效等）及感情表示（如寬恕等）。

違法行為：即違反法律精神，為法律所不容許之行為，如侵權行為及債務不履行。

脫法行為：即以迂迴方式規避法律強制或禁止規定之行為。例如以折扣避免高利之禁止等。

10.14.2 　衝突的發生？

針對契約及侵權以外法律事實之立法，各國主要僅針對無因管理或/及不當得利為規範（例如瑞士國際私法僅針對無因管理為明文，德國民法施行法則針對無因管理及不當得利），或直接以「損害賠償之債」或「非契約之債」為統一規範，各國立法實踐對於無因管理及不當得利以外之法律事實之規範相當有限，嚴格而言，其他法律事實之債並不存在著顯著衝突之情況。其他法律事實之債最大問題在於定性或識別，亦即哪些屬本條意義上所稱之「其他法律事實」。

以1953年舊涉民法第8條「關於由無因管理，不當得利或其他法律事實而生之債，依事實發生地法。」之規定為例，國內若干學術論述或教材有論及該條文「其他法律事實而生之債」時，大都僅討論海商法之海難救助及共同海損。舊法將「無因管理，不當得利或其他法律事實」合而為一為規定時，均適用事實發生地法，爭議有限[2]。然2010年新涉民法將三者區分為三條文，即產生條文適用之困擾。按國內有不少比例的海商及國際私法學者主張海難救助性質上屬無因管理，共同海損性質上則與不當得利較為雷同，將會造成海難救助究應適用2010年新涉民法第23條無因管理之事務管理地，抑或本條第30條依事實發生地法之爭議。

於英美國家，類似我國債之發生各項原因，除侵權行為及契約外，大多歸類為「準契約」（quasi-contract）（因一方之行為或事實依法律規定所生之債務關係）為解決（主要依事實發生地）。大陸法系國家，一如前述，大都僅針對無因管理或/及不當得利為規範而已，較少針對前述四者（契約、侵權、無因管理、不當得利）以外之法律事實之準

2　海商相關國際立法針對海難救助及共同海損有其準據法規範，海難救助主要以救助完全地國法為原則，並有限度地容許契約自由；共同海損原則上為安全抵達地國，亦有限度地容許契約（主要為運送契約或載貨證券）。兩者均非「事實發生地」可以涵蓋，本應以學理方式，適用國際統一規範為宜。

據法，為類似我國2010年新涉民法第30條之統一性概括規定，有類似概括規定者包括義大利、波蘭及1928年布斯塔曼特國際私法典。

其次，國際公約或各國立法對於契約、侵權、無因管理及不當得利以外之法律事實類型究指哪些？各國國際私法相關規範及國際協議對此有另外規定者，僅有義大利1995年國際私法制度改革法第61條述及「未到期利益之支付」、委內瑞拉1998年國際私法第33條述及「無債支付」及歐體2007年羅馬II將「締約過失」與不當得利、無因管理並列。

10.14.3　立法主義與羅馬II

無因管理及不當得利以外之其他法律事實各國或國際相關立法有限，其準據法之相關理論主要包括下列：

理論	事實發生地法主義	原因關係準據法主義（間接選法主義）	法庭地法主義	最重要牽連關係主義（彈性選法主義）
主張	受場所支配行為理論之影響，事實發生地之法律與法律事實案件關係最為密切。	主張超越法律事實之定性問題，只判斷案件是否已因某種法律關係而發生不當之損益變動，並直接將案件定性為該法律關係，並依該法律關係之準據法決定。	主張與無因管理不當得利之類之法律事實具公共秩序性質或具程序性質，因此應適用法庭地法。	主張準據法之決定須符合客觀正義之要求，並應兼顧當事人之期待與其他相關因素，就與法律事實最具重要牽連關係之法律定之。
採用	新涉民法採之。義、波採之。	1928年布斯塔曼特國際私法典。		羅馬II

國際及各國立法例中比較值得討論者為2007年歐洲共同體_關於非契約之債之準據法（羅馬II）。羅馬II主要適用於歐體國家，其不僅針對「非契約之債」之類型為統一規範，亦針對不適用之類型為明文。

羅馬II第1條規定羅馬II不適用之項目包括下列：有關財稅、海關或行政事項或國家作為或不作為之國家責任、親屬關係、夫妻財產、遺囑及繼承、匯票支票及本票及其他流通性證券、公司或法人非法人團體之內部事項、自願信託各分當事人間、核子損害及人格權侵害。

羅馬II第2條第1項規定「為本規則之目的，損害包括因侵權行為或違法行為、不當得利、無因管理或締約過失所產生之任何後果。」第2項規定「本規則亦適用於類似情況（are likely to）所發生之非契約之債。」公約第二章針對侵權／違法行為為規範，包括一般規則（第4條）、產品責任（第5條）、不正競爭及限制自由競爭（第6條）、環境損害

（第7條）、侵害智慧財產權（第8條）及工業活動（第9條）爲規定，第三章針對不當得利（第10條）、無因管理（第11條）及締約過失責任（第12條）。另羅馬II第14條兼採有限度之嗣後意思自主，亦即當事人得於事件發生後以訂定協議方式爲準據法之選擇。比較特別的是，前述羅馬II第2條第2項雖規定「本規則亦適用於類似情況（are likely to）所發生之非契約之債」，但羅馬II卻未針對其他類似非契約之債之準據法爲任何明文！從該項所謂的「類似情況」及從公約第10條至第12條均有更爲密切關連國家之優先適用規範，羅馬II對於「契約、侵權、無因管理、不當得利、締約過失」以外之非契約之債，基本上是採取所謂的「關係最切＋有限度的意思自主」原則。

10.14.4　我國法規定（涉民法第30條）

2010年 涉民法	1953年 涉民法	說明
第30條 關於由第20條至前條以外之法律事實而生之債，依事實發生地法。	**第8條** 關於由無因管理，不當得利或其他法律事實而生之債，依事實發生地法。	一、條次變更。 二、債之關係傳統上固以因法律行爲、侵權行爲、無因管理或不當得利而發生者爲主，但由於科技發展及社會活動日新月異，債之發生原因必將日趨多樣性，爲免掛一漏萬。爰將現行條文第8條有關其他法律事實之規定，移列本條，並酌作文字修正，以資涵蓋。

評釋：

(1) **概括式規定**：從修法說明「爲免掛一漏萬」用語，本條文顯採概括性立法，而非例示規範。1953年舊涉民法第8條將「無因管理、不當得利或其他法律事實」並列，今新法既然將無因管理及不當得利獨立成單一條文，「其他法律事實」即須有另一獨立條文予以規範，似有其必要。但概括規範之後果是，「第20條至第29條」以外之法律事實所生之債均應統一適用「事實發生地法」！在事實發生地法之採用有欠斟酌之見解下（詳見第3點說明），可能無法達到國際私法之規範目的。以羅馬II之締約過失爲例，締約過失所生之債顯非我國涉民法第20條至第29條涵蓋範圍，適用事實發生地之結果，將可能與羅馬II針對締約過失所規定之準據法有所差異。同樣地，以海難救助爲例，過去學理上雖以其性質近於無因管理，而適用舊法第8條無因管理針對事實發生地之各項擇法標準，今概括式規定之結果是，海難救助將不得適用新涉民法第23條無因管理準據法，而必須適用第30條其他法律事實之債之事實發生地。

(2) **適用範圍**：一如前述，各國針對「其他法律事實之債」之範圍界定，相關規範非常少見。綜合前列有關法律事實及羅馬II相關適用與不適用範圍之討論，本書認爲本條文：

A. 不適用之範圍至少包括：
  a. **涉民法第20至29條**：法律行為所生之債（第20條）、票據（第21條）、證券（第22條）、無因管理（第23條）、不當得利（第24條）、一般侵權行為（第25條）、商品製造人責任（第26條）、不正競爭（第27條）、媒介侵權（第28條）及侵權之責任保險人（第29條）
  b. **非債請求**：主體、方式、物權、親屬及繼承所生之請求。至於學理上常見的遺失物拾得、無主物先占及加工等，此屬物權法問題，解釋上應適用物之所在地法，而非事實發生地法。
  c. **準法律行為**：如生法律效果者，應準用法律行為之相關準據法規定
B. **適用範圍**可包括：學理上較為常見之事實行為，包括海難救助、共同海損、以及羅馬II所規定之締約前過失等屬之。惟本書主張海難救助及共同海損已有國際慣用準據法之擇定標準，應以學理方式適用各國際規範，而非適用本條文。

(3) 「**事實發生地法**」說之再斟酌：事實發生地法原則源自場所地法主義，亦即「場所支配行為」原則。適用事實發生地雖具有(a)法律事實效力之發生通常是基於法律規定而來，非當事人之意思作用，法律要求行為人能預見其行為之後果；(b)法律事實所生之法定之債通常涉及事實發生地之公序及法律觀念，因此與事實發生地最具密切關連；(c)從舉證角度，事實發生地最易於查明事實及確定相關法律責任。然事實發生地並非毫無問題或缺陷：(a)法律事實有時是連續性或發生於多處地點，如依事實發生地法，就必須將該連續事實予以分割並從多處地點中擇一選擇，不僅不容易達成也不一定合理；(b)法律事實的成因複雜，法律有些是站在衡平角度，有些是站在債權人角度，有些源自本有的契約關係（尊重當事人意思自主），因此統一以事實發生地作為其他法律事實之準據法，可能無法體現國際私法真正的目的。

建議：日後如有修法之可能，建議採取羅馬II「關係最切+有限度的意思自主」之立法原則。

各國立法例參考：
1928年布斯塔曼特國際私法典第十四章準契約第222條
其他準契約依調整其所由產生之法律制度之法律。
義大利1995年國際私法制度改革法第61條 法定之債
如本法無其他規定之情況下，無因管理、不當得利、未到期利益之支付及其他任何法定之債依致生該債所由生事實發生地法。
阿根廷1974年國際私法第34條
犯罪行為產生的債務，適用支配該罪行刑事方面的法律，單純民事不法行為產生的債務，適用不法行為地國法。
無因管理適用主要管理行為實施地國法。
不當得利適用得利人財產增值地法。
委內瑞拉1998年國際私法第33條
無因管理、無債支付及不當得利，依引起債務的事件發生地法。

捷克1964年國際私法及國際民事訴訟法第15條
　　損害賠償請求權，除因違反契約及其他法律行為而規定之義務外，依損害發生地或賠償請求
　　原因事實發生地法。
波蘭1966年國際私法第31條
　　非法律行為所生之債，依債務原因事實發生地法。
　　但當事人有同一國籍，又於同一國內有住所時，依當事人本國法。
　　限制行為能力對其不法行為所生之損害是否負賠償責任，依前二項所規定之法律。
舊南斯拉夫1982年國際衝突法第28條
　　對非契約之損害責任，如對某些情況未規定者，則依行為施行地或後果發生地法，選擇該二
　　法律中對受害人最為有利者適用之。
　　前項所指之法律，亦適用於因本法第27條（指無因管理及不當得利）所指之法律關係產生之
　　非契約損害責任。
奧地利1978年國際私法第48條第1項
　　非契約損害求償權，依造成此種損害之行為發生地國之法，但如所涉及之人均與另外同一國
　　家之法律有更密切關連時，適用該國法。

10.15　非法律行為之債之嗣後合意（涉民法第31條）

涉民法第31條
　　非因法律行為而生之債，其當事人於中華民國法院起訴後合意適用中華民國法律者，
　　適用中華民國法律。

10.15.1　概說

　　在國際私法幾項主要聯繫因素類型中，意思自主算是最晚發展者，其為十六世紀法國杜摩爾所提出，且僅限用於契約領域。當事人意思自主具主觀成分，不論從理論上，抑或衡平角度上，應不適用「契約以外之債之發生類型」，特別是涉及公共利益之不法侵權行為類型，以及具衡平基礎之無因管理及不當得利類型。蓋例如侵權行為所涉及之構成要件、種類、免責及限責等條件等原本強制性規定之準據法，得由當事人自由意定，不僅可能侵害法律原本應制裁不法行為之各國強制規定，亦可能會破壞法律原本欲建立的衡平基礎關係。

　　在各國經濟發展至一定程度後，各國有關非契約之債之立法差異越來越大，特別是侵權行為之債，導致審判地法官們適用上之不便及困難，因此1970年代開始，逐漸有學者及國家開始主張意思自主原則可納入「非契約之債」或「非法律行為之債」的擇法規則中，主要是容許「非契約之債」或「非法律行為之債」之當事人仍以「嗣後合意」方式，約定適用「法庭地法」。

10.15.2　非法律行為之債準據法嗣後合意之其他問題

10.15.2.1　濫用之避免及適用要件

非法律行為之債準據法之嗣後合意誠屬傳統擇法原則之例外，既屬例外，則其適用上應予以嚴格及謹慎地適用，以避免成為「法庭地法」擴大適用之後門。吾應瞭解的是，不同於法律行為之債之事先合意，非法律行為之債於嗣後合意時，由於當事人已是處於對立狀態，其合意當更為謹慎小心，不至於會遭到濫用。然問題是，非法律行為之債準據法嗣後合意之行為人為必須負外國法舉證責任的法庭地國受委託律師們，法官及律師們很自然地會合意適用他們所熟悉的法庭地法，而無意去適用並舉證他們較不熟悉或完全不清楚的某外國法！此為其一。

其次，不同於法律行為之債，非法律行為之債通常涉及各國公益，因而多有相關強制規定。容許嗣後合意，將可能造成「公然規避法律」的尷尬情況。

基於前述，為避免非法律行為之債嗣後合意之濫用，除承審法官面對此類合意時，能真正探求當事人真意（非受委託律師之真意）外，應遵守下列幾項適用要件：

(1) 嗣後合意當事人僅限於非契約之債之當事人，並達成「明示」合意
(2) 合意時間必須是非契約之債發生之後
(3) 合意選擇之準據法僅限於「法庭地法」
(4) 該合意不得損害其他第三人
(5) 該合意不得違反原準據法國不得以協議方式為法律適用之強制規定

10.15.2.2　嗣後合意之適用範圍

嗣後合意的適用範圍，依我國涉外民事法律適用法之規定，係適用於「非因法律行為發生之債」。瑞士法及德國法於歐盟2007年關於非契約之債準據法（羅馬II）規則通過前，僅適用於「侵權行為」，日本法律適用條例亦為同樣規定。而前述羅馬II規則所稱之非契約之債，依規則第1條第1項規定適用於民商非契約之債之法律衝突，第2項規定不適用於親屬、夫妻財產、票據、公司及法人內部間、信託、核子損害、及侵犯隱私及相關人格權。第2條進一步規定損害包括因侵權行為（含一般侵權、產品責任、不正競爭或限制自由競爭行為、環境損害、侵害智慧財產權、工業活動）或違法行為、不當得利、無因管理或締約過失所產生之任何後果。特別是依該規則第15條有關準據法之範圍規定方面，明確規定該規則有關非契約之債之準據法應規範下列事項，特別包括下列：

(1) 責任基礎及範圍，包含對應負責之人之行為之判定；
(2) 免責事由、任何責任限制及責任區分；
(3) 損害之存在、性質及估算或可請求之救濟方式；
(4) 法院於其程序法範圍內可得採取之防止或停止傷害或損害、確保提供賠償之方法；
(5) 損害賠償請求權可否轉讓之問題，包括繼承；

(6) 有權獲得人身損害補償之受益人；

(7) 對他人行為之責任；

(8) 債之消滅方式、消滅時效及訴訟時效之規定，包括有關消滅時效或訴訟時效期間之起算始點、中斷、終止之規則。

依前述羅馬II規則之規定，其「非契約之債」之範圍，似乎超過我國法體系「非法律行為之債」之範圍，例如締約前過失等。我國法所稱之「非法律行為之債」之範圍為何？屬定性問題，惟適用上仍宜參考前述羅馬II規則相關適用及不適用之規定予以綜合判斷，例如我國法相關條文係規定於「債」章之下，自不宜包括親屬/繼承/物權法上之非法律行為；同樣地，於涉民法已有明文規定之部分，例如公司內部關係、代理關係、票據關係等，自宜直接適用相關擇法條文。

10.15.2.3　嗣後合意第三國法之效力

非法律行為之債嗣後合意原則上僅能約定適用「法庭地法」，且若干有類似嗣後合意規定之立法例亦為「法庭地法」規定，此會引伸一問題是：如非法律行為之債之當事人所約定適用之準據法並非法庭地法，而為非法庭地法，甚至是原準據法國以外之第三國法，即會產生是項約定之效力問題。此情況並非罕見，例如海上船舶碰撞事故發生後，在責任界定前，雙方常以互提擔保方式，並約定碰撞事故所應適用之準據法，而實務上通常以英國法為約定準據法。一般情況下，英國既非法庭地國，亦非船舶碰撞相關公約或各國規範所明文規定之準據法國，例如船籍國、抵達港、碰撞地、假扣押地等。

從論理解釋上，如某例外規定僅規定適用「法庭地法」，明一以排他，似乎不容許當事人以合意方式約定適用「法庭地以外之第三國法（嚴格意義言應指原準據法國以外之第三國）」，然本書對此建議採較為寬鬆之見解，亦即只要在意思表示健全及明示合意的基礎下，非法律行為之債嗣後準據法之合意約定法庭地以外之第三國法仍予以承認。除意思自治及彈性選法之擴大適用趨勢外，比較鮮明的國際立法參考依據即為前述2007年歐盟所制訂非契約之債準據法公約（亦即俗稱的「羅馬II」），該公約第14條並非規定一定僅能約定適用法庭地法，自包括任何第三國法，僅為是項約定時，應注意不得損及第三人權益及不得違反原準據法國不得協議之強制規定。

10.15.3　我國法規定（涉民法第31條）

2010年 涉民法	1953年 涉民法	說明
第31條 非因法律行為而 生之債，其當事 人於中華民國法	無	一、本條新增。 二、當事人就非因法律行為而生之債涉訟者，法院多盼 　　當事人能達成訴訟上和解，如未能達成和解，其在 　　訴訟中達成適用法院所在地法之合意者，對訴訟經

院起訴後合意適用中華民國法律者，適用中華民國法律。		濟亦有助益，當爲法之所許。爰參考德國民法施行法第42條、瑞士國際私法第132條等立法例之精神，規定當事人於中華民國法院起訴後合意適用中華民國法律者，即以中華民國法律爲準據法。

評釋：

(1)「非因法律行爲而生之債」：從本條文屬本法第四章「債」下之規範結構觀之，解釋上不包括第20條「法律行爲發生債之關係」（主要爲契約）、第21條「法律行爲發生票據上之權利」及第22條「法律行爲發生指示證券或無記名證券之債」；但相對地，包括第23條「無因管理而生之債」、第24條「不當得利而生之債」、第25條「一般侵權行爲而生之債」、第26條「因商品之通常使用或消費而生之債」、第27條「因不公平競爭或限制競爭而生之債」、第28條「媒體侵權而生之債」、第29條「對保險人直接請求權」及第30條「其他法律事實而生之債」。至於其他債之類型，例如締約前過失等，屬定性問題，有法院依定性相關原理原則解決之。

(2)「起訴後合意」：相較於有類似規範之各國立法及羅馬II規則通常採「損害發生後之嗣後合意」方式，我國法係採「起訴後合意」方式。依「法院多盼當事人能達成訴訟上和解，如未能達成和解，其在訴訟中達成適用法院所在地法之合意者，對訴訟經濟亦有助益」之立法說明，似乎係以訴訟經濟爲本條文主要的立法考量。此一考量，無視嗣後合意之眞正意涵，純以「訴訟經濟」爲立法考量，此無疑爲擴大法庭地法適用之具體呈現，更無視於原準據法國強制規範之存在。

(3)「適用中華民國法律」：此爲適用法庭地法的具體展現。

(4) 一如本節各點說明，本條文適用上應相當嚴謹，非僅當事人合意適用即爲足夠，尚應考量是否損及第三人權益以及是否違反原準據法國強制規定等情況。

各國立法例參考：

2007年歐盟_非契約之債準據法（羅馬II）第14條意思自治
　　1.當事人可透過下列方式選擇非契約之債之準據法：
　　　(a) 造成損害之事件發生後當事人訂立協議予以選擇；
　　　(b) 所有參與同一商業活動之當事人，於造成損害之事件發生前，透過自由轉讓之協議予以選擇。
　　　該選擇必須是明示或依據事實狀況得合理明確推定，且不得損及第三人權利。
　　2.如所有相關因素於造成損害事件發生時非處於被選擇法律之國家，而是處於其他國家時，當事人間之協議不能排除適用該其他國家法律中不得協議除外適用之法律規定。
　　3.如所有相關因素於造成損害事件發生時處於二以上會員國時，當事人對於某一會員國法律選擇之協議不得排除於會員國法院已實施之歐體法律中不得協議除外適用之法律規定。

德國1896/2009年民法施行法第42條當事人所選擇之法律
　　於發生非契約之債之事件後，當事人得以協議方式，選擇所適用之法律。然不應損及第三人權益。

日本2006年法律適用通則法第21條當事人準據法之變更
　　侵權行爲之當事人仍得於原因事實發生後，變更侵權行爲所生之債之方式及效力之準據法。然該準據法之變更不應損及第三人之權利，且該變更不得對抗該第三人。

10.16　債之移轉——概說

　　指債之關係保持同一，僅變更債之主體之法律行為。不同於消滅舊債關係而成立新債關係之「債之更改」。債之移轉類型主要有三：

> 債權移轉（債權人變更－新債權人代替舊債權人）：
> > 因法律行為：契約債權讓與：ex 記名、指示或無記名債權之讓與
> > 屬單獨行為之債權遺贈
> > 因法律規定：ex各種代位（民§281.II連帶債務人之代位權；民§312利害
> > 　　　　　　　關係人清償之承受權；民§749保證人之承受權；保§53保
> > 　　　　　　　險人之代位權）
> > 因裁判命令：ex轉付命令
> 債務移轉（債務人變更－新債務人代替舊債務人）：
> > 因法律行為之債務承擔：包括免責之承擔（民§300-§304）、併存之承
> > 　　　　　　　　　　　擔（民§305-§306）
> > 債權債務移轉（債權債務一併移轉）
> > 因法律規定之概括承受ex 營業合併、繼承
> 因法律行為之概括承受

各國有關債之移轉之立法例，並不一致，例如
傳統羅馬法：認為債為特定人與特定人間之關係，因此不承認債權讓與或債務承擔，
　　　　　而以債之更改方式為替代處理；
法國民法：債權讓與、債之更改，但無債務承擔規定
德國民法：債權讓與及債務承擔，但無債之更改
瑞士民法：債權讓與、債務承擔，且有債之更改
日本民法：債權讓與、債之更改，但無債務承擔規定
英美法之權利讓與（assignment）；英美普通法沿襲傳統羅馬法觀念，不認權利讓
　　　與。之後英美衡平法為使當事人意思生效，率先承認債之移轉；由於普通法與衡
　　　平法間之差異，導致英美以立法方式賦予權利讓與之法律地位。

10.17　債之移轉――債權讓與（涉民法第32條）

10.17.1　債權讓與概說

債法上之債權讓與及其性質：主要係指因法律行為而生之債權讓與，亦即以移轉債權為標的之契約。國內對於債權讓與普遍認其性質為不要式契約、不要因契約、準物權契約、為處分行為。

債權讓與之主要規範內容：包括

　　讓與性：原則上債權可讓與，但例外規定不可讓與之債權（民§294）ex債權人變更造成給付內容完全變更、造成債權行使發生顯著差異、法律禁止讓與（如人格權）、當事人已特約不得讓與、債權禁止扣押者

　　對內效力（讓與人與受讓人間）：契約一旦成立，債權隨之移轉

　　　　從屬權利隨同移轉（民§295.I－讓與債權時，該債權之擔保及其他從屬之權利，隨同移轉於受讓人。但與讓與人有不可分離之關係者，不在此限。）（從權利可包括物之擔保、人之擔保及違約金請求權及損害賠償請求權等其他從屬權利）

　　　　文件交付及情形告知（民§296－讓與人應將證明債權之文件，交付受讓人，並應告以關於主張該債權所必要之一切情形。）

　　對外效力：（讓與人與債務人或第三人間）

　　　對債務人之效力：

　　　　讓與之通知（民§297：債權之讓與，非經讓與人或受讓人通知債務人，對於債務人不生效力。但法律另有規定者，不在此限。）包括通知之性質、通知義務人、通知之方法、通知之效力等；

　　　　抗辯之援用（民§299.I：債務人於受通知時，所得對抗讓與人之事由，皆得以之對抗受讓人。）

　　　　抵銷之主張：（民§299.II：債務人於受通知時，對於讓與人有債權者，如其債權之清償期，先於所讓與之債權或同時屆至者，債務人得對於受讓人主張抵銷。）

　　　對第三人之效力：（包括利害關係之第三人為清償，如民§311.I保證人清償）

　　　　法民及日民有規定以「對債務人之通知」或「經債務人之承諾」為對抗第三人之要件，我國法並未規定。

10.17.2　涉外債權讓與法律衝突之發生

　　除前述各國對債之移轉類型不一外（若干法制不承認債權讓與），各國對於「債權讓與」之讓與性、從屬權利之內容、對內效力及對外效力方面，規定並不一致。

Ex從屬權利部分：法民法明文規定包括保證、優先權及抵押權；德民（§401）規定為債權而存在之抵押權、船舶抵押權或質權及基於為債權而設定之保證之權利。

Ex對外效力部分：法民§1690規定受讓人非依對債務人所爲之移轉通知，不得對抗第三人；日民§467規定指名債權之讓與，非經讓與人通知債務人或債務人之承諾，不得以之對抗債務人及其他第三人。

10.17.3　涉外債權讓與法律衝突之立法主義及國際立法例

	固有法說（原據法） （原債權準據法）	類推適用動產移轉說 （原債權成立地法）	讓與契約說 （當事人意思自主說）
主張	以被讓與的債權之準據法爲準據法。	債權讓與行爲的本質屬準物權行爲，宜類推有關動產變動之衝突規則，亦即物（債權）之所在地、當事人住所地法等。	債權讓與本身亦爲法律行爲，即由當事人合意選擇其準據法。

10.17.4　我國法規定（涉民法第32條）

2010年 涉民法	1953年 涉民法	說明
第32條 債權之讓與，對於債務人之效力，依原債權之成立及效力所應適用之法律。 債權附有第三人提供之擔保權者，該債權之讓與對該第三人之效力，依其擔保權之成立及效力所應適用之法律。	**第7條** 債權之讓與，對於第三人之效力，依原債權之成立及效力所適用之法律。	一、條次變更。 二、現行條文關於「第三人」之範圍未予以限定，但債權讓與時，在讓與人及受讓人以外之所謂第三人，其範圍包括債務人及其他第三擔保人，債權讓與對此二者之效力，並各有其應適用之法律。爰將現行條文第7條移列本條第1項，明定爲債權讓與對於債務人之效力之規定，並增訂第2項，明定爲債權讓與對於第三擔保人之效力之規定。又債權之讓與人及受讓人之所以爲債權之讓與，有時係以債權契約（如債權之買賣契約）爲原因法律關係，並合意定其應適用之法律，此時如債務人亦同意適用該法律，即可兼顧當事人意思自主原則及債務人利益之保護，德國民法施行法第33條第1項、第2項、瑞士國際私法第145條、奧地利國際私法第45條等立法例亦有明文規定，然其實際上係三方同意之債之變更，不待增訂明文規定即應爲相同之處理，併此敘明。

| | | 三、債權附有第三擔保人提供之擔保者，該第三擔保人與債權人間通常有以擔保債權爲目的之法律行爲（如訂定保證契約或設定擔保物權），此時該債權之讓與對其所附擔保權之影響或對於該第三擔保人之效力，例如該第三人得否因而免責或其擔保權是否應隨債權而由債權受讓人取得等問題，均宜依該擔保權之成立及效力所應適用之法律，始足以維持公平並保護該第三人。爰參考德國民法施行法第33條第3項規定之精神，增訂第2項。例如A國人甲與B國人乙訂定最高限額一百萬元之保證契約，擔保乙對於C國人丙之債權，而乙讓與其對丙之六十萬元之債權給丁，則甲之保證債務是否隨乙之債權讓與而擔保丁所取得之六十萬元債權，及甲是否另於四十萬元之額度內擔保乙或丁對丙之其他債權等問題，均宜依該保證契約應適用之法律決定之。 |

評釋：

(1) 法律修正變動：

$$→「對債務人效力」採「原據法」$$

「對第三人效力」採「原據法」→「對第三人效力」採「第三人關係原據法」

(2) **新法與國際目前主流擇法標準已有落差：**

　　一如前述，目前歐盟爲主之立法規範（包括本次新涉民法本條修正所主要參考之德國、奧地利及瑞士法），無論是債權讓與之對內效力，抑或對外效力（對債務人及擔保第三人），俱採「讓與契約準據法說→原據法說」，亦即原則依「讓與契約之準據法」，僅於讓與契約未約定準據法時，始適用「原據法」。

　　建議：如有再修法之可能，建議改採「讓與契約準據法說→原據法說」。

(3) **「債權讓與」之適用範圍**：前述各公約主要係適用於「意定讓與」（Voluntary assignment）場合，但亦涵蓋「契約代位」（contractual subrogation）之法定代位場合，於法定代位，其代位權之權源及行使係基於法律規定而來，該「依據法律」在性質上等同於合意債權讓與之「讓與契約」，因此依「債權讓與契約之準據法」亦有其立論基礎。我國新涉民法並未爲如是明文，解釋上，本條文所適用之「債權讓與」，不僅包括因法律行爲（契約）所生之債權讓與，亦包括因法律規定所生之讓與（亦即各種代位權規定：民§281.II連帶債務人之代位權；民§312利害關係人清償之承受權；民§749保證人之承受權；保§53保險人之代位權）。

　　建議：如有再修法之可能，建議無論是「意定債權讓與」及「法定債權讓與」，均採取「讓與契約準據法說→原據法說」

(4) 「債權附有第三人提供之擔保權者」：本項修法說明為「債權附有第三擔保人提供之擔保者，該第三擔保人與債權人間通常有以擔保債權為目的之法律行為（如訂定保證契約或設定擔保物權），此時該債權之讓與對其所附擔保權之影響或對於該第三擔保人之效力，例如該第三人得否因而免責或其擔保權是否應隨債權而由債權受讓人取得等問題，均宜依該擔保權之成立及效力所應適用之法律，始足以維持公平並保護該第三人。爰參考德國民法施行法第33條第3項規定之精神，增訂第2項。」除一如前述，德國民法施行法第33條已刪除且轉而依照歐盟立法，另以保證為例，其間雖簽訂有保證契約，然基於保證債務之從屬性及依我國民法第749條「保證人向債權人為清償後，於其清償之限度內，承受債權人對於主債務人之債權」之意旨，是否保護該「保證人第三人」之絕對必要？不無斟酌之餘地。再者，從「債權附有第三人提供之擔保權者」之規範本質而言，在體制上應屬「債務承擔」（我國民法第304.II參照），而非「債權讓與」。本項規定立意，反而造成涉外債權讓與法律關係及擇法上之混淆及困擾，例如同樣是保證人，保證人如為第三人債務清償，取得法定之債之受讓人地位，涉外準據法依「原據法」；相反地，保證人未第三人債務清償，而原保證之債務為債權讓與，該涉外債權讓與之準據法卻係依該「保證契約」。→建議本項刪除為宜，使擇法標準單純化。

國際立法例參考：

日本2006年法律適用通則第23條：
債權讓與關於債務人及其他第三人間之效力，應適用受讓債權所應適用之準據法。（債權讓渡債務者他第三者對力、讓渡係債權適用法。）

瑞士1987/2011年聯邦國際私法第145條：
1. 契約意定讓與適用當事人所選擇之法律。當事人未選擇時，適用規範受讓債權關係之法律。債務人對讓與人及受讓人所選擇之法律不得提出異議。La cession contractuelle de créances est régie par le droit choisi par les parties ou, à défaut de choix, par le droit applicable à la créance cédée; le choix fait par le cédant et le cessionnaire n'est pas opposable au débiteur sans son approbation.
2. 受僱人讓與債權時選擇準據法時，應符合本法第121條第3項有關僱傭契約規定始為有效。L'élection de droit relative à la cession d'une créance d'un travailleur n'est valable que dans la mesure où l'art. 121, al. 3, relatif au contrat de travail, l'admet.
3. 契約讓與方式，僅適用規範讓與契約之法律。La forme de la cession est exclusivement régie par le droit applicable au contrat de cession.
4. 讓與人與債權人內部關係適用規範讓與關係之法律。Les questions concernant exclusivement les relations entre cédant et cessionnaire sont régies par le droit applicable au rapport juridique à la base de la cession.

德國2009年民法典施行法第33條：已刪除，適用歐盟2008年羅馬I規定。
奧地利1978/1999年國際私法第45條：已刪除，適用歐盟2008年羅馬II及歐盟2007年羅馬II規定。
1980年契約之債準據法公約第12條意定讓與Voluntary assignment
1. 依據意定讓與針對某人（債務人）之權利所產生之轉讓人與受讓人間之相互義務，應由依據本公約所規定之準據法適用於轉讓人及受讓人所訂立之契約。The mutual obligations of assignor and assignee under a voluntary assignment of a right against another person ('the debter`)

shall be governed by the law which under this Convention applies to the contract between the assignor and assignee.

2. 與讓與有關的權利之準據法，應用於確定權利之可轉讓性、受讓人及債務人間之關係、對債務人可主張讓與之條件及債務人債務是否已經解除等問題。The law governing the right to which the assignment relates shall determine its assignability, the relationship between the assignee and the debtor, the conditions under which the assignment can be invoked against the debtor and any question whether the debtor's obligations have been discharged.

2008年歐盟_契約之債準據法規則（羅馬I）第14條：

第14條意定讓與及契約代位Voluntary assignment and contractual subrogation

1. 依據意定讓與針對某人（債務人）之權利所產生之轉讓人與受讓人間之關係，應由依據本規則所規定之準據法適用於轉讓人及受讓人所訂立之契約。

2. 與讓與有關權利之準據法，應用於確定權利之可轉讓性、受讓人及債務人間之關係、對債務人可主張讓與之條件及債務人債務是否已經解除等問題。

3. 本條文有關轉讓之概念包括債務之概括移轉、經由保證及質押或有關債務之其他擔保權利之債務移轉。The concept of assignment in this Article includes outright transfers of claims, transfers of claims by way of security and pledges or other security rights over claims.

2007年歐盟_非契約之債準據法規則（羅馬II）第15條e款規定：

本規則有關非契約之債之準據法應規範下列事項，特別是：

(e)損害賠償請求權可否轉讓之問題，包括繼承。the question whether a right to claim damages or a remedy may be transferred, including by inheritance

國際立法例總結：無論是對內效力，抑或對外效力（對債務人及對第三人）

■單採「原據法」說：日本及2007年非契約之債準據法規則

■採「讓與契約準據法說→原據法說」：德、瑞、奧、1980年羅馬公約及2008年歐盟（羅馬I）

1953年舊涉民法立法背景參考：

法律適用條例	民42涉民法	立法說明
無	第7條（債權讓與涉他效力之準據法）債權之讓與對於第三人之效力，依原債權之成立及效力所適用之法律。	本條係屬新增，債權之讓與，其本身亦係法律行為之一種，關於其成立及效力在讓與人及受讓人間，固應受本草案第6條之支配，惟其對於第三人（包括原債務人）之效力如何，尚非該條所能當然包括，故仍有明定其準據法之必要，按此一問題，各國立法例及學說原不一致，有債權人住所地法說，債務人住所地法說，行為地法說，及債之固有法說等主張，本條係採固有法說，認原債權本身之準據法，同時亦為債權移轉對第三人效力所應適用之法律，其目的在使原有債之關係，保持確定，以免原債務人，及其他第三人之利益，因債權人變更，而受影響。

10.18 債之移轉──債務承擔（涉民法第33條）

涉民法第33條

> 承擔人與債務人訂立契約承擔其債務時，該債務之承擔對於債權人之效力，依原債權之成立及效力所應適用之法律。
>
> 債務之履行有債權人對第三人之擔保權之擔保者，該債務之承擔對於該第三人之效力，依該擔保權之成立及效力所應適用之法律。

10.18.1 債務承擔概說

債法上之債務承擔及其性質：主要係指因法律行為而生之債務承擔，以移轉債務為標的之契約。國內對於債務承擔普遍認其性質為不要因契約、準物權契約行為。

債務承擔之類型：

「免責之債務承擔」：指承擔人代替原債務人負擔債務，原債務人脫離債務關係，免除其債務責任。此部分為民法債務承擔之主要規範，復包括下列二類：

　　承擔人與債權人間之契約：民§300第三人與債權人訂立契約承擔債務人之債務者，其債務於契約成立時，移轉於該第三人。

　　承擔人與債務人間之契約：民§301第三人與債務人訂立契約承擔其債務者，非經債權人承認，對於債權人不生效力。

「併存的債務承擔」：指第三人加入債務關係，與原債務人併負同一責任，或稱為債務之加入或附加之債務承擔。以約定為原則，另包括營業概括承受等類之法定債務承擔。我國法特別訂有下列二類型：

　　財產或營業之概括承受：民§305就他人之財產或營業，概括承受其資產及負債者，因對於債權人為承受之通知或公告，而生承擔債務之效力。

　　營業合併：民§306營業與他營業合併，而互相承受其資產及負債者，與前條之概括承受同，其合併之新營業，對於各營業之債務，負其責任。

債務承擔（以免責債務承擔為例）之主要規範內容：

　　種類及其要件：如前述「承擔人與債權人間契約」及「承擔人與債務人間契約」及債權人承認之基本要件

　　效力：基本原則「不失債務之同一性」

　　　　抗辯之援用：

　　　　　　承擔人得援用原債務人之抗辯（民§303.I債務人因其法律關係所得

對抗債權人之事由，承擔人亦得以之對抗債權人。但不得以
屬於債務人之債權爲抵銷。）
承擔人不得援用原因關係之抗辯（民§303.II承擔人因其承擔債務之
法律關係所得對抗債務人之事由，不得以之對抗債權人。）
從權利之存續：
與債務人有不可分離關係之從權利（民§304.I從屬於債權之權利，
不因債務之承擔而妨礙其存在。但與債務人有不可分離之關
係者，不在此限。）
由第三人就債權所爲之擔保（民§304.II由第三人就債權所爲之擔
保，除該第三人對於債務之承擔已爲承認外，因債務之承擔
而消滅。）

10.18.2　涉外債務承擔法律衝突之發生

除前述各國對債之移轉類型不一外（若干法制不承認債務承擔），各國對於「債務
承擔」類型及其構成要件、效力（抗辯之援用及從權利之存續）之內容及規範並非完全一
致。

10.18.3　涉外債務承擔法律衝突之立法主義及國際立法例

	原債務準據法說（固有法說）	原債務成立地法說	當事人意思自主說
主張	債務承擔僅主體變更，與原債權債務關係密切。	債務承擔屬準物權行為，以原契約權利之成立地法爲其準據法。	債務承擔與本身亦爲法律行為，即由當事人合意選擇其準據法。

10.18.4　我國法規定（涉民法第33條）

2010年涉民法	1953年涉民法	說明
第33條承擔人與債務人訂立契約承擔其債務時，該債務之承擔對於債權人之效力，依原債權之成	無	一、本條新增。 二、承擔人與債務人訂立契約承擔其債務時，債權人既未參與其間承擔該債務之法律行為，即不應因該債務之承擔而蒙受不測之不利益。爰規定其對於債權人之效力，應依原債權之成立及效力所應適用之法律，以保護債權人之利益。

立及效力所應適用之法律。 債務之履行有債權人對第三人之擔保權之擔保者，該債務之承擔對於該第三人之效力，依該擔保權之成立及效力所應適用之法律。		三、債務由承擔人承擔時，原有之債權債務關係之內容即已變更，故如第三人曾為原債權提供擔保，該第三人所擔保之債權內容亦因而有所不同，故該第三人得否因而免責或其擔保是否仍繼續有效等問題，宜依該擔保權之成立及效力所應適用之法律，以保護該第三擔保人之利益。例如A國人甲與B國人乙訂定最高限額一百萬元之保證契約，擔保乙對於C國人丙之債權，如丁承擔丙對乙之六十萬元之債務，則甲之保證契約是否轉而擔保丁對乙承擔之六十萬元債務所對應之債權，及甲是否仍應擔保丙對乙之其他債務所對應之債權等問題，均宜依該保證契約應適用之法律決定之。

評釋：

(1) **法律修正變動**：舊法對債務承擔並無規定，因此無所謂變動問題。

(2) **新法採用**：

　　■債務承擔對債權之效力：依原據法

　　■對第三人擔保之效力：依擔保權原據法

(3) **新法與國際目前主流擇法標準之差異**：

　　一如前述，國際間主要立法規範（包括本次新涉民法本條修正所主要參考之德國、奧地利及瑞士法等），有關債務承擔部分，僅有2008年歐盟羅馬I規則有針對債務承擔採「債務承擔契約準據法說→原據法說」，亦即原則依「債務承擔契約之準據法」，僅於承擔契約未約定準據法時，始適用「原據法」。由於國際規範範例有限，「債務承擔契約準據法說→原據法說」是否已構成國際間有關債務承擔法律衝突準據法之慣例，尚有待各國實踐及驗證。本書以為，債權讓與與債務承擔間有本質上之差異，債權讓與僅債權人變更，不影響債務之履行及其能力，只要不違反原債權債務之同一性，債務人受債權讓與契約效力之約束，仍為可接受範圍。然債務承擔為債務人變更，債務人之清償能力會隨債務人之不同而所有差異，因此債務承擔必須以債權人同意或認可為前提，也就是如此，至少於我國法制概念下，涉外債務承擔之準據法是否宜採用類似2008年歐盟羅馬I「債務承擔契約準據法說→原據法說」規定，仍有討論空間。本書以為歐盟羅馬I會優先採取「債務承擔契約準據法說」，主要原因為涉外債務承擔契約通常會經過債權人認可或同意始生效力，既然如經債權人認可或同意，債權人自應受該「債務承擔契約」之拘束（事實上我國民法第300條規定有所謂「承擔人與債權人間之契約」）。再者，涉外債務承擔所涉案件多為併購、收購等債權債務概括承受之案件，採債權讓與契約／債務承擔契約，當有助併購收購之完成。其次，2008年歐盟羅馬I不僅涵蓋「意定債務承擔」之場合，亦涵蓋「契約代位」（contractual subrogation）之法定代位場合，於法定代位，

其代位權之權源及行使係基於法律規定而來，該「依據法律」在性質上等同於合意債務承擔之「承擔契約」，因此依「債務承擔契約準據法」自有其立論基礎之處。

建議：本書認為，債務承擔究應採「債務承擔契約準據法說→原據法說」或我國新法之「原據法」說，仍屬立法政策問題。然由於債務承擔以債權人同意為前提，如債權人不同意「承擔契約」內容，自得拒絕同意。因此新涉民法如有再修正之可能，仍無妨參考前述「債務承擔契約準據法說→原據法說」之立法例。

(4)「債務承擔」之適用範圍：前述2008年歐盟羅馬I規則不僅適用於「意定債務承擔」，解釋上亦包括「契約代位」之法定債務承擔場合。我國新涉民法並未為如是明文，解釋上，本條文所適用之「債務承擔」，不僅包括因法律行為（契約）所生之債務承擔（含民300之承擔人與債權人間之承擔契約及民301條承擔人與債務人間之承擔契約），亦包括「併存之債務承擔」（包括民305財產或營業之概括承受及民306營業合併）。

建議：如有再修法之可能，建議針對「債務承擔」概採「承擔契約準據法說→原據法說」。

(5)「債務之履行有債權人對第三人之擔保權之擔保者」：本項修法說明為「債務由承擔人承擔時，原有之債權債務關係之內容即已變更，故如第三人曾為原債權提供擔保，該第三人所擔保之債權內容亦因而有所不同，故該第三人得否因而免責或其擔保是否仍繼續有效等問題，宜依該擔保權之成立及效力所應適用之法律，以保護該第三擔保人之利益。」除一如前述，類似規定所原參酌之德國民法施行法規定已遭刪除且轉而依照歐盟立法；另以保證為例，其間雖簽訂有保證契約，然基於保證債務之從屬性及依我國民法第749條「保證人向債權人為清償後，於其清償之限度內，承受債權人對於主債務人之債權」之意旨，是否保護該「保證人第三人」之絕對必要？不無斟酌之餘地。本項規定立意，反而造成涉外債務承擔與法律關係及擇法上之混淆及困擾。　建議本項刪除為宜，使擇法標準單純化。

國際立法例參考：

各國立法例（包括本次涉民法修正所主要參考之德國、日、奧、義、瑞）並無「債務承擔」之規定，而相關國際公約中，與「債務承擔」有關者，僅有下列規範：

2008年歐盟_契約之債準據法規則（羅馬I）第14條第3款：

第14條意定讓與及契約代位Voluntary assignment and contractual subrogation

1. 依據意定讓與針對某人（債務人）之權利所產生之轉讓人與受讓人間之關係，應由依據本規則所規定之準據法適用於轉讓人及受讓人所訂立之契約。

2. 與讓與有關權利之準據法，應用於確定權利之可轉讓性、受讓人及債務人間之關係、對債務人可主張讓與之條件及債務人債務是否已經解除等問題。

3. 本條文有關轉讓之概念包括債務之概括移轉、經由保證及質押或有關債務之其他擔保權利之債務移轉。The concept of assignment in this Article includes outright transfers of claims, transfers of claims by way of security and pledges or other security rights over claims.

國際立法例總結：

債務承擔（解釋上包括意定及法定）：準用債權讓與「承擔契約準據法說→原據法」原則（羅馬I）

10.19　債之移轉——涉外代位清償之內部關係（涉民法第34條）

涉民法第34條
第三人因特定法律關係而為債務人清償債務者，該第三人對債務人求償之權利，依該特定法律關係所應適用之法律。

10.19.1　代位清償概說

債法上之代位清償：代位清償係指有利害關係之第三人因清償債務，對於債務人有求償權時，為確保其求償權之效力，於其清償之限度內，債權人之債權於法律上當然移轉於清償人，使清償人當然承受債權人之債權，以得代位行使。按「清償」為債之消滅原因之一，清償以債務人自己清償為原則，然仍容許第三人為清償，於我國法，包括

　一般第三人之清償：民§311.I 債之清償，得由第三人為之。但當事人另有訂定或依債之性質不得由第三人清償者，不在此限。（債務人得異議、債權人得拒絕；僅取得對債務人之求償權）

　利害關係人之第三人清償：此即為學理上之「代位清償」，民§312就債之履行有利害關係之第三人為清償者，於其清償之限度內承受債權人之權利，但不得有害於債權人之利益。（債務人不得異議、債權人不得拒絕；效果為承受債權人之債權）

代位清償之性質：國內學說對於代位清償性質見解不一，有認為債權買賣說、有擬制移轉說、有賠償請求權說，有債權移轉說，其中以「債權移轉」說為主，屬「法定債權移轉」類型。

代位清償之「利害關係」：代位清償以具利害關係者為要件，學理上具代位清償利害關係之第三人可包括下列：連帶債務人（民§281）、不可分債務人（民§292準用§281）、保證人（民§749）、物上保證人（民§879）、擔保物之第三取得人、後次序之擔保權人、無擔保權之債權人、共有人等。

代位清償之主要規範內容：

　要件：依我國民法§312規定，代位清償之要件包括「需第三人已為清償」、「需就債之履行有利害關係之第三人為清償」及「需清償人對債務人有求償權」三大要件。

　效力：

　　代位人與債務人間之效力：（代位清償之內部關係）

　　代位之通知（民§313第297條及第299條之規定，於前條之承受權利準用之。）亦即準用債權讓與之規定。

　　代位權之行使：包括「行使之方法」係以自己的名義行使，雖言代位，實際上

乃行使自己的債權；「行使之範圍」以其清償之限度為限。

抗辯權之援用：民§313準用民§299.I

抵銷之主張：民§313準用民§299.II

代位人與債權人間之效力：

權利移轉（含從屬權利及瑕疵）：第三人為清償後，債權人之債權，即依其清償限度當然移轉給第三人；

文件交付及情況告知：準用民§296。

10.19.2　涉外代位清償法律衝突之發生

我國對第三人清償區分為「一般人第三人清償」及「利害關係人清償」二類，要件及效果互有差異。然各國對第三人清償之立法例並不一致，例如德民僅就第三人清償為規範，並未區分一般第三人清償及利害關係人清償；法民、瑞債及日民大體承認一般第三人清償及利害關係人清償，然要件及效力規定仍非一致。

10.19.3　涉外「代位清償——內部關係」法律衝突之立法主義及國際立法例

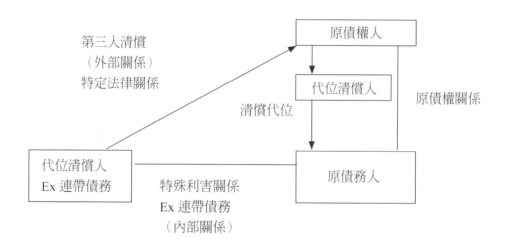

	固有法說（原據法）（原債權關係準據法）	內部關係準據法說	外部關係說（清償關係說）	法定讓與契約說（當事人意思自主說）
主張	以被代位讓與的債權之準據法爲準據法。	代位清償主要爲清償人與債務人間具有特殊利害關係而生，其內部關係自應依該特殊利害關係所依循之準據法律。	代位清償之效果係爲取得原債權人同樣之地位，爲保護債務人之利益，依準用外部關係準據法，使兩者準據規範爲一致。	代位清償本身亦多屬法律行爲，即依清償人與原債權人間所合意選擇其準據法。缺點：法定代位清償並不一定需合意。
採用		瑞士採用	1980年羅馬公約；2008年歐盟羅馬I規則採用。	

10.19.4　我國法規定（涉民法第34條）

2010年涉民法	1953年涉民法	說明
第34條 第三人因特定法律關係而爲債務人清償債務者，該第三人對債務人求償之權利，依該特定法律關係所應適用之法律。	無	一、本條新增。 二、第三人因特定法律關係而爲債務人清償債務者，例如保證人或其他擔保人代債務人清償債務時，該第三人是否得承受或代位行使原債權人對債務人之權利或向債務人求償之問題，所涉及者主要爲原債權人及繼受人間之利益衡量，其與第三人所據以清償之法律關係（保證契約）之準據法關係密切。爰參考德國民法施行法第33條第3項、瑞士國際私法第146條等立法例之精神，明定應依該特定法律關係所應適用之法律。

評釋：
(1) 法律修正變動：舊法對代位清償並無規定，因此無所謂變動問題。
(2) 「特定法律關係」之辯正：本條規定「第三人因特定法律關係而爲債務人清償債務者，該第三人對債務人求償之權利，依該特定法律關係所應適用之法律。」出現二次「特定法律關係」，該特定法律關係決定所應依據之準據法爲何？如該「特定法律關係」屬「債務人與清償人間之關係」，則我國法形同採「內部關係準據法」；然如該「特定法律關係」屬「清償人與原債權人間之關係」，則我國法形同採「外

部關係準據法」，亦即針對「特定法律關係」解釋，將會影響後續準據法之決定。
本書以為，從民法代位清償之法律定義，該特定法律關係似應指「債之履行有利害
關係之第三人」（亦即指內部關係），然本書主張不應為如此狹隘解釋，蓋「代位
清償」之原因複雜，以保證契約為例，保證契約係保證人向債權人所為之保證，雖
屬外部關係，其間仍存有保證契約關係，仍應符合特定法律關係之概念。本書認
為，新涉民法第34條「特定法律關係」之解釋不應侷限於「債之履行有利害關係」
（亦即指內部關係），而應就代位清償之整體關係為評斷，亦可能包括外部關係，
例如保證或物上保證等，其應為一浮動概念，而非單一概念。本書如此解釋主要係
為緩和與前述國際立法間之不一致情況。

(3) 新法採用：
　　■代位清償內部關係之效力：依特定法律關係之原據法（原則上應僅指「內部關係
　　　準據法」，然本書主張應同時包括內部關係或外部關係之原據法）

(4) 新法與國際目前主流擇法標準之差異：
　　一如前述，國際間主要立法規範（包括本次新涉民法本條修正所主要參考之德國、
　　奧地利及瑞士法等），有關代位清償部分，僅有瑞士聯邦國際私法及1980年羅馬公
　　約及2008年歐盟羅馬I規則，後二國際立法採「外部清償關係準據法」說；而瑞士採
　　「內部關係準據法→原債權準據法」。從法規範上，我國新涉民法第34條單採「特
　　定法律關係準據法」（主要係指類似瑞士法制之內部關係準據），不僅與前二國際
　　立法之「外部清償關係準據法」不同，且與瑞士法等相較，仍有下列區分：
　　1. 我國新涉民法第34條僅適用「代位清償」（亦即具利害關係之清償），而不包括
　　　「一般第三人之清償」；
　　2. 我國僅規定「內部關係準據法」之適用，而未進一步規定無法確定「內部關係準
　　　據法」時，應如何適用之依據！此相當重要，因代位清償關係相當複雜，或約定
　　　或法定，部分代位清償關係原據法難以認定。
　　建議：本書認為，代位清償究應採歐盟「外部清償關係準據法」抑或我國新涉民法
　　　　　「內部關係準據法」說，屬立法政策問題。然為解決一般第三人清償及無法
　　　　　確定代位清償關係原據法時之法律適用問題，新涉民法如有再修正之可能，
　　　　　仍無妨參考前述「外部清償關係準據法」並不分代位清償及一般第三人清償
　　　　　之立法例。

(5) 適用範圍：
　　A. 僅限「代位清償」：「第三人因特定法律關係而為債務人清償債務者」：第34條
　　　「第三人因特定法律關係而為債務人清償債務者」在法理上僅限於民法第312條之
　　　「代位清償」而不包括民法第311條之「一般第三人清償」。

B. 僅適用「代位清償之內部關係」：「該第三人對債務人求償之權利」：本條文僅
適用清償人與債務人間之內部關係中之「權利」（主要為求償權）。代位清償之
內部關係尚包括「通知」、「抗辯權」及「抵銷權」等，從本條文字面上，似乎
不包括這些其他內部關係事項，本書認為得以準用方式處理。至於「代位清償之
外部關係」（主要為代位清償人與債權人間之效力－包括權利移轉及文件交付
等），則適用新涉民法第32條有關債權讓與之一般規定。

國際立法例參考：

各國立法例（包括本次涉民法修正所主要參考之德國、日、奧、義、瑞）僅有瑞士國際私法有相
關規定；而相關國際公約中，與「代位清償」有關者，有1980年羅馬公約及2008年歐盟羅馬I：

瑞士1987/2011年聯邦國際私法第146條：

1. 法定讓與適用規範原債務人與新債務人關係之法律，如無該關係，適用規範債權關係之
法律。La cession légale de créances est régie par le droit qui règle le rapport originaire entre l'
ancien et le nouveau créancier et, en l'absence d'un tel rapport, par le droit qui régit la créance.

2. 本條規定不適用保護債務人之規定。Les dispositions du droit régissant la créance qui sont
destinées à protéger le débiteur sont réservées.

德國2009年民法典施行法第33條：已刪除，適用歐盟2008年羅馬I規定。

1980年契約之債準據法公約第13條：

第13條代位求償權Subrogation

1. 凡某人（債權人）對另一人（債務人）享有契約上之請求權，且某第三人有向債權人清償
債務之義務，或事實上已向債權人清償債務，則第三人向債權人償還債務之準據法律應用
於決定第三人是否有權依據適用於債權人與債務人關係之準據法律行使債權人對債務人
所行使之權利；如可行使，應決定該第三人是否可全部行使或僅在有限範圍內行使是項
權利。Where a person（'the creditor`）has a contractual claim upon another（'the debtor`），
and a third person has a duty to satisfy the creditor, or has in fact satisfied the creditor in discharge
of that duty, the law which governs the third person's duty to satisfy the creditor shall determine
whether the third person is entitled to exercise against the debtor the rights which the creditor had
against the debtor under the law governing their relationship and, if so, whether he may do so in
full or only to a limited extent.

2. 同樣規則應適用於若干人受同一契約請求，而其中一人已向債權人清償債務之情形。The
same rule applies where several persons are subject to the same contractual claim and one of them
has satisfied the creditor.

2008年歐盟_契約之債準據法規則（羅馬I）第15條：

第15條法定代位求償權Legal subrogation

於某人（債權人）對另一人（債務人）享有一契約之求償權利，而第三人負有向債權人履行
義務時，或事實上其已向債權人履行該項義務時，有關第三人是否及於哪些範圍內有權向債
務人主張債權人依據規範其與債務人間關係之法律對債務人享有權利等問題，應由規範第三
人向債權人承擔履行義務之法律予以決定。Where a person（the creditor）has a contractual
claim against another（the debtor）and a third person has a duty to satisfy the creditor, or has in
fact satisfied the creditor in discharge of that duty, the law which governs the third person's duty to
satisfy the creditor shall determine whether and to what extent the third person is entitled to exercise
against the debtor the rights which the creditor had against the debtor under the law governing their
relationship.

2007年歐盟_非契約之債準據法規則（羅馬II）第19條：

第19條代位求償權 Subrogation

於某人（債權人）對另一人（債務人）享有一非契約之求償權利，而第三人負有向債權人履行義務時，或事實上其已向債權人履行該項義務時，有關第三人是否、及於哪些範圍內有權向債務人主張債權人依據規範其與債務人間關係之法律對債務人享有權利等問題，應由規範第三人向債權人承擔履行義務之法律予以決定。Where a person（the creditor）has a non-contractual claim upon another（the debtor）, and a third person has a duty to satisfy the creditor, or has in fact satisfied the creditor in discharge of that duty, the law which governs the third person's duty to satisfy the creditor shall determine whether, and the extent to which, the third person is entitled to exercise against the debtor the rights which the creditor had against the debtor under the law governing their relationship.

國際立法例總結：以1980年羅馬公約、2008年歐盟羅馬I規則及2007年歐盟羅馬II規則為主之國際立法，針對「代位清償_清償人與原債務人內部關係」法律衝突之準據法，無論之契約之債或非契約之債，大體上概採「外部清償關係準據法」，亦即適用「清償人與原債權人間關係之原據法」。瑞士法則採取「內部關係準據法→原債權準據法」說。

10.20　多數之債──連帶債務之對內效力（涉民法第35條）

涉民法第35條

數人負同一債務，而由部分債務人清償全部債務者，為清償之債務人對其他債務人求償之權利，依債務人間之法律關係所應適用之法律。

10.20.1　連帶債務概說

債法上之連帶債務：以同一給付為標的，債務人或債權人間具有連帶關係之複數主體之債，稱之為連帶之債。連帶之債復分為「連帶債務」及「連帶債權」。而連帶債務係指以同一給付為標的，依當事人明示或法律規定，各債務人間具有連帶關係之複數主體之債務。

連帶債務之性質：連帶債務之性質，向有共同連帶（債之關係單一說）、單純連帶（債之關係複數說）之立法例，例如法日採前者立法例，德瑞採後者立法。**國內學術通說採單純連帶說，認為連帶債務係債務人之人數所成立之複數獨立債務，各債務人需負全部給付責任，一人為給付即為全數給付，一人所生事項，於一定範圍內，其效力及於他人。**

連帶債務之種類：我國連帶債務之成立原因有二：

　　因法律行為：（民§272.I數人負同一債務，明示對於債權人各負全部給付之責任者，為連帶債務。）

　　因法律規定：（民§272.II無前項之明示時，連帶債務之成立，以法律有規

定者爲限。）　例如民總§28法人對董事侵權責任、民§185共同侵權行爲人責任、公司§23等。

連帶債務之效力：

對外效力：指各債務人與債權人間之關係（主要爲請求權）

民§273.I：連帶債務之債權人，得對於債務人中之一人或數人或其全體，同時或先後請求全部或一部之給付。

就債務人一人所生事項之效力：亦即債務人一人與債權人間之事項是否對其他債務人亦生效力而言－基於連帶債務爲複數債務且爲獨立債務而來

生絕對效力事項：如清償（民§274）、代物清償（民§274）、提存（民§326）、抵銷（民§334）、混同（民§344）、確定裁判（民§275）、債務免除（民§276.I）、時效完成（民§276.II）及受領遲延（民§278）等

生相對效力事項：如請求、給付遲延、給付不能、連帶之免除、時效之中斷及不完成、債權讓與、債務承擔、契約解除、契約終止等。

> 對內效力：連帶債務人相互間之權利義務關係（主要爲求償權）

求償權之義務：指因清償他人實質上應負擔之債務，而爲財產給付之人，得向他人請求償還之權利。連帶債務人對外負擔全部給付之義務，但於內部關係仍應各自有其分擔部分：

求償權分擔部分之決定：民§280連帶債務人相互間，除法律另有規定或契約另有訂定外，應平均分擔義務。但因債務人中之一人應單獨負責之事由所致之損害及支付之費用，由該債務人負擔。

求償權之成立要件：民§281.I連帶債務人中之一人，因清償、代物清償、提存、抵銷或混同，致他債務人同免責任者，得向他債務人請求償還各自分擔之部分，並自免責時起之利息。

求償權之範圍：解釋上包括超過自己分擔部分之給付額、免責時起之利息（民§281.I）、非因該債務人應單獨負責事由所致之損害及所支付之費用（民§280但書）：

求償權之擴張：民§282.I連帶債務人中之一人，不能償還其分擔額者，其不能償還之部分，由求償權人與他債務人按照比例分擔之。但其不能償還，係由求償權人之過失所致者，不得對於他債務人請求其分擔。

求償權人之代位權：民§281.II前項情形，他債務人中之一人應分擔之部分已免責者，仍應依前項比例分擔之規定，負其責任。

10.20.2　衝突之發生

　　各國對於連帶債務之立法差異主要為連帶債務本身性質使然，此涉及為清償之連帶債務人可否向其他連帶債務人為求償權行使之基本爭議。其次，針對求償權之行使，清償之連帶債務人對其他連帶債務人究係可全部請求？抑或僅能就各連帶債務人各自獨立之比例部分為請求，各國立法亦有不同，例如我國理論採前者，而法民採後者。此外，由於連帶債務之成因複雜，不僅涉及可否求償，且求償權基礎為何、求償權行使範圍，各國規範並非一致。

10.20.3　法律衝突之立法主義及國際立法例

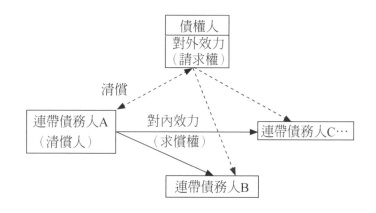

	統一法說 （原債權關係準據法） （對外效力說）	非統一說 （內部關係準據法說） （對內效力說）	併用說
主張	連帶債務根源於原債權關係，求償權之行使主張亦不能脫離原債權關係。因此統一依據連帶債務人與債權人間之債權準據法為準據法。	亦即非統一適用連帶債務人與債權人間之債權準據法，而是依連帶債務人間之內部關係準據法作為連帶債務對內效力之準據法。	亦即原則上依統一說處理（亦即依原債權關係準據法），然於行使求償權時，仍應受對內關係準據法之適用
優劣	適用較為一致，然無法兼顧連帶債務內部關係。	雖兼顧連帶債務人之基礎關係，然因可能各連帶債務人之基礎關係複雜，不利求償權之行使。	較兼顧前述兩者優點。
採用	歐盟2007年羅馬II 歐盟2008年羅馬I		瑞士

10.20.4　我國法規定（涉民法第35條）

2010年 涉民法	1953年 涉民法	說明
第35條 數人負同一債務，而由部分債務人清償全部債務者，為清償之債務人對其他債務人求償之權利，依債務人間之法律關係所應適用之法律。	無	一、本條新增。 二、數人負同一債務，而由部分債務人清償全部債務者，為清償之債務人就超過其應分擔額之部分之清償，與前條關於第三人清償債務之情形類似，清償者對其他債務人求償之權利，按理應依相同原則決定其準據法。此外，多數債務人之所以負同一債務，可能係基於特定之法律關係（例如委任契約或繼承），該法律關係與在債權人與債務人間之債之法律關係，性質並不相同，亦均各有其應適用之法律，債務人內部之責任分擔或求償問題，適用前者應適用之法律，實較妥適。爰參考瑞士國際私法第144條規定之精神增訂本條，以為依據。

評釋：

(1) **法律修正變動**：舊法對連帶債務對內效力之準據法並無規定，因此無所謂變動問題。

(2) **新法採用**：新涉民法顯採「非統一說」／「內部關係準據法說」

(3) **新法與國際目前主流擇法標準之差異**：

一如前述，國際間主要立法規範，有關連帶債務之對內效力部分，瑞士聯邦國際私法採「併用說」；而歐盟2007年羅馬II及2008年羅馬I則採「統一說」，我國卻採「非統一說」，與國際現有立法例並不符合。本條文修正理由雖言參酌瑞士聯邦國際私法，然似乎僅採其中之第1項，而非綜觀該法條文之全貌所造成之誤解。

建議：本書認為，按連帶債務根源於原債權關係，求償權之行使主張亦不能脫離原債權關係，此為統一說及併用說之所採「原債權關係準據法」之主要理由。然究應採歐盟「統一說」抑或瑞士法之「併用說」以兼顧各連帶債務人間之權利，屬立法政策問題。然於涉外連帶債務，由於成因複雜，且連帶債務人可能分散各國，採我國法之「非統一說」將會造成因不同連帶債務人而分別不同準據法之困擾。新涉民法如有再修正之可能，仍無妨參考前述「統一說」或「併用說」之立法例。

(4) **適用範圍**：

A. 僅限「連帶債務」—「數人負同一債務，而由部分債務人清償全部債務者」：第35條「數人負同一債務，而由部分債務人清償全部債務者」在法理上僅限於「連

帶債務」，包括因法律行為而生及因法律規定而生之連帶債務；然不包括連帶之
債之連帶債權關係。

B. 僅適用「連帶債務之對內效力」—「為清償之債務人對其他債務人求償之權
利」：本條文本句用語顯僅適用「連帶債務之對內效力」，而不包括連帶債務中
之對外效力（指各債務人與債權人間之關係）及「就債務人一人所生事項之效
力」（包括生絕對效力事項及生相對效力事項等）。後二者是否能準用本條規
定，可能有問題，因二者主要與對外關係有關，適用本條「內部關係準據法」，
將造成牛頭不對馬嘴之尷尬處境。於我國，此二部分似僅能依法理適用「原債權
關係準據法」說為處理。而此亦可顯示本條文立法欠妥之處，蓋如採統一說，抑
或併用說，當可直接準用。

國際立法例參考：

各國立法例（包括本次涉民法修正所主要參考之德、日、奧、義、瑞）僅有瑞士國際私法有相
關規定；而相關國際公約中，與「連帶債務——對內效力」有關者，有歐盟2007年羅馬II及2008
年羅馬I：

瑞士1987/2011年聯邦國際私法第144條：

1. 債務人向他共同債務人之求償權，僅於規範其間關係之法律有規定時，始可直接或代位求
償。Un débiteur n'a un droit de recours contre un codébiteur, directement ou par subrogation, que
dans la mesure où les droits régissant les deux dettes l'admettent.

2. 向共同債務人提出求償時，適用規範共同債務人債務之法律。僅於債務人向債權人提出求
償有關問題，適用規範債權人債務之法律。L'exercice du recours contre un codébiteur est régi
par le droit applicable à la dette de ce codébiteur envers le créancier. Les questions qui concernent
exclusivement les rapports entre le créancier et le débiteur recourant sont régies par le droit
applicable à la dette de ce dernier.

3. 承擔共同責任之機關所提出之求償，適用規範該機關之法律。求償之承認性，適用本條前
兩項規定。La faculté pour une institution chargée d'une tâche publique d'exercer un recours est
déterminée par le droit applicable à cette institution. L'admissibilité et l'exercice du recours sont
régis par les deux alinéas précédents.

2008年歐盟_契約之債準據法規則（羅馬I）第16條：

第16條多數債務 Article 16 Multiple liability

如債權人得向負有同一債務之多數債務人為權利主張，而其中某一債務人已全部或部分向債
權人為債務履行者，有關該債務人要求其他債務人對其補償之權利問題應受該債務人對債權
人所負契約之債之準據法予以規範。其他債務人本可得向債權人主張之任何抗辯，就規範該
債務之法律所允許之範圍內，亦得主張之。If a creditor has a claim against several debtors who
are liable for the same claim, and one of the debtors has already satisfied the claim in whole or in
part, the law governing the debtor's obligation towards the creditor also governs the debtor's right to
claim recourse from the other debtors. The other debtors may rely on the defences they had against
the creditor to the extent allowed by the law governing their obligations towards the creditor.

2007年歐盟 非契約之債準據法規則（羅馬II）第20條：

第20條多數債務 Article 20 Multiple liability

如債權人得向負有同一債務之多數債務人為權利主張，而其中某一債務人已全部或部分向債
權人為債務履行者，有關該債務人要求其他債務人對其補償之權利問題應受該債務人對債權
人所負非契約之債之準據法予以規範。If a creditor has a claim against several debtors who are

liable for the same claim, and one of the debtors has already satisfied the claim in whole or in part, the question of that debtor's right to demand compensation from the other debtors shall be governed by the law applicable to that debtor's non-contractual obligation towards the creditor.

國際立法例總結：歐盟2008年羅馬I規則及2007年羅馬II規則單採「統一法說」，亦即採「原債權關係準據法」。瑞士則採「併用說」，亦即併用「原債權關係準據法」及「連帶債務人內部關係之準據法」。

10.21　時效（涉民法第36條）

2010年涉民法第36條
　　請求權之消滅時效，依該請求權所由發生之法律關係所應適用之法律。

10.21.1　我國時效規定概說

民法 總則篇第六章 消滅時效第125-147條包括：
　　時效期間：一般十五年（125）、五年短期（126）、二年短期（127）
　　時效起算：請求權可行使時起算（128）
　　時效中斷：事由（129）
　　　　　　　視為不中斷之事由（130-131）
　　　　　　　限制：送達支付命令（132）、聲請調解（133）、申報和解（134）、告
　　　　　　　　　　知訴訟（135）、執行（136）
　　　　　　　效力：時的效力（137）、人的效力（138）
　　時效不完成：事變（139）、繼承人等不確定（140）、欠缺法定代理人（141）、法
　　　　　定代理關係（142）、夫妻關係存在（143）
　　時效完成效力：時效抗辯權（144）、附有擔保請求權（145）、主權利時效完成
　　　　　（146）
　　　　　　　伸縮時效期間及拋棄時效利益之禁止（147）

10.21.2　涉外時效爭議概說——最高法院95年台上字第1087號判決為例

　　最高法院95年台上字第1087號判決是一件國際航貿相當常見的「時效延長」作業實務於我國法院審理之罕見爭訟案例。本件案情大致為「1998年7月4日，被上訴人（Nan Guang公司）所屬新加坡籍Ocean Topaz號油輪於高雄港因突遭強風，撞擊正在中船造船廠建造中的海軍軍艦。建造人之保險公司（即上訴人中央產險）賠付中船及海軍後，依保險

代位、債權讓與、侵權行為等法律關係向被上訴人提出求償。於二年時效屆滿前，上訴人向被上訴人請求時效延長六個月至2001年1月3日，尋求和解協商之可能，被上訴人without prejudice同意所請。雙方於延長期限內和解不成，上訴人於2001年1月3日正式起訴。被上訴人主張碰撞係因不可抗力所致，且進一步提出時效抗辯。」

　　本件地方法院及高等法院均以民法147條時效期間不得任意縮短或延長之強制規定，否認本案時效延長之效力。本件上訴至最高法院，最高法院針對時效延長效力乙點，為下列判決見解：

　　「按時效完成後，債務人僅取得拒絕給付之抗辯權，債權人之債權並不因而消滅（民法第144條規定參照），是否行使時效抗辯權，乃為債務人之權利，得由債務人自由處分。而行使權利，履行義務，應依誠實及信用方法，民法第148條第2項定有明文。債務人行使時效抗辯權，違反誠信原則者，即為權利之不法行使，應予禁止。又債務人於債權人起訴前或起訴後，與債權人協議拋棄時效抗辯權惟保留其餘抗辯權，既為其處分權所得支配範圍，自有拘束兩造及法院之效力。如債務人違反其協議，於訴訟上仍為時效完成之抗辯者，即難謂非違反誠信原則。又解釋意思表示，應探求當事人真意，不得拘泥於所用之辭句，民法第98條定有明文。解釋當事人所立書據之真意，自應以當時之事實及其他一切證據資料為其判斷之標準，不能拘泥字面或截取書據中一二語，任意推解致失真意，本院19年上字第28號判例可資參照。怡和公司上開89年6月22日函所謂「在完全不損及權利之基礎下，延展時效期間六個月，至90年1月3日止」之真意，是否仍得解為上訴人如於90年1月3日前提起訴訟，被上訴人仍保留時效抗辯權，即非無疑。果被上訴人同意展延時效期間之真意係期望兩造於展延期間內和解，如不能達成和解，上訴人於展延期間內提起訴訟，被上訴人亦不為時效抗辯，則上訴人因未能達成和解而於展延期間屆至前提起訴訟，被上訴人仍為時效抗辯，是否與誠信原則無違？自有進一步推求必要。原審徒以被上訴人係於不影響權利基礎下同意展延時效期間，認被上訴人於訴訟上為時效抗辯並不違背誠信原則，未免率斷。」

　　本案充分展現出我國法院面臨「我國消滅時效屬強制規定」之情況下，如何處理「英美法訴訟時效及時效延長」問題上之困難處境。

　　消滅時效於我國屬強制規定，不僅不得由當事人任意縮短或延長，更不得拋棄時效之利益。2010年5月26日總統公布之涉外民事法律適用法（以下簡稱「新涉民法」）第36條規定「請求權之消滅時效，依該請求權所由發生之法律關係所應適用之法律。」依修正說明，將消滅時效定位為實體法規定，而因此採「案件準據法」或「案件本據法」主義。消滅時效問題相當複雜，時效之性質、期間長短、時效之起算、可否意定或裁量延長、是否具中斷或不完成事由、時效完成之效力等，各國時效規定不一。適用「案件準據法」的結果，很顯然地，除造成日後適用上的衝突外，亦造成司法實務上必須詳細瞭解各國「時效」或「訴訟時效」之性質及規定，方得為妥善適用之困難。以英美法系及國際公約一般將時效界定為必須於一定期間必須起訴之「訴訟時效」為例，該時效不僅通常有法定延長規定，亦可經當事人同意而「意定延長」；時效屆滿之效力多數為「訴權消滅」，有時更

爲「請求權消滅」。因此適用「案件準據法」的結果爲：我國法院必須面對這些我國消滅時效法制原所不採之「訴訟時效」、「時效延長」及「訴權消滅/請求權消滅」之困難處境。

　　無論於大陸法系或英美法系，「時效」均爲相當重要的規範，然由於二法系間以判決法爲主及實體法規範爲主之不同發展歷程，二法系對於時效的概念及規範存在著相當程度的差異。

10.21.3　各國「時效」或「訴訟時效」立法例

　　按時間之經過影響權利之存續或行使，依國內普遍學術見解及分類，一爲除斥期間，另一爲時效期間。前者爲法律對某種權利所預定的行使期間，因法律行爲有瑕疵或其他不正常情形以致影響法律行爲的效力，當事人不得撤銷或其他補救行爲的期間，其自始固定不變，期間一旦經過，權利即行消滅，使法律關係早日確定。其特點有1.適用於形成權；2.不生中斷或不完成；3.自權利成立時起算；4.無利益之拋棄。而後者爲在一定期間內繼續行使或不行使的權利，而發生取得權利或請求減損之效力，復包括消滅時效及取得時效。其目的在於尊重現存秩序，維護社會交易安全，簡化法律關係及避免日後舉證困難等。其特點有1.適用於請求權；2.生中斷或不完成；3.自請求權可行使時起算；4.可利益之嗣後拋棄。

　　事實上，我國時效制度亦不全然與同屬德、日等大陸法系國家立法一致，德國民法第225條規定時效期間不得加長，但無妨減短之。俄國民法第49條規定法院認時效期間之進行有正當理由時，得延長之。瑞士債務法第129條規定時效期間，除有特別規定外，不得加長或減短，我國民法係仿瑞士債務法之例，而爲規定[3]。爲瞭解各海商航貿國際規範所大多規定之「訴訟時效」本質，本節針對大陸法系之法國、德、日及英美法系之英、美法律相關規定爲摘要介紹。

10.21.3.1　法國法[4]

　　在體裁上，非如我國將「消滅時效」（extinctive prescription）規定於總則章，「取得時效」（acquisitive prescription）規定於物權章，法國時效係將兩者合併規定於其民法典（Code Civil）第三卷「所有權取得之不同方式of the Various Ways How Ownership is Acquired」第二十編「時效及占有」（of Prescription and of Possession），從第2219條至2283條，總計64條，遠比我國法詳細。與本文有關之消滅時效部分，主要規定於第2219至2227條及第2242至2281條。

　　大體而言，法國消滅時效規定，與同屬大陸法系之我國法雷同。法民第2219條定義「時效爲一定期間結束後或依照法律規定取得或喪失某權利之方式」；亦生中斷或

3　洪遜欣著：中國民法總則，第五八一頁

4　ordonnance n° 2004-164 du 20 Feb. 2004

不完成問題（interrupt or suspend the running of prescription）（第2242條至2259條）：中斷事由可包括起訴或假扣押申請等（第2244條）、申請調解（第2245條）、債務人承認（acknowledge第2248條）等。法國時效時間分為30年（物權取得時效，第2262條至2264條）、20年及10年（物權取得時效及侵權行為損害賠償請求消滅時效，第2265至第2270之1條）及特別時效期間（5年、4年、3年、2年、1年及6個月不等，視事件為定，第2270條至第2278條）三大類[5]。

　　法國實體法上之「時效期間」（prescription）制度[6]，應與其訴訟法上之「固定訴訟時效」（fixed time limits）或「除斥期間」（de'che'ance）有所區分。「時效期間」（prescription）著重在債務人之保護，屬實體法範疇；而「固定訴訟時效」（fixed time limits）或「除斥期間」（de'che'ance）在確保債權人能謹慎地為追訴之進行，具公共政策或公共秩序（D'ordre public）上之重要性。[7]

　　法國時效規定雖有「時效應以日，而非以時計算」（第2260條）及「期間終了之末日為時效屆滿日」（第2261條）之時效期間計算及末日之規定，然時效何時起算方面，散見於各相關條文，並無類似我國民法第128條消滅時效起算之一般性規定。

　　至於時效屆滿之效力為何？法國學術尚未統一，多數學術見解採「權利及請求權並行消滅主義」（the right and the remedy are extinguished by prescription）。[8]此點與我國通說採「抗辯權發生主義」是比較不一致之處。

　　另法國民法第2220條規定，該條規定：「時效不應預先拋棄；但已取得之時效，則可以拋棄之。」[9]由於「時效不應預先拋棄」之強制明文，因此以契約事先意定方式為時效拋棄或變更者，自為法所不許。依該條但書規定，時效一旦開始進行，即可為時效之拋棄。舉重以明輕，既可為拋棄，自亦可為時效之延長。法學者H. L. & J. Mazeaud認為，契約當事人於債務發生後，於時效期間進行中，可延長該期間之進行。[10]另於時效屆滿後，復再同意時效延長之情況，依法國1999年The Maipo案見解[11]，該時效延長得以時效拋棄處理之，其仍符合法國民法第2220條之文義。

5　在學理上，法國將前二類（三十年、二十年及十年）稱之為「一般消滅時效extinctive prescription proper」，將第三類時效稱之為「推定消滅時效presumptive prescription」，後者所規定之事件類型，多數為我國民法第127條之短期時效期間所涵蓋之類型。

6　在英文語詞使用上，普遍使用prescription乙字來表示大陸法系實體法上之「時效期間」乙詞，以有別於與訴訟有關之期間規定，後者通常以limitation稱之。

7　The Law Commission, Consultation Paper No. 151, Limitation of Action, at p. 227.

8　V Heron, Droit judiciaire prive (1991), n 115; Marty, Raynaud and Jestaz, Les Obligations, n. 341, cited from The Law Commission, Consultation Paper No. 151, Limitation of Action, at p. 228.

9　Code Civil Article 2220 : On ne peut, d'avance, renoncer à la prescription : on peut renoncer à la prescription acquise.英譯文為Prescription may not be renounced beforehand; a prescription which has accrued may be renounced.

10　H. L. & J. Mazeaud (F. Chabas. Ed.) Lecons de droit civil, tome II, premier vol., Obligations, theorie generale, 9 Ed., Montchrestien Paris 1998, at para. 1192.

11　Cour d'Appel de Rouen, June 30, 1999, (The Maipo), DNF 2000, 738.

於前者「訴訟期間」之本質方面，依前述法國民法第2244、2245及2248條規定，時效期間得因起訴或假扣押申請、申請調解（第2245條）及債務人承認等事由而中斷，非僅「訴訟」而已。

10.21.3.2　**德國法**

新修正的德國民法Civil Code - Burgerliches Gesetzbuch已於2002年1月1日生效，此次修正重點除債編修正外，於第一編總則方面，修正重點即在於該編第五章時效（Verjahrung）方面之規定。

德舊民法消滅時效規定於其總則第五章，第194條至第225條，計32條文。舊法第194條第1項規定「請求他人作為或不作為之權利，因時效而消滅」。一般時效期間為30年（第195條）；復有2年（第196條）、4年（第197條）短期時效之規定。時效原則自請求權發生之時起算（第198條）。時效不完成事由包括因法律上、事實上、家庭、無完全行為能力人、遺產繼承等（第202至207條）。時效中斷事由包括承認（第208條）、起訴（第209條）等。時效中斷者，時效自中斷終止後重新起算（第217條）。消滅時效完成後，債務人得拒絕給付（第222條第1項）。另消滅時效不得以法律行為拋棄或延長之。惟允許消滅時效之減輕，可縮短時效期間（第225條）。[12]前述舊德民規定，與本文論述有關且與我國現行時效規定較為不同之處為舊德民第225條規定。我民法第147條規定，時效期間不得以法律行為加長或縮短之；然舊德民得容許時效之縮短。在意定縮短時效期間方面，舊德民雖予以容許，然此意定仍應受限於消費者保護相關立法之限制。[13]其次，舊德民雖不許當事人以法律行為「拋棄」時效，然對於債務人已為拋棄時效聲明之案件，德國法院仍常以類似英美法之禁反言法理estoppel，給予債權人保護。[14]

新德民法有關消滅時效之規定，章節並未變動，條文從第194條至第218條，計25條。德民本次有關消滅時效之修正幅度相當大。主要變動包括將一般消滅時效期間縮減為3年（第195條），惟仍保留若干事件之最長消滅時效期間為30年（第197條）；保留時效不完成及中斷規定，惟強化時效不完成類型，但縮減時效中斷類型。時效中斷，時效重新起算，惟僅限於承認及起訴二類型（第212條）。時效屆滿，債務人有權拒絕履行債務（第214條第1項）；惟時效屆滿後仍為債之履行者，既使其不知時效已經屆滿，其仍不得請求返還（第214條第2項）。與有關意定時效及時效延長議題有關之規定，主要為新法第202條。新德民第202條規定：「對於不法作為或不作為之責任，時效期間不得經由法律行為予以事先縮短（第1項）。時效期間得以法律行為延長之，惟不應超過法定時效起算日起算30年（第2項）。」[15]換言之，新德民已有「時效延長」之規定。

---

12 德意志聯邦共和國民法典，上海社會科學院法學研究所譯，1989年一版二刷，42至51頁參照。

13 Art 11 no 10 f AGBG.

14 BGH NJW 1991 974 (975) cited from The Law Commission, Consultation Paper No. 151, Limitation of Action, at p. 238.

15 § 202 Unzulässigkeit von Vereinbarungen über die Verjährung
　　(1) Die Verjährung kann bei Haftung wegen Vorsatzes nicht im Voraus durch Rechtsgeschäft erleichtert werden.

　　另必須在此提出的是，新德國商法典第612條之條旨為「Ausschlusfrist」單一字。德文「Ausschlusfrist」語意為何？Ausschlusfrist為時效之一種（Die Ausschlusfrist（es handelt sich hier um eine Verjährungsfrist），或稱為「period of prescription」、「bar period」或「cut-off period」，為期間經過後，即不得再為權利行使之期間（period after which a right can no longer be exercised）[16]。

　　綜前論述，德國雖未簽署批准或加入海牙規則或海牙威斯比規則，然其商法實質上仍將海牙威斯比規則相關規定納入其國內法；且新德民時效規定中有關「時效延長」之修正，亦使德商法典與德民法間趨向一致。

10.21.3.3　日本法

　　依晚近平成十六年六月（西元2004年）修正之日本民法，其時效期間規定於第一編總則第六章時效章，次分為第一節總則、第二節取得時效及第三節消滅時效，自第144條至第174條之2。

　　基本上，日本民法典有關時效之規定與我國民法時效規定相當類似。其中與本文論述有關者，包括第146條「時效利益不得預先拋棄」；第147條「時效得因下列各款事由而中斷：請求；扣押、假扣押或假處分；承認」。[17]日本民法典並無所謂「訴訟時效」及「時效延長」相關規定。

10.21.3.4　英國（英格蘭/威爾斯）

　　不同於大陸法系時效法體系化、成文法及請求權時效屬實體法規範（substantive law）下之基本特徵，英國訴訟時效法之發展，充滿著與「普通法或判例法」及「訴訟程序」雙重特點。前者代表者訴訟時效法之發展是階段性的，隨著不同案件審理的累積而逐步納入規範；於後者，由於判例法發展與訴訟程序緊密結合的結果，英國時效規定很自然與訴訟地相結合（English law on limitation as procedural），而成為「訴訟時效」制度。

---

(2) Die Verjährung kann durch Rechtsgeschäft nicht über eine Verjährungsfrist von 30 Jahren ab dem gesetzlichen Verjährungsbeginn hinaus erschwert werden.

　　英譯文：§ 202 Inadmissibility of agreements on limitation

(1) In the case of liability for deliberate acts and omissions, the limitation period may not be shortened in advance by way of legal transaction.

(2) The limitation period may not be extended by way of legal transaction beyond a period of 30 years from the beginning of the statutory period.

16 http://englisch.germanien.name/da19.htm

17 日本民法典：
　　第146
　　時儔ノ利益ハ予メ之ヲ拋棄スルコトヲ得ス
　　第147
　　時儔ハ左ノ事由ニ因リテ中斷ス
　　一　請求
　　二　差押、　差押又ハ　處分
　　三　承認

　　英國有關「訴訟時效」（limitation）之成文法令最早見於1540年「訴訟時效法」（Act of Limitation 1540），該法令僅適用於與土地訴訟有關之爭端案件。該法就一般提起訴狀之權利、提起進入土地訴訟訴狀之權利等，分別為60年、50年及30年訴訟時效規定。該1540年訴訟時效法後有1623年訴訟時效法、1833年不動產訴訟時效法及1874年不動產訴訟時效法（Real Property Limitation Act）等修正。

　　土地爭訟以外案件之訴訟時效規定最早見於1623年訴訟時效法。該法主要規定2年、4年及6年三種訴訟時效期間。2年訴訟時效適用於「文字訴訟」（actions for words）（指本身可以引致訴訟之文字，例如毀謗文字）；4年訴訟時效適用於「脅迫」（assault）及「非法拘禁」（false imprisonment）案件；6年訴訟時效適用於其他列名的訴訟類型。該法並未針對蓋印契約（contract under seal）、商人或僱用關係、判決或裁定之執行請求等之爭訟為訴訟時效之規範。後者於1833年民事訴訟程序法（Civil Procedure Act）始為補充規定，該法針對某些蓋印契約規定20年訴訟時效期間；判決或裁定之執行請求為6年；金錢罰款爭訟為2年。

　　時空進入二十世紀後，前述英國訴訟時效散亂規範及部分時效期間過長等情況，已面臨必須進行整合及調整之需求。在英國法律改革委員會Law Revision Committee的倡導下，英國訴訟時效規範便分別於1939年、1975年有所修正或制訂，並於1980年統整於「訴訟時效法」中。英國法律委員會（Law Commission）雖然於最新針對1980年訴訟時效法為檢討[18]，惟整體而言，英國1980年訴訟時效法為英國現行有關訴訟時效之最近整合性立法。另英國為因應1980年羅馬公約有關規定，依英國法律改革委員會1982年第114號報告「如英國應適用某外國法時，亦應適用該外國之時效法」之原則建議，因此於1984年正式通過1984年外國時效期間法（Foreign Limitation Periods Act 1984），於適用外國法時，已徹底變更英國訴訟時效的傳統思維。

(A) 1980英國訴訟時效法

　　英國1980年訴訟時效法全文計41條文，分為三部分：

　　第一部分係針對不同訴訟案件類型為一般訴訟時效規定（ordinary time limits for different classes of action），主要規定有1年、2年、3年、6年、12年及15年六種期間：

(1) 1年訴訟時效適用於毀謗或惡意欺騙defamation or malicious falsehood（第4條之A）

(2) 2年訴訟時效適用於責任分攤追償訴訟（第10條）

(3) 3年訴訟時效適用於人身傷亡（第11條、第12條）、瑕疵商品求償（defective products，第11條之A）等案件；

(4) 6年訴訟時效適用於侵權行為（第2條）、簡式契約（simple contract,第5條）、判決或裁定之執行請求（第7條、第24條）、制訂法准予為回復追償之訴訟（第9條）、不涉及人身傷亡且不知事故何時發生之隱藏性損害求償（第14條之A）、

---

18 The Law Commission, Limitation of Actions, Consultation Paper 151, 1998 and Law Com No. 270, 2001.

租金（第19條）等；

(5) 12年訴訟時效適用於要式書面契約（或蓋印契約）之案件（第8條）、土地回復案件（第15條、第16條）、土地買賣價金或抵押款項案件（第20條）。

(6) 15年特許訴訟時效適用於非人身傷亡過失訴訟案件之特許情況（第14條之B）。

該法第二部分為「一般訴訟時效之延長或除外」（extension or exclusion of ordinary time limits）：第一部分所規定之一般訴訟時效因下列事項而延長、延期或除外：

(1) 法定延長（extension）：因喪失行為能力（disability，第28條，原時效期間發生喪失行為能力或死亡者，自喪失或死亡之日起算，訴訟時效期間自動延長6年）、承認或為部分給付之訴因更新（fresh accrual of action on acknowledgement or part payment，該法第29條、第30條、第31條，以承認或部分支付抵押債務為例，自承認或部分支付之日起算，訴訟時效期間自動延長2年）。

(2) 法定延期（postponement）：有詐欺、隱匿或錯誤（fraud, concealment or mistake）情事者，訴訟時效應於原告發現或可合理發現被告詐欺、隱匿或錯誤之日起，始行計算（第32條）。

(3) 法院裁量除外適用或延長（discretionary exclusion or extension）：對於某些類型之案件，主要為毀謗或惡意欺騙（defamation or malicious falsehood）（第32條之A）及人身傷亡案件（第33條），法院於衡量所有因素包括債權人請求遲延之原因、債權人債務人雙方之行為、延長後對雙方所造成之影響等因素，基於衡平原則由法院自由裁量加以除外適用或延長。

英國訴訟時效法第三部分為雜項及附則規定，內容舉其重要者，包括：

(1) 第35條規定期間內起訴後，有訴訟變更、追加、反訴、訴訟參加之情形者，該訴訟變更、追加、反訴或訴訟參加既使於期間屆滿後提出仍為有效。

(2) 第36條規定本法不適用「衡平法管轄及救濟」（equitable jurisdiction and remedies）之情況。

(3) 第38條針對「訴訟」等用語為文字解釋。

(4) 第39條規定，對於其他法令另有規定之特別期間，則該特別期間優先時效法適用之。例如英國依1968年海牙威斯比規則所修訂之1971年英國海上貨物運送條例中之1年期間之規定，自應優先適用之。

此外，訴訟時效期間計算之始日，規定不一，基本上為「訴因發生日」（the date of the cause of action accrued），其或為事故發生日、契約所特別約定之時、或損害發現日等。訴訟時效經過之抗辯或主張僅得由債務人為之。

期間屆滿後之效果為何？原則上為債權人不得再行提出訴訟請求。以英國訴訟時效法第2條所規定之侵權行為訴訟為例，該條規定：「於訴訟原因發生之日起，屆滿6年後，即不得提起侵權行為訴訟。An action founded on tort shall not be brought after the expiration of six years from the date on which the cause of action accrued.」另該法第38條解釋條文明文定義「訴訟action」包括「於任何法院下之訴訟程序，包括於教會法院includes any proceeding in a court of law[19], including an ecclesiastical court」。 依英國法院見解，訴訟時效屆滿僅是阻礙救濟而已，而非權利之消滅（bars the remedy but not extinguish the right）。[20]惟應注意的是，於1977年Aries Tanker Corporation v. Total Transport Ltd案[21]，英國法院判決認為1968年海牙威斯比規則第3條第6項所規定之1年訴訟時效，該時效屆滿後之效果為「權利之消滅，而非僅是阻礙救濟而已 （extinguish the right, rather than merely barring the remedy）」。[22]

至於契約當事人可以意定排除contracting out或拋棄waiving法定訴訟時效期間方面，並未見於英國訴訟時效法規定中。然由於訴訟時效利益由債務人享有並為其所得主張，因此依英國法院一般見解認為，被告（債務人）得經由契約約定方式不為「法定訴訟時效之抗辯主張」（not to plead the statutory limitation period）或將該訴訟時效期間予以「延長」（extend）、「起算延期」（postpone）或「暫時中止」（suspend）。[23]惟應注意的是，英國法院進一步判決認為，是項「排除或拋棄法定訴訟時效」之協議必須符合包括「約因」（consideration）在內之契約生效所需之一般基本要件。[24]

再者，契約當事人可以意定排除（contracting out）或拋棄（waiving）法定訴訟時效期間進一步引伸一有關「意定訴訟時效期間」之效力問題。此部分包括二層面，第一是契約雙方當事人以由契約協議方式約定一比法定訴訟時效"更短"之意定訴訟時效期間；第二是約定一比法定訴訟時效期間"更長"之意定訴訟時效期間。於前者，目前普遍見解係以是否有違反1977年不公平契約條款法（Unfair Contract Terms Act 1977）規定為定。於後者，普遍見解認為只要所約定之較長期間不是過份地不合理，在不對訴訟時效期間所表徵之公共利益產生衝擊之情況下，仍是可以准其效力。[25]

(B) 1984英國外國時效期間法

外國時效期間法的前言說明著：「本法係規定，為於審判中承認外國法或外國法院所確定之時效效力之目的，任何有關訴訟時效之法律應作為實體問題，而非程序問題處理。An Act to provide for any law relating to the limitation of actions to be treated, for the purposes of cases in which effect is given to foreign law or to determinations by foreign courts, as a matter of substance rather than as a matter of procedure.」

---

19 於英國法，court of law具有廣狹二含意，廣義指英國之所有法院；狹義係僅指「普通法法院」。

20 Curwen v. Milburn (1889) 42 Ch. D 424.

21 Aries Tanker Corporation v. Total Transport Ltd [1977] 1 WLR 185.

22 英國法律委員會之報告中曾經提出，大英國協各國所屬法律委員會中，澳洲新南威爾斯法律委員會、英屬哥倫比亞法律委員會、Ontario法律委員會、Newfoundland法律改革委員會等均建議訴訟時效屆滿之效力應為「權利消滅，而非阻礙救濟」而已；然另一方面，紐西蘭法律委員會及西澳大利亞法律委員會則建議維持傳統「阻礙救濟，而非權利消滅」之原則。見The Law Commission, Limitation of Actions, Consultation Paper 151, 1998, paras 14.18 – 14.19.

23 Lade v. Trill [1842] 11 LJ CH 102.

24 Law Reform Committee Twenty-First Report (Final Report on Limitation of Actions) (1977) Cmnd 6923.

25 The Law Commission, Limitation of Actions, Consultation Paper 151, 1998, paras 14.1.

　　本法僅適用於英格蘭及威爾斯，且僅適用於英國法院審理涉外案件而應適用外國法時，無論該外國法係將時效作爲實體法或程序法處理，均排除英國有關訴訟時效之英國法庭地法。亦即，依照該1984年外國時效期間法，所有時效問題均屬實體問題處理。

　　1984年外國時效期間法的適用範圍非常廣泛，依該法第4條規定，其所適用之外國時效法，不僅包括確定有關時效期限長短之規定，亦包括時效之適用、中斷、不完成等規則。且所稱之外國有關法律，不僅包括該外國的實體法，亦包括該外國的程序法。亦即無論該外國將時效如何看待，英國法院均將其視爲「實體問題」處理。再者，依該法第3條規定，其所應適用之外國法尚應包括必須得承認或執行與時效有關之外國裁判。另該法不僅適用於英國法院起訴之案件，亦應適用於英國提起仲裁之案件（第5條）。

　　於該法之除外適用方面，第2條第1項規定如外國時效之適用英國的「public policy」有所衝突，即不應適用。另同條第2項規定，如適用外國時效之結果會造成當事人「undue hardship不當困境」，亦會被認爲構成第1項之衝突。

　　另爲避免衝突，該法第1條第3項規定訴訟程序開始時，應先適用英國法院地法，且允許不先考量因當事人一造缺席而導致訴訟時效延期或中斷的外國法規則。

　　總而言之，依該外國時效期間法之規定，如依據國外準據法，時效已屆滿，即不得於英國提起訴訟（既使依英國國內法規定，仍在訴訟時效期間內）。相反地，如依外國準據法，時效期間尚未屆滿，即使依英國法，時效業已屆滿，英國法院仍應受理案件。大體而言，英國1984年外國時效期間法採取「時效應受時效有關之債所適用之相同法律之支配」原則。

　　於其他英系立法方面，包括愛爾蘭、澳洲、紐西蘭、加拿大、新加坡及馬來西亞等，其國內時效相關立法體制原則上仍採英國訴訟時效法制度，或仿例英國較早期之1939年訴訟時效法或較晚近之1980年訴訟時效法，不一而足。惟在適用類型、期間長短、中斷及法院裁量權限等或有少許差異。另搜尋這些國家法規資料，並未發現有參考英國1984年外國時效期間法所確定之各項原則。

10.21.3.5　蘇格蘭法

　　由於歷史緣故，蘇格蘭時效法律併採源自羅馬法之大陸法系之「時效」（prescription）概念，以及英格蘭法「訴訟時效」（limitation）制度。早期蘇格蘭法僅有「時效」（prescription）規定，爾後才因國體之故逐漸納入英格蘭「訴訟時效」（limitation）。蘇格蘭學者D Walker分別解釋「時效」（prescription）及「訴訟時效」（limitation）爲[26]：「時效」（prescription）－時效係請求權放棄或滿足之一種法律上之推定，而此可解釋何以時效期間具有消滅原告求償權之效果。相對地，「訴訟時效」（limitation）－訴訟時效爲某一期間經過後，所爲對訴訟之一種否定，其無涉請求權之本質。[27]

26　D Walker, The Law of Prescription and Limitation of Actions in Scotland, 4th ed 1990, p.4.

27　Prescription is a legal presumption of abandonbment or satisfaction of the claim; this is why prescription periods can have the effect of extinguishing the plaintiff's rights. Limitaiton is a dential of an action after a certain time without regard to the subsistence of the claim.

蘇格蘭傳統將時效區分為取得時效（positive prescription）（40年）：短期消滅時效（short negative prescription）（3至10年）：及長期消滅時效（long negative prescription）（20年）三類。現其內容已略有調整並整合訴訟時效規定而成為其現行1973年時效及訴訟時效（蘇格蘭法）（Prescription and Limitation （Scotland） Act）及其後若干小修正。該法主要規範及內容大致如下：

(1) **短期消滅時效（short negative prescription）**方面：所有類型的債之求償權消滅時效統一為5年（第6條），時效屆滿後，原告求償權完成消滅（第6條第1項）。蘇格蘭法並未像英格蘭訴訟時效法般，法院具有延長或不適用短期時效之規定。另短期消滅時效經過期間得因被告或其代理人之詐欺或錯誤或債權人失能等（第6條第4項）而被排除適用（excluded）。再者，短期消滅時效得因(1)請求；(2)明知債務仍為部分履行；或(3)承認而中斷（第10條）。

(2) **長期消滅時效（long negative prescription）**：蘇格蘭1973年時效及訴訟時效法所規定之長期消滅時效期間為15年，除若干例外規定外，本時效適用所有債之類型。部分短期消滅時效適用案件，如涉及隱有損害者，仍有適用長期時效之餘地。長期消滅時效屆滿之效果同短期時效，仍為求償權之消滅。同短期消滅時效規定，法院不具有延長或不適用短期時效之權限；且長期消滅時效亦得因(1)請求；(2)明知債務仍為部分履行；或(3)承認而中斷（第7條）。惟不同的是，長期消滅時效經過期間不因被告或其代理人之詐欺或錯誤或債權人失能等而延期或除外適用。

(3) **訴訟時效期間（limitation）**：蘇格蘭分別於1984年及1985年修正1973年時效及訴訟時效法分別將「人身傷亡」（第17條及第18條）及「誹謗」（defamation）（第18條之A）案件，以類似英格蘭訴訟時效法之規定，納入其時效及訴訟時效法中。二類型案件之訴訟時效期間均為3年，訴訟時效經過之效果同英國訴訟時效法，為訴權之消滅。另法院對此訴訟時效期間得因衡平理由予以裁量延長（第19條之A）。

10.21.3.6　美國法

由於聯邦法及州法體制之故，美國時效相關規定相當複雜，時效期間原則上為州法所規定，且各州時效期間復不全然一致，另聯邦法亦有若干時效規定存在。再者，在英美法系「制訂法」及「判決法」法源二元化情況下，既使是州法，時效或訴訟時效之規定或見於包括實體法及程序法之制訂法，亦見於判決法中，各州規定亦相當分歧，包括各類型案件之時效期間、時效延期或延長要件（例如詐欺、原告失能、未臨庭應訴）等均是。

大體而言，美國時效法仍沿襲英國傳統「訴訟時效」（limitation）體制，惟於晚近針對某些訴因類型另外延伸規定所謂「時效法」（Statutes of Repose）之制度。前者「訴訟時效」（Statute of Limitation）為法律規定應為訴訟主張之期間，一般從「有訴因發生之時」（cause of action）起算，訴訟時效屆滿而未提出訴訟者，即喪失以訴訟為救濟之

權利。後者「時效法」（Statutes of Repose）係指何類型訴因可以爲主張之最大期間（the maximum time frame during which a cause of action can arise），而無論訴因是否已經發生或傷害是否已經產生，Repose時效經過之效果爲「訴因完全消滅」（eliminate the cause of action altogether after a stated period of time）[28]。如以我國法予以理解，美國「訴訟時效」（limitation）及「時效」（repose）之規定類似我國民法第197條的「2年」及「10年」一般，前者知有損害及賠償義務人起算（亦即知有訴因時起算一段時間），期間通常較短；後者爲「侵權行爲損害賠償案件可得請求之最大期間」，此類時效多適用於產品或服務責任類型，期間通常較長，其性質基本上仍屬「訴訟時效」類型之一。

　　於法律衝突法之時效期限方面，依美國1969年美國法律衝突法重述第二冊第142條及第143條所規定之意旨，美國基本上將時效期間仍界定爲程序問題，適用法院地法。然前述「法院地法」原則，於1969年美國法律衝突法重述第二冊的1988年修正已予以修改，並以全新的第142條取代舊的第142條及第143條，新的第142條規定[29]：

　　對於訴訟是否支持時效之抗辯乙點，依第六章所規定之原則確定之。然除案件本身的特殊情況導致不合理結果外：

　　1. 法院應適用法院地法的時效規定阻止訴訟之提出
　　2. 法院應適用法院地法的時效規定准許訴訟之提出，然下列情況除外：
　　　　(a) 訴訟支持時效抗辯將會阻礙法院地之重大利益；及
　　　　(b) 依據與當事人或事件更具重要牽連的州法律，將會喪失提起訴訟之權利。

　　簡言之，新第142條意圖將與時效問題有最重要牽連的法律適用於時效之抗辯，而非依法院地法。此觀念形同打破英美普通法傳統上將時效視爲程序問題的見解。

　　從前列各節討論，法德日英美等國實體法上之時效規定，大致可爲大陸法系屬「消滅時效」及「除斥期間」二分法，而英美法系爲「訴訟時效」之區分，兩法系歧異處甚多。既使是同屬大陸法系之法德日三國，時效期間可否意定及可否延長等點，其成文法層面亦有相當差異。基本上，英美法例上的時效規定是與訴訟程序緊密結合，或可將其稱之爲「訴訟期間」或「起訴期間」。該期間可以延長（合意或裁定）及與訴訟結合等概念，其不僅不同於大陸法系所認知之「時效期間」，亦與「除斥期間」概念有別。此爲大陸法系及英美法系間實質差異之一，淵源於羅馬日耳曼法之大陸法系主從實體法發展而來，時效規定附隨於實體法規定中；而英美法從普通法法院訴訟程序之程序法發展而來，時效規定自然與程序法相結合。

---

28 Blaske v. Smith & Entzeroth, Inc., 821 S.W.2d 822, 834 (Mo. banc 1991).

29 Section 142 of the Restatement (Second) of Conflict of Laws (Supp. 1989), as amended in 1988 :
Whether a claim will be maintained against the defense of the statute of limitations is determined under the principles stated in § 6. In general, unless the exceptional circumstances of the case make such a result unreasonable:
(1) The forum will apply its own statute of limitations barring the claim.
(2) The forum will apply its own statute of limitations permitting the claim unless: (a) maintenance of the claim would serve no substantial interest of the forum; and (b) the claim would be barred under the statute of limitations of a state having a more significant relationship to the parties and the occurrence.

10.21.4 涉外案件時效準據法──比較法觀察

10.21.4.1 各國規範現況

國際海商巨擘加拿大William Tetley教授於其1994年所著之「國際衝突法：普通法、市民法及海事法」（*International Conflict of Laws: Common, Civil & Maritime*）乙書，曾邀請將近40個國家的學者針對各國涉外時效準據法相關問題爲回答，藉以彙整各國相關規定或學術見解，並納入該書第九部分「各國摘要──海事法衝突」（National Summaries－Conflict of Maritime Laws）中[30]。該章所列各國有針對時效問題爲揭露者，有下列20個國家，內容摘要整理如下：

(1) 比利時：時效問題爲實體法問題，適用債務準據法（lex obligationis）。[31]

(2) 保加利亞：時效屬附帶問題，法院先確定主要問題之準據法，再依該準據法爲時效問題之適用（lex causae）。[32]

(3) 加拿大：除魁北克省規定時效適用爭議案件之準據法外，時效問題屬程序問題，適用法院地法（lex fori）。[33]

(4) 哥倫比亞：時效屬於實體法問題（lex causae）。[34]

(5) 克羅埃西亞：時效屬實體問題，適用相對應的準據法（lex causae）。[35]

(6) 多明尼加：時效之附帶問題，適用法院地法（lex fori）。[36]

(7) 法國：時效期間適用爭議之準據法（lex causae）。[37]

(8) 希臘：時效被劃歸爲實體問題，適用法律關係之準據法（lex causae），即使可適用之準據法將時效劃歸爲程序問題者亦同。[38]

(9) 冰島：時效被劃歸爲實體問題（lex causae）。[39]

(10) 義大利：時效屬附帶問題，視爲實體問題，適用其準據法（lex causae）。[40]

---

30 William Tetley, International Conflict of Laws: Common, Civil & Maritime, International Shipping Publications, 1994. Part Nine – National Summaries – Conflict of Maritime Laws, at PP. 871-1001.

31 同註30，at p. 879.

32 同註30，at p. 882.

33 同註30，at pp. 885-886.

34 同註30，at p. 895.

35 同註30，at p. 899.

36 同註30，at p. 909.

37 同註30，at p. 912.

38 同註30，at p. 919.

39 同註30，at p. 922.

40 同註30，at p. 932.

(11) 日本：時效屬附帶問題，被劃歸為實體問題，適用法律關係之準據法（lex causae）。[41]

(12) 荷蘭：時效屬附帶問題，受爭議的準據法支配（lex causae）。[42]

(13) 挪威：時效屬附帶問題，被劃歸為實體問題（lex causae）。[43]

(14) 巴拿馬：時效受爭議的實體法支配（lex causae）。[44]

(15) 菲律賓：時效等附帶問題，適用法院地法（lex fori）。[45]

(16) 葡萄牙：時效適用相關請求或權利之準據法（lex causae）。[46]

(17) 新加坡：時效屬程序問題，與實體法完全不同，適用新加坡法（lex fori）。[47]

(18) 西班牙：時效等附帶問題，適用法庭地法（lex fori）。[48]

(19) 瑞典：規定並無明確，依瑞典1981年時效法（Limitation Act 1981）規定，原則上外國訴訟或請求行為構成時效之中斷事由時，瑞典法院會承認其效力，然以債務人所處地位及其他條件使其有理由於外國履行為限。[49]從該規定，瑞典制度似乎採取「原則依法院地法，例外依案件準據法」。

(20) 瑞士：時效問題等附帶問題，被認定為實體問題，適用「瑞士國際私法」（Private International Law Act）所確定之準據法（lex causae）。[50]

除Tetley前揭書所揭露20個國家涉外案件時效適用狀況外，另國內外有關國際私法相關著作及資料[51]，顯示若干其他國家之涉外案件時效適用之準據法情況如下：

(1) 匈牙利：依匈牙利國際私法第30條第4項規定，時效適用該訴訟請求之準據法（lex causae）；

(2) 波蘭：1966年波蘭國際私法採案件準據法（lex causae）

(3) 南斯拉夫：1986年南斯拉夫法律衝突法採案件準據法（lex causae）

(4) 德國：1986年德國聯邦國際私法採案件準據法（lex causae）

---

41 同註30，at p. 935.

42 同註30，at p. 941.

43 同註30，at p. 954.

44 同註30，at p. 958.

45 同註30，at p. 963.

46 同註30，at p. 966.

47 同註30，at p. 971.

48 同註30，at p. 978.

49 同註30，at p. 984.

50 同註30，at p. 988.

51 趙相林，國際私法，中國政法大學出版社，2003年修訂版；呂國民、戴霞、鄭遠民編著，國際私法，中信出版社，2002年出版；黃進，國際私法，法律出版社，2005年出版；張瀟劍，國際私法學，北京大學出版社，2000年出版；梁慧星，荷蘭國際私法研究，法律出版社，2000年出版；梁慧星，瑞士國際私法研究，法律出版社，2000年出版。

(5) 中國大陸：依中國大陸最高人民法院於1988年「關於貫徹執行中華人民共和國民法通則若干問題的意見（試行）」中有關時效問題之解釋，該意見第195條認為「涉外民事法律關係的訴訟時效，依衝突規範確定的民事法律關係的準據法確定」。

10.21.4.2　各國規範及理論彙整

綜合前節論述，於所彙整超過25個國家的規範，吾可發現各國有關涉外事件時效準據法的規定並非相當一致，且無法單純以「英美法系」或「大陸法系」、「實體法」或「程序法」抑或以「消滅時效」或「訴訟時效」為區分。惟大體而言，可整理如下規範類型：

(1) **案件準據法主義**：多數大陸法系國家及晚近英國採之。大陸法系通常將時效問題視為實體問題，而適用案件準據法（lex causae），但應注意大陸法系國家間有關時效之規定（性質、期間長短、中斷或不完成、可否延長及時效屆滿之效力等）亦非統一，且會受到簽署相關國際公約之影響（例如前述海商國貿等以訴訟時效為規範基礎之各項國際公約）。此主義時效制度之目的在使當事人如不於一定期限內行使其權利，法律即不再予以保障，義務人也就無須再履行其義務，因時效與當事人權利義務得失有關，屬實體法規範。此主義主要源自影響19世紀以後歐洲國際私法立法發展甚鉅之德國近代國際私法學者薩維尼Savigny（1779-1861）「法律關係本座說」（Sitz des Rechtsverhältnisses）之見解。此學說認為每一法律關係均有其本座（seat），例如物之法律關係，以物之所在地為本座；因契約所生之法律關係，以當事人意思為其本座，否則則以契約履行地為本座。在薩維尼的理論下，屬國私附屬問題之時效問題，自應受其本座，亦即案件準據法之拘束。

(2) **法庭地法主義**：多數英美法系國家及極少數大陸法系國家（例如多明尼加及西班牙）採之。英美法系國家傳統上將時效問題視為程序問題，而適用法庭地法（lex fori），然英國及美國晚近已有所調整。此英美法見解立論依據主要有二：一為外國人不應獲得法庭地居民不能獲得之利益；二為於傳統判決法國家，訴因（cause of action）係賦予原告一永久性的權利，而時效規定會產生剝奪當事人於法院獲得司法救濟之作用。亦即此主義認為時效並非在規定人的實體權利義務，而是實體權利得喪應該受到滿足之一定條件；時效屬強制性規範，任何人均應遵守，具公法性質，屬訴訟程序規範。在學術理論依據上，此主義基本上沿襲英美近代國際私法學者：美國哈佛大學斯托里教授（Story, 1802-1855）及英國牛津大學迪賽教授（Dicey, 1835-1922）的見解。二人見解主要是秉持較為嚴格的法律屬地原則而來：一國在領土內享有絕對的管轄權及審判權，凡在其領土上的人或物，均應服從之；相對地，任何國家法律不得拘束在其領土以外之人或物；一國法院僅有在不危及本國主權及利益的前提下，方得適用外國法。

(3) **以案件準據法為主，以法庭地法為輔之併用主義**：以適用案件準據法為原則，然如適用或適用之結果會嚴重或實質影響法院地公序（public policy）或重大利益或

造成當事人不當困境（undue hardship）等特定情況時，則仍適用法庭地法，此說
爲英國法及美國法晚近見解。

(4) 混合制（或公約規範主義）：此主義係爲解決各國時效問題基本性質不一而以公
約統一規範方式爲時效之適用規定，最典型的範例爲1974年及1980年「國際貨物
買賣時效公約」。該公約第3條第2項規定「除本公約另有規定外，不問依照國際
私法規則原應適用之法律如何，本公約應一律予以適用。」依該公約之規範內
容，顯係混合英美法訴訟時效及大陸法消滅時效的雙重性質。除國際貨物買賣時
效公約外，一如本文第二節所列，國際間亦有相當多的國際公約或文書訂有時效
相關規定，其規定大都偏向英美法的訴訟時效。

10.21.4.3　案件準據法主義及法庭地主義之反思

英美法系傳統涉外案件時效採法庭地法主義，一如本文前述說明，除時效係搭配英美
傳統上係以訴訟程序爲法律發展主軸外，晚近主要係以美國哈佛大學斯托里教授（Story,
1802-1855）及英國牛津大學迪賽教授（Dicey, 1835-1922）的法律屬地見解而來。然由於
各國時效性質及長短等規定不一，不同主義間在適用上將會產生許多問題。試以下列各情
況說明之：

情況一「法院地法及案件準據法均將時效歸類爲程序法」：設法庭地法時效已屆滿，
然案件準據法時效未屆滿，當事人訴訟請求仍會被駁回；相反地，法庭地法時
效未屆滿，然案件準據法時效已屆滿，當事人仍有權提出請求。於後者情況，
將會造成當事人「刻意選擇法院」之後果，甚至導致對被告的不公平。

情況二「法院地法將時效歸類爲程序法；案件準據法將時效歸類爲實體法」：設法庭
地法時效已屆滿，然案件準據法時效尚未屆滿，當事人訴訟請求會被駁回；同
樣地，設法庭地法時效未屆滿，然案件準據法時效已屆滿，當事人訴訟請求也
會被駁回。而此均造成當事人權利均無法獲得主張之後果。

情況三「法院地法及案件準據法均將時效歸類爲實體法」：此情況亦會造成同情況二
當事人權利無法獲得主張之後果。

情況四「法院地法將時效歸類爲實體法；案件準據法將時效歸類爲程序法」：此情況
會造成二者均不適用，從而導致權利可永久主張之結果。

綜合前述四種情況，法庭地國將時效歸類爲程序法之最直接結果即是當事人會選擇
法院起訴！爲避免此情況之發生，英國晚近對於涉外事件之時效，改主採實體法見解；而
美國亦放棄「純法庭地法主義」，改採「以案件準據法爲主，以法庭地法爲輔之併用主
義」，藉以避免前述其他情況之問題；以及以「公約規範主義」方式，徹底不採法庭地法
及案件準據法衝突之爭議。

10.21.5　我國法規定（涉民法第36條）

2010年 涉民法	1953年 涉民法	說明
第36條 請求權之消滅時效，依該請求權所由發生之法律關係所應適用之法律。	無	一、本條新增。 二、請求權之消滅時效，因各國關於其法律效果之規定不同，國際私法上有認定其為實體問題者，亦有以之為程序問題者。消滅時效規定於我國實體法，本法亦認定其為實體問題，並規定其準據法決定之問題。由於消滅時效係針對特定之請求權而發生，而請求權又為法律關係效力之一部分，爰參考瑞士國際私法第148條規定之精神，規定消滅時效之問題，應依其請求權所由發生之法律關係之準據法。

評釋：

1. 規定及修訂理由

　　2010年涉民法第36條規定：「請求權之消滅時效，依該請求權所由發生之法律關係所應適用之法律。」依修法理由，本條文所爰參考之瑞士國際私法第148條規定如下[52]：

瑞士1987年12月18日國際私法聯邦法

第九章 債法 第四節 一般規範

第148條 債權時效及其消滅之法律

(1) 債權之準據法規範該債權之時效及其消滅所應適用之法律。

(2) 於債務抵銷，適用規範債務抵銷所適用之法律。

(3) 於債務更新、免除及抵銷契約，適用本法有關契約準據法之規定。[53]

---

52 本條文摘錄Umbricht Attorneys at Law之英譯文，參考網址：http://www.umbricht.ch/pdf/SwissPIL.pdf，最後拜訪日：2010年6月2日。

53 Switzerland's Federal Code on Private International Law (CPIL) of December 18, 1987

　　Chapter 9: Law of Obligations　Section 4: Provisions in Common

　　Art. 148

　　IV. Statute of limitations and extinction of a claim

　　1. The law applicable to a claim shall govern the statute of limitations applicable to it and its extinction.

　　2. In the case of extinction by set-off, the law applicable is that which governs the claim to which the set-off is made.

　　3. Novation, release, and contracts of set-off shall be governed by the provisions of this Code concerning the law applicable to contracts （Art. 116 et seq.）.

2. 法制採用——案件準據法主義及適用上之注意

依前節說明，涉外案件時效準據法概有「案件準據法主義」、「法庭地法主義」、「以案件準據法爲主，以法庭地法爲輔之併用主義」及「公約規範主義」四種立法類型。依新涉民法之立法說明，明確指出消滅時效屬實體問題，應依其請求權所由發生之法律關係之準據法，新涉民法採目前多數國家所採用之「案件準據法主義」，當無疑義。

我國新涉民法既採「案件準據法主義」，在案件適用上即應注意下列事項：

A. 既使「案件準據法國」將時效列爲「程序法」，我國法仍應予以適用。例如某案件準據法爲新加坡法，假設其訴訟時效期間爲2年，如某案於我國起訴時已超過2年，但仍在我國法認定之時效中斷期間內（例如僅2年3個月），一經當事人抗辯，我國法院仍應予以駁回。

B. 我國法院受理案件時，既使依我國法已罹於時效，法院仍不得爲直接駁回處理，必須進一步決定「案件準據法」，再依案件準據法認定該案是否罹於時效。

C. 基於公益目的，我國時效規定屬強制規定。新修正涉外民事法律適用法第36條單採「案件準據法主義」，而未採「以法庭地法爲輔之併合主義」或爲任何但書保留規定，如適用案件準據法時效規定之結果，有違我國時效強制規定（例如時效意定延長等），我國法院不得依新涉民法第8條，以違反我國公序良俗爲由，不適用該案件準據法。蓋如不爲如此解釋，新修正涉外民事法律適用法第36條將形同具文，而無規定之實義。

D. 如適用案件準據法時效規定之後果有造成違反我國「公序良俗」條款之問題，亦僅「時效部分」不適用案件準據法規定；案件本身之審理仍應適用所應準據之案件準據法。

E. 一如先前各節所論，各國時效規定相當複雜且不一，且受相當多國際公約的拘束及影響。法院在適用「案件準據法」之外國法時，應詳加審酌該國及該類法律關係之時效相關規定，而非僅以「英美法系程序法」或「大陸法系實體法」爲一般性之認定。蓋既使是大陸法系國家，各自間之時效規定不僅不一致，且有相當多領域因國際公約之影響，而隱含有不少英美時效程序法之內容。

F. 依國際私法之法律適用原則，於適用「案件準據法」之外國法時，除該外國法另有規定外（例如1974年有關海上旅客運送之雅典公約規定時效中斷或不完成係依「法庭地」法），否則即應適用該外國法有關時效規定之「全部」，包括：

　a. 權利本身是否爲時效適用之客體

　b. 時效期間長短及起算

　c. 是否具中斷或不完成事由及其效力

　d. 時效屆滿或完成之效力

　e. 時效可否縮短或延長或拋棄

f. 甚至請求權競合時之時效適用[54]等。

3. 本條適用範圍——原則上僅限「債權請求權」

本條文列於涉民法第四章「債」之下,單從本法規範架構觀之,應僅適用於「債之法律關係」之消滅時效,而不適用於其他,特別是因物權或身分法之法律關係所生之請求權消滅時效。

按本條文於1999年司法院涉外民事法律適用法研究修正委員會提出第一套草案版本時即已存在。除條序更動及修正理由略微文字修正外,於整個新涉民法的研修過程中,本條文內容絲毫未加更動。研修審議過程中,於2002年1月11日司法院涉外民事法律適用法研究修正委員會第十二次會議時,當時賴來焜教授曾針對當時的草案第37條(亦即新涉民法第36條)提出「請求權消滅時效,不僅是「債權之問題」,也包括物權之請求,例如民法第767條物上請求權消滅時效之適用,大法官也曾經作過解釋」,因此賴來焜教授建議將該條文移至總則為規定[55]。之後該條文仍維持於第四章「債」之下,並未移列於第一章「總則」。本書認為,本條文何以未移列總則章之原因可能有幾:

(1) 本條文所參照之瑞士聯邦國際私法,相關條文係規定於瑞士聯邦國際私法第九章「債法」第四節「一般規範」之下,並非適用於所有民事法律關係之請求權。

(2) 「物權依物之所在地」原則及規定,本質上已涵蓋物上請求權之適用問題。

(3) 移列總則章,即應適用於所有民事關係,除物上請求權外,包括親屬及繼承法相關請求權均有一併適用之可能。按物上請求權具高度屬地性;而親屬及繼承法則具有高度屬人性,且後者常有內國人方面之特別規定,選法規則相對特殊。

本書認為,無論從新涉民法第36條在法規範架構,抑或該條文之立法歷程,本條規定原則上僅適用於「債之消滅時效」,至於物權請求權、身分法上之請求權及除斥期間之適用問題,分述如下:

1. 物上請求權

物權請求權又稱為物上請求權,其為一種物權法上的請求權,規定在第767條,主要包括三種類型:返還請求權、除去妨害請求權、防止妨害請求權。關於物上請求權之消滅時效,原則上應要適用民法總則關於時效之規定,司法院28年院字1833號解釋認為物權請求權應適用民法第125條15年消滅時效之規定,然而司法院大法官為貫徹不動產登記

---

54 為避免以不同請求權基礎,規避較短之時效期間,有若干國際公約規定不論依哪一法律基礎提出請求,均應適用某統一時效,最典型範例為有關海上貨物運送之1968年威斯比規則第4條之1第1項規定:「有關運送契約所載貨物之滅失或損害,而向運送人所提出之任何訴訟,無論係基於契約或侵權行為,本公約所規定之抗辯及責任限制均應適用之。The defences and limits of liability provided for in these Rules shall apply in any action against the carrier in respect of loss or damage to goods covered by a contract of carriage whether the action be founded in contract or in tort.」

55 司法院編印,司法院涉外民事法律適用法研究修正資料彙編(一),91年11月,第690頁。

之功能，所以其後在釋字107號及164號解釋中皆認為，已登記不動產之物權請求權並無民法第125條消滅時效之適用。2008年1月物權法修正，民法第767條第2項明文規定第1項關於物權請求權之規定，於其他物權亦可準用之。

既然部分物上請求權有得適用消滅時效，依物權依物之所在地法理（新涉民法第38條第1項參照），其所衍生之時效問題，仍應以屬地準據法為據，其效果實與新涉民法第36條所規定之案件準據法無異。筆者以為，物權依物之所在地原則是否同樣適用於「物上請求權之消滅時效」有所爭議，仍無妨類推適用新涉民法第36條規定，為物之所在地法之適用。

2. 身分法上之請求權

身分上之請求權，大致上可分為兩類，一是以身分利益為內容，權利的行使旨在恢復或消滅特定的身分關係，如離婚請求權、解除收養關係請求權，此類權利與特定身分相聯繫，只要其身分關係存在，其請求權就存在，或其性質本屬除斥期間（如我國民法§1053及§1054等），因此不適用消滅時效；另一以財產利益為內容，包括扶養費請求權、贍養費請求權、撫恤金請求權、離婚無過失一方之損害賠償請求權、因親屬關係受侵害產生的損害賠償請求權。對於以財產利益為內容之請求權是否有消滅時效之適用，學者們的意見並不一致，有認為以財產利益為內容應適用消滅時效，也有認為不適用消滅時效者。

3. 除斥期間

除斥期間為權利不行使繼續達於一定期間，致權利歸於消滅之事實。即法律對某種權利所預定之存續期間，存續期間屆滿時，權利歸於消滅。其特點包括不得因中斷及不完成而延長；自其權利成立時起算；所消滅之權利多為形成權；所維持之秩序，為繼續存在之原秩序；當事人縱不援用，法院亦得依職權採為裁判之資料；經過後，其利益不許拋棄；除斥期間在限制權利長期存續，權利人僅在限定期間內得主張其權利，超過限定期間，即為權利存續期間屆滿，則無權利。消滅時效為請求權之不行使繼續達於一定期間，致義務人對該請求權取得拒絕給付抗辯權的事實。即權利人於一定期間不行使請求權，其請求權即為消滅之法律事實，其特點包括得因中斷及不完成而延長；自請求權可行使時起算；以請求權為標的；維持秩序，乃反於原有秩序之新秩序；須當事人援用，否則法院不得依職權採為裁判之資料；時效完成，其利益即得拋棄；非限制權利長期存續，只因權利人經過限定期間不行使其權利，義務人即得拒絕權利人之請求，非為該權利存續期間屆滿而無權利。消滅時效與除斥期間雖有前述差異，然而畢竟均為對於某一特定權利（形成權或請求權）之不行使，自難與該權利本身之準據法為分別適用。是故，筆者以為，有關除斥期間之準據法問題，自應亦類推適用新涉民法第36條規定，以案件準據法為其準據法。

4. 其他相關問題

A. 定性問題

有關除斥期間與消滅時效之區分，前點已有簡述。二者在學理上雖有明確區分，但若干相關條文之期間規定究屬「消滅時效」或「除斥期間」之判定上卻每屢有不少爭議，試舉下列四例：

(1) 民法第365條第1項：「買受人因物有瑕疵，而得解除契約或請求減少價金者，其解除權或請求權，於買受人依第356條規定為通知後六個月間不行使或自物之交付時起經過5年而消滅」；

(2) 海商法第152條「委付之權利，於知悉委付原因發生後，自為委付之日起，經過二個月不行使而消滅」；

(3) 海商法第32條「第24條第1項海事優先權自其債權發生之日起，經一年而消滅。但第24條第1項第1款之賠償，自離職之日起算。」

(4) 海商法第56條第2項：「貨物之全部或一部毀損、滅失者，自貨物受領之日或自應受領之日起，一年內未起訴者，運送人或船舶所有人解除其責任。」

前述問題中，海商法第56條第2項顯為最具衝突性的條文，蓋該條文很明顯係參考自源於英美法訴訟時效概念之國際公約規定。該項時效規定所基於主張之權利性質很清楚屬「請求權」，然如單純以我國消滅時效及除斥期間之分類見解，就如同該條文於1999年修正時之修正說明，係採「除斥期間」之見解。如依此定性標準，新涉外民事法律適用法第36條即無適用之餘地。

本次涉外民事法律適用法之修正，並未將「定性」標準納入規範。按定性標準向有「法庭地法說」（Lex Fori）、「案件準據法說」（Lex Causae）、「比較法說」（Comparative Law）、「最重要牽連關係」及「初步及次步定性說」（Primary & Secondary Characterization）等幾種理論，各有所據。筆者以為，不同於其他定性事項，從時效本身於英美法系及大陸法系規範明顯差異之情況下，國內學術見解較少採納之「初步及次步定性說」不失為一能有效解決涉外請求權時效定性標準之較佳途徑，理由如下：

(1) 「時效」本身屬國際私法必須附帶之附隨問題，非主要問題，採「初步及次步定性說」，亦即先確認案件準據法，然後再依案件準據法為次步定性，較為妥當。亦即作為附隨問題之時效本身不應成為定性之直接對象。

(2) 多數國家對涉外案件時效採「案件準據法說」，自應依該案件準據法為時效之定性，否則將會造成衝突情況。另包括保加利亞等若干國家，已有先確認案件準據法，再進一步決定時效之相關適用問題，此規範模式與「初步及次步定性說」無異。

B. 公序良俗條款

新涉外民事法律適用法第8條規定「依本法適用外國法時，如其適用之結果有背於中華民國公共秩序或善良風俗者，不適用之。」基於公益目的，我國時效規定概屬強制規定。新修正涉外民事法律適用法第36條單採「案件準據法主義」，而未採「以法庭地法為輔之併合主義」或為任何但書保留規定，如適用案件準據法時效規定之結果，有違我國時效強制規定（例如時效意定延長等），我國法院不得依新修正涉外民事法律適用法第8條，單純以「案件準據法國之時效規定」違反我國公序良俗（我國消滅時效之強制規定）為由，不適用該案件準據法。蓋如不為如此解釋，新修正涉外民事法律適用法第36條將形同具文，而無規定之實益。除前述情況外，如適用案件準據法（包括其時效規定）之結果，有違反我國其他公序良俗情事者，則仍有公序良俗條款適用之餘地。

一如前述，英國法及美國法晚近針對涉外案件之時效雖改採以適用「案件準據法」為原則，然為緩和原本訴訟時效屬程序法之傳統性質，因此仍設有除外適用之規範，例如英國係以是否與「public policy」有所衝突，或適用外國時效之結果會造成當事人「undue hardship不當困境」為判斷；美國法則係以是否阻礙法院地之重大利益為除外適用之判定依據。在我國新涉民法無類似除外規定之情況下，是否可以學理方式，將英國法「造成當事人不當困境」，例如造成同為我國籍的雙方當事人適用案件準據法之結果而遭訴訟駁回；或美國法「阻礙法院地之重大利益」，例如我國國民為受海洋嚴重污染之一方，但適用案件準據法短期時效的結果，造成我國政府及國民的求償主張因罹於短期時效而消滅！藉以將案件準據法的時效規定予以除外適用？

C. 反致問題

新涉外民事法律適用法第6條規定「依本法適用當事人本國法時，如依其本國法就該法律關係須依其他法律而定者，應適用該其他法律。但依其本國法或該其他法律應適用中華民國法律者，適用中華民國法律。」此為學理上的「反致」規定。

新涉外民事法律適用法第36條並無「依本法適用當事人本國法」之情況，從字面意義上並不適用第6條反致規定；另一方面，國內對於反致理論之一般見解係以適用屬人法衝突為主，因此在性質上，涉外案件之時效似應無反致適用之餘地。然於若干海商國貿相關國際公約之規定，卻可能會有時效之若干事項直接反致依法庭地法決定之規定，例如：

(1) 1910年制訂之有關統一船舶間碰撞法律某些規則國際公約第7條第3項規定：「前二項時效期間中斷或不完成之事由，依審判法院法律定之。」

(2) 1989年海難救助國際公約第23條第3項規定：「既使於前二項規定之訴訟期間屆滿後，仍得向應負責賠償之人提起訴訟，然以訴訟程序所在地之國內法所允許之期間內提出者為限。」

(3) 1968年有關統一某些載貨證券規則公約之威斯比規則第3條第6項之一規定「在未超過受訴法院所允許之期間情況下，前項規定之一年期限雖已屆滿，仍得向第三人提

起追償之訴。然法院所允許之期間，應自賠償請求人對其已獲得解決或訴狀送達之日起算，不得少於三個月。」

D. 規避法律問題

當事人故意藉變更聯繫因素之歸屬關係，以逃避不利於己而原應適用之內國法，求得有利於己外國法律適用，為學理上的規避法律。新涉外民事法律適用法第7條對此已有規定：「涉外民事之當事人規避中華民國法律之強制或禁止規定者，仍適用該強制或禁止規定。」涉外案件之時效有無規避法律之適用？不無問題。本書認為，涉外案件之時效問題本身應無規避法律之適用問題，理由如下：

(1) 按如法庭地認消滅時效屬程序法規定者，依前節論述，即容易造成當事人以擇地起訴之方式，規避原應適用案件準據法之不利益。由於我國已明文採「案件準據法主義」，擇地起訴之弊端當不至發生。

(2) 時效屬國際私法所需解決之附隨問題，非主要問題；主要問題為案件準據法。因此規避法律適用與否，應視當事人是否藉由變更聯繫因素之方式（例如以契約意定方式）規避原應適用之案件準據法（我國法）。

外國立法例參考：

瑞士1987/2011年聯邦國際私法第148條
(1) 債權消滅，包括時效，適用規範債權關係之法律。
(2) 透過清償方式為債之消滅者，適用所清償之求償之法律。
(3) 債務重新發生、債務更新及清償，適用規範契約關係之法律。

澳門1999年民法典第39條時效及失效
時效及失效均受適用於時效或失效所涉及之權利之有關法律規範。

捷克1964年國際私法及國際民事訴訟法第13條
(1) 債務的消滅時效，依與該債務同一法律。
(2) 抵消，依被消滅的債權同一法律。但從法律關係規定中引出其他合理的必要規則者不在此限。

波蘭1966年國際私法第13條
權利消滅時效，依支配其實質的法律。

匈牙利1979年國際私法第30條
(1) 除雙方當事人有協定或本法令另有規定外，契約的準據法適用於債務關係的所有因素，特別是適用於契約的訂立、形式有效要件、契約的拘束力以及與保證契約（抵押契約、保證債務等）有關的契約反要求的抵銷、讓與或債務的承擔。
(2) 除雙方當事人另有協議外，債權人檢查的權利或義務是否存在，檢查的方法，有關訴訟的時效及這些因素的法律上效果，依目的地或交貨地法。
(3) 如果契約按照以上各條（第24條至第29條）規定在方式上無效，而法院地法、契約訂立地法或預期法律效果發生地法認為有效，法院應認為契約有效。
(4) 訴訟時效，適用該訴訟請求的準據法。

葡萄牙1966年民法典第40條時效與失效
時效與失效適用調整與時效或失效有關的許可權的法律。

10.22　債之消滅（涉民法第37條）

涉民法第37條
　　債之消滅，依原債權之成立及效力所應適用之法律。

10.22.1　債之消滅──概說

　　於我國法理論，債之消滅，係指債之關係依某種原因，客觀地失其存在，而非僅是債權效力之受阻而已（如抗辯權行使）。

　　債之消滅原因：我國民法債總第六節規定債之消滅原因（第307-344條）包括清償、提存、抵銷、免除、混同五種。

1. **清償者**，依債務本旨，向債權人或其他有受領權人為清償，經其受領者。（民第309條第1項參照）
2. **提存者**，債權人受領遲延，或不能確知孰為債權人而難為給付者，清償人得將其給付物，為債權人提存之。（民第326條參照）
3. **抵銷者**，二人互負債務，而其給付種類相同，並均屆清償期者，各得以其債務，與他方之債務，互為抵銷。（民第334條參照）
4. **免除者**，債權人向債務人表示免除其債務之意思者。（民第343條參照）
5. **混同者**，債權與其債務同歸一人。（民第344條參照）

債之消滅之效力（指共通效力）主要有二：
1. 其債權之擔保及其他從屬之權利，亦同時消滅。（民第307條參照）
2. 負債字據之處置，例如返還字據或將消滅事由，記入字據。（民第308條參照）。

10.22.2　衝突之發生

　　各國有關債之發生原因及消滅後之效力規定並不一致，單以債之發生原因為例，於大陸法系之德民法並無類似我國混同規定；瑞民規定合意免除、更改、混同、給付不能、抵銷、時效等；法民規定清償（含一般清償、代物清償及提存）、更改、債務免除、抵銷、混同、標的物滅失、合意無效或撤銷訴權等。於英美法，以契約之債之消滅為例，包括契約之履行、消滅契約之合意、以及混合、更改（書面契約之內容更改）及破產。各國除債之發生原因不同外，各單項債之發生原因之要件及效力亦非一致，例如清償。

　　因此，哪一原因構成「債之消滅」，而產生債之消滅之效力；抑或不構成債之消滅，而僅生債務不履行等效力，於各國規範不一之情況下，就涉外債之消滅法律關係，仍有賴法律衝突規則之適用及解決。

10.22.3 立法主義

現有國際規範中並無有關債之消滅通則性的統一公約,而與債之消滅較為有關之公約主要僅與「破產」有關,例如早期的1933年北歐破產公約,1990年歐盟通過之關於破產某些國際事項公約及1995年歐盟通過之關於破產程序公約。以本次新修正涉民法所參考之德日瑞義等國及主要國際規範中,就有關「債之消滅」法律衝突規範有相關具體明文者,相當少見。

各國或國際有關債之消滅之立法主義大致上概採「原據法」,亦即所消滅之債之原法律關係之準據法。然規範方式仍有差異,主要可區分為「不區分說」及「區分說」。

1. **不區分說**:係不區分債之消滅原因,而僅就債之消滅為原據法之法律衝突統一適用。
2. **區分說**:即區分債之不同消滅原因,分別為以原據法為主之法律衝突規範,如前述瑞士聯邦國際私法。

10.22.4 我國法規定(涉民法37條)

2010年 涉民法	1953年 涉民法	說明
第37條 債之消滅,依原債權之成立及效力所應適用之法律。	無	一、本條新增。 二、債之關係存續中,當事人如以法律行為予以免除,或有其他法律所規定之原因者,債之關係均可能歸於消滅。特定之法律事實是否足以使債之關係消滅,或何種法律事實可構成債之消滅原因之問題,其本質與原債權之存續與否問題直接相關,均應適用同一法律,較為妥適,爰規定其應依原債權之準據法。

評釋:
1. 採「原據法不區分說」:我國新涉民法第37條採原據法不區分說。亦即不區分債之消滅原因,一概適用原債權之成立及效力所應適用之法律。
2. 「原債權之成立及效力」:僅適用於債權之實質要件及其效力,含法律行為及非法律行為所生之債,但不包括法律行為發生債之關係之形式要件(此部分仍主受場所支配行為理論之支配),亦不包括物權及身分法。
3. 「原據法」之認定:由於我國採原據法不區分說,未針對特定債之消滅類型為準據法之指定,因此原據法為何?應依新涉民法第20條至第36條定之,例如法律行為發生債之關係,依第20條所規定之「合意及關係最切」選法原則所確定出之準據法為債之消滅之準據法。

4. 其他特殊問題：

(1) **程序法方面**：提存或債消滅後之擔保塗銷等均涉及程序規範，依「程序法依法庭地法原則」，如原債權準據法國准予提存或債消滅後發生擔保隨之消滅之效力者，被申請國即應同意提存或塗銷。

(2) **破產問題**：破產於我國並非民法債之消滅之原因，然破產卻會發生類似債之消滅之法律效果，將可能導致涉外破產在定性上，是否屬債之消滅而適用新涉民法第37條之爭議。由於新修正涉民法並未針對破產一節為法律衝突準據法之明文，雖然破產在屬性上與債之消滅最為相近，但涉外破產涉及層面廣，破產債權人多且相關破產債權之法律關係複雜，依債之消滅所規範之原據法，將無法解決或平衡各債權人間之權益。就此部分，本書建議，涉外破產之處理，不宜準用新涉民第37條有關債之消滅之準據法，而應以國際慣例及學理方式，另為破產準據法之選擇適用。

外國或國際立法例參考：

瑞士1987年/2011年聯邦國際私法第148條規定：
　　(1) 債之消滅，包括時效，適用規範債權關係之法律。
　　(2) 透過清償方式為債之消滅者，適用所清償之債（求償）之法律。
　　(3) 債務重新發生、債務更新及清償，適用規範契約關係之法律。
1980年契約之債準據法公約第10條第1項(d)款規定：
　　依本公約第3至第6條及第12條所規定之契約準據法應適用下列事項：
　　(d) 債之消滅之各種方法，消滅時效及訴訟時效；
2007年歐盟_關於非契約之債準據法（羅馬II）第15條準據法範圍(h)款規定：
　　本規則有關非契約之債之準據法應規範下列事項，特別是：
　　(h) 債之消滅方式、消滅時效及訴訟時效之規定，包括有關消滅時效或訴訟時效期間之起算始、中斷、終止之規則。
2008年歐盟_關於契約之債準據法（羅馬I）第12條準據法範圍第1項(d)款規定：
　　本規則所規定之契約準據法應適用下列事項：
　　(d) 債之消滅之各種方法，消滅時效及訴訟時效。
捷克1964年國際私法及國際民事訴訟法第13條
　　(1) 債務的消滅時效，依與該債務同一法律。
　　(2) 抵消，依被消滅的債權同一法律。然從法律關係規定中引出其他合理的必要規則者不在此限。

本章歷年國考考題（測驗題）：適用民國100年涉民法

1. 我國人甲與A國人乙為鄰居，住在天母。某日颱風來襲，乙恰巧返國。甲眼見乙院子之大樹已有傾斜跡象，極可能會倒下而壓壞乙的廚房。故在颱風夜前請人將樹鋸短。乙回臺後震怒。請問甲、乙間之關係應準據何國法律為斷？（100司法官 答案：D）
   (A) 我國法，因為為甲之本國法
   (B) A國法，因為為乙之本國法
   (C) 我國法，因為為乙之住所地法
   (D) 我國法，因為為甲管理乙事務之地之法

2. 涉外民事法律適用法第27條關於市場競爭秩序因不公平競爭或限制競爭之行為而受妨害者，其因此所生之債之準據法，下列敘述何者錯誤？（100司法官 答案：D）
   (A) 當事人於我國法院起訴後，得合意適用我國法律
   (B) 因不公平競爭或限制競爭等違反競爭法規或公平交易法之行為所生之債，適用該市場所屬國家之法律，係因與該市場所屬國家密切相關之故
   (C) 本條規定，不公平競爭或限制競爭係因法律行為造成者，應適用該法律行為所應適用之法律，係因該法律較有利於被害人之故
   (D) 承(C)所述，被害人得選擇市場所在地法為其應適用之法律

3. A國人甲在B國，對在C國營業的A國人乙發買賣契約之要約，乙則在D國對在E國的甲發該買賣契約之承諾，均未提及準據法，就買賣契約之方式在臺灣臺北地方法院涉訟，就準據法敘述何者錯誤？（100律師 答案：D）
   (A) 買賣契約方式，得依該買賣契約成立要件及效力應適用之法律
   (B) 買賣契約方式，得依發要約地（B國）法律所定之方式
   (C) 買賣契約方式，得依發承諾地（D國）法律所定之方式
   (D) 買賣契約方式，得依我國法律所定之方式

4. A國人甲基於買賣之法律關係，對B國人乙有請求支付價金之債權。某日，甲將對乙之債權賣給丙，兩人並做成債權讓與之合意。下列敘述何者正確？（101 司法官 答案：C）
   (A) 債權讓與為法律行為發生債之法律關係，以當事人意思定其應適用之法律
   (B) 關於債權讓與對於債務人與其他第三擔保人之效力，皆依原債權之成立及效力所適用之法律
   (C) 甲將對乙之債權賣給丙，關於甲與丙間所締結之債權買賣契約，甲丙得合意定其應適用之法律
   (D) 債權讓與為準物權行為，關於讓與人與受讓人間法律關係之準據法，為原債權成立地之法律

5. 甲為A國人，住在A國邊境，於B國某貿易公司上班，經常開車往返於A、B兩國。某日下班後，駕車於B國，見路旁一隻小狗，奄奄一息，雖脖子上帶有項圈，卻找不到主人，甲於B國請獸醫診治，帶回家後旋即找到主人乙。下列敘述何者正確？（101司法

官答案：C）

(A) 若甲欲依無因管理之法律關係向乙主張權利，則因主要管理地點在A國，因此A國即為所稱之事務管理地

(B) 關於無因管理所生債之法律關係，其準據法應準用契約關係之準據法，因為無因管理在性質上為準契約

(C) 事務管理地係指著手實施無因管理之地點，因此本案例中B國即為事務管理地

(D) 管理人著手實施管理後，若管理地點發生變更，則關於準據法之適用採變更主義，應以請求前最後管理地之法律為準據法

6. A國公司甲向該國乙銀行借款。甲為我國公司丙最重要的客戶，故要求丙提供其所有而座落於我國之土地設定抵押權以擔保甲對乙銀行之借款。由於乙銀行在我國亦有分行，故A國之總行應允由丙提供抵押權擔保。之後，乙銀行在A國之總行將其對甲之債權包裝成金融資產出售給丁公司，丁公司將其證券化，再賣給一般投資人。當時借款時，就借款契約約定以A國法為準據法。現在證券化後，請問對丙而言，下列敘述何者正確？（101司法官 答案：B）

(A) 乙銀行將對甲之債權讓與丁，對丙之效力應依A國法而定

(B) 乙銀行將對甲之債權讓與丁，對丙之效力應依我國法而定

(C) 乙銀行將對甲之債權讓與丁，對丙之效力應重新約定準據法

(D) 乙銀行將對甲之債權讓與丁，對丙不生任何效力

7. 我國人甲與乙參加旅行團出國旅遊，在印度時兩人大打出手，回國後，甲告乙傷害並請求損害賠償。下列敘述何者正確？（101律師 答案：C）

(A) 侵權行為之行為地在印度，故我國法院應以印度法為準據法

(B) 甲與乙於起訴後得約定以印度法為準據法

(C) 由於甲、乙均為我國國民，旅遊之出發地及終點皆為我國，故應依我國法

(D) 若當事人無法就印度法為舉證，我國法院只好以法庭地法替代適用

8. 我國籍18歲未婚之甲，兩個月前到A國遊學時在當地蒐購名牌精品皮包，並與乙訂購店內缺貨之全部當季商品，約定由乙負責空運商品到我國後，由甲一併給付商品價金與運費。甲返國後即對其浪費行為心生懊悔，當商品運到我國後，甲以其為限制行為能力人且其父母拒絕承認為由，主張其在A國所為法律行為無效，惟18歲之甲依照A國法律已經成年。依照現行涉外民事法律適用法（下稱本法）的規定，下列敘述何者正確？（101律師 答案：D）

(A) 依照本法第38條第1項，準據法為物之所在地法A國法，故甲有行為能力

(B) 依照本法第20條，準據法為行為地法A國法，故甲有行為能力

(C) 依照本法第6條的規定，反致適用A國法關於保護內國交易安全的相關規定，故甲有行為能力

(D) 依照本法第10條第1項規定，準據法為我國法。故甲之法定代理人不為承認時，甲乙間的法律行為即不生效力

本章歷年國考考題（實例申論）

1. 試扼要回答下列問題：(1) 何謂「雙重反致」（外國法院理論）？其與我國涉外民事法律適用法規定之精神，有何主要區別？反致規定在適用上有哪些限制？(2) 我國仲裁法第31條規定：「仲裁庭經當事人明示合意者，得適用衡平原則判斷。」就法律適用言，本條規定之精神何在？「適用衡平原則」究何所指？（90律）

2. 何謂「當事人意思自主原則」？此原則如何具體表現於我國國際私法規定中？又該原則與「私法自治原則」有無不同？請扼要說明之。（89司二）

3. 某甲今年十九歲，他的祖父於五十年前從中國大陸移民美國，取得美國國籍。他的父親在美國出生，某甲也是在美國出生。某甲今年年初第一次到台灣訪問親友。某甲持美國護照入境。某甲從未自認為中華民國國民，但其在台親友則認為某甲為華僑。某甲自認為已為成年（美國人民於十八歲時即為成年），乃於今年五月間與汽車商某乙訂立一高級汽車之買賣合約。其後該買賣契約發生爭執。試從國際私法觀點討論本案有關之法律問題。（89律）

4. 關於債權行為準據法問題，我國涉外民事法律適用法第6條有明文規定，試詳細說明於適用該條規定時應注意事項。（89高）

5. 於美國X州登記成立之甲公司，在我國因涉訟而委任我國律師乙為其進行訴訟，雙方約定之委任條件為：甲公司若勝訴，則由乙取得勝訴所得財物之一半，雙方並約定此委任契約之準據法為美國X州之法律。假定X州之法律准許此種約款，而我國法律則否，今乙為使甲獲得勝訴，俾向甲主張分其所得財物之一半，而與甲在我國法院涉訟。試問我國法院應如何處理？（88司）

6. 試依順序扼要解答下列各題：(1) 依買賣契約中，當事人約定準據法條款：「本契約爭議，依出賣人本國法」。試附理由回答：(a) 法院是否得適用反致原則？(b) 該準據法條款與即刻適用法（immediate applicable law）相抵觸時，應如何決定所應適用之法律？(2) 於買賣契約當事人，就爭議所應適用法律之意思不明時，試問：其爭議依我國「涉外民事法律適用法」之規定適用，與依「契約適切法」（the proper law of the contract）決定所應適用之法律，兩者有何重要不同？並略評述之。（88律）

7. 甲為在美國X州設立之公司，於我國設有分公司經營汽車出租業。我國國民乙向甲在台之分公司承租汽車，載日本友人丙共同出遊。租車契約用中文，且約定由我國某一法院管轄。由於汽車之瑕疵發生車禍，致乙丙均受傷。乙丙向我國法院起訴請求甲在台之分公司賠償。問法院應如何決定法律之適用？（87律）

8. 美國人甲在台北與我國修繕業者簽訂契約，由乙修繕甲位台中之房屋一棟，乙修繕完畢後，在甲不知情之情形下再主動為甲修繕其位於高雄之房屋一棟。事後甲對於乙在台中及高雄之修繕工作均未付任何費用，經乙向我國法院提起訴訟，法院應如何解決準據法之問題？（86司）

9. 債之契約當事人合意選定非某一國家之實體為準據法，其情形有幾？（85司）

10. 涉外商事契約發生履行之爭執，當事人又未於契約中約定準據法，試比較說明：

    (1) 於訴訟時，我國法官應如何決定法律之適用？比較法上有何些不同之方法？

    (2) 提付仲裁時，仲裁人如何適用法律？（82律）

11. 我國商人甲與美國商人乙在台北訂立一國際貿易契約，其中一條款言明，因該契約引發之任何爭執，應以台灣台北地方法院為原始管轄法院。另一款則言明，雙方依契約所生之權利義務關係，應依1980年「聯合國國際商品買賣契約公約」之規定。美國為此公約之締約國，我國則否。今甲乙雙方為履約產生糾紛，甲向台灣台北地方法院起訴，請求乙履約，法院應如何擇定準據法？（80司）

12. 法國人甲向有營業所於台北之日本人乙購買電子儀器一批，所用為現成之日文契約。嗣甲以收到之儀器規格與原約定者不符，向台北地方法院訴乙違約。問台北地方院應如何適用法律以處理此案？（79律）

13. 德國公司A由波昂以電報向美商台北分公司B訂購加工品一批。B依A指示回電承諾，並經確認。貨物抵德境交付後，A發見部分品牌質量不合約定致生糾紛。請具理由精簡回答下列問題：

    (1) A公司有無向我國法院以B公司為被告訴請損害賠償之權？

    (2) 我國法院對本案件有無管轄權？

    (3) A、B兩公司可否明示選擇英國法為契約準據法？

    (4) 倘無當事人自治法律可以適用，該契約糾紛應依何國法律解決？

    (5) B公司之美籍留華工讀生丹尼十八歲，法國有住所，其在我國有無締約能力應依何法決定？（78司）

14. 試從下列三點，扼要討論我國國際私法對當事人意思自主原則之規定：

    (1) 適用之對象限於何種法律關係？

    (2) 對當事人選擇何國法為準據法，是否有所限制？

    (3) 有無反致規定之適用？（77律）

15. 何謂國際私法上當事人意思自主原則？贊成採取此一原則之重要理由如何？在當事人行使此一原則後，如選擇適用甲國法，又同時行使實體法上契約自由原則，如選擇乙國法某些條文為內容，則此時二原則在適用上之關係如何？（76司）

16. 法律行為發生債之關係者，涉外民事適用法第6條，視不同情況，分別規定其應適用之法律。問：此條立法所採用之主要聯繫因素有幾？各有何理論或實際上之根據？（75律）

17. 紐約之美國商人甲，向在台北之中國商人乙訂購成衣一批，言明交貨及付款均在紐約。嗣甲以收到之訂貨違背品質保證，乃在紐約法院訴請乙賠償損害，並經裁判勝訴。甲即據以請求台北地方法院執行此一裁判。試分析說明台北地方法院應考慮何項問題，以定是否執行此一判決。（73律）

18. 舉例釋明下列名詞之意義：(1) 當事人默示之意思；(2) 兼跨二國以上之行為地。（74高）

19. 甲國人A與乙國人B，就因契約關係發生之債權，合意適用中國法，嗣後A就其所有之甲國籍船舶，開往基隆時，在乙國就該船舶為B設定抵押權。現關於抵押權之有無及其效力涉訟於我國法院。試問我國法院應如何適用法律解決之。（73司）

20. 掛中華民國國旗之貨船停泊於日本神戶港口，因船上甲板破舊，擬重新裝修，乃將其賣與港口之某木材商，該法律行為所應適用之方式，應依何國法，試說明之。若該貨船本身賣予港口地之輪船航運公司，該法律行為所應適用之方式，應適用何國法，試說明之。（72司）

21. 中國商人甲向東京之日本公司購買錄影機一批，契約訂明如有糾紛在台北地方法院解決，甲在東京先付價款一半，嗣因日製錄影機法令禁止進口，日本公司乃遲不交貨，試分析說明：
    (1) 甲為自己權益得向台北地院對日本公司提起何種訴訟？
    (2) 台北地院如何處理所提訴訟為宜？（71律）

22. 日本商人自東京以信函向設公司於台北之美國人乙兜售電子器材一批開價美金拾萬元，幾經磋商，始達成協議，由甲來台北與乙簽約，未明言契約之法律為何，亦未明言付款之方式。嗣因乙以新台幣支付貨款，而甲則堅持應以美金支付，爭執不下，甲遂向台北地方法院訴乙違約。試分析說明台北地方法院應如何處理此案。（69律）

23. 中國之商人甲與有營業所於台北之A國之商人乙訂購買A國特產之麻醉藥原料n，契約中訂明準據法為訂約時之A國法律，後經A國法律變更禁止稀有原料n出口，乙乃以普通原料Y代替交貨，甲向台北地院訴請乙違約，問：台北地院應如何處理？又如訂約後交貨前中國衛生當局宣佈X原料有害人體，不宜用以製藥，甲遂拒絕收貨，乙向台北地院訴請甲違約，台北地院應如何處理？（68司）

24. 關於契約之準據法，傳統理論有何主義？此等主義之重要性晚近演變情形如何？各該主義與「較重當事人意思理論」比較，其優劣如何？（67司）

25. 設A國之成年年齡為二十五歲，甲為A國人二十一歲，與中國人乙在台北市訂約，由乙經台北市土地一塊賣與甲，並出售其在A國之房屋，約訂如有糾紛依中國法辦理。嗣後乙後悔，因以甲未成年，主張契約無效，甲乃在台北地方法院起訴乙違約，法院應如何處理？（66律）

26. 有一德國人甲在台北設一工廠，某日在漢城向住在東京的乙出要約，售出貨物，乙答應契約成立且履行地在台北，二人約定將來糾紛由台北法院管轄，但無約定以何為糾紛之準據法，試就我國國際私法規定，詳述如何準用我國法律？（62司）

27. 根據聯合國國際商法委員會資料，現時國際買賣契約，其適用之法律，除買賣雙方當事人另有特別約定者外，多適用賣方所在地法，此種趨勢與我國涉外民事法律適用法第6條之規定，有無出入？試分析比較說明之。（60司/律）

28. 涉外民事法律適用法第8條規定：「關於由無因管理、不當得利或其他法律事實而生之債……」何謂「其他法律事實而生之債」？試舉例說明，並指出其應適用之準據法。（88高）

29. 美國人甲在台北與我國修繕業者簽訂契約，由乙修繕甲位台中之房屋一棟，乙修繕完畢後，在甲不知情之情形下再主動為甲修繕其位於高雄之房屋一棟。事後甲對於乙在台中及高雄之修繕工作均未付任何費用，經乙向我國法院提起訴訟，法院應如何解決準據法之問題？（86司）

30. 台北市民甲行經天母外僑居住之社區時，被美國人乙所飼養之狼狗咬傷，隔鄰之法國人丙誤以為係其所飼養之獒犬所為，乃負擔甲之醫藥費，次日丙獲知事實經過，向乙要求償還醫藥費，但遭乙拒絕。試分別說明在該組事實中所涉及之國際私法問題。（84司）

31. 為中國人之遺孀，而自稱係日本人之女子甲，向臺北地方法院控告在臺北、東京及漢城，均有住所之韓國人乙不當得利，請求返還在東京交付而現在臺北之活動房屋一所。問：臺北地方法院應如何解決下列問題：

(1) 甲有無日本國籍，應依何國法而定？

(2) 乙在漢城有住所，應依何國法而定？

(3) 活動屋一所係動產抑不動產，應依何國法律而定？

(4) 不當得利之訴能否成立，應依何國法律而定？（74律）

32. 試擬事例，釋明下列名詞：事實發生地。（73高）

33. 由侵權行為而生之債，我國涉外民事法律適用法作如何之規定？其比較法上之演進情形又如何？試說明之。（90高）

34. 舉例說明我國涉外民事法律適用法中有關侵權行為準據法之規定，並加以評析。（87高）

35. 我國人與日本人間發生侵權行為事件，在何種情況下，可能適用我國之國際私法？又在何種情況下，可能適用日本之民事實體法？（85高）

36. 試述我國涉外民事法律適用法有關侵權行為之規定，並請評論之。（81律）

37. 甲國人A、B係好友，均在我國有住所。於甲國A倒車時，因輕微過失傷及路旁之B。B來華提起損害賠償之訴。設甲國法律規定，行人無故意或重大過失時，對友人不負賠償之責；其國際私法規定，因侵權行為所生之債，依被害人住所地法。試從管轄權、定性、準據法之選擇、準據法之適用（包括反致問題），扼要說明我國法院對本案應為之處理。（75司）

38. 侵權行為「地」究指何處？學者意見及各國法制並不一致。試舉其主要者，說明之。（70律）

39. 關於侵權行為之準據法，傳統上各國有何重要之立法主義？晚近又有何種新立法趨向？試扼要說明並評論之。（70司）

40. 涉外民事法律適用法第9條規定：「關於由侵權行為之損害賠償及其他處分之請求，以中華民國法律認許者為限。」試說明其理論依據，並舉例詳細分析其內容。（67司）

41. 在台北有住所之美國人甲於旅居東京時駕友人汽車撞倒韓國人乙。當時乙無嚴重外傷，未生糾紛。乙返滿後，內傷發作，向地方法院對甲提起損害賠償之訴，試分析說

明台北地方法院應如何處理此案。（65律）

42.關於侵權之行之準據法有何重要主義？我國國際私法之有關規定如何？（56司／律）

43.德國商人甲，借給居住於台北之中華民國商人乙美金十萬元，雙方約定一切問題以德國法為準據法。嗣後，甲以此項債權移轉給美國紐約州商人丙，雙方約定一切問題以紐約州法律為準據法。後來丙向乙請求履行債務時發生爭執而涉訟於台北地方法院，試問：台北地方法院應如何適用法律？（89高）

44.日本人甲借款予我國人乙，甲將其債權讓與我國人丙，丙若在我國法院對乙起訴請求返還借款，法院應如何決定法律之適用？（84律）

45.日本人甲與我國商人乙簽訂一債之契約，合意以日本法為準據法，事後甲以其對乙之債權讓與韓國人丙。我國法院應如何確定甲丙間債權移轉契約之準據法？又此一債權移轉契約對乙之效力應適用何法？（83司）

46.德國商人甲借給在台北之中華民國商人乙美金十萬元，約定一切問題依德國法。後甲以此項債權移轉於美國紐約州商人丙，約定一切問題依紐約州法，並得乙之同意。嗣丙請求乙履行債務時，發生爭議，丙向台北地方法院提起訴訟。試分析說明台北地方法院應如何適用法律以解決爭訟。（79司）

47.涉外民事法律適用第7條規定：「債權之讓與，對於第三人之效力，依原債權成立及效力所適用之法律」。試擬具體事例，分析此條規定之內容，並說明此條規定之理論根據。（69司）

48.債權讓與對第三人之效力在學說上有幾種主義？我國立法例採何說？（66律）

49.試論債權讓與之準據法。（54司／律）

第十一章　物權，聯繫因素：客體（物之所在地）

11.1　物權概說

意義與性質：物權為直接支配特定物而享受其利益，並具有絕對性之財產權。物權具有財產權、支配權及絕對權等性質：

物權法定主義：物權除依法律或習慣外，不得創設。（民§757，98年修正），違反物權法定主義者，依民法§71規定，原則無效。物權法定主義之法理基礎在於確保物權之特性、建立物權體系、便於物權公示、確保交易安全及迅速等理由。表徵在「類型強制」（不得以法律行為創設法律所不認許之新種類物權）及「類型固定」（不得以法律行為創設與法定物權內容相異之物權）。

特性：具有「**直接支配性**」（物權人得依自己之意思，對標的物為管領處分，實現物權之內容，）及「**保護絕對性**」（任何人負有不得侵害物權之義務，物

權受有侵害，無論侵害者有無故意過失，物權人均得行使民法§767之物上請求權）二特性。

效力：物權具有**排他效力**（同一物上已存在之物權排除不相容物權再行成立之效力）、**優先效力**（物權相互間、物權優於債權）、物上請求權等效力等。

種類：**完全物權**（完全支配標的物之物權 i.e.所有權）與**定限物權**（僅於特定範圍內支配標的物之物權 i.e.所有權以外之物權）

擔保物權（支配標的物之交換價值，功能在擔保債權之實現，包括抵押權、質權及留置權）與**用益物權**（支配標的物之使用價值，功能在調節所有與使用收益間之關係，有地上權、地役權、永佃權及典權）

不動產物權（如地上權、地役權、抵押權、永佃權、典權）及**動產物權**（如質權及留置權）

意定物權（當事人以法律行為所設定）及**法定物權**（依法律規定而直接發生，如留置權，法定地上權及法定抵押權等）

準物權與無體財產權：嚴格而言，準物權並非民法上的物權，而在法律上視為物權，準用民法關於不動產物權的規定者，稱為準物權，例如礦業權、漁業權。而無體財產權係以人類精神的產物為標的之權利，主要有專利權、商標權、著作權等。無體財產權雖為精神上的創造物，但在性質上不屬於人格權而為財產權的一種，學者或稱為智慧財產權。

物權變動：指物權之發生（取得、設定）、變更及消滅

發生：物權與特定主體結合。

取得：原始取得與繼受取得（移轉取得、創設物權）

變更：主體變更、客體變更及內容變更。

消滅：絕對喪失及相對喪失。

要件：不動產：有處分權人所為+意思表示+書面+登記

動產：當事人間須有物權變動之意思表示+須經交付

物權行為：指以物權歸屬之變動為內容之法律行為，而依該法律行為之做成而直接引起物權之發生、變更或消滅。

分類：**負擔行為**（以發生債權為內容之法律行為）及**處分行為**（直接使某種權利發生、變更或消滅之法律行為）

性質：**獨立性**（物權發生之物權行為與其背後之債權行為脫離）及**無因性**（物權行為之效力不因其債權原因行為所影響）

11.2　涉外物權

11.2.1　涉外物權概說

<u>意義</u>：物權法律關係中具有涉外因素存在
<u>類型</u>：**主體涉外**：物權主體之一方或雙方為外國人（自然人、法人、外國政府）
　　　　客體涉外：物權客體位於外國
　　　　物權變動涉外：引致物權關係變動之法律事實或行為發生於外國

11.2.2　涉外物權之法律衝突

　　物權為各國民法體系內之基本制度，且為建立物權體系、便於物權公示、確保交易安全與迅速等理由，普遍採取物權法定主義，詳列物權之種類及其得喪變更等內容之基本規範。然由於各國社會體制及歷史傳統不同，各國在物權立法的規定亦存在很大差異。例如：

1. **不動產與動產之區分**：各國對不動產及動產的區分寬窄有別，例如法國以物的本身性質（可否移動）、用途（為不動產之收益及便利）及權利所附著的客體（附著於不動產之權利仍屬不動產），不動產範圍較廣；而德日及我國的不動產定義則相對較狹。相對地，德國將臨時性屋舍以動產視之，然英國則將所有屋舍均視為不動產。

2. **物權之內容不同**：例如德日法等國均規定有「占有」，然法國法認為占有為所有人以其名義為自己而占有之直接占有，因此承租人對承租物並非占有，亦即不包括間接占有。然相對地，德日等國則承認承租人之於承租物之間接占有類型並予以保護。

3. **物權得喪變更之條件不同**：於我國及德瑞等國，物權行為具有效力，除當事人意思表示一致外，動產移轉原則上應實際交付（亦即交付主義），而不動產移轉需依法登記（登記主義）。然依法國法（民法第1583條）及英美法律規定，當事人就標的物及價金為合意時，既使標的物及價金尚未交付，買賣仍告成立，標的物所有權依法由出賣人移轉予買受人（亦即採意思主義）。

4. **物權之所有人條件範圍不同**：有些共產國家，不動產之土地原則上屬國有，國民僅可擁有房屋之所有權；多數國家則對土地房屋等不動產允許個人所有，且不分內外國人；但已有若干國家雖允許不動產為個人所有，然對於外國人擁有不動產則有較多限制。

11.3　物權準據法與聯繫因素──物之所在地法（lex rei sitae）

　　涉外物權法律衝突的解決，各國普遍採取的原則爲源自十四世紀的「物權，依物之所在地法」原則。物依物之所在地屬傳統四大聯繫因素之一，其他三者爲主體（國籍、住所）、行爲（行爲地）、當事人意思（合意）。

11.3.1　概說

　　起源：十四世紀義大利法則區別說－主要基於法律效力之屬地性，蓋物權與一國交易及經濟體制甚有關係。義大利當時的法則區別說主要區分爲人法及物法，人法適用住所地法，物法適用物之所在地法。然當時的「物之所在地法」原則僅適用於土地等不動產，動產部分仍適用動產所有人之屬人法（亦即住所地法）。此即爲所謂的「**動產隨人，不動產隨物**」之區分原則。

　　發展：「動產隨人，不動產隨物」或許可以解決資本主義以前動產種類少，價值較低之狀況；十九世紀末資本主義興起後，動產種類不僅增大，且物權財產價值亦不斷提高，動產的所在及其範圍已不完全在所有人之住所範圍內，因此「動產隨人，不動產隨物」之區分原則逐漸受到挑戰，而開始有學者一方面主張「不分動產不動產，均適用物之所在地」之統一主義，另一方面則放寬「物之所在地法」原則之適用（例如引進當事人自主原則、最重要牽連關係原則等），使其能因應運送中之物、無體財產等特殊物權類型。此類立法例亦受到若干國家立法例之採納，如日本、瑞士等國。

11.3.2　立法方式

	統一主義	區分主義	
		全部區分	部分區分
主張	不問標的物為動產或不動產，均依物之所在地。	■不動產依標的物之所在地。 ■動產依動產所有人住所地法。	■不動產依標的物之所在地。 ■「固定性」動產依動產所在地法。 ■「移動性」動產依所有人住所地。
立論	■各國對於動產或不動產之區別標準不一。 ■如動產依住所地，住所變動頻繁且動產所在地≠住所地→有違交易安全。 ■動產為數人共有，且該數人住所不一時，如何解決將生爭議。	動產本身無住所地，依「動產隨人」法諺，應推定動產通常在其所有人之住所地。	■「固定性」動產如家具圖書等。 ■「移動性」動產如運送物。
採用	晚近通說	十九世紀中以後之歐陸	十九世紀中，德Savigny主張

11.3.3　「物權依物之所在地」之理論基礎

	任意服從說	領土主權說	實際必須說	效力限制說	公共利益說
主張	物所具有之空間為物權關係之基礎所在，因此當事人就該物權關係，自願服從標的物所在地法之規範。	一國基於其領土主權，對其領域內之所有物權具有絕對之支配權。	由於物權關係無論依屬人法或法庭地法均會造成混亂而妨害交易安全，是不得已而適用物之所在地法。	基於「法之域內」效力，境內之物應適用該國法律。	物權具有排他性，屬直接支配標的物之權利，其與所在地之經濟及社會關係息息相關，基於公共利益及保護交易安全，物權關係應力求明確，而應以物之自然中心，亦即物之所在地法為主。
批評	當事人主觀上不服從即生問題。	與國際公法之主權概念混為一談。	未積極指出所在地法之理由。	法並非僅有域內效力而已。	--

11.3.4　物之「所在地認定」之原則

1. 事實上之所在地
2. 領水（領海及內水）→屬領土一部，受領水所屬國管轄。
3. 公海及無主水陸→船舶及航空器之登記國。
4. 航行於領水內之船舶→行政及刑事原則上由船旗國專屬管轄；民事原則上仍受船旗國管轄，惟程度較為薄弱，如涉及領水國人民權益，領水國仍常有適用之餘地。
5. 飛行於領土上之航空器→同船舶。

11.3.5　「物之所在地法」適用之例外

「物之所在地法」原則之適用，有時會因物之本身特殊性或處於某特殊狀態或屬於某特殊主體，而使適用「物之所在地法」變成不合理或不可能，而必須適用其他衝突法解決原則。這些例外情況主要包括下列：

1. **運送中或移動中之物**：運送中之物隨時都在移動，運送途中可能暫時停留於某國，亦可能位於無人管轄的公海或上空，因此不宜適用「物之所在地法」。如何解決？有不同見解，例如依物之出發地或起運地、目的地法、原因關係準據法、物之所有人之屬人法、契約關係準據法等。目前普遍以「目的地法」為主流見解，此部分詳待後述。
2. **船舶、航空器等**：與運送中的物相同，船舶及航空器的所在地亦難以確定。比較特殊的是，由於船舶及航空器大體上均有其船旗國或註冊登記國，因此通常依船旗國法或註冊登記國法。
3. **與人身關係密切之動產**：與人身關係較為密切之動產，例如夫妻財產制、親子關係及繼承中之動產等，若干國家不依物之所在地，而係依屬人法原則（夫或妻、被繼承人或被扶養人之本國法或住所地法）。
4. **國家財產**：國家財產一般享有豁免權利，因此通常不依物之所在地法，而係適用該財產所屬國法。
5. **票據或其他有價證券**：票據及其他有價證券因涉及流通問題，法律問題較為複雜，通常會有若干特別規定，例如依當事人選擇適用之法律。

11.4　涉外物權準據法——各國立法體系概說

各國有關物權準據法之規範體系寬窄不一，有些僅有一、二條文，例如日本2006年法律適用通則僅有一條文規定（第13條）；有些規定較為詳細，高達十餘條文（例如瑞士2011年國際私法）。下表表列我國本次修正所主要參考的各國立法，包括瑞士、奧地利、義大利及日本等，另外納入中國大陸最近通過的2010年法：

項目		我國2010涉民法	瑞士2011國際私法	德國民法典施行法2009修正	奧地利1978國際私法	義大利1995國際私法	日本2006法律適用通則	中國2010涉民法
一般物權	不動產管轄		由不動產所在地管轄（§97）					
	動產管轄		由動產所在地之瑞士住所地（§98）					
	文化資產保護		返還訴訟由被告住所地或註冊登記地或資產所在地法院管轄（§98.a）					
	不動產物權	依原因事實完成時之物之所在地（§38.I,III）	依不動產所在地（§99）	財產所在地（§43.I）	依物之所在地（§31）（§32）	財產所在地（§51）	動產不動產及其他應登記之權利依標的物所在地（原因事實完成時）（§13）	依不動產所在地（§36）
	動產物權		依得喪時之動產所在地（§100）					依協議，如無協議，依得喪時之動產所在地（§37）
	不動產不當使用			依歐盟法（§44）				
	物權行為之行為方式	依該行為所應適用之法律（§39）				依行為時財產所在地法（§55）		
	動產取得時效					期滿時之動產所在地（§53）		
	運送中之貨物	依目的地法（§41）	依貨物送達地（§101）			依目的地法（§52）		依協議，如無協議，依目的地（§38）
	自外國帶入國內之動產	輸入前成立之物權，效力依中華民國法（§40）	在外國未發生得喪者，依瑞士法＋善意保護（§102）	在外國未發生得喪者，依德國法（§43.III）				
	擬由運出國之貨物		尚在瑞士境內之留置權依瑞士法（§103）					
	屬不動產物權之貨物		得選擇適用貨物發送地或原因關係準據法（§104）					

抵押權、票據及其他權利	依權利成立地（§38. II）	原則適用當事人選擇之法律（§105）				權利質權依質權設立地（§40）
商業證券（含載貨證券及倉單等）	載貨證券依證券所載準據法，如無依關係最切法（§43. I）	依證券上所指定之法律；未指定則依簽發人營業地；證券涉及動產物權則依原因關係準據法（§106）				依權利實現地或最密切關切地（§39）
船舶航空器及其他運輸工具	依登記國法（§38. IV）	前述條文不適用船舶航空器等（§107）	依登記國或發證國；法定擔保權益依財產所在地。（§45）	依註冊地；法定留置權依物之所在地（§33）		
外國不動產及動產裁承判之認		前提是不動產應由不動產所在地國法院做出；動產應由被告住所地國或動產所在地國做出（§108）				
更緊密關連牽係		如有更緊密牽連關係則依該國法（§46）				
中介人證券定義		依2006年海牙證券公約之定義（§108.a）				
中介人證券之管轄		管轄權：被告住所地、慣居地（§108.b）				
中介人證券之準據法	集中保險契約所約定之法律，如無，依關係最切（§44）	依2006年海牙證券公約之規定（§108.c）				
中介人證券之裁判之承認		證券於被告住所地或慣居地發行；或營業處所地（§108.d）				

中介人證券

無體財產權或智慧財產權	智慧財產權之管轄		被告住所地或提起請求保護地（§109）					
	智慧財產權之準據法	權利應受保護地之法（§42.I）職務智慧財產依雇用契約準據法（§42.II）	依提起智慧財產權保護訴訟之國之法；以侵權行為為主張，得嗣後協議準據法；涉及契約者依契約擇法規定（§110）		依使用行為或侵犯地發生國；雇用智慧財產權依雇用關係（§34）	無體財產依使用國（§54）		
	外國法院有關智慧財產裁判之承認		承認之要件包括為被告住所地國或權利保護請求國法院所做出（§111）					

上表顯示，各國在物權法上的規定相當歧異：

法規名稱及方式不同：瑞士、奧地利及義大利採「國際私法」立法方式，同時規定準據法及國際民事訴訟法（管轄及外國裁判的承認與執行）。其他國家採「涉外民事法律適用」之立法方式，僅針對準據法部分為規定。

章節區分：各國立法一般以「物權」或「財產權」稱之，少數特別另訂有「中介人證券」及「無體財產權或智慧財產權」規定之國家，大多數係以另訂章節方式處理，如瑞士及奧地利，僅義大利係於物權章下統一規定。而我國係將「中介人證券」及「智慧財產權」統一列於「物權」之下為規定。

動產或不動產：各國或有採統一說（動產及不動產均適用物之所在地），亦有採區分說（動產及不動產分別適用各自準據法）

於「物之所在地」例外適用部分：除瑞士有較為多樣及詳細規定外，各國大體上僅分別針對「運送中的物」、「船舶航空器」及「權利物權」為零星規定。

整體而言，我國2010年新涉外民事法律適用法有關物權方面之規定架構及內容類型，大量地累積參考各國規定（不論是物權依物之所在地之一般適用或例外適用、或權利物權、中介人證券或智慧財產權），算是較為完整的立法例。

11.5　物權準據法──一般規定（涉民法第38條）

涉民法第38條

關於物權依物之所在地法。

關於以權利為標的之物權，依權利之成立地法。

物之所在地如有變更，其物權之<u>取得、喪失或變更</u>，依其原因事實完成時物之所在地法。

關於船舶之物權依船籍國法，航空器之物權，依登記國法。

11.5.1　立法例（前述立法方式通說採「統一說」參照）

不動產物權			動產物權	
物之所在地法	所有人本國法	行為地法	所有人住所地法	物之所在地法
源自法則區別說。	可解決無主地或物權橫跨數國之情況。	為解決物之所在地不在當事人之本國之內，且當事人非同國籍時之狀況。	不動產依物之所在；動產依所有人之住所地。	法則區別說。

※如前述，目前通說，無論是動產（當地公益及經濟因素）或不動產（本質"不動"之產之考量），大都採「統一說」所在地法。具資料統計，僅約有十餘國家採區分說，例如美、英、瑞士、西班牙、埃、土、約旦、中國等國家或地區，其餘國家並未區分動產或不動產，採統一說。

11.5.2　我國法一般規定（涉民法第38條）

2010年涉民法	1953年涉民法	說明
第38條 關於物權依物之所在地法。 關於以權利為標的之物權，依權利之成立地法。 物之所在地如有變更，其物權之<u>取得、喪失或變更</u>，依其原因事實完成時物之所在地法。 關於船舶之物權依船籍國法，航空器之物權，依登記國法。	**第10條** 關於物權依物之所在地法。 關於以權利為標的之物權，依權利之成立地法。 物之所在地如有變更，其物權之得喪，依其原因事實完成時物之所在地法。 關於船舶之物權依船籍國法，航空器之物權，依登記國法。	一、條次變更。 二、物權因法律事實而變動者，除當事人因而取得或喪失物權之外，該物權亦有可能因而變更。現行條文第3項「得喪」為「取得、喪失」之簡稱，不足以完全涵括其變動情形。爰依民法之用語，將其修正為「取得、喪失或變更」。

評釋：

修正： 從前述修正對照，可清楚顯示本條文僅將舊法第2項「得喪」，修正為「取得、喪失或變更」而已。

第1項：關於物權，依物之所在地法。

1. 採物權不分動產不動產均依「物之所在地法」之統一立法主義
2. 本項適用範圍：
   (1) 包括：除包括動產及不動產外，尚包括物之定義、物之性質及物之占有等性質及適用問題
   (2) 但不包括：
      A. 以權利為標的之物權（準物權→依本條第2項）
      B. 智慧財產權→依新涉民法第42條
      C. 船舶航空器→依本條第4項

第2項：關於以權利為標的之物權，依權利之成立地法。

1. 何謂「權利為標的」：「權利為標的」為一般所稱之「無體財產權」，有時以「準物權」稱之。無體財產權之範圍，除智慧財產權外，尚包括例如權利（含有價證券）質權、權利抵押權、漁業權、採礦權、取水權等。
2. 本項適用範圍：於修法階段，草案針對本項「權利為標的之物權」之規定予以細分為若干不同條文規範，包括「無體財產權（依請求保護該無體財產之法）」、「有價證券或其他權利為標的之物權（依該有價證券或權利之準據法）」、「載貨證券（原則依證券所指定之法律）」。修法結果，「無體財產權」條文由「智慧財產權」條文取

代；「有價證券或其他權利爲標的之物權」未獲採用；「載貨證券」條文獲採用，而成爲現今法條（幾乎與舊法條文一致）。基於前述立法背景及現行條文結構，本項適用範圍爲：<u>不包括「智慧財產權」及「載貨證券」在內之無體財產權及有價證券，亦即包括例如權利（含有價證券）質權、權利抵押權、漁業權、採礦權等。</u>

3. **爭議**：「準物權」並非以「物」爲標的物，傳統理論認爲這些權利之成立地與該物權法律關係最爲密切，因此應以權利成立地法爲其準據法。然晚近由於準物權或無體財產權之類型日益多樣化，且各類型所涉及之物權法律關係密切程度並不相同，如統一以「權利成立地」作爲唯一擇法標準，並不妥適，此爲何以涉外民事法律適用法稍早的草案版本會區分爲無體財產、載貨證券、有價證券等不同條文的主要原因。例如漁業權及採礦權等，具高度地域性及權利授與性，以權利成立地法爲準據法，問題不大。然以有價證券等爲標的之物權，例如以有價證券去設定質權，依原有的有價證券之準據法甚或容許當事人自由擇定其準據法作爲擇法標準，似乎更爲妥當。然無論如何，新法已概採「權利成立地法」。

4. 1999年及2001年修正草案均將「有價證券及其他得爲物權標的之權利」摒棄「權利成立地法」而改採「該權利本身之準據法」，亦即其成立要件及效力依該有價證券或權利之準據法，而非採權利成立法。當初修正理由認爲，以該權利爲標的而設定物權者，實際上即就該權利爲處分，爲保護原權利之當事人及利害關係人之交易安全，其成立要件及效力，宜依各該有價證券或權利之準據法，較爲妥當。然此一修正條文由於修法委員們對於有價證券的準據法（有建議採證券發行地）及權利爲標的之準據法（依原據法）是否一併於同一條文處理而採統一擇法原則有不同意見，該草案條文並未獲最後通過，回歸目前條文的結果是，我國現行法就「得爲物權標的之權利」仍採「權利成立地法」主義。

第3項物之所在地如有變更，其物權之得喪，依原因事實完成時物之所在地法。

1. **適用**：本項主要適用於「物之所在地之變更」會造成「物權得喪」之情況。換言之，本項適用於物權變動之法律要件未完成前變更物所在地之情況。如所在地之變更不影響物權得喪者（例如物權效力早已確定），則非本項所適用。

2. **不適用與特別適用**：新法所增訂之第40條外國輸入之物、第41條轉運中之物及第42條載貨證券之法律關係等條文，均屬「物之所在有變更」之狀況，基本上應適用前述各條文，僅前述條文未規定或不適用之情況下，始適用本項之規定。

3. **「原因事實」**：依1953年舊涉民法之立法說明，泛指期間、條件等法律事實而言，並不僅以取得時效爲限；物權之得喪，亦不限於動產，不動產之所在地因領土變更，而異其法律者，亦應適用本項之規定。

4. **「原因事實完成時」**：亦即爲最新最後之物之所在地法，蓋此法爲與物之得喪最爲密切牽連關係之法律。

> 第4項關於船舶之物權，依船籍國法，航空器之物權，依登記國法。

1. **動產性及不動產性**：「船舶」、「航空器」雖均屬「動產」，且例如我國在法律本質上以「動產」論，惟因其價格高，且所涉及權益較為複雜，其權利之得喪變更等，各國普遍部分準用「不動產」之規定。

2. **「船舶之物權」**：解釋上包括船舶之所有權、抵押權、留置權、海事優先權（註：部分學者將海事優先權界定為債權，而非物權；然通說為物權說），但不包括船舶租傭（無論是光船租船、定時租船或論航傭船等，亦無論這些船舶租傭是否要向主管機關登記）。

3. **「船籍國」**：即船舶所有權登記國，但其並不一定為「抵押權登記國」或「留置權或海事優先權」行使國，依我國法，後二者仍應適用「船籍國法」→目的使法律較為統一明確，且較能保護交易安全。

4. **「航空器之物權」**：解釋上亦包括航空器之所有權、抵押權、留置權等。

5. **航空器「登記國」**：不全然等於航空器之國旗國，解釋上應依航空器所涉物權項目為定，例如涉及所有權事項者，依航空器所有權登記國；涉及抵押權事項者，依航空器抵押權登記國。所有權登記國及抵押權登記國或許同一，然非一致。

6. **固定式運輸設施（例如鐵道、捷運等）**：較具固定性，較不同於船舶或航空器，國際立法實踐上，德國法規定依發證國；奧地利法規定依軌道所在營運人有主營業所所在地國法。

7. **其他交通工具**：性質上並不同於船舶及航空器，一般仍適用「動產」之規定。

修法過程：

現行條文係於2003年修正版中才大致確定（幾乎回到1953年舊法規定狀態），在此之前，草案希望將物權一般規定區分為「物之定義等」、「不動產」、「動產」及「船舶等」為分別規範。

1999年修正草案

　第82條　物之定義、物之性質及物之占有，依物之所在地法。

　第83條　不動產之物，依不動產所在地法。
　　　　　因不動產溢散物質，致他人受損害者，以侵權行為論。

　第84條　動產物權之種類、內容及其行使方法，依動產之所在地法。
　　　　　動產物權之取得、喪失或變更，其原因事實跨連數國者，依其原因事實完成時動產之所在地法。

　第88條　已登記之船舶或航空器之物權，依其登記國之法律。
　　　　　使用土地上、下之軌道之交通工具之物權，依其該交通工具經營者之住所地法。
　　　　　前二項之物權，因法律規定而發生者，依其原因事實完成時之所在地法。

第90條 以有價證券或其他權利為標的之物權，其成立要件及效力，依該有價證券或權利應適用之法律。

前項有價證券為無記名證券者，其成立要件及效力，依該證券之所在地法。

2001年修正草案

第39條 關於物權，依物之所在地法。

處分物權之法律行為，其方式依物之所在地法。

物之所在地如有變更，其物權之得喪，依其原因事實完成時物之所在地法。

第43條 已登記之船舶或航空器之物權，除另有規定外，依其登記國法。

第45條 以有價證券或其他權利為標的之物權，其成立要件及效力，依該有價證券或權利之準據法。

前項有價證券為無記名證券者，其成立要件及效力，依該證券之所在地法。

2001年草案條文於之後討論過程中，有幾個討論重點：包括「已登記的船舶或航空器」獨立成一條文的妥適性、「處分物權之法律行為，其方式依物之所在地法」之法律行為方式規定移列至本章規定是否妥適？加上「處分」是否妥適？是否應區分動產及不動產為分別規定（統一說或區分說）等。

各國立法例參考：

德國1896/2009年民法施行法第43條物權

1. 財產利益依該財產所在地法。

2. 某財產權益所隸屬之物品進入他國，如違反該國法律規範者，即不得主張該權益。

3. 如物品從他國進入德國，其財產權益尚未取得者，有關於德國之權益取得，於他國發生之事實被認定為於德國發生。

德國1896/2009年民法施行法第44條不動產所生之不當使用

有關土地使用不利影響所生之求償，準用歐盟第864/2007號規則之規定（其第三章除外）。

德國1896/2009年民法施行法第45條交通工具

(1) 空運、水運及鐵路運送工具之利益依登記國法。亦即：

1. 有關航空器，為其登記國法，

2. 有關水上船具，依其登記國，否則為其母港，

3. 有關鐵路機具，依發證國。

(2) 前述各運送工具上所存在之法定擔保權義依相關求償之準據法。各擔保間之優先次序依第43條第1項規定。

德國1896/2009年民法施行法第46條更緊密牽連關係

如有比第43及第45條之適用更為緊密牽連之國家法律，應適用該國法律。

瑞士1987/2011年聯邦國際私法第97條

瑞士境內不動產物權之訴訟管轄權，專屬於不動產所在地之瑞士法院。

瑞士1987/2011年聯邦國際私法第98條

1. 動產物權之訴訟管轄權屬於被告住所，或如無住所，有慣居所於瑞士之瑞士法院。

2. 相關商品所在地之瑞士法院。

瑞士1987/2011年聯邦國際私法第98a條

有關依2003年6月20日文化資產國際轉讓聯邦法第9條之文化資產返還訴訟，被告住所地或註冊登記地法院或該文化資產所在地法院具有管轄權。

瑞士1987/2011年聯邦國際私法第99條
　　1. 不動產物權適用不動產所在地法。
　　2. 因來自不動產之排放所引起之訴訟，適用本法有關侵權行爲規定（第138條）。
瑞士1987/2011年聯邦國際私法第100條
　　1. 動產物權之取得及喪失，依物權取得或喪失時動產所在地法。
　　2. 動產物權之範圍及其行使依該財產所在地法。
瑞士1987/2011年聯邦國際私法第104條
　　1. 就動產物權之取得及喪失，當事人得選擇裝運國法或目的國法或法律交易之準據法。
　　2. 該法律選擇不得對抗第三人。
瑞士1987/2011年聯邦國際私法第105條
　　1. 抵押權、擔保或其他權利依當事人所選擇之法律。該法律選擇不得對抗第三人。
　　2. 當事人如未選擇法律，抵押權及擔保應依受擔保債權人慣居地國法、其他權利之質權應依適用該其他權利之準據法。
　　3. 僅能依質權準據法對債務人爲主張。
瑞士1987/2011年聯邦國際私法第106條
　　1. 權利證劵上所指定之準據法，應適用該指定之法律。未指定者，相關問題應適用證劵發行人營業處所所在地法。
　　2. 如該證劵涉及某動產物權，有關物權適用規範該證劵之法律。
　　3. 如某商品物權爲數人所共有，則可直接依據調整商品關係之法律決定何人享有優先權利。
瑞士1987/2011年聯邦國際私法第107條
　　前述規定不適用於有關船舶、航空器或其他運輸工具之物權問題。
瑞士1987/2011年聯邦國際私法第108條
　　1. 外國法院所作出有關不動產物權之裁判，如該裁判由不動產所在地國家作出或爲該國家所承認，瑞士即應予以承認。
　　2. 外國法院作出有關動產物權之裁判，符合下述條件者，瑞士即應予以承認：
　　　　a. 如該裁判由被告住所地國所作出；
　　　　b. 如該裁判由動產所在地國所作出，且被告於該國有慣居所；或……
義大利1995年國際私法制度改革法第51條 占有與物權
　　1. 對動產及不動產之占有、所有權及其他物權依財產所在地法。
　　2. 財產之取得與喪失亦依財產所在地法，然涉及繼承事項或物權移轉，則依家庭關係或契約關係。
義大利1995年國際私法制度改革法第53條 動產之取得時效
　　動產之取得時效依時效期滿時該動產所在地法。
義大利1995年國際私法制度改革法第54條 對無體財產之權利
　　對無體財產之權利依其使用國法。
義大利1995年國際私法制度改革法第55條 有關物權行爲之公示
　　有關物權之取得、轉移及消滅行爲之公示依該行爲時財產所在地法。
奧地利1978/1999年國際私法第31條 一般規則
　　1. 對有體物權之取得與喪失（包括占有），依其取得或喪失所依據之事實完成時物之所在地國家之法律。
　　2. 物之法律地位及第1項所指之權利內容，依物之所在地國家之法律。
奧地利1978/1999年國際私法第32條 與其他衝突規則之關係
　　不動產物權，即使屬於其他內國衝突規則適用之範圍，仍應依第31條規定決定其準據法。

奧地利1978/1999年國際私法第33條 運輸工具
1. 於一註冊處已經註冊或登記之水運或空運工具之物權，除第2項另有規定外，依註冊國法律；鐵路車輛依營業中使用該車輛之鐵路企業有其主營業所之國家之法律。
2. 依法賦予或法律上強制賦予之留置權，或對車輛所造成之損害，或對與車輛有關而導致之花費保障補償請求權之法定假扣押權，均適用第31條規定。

奧地利1978/1999年國際私法第34條 無體財產權
1. 無體財產權之創立、內容及消滅，依使用行爲或侵害行爲發生地國家之法律。
2. 對於因受雇人於其職務範圍內之活動而產生之無體財產權，規範該職務關係之衝突規則（第44條），易規範雇主與受雇人間之關係。

日本2006年法律適用通則法第13條 物權及其他登記之權利
1. 有關動產或不動產物權及其他應登記之權利，依標的物所在地法。
2. 無論前項規定爲何，前項所規定之權利之取得及喪失，依其原因事實完成時，標的物所在地法。

中華人民共和國2010年涉外民事關係法律適用法第36條
不動產物權，適用不動產所在地法律。

中華人民共和國2010年涉外民事關係法律適用法第37條
當事人可以協議選擇動產物權適用的法律。當事人沒有選擇的，適用法律事實發生時動產所在地法律。

澳門1999年民法典第45條物權
1. 占有、所有權及其他物權之制度，均按物之所在地法規定。
2. 設定或轉移過境物之物權時，視該過境物處於目的地。
3. 受註冊制度約束之交通工具，其權利之設定及轉移，均受註冊地法規範。

澳門1999年民法典第46條設定或處分不動產物權之能力
設定或處分不動產物權之能力，亦按物之所在地法規定，除非該法有此規定，否則適用屬人法。

澳門1999年民法典第47條知識產權
著作權、相關權利及工業產權，均受提出保護要求地法規範，但不影響特別法例之規定之適用。

泰國1939年國際私法第16條
動產及不動產，依物之所在地法。
但把動產運出國外時，依起運時其所有人本國法。

泰國1939年國際私法第17條
在訴訟進行中變更動產的所在地時，仍依該訴訟開始時物之所在地法。

土耳其1982年國際私法及國際訴訟程序法第23條物權
動產及不動產的所有權及其他物權適用物之所在地法律。
運送中財產的物權適用財產送達地法律。
動產場所變化及尚未取得之物權，適用該財產最後之所在地法。
不動產物權法律行爲方式，適用物之所在地法律。

捷克1964年國際私法及國際民事訴訟法第5條
除本法或特別法規有相反規定外，動產及不動產物權，依物之所在地法。

捷克1964年國際私法及國際民事訴訟法第6條
動產物權之取得與消滅，依權利得喪原因事實發生時物之所在地法。依契約運送的貨物，其權利之得喪，依該標的物起運地法。

捷克1964年國際私法及國際民事訴訟法第7條
應登錄於公共登記簿之權利，無論其他法律支配這些被登記權利或限制這些權利成立、消滅、移轉之法律原因爲何，仍適用不動產所在地所實施之規定。

捷克1964年國際私法及國際民事訴訟法第8條

　　取得時效，依時效期限開始時物之所在地法；雖有前段規定，但依物移轉後之所在地法已完全具備取得時效的條件，則時效取得者得援用取得時效完成地法。

捷克1964年國際私法及國際民事訴訟法第12條

　　當事人之間有關動產之下列問題，依本法第9條至第11條之規定：

　　(1) 對物品的處分權移轉給取得人之時間；

　　(2) 取得人取得轉讓物品的果實及附產品權利之時間；

　　(3) 物品風險轉移於取得人之時間；

　　(4) 轉讓物品所生損害賠償請求權轉移於取得人之時間；

　　(5) 轉讓物品之所有權之保留。

波蘭1966年國際私法第24條

　　1. 所有權及其他物權，依權利標的物之所在地法。

　　2. 所有權及其他物權的取得或喪失及其內容的變更，或其他物權的優先順序，依產生法律效力的原因事實發生時標的物之所在地法。

　　3. 本條規定亦適用於占有。

匈牙利1979年國際私法第19條

　　著作權依被請求保護的國家的法律。

匈牙利1979年國際私法第20條

　　1. 對發明者或其利益繼承人之保護，適用專利證發生或專利申請地國法。

　　2. 第1項規定亦應適用於其他工業產權（工業外觀設計、商標等）。

匈牙利1979年國際私法第21條

　　1. 除本法另有規定外，所有權、其他物權、抵押權及占有依物之所在地法。

　　2. 與法律有關的事實發生時物之所在地法為物權之準據法。

匈牙利1979年國際私法第22條

　　1. 動產之對抗占有適用對抗占有期間屆滿時物之所在地法。

　　2. 改變物之所在地不間斷對物之對抗占有。

匈牙利1979年國際私法第23條

　　1. 已登記之船舶、飛機之財產權之成立、維持及終止，適用其船旗或標誌國法。

　　2. 運輸中動產的物權以目的地法為準據法。然該財產之強制出售、貯藏及抵押之物權上效力適用物之所在地法。

　　3. 旅行者隨身攜帶的個人用品之物權依其屬人法。

　　4. 如企業之財產概括由受讓人繼承，物權法之變更，除不動產物權法之變更除外，適用受讓人之屬人法。

　　5. 如物之所有權因法院命令或執行而轉移，財產之取得適用發出命令之法院或執行該事件之機關所屬國法。

匈牙利1979年國際私法第26條

　　1. 有關不動產契約，適用不動產所在地法。有關已登記之船舶及飛機之契約，適用其船旗或其他標誌國法。

　　2. 承攬（設計、安裝和服勞務等）契約，適用依據契約所承攬之活動或計畫之結果應完成地法。

　　3. 贍養及終身年金契約，適用贍養費或終身年金提供地法。

匈牙利1979年國際私法第29條

　　如依照第24條至第28條規定無法決定準據法，適用應履行最具特徵性義務之義務人住所地、慣常居所地或主事務所所在地法。如採用該方法仍不能解決準據法，以與該契約關係的主要因素具有最密切關係之法作為準據法。

希臘1946年民法典第12條
　　物權的法律行爲的方式適用物的所在地法。
希臘1946年民法典第27條
　　動產或不動產之占有及物權適用物之所在地法。
葡萄牙1966年民法典第46條物法
　　1. 占有、所有權及其他物權適用物之所在地法。
　　2. 運送過程中之物，被視爲位於目的地國家的領域內。
　　3. 正經過登記註冊運輸工具上運輸之物之物權，適用運輸工具登記地國法。
葡萄牙1966年民法典第47條不動產的占有權和使用權
　　不動產之占有及使用權適用物之所在地法，然以該法對此有規定者爲限。於其他情況下，適用當事人之屬人法。
葡萄牙1966年民法典第48條知識產權
　　1. 著作權適用作品第一次發表地國法。如作品尚未發表，適用作者之屬人法。
　　2. 工業產權適用產權獲得地國法。
列支敦士登1996年國際私法第31條基本原則
　　物之所在地有效之法律決定某物爲動產或不動產。
列支敦士登1996年國際私法第32條實體權利
　　物權，包括對不動產的占有，適用該物之所在地法律。
列支敦士登1996年國際私法第33條形式
　　1. 物權，包括對某一地產之占有，及與此有關之強制性義務，必須滿足物之所在地法所規定之方式。
　　2. 公開登記、公證只要符合契約締結地法即可得到承認。
列支敦士登1996年國際私法第34條取得與消滅的一般規定
　　1. 物權之取得與消滅，包括對某一動產之占有，適用事件完成時物之所在地法。
　　2. 明顯意在規避法律而實施之地點變更無效。
列支敦士登1996年國際私法第35條因時效而取得所有權
　　1. 透過時效取得物之所有權，僅於滿足該物特定形態所在地有效之法律所規定的條件時，才得以成立。
　　2. 如透過時效而取得物之所有權是因另一法律而開始，則所消逝的時效期間應計入時效期限內。
列支敦士登1996年國際私法第36條針對第三人的效力
　　所有權及其他限制性物權需滿足該物之特定形態所在地法律爲保護善意交易而規定之公示要求，具有對抗善意第三人之效力。
列支敦士登1996年國際私法第37條內容
　　物權內容，包括對動產之占有，適用該物之所在地法律。
列支敦士登1996年國際私法第38條無形財產權
　　1. 無體財產權之產生、內容與消滅適用使用或侵害行爲實施地國法律。
　　2. 與雇員於其職務範圍內之行爲有關之無體財產權，雇主與雇員之間的關係適用支配勞動關係的相關規範（第48條）。
阿根廷1974年國際私法第16條
　　任何種類之有體財產之識別、占有、絕對或相對轉讓及可能以其爲標的之一切具有不動產性質的法律關係，排他地適用物之所在地法。
　　財產所在地的變更不影響在取得該財產時依其所在地法取得的權利：然利害關係人有義務遵守新所在地法規定之取得及保有該權利之實質要件及形式。於變更生效後，然在滿足前述件前，第三人依新所在地法在同一財產上取得之權利，優於原買方之權利。

阿根廷1974年國際私法第17條

航行中之船舶國籍依船旗國法。該國籍由前述國家有關官署依法簽發之證書證明之。

船舶國籍國法適用於與其所有權、優先權及其他不動產或擔保權利之取得、轉讓及消滅有關之一切事項。該法律亦適用於為有關第三人利益確保上述行為被他人知曉而採取之公示措施。

船舶國籍變更不得損害基於優先權及其他不動產或擔保物權而產生之權利。該權利之存續，適用船舶變更時得以證明之船旗國法。

對外國船舶所設立之抵押權及其他擔保物權，依其自身的法律已合法地設立及登記，則為有效；如所涉國家提供互惠，亦可依上述規則在阿根廷發生效力。

船長的許可權、權力及義務適用船旗國法。

阿根廷1974年國際私法第21條

有關文學及藝術之權利適用作品初版地國法；如尚未出版，適用作者住所地法。外國文學藝術作品的保護期限由初版地國規定，但不得超過阿根廷法規定之期限。

任何人從外國取得的使用商標、製造者標記、專利等專屬權利，或其他基於"工業產權"所生之權利，得依阿根廷共和國規定的條件享有同樣的權利。但保護期限不得長於阿根廷立法規定的期限。

委內瑞拉1998年國際私法第27條

財產物權的設立、內容及範圍，依財產所在地法。

委內瑞拉1998年國際私法第28條

動產之轉移不影響已依照前法規定有效取得的權利。但該權利僅在其滿足新所在地法規定的要件時方具對抗第三人之效力。

1953年舊涉民法立法參考：

1908年 法律適用條例	1953年涉民法	立法說明
第22條 關於物權，依物之所在地法。但關於船舶之物權，依其船籍國之法律。 物權之得喪，除關於船舶外，依其原因事實完成時之所在地法。 關於物權之遺囑方式，得依第26條第1項前段之規定。	第10條（物權之準據法） 關於物權，依物之所在地法。 關於以權利為標的之物權，依權利之成立地法。 物之所在地如有變更，其物權之得、喪，依其原因事實完成時物之所在地法。 關於船舶之物權，依船籍國法；航空器之物權，依登記國法。	(一) 第1項關於物權之性質、範圍、及其取得、設定、變更喪失諸問題，無論其為動產或不動產，咸依其所在地法，是為晚近之通例，蓋以物之所在，恆受所在國領土主權之支配，而所在地法關於物權之規定，又多涉及當地之公益，當事人服從其規定，不僅為情勢所必需，且最足以保全其私人法益，原條例第22條第1項即本此精神而為規定，本草案從之，惟原條例本項另設但書，規定船舶物權之準據法，本草案以船舶物權既與一般之物權性質有異，宜單獨規定，故移置於後，而與航空器物權之準據法並列為本條之第4項，又原條例第22條第3項規定關於物權之遺囑方式，但本草案以物權之遺囑，通常均為遺囑之一部分，其方式自應適用一般關於遺囑方式之規定，無另定準據法之必要，且依本草案關於遺囑方式之規定（見第5條第1項、第24條第1項），與原條例關於物權遺囑方式之規定，內容亦無出入，故規定擬從刪。 (二) 第2項本項係屬新增，凡以權利為標的之物權，通稱為準物權，與一般以物為標的之物權，未可同視，關於何者為其物之所在地法，苟非有明確之標準即難以判定，本項認為應以權利之成立地為準，良以權利之成立地，與權利之關係最為密切，該權利可否為物權之標的，自應依該法之法律決定之。 (三) 自第3項本項乃物之所在地發生變更時，物權所適用之準據法，析其涵義，有下列兩點： 　1. 物權之得喪，依其原因事實完成時物之所在地法，所謂原因事實，泛指期間條件等法律事實而言，並不僅以取得時效為限。 　2. 物權之得喪，亦不限於動產，即不動產之所在地亦可能因領土之變更，而異其法律，從而，應受本項之適用。 (四) 第4項船舶及航空器，常因航行而變更其所在地，關於其物權，如適用所在地法，頗多不便，故通說均主張適用其所屬國法，即船舶物權依船籍國法，航空器物權依航空器所屬國法，本項對於航空器，所以稱登記國法者，蓋因航空器，根據1919年國際航空公約（我國亦參加該公約），以登記為取得國籍之要件，登記國即其所屬國也。

11.6　物權準據法──物權法律行為方式（涉民法第39條）

涉民法第39條

　　物權之法律行為，其方式依<u>該物權所應適用之法律</u>。

11.6.1　法律行為方式準據法概說──行為地法or法律行為準據法

　　現行涉民法第16條規定：「法律行為之方式，<u>依該行為所應適用之法律</u>。但依行為地法所定之方式者，亦為有效。」此為「場所支配行為原則」（Locus Legitm Actum）「行為地法」（lex loci actus）主義的具體表徵，亦為晚近以更具彈性的擇法規則（行為地法、法律行為之準據法、甚至當事人意思自主及更重要牽連關係），盡量使法律行為不致因各國規範不同而失效之趨勢呈現。本點於前述章節已有論述。

11.6.2　「物權法律行為方式」之準據法

　　前述法律行為方式以「行為地法為原則，兼採法律行為準據法」之擇法原則，並不當然適用於若干特殊類型的法律行為，例如票據行為通常僅適用行為地法；物權行為，特別是其中的不動產物權行為方式，一般僅適用物之所在地法，後者主要是受到「物權，依物之所在地法」原則之影響。

　　同樣地，「物權法律行為方式依物之所在地法」之傳統擇法標準，隨著物權類型之區分及準物權之特殊適用，便有不同的擇法原則：

	物之所在法	行為地法	物權準據法
主張	依傳統「物權依物之所在地」原則為立論。	依傳統「場所支配行為」原則為立論。	物權法律行為方式之準據法依該物權本身之準據法。
優劣	優點：物權法律行為及其方式採同一擇法原則，不致因準據法不同而產生不一致情況。 缺點：全部依物之所在地法過於僵化，難以解決動產及準物權之物權法律行為之方式。	優點：得保護交易安全，並與法律行為方式擇法原則保持一致。 缺點：物權具有較高度的屬地性及公益性，行為地如與物之所在地有所不同，可能造成法律適用上嚴重差異。	優點：使物權準據法（實質）及物權法律行為方式之準據法（方式）保持擇法標準上之一致。 缺點：可能兼具物權屬地及行為方式交易安全之缺點。
另有依行為係物權行為或債權行為而分別決定其準據法等學說，不一一細述。			

11.6.3　我國法規定（涉民法第39條）

2010年 涉民法	1953年 涉民法	說明
第39條 物權之法律行為，其方式依該物權所應適用之法律。	**第5條** 法律行為之方式，依該行為所應適用之法律，但依行為地法所定之方式者，亦為有效。 物權之法律行為，其方式依物之所在地法。 行使或保全票據上權利之法律行為，其方式依行為地法。	一、條次變更。 二、物權之法律行為之方式，現行條文僅於第5條第2項規定應依物之所在地法，然此一規定僅能適用於以物為標的物之物權，至於前條第2項及第4項之物權，其物權行為之方式，則宜依各該物權所應適用之法律。爰將其移列增訂為單獨條文，並依此意旨予以修正，俾能適用於各種類型之物權行為。

評釋：
1. 擇法原則變更—「**物之所在地→物權準據法**」：物權法律行為方式從舊法採「物之所在地」原則，改採「物權準據法」原則。修法理由主要係為處理第38條2項權利物權及第4項船舶航空器等特殊物權類型並非以「物之所在地」為擇法標準之情況。
2. 「**物權**」：本項所稱之「物權」，不僅包括動產、不動產，亦包括權利物權等準物權及船舶及航空器等特殊物權。原修正草案僅規定本項僅適用於「不動產」，最後並未獲採用；另依本條文之修法理由，改採「物權準據法」的理由就是為了準物權及船舶航空器等特殊物權。
3. 「**物權之法律行為**」：
   (1) **爭議：是否包括負擔行為**：本項所稱之「物權法律行為」是否僅包括物權的處分行為（亦即物權之移轉、設定、變更或拋棄等物權行為）？抑或包括物權之負擔行為（即包括債權行為部分，例如民法§166之1不動產法律行為須為公證）？學術間向有不同見解，有謂僅限於「處分行為」而不包括內含債權行為之「負擔行為」（債權行為部分自應另外適用債法準據法相關規定）？有謂應包括內含債權行為在內之「負擔行為」。不僅包括物權之處分行為，亦包括負擔行為（即包括債權行為部分，例如民法166之1不動產法律行為須為公證）。
   (2) **修法過程**：現行涉民法1999年及2001年修正草案均加上「處分」二字，擬將本條適用限制於「處分物權法律行為」意圖甚明。惟於修法討論過程中，另有學者主張涵蓋處分及負擔行為為晚近立法趨勢，且1953年舊涉民法修法之初亦有類似「處分」用語，後亦應了解到晚近立法趨勢而將「處分」二字刪除，因此

如新法再加上「處分」二字等於是走回頭路。由於有前述爭執，新涉民法第39條最後未加上「處分」二字。從前述修法過程，「處分」二字係為刻意加上並被刪除，但此一立法過程中之討論是否解為我國法已併採「處分行為及負擔行為」？仍不無斟酌之餘地，主要原因是前述意圖並未於正式修正理由中予以揭露。本書認為，本條有關是否包括負擔物權法律行為部分並未明確解決，仍有爭議存在。

4. 「物權準據法」：
   (1) **優點**：採用「物權準據法」雖有較能處理一般物權及特殊物權（權利物權等準物權及船舶航空器）擇法標準不同之狀況。
   (2) **缺點**：進一步弱化「場所支配行為」及「物權依物之所在地」傳統原則的適用。
   (3) **折衷**：從法律行為方式儘量使其成立（「場所支配行為」已非唯一認定因素）及因應特殊物權通常不以「物之所在地」為擇法標準之現實，現行法改採「物權準據法」不失為一折衷方式。
   (4) **內容**：稱物權準據法即該物權本身所適用之準據法，亦即依第38條所確認之物權準據法，一般物權依物之所在地，權利物權依權利成立地，船舶及航空器物權依登記國。

5. 國際立法：檢視德、日、瑞、匈、義、英、美等國立法例，有關物權法律行為準據法之相關規定相當少見，僅日本法及泰國法有明文。日本法例第8條第2項規定「依行為地法之方式，則不受前項規定，亦為有效。但關於設定或處分物權或其他應登記權利之法律行為，不在此限。」泰國國際私法第9條規定「然對於不動產契約、證書或在效力上有所要求之其他法律行為之方式，依財產所在地法。」除二法均規定於總則章外，泰國法僅針對不動產，而日本法規定物權等不適用行為地法及法律行為準據法，但未進一步規定應如何適用。本書以為，從法規適用角度，各國物權法律行為方式之準據法如何適用，可為下列：

(1) 有一般法律行為方式準據法之規定，然無物權例外且物權章無特別規定者，基本上依一般法律行為方式之準據法。
(2) 有一般法律行為方式準據法之規定，然有物權例外規定，且物權章無特別規定者，例如日本，基本上物權章所規定之物權法律行為之準據法。
(3) 有一般法律行為方式準據法之規定，然有物權例外，且物權章亦有規定者，基本上依物權章所規定之物權法律行為方式準據法。
(4) 無一般法律行為方式準據法之規定，且物權章無明文規定者，依物權章所規定之物權法律行為準據法。
(5) 無一般法律行為方式準據法之規定，且物權章亦無明文規定者，如何適用有爭議？然從物權法律行為之解釋，在未區分之情況下，理應同時包括實質要件及形式要件，亦即應依物權法律行為之準據法。

修法過程：按現行條文係於2003年修正版中才大致確定，在此之前，1999年草案係獨立成一條文，僅規定不動產之法律行為依物之所在地；2001年回歸原條文第2項，用語上僅加上「處分」二字。2003年草案刪除「處分」二字，並將擇法標準從「物之所在地法」更動為「該物權所應適用之法律」。

1999年草案第三章法律之適用 第二節應適用之法律 第三款法律行為

第47條　處分不動產物權之法律行為，其方式依不動產所在地法。

2001年草案第四節 物權 第39條第2項

處分物權之法律行為，其方式依物之所在地法。

2001年草案條文於之後討論過程中，有幾個討論重點：

第一、「物權法律行為方式」原本位置為「總則章」之法律行為方式（方式要件），今移至物權章（實質規定或要件），雖有將物權相關規定整合之優點，然畢竟造成「法律行為方式」整體規範上之割裂。

第二、另一討論為原草案有增列「處分」二字之相關討論。

第三、另一討論為是否應僅限於「不動產」？抑或適用於所有物權？

各國立法例參考：

日本2006年法律適用通則法第8條

　　法律行為之方式，依規定該行為效力之法律。

　　依行為地法之方式，則不受前項規定，亦為有效。但關於設定或處分物權或其他應登記權利之法律行為，不在此限。

泰國1939年國際私法第9條

　　法律行為方式依行為地法，但本法或泰國其他法另有規定者除外。

　　然對於不動產契約、證書或在效力上有所要求之其他法律行為之方式，依財產所在地法。

義大利1995年國際私法制度改革法第55條 有關物權行為之公示

　　有關物權之取得、轉移及消滅行為之公示依該行為時財產所在地法。

希臘1946年民法典第12條

　　物權的法律行為的方式適用物的所在地法。

列支敦士登1996年國際私法第33條形式

　　1. 物權，包括對某一地產之占有，及與此有關之強制性義務，必須滿足物之所在地法所規定之方式。

　　2. 公開登記、公證只要符合契約締結地法即可得到承認。

1953年舊涉民法立法參考：

1908年 法律適用條例	1953年涉民法	立法說明
第26條 法律行為之方式，除有特別規定外，依行為地法。但適	第5條（法律行為方式之準據法） 法律行為之方式，依該行為所應適用	(一) 第1項：本項所謂「該行為所應適用之法律」，指法律行為實質所應適用之法律而言，亦即法律行為之方式，應依法律行為之實質所應適用之準據法，斯為原則。原條例第26條第1項規定，法律行為之方式依行

用規定行爲效力之法律所定之方式，亦爲有效。以行使或保全票據上權利爲目的之行爲，其方式不適用前項但書規定。	之法律。但依行爲地法所定之方式者，亦爲有效。**物權之法律行爲，其方式依物之所在地法。**行使或保全票據上權利之法律行爲，其方式依行爲地法。	爲地法，而適用規定行爲效力之法律所定之方式者亦爲有效。其立法精神，與本項頗有出入，且在理論上亦未盡妥適。蓋因法律行爲之方式與實質，表裡相依，關係密切。在通常情形下，法律行爲之方式，依照其實質所應適用之法律，匪特較便於行爲人，且按諸法理，本應如是。至於行爲之方式依照行爲地法，按「場所支配行爲」之原則，雖未始不可認爲有效，要屬例外情形，祇可列爲補充規定，故本項特予改訂如正文。又本項乃規定一般法律行爲方式所應適用之準據法，至於某法律行爲方式有適用特別準據法之必要者，本項以下各條項另有規定，應當優先適用，不復援用本項之規定，原條例所列「除有特別規定外」一語，似無必要，擬刪。

(二.) **第2項**：本項所定「處分物權之法律行爲」，係別於債權行爲而言，凡物權之移轉，及設定負擔等均屬之，依照屬物法則，物之法律關係，應依其所在地法，關於處分物權行爲之方式，自亦不能例外，應專依物之所在地法，以保護所在地之公安或國策。

(三.) 第3項：行使或保全票據上權利之法律行爲，與行爲地之法律有特別關係，其方式應專依行爲地法，是亦爲對於本條第1項之特別規定。

11.7　物權準據法——外國輸入之動產（涉民法第40條）

涉民法第40條

　　自外國輸入中華民國領域之動產，於輸入前依其所在地法成立之物權，其效力依中華民國法律。

11.7.1　運送中或移動中的動產概說

　　「物之所在地法」原則之適用，有時會因物之本身特殊性或處於某特殊狀態或屬於某特殊主體，而使適用「物之所在地法」變成不合理或不可能，而必須適用其他衝突法解決原則。這些例外情況於本書第11.3.5節曾列舉運送中或移動中之物、船舶航空器等、與人身關係密切之動產、國家財產、票據或其他有價證券五大類。

　　動產的特徵爲可移動性，動產與動產所在地並無絕對不可割離的緊密聯繫。但動產的可移動性並非代表著動產是一直處於移動狀態，因此動產基本上仍可細分爲運動狀態中之動產或相對靜止情況之動產。

　1. **相對靜止情況之動產**：例如家具、藝術品等，通常是較長時間才會移動，與所在位置有較緊密的牽連，在性質上與不動產較爲類似，適用物之所在地（亦即動產所在地）。

2. **運動中或移動中之動產：** 過去主要探討的對象為船舶飛機、貨物及可隨身攜帶之動產。這些動產屬性不一，擇法標準亦互異。我國2010年新涉民法將此類動產有下列規定：

　　(1) 船舶及航空器等：涉民法第38條第4項，一如前述。

　　(2) 外國輸入中華民國領域之動產：涉民法第40條。

　　(3) 託運中之動產：涉民法第41條。

　　(4) 載貨證券所涉及之物權：涉民法第43條。

除船舶航空器以外之各類動產及條文適用情況簡表如下：

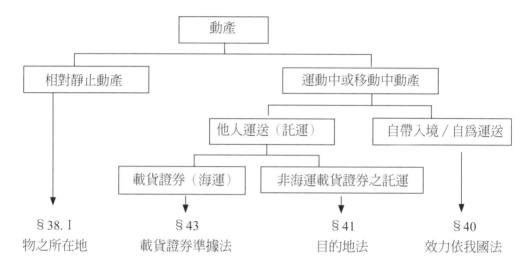

11.7.2　外國輸入之物及衝突

由於我國法有載貨證券及託運中之物品等條文特別規定，因此自外國輸入之動產在解釋上應指前述二類以外，當事人自帶入境或自為運送入境之動產，或可以「隨身動產」稱之。本條文僅限定於「當事人自帶入境或自為運送入境之動產」的另一參考依據為涉民法早期修正草案（如1999年修正草案第87條）於針對託運中或運送中之動產的規定中，即有「除所有人自為運送或隨身攜帶者外」之規定，顯見隨身動產並非託運中動產條文所適用。

隨身動產是最符合區分說中「動產隨人」之基本概念，傳統「物權依物之所在地」無法解決隨身動產不斷移動之特性；再者，隨身動產隨著人不斷地移動，如依屬人法（本國法或住所地法等），亦有問題，因動產與當事人的屬人法關係性畢竟有限。各國對涉外隨身動產或外國輸入之動產之準據法，規範並不一致。

11.7.3 準據法理論

	動產所在地法	當事人屬人法說			法庭地法（輸入國法）
		當事人本國法	當事人住所地法	當事人慣居地法	
主張	依統一說見解，不分動產或不動產，概依物之所在地。	依區分說，不動產隨物，動產隨人，因此應適用當事人之本國法。	同左，應適用屬人法中住所地法。	同左，應適用屬人法中慣居地法。	法庭地通常是物權變動的最後所在地及爭議涉訟地，而物權又與法庭地公序有關。
批評	隨身動產隨著當事人不斷移動，與物之所在地密切聯繫因素不高。	動產所有人與其國籍國可能久未聯繫；且隨身動產及當事人國籍國的關連性亦有限。	住所確定不易。	慣居地的確認較為住所的確認為簡易。	如當事人行經數國，可能造成一事多訴情況，不似屬人法僅依某準據法來得明確。
採用	採用統一說見解的國家。	採區分說之屬人法中本國法之國家。	採區分說之屬人法中住所地之國家。	採區分說之屬人法中慣居地之國家。	---

11.7.4 我國法規定（涉民法第40條）

2010年涉民法	1953年涉民法	說明
第40條 自外國輸入中華民國領域之動產，於輸入前依其所在地法成立之物權，其效力依中華民國法律。	無	一、本條新增。 二、動產經移動致其所在地前後不同時，動產物權即應依其新所在地法。此一原則有時與保護已依其舊所在地法取得之物權之原則，難以配合。自外國輸入中華民國領域之動產，於輸入前已依其所在地法成立之物權（例如動產擔保交易之擔保利益），權利人如欲在中華民國境內行使該物權，即須先在我國境內依法承認其仍有效，並決定其具體之權利內容。為使在外國成立之該物權，得以轉換為內國之物權之形式，在內國被適度承認其效力，並保護內國財產之交易安全，爰規定該物權之效力，應依中華民國法律。

評釋：

(1) **適用範圍**：本條係新增。本次涉民法修正，新增列「外國輸入中華民國領域之動產」、「託運中之動產」及「載貨證券所涉及之物權」三條文，所面臨最大的問題是三條文如何區分適用？例如一國外進口我國之貨品而有簽發海運載貨證券之場合，如運送途中發生物權得喪變更情況，將造成三條文如何適用問題？基於本書第11.7.1節分析，如輸入之物有涉及載貨證券者，應優先適用第43條；如屬託運中之物，則優先適用第41條，換言之，本條規定主要是適用於「自帶動產或自己運送之動產」之場合。

(2) **單面立法原則**：本條文僅規定「輸入中華民國領域之動產」，屬單面立法原則，並未針對中華民國出口至其他國家或二外國間輸入之場合，針對這些情況，得準用本條規定，依輸入國法（或法庭地法）。

(3) **法庭地法（輸入國法）**：本條文很特殊地採用各國所直接採用之「法庭地法（輸入國法）」說！按審視本條文各修正草案版本及修正討論，本條文顯係欲參考瑞士國際私法第102條規定：

瑞士聯邦國際私法第102條

1. 如某動產自國外攜入瑞士，而於國外尚未發生物權取得及喪失，於瑞士即被認為該行為已完成。

2. 如動產抵達瑞士，而該動產於外國已有效設立擔保權利而該權利無法符合瑞士法要求，則該擔保權利無論如何應維持其效力三個月。

3. 該擔保權利不得對抗善意第三人。

前述瑞士立法並非謂輸入瑞士動產之效力依瑞士法，僅是兼採瑞士法規定而已，亦即採「兼採主義」，德國法亦為類似規定（德國民法施行法第43條參照）。

修法過程：

按現行條文係於2003年修正版中才大致確定。

1999年草案第85條：

動產自外國輸入中華民國領域者，有關其物權取得、喪失或變更之原因事實，得將輸入前及輸入後之事實合併，依中華民國法律主張之。

前項情形，已依外國法律取得該動產之物權者，如依中華民國法律尚未符合要件，不得以其權利對抗善意第三人。

2001年草案第40條：

自外國輸入中國民國領域之動產，有關其物權得、喪、變更之事實，發生於輸入前，但依外國法尚未符合要件者，視為發生於中華民國。

前項情形，已依外國法取得該動產之物權者，如依中華民國法律尚未符合要件，不得以其權利對抗善意第三人。

各國立法例參考：

德國1896/2009年民法施行法第43條 物權

1. 財產利益依該財產所在地法。
2. 某財產權益所隸屬之物品進入他國，如違反該國法律規範者，即不得主張該權益。
3. 如物品從他國進入德國，其財產權益尚未取得者，有關於德國之權益取得，於他國發生之事實被認定爲於德國發生。

德國1896/2009年民法施行法第46條 更緊密牽連關係

如有比第43及第45條之適用更爲緊密牽連之國家法律，應適用該國法律。

瑞士1987/2011年聯邦國際私法第102條

1. 如某動產自國外攜入瑞士，而於國外尚未發生物權取得及喪失，於瑞士即被認爲該行爲已完成。
2. 如某動產抵達瑞士，而該動產於外國已有效設立擔保權利而該權利無法符合瑞士法要求，則該擔保權利無論如何應維持其效力三個月。
3. 該擔保權利不得對抗善意第三人。

土耳其1982年國際私法及國際訴訟程序法第23條物權

動產和不動產的所有權以及其他物權適用物之所在地法律。

運輸中財產的物權適用財產送達地法律。

動產場所的變化和尚未取得的物權，適用財產最後的所有地法律。

不動產物權的法律行爲方式，適用物之所在地法律。

| 1999年修正草案參考 |

修正條文	現行條文	說明
第86條 就預備運出中華民國領域之動產，以法律行爲設定物權者，依其目的地法。	無	本條規定運出中華民國領域之動產，其物權之準據法。 預備運出中華民國領域之動產，雖仍在中華民國領域之內，對於已預期其離開國境之法律行爲當事人而言，中華民國與其關係已不如其目的地密切，爲使其法律關係趨於安定，爰明文規定縱訴訟在中華民國提起，仍依其目的地法，以資依據。

2001年修正草案參考：

涉民法部分條文2001年修正草案		
修正條文	現行條文	說明
第41條 就預備運出中華民國領域之動產，以法律行為取得或設定物權者，依其目的地法。	無	一、本條新增。 二、預備運出中華民國領域之動產，雖仍在中華民國領域之內，對於已預期其離開國境之法律行為當事人而言，中華民國與其關係已不如其目的地密切，為使其法律關係趨於安定，爰明文規定其以法律行為取得或設定物權者，依該動產目的地法。
修正總說明部分： （四）增訂預備輸出之動產之物權準據法之規定。（修正條文第41條） 就預備運出中華民國領域之動產，以法律行為取得或設定物權者，現行法未規定其準據法，爰增訂明文，規定依其目的地法。		

11.8　物權準據法──託運中之動產（涉民法第41條）

涉民法第41條

　　動產於託運期間，其物權之取得、設定、喪失或變更，依其目的地法。

11.8.1　託運中之動產及準據法衝突

　　託運中之動產係指當事人將物品委由他人運送，自出發地出發，運送前往目的地途中之動產（貨物）。解釋上不包括經由海運並有簽發載貨證券之貨物（此部分應適用涉民法第43條），但包括海運以外任何運送類型所運送之動產，以及經由海運但未簽發載貨證券（或類似文件）之動產。

　　由於託運中之動產會因為運送工具之跨國越境，於整個運送過程中經過多個國家或法域。傳統「物權依物之所在地」無法解決託運中動產不斷移動之特性；再者，託運中的動產不僅不斷地移動，且非在所有人占有中移動，如依「動產隨人」之屬人法（本國法或住所地法等），亦有問題，因託運中之動產與當事人的屬人法關係性畢竟有限。各國對涉外託運中動產之準據法，規範並不一致。

11.8.2　準據法理論

	物（動產）所在地法（或現實所在地法）	所有人之本國法	起運地或出發地法	目的地法	當事人意思自主
主張	依統一說見解，不分動產或不動產，概依物之所在地。	依區分說，不動產隨物，動產隨人，因此應適用當事人之本國法。	起運地通常為託運契約或買賣契約合意地，與託運動產具有相當程度的牽連關係。	目的地為當事人針對託運中動產合理期待之最後交付地，依場所支配行為理論，動產物權移轉或變更之行為地即為目的地。	託運中之動產通常與運送契約或國際貨品買賣契約有關，基於契約自由理論，應適用當事人所選擇之法律，包括法庭地法或其他國家之法律。
批評	託運中動產隨著運送工具不斷移動，與物之所在地密切聯繫因素不高。	託運中動產不在當事人占有中，與當事人屬人法關連性亦有限。	貨物一旦離開起運地，兩者間的牽連即越來越薄弱。	目的地可能變更或物品因滅失而根本未送達至目的地。	如當事人行經數國，可能造成一事多訴情況，不似屬人法僅依某準據法來得明確。
採用	採用統一說見解的國家。	部分採區分說之屬人法中本國法之國家，如泰國。	蒙古、西班牙等。	瑞士等多國	---

11.8.3　我國法規定（涉民法第41條）

2010年涉民法	1953年涉民法	說明
第41條 動產於託運期間，其物權之取得、設定、喪失或變更，依其目的地法。	無	一、本條新增。 二、託運中之動產之所在地，處於移動狀態，不易確定，其物權之準據法，向有爭議。按託運中之動產非由所有人自為運送或隨身攜帶，且其物權係因法律行為而取得、設定、喪失或變更者，該物權即與當事人之意思或期待關連甚切。爰參考義大利國際私法第52條、

		瑞士國際私法第103條等立法例之精神，規定依該動產之運送目的地法，以兼顧當事人期待及交易安全。至於託運中之動產非因法律行為而變動者，仍宜依物之現實所在地法，以符合實際之需求。

評釋：

(1) **適用範圍**：解釋上不包括經由海運並有簽發載貨證券之貨物（此部分應適用涉民法第43條[1]），但包括海運以外任何運送類型（含空運、陸運、鐵路、管道等）所運送之動產，以及經由海運但未簽發載貨證券（或類似文件）之動產。

(2) **目的地**：除實際抵達的目的地，從目的地法主義的主張原意，應包括預定目的地，以解決貨物滅失未抵達或因故轉運抵其他目的地之情況。

(3) **物權之得喪變更**：依本條文之修法理由說明，僅限於法律行為所生之得喪變更，不包括非法律行為而變動之情況，於後者，例如因戰爭而被敵對國捕獲或被政府徵用等情況。

(4) **當事人意思自主**：在各國立法實踐上，目的地法主要僅適用當事人未約定準據法之情況，從本條文修法說明，本條文僅適用於法律行為所生動產之得喪變更情況，亦可為同一結論。因此，如當事人間針對託運中之動產已以法律行為方式約定準據法，仍應尊重當事人間的意思自主。

修法過程：

按現行條文係於2003年修正版中才大致確定。

1999年修正草案第87條

運送中之動產，除所有人自為運送或隨身攜帶者外，其物權係因所有人之法律行為，而取得、喪失或變更者，依該動產之運送目的地法。

前項動產之物權，因其他原因而取得、喪失或變更者，依其所在地法。

2001年修正草案第42條

運送中之動產，其物權依其所在地法。但動產非由所有人自為運送或隨身攜帶，且其物權係因所有人之法律行為，而取得、喪失或變更者，依該動產之運送目的地法。

各國立法例參考：

瑞士1987/2011年聯邦國際私法第101條

基於法律交易中之運輸中動之取得及喪失，依目的地國法。

義大利1995年國際私法制度改革法第52條 運送中之物之物權

運送中之物之物權依目的法。

中華人民共和國2010年涉外民事關係法律適用法第38條

當事人可以協議選擇運輸中動產物權發生變更適用的法律。當事人未選擇者，適用運輸目的地法律。

---

1 本書認為涉民法第43條應偏屬債權條文，主要用於規範運送關係，而非規範載貨證券表徵之物之物權問題，此部分可詳見涉民法第43條討論。

土耳其1982年國際私法及國際訴訟程序法第23條物權
　　動產及不動產的所有權及其他物權適用物之所在地法律。
　　運送中財產物權適用財產送達地法律。
　　動產場所之變化及尚未取得之物權，適用財產最後的所有地法律。
　　不動產物權之法律行為方式，適用物之所在地法律。
捷克1964年國際私法及國際民事訴訟法第6條
　　動產物權的取得與消滅，依權利得失原因事實發生時物之所在地法。依照契約運送的貨物，
　　其權利之得失，依該標的物發運地法。
匈牙利1979年國際私法第23條
　　1. 已登記之船舶、飛機之財產權之成立、保持及終止，適用其船旗或標誌國法。
　　2. 運輸中動產的物權以目的地法為準據法。然該類財產之強制出售、貯藏及抵押的物權上效
　　　　力適用物之所在地法。
　　3. 旅行者隨身攜帶的個人用品之物權依其屬人法。
　　4. 如企業（商店）的財產作為整體由繼承人繼承，物權法的改變，不動產物權法的改變除
　　　　外，適用被繼承人屬人法。
　　5. 如果物之所有權由於法院的命令或執行而轉移，財產的取得適用發出命令的法院或執行該
　　　　事件的機關的所屬國法。
葡萄牙1966年民法典第46條物權
　　1. 佔有權、所有權和其他物權適用物之所在地法。
　　2. 在運輸過程中的物，被視為位於目的地國家的領域內。
　　3. 正在經過登記註冊的運輸工具上運輸的物的物權，適用運輸工具登記地國法。

11.9　物權準據法──智慧財產權（涉民法第42條）

涉民法第42條
　　以智慧財產為標的之權利，依該權利應受保護地之法律。
　　受僱人於職務上完成之智慧財產，其權利之歸屬，依其僱傭契約應適用之法律。

11.9.1　智慧財產權概說

意義及概念：智慧財產權（Intellectual Property Rights，簡稱IPR），係指人類精神活動之
　　成果而能產生財產上之價值者，並由法律所創設並予以保護之一種權利，以維護競爭
　　秩序。
　　1. 智慧財產權是法律所賦予的保護：有些智慧財產權只要符合要件就自動受到保護，
　　　　例如著作權，有些則必須經過主管機關的審查才能取得保護，例如專利權、商標
　　　　權。
　　2. 為「人類運用精神力創作成果」的保護：以促進文化發展為目的與促進技術進步為
　　　　目的的智慧財產權都具有此一保護作用，特別是著作權與專利權。且精神創作與人
　　　　格有密切的關係，這類保護通常除賦予財產權外，也會兼顧到對人格權的保護。

3. 爲「產業正當競爭秩序」的保障：以「維護競爭秩序」爲目的之智慧財產權即明顯具有此一作用。其取得保護並不以具有精神創作爲必要，因此人格利益的保護就比較不受重視。

類型：「依關稅暨貿易總協定」（General Agree of Tariffs and Trade, GATT）於1994年簽署包括「與貿易有關之智慧財產權協定」（簡稱TRIPS）第二篇，列入智慧財產權的標的有：1、著作權及相關權利。2、商標。3、產地標示。4、工業設計。5、專利。6、積體電路之電路布局。7、未經公開資訊之保護。8、契約授權時有關反競爭行爲之控制。並可區分爲下列三類目的：

1. 以「促進文化發展」爲目的：如著作權、鄰接權、外觀設計。
2. 以「促進技術進步」爲目的：如發明、實用新型。
3. 以「維護競爭秩序」爲目的：商標、商號名稱、產地標示、不正競爭之防止。

性質：主要爲無體財產性、排他性；次要包括部分註冊性、專屬性、地域性、獨立性及時間性。

1. **無體財產權性**：
   (1) 無體財產權是一種獨立於有形物之所有權以外而且與物之所有權並無直接關係之權利，其發生、取得、讓與及消滅等，均與特定之有體物沒有直接關係。
   (2) 智慧財產權之發生則不以有形物之存在爲前提，其與所附著之有體物之財產權並無任何關係。
   (3) 以精神創作爲保護對象之智慧財產權，這些精神創作固然往往必須要透過一定之方式表現出來，甚至固著於有體物上，但有體物本身並非即爲智慧財產權保護之客體。

2. **排他性**：
   (1) 保護上之排他性：指同一保護客體（例如數個人各別完成相同之發明或創作），究竟只能由一人享有該保護，或者完成相同發明之數個人都能各自取得一個保護。
   (2) 取得保護後之排他效力：指於取得保護後，所享有之排除他人侵害之效力

3. **地域性**：
   (1) 傳統見解：智慧財產權僅依照內國法律所承認與保護者，僅於該權利產生之地域內具有其效力，於該國之外即不具法律效力。
   (2) 國際保護：爲解決智慧財產權之地域性問題，透過多項國際公約，賦予著作權等智慧財產權之域外效力，並以公約中之國民待遇原則及自動保護原則，使著作權等之法制全球化，進而使僅具域內效力之著作權得受到他國之承認與保護。

4. **獨立性**：智慧財產權獨立性原則係指各國承認外國人之著作權係完全依據請求保護之國之著作權法，而非依該外國人之本國法或其創作地之法。1886年全球第一個保護文學藝術作品之伯恩公約第5條2項規定「各項權利之享有與行使，無須履行任何

方式，且獨立於作品原始國既有保護之外」即為獨立性之表徵。依據獨立性原則，對智慧財產權權利之保護範圍及其救濟方式，基本上應依「請求國法」。

11.9.2　涉外智慧財產權

<u>意義</u>：指智慧財產權法律關係之主體、客體或內容含有外國因素之謂。

<u>特徵</u>：

1. 主體資格不限國籍性：智慧財產權為人類精神產物，因此其取得之主體資格，不限於本國人，外國人亦具有取得智慧財產權之主體資格。
2. 受多國保護：國際交往頻繁，智慧財產權僅在一國取得並不足夠，通常會至其他國家一併取得智慧財產權。
3. 受國際法保護：除受各國所制訂之著作權法、商標法、專利法等保障外，亦同時受到國際公約之相關保障。與智慧財產權有關之國際公約例如包括：
   (1) 保護工業財產權巴黎公約（Paris Convention for the Protection of Industrial Property）：1883年制訂通過，其後經多次修正。
   (2) 保護文學及藝術作品伯恩公約（Berne Convention for the Protection of Literary and Artistic Works）：1886年制訂通過，其後經多次修正。
4. 有關商標登記之馬德里協定（Madrid Agreement Concerning the International Registration of Trade Marks）：1891年制訂通過，其後經多次修正。
5. 世界著作權公約（Universal Copyright Convention）：1952年，其後亦經修正。
6. 專利合作條約（Patent Cooperation Treaty）：1970年制訂通過。
7. 其他尚有「有關積體電路智慧財產權條約」、「商標註冊公約」、「歐洲專利公約」等。

11.9.3　涉外智慧財產權之法律衝突

<u>發展</u>：傳統智慧財產權為各國法律所賦予，具高度屬地性，原則上不具域外效力，原不具準據法問題。然十九世紀後半期以來，由於國際交往頻繁，國際經濟活動發展快速，智慧財產權已有國際化之需求，智慧財產權於一國取得後，也需要在其他國家獲得承認及保護。

<u>衝突主要原因</u>：

1. 智慧財產權之無體財產權均體認其屬財產權，但是否為「物」，各法系並無統一定論。
2. 有關智慧財產權之種類、取得、行使、保護範圍及保護期限，各國規定並不一致：以專利為例，有些國家以「發明時間」為準，有些國家則以「登記時間」為準；同樣地，有些智慧財產權的保護期間較短，有些則較長。

3. 國際智慧財產權相關公約之各國實踐不同：締約國有些給予其他締約國所取得之智慧財產權予以國民待遇，有些則給予有限度的國民待遇。

4. 智慧財產權保護取向不同：以英美爲主的英美法國家，著作權保護係以其經濟利益爲優先，將其歸屬爲侵權行爲法，並與侵權行爲擇法原則予以結合。此會造成侵權行爲地國及提出請求地國不同時之法規競合問題。

11.9.4　涉外智慧財產權之準據法（學說）

	原屬國法	被請求保護國法	原屬國法及被請求保護國法併用	契約關係準據法
立論	適用各類智慧財產權之產生國或首次賦予國之法律。	適用實施權利行爲或侵權行爲發生地之法律。	智慧財產權之產生及存續等問題適用原屬國法；使用及其侵害則適用被請求保護國法。	如智慧財產權有涉及國際技術移轉等契約爲進行，則可依該移轉契約之意定準據法；如無，則適用關係最切國（最重要牽連關係國）之法。
採用	法國等	奧地利	匈牙利	

11.9.5　我國法規定（涉民法第42條）

2010年涉民法	1953年涉民法	說明
第42條以智慧財產爲標的之權利，依該權利應受保護地之法律。受僱人於職務上完成之智慧財產，其權利之歸屬，依其僱傭契約應適用之法律。	無	一、本條新增。二、智慧財產權，無論在內國應以登記爲成立要件者，如專利權及商標專用權等，或不以登記爲成立要件者，如著作權及營業秘密等，均係因法律規定而發生之權利，其於各國領域內所受之保護，原則上亦應以各該國之法律爲準。爰參考義大利國際私法第54條、瑞士國際私法第110條第1項等立法例之精神，規定以智慧財產爲標的之權利，其成立及效力應依權利主張者認其權利應受保護之地之法律，俾使智慧財產權之種類、內容、存續期間、取得、喪失及變更等，均依同一法律決定。該法律係依主張權利者之主張而定，並

| | | 不當然為法院所在國之法律，即當事人主張其依某國法律有應受保護之智慧財產權者，即應依該國法律確定其是否有該權利。例如甲主張乙在A國侵害其智慧財產權，乙抗辯甲在A國無該權利，則我國法院應適用A國法律，而非我國法律，以解決在A國應否保護及如何保護之問題；如甲依我國法律取得智慧財產權，乙在A國有疑似侵害其權利之行為，則我國法院應依A國法決定甲在A國有無權利之問題。 |
| | 三、 | 受僱人於職務上完成之智慧財產，其權利之歸屬問題固與該權利之發生或成立密切相關，同時亦涉及當事人於該僱傭契約內之約定，惟就其法律適用問題而言，則與該僱傭契約之準據法關係較密切。爰明定受僱人於職務上完成之智慧財產，其權利之歸屬，依其僱傭契約應適用之法律。 |

評釋：

1. 第1項所稱之「智慧財產權」，原則上：

   (1) 包括前述「與貿易有關之智慧財產權協定」（簡稱TRIPS）第二篇所列之1、著作權及相關權利2、商標3、產地標示4、工業設計5、專利6、積體電路之電路布局7、未經公開資訊之保護8、契約授權時有關反競爭行為之控制；以及國內學理上納入之「營業秘密保護法」及著作鄰接權等。

   (2) 然不包括漁業權及礦業權等其他無體財產權。蓋此部分於修正草案階段將本條文原先規範範圍較大「無體財產權」變更為範圍較窄之「智慧財產權」時，業已確定予以排除。而通常需要特別許可才可取得之漁業權及礦業權等其他無體財產權部分之準據法，原則上仍應適用涉民法第38條第2項之「關於以權利為標的之物權，依權利之成立地法。」

2. 第1項「依該權利應受保護地之法律」：從立法背景及立法說明，「應受保護地之法律」似乎係採「被請求保護國法」（亦即實施權利行為或侵權行為發生地之法律），而非採取「原屬國法」。然本條文使用「該權利應受保護地」乙詞顯然有用語使用的瑕疵，蓋於智慧財產權從早期僅具域內效力，至今日國際公約普遍採取域外效力之角度，「某智慧財產權應受保護國」可能為多數，而非「被請求保護國」通常為單一國家。日後涉民法如有再修正之可能，建議適用「被請求保護國」用語。

3. **第2項僱傭契約下智慧財產權準據法：**我國法採奧地利國際私法第34條規定，依僱傭契約準據法。立法理由言「就其法律適用問題而言，則與該僱傭契約之準據法關係較密切」，似乎言之有理，然事實上不然，建議仍採「原始國法」或「權利授與國」為原則，主要理由如下：

(1) 智慧財產權有採創作主義，有採屬地主義者，基本上應受權利原始國保障，亦即僱傭契約下智慧財產權之歸屬問題，基本上應受智慧財產權原始授與國法予以決定，較為妥當。

(2) 如依僱傭契約準據法，依契約原則上採當事人意思自主原則，以及受雇人通常為締約弱勢等角度，雇用人很容易藉由僱傭契約準據法之方式，迴避智慧財產權原始授與國之法律規定。

4. **第2項僱傭契約**：本項僅規定「僱傭契約」，至於其他委託創作智慧財產權之契約類型，例如贊助研究方式或委託研究等方式，則無法處理。無論僱傭契約下智慧財產權依僱傭契約準據法之規定是否尚應斟酌，僱傭契約外之委託創作智慧財產權類型，仍得適用相關法律關係準據法之方式為處理。

修法過程：

按現行條文係於2003年修正版中才大致確定，在此之前，係以「無體財產」為屬類規定，依請求保護該權之法；另外規定無體財產受侵害時，依損害發生地法。

1999年草案第89條

無體財產權之種類、內容、存續期間、取得及喪失，依當事人據以請求保護該無體財產之法。

無體財產權之標的物，係因受僱人執行職務而創作者，該無體財產權之歸屬，依其僱傭契約應適用之法律。

因侵害無體財產權而生之債，依損害發生地法，但當事人於損害發生後合意依中華民國法律者，不在此限。

2001年草案第44條

無體財產權之種類、內容、存續期間、取得及喪失，依當事人據以請求保護該無體財產之法。

無體財產權之標的係因受僱人執行職務而發生者，該無體財產權之歸屬，依其僱傭契約之準據法。

因侵害無體財產權而生之債，依損害發生地法，但當事人於損害發生後合意依中華民國法律者，不在此限。

2001年草案條文於之後討論過程中，有幾個討論重點：

第一、無體財產權內容及存續期間等各國不太一樣，權利如何取得或喪失等問題均非常複雜，國際公約通常以「請求受保護之國家之法律」為準。

第二、「無體財產權」的名稱問題，各國立法已普遍適用工業財產權、著作權等，而無體財產權除智慧財產權外，尚包括漁業權礦業權等，建議修改為「智慧財產權」

第三、侵害無體財產權之債依損害發生地法，而類似的侵權行為之債依侵權行為地法，兩者不同，前者似乎無特別規定之必要。

在前述幾個重點討論下，2003年草案版本便依瑞士國際私法條規定「智慧財產權依請求保護國之法」，並刪除侵害依損害發生地法之規定。

各國立法例參考：

奧地利_國際私法（1999年修正）第六章無體財產權

第34條無體財產權

(1) 無體財產權之創立、內容及消滅，依使用行為或侵害行為發生地國家之法律。

(2) 對於因受僱人於其職務範圍內之活動而產生之無體財產權，規範該職務關係之衝突規則（第44條），亦規範僱主與受僱人間之關係。

瑞士_聯邦國際私法（2011年修正）第八編智慧財產權

第109條

1. 有關智慧財產權之訴訟，其管轄權屬於被告住所地之瑞士法院。如無該住所，提起保護請求地法院亦具有管轄權。本規定不適用智慧財產權之有效性及於外國註冊事項之訴訟。

2. 如於瑞士針對數名被告提起訴訟，訴訟事實及法律理由相同，法院可合併審理；由最先收到訴訟請求的法院審理此案。

第110條

1. 智慧財產權依提起智慧財產權保護訴訟之國之法。

2. 因侵權行為而提起之訴訟，於侵權行為發生後，當事人得協議選擇應適用之法院地法。

3. 有關智慧財產權契約問題，適用本法有關契約之規定（第122條）。

第111條

1. 外國法院所作出有關智慧財產權侵權案件裁判，符合下述條件者，瑞士即應予以承認：

   a. 如該裁判由被告住所地國作出；或

   b. 如該裁判由向其提起智慧財產權保護請求之國作出，且被告於瑞士無住所。

2. 然外國法院所作出之有關智慧財產權有效性及註冊事項之裁判，僅於這些裁判由向其提起保護請求之國家作出或為該國所承認時，瑞士方能予以承認。

義大利_國際私法制度改革法（1995年）

第54條對無體財產之權利

對無體財產之權利依其使用國法。

中國2010年涉外民事法律適用法 第七章 知識產權

第48條

知識產權的歸屬和內容，適用被請求保護地法律。

第49條

當事人可以協定選擇知識產權轉讓和許可使用適用的法律。當事人沒有選擇的，適用本法對合同的有關規定。

第50條

知識產權的侵權責任，適用被請求保護地法律，當事人也可以在侵權行為發生後協議選擇適用法院地法律。

羅馬尼亞1992年關於調整國際私法法律關係法 第五章物 第五節無體財產

第60條

智慧財產權著作權之成立、內容及消滅適用作品出版、演出、展覽、廣播或其他適當方式首次公開發表的國家之法律。

第61條

工業財產權之成立、內容及轉讓適用交存或註冊國或提交所在國或註冊申請所在國之法律。

第62條

對有形或無形損害為賠償請求之權利適用著作權或工業財產權損害發生地國法。

第63條
於羅馬尼亞境內之外國自然人或法人之著作權或工業產權依羅馬尼亞法或羅馬尼亞所參與國際公約之規定予以保護。
葡萄牙1966年民法典 第三章 外國人法及法律衝突 第四節 物
第48條 智慧財產權
著作權適用第一次發表地國法。如作品尚未發表，適用作者的屬人法。
工業財產權適用財產權獲得地國法。
秘魯1984年民法典 第十編 國際私法 第三章 準據法
第2093條
關於知識、藝術及工業產權之存在及效力，依國際公約及特別法之規定，如後者無法適用，則適用權利註冊地法。
承認及實施這些權利之條件由當地法確定。

2001年修正草案：準物權：無體財產權

涉民法部分條文修正草案（2001年）		
修正條文	現行條文	說明
民88年草案第89條 民90年草案第44條 無體財產權之種類、內容、存續期間、取得及喪失，依當事人據以請求保護該無體財產之法。 無體財產權之標的係因受僱人執行職務而發生者，該無體財產權之歸屬，依其僱傭契約之準據法。因侵害無體財產權而生之債，依損害發生地法，但當事人於損害發生後合意依中華民國法律者，不在此限。	無	一、本條新增。 二、無體財產權係因法律規定而發生之權利，其保護具有屬地性即於確定該法律之國家之領域之外，不受保護。自權利行使之角度言，於某國請求保護無體財產權者，須視該國法律是否保護該權利為斷，即以該國之法律為準據法，爰規定無體財產權之種類、內容、存續期間、取得及喪失，均依當事人據以請求保護該無體財產之法。 三、無體財產權為準物權，就無體財產權訂定之契約，固應適用本草案關於債權契約之規定，至受僱人與僱用人就受僱人執行職務所生之無體財產之歸屬，則應依僱傭契約準據法決定較妥，爰設明文規定，以為依據。 四、因侵害無體財產權而生之債，其關鍵往往繫於損害發生地法是否承認該無體財產權，爰規定應依其損害發生地法。又當事人於損害發生後合意依中華民國法律者，具有和解之功能，應依中華民國法律，以符合經濟原則，爰設明文規定其例外之情形。

修正總說明部分：

（七）增訂無體財產權準據法之規定。（修正條文第44條）

無體財產權係因法律規定而發生，現行法對其相關問題之準據法，並無明文，爰增訂明文，就無體財產權之種類、內容、存續期間、取得及喪失、因受僱人執行職務而生者之歸屬、因侵害無體財產權而生之債，分別規定其準據法，以為依據。

涉民法部分條文修正草案（2001年）		
修正條文	現行條文	說明
第45條 以有價證券或其他權利為標的之物權，其成立要件及效力，依該有價證券或權利之準據法。 前項有價證券為無記名證券者，其成立要件及效力，依該證券之所在地法。	無	一、本條新增。 二、有價證券或其他得為物權標的之權利，均自有其準據法，現行第10條第2項亦規定應依據權利之成立地法，惟以此等權利為標的而設定物權者，實際上即就該權利為處分，為保護原權利之當事人及利害關係人，其成立要件及效力，宜依各該有價證券或權利之準據法，較為妥當。爰酌予修正，並移列為本條第1項。 三、無記名證券雖亦為有價證券之一種，但因其發行時即以自由流通為目的，其物權之設定，亦不受原權利之準據法之限制，其成立要件及效力，應受該證券之所在地法之規範，爰設明文規定，以為依據。

修正總說明部分：

（七）增訂無體財產權準據法之規定。（修正條文第44條）

無體財產權係因法律規定而發生，現行法對其相關問題之準據法，並無明文，爰增訂明文，就無體財產權之種類、內容、存續期間、取得及喪失、因受僱人執行職務而生者之歸屬、因侵害無體財產權而生之債，分別規定其準據法，以為依據。

11.10　物權準據法——載貨證券（涉民法第43條）

涉民法第43條

因載貨證券而生之法律關係，依該載貨證券所記載應適用之法律；載貨證券未記載應適用之法律時，依關係最切地之法律。

對載貨證券所記載之貨物，數人分別依載貨證券及直接對該貨物主張物權時，其優先次序，依該貨物之物權所應適用之法律。

因倉單或提單而生之法律關係所應適用之法律，準用前二項關於載貨證券之規定。

11.10.1　概說

　　海上貨物運送跨國越界，具國際性及涉外性。載貨證券（Bills of Lading）復爲海上貨物運送最爲重要的契約或契約憑證，不僅件貨運送會簽發載貨證券，以船舶之全部或一部爲運送之傭船契約亦通常會簽發載貨證券（簡式載貨證券）。由於傳統因素，具高度國際性之海商海事法律隱含相當多不同於陸上法律之免責、限責等規範，加上全球有關海上貨物運送之國際規範尚未有效整合及統一，因此載貨證券準據法之選擇及確定相當重要，其所影響者不僅是應適用哪一國法（包含其背後所適用之國際公約），亦包括該準據法國有關海上貨物運送之所有規定，例如最低強制責任、責任基礎、責任期間、運送人免責及抗辯事由、單位責任限制及時效期間等。

　　由於各國對於載貨證券之性質及各海上貨物運送公約規範之不同適用，導致載貨證券幾乎成爲海商甚至是國際私法案件最爲重要的法律衝突淵源。載貨證券所涉及的法律選擇及衍生之法律衝突的原因很多：

1. **從載貨證券性質觀之**：載貨證券貨物收據、運送契約證明及權利證券三大功能兼跨物權法及債法二層面。
2. **從航貿實務觀之**：
   (1) 載貨證券屬國際貿易買賣流程中的重要文件，載貨證券於航運過程中經由背書轉讓等方式，載貨證券會歷經數國數人所持有，其間法律關係相對複雜；
   (2) 載貨證券通常一式會簽發數份正本（通常爲三份），該數份正本的法律效力完全一致，如由不同人（在不同國家）持有並提示，其間準據法之適用，更爲複雜；
   (3) 船舶營運及關係複雜，例如光船租船、論時租船、論航傭船、航運業者聯營等，加上晚近數十年承攬運送及多式運送型態之介入，連帶使載貨證券簽發人、運送人及履行輔助人身分地位及其責任之認定異常複雜；
   (4) 晚近三角貿易及轉口貿易盛行，運送契約締結地、載貨證券之簽發地、貨物實際裝貨港等可能均位於不同國家。
3. **從海上貨物運送最低強制責任主義觀之**：載貨證券主要使用於公共運送（common carriage），多以定型化契約方式呈現，雙方締約地位較不均等，國際公約或各國法律因此對於載貨證券相關法律幾乎一致採用所謂的「最低強制責任主義」，亦即就各國而言，屬強制規範。
4. **載貨證券準據法條款觀之**：航商航線遍布全球，船舶行經世界各大港，然載貨證券印刷精細，不可能針對任一運送去特別印製載貨證券，而此意味著載貨證券包含準據法條款在內之各項正面及背面條款必須事先印就。而造成其上之管轄及準據法條款所約定之管轄地及準據法不全然與該運送之相關人、事、物、地有直接牽連！以國內長榮、陽明二大航商爲例，其載貨證券均載明以倫敦法院爲管轄法院，準據法

為英國法。此意味者，載貨證券準據法之適用會因前述「當事人意思自主」而具有更多的多樣性及複雜性。

5. **國際公約強制適用之觀點**：有關海上貨物運送之國際公約，最重要者有1924年統一某些載貨證券規則公約（簡稱海牙規則Hague Rules）、其1968年修正議定書（簡稱威斯比規則Visby Rules）及1979年修正議定書（簡稱特別提款權SDR議定書）；另於1978年聯合國制訂通過海上貨物運送公約（簡稱漢堡規則）；及最近通過之2009年鹿特丹規則。各國一旦簽署公約，即應受公約之強制適用，例如1968年威斯比規則第10條規定「任一締約國應適用本公約之規定」；另一方面，各公約間不僅權利義務規範不一，且公約適用範圍亦不一致，例如1968年威斯比規則第10條規定公約適用於載貨證券簽發國、貨物裝貨港國及契約所約定適用之準據法；1978年漢堡規則第2條更擴大適用於卸貨港；2009年鹿特丹規則除適用「裝貨港」及「卸貨港」外，更進一步擴大適用於「貨物收受地」及「貨物交付地」。前述國際公約間規範之不一致，連帶造成載貨證券相關法律之準據法適用上之不一致及衝突。

11.10.2　載貨證券功能及性質

載貨證券（B/L - Bill of Lading）（航運界以「提單」俗稱之）為貨物裝船後，運送人或船長應託運人的請求所簽發，具貨物收據（a receipt）、運送契約之證明（evidence of the contract of carriage）及物權證券或權利證券（a document of title）三大功能之證券。載貨證券通常為公共運送人（common carrier）所從事之件貨運送所簽發（正面背面均有完整條件條款記載之繁式或長式載貨證券long-term Bs/L）；私運送類型（private carriage）之（論航或航次）傭船運送有時亦會簽發背面僅有少許條款記載之簡式載貨證券（short-terms Bs/L）。

載貨證券三大功能中與本文論述有關者為運送契約之證明及物權證券二大功能。

A. 運送契約之證明

載貨證券為貨物裝船後才由運送人或船長單方所簽發，運送契約於運送人及託運人達成運送協議時即已成立。運送契約的構成，除載貨證券外，尚包括運費報價、口頭或書面運送協議、廣告、託運單、甚至包括航運慣例在內，因此載貨證券非運送契約之全部，而僅係運送契約之證明。

載貨證券為運送人所事先印就之標準格式契約或定型化契約，因此受定型化契約各項適用或解釋原則之拘束，例如意外條款排除原則、不利於擬約者解釋原則，以及契約條款內容應受制訂法強制規範拘束之內容控制原則等。託運人通常於貨物裝船後才拿到載貨證券，然於某些運送類型，例如備裝載貨證券或印有完整載貨證券條款之託運單上，託運人於託運當時即會看到載貨證券之完整內容；另於網路盛行的今日，各大航商所使用之載貨證券，亦廣泛於所屬網站上為發佈，無論是託運人抑或載貨證券之受讓人，均有機會於持

有前事先審閱載貨證券所有條款內容。

於載貨證券記載之效力方面，載貨證券於運送人與託運人間屬推定效力，而於運送人與載貨證券善意受讓人間之關係則依載貨證券之記載（文義性）。

B. 權利證券（物權證券）

1924年海牙規則第1條第2項定義「運送契約」為「僅指以載貨證券或有關海上貨物運送之同性質之權利文件為憑之運送契約，包括於租傭船契約或依據租傭船契約簽發之載貨證券或上述之同性質文件，然於該載貨證券或同性質文件規範運送人與該證券或文件持有人間之關係之時起算applies only to contracts of carriage covered by a bill of lading or any similar document of title, in so far as such document relates to the carriage of goods by sea, including any bill of lading or any similar document as aforesaid issued under or pursuant to a charter party from the moment at which such bill of lading or similar document of title regulates the relations between a carrier and a holder of the same」。很顯然地，該定義將載貨證券界定為具「document of title權利證券（物權證券）」性質之證券。「權利證券」（document of title）一詞，與我國所稱「有價證券」，不盡相同。有價證券係泛指具有財產價值的證券之總稱，匯票、本票、支票等「金錢證券」固勿論，即倉單、提單及載貨證券等「物品證券」亦均包括在內。

於國內，基於海商法第60條第1項所準用民法第629條規定「交付提單於有受領物品權利之人時，其交付就物品所有權移轉之關係，與物品之交付，有同一之效力」之規定，除少數否認載貨證券之物權效力外（此說見解主張載貨證券僅具有債權效力，並不具物權效力，載貨證券僅表彰運送物之交付請求權而已），國內學界多數認為載貨證券亦具物權性，僅物權性程度有別，復區分為下列學說：

絕對說：載貨證券合法持有人有物權上之絕對效力，可依載貨證券正本追及貨物之占有人請求返還。

相對說：復包括「嚴格相對說」及「代表說」

嚴格相對說：載貨證券合法持有人僅為運送物之間接占有人，運送物之所有權欲移轉時，除應交付載貨證券外，亦應履行民法動產讓與之手續，否則不生物權移轉之效力。

代表說：此說認為運送人係代表載貨證券合法持有人占有運送物，而運送物所有權之移轉，載貨證券持有人僅移轉載貨證券即可，無須履行民法物權讓與之手續。惟此說認為，運送人若喪失運送物之占有，則單純載貨證券之移轉仍不生運送物所有權移轉之效力。

我國司法實務所持見解主要為代表說，例如最高法院93年台上字第1896號及最高法院76年台上字第1583號判決。

英美法雖亦認定載貨證券具權利證券或物權效力，然依英國上議院1884年Sewell v. Burdick案判決【(1884) 10 App. Cas. 74 (H.L.)】，Bramwell法官認為：「載貨證券所載貨品所有權之轉讓，並非透過載貨證券本身之背書或交付，而係透過履行構成國際貿易基礎之買賣契約。」依前述判決見解，與前述理論之「代表說」相當。亦即載貨證券為使載貨

證券持有人有權於卸貨港要求執行海上貨物運送且實際占有貨物之運送人交付貨物之「權利轉讓文書」（document of transfer）或「背書憑證」（document of endorsement）或「提貨憑證」（document of delivery）。

　　載貨證券爲權利證券或物權效力之另一表徵爲具背書轉讓性（negotiation）。載貨證券包括記名式、指示式及無記名式三類。我國海商法第60條第1項準用民法第628條規定：「提單縱爲記名式，仍得以背書移轉於他人。但提單上有禁止背書之記載者，不在此限。」英美法亦將載貨證券區分爲「nominate B/L」、「order B/L」及「bearer B/L」三類：「nominate B/L」指載貨證券指定給某特定之人且不得轉讓（bill of lading is made to a specified person and is not transferable）；「order B/L」係將貨物運交給待指定之某特定之人之證券（a bill in which the goods are consigned to the order of a specified person），受貨人欄通常爲「to order of XYZ or assigns」；「bearer B/L」係載貨證券受貨人爲空白，交付證券形同貨品權利之移轉（A bill of lading made "to bearer" can be transferred by mere delivery of the document, whereupon title to the goods （i.e. the right to take delivery of them） will usually pass.）。英美法三分類方式，「order B/L」與我國指示式載貨證券相當、「bearer B/L」等同無記名載貨證券、「nominate B/L」則略同於我國「記名證券」，然仍有差別。按「nominate B/L」於英美法稱爲「straight bill直交證券」或「non-negotiable bill不可轉讓證券」，依美國1916年The Pomerene Act規定，其特徵包括：一、受貨人爲一特定之人；二、載貨證券上有「不可背書轉讓」之記載；三、該證券無須繳還，貨物於目的港地可直接交付給該特定之人。由於「nominate B/L」或「straight bill直交證券」在用語上會造成仍屬載貨證券之誤解，因此晚近國際間便以「海運單」（sea waybill）乙詞代之。因此，無論是「nominate B/L」、「直交證券」（straight bill）或「海運單」（sea waybill），該證券均已不具「權利證券或物權證券」之功能，而僅具「運送契約（之證明）」及「貨物收據」二項功能而已。此一區分非常重要，因其涉及本節所論述新涉民法第43條所稱「載貨證券」之適用範圍。

11.10.3　海上貨物運送（契約）準據法理論發展及類型

　　海上貨物運送準據法理論發展與國際海事法系的發展有關，也深受國際私法理論發展的影響：例如法則區別說、本國法說、法律關係本座說、屬地法說、法庭地法說，以及晚近以最密切關係爲立論依據的準據法說等。

　　不同於羅馬日耳曼早期城邦法間之衝突，歷經數千年發展的海事法系，至少於十六世紀以前，相對於歐陸各國法律制度，當時海事法系所表徵之習慣海事法（Lex Maritima）算是較я統一，鮮少衝突的。十五、六世紀歐洲主權國家逐漸形成後，各國開始考量自己國家需求繼而制訂自己的國內法。原本較爲統一的習慣海事法受到各國成文法運動的影響，也開始走向分歧，而因此有法律衝突解決之需求。以下針對過去幾世紀以來有關海上貨物運送之準據法理論發展及類型爲摘要介紹。

	船旗國法主義	屬地主義		當事人意思自主原則		最密切關係原則	法庭地法主義	公約強制適用主義
		契約締約地主義	契約履行地主義	明示選擇	默示、推定或假定選擇			
主張	船舶被當作是國家領土的延伸。船舶上實施犯罪或簽訂契約應被視爲船舶所屬國領土管轄範圍內實施之行爲。	如載貨證券於某國簽發，除當事人另有不同意思表示外，該國對當事人而言必然是最爲重要的。	契約約定雙方當事人於同一國家實施或履行契約義務之行爲，該履行地應與契約是最具重要性的。	契約當事人得以契約明示約定方式選擇契約所應適用之法律。但不得違反法庭地法的公共政策、準據法選擇非善意、準據法選擇爲非法。	如契約中無明示的準據法條款，普通法系國家的法院會依照契約中之仲裁或管轄等條款，以進一步確認當事人間之默示意思。以航運範疇，載貨證券上之「引置條款 Incorporated clause」所引置之傭船契約。	適用契約締結地或與交易具有最密切聯繫之法律。	英國爲使爭訟案件於英國具有管轄權，英國不斷地擴大其海事管轄之範圍，既使契約非在英國簽訂，違約情事亦非發生於英國，只要約定得於英國仲裁或訴訟，英國即有權管轄。英國擴大其管轄權後，於若干於英國起訴之案件中，仍以許多不是很明確或不甚具密切關係之英國法作爲案件準據法。	二十世紀初，國際間開始就海上貨物運送進行國際整合，從最早的1924年海牙規則，以迄最近的2009年鹿特丹規則，這些公約無論依公約本身之強制適用規定，抑或依國際法，締約國本應受公約規範等角度，各海上貨物運送公約或以意定方式，或以法定方式，規範或影響著載貨證券或運送契約所應適用之法律。
發展或優缺點或內容	十五、十六世紀以歐洲殖民國家爲主所衍生之國家主義。	無法解決所有法律衝突問題，蓋契約締結地可能僅是偶然發生的；另契約締結地主義也忽略當事人營業處所地、國籍、交付行地等因素。目前已不採。	整個海上貨物運送契約於同一國家內履行，通常是不太可能的；且同樣地，契約履行地主義也忽略當事人營業處所地、契約履行地、國籍、交付地等因素。	發展於十八世紀以後的歐洲國家。	可解決默示意思表示推定不易且所默示之準據法不一定與案件事實本身具相關牽連。			於海上貨物運送領域，公約強制適用來源主要有二：一爲意定，亦即於載貨證券或運送契約上約定所謂的「至上條款」Paramount Clause 或 Clause Paramount；另一爲法定，亦即各國批准加入各海上貨物運送公約後，因公約強制適用之規定，而爲公約之適用。

　　從前述各論述觀之，載貨證券準據法之擇定原則相當多樣，從最早的船旗國主義，進入到屬地主義及當事人意思自主原則，以迄晚近的最重要牽連關係等，另因公約適用主義介入的影響，亦影響若干選法規則等。

11.10.4　與海上貨物運送準據法選擇有關之公約

A. 1928年布斯塔曼特法典（Bustamante Code）

　　於1928年在哈瓦那舉行由21國參加的第六屆泛美會議上所通過之「布斯塔曼特法典」（Bustamante Code）可謂第一部有系統且涵蓋範圍甚廣之國際私法法典。

　　1928年布斯塔曼特法典與海上貨物運送準據法相關規定僅有第二章「海事及航空運送之特別契約」第285條：

　　租傭船契約如非附合契約，應適用貨物裝運港所在國之法律。

　　履行契約之行為應適用契約履行地法。

B. 1940年蒙特維多條約（Montevideo Treaty）

　　蒙特維多條約（Montevideo Treaty）係烏拉圭法學家Gonzolo Ramirez建議，烏拉圭及阿根廷兩國共同倡議於1888年8月起於烏拉圭首都蒙特維多舉行統一拉丁美洲各國國際私法的蒙特維多會議（Montevideo Conference）。該會議共通過九項公約，分別為國際民法條約、國際商法條約、國際刑法條約、國際民事訴訟程序公約、文學藝術所有權公約、商標所有權公約、發明專利公約、執行自由職業公約及一附加議定書。1939年8月起，亦即第一次蒙特維多會議50年後，烏拉圭及阿根廷政府再度邀請拉丁美洲各國舉行第二次蒙特維多會議，會議在對舊公約內容為修改之基礎上簽訂新的國際民法公約、陸上國際商法公約、國際商業航運法公約、國際民事訴訟法公約，其中與本文較為有關者即為「國際商業航運法公約」（Treaty on International Commercial Navigation Law），烏拉圭、巴西、哥倫比亞、波利維亞、阿根廷、智利、秘魯及巴拉圭均為簽署批准國。

　　1940年國際商業航運法公約與本文論述有關者，規定於第六部分「有關租傭船契約及貨物或人員之運送」第25條及第26條：

　　第25條規定：「租傭船契約或貨物或人員之運送於同一國數港口間為運送者，應受該國法拘束，無論系爭船舶之國籍為何。訴訟之提起應依該國審判或裁判管轄定之。」

　　第26條規定：「如前述契約於一締約國境內履行者，應受該國現行有效之法律規範，無論契約於何地締結或船舶國籍為何。「履行地」乙詞係指貨物卸載或人員離船之港口。」

C. 1980年關於契約之債法律適用羅馬公約

　　歐洲聯盟（European Union）於西元1993年前的歐洲共同體（European Communities）時代，即已開始發展出統一區內各國國際私法之工作。其中與本文討論最具相關連者為1980年「關於契約之債之法律適用公約」（Convention on the Law Applicable to Contractual

Obligation）。此公約源於1967年比利時、荷蘭、盧森堡三國向歐洲委員會提出建議，制定統一的歐洲國際私法，1970年任命法國學者Lagarde及義大利學者Guiliano起草，1972年完成「契約之債及非契約之債之法律適用公約」草案，1978年決定先進行契約之債法律適用公約部分之協商，1980年內容確定。該公約正文共三章33條，由歐洲經濟共同體當時的八個成員於1980年6月19日於羅馬簽署，已於1991年4月1日生效。此外，締約國另於1988年簽署有關該公約由歐洲法院進行解釋之議定書，並亦於2004年8月生效。羅馬公約的主要內容包括：

1. 明確以當事人意思自主原則作契約法律適用的首要原則，但不排除強制性規則之適用；
2. 於當事人未針對契約準據法爲選擇時，以關係最密切法則作補充，並明確關係最密切的認定標準（特徵性履行方法）；
3. 對某些特殊類型之契約（如消費者契約與勞動契約），強調各成員國國內法中強制性規則之適用。

前述規定於原則主要規定於公約第3條及第4條，其規定如下：

第3條選擇準據法之自由

1. 契約應適用當事人所選擇之法律。該選擇應爲明示，或由契約條款或具體情況可合理確定。當事人可選擇適用於契約之全部或部分之法律。
2. 當事人得於任何時候約定變更契約所適用之法律，無論原先適用於契約之法律係依據本條選擇適用抑或依本公約其他條款爲選擇適用。當事人於簽訂契約上變更契約適用之法律不應影響第9條規定之契約形式要件之效力或對第三人之權利造成不利影響。
3. 當事人選擇適用外國法之事實，不論其是否同時爲管轄法院之選擇，如於選擇當時所有與當時情況有關之其他因素均僅與某一國有所關連，不應影響不得由契約排除該國法律之適用，該法律規則以下稱之爲強制性規則。
4. 當事人對於選擇適用之法律是否同意或有無效力，應依第8條及第9條及第11條之規定爲確定。

第4條未爲選擇時之契約適用之法律

1. 未依第3條選擇可適用於契約之法律，契約應適用與其有最密切關係國家之法律，然如契約可分部分與另一國有更密切之關連，則該部分契約得爲例外，可適用該另一國家之法律。
2. 除本條第5項另有規定外，應推定於締約當時，契約與承擔履行契約主要義務之當事人之慣居地所在國，或如當事人爲法人或非法人團體時，其管理中心所在國最密切關係。然如契約於當事人從事貿易或履行職務過程中所訂立，則與該契約有最密切關係之國家應爲主營業所所在地國，或如依據契約條款，契約履行地將爲主營業地以外之其他營業地點。則與該契約有最密切關係之國家應爲該另一營業所在地國家。

3. 無論本條第2項規定爲何，如契約標的涉及不動產物權或不動產使用權，應推定契約與不動產所在地國家有最密切關係國。

4. 貨物運送契約不適用第2項之推定。於該類契約，如締約時，運送人設有主要營業地之國家，同時亦爲裝貨地或卸貨地或託運人主要營業地所在之國家，應推定契約與該國具關係最切。適用本項時，單程之航次傭船契約及以貨物運輸爲主要目的之其他契約應視爲貨物運送契約。

5. 如無法確定契約之主要履行地，本條第2項不予適用。此外，如所有事實顯示契約與另一國家具關係最切，則本條第2項、第3項及第4項之推定即不予以考慮。

　　前述規定中比較特別的是第4條第4項之除外規定。按該項並非將「貨物運送」排除於整部「羅馬公約」之外，其僅是不適用該公約第4條第2項之「義務承擔人慣居地爲關係最切地」之推定規定而已，而係採用「運送人主要營業地亦位於裝貨地或卸貨地或託運人主要營業地」之特別推定方式。而本項後段稱貨物運送契約包括「單程之航次傭船」（single voyage charter-parties）及「以貨物運輸爲主要目的之其他」，解釋上與我國海商法第38條「與船舶之全部或一部供運送爲目的」及「以件貨運送爲目的」之海上貨物運送契約相仿。此外，尚應注意第4條第5項無法確定契約主要履行地時之「關係最切」推定之特別規範。

　　另於羅馬公約之適用上，尚有下列三條文應一併注意：

1. 爲羅馬公約第7條強制性（Mandatory rules）之規定，該條第1項規定：「於依本公約適用某國法律時，若情況與另一國家有密切聯繫，且如該國法律規定契約無論如何均應適用何法律時，則應適用該國法律之強制性規則。然於考慮是否適用該強制性規則時，應注意到其性質及目的，及適用或不適用這些強制性規則所產生的後果。」本條文賦予法庭地國於當事人意思自主及關係最切國強制規定間可爲選擇適用之彈性。

2. 爲羅馬公約第21條規定：「本公約不妨礙本公約締約國成爲或將成爲其成員國的其他國際公約的適用。」所稱之其他國際公約，解釋上可包括海牙規則、威斯比規則及漢堡規則等。

3. 爲羅馬公約第1條第2項c款「本公約不適用於由匯票、支票、本票及基於證券之可轉讓性而產生債務之其他流通證券所生之債務obligations arising under bills of exchange, cheques and promissory notes and other negotiable instruments to the extent that the obligations under such other negotiable instruments arise out of their negotiable character」之規定。此規定導致一問題是：具權利證券或物權證券功能之載貨證券是否屬該款所稱之「其他流通證券」？依羅馬公約主要起草人Giuliano教授及Lagarde教授於1980年針對公約所完成之報告中曾指出「如某證券，既使具有可轉讓之債務，不被認定爲一可轉讓證券時，即不適用本除外規定。例如載貨證券、與運送契約有關所簽發之類似證券，及債券、公司債、保證書、補償狀、存款單、擔保及倉單，如其可被認定爲可轉讓證券，仍爲本c款所除外；且該除外僅適用於其

可轉讓性質所生之債務上。此外，依該證券之簽發所依據之契約或該證券之買賣契約均非排除在外。某證券是否被歸類為非本公約所規範之可轉讓證券，為法庭地法所應決定之事項（包括其國際私法規則）。」前述說明對於「載貨證券」是否屬該除外規定之適用，其說法仍是十分含混，然仍可理出一原則是：就載貨證券具可轉讓證券之部分，既使不適用羅馬公約，載貨證券之其他部分，特別是針對作為運送契約或運送契約之證明部分，仍有羅馬公約之適用。

11.10.5　各國規範──運送契約之債

　　國際海商巨擘加拿大William Tetley教授於其1994年所著之《國際衝突法：普通法、市民法及海事法》（*International Conflict of Laws: Common, Civil & Maritime*）乙書，曾邀請將近40個國家的學者針對各國涉外時效準據法相關問題為回答，藉以彙整各國相關規定或學術見解，並納入該書第九部分「各國摘要－海事法衝突」（National Summaries - Conflict of Maritime Laws）中。該章所列各國有針對契約法或海上貨物運送準據法選擇為揭露者，有下列38個國家，內容摘要整理如下：

國別	一般契約選法原則或其他	是否簽署海上貨物運送公約	是否簽署羅馬公約	國內法特殊規則
阿根廷		1924海牙規則	X	以卸貨港國為主
澳大利亞	明示→默示→關係最切	1979 SDR議定書		
比利時	明示→默示→關係最切	1968威斯比規則	V	
保加利亞		1924海牙規則		無約定，適用商船法
加拿大	明示→默示→關係最切	1968威斯比規則		
智利	明示（不得違反公序）	1978漢堡規則		
中國大陸	意思自主→關係最切			
哥倫比亞	明示→默示→主要義務履行地			卸貨港於哥國，適用哥國法
克羅埃西亞	意思自主	1979 SDR議定書		
賽浦路斯	明示→默示→關係最切	1924海牙規則		
丹麥	明示→默示→關係最切	1979 SDR議定書	V	運送人主事務所或該事務所位於裝貨港或卸貨港，推定為關係最切
法國	明示→默示→關係最切	1979 SDR議定書	V	運送人主事務所或該事務所位於裝貨港或卸貨港，推定為關係最切
德國	明示→默示→關係最切	1968威斯比規則	V	運送人主事務所或該事務所位於裝貨港或卸貨港，推定為關係最切

希臘	明示→默示→關係最切	1979 SDR議定書	V	
冰島	意思自主→關係最切			
愛爾蘭	明示→默示→關係最切	1924海牙規則	V	
以色列		1968威斯比規則+卸貨港在以色列		
義大利		1979 SDR議定書	V	
日本	意思自主（明示及默示）→締約地	1979 SDR議定書		
利比亞	明示→契約履行地			
荷蘭	明示→默示→關係最切	1979 SDR議定書	V	一般將承擔契約主要義務當事人之慣居地為關係最切
紐西蘭	明示→默示→關係最切	1979 SDR議定書		合意必須善意、合法及不違背公序
奈及利亞	明示→默示→關係最切	1924海牙規則		合意必須善意、合法、合理、具真正聯繫
挪威	意思自主→關係最切	1979 SDR議定書	X	
巴拿馬	意思自主	1978漢堡規則		
秘魯	明示→契約履行地→主要義務履行地	1924海牙規則		不違反公序
菲律賓	意思自主			不違反公序
葡萄牙	明示→默示→契約締結地（場所支配原則）	1924海牙規則	V	
賽內加爾	意思自主→關係最切	1978漢堡規則		
新加坡	明示→默示→關係最切	1968威斯比規則		善意+不違公序
斯洛伐尼亞	裝貨港位於斯國時，強制適用	1924海牙規則		
西班牙	明示（應有牽連）→共同本國法→共同居所地法→契約締結地	1968威斯比規則	V	
瑞典		1968威斯比規則		
瑞士	意思自主→關係最切	1979 SDR議定書		一般將承擔契約主要義務當事人之慣居地為關係最切
泰國	意思自主→共同本國法→契約締結地→承諾接受地→契約履行地			
土耳其	意思自主→契約履行地→主要履行地→關係最切地	1924海牙規則		
英國	明示→默示→關係最切	1979 SDR議定書	V	運送人主事務所或該事務所位於裝貨港或卸貨港，推定為關係最切
委內瑞拉	意思自主			不違反公序

　　基於前述各國契約準據法之一般性整理，以及本文第參節末段所述，各海上貨物運送國際公約有關「進口港」或「出口港」之規定，屬「公約適用之規定」，並非「準據法」之強制規定，在晚近各國將載貨證券所表徵之運送契約之準據法適用原則可整理如下：

1. 以尊重契約當事人意思自主爲原則；
2. 佐以「關係最切」爲輔助；
3. 並以裝貨港或卸貨港位於法庭地國爲關係最切之推定。

　　由於各國規定及批准加入各類公約之故，以下以圖示方式，說明以載貨證券爲運送契約表徵之準據法一般適用流程：

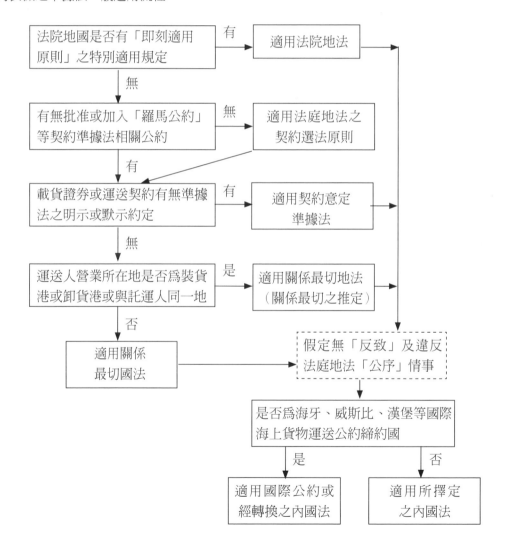

　　前述圖示並非絕對，其爲大多數國家之適用狀況。其次，前述圖示係在假定無「反致」及「公序良俗條款」之適用因素之情況下爲製作。

11.10.6   我國法規定（涉民法第43條）

2010年 涉民法	1953年 涉民法	說明
第43條 因載貨證券而生之法律關係，依該載貨證券所記載應適用之法律；載貨證券未記載應適用之法律時，依關係最切地之法律。 對載貨證券所記載之貨物，數人分別依載貨證券及直接對該貨物主張物權時，其優先次序，依該貨物之物權所應適用之法律。 因倉單或提單而生之法律關係所應適用之法律，準用前二項關於載貨證券之規定。	無	一、本條新增。 二、載貨證券係因運送契約而發給，但其與運送契約之法律關係截然分立，故因載貨證券而生之法律關係，其準據法應獨立予以決定，而非當然適用運送契約之準據法。海商法第77條之所以規定應依本法決定其應適用之法律，亦為此故。因載貨證券而生之法律關係，主要是運送人及其使用人或代理人對於載貨證券之持有人，應依載貨證券之文義負責之關係。故即使載貨證券之內容多為運送人及其使用人或代理人片面決定，甚或其具有僅為單方當事人之意思表示之性質，仍應承認該載貨證券關於應適用之法律之效力，以維持法律適用之明確及一致，並保護交易安全，至於無記載應適用之法律者，則應依關係最切地之法律，以示公平。爰增訂第1項，以修正現行司法實務之見解。載貨證券上關於準據法之記載，如有使運送人藉以減免責任，而對於載貨證券之持有人形成不公平情形者，仍可依法認定其記載為無效，而適用關係最切地之法律，併此說明。 三、數人分別依載貨證券主張權利，或對證券所載貨物直接主張權利者，其所主張之權利，既各有準據法，自難決定各權利之優先次序。爰參考瑞士國際私法第106條第3項規定之精神，規定此時應適用該貨物物權之準據法，以杜爭議。至於載貨證券所記載之貨物之物權之準據法，啟運之前固為其當時之所在地法，即出發地法，啟運之後即屬第41條所規定之託運中物品，依該條規定應為其目的地法，併此說明。 四、因倉單或提單而生之法律關係，其性質既與因載貨證券所生者類似，其所應適用之法律自宜本同一原則予以決定。爰規定其準用本第1項及第2項關於載貨證券之規定，以利法律之適用。

評釋：

A. 制訂歷程

新涉民法第43條於1999年以迄2010年三讀通過整整12年之修法過程中，大致上可區分為二階段：

a. 第一階段為1999年研修初稿及2001年的初稿修正

1999年涉外民事法律適用法修正草案（初稿）全文144條，載貨證券準據法規定於第91條；2001年初稿修正全文67條，載貨證券準據法規定於第46條，兩版本條文內容相同如下：

因載貨證券而生之法律關係，依發給人於證券上指定應適用之法律，未指定者，依發給人之營業所所在地法。

物權以載貨證券或其表彰之權利為標的物者，依前條定其應適用之法律。

數人分別依載貨證券或直接對所載貨物主張權利者，其優先次序，依該貨物之物權應適用之法律。

b. 第二階段為2003年以後之修正版本

司法院涉外民事法律適用法研修小組針對2001年初稿修正進行相當廣泛的討論，其中對該版本第46條載貨證券準據法規定討論甚多，主要討論內容為該條文是否適合置放於「物權章」及與當時甫通過未久之1999年海商法第77條間之相互適用問題。之後依司法院歷年公布之各修正版本，計有2003年11月修正版、2007年6月修正版、2008年6月修正版及2008年4月修正版等。2008年修正版以後，無論是第43條條文用語，抑或修正理由，均已維持未有更動，以迄立院三讀通過。各版本條文及修正理由表列如下：

2008年6月及2010年4月通過版	2007年6月版	2003年11月版
第43條 因載貨證券而生之法律關係，依該載貨證券所記載應適用之法律；載貨證券未記載應適用之法律時，依關係最切地之法律。 對載貨證券所記載之貨物，數人分別依載貨證券及直接對該貨物主張物權時，其優先次序，依該貨物之物權所應適用之法律。 因倉單或提單而生之法律關係所應適用之法律，準用前二項關於載貨證券之規定。	第43條 因載貨證券而生之法律關係，依該載貨證券所記載應適用之法律，載貨證券未記載應適用之法律時，依關係最切地之法律。 對載貨證券所記載之貨物，數人分別依載貨證券及直接對該貨物主張物權時，其優先次序，依該貨物之物權所應適用之法律。 因倉單或提單而生之法律關係所應適用之法律，準用關於載貨證券之規定。	第39條 因載貨證券而生之法律關係，依該載貨證券所記載應適用之法律。無記載者，依與載貨證券關係最切地之法律。 數人分別依載貨證券或直接對所記載之貨物主張權利者，其優先次序，依該貨物之物權所應適用之法律。 因倉單或提單而生之法律關係所應適用之法律，準用關於載貨證券之規定。

修正理由：

一、本條新增。

二、載貨證券係因運送契約而發給，但其與運送契約之法律關係截然分立，故因載貨證券而生之法律關係，其準據法應獨立予以決定，而非當然適用運送契約之準據法。海商法第77條之所以規定應依本法決定其應適用之法律，亦為此故。因載貨證券而生之法律關係，主要是運送人及其使用人或代理人對於載貨證券之持有人，應依載貨證券之文義負責之關係【，至於該持有人是否為運送契約之當事人，或是否為直接自託運人受領載貨證券之人，均非所問】（刮號內文字為民國96年版本有所記載，後於97年版本所刪除）。故即使載貨證券之內容多為運送人及其使用人或代理人片面決定，甚或其具有僅為單方當事人之意思表示之性質，仍應承認該載貨證券關於應適用之法律之效力，以維持法律適用之明確及一致，並保護交易安全，至於無記載應適用之法律者，則應依關係最切地之法律，以示公平。爰增訂第1項，以修正現行司法實務之見解。載貨證券上關於準據法之記載，如有使運送人藉以減免責任，而對於載貨證券之持有人形成不公平情形者，仍可依法認定其記載為無效，而適用關係最切地之法律，併此說明。

三、數人分別依載貨證券主張權利，或對證券所載貨物直接主張權利者，其所主張之權利，既各有準據法，自難決定各權利之優先次序。爰參考瑞士國際私法第106條第3項規定之精神，規定此時應適用該貨物物權之準據法，以杜爭議。至於載貨證券所記載之貨物之物權之準據法，啟運之前固為其當時之所在地法，即出發地法，啟運之後即屬第41條所規定之託運中物品，依該條規定應為其目的地法，併此說明。

四、因倉單或提單而生之法律關係，其性質既與因載貨證券所生者類似，其所應適用之法律自宜本同一原則予以決定。爰規定其準用本第1項及第2項關於載貨證券之規定，以利法律之適用。

修正理由：

一、本條新增。

二、載貨證券固係因運送契約而發給，但二者之法律關係截然分立，因載貨證券而生之法律關係，非當然適用運送契約之準據法，海商法第77條亦因而規定應依本法決定其應適用之法律。因載貨證券而生之法律關係，與當事人之法律行為實具有密不可分之關係，故原則上仍應依該證券上之記載決定其應適用之法律，至於無記載者，應依與載貨證券關係最切地之法律，較為妥適，爰設明文規定如第1項。

三、數人分別依載貨證券主張權利，或對證券所載貨物直接主張權利者，其所主張之權利，既各有其準據法，自難決定其優先次序，爰參考瑞士國際私法第106條規定之精神，規定此時應適用該貨物物權之準據法，以杜爭議。

四、因倉單或提單而生之法律關係，其性質既與因載貨證券所生者類似，其所應適用之法律自宜依同一原則決定，爰規定準用關於載貨證券之規定，以利法律之適用。

c. 參考條文

依新涉民法第43條之修法說明，該條第2項係參考瑞士國際私法第106條第3項規定之精神。按瑞士於1987年12月18日通過的「瑞士聯邦國際私法」（Loi fédérale sur le droit international privé / Switzerland's Federal Code on Private International Law）第106條規定於其第七章物權（Droits réels /Property）第（三）節特別規則(b)目「權利或（物權）證券（Titres représentatifs de marchandises/Title documents）」之下，內容如下：

第106條

1. 權利證券所指定之法律應決定該證券是否代表該貨物（whether such document represents title to the merchandise）。如無是項指定，則依簽發人營業所在地國法決定之。

2. 如證券代表某貨品之權利，與該證券及貨品有關之權利依該證券作為動產時所適用之法律。

3. 如有數人直接或基於證券主張對貨品之權利，依該貨物本身所適用之法律決定何人權利為優先。

從瑞士聯邦國際私法第106條規定之內容觀之，新修正涉民法於2001年以前的初稿版本，顯係意圖完全參考瑞士聯邦國際私法第106條。

B. 「物權條文」v.s.「債權條文」

載貨證券兼具運送契約（之證明）及權利（物權）證券功能，而此導致新涉民法第43條究係「物權條文」，抑或「債權條文」，必須先予以釐清。

從下列幾層面，新涉民法第43條似應僅指「物權」規範而言：

1. 本條文係規定在新涉民法「物權章」之下

2. 本修正條文最初版本所參考的條文為瑞士聯邦國際私法第106條，一如前述，該第106條歸屬於該法第七章「物權」，以及第106條內容觀之，應屬物權。

然從下列幾層面，新涉民法第43條屬債權及物權併存條文：

1. **從修正理由觀之**：本條文之修正說明第二點言「載貨證券係因運送契約而發給，但其與運送契約之法律關係截然分立，故因載貨證券而生之法律關係，其準據法應獨立予以決定」、「因載貨證券而生之法律關係，主要是運送人及其使用人或代理人對於載貨證券之持有人，應依載貨證券之文義負責之關係」、「即使載貨證券之內容多為運送人及其使用人或代理人片面決定，甚或其具有僅為單方當事人之意思表示之性質，仍應承認該載貨證券關於應適用之法律之效力，以維持法律適用之明確及一致，並保護交易安全，至於無記載應適用之法律者，則應依關係最切地之法律，以示公平」等語，均是在規範特定人與特定人間（亦即載貨證券發給人與載貨證券持有人）之法律關係，此權利的本質顯屬債權之對人權，非物權一般之對世權。

2. **從修正討論過程觀之**：整個新涉民法修正過程中，與第43條最爲重要的修正討論階段爲2002年2月22日司法院涉外民事法律適用法修正委員會第13次會議。於該次會議中，林益山委員說明本條文係爲推翻最高法院67年第4次民事庭推總會「載貨證券內所記載雙方當事人選定準據法是單方意思」之決議而來；起草小組成員陳榮傳教授說明「最高法院將載貨證券上之準據法認爲是單方的意思表示，不具有指定準據法的效力，但是各方提出的看法，多認爲該見解並非正確，小組乃仿照瑞士國際私法第106條提出本條草案，希望在草案採納多數說的看法」；其次，當幾位委員針對本條規定屬物權關係規範抑或債權關係規範希望有所釐清時，起草小組成員陳榮傳教授再次說明「草案第46條第1項的規定，在文字上確實不是很清楚，小組的構想是希望物權關係也能透過同一方式解決，即將載貨證券所指定應適用之法律，不只可以適用於因載貨證券而生之債權法律關係，即在物權的法律關係方面，尤其是表彰貨物所有權的歸屬和其他物權關係，也可依相同原則處理，也因爲如此，才在此特別規定其不再適用物之所在地法。此一規定的依據，主要是參考瑞士國際私法第106條的規定，並考慮最高法院決議所產生之疑義，小組希望此一規定能解決諸多問題，所以在大家認爲草案第46條第1項規定不夠清楚的情況下，小組原構想的規定重點固然是物權關係，但如果大家可以多些聯想，認爲債關係也採相同原則，那也是小組的本意，當然，認爲本條的內容有必要規範到此程度，而讓大家覺得規範體系上有些混亂，這無疑是小組本身要檢討的瑕疵。」

3. 第1項規定與各國契約準據法及羅馬公約所規範之「尊重當事人意思自主；再依關係最切」一致，然無物權以物之所在地之規範特徵，第1項屬債權條文甚明。

4. 如第1項兼具物權規範之性質，則將與第2項之適用產生衝突，蓋前者依「載貨證券所記載應適用之法律或關係最切法」，後者爲「依貨物之物權所應適用之法律」。

5. 第3項所規範之「倉單或提單」，性質上雖均具有背書轉讓性並有類似有價證券遺失之救濟程序，然於我國民事法體系歸類上分屬各種之債下之第十五節及第十六節，基本上仍屬債法上之規範。

本書基於下列理由認爲，新涉民法第43條第1項屬債權條文、第2項偏屬物權條文，第3項則屬債權物權併存條文：

1. **第1項「因載貨證券而生之法律關係，依該載貨證券所記載應適用之法律；載貨證券未記載應適用之法律時，依關係最切地之法律」純屬債權條文**：從修正草案研擬過程，本條文最初草案係參考瑞士聯邦國際私法第106條物權之規定。瑞士聯邦國際私法第106條第1項「權利證券所指定之法律應決定該證券是否代表該貨物。如無是項指定，則依簽發人營業所在地國法決定之」，本項規定主要係爲解決「載貨證券是否代表物權或具物權效力」之各國見解不一之問題，蓋一如前述，載貨證券是否具絕對物權效力，或僅是一權利移轉憑證等，各國見解不一。新涉民法民國90年以前的初稿條

文何以將條文翻譯爲「因載貨證券而生之法律關係，依發給人於證券上指定應適用之法律，未指定者，依發給人之營業所所在地法」？究係誤譯？抑或如立法理由及前述陳榮傳教授所陳述係爲同時解決債權上及物權上關係？筆者無意擅加揣測。然從修正過程針對本項規定之立法意旨、研修學者間之討論、國際公約及各國規範現況、物權法律關係不宜由當事人自由意定、以及與本條第2項規定有所區別適用等層面觀之，新涉民法第43條第1項規定應屬債權規定。

2. **第2項「對載貨證券所記載之貨物，數人分別依載貨證券及直接對該貨物主張物權時，其優先次序，依該貨物之物權所應適用之法律」規定偏屬物權條文**：貨物所有權歸屬之認定，涉及載貨證券物權性質之各項理論，一如本文先前論述，我國學術及司法實務見解多數採具物權效力見解，然程度有別，包括絕對說、嚴格相對說、代表說等，其中以代表說爲主流。另英美法亦認定載貨證券具權利證券或物權效力，即載貨證券爲使載貨證券持有人有權於卸貨港要求執行海上貨物運送且實際占有貨物之運送人交付貨物之「權利轉讓文書」（document of transfer）或「背書憑證」（document of endorsement）或「提貨憑證」（document of delivery），類似我國的代表說。其次，由於航運實務上，載貨證券之簽發通常一式至少三份以上具同等效力之正本，導致可能會有不同人持同等效力之載貨證券主張貨物權利之情況。再者，載貨證券所表徵之貨物所有權，亦可能會因質押、保險委付等因素，而使質押權人或貨物保險人取得系爭貨物或其殘餘之所有權，因此當數人同時或先後主張貨物所有權之權利時，即會產生爭議。而此即爲我國現行海商法第58條「數份載貨證券貨物受領之效力」及第59條「先受交付人之權利」等問題。本項規定優先次序之法律適用爲「依該貨物之物權所應適用之法律」，依新涉民法第41條「動產於託運期間，其物權之取得、設定、喪失或變更，依其目的地法」之規定，原則上適用目的地法。另應注意的是，載貨證券所表徵之物權效力並非僅限於「優先次序」而已，尚包括繳回性、背書轉讓性、文義性等，此爲本項規定立法上疏漏，解釋上應準用本項規定及適用新涉民法第41條規定，原則上適用目的地法。

3. **第3項「因倉單或提單而生之法律關係所應適用之法律，準用前二項關於載貨證券之規定」則依其爭端事項分別適用**：倉單、提單與載貨證券同屬「物品證券」類型之權利證券，三者均係應要求而簽發、具法定應記載事項、均有得背書轉讓之規定，以及均具有與有價證券遺失或被盜之救濟程序規定。另倉單背書轉讓較爲複雜，依我國民法第618條規定需經倉庫營業人簽名；另提單及載貨證券均有文義證券性、物權效力及繳還性之明文，然倉庫則無這些規定。是故，倉單及提單在法律規範，與載貨證券雖略有不同，然在性質上大致同一，準用載貨證券之規定，似乎並無不妥之處。然應注意的是，不同於載貨證券及空運相關證券通常具高度跨國涉外性質，以一國境內陸上爲主要營運及適用地域之倉單及提單，地域性質較強。在大幅開放外人投資的今

日，雖可能有例如外國人於我國經營倉庫或陸空運送業，或外國人使用我國籍之倉庫或陸空運送業，而因此有涉外因素之產生，然如依本條第1項尊重當事人意思自主所選定之準據法，當事人可能擇定與我國關係不甚密切之外國法！此部分可能有待我國法院於日後審理類似案件時，或以規避法律法理或援用公序良俗條款等方式，以減緩可能的不當擇定問題。

C. 新涉民法第43條 v.s. 海商法第77條

新涉民法第43條與海商法第77條間如何相互適用為新涉民法第43條的修法過程中，除該條屬債權關係或物權關係外之另一重要爭議。

a. 海商法第77條規定及立法背景

海商法第77條規定：「載貨證券所載之裝載港或卸貨港為中華民國港口者，其載貨證券所生之法律關係依涉外民事法律適用法所定應適用法律。但依本法中華民國受貨人或託運人保護較優者，應適用本法之規定。」

按海商法第77條原本交通部於1993年所通過之原修正條文規定為「載貨證券所載之裝載港或卸貨港為中華民國港口者，其載貨證券所生之法律關係應適用本法之規定。」此條文後於1999年1月6日於立法院所召開之「海商法修正草案協商會議（一）」中，在當時任立法委員的賴來焜教授主導下，修正為現行法條文。賴來焜委員於本次新涉民法修正中曾針對當初海商法第77條草案之修正，為以下之說明：

海商法第77條說明理由書中並未提出「直接適用法律（即刻適用法）理論」來解釋，而是謂中華民國海商法很好，可以保護中華民國的受貨人或託運人，事實上中華民國海商法並不會保護受貨人和託運人，多數是立於船東的利益研擬法條，所以，當時海商法第77條本文就改為：凡裝載港或卸載港在我國所生任何因載貨證券所生之法律關係，都依中華民國涉外民事法律適用法。個人當時設想因載貨證券所生之法律關係，有些是債權法律關係，可依第6條選法，有些是物權法律關係，可依第10條選法，即大原則為回歸國際私法的規定。當時說明理由書中如何保護中華民國的受貨人或託運人的意旨，依較佳法理論或彈性選法政策，於但書規定：如果依中華民國法保障中華民國的受貨人或託運人較周到或較優的話，就依中華民國法律，相對地會適用到法庭地法（即中華民國法律）。」

另賴來焜委員於其「新海商法論」著作中亦言「此乃不得不之手段，願他日整體海商法制度完善後，自有採「法庭地法」之空間」。

b. 新涉民法修法過程中有關海商法第77條之相關討論

一如前述，整個新涉民法修正過程中，與第43條最為重要的修正討論階段為2002年2月22日司法院涉外民事法律適用法修正委員會第13次會議。以下整理當時各研修委員針對新涉民法第43條及海商法第77條間關係所為之討論或陳述：

1. 王志文委員認為：「……在法律適用的步驟上，似先考慮海商法第77條，再依涉外民事法律適用法找出適當的準據法，找出之後，再回到海商法第77條面對但書的檢驗，如此一來便增加法律適用的複雜性和迂迴性。因載貨證券而生之法律關係的法律適用問題，實質上，最後還是取決於海商法第77條的規定。草案第46條和海商法第77條之間如果併存，似乎產生適用上之糾葛。海商法第77條本身的設計也不是沒有爭議性，尤其現行規定和行政院當初所提草案有相當出入，行政院當初所提草案採取了「即刻適用法原則」，我個人認為，行政院版本也有相當的意義和價值。所以個人建議草案第46條因載貨證券而生法律關係的準據法規定應和海商法第77條規定做作一通盤性的考量，考量兩者間的協調性，例如，應以何者為主？載貨證券的法律適用是否有必要同時受兩套法律的規範。」

2. 林益山委員認為：「關於草案第46條規定……在涉外的程序法上，是一個很好的原則。在目前許多載貨證券的實務上，雙方當事人多會明白定有準據法，問題是海商法第77條的規定……。這樣一來，很多情況會適用到但書的規定，而排除載貨證券上雙方當事人所選定的準據法。……本草案第46條前段規定是為了改變上述庭推總會決議的爭議，立法意旨甚佳，但若海商法第77條但書之規定不予修正的話，則本草案第46條的適用機會不大，殊為可惜。」

3. 小組成員陳榮傳委員說明：「……小組在提出本條草案時，也曾考慮到海商法第77條的規定，但因載貨證券所生的法律關係，除海商法第77條所規定的「以裝載港或卸貨港在中華民國港口為限」的情形外，也有裝載港或卸貨港在外國的情形，可見海商法第77條無法完全取代載貨證券法律關係所應具有的衝突規則，而本條草案之提出，小組也是希望能一體適用於所有因載貨證券準據法所生的法律爭執，並無意否定海商法第77條的規定。海商法第77條但書也許對本條文應適用之法律，仍有一些匡正的作用，但願此種立法安排能使法律適用更趨圓滿。」

4. 賴來焜委員說明：「依照涉外民事法律適用法的原則，草案第46條如果經立法院三讀通過，依後法優先前法適用原則。當初為何說是來自於「即刻適用原則」，一律適用中華民國法律，我為什麼不讓其通過，而依涉外民事法律適用法最主要的精神在此。有了第46條規定後，基於後法優先前法適用，將來如果發生問題，涉外民事法律適用法是特別法，後法優先前法，應優先適用。」

c. 海商法第77條之辯正

本書以為，嚴格言之，無論是交通部草案，抑或現行海商法條文，海商法第77條不應被解為「載貨證券之準據法」規定，既非「直接適用條款」，亦非「至上條款」，自無「後法（新涉民法）優於前法（海商法）」問題，有下列幾點理由：

1. **國際公約**：依交通部原草案之修法說明，係參考1936年美國海上貨物運送條例及1971年英國海上貨物運送條例。按該二條例，1936年美國海上貨物運送條例係將1924年海

牙規則轉化成美國國內法，而1971年英國海上貨物運送條例則係將1968年威斯比規則納入其國內法，亦即二條例均源自海牙規則及威斯比規則。相關條文爲1968年威斯比規則修正第10條之「公約適用」規定。此爲海牙及威斯比規則本身爲國際公約本應具有之適用範圍規定，其尙有擴大公約適用範圍之意圖。等於將公約所表徵之最低強制規定納入國內法規範，並非「出口港或卸貨港位於英國或美國，即直接適用英國法或美國法」！

2. 美國法：英美兩國繼受公約的背景亦有區別。於美國法部分，美國1936年海上貨物運送條例第1條「凡一切載貨證券或類似權利證件，作爲美國各口岸運入運出國外貿易之海上貨物運送契約者，本條例規定應適用之。Every bill of lading or similar document of title which is evidence of a contract for the carriage of goods by sea to or from ports of the United States, in foreign trade, shall have effect subject to the provisions of this chapter」從字面文義上，該條文僅稱「本條例規定應適用之shall have effect subject to the provisions of this chapter」，難謂該條文即屬強制或直接適用規範。既使如此，美國採此立法方式有其背景因素。按美國1893年哈特法（Harter Act）首度引進「適航性義務」時，歐洲船舶所有人或運送人便以「載貨證券準據法」條款方式意圖規避美國法之適用，爾後雖有1924年海牙規則之制訂，然由於美國對於「載貨證券約定準據法」之疑慮尙未完全消除，是於1936年制訂其海上貨物運送條例時，便有該條幾乎等同於直接強制適用用語之規定。然既使有此規定，僅適用於在美國起訴之案件而已，並不拘束在美國以外國家起訴之海上貨物運送案件，此爲其一。再者，於美國晚近發展，由於美國1936年海上貨物運送條例已長久未修正，免責事由多，單位責任限制額度低，因此美國法院固守適用美國1936年海上貨物運送條例的結果，反而是更不利於美國貨方！有鑑於此，加上全球主要航商普遍以1968年威斯比規則作爲契約準據法，晚近美國法院已逐漸承認載貨證券意定準據法之效力，此表徵在二層面：第一爲1969年「美國法律衝突法重述第二部」第197條規定：「旅客運送或貨物運送契約之效力，以及由其所生之權利，若當事人未爲有效的適用法選擇，則適用旅客登船港及貨物裝載港所在國家之內國法。有關特別問題，除依第6條所確定之原則外，其他國家與契約或當事人具有更爲重要之關連時，於此情況下，適用該其他國家之內國法。」第二爲美國1999年送交國會審議之海上貨物運送法修正草案，該草案雖因美國支持當時尙在發展中的聯合國海上貨物運送法公約（即爲目前通過之2009年鹿特丹規則）而未續行審議，然該草案亦可表徵美國對海上貨物運送立法之晚近態度。該草案第3條a項規定「一般規定：本法適用於運抵美國或運離美國之任何運送契約。」很顯然地，此草案規定已摒棄1936年海上貨物運送條例之類似強制或直接適用規定。我國民國88年海商法修正之初，不解美國法晚近發展，而援用具特殊發展背景之美國1936年海上貨物運送條例，不無有欠周延之責難。

3. **英國法**：英國1971年海上貨物運送條例第1條第3項規定「於不損及上述第2項之情況下，上述規定對於裝運港為英國港口之船舶海上貨物運送具有效力（並具有法律效力），無論該運送是否屬於該規則第10條所指之二個不同國家間港口之運送。Without prejudice to subsection (2) above, the said provisions shall have effect （and have the force of law） in relation to and in connection with the carriage of goods by sea in ships where the port of shipment is a port in the United Kingdom, whether or not the carriage is between ports in two different States within the meaning of Article X of the Rules.」從字面上言，亦僅在指該條例之適用範圍，亦難謂該條文即屬強制或直接適用規範。

4. **英美二國適用原則**：英美二國前述規範之效果並非「直接適用英國法或美國法」，一如本文先前論述，其影響者主要為「關係最切國」之認定及公序良俗條款之適用而已，蓋於現今英國及美國，包括載貨證券在內之契約準據法，仍以尊重契約當事人之意思自主（明示及默示），僅於無意思自主時，方適用關係最切法理。

5. **交通部草案**：基於前四點論述，交通部原草案「載貨證券所載之裝載港或卸貨港為中華民國港口者，其載貨證券所生之法律關係應適用本法之規定」幾乎等同於「直接適用或即刻適用主義」之規定，無論是當初立法意圖抑或學者誤解，顯係嚴重誤解國際公約及前述英美二國之立法例所導致。

6. **現行海商法規定**：平實言之，海商法第77條除但書規定有爭議外，現行法規定扭轉交通部草案「直接適用原則」之不當，回歸國際私法「涉外民事法律適用法」規範之正軌，誠屬難得且不易。於新涉民法開始適用之前，海商法第77條規定或許有其適用上之困難，蓋因最高法院67年度第四次民事庭庭推總會「載貨證券為船長單方意思表示」之決議，既使依舊涉民法第6條載貨證券所生債之關係原則上應尊重當事人意思自主，但因該庭推決議，法院不認載貨證券上準據法條款之記載的結果，海商法第77條適用的效果有限，甚至全無。然新涉民法通過後，第43條前段清楚載明「因載貨證券而生之法律關係，依該載貨證券所記載應適用之法律」之結果，海商法第77條規定即有其具體意義及價值。另原交通部草案有一特別作用是：當載貨證券無準據法記載，而法院必須決定關係最切國時，如我國為裝貨港或卸貨港，則我國當然可為關係最切國之基本假定。然因現行海商法第77條已直接適用涉民法，其效果是既使裝貨港或卸貨港於我國，僅能以學理方式為關係最切之認定而已。

7. **現行海商法但書規定**：現行海商法第77條「但依本法中華民國受貨人或託運人保護較優者，應適用本法之規定」大概是新涉民法研修過程中本條最受批評之處，或認為違反國民待遇原則，或認為增加訴訟成本等。然本書以為，表面上該但書規定似乎有違國民待遇原則，或因為必須比較準據法與我國法之優劣而增加訴訟勞費，但該但書規定實質上卻是符合公約及國際私法意旨的，主要理由有二：第一、從國際私法公序良俗條款之適用觀點，如外國法適用之結果劣於我國海商法所表徵之最低強制責任等規

定，法院本有權排斥其適用；第二、海牙規則及威斯比規則等均規定應於締約國強制適用，亦即公約締約國之法庭地國如為裝貨港等，強制適用公約之效果為：如準據法規定低於或劣於法庭地國法，法庭地國本有權為較為有利之法庭地國法之適用。我國雖非海牙或威斯比規則之締約國，然從實際或實質繼受公約之角度，亦應為同樣之解釋。從此角度，本書認為無妨將海商法第77條但書規定視為「公序良俗條款之具體或特別規定」而予以適用，如此即可解決或減緩各界對該但書規定之批評及責難。

d. 新涉民法第43條與海商法第77條相互適用問題

本節B點「新涉民法修法過程中有關海商法第77條之相關討論」曾臚列研修委員們針對海商法第77條之相關討論，包括王志文委員「先考慮海商法第77條，在依涉民法找出適當準據法，再回到海商法第77條但書」、「會產生適用上之糾葛」及「載貨證券的法律適用是否有必要同時受兩套法律的規範」；林益山委員「很多情況會適用到但書的規定，而排除載貨證券上雙方當事人所選定的準據法」及「若海商法第77條但書之規定不予修正的話，則本草案第46條的適用機會不大」；陳榮傳委員「也有裝載港或卸貨港在外國的情形，可見海商法第77條無法完全取代載貨證券法律關係所應具有的衝突規則」；及賴來焜委員「有了第46條規定後，基於後法優先前法適用，將來如果發生問題，涉外民事法律適用法是特別法，後法優先前法，應優先適用。」

針對前述各委員之顧慮，筆者認為均是多慮。載貨證券準據法之適用順序，於日後新涉民法生效實施後，很清楚依海商法第77條前段規定，是先適用新涉民法第43條確定載貨證券之準據法，於適用準據法時，則進一步適用海商法第77條但書。兩條文之適用上並無糾葛，亦無特別法優先或後法優先問題。至於但書規定部分，一如前述，無論從公序條款或公約規範角度，本為審理法庭應考量之事項，根本無所謂「排除載貨證券上雙方當事人所選定的準據法」之情況發生。

海商法第77條前段「載貨證券所載之裝載港或卸貨港為中華民國港口者」用語，可能會有造成「直接適用或即刻適用」之誤解，但事實上並非如此，因其準據法本來就是依「涉外民事法律適用法所定應適用之法律」。反面解釋，「載貨證券所載之裝載港及卸貨港非中華民國港口者」，海商法第77條無適用之餘地，當然直接適用新涉民法。換言之，無論載貨證券所載之裝載港或卸貨港是否為中華民國港口，其結果均是適用新涉民法（第43條）！

前述適用順序，與本文分析各國規範後，所圖示說明之載貨證券準據法一般適用流程是一致的。

D.涉民法第43條適用範圍

載貨證券所涉及之法律關係相當複雜，包括載貨證券之文義性、背面各種條款之效力（含仲裁及管轄條款）、免責抗辯事由及其解釋、責任基礎及舉證責任、單位責任限制、貨損通知時限、訴訟時效或消滅時效、運費事項、運送雙方其他權義事項等，一旦

依新涉民法第43條為準據法之確定，依國際私法全面適用原則，除有違法庭地國（本文指我國）之公序及類似我國海商法第77條但書規定外，前列事項均應適用準據法國之規定，包括其成文法、裁判、習慣、法理及解釋原則。在國際海上貨物運送體系本存有基本分歧，連帶造成各國規範見解不一，加上語文隔閡、各國法規搜尋不易等情況下，我國法院對於屬高度涉外之海上貨物運送爭議案件的處理（事實上包括整個海商海事案件），有其高度困難度。本書本節無意針對前述載貨證券所涉及之各項法律關係問題為探討，本節僅針對新涉民法第43條之適用範圍方面可能面臨的問題為討論，包括得為類似契約關係基礎之其他海上貨物運送文件是否準用本條規定。

新涉民法第43條規定僅限適用於「載貨證券」，依載貨證券適用法理及本條文之立法說明，主要適用於「載貨證券簽發人與託運人以外之載貨證券持有人」間之關係。然海上貨物運送各階段或因運送類型不同，會有若干類似於載貨證券之文書或關係人，例如「光船租船」（demise charter）及「論時租船契約」（time charter）、「以船舶之全部或一部供運送之傭船契約」、「實際運送人」（actual carrier）或「履約運送人」（performing carrier）、「運送人與託運人間之運送契約」、「不具物權證券或權利證券性質之海運單」（Sea Waybill）、「大批量契約」（volume contract）繳還載貨證券後所換領便於報關及提貨之「提貨單或小提單」（Delivery Order），及晚近發展中之「電子載貨證券」等。這些類型的契約或文件或法律關係是否可「準用」或「類推適用」新涉民法第43條規定？不無斟酌之餘地。

a. 光船租船契約（demise charter）及論時租船契約（time charter）

光船租船或空船租船性質上為單純的船舶使用契約；論時租船性質上屬船舶使用及船員服務之混合契約類型，兩者均非運送契約，解釋上與載貨證券所表徵之運送契約或權利證券性質上有所不同，從此角度，光船租船及論時租船契約應直接適用一般契約之準據法，亦即直接適用新涉民法第20條，不生準用或類推適用新涉民法第43條問題。

至於諸多載貨證券載上約定有所謂的「轉責條款」（demise clause）或「運送人身分條款」（identity of carrier）等，意圖將載貨證券或其所表徵之運送契約之運送人責任轉嫁給光船租船人或論時租船人，屬該類條款之效力認定問題，與光船租船或論時租船契約本身之準據法問題無涉。

b. 以船舶之全部或一部供運送之傭船契約

依我國海商法第38條，以船舶之全部或一部供運送之契約屬海上貨物運送類型，從海運營運類型而言，包括常見的論航傭船（或稱為航次傭船）voyage charter、連續論航傭船（successive voyage charter，海商法第45條參照）及艙間或艙位傭船（space or slot charter）。此類傭船契約本身已為運送契約，性質上屬締約雙方立於平等締約地位之私運送（private carriage），應直接適用一般契約之準據法，亦即直接適用新涉民法第20條，原則上不生準用或類推適用新涉民法第43條問題。然問題發生於「傭船契約簽發載

貨證券」之場合，例如我國海商法第60條第2項規定「以船舶之全部或一部供運送為目的之運送契約另行簽發載貨證券者，運送人與託運人以外載貨證券持有人間之關係，依載貨證券之記載。」

按論航傭船契約另有簽發載貨證券時，通常係簽發所謂的「簡式載貨證券」（short-terms B/L）。簡式載貨證券上通常並無「準據法及管轄條款」之記載，而係以「引置條款或併入條款」（incorpated-in clause）之方式，將傭船契約條款全部引置或併入載貨證券中。此一設計有其必要，蓋論航傭船契約本身即為運送契約，如所由簽發之載貨證券另有詳細運送條款約定，基於載貨證券所表徵之運送契約或運送契約之證明性質，可能會造成一運送二契約並存之衝突狀態。

載貨證券「引置條款或併入條款」所引置或併入之傭船契約之仲裁條款、管轄條款或準據法條款是否具效力，為民國64年台抗字第239號判例及隨後民國67年最高法院民事庭庭推總會有關「載貨證券為船長單方意思表示」之決議之淵源所在。之後國內裁判對「引置條款」效力見解不一，其中最近且中肯的見解為晚近最高法院97年台抗字第319號裁定，該裁定認為「應依涉外民事法律適用法第6條決定出之準據法，予以決定引置條款及妨訴抗辯之效力」。該裁定雖未針對引置條款效力為直接認定，然主張應依載貨證券準據法為效力之認定，實與新涉民法第43條規範之意旨不謀而合。

c. 運送人與託運人間之運送契約，或未簽發載貨證券之場合

運送關係於運送人與託運人達成運送協議後即成立生效，而載貨證券為貨物裝載上船後始簽發。另載貨證券主要是規範運送人與非託運人以外之載貨證券持有人間之法律關係，因此於載貨證券簽發前或載貨證券尚在託運人持有中而未轉讓給第三人前，運送人與託運人間法律關係之準據法如何擇定？便生問題。此問題的解決必須考量下列幾個層面：

第一、託運人與運送人為運送契約之當事人，裝貨港通常亦為契約締結地，裝貨港國通常具有最重要之牽連關係。

第二、然裝貨港國與之後簽發之載貨證券上之準據法國不同，將會可能造成「載貨證券背書轉讓前適用裝貨港國法（或契約締結地法）」，而「載貨證券背書轉讓後適用載貨證券上所載準據法」之割裂狀況。

第三、從航運實務作業，為完成託運手續及貨品聲明等作業需求，託運人會使用運送人所提供之空白託運單（shipping order），向運送人為託運之申請。一般而言，該託運單之背面，通常已會有「管轄或準據法條款」或「託運人同意接受載貨證券相關條款拘束」之記載。亦即在不考慮「託運單為運送人單方印就」是否具有效力之情況下，託運人已知或已同意受載貨證券上準據法條款之拘束！

從前述第二及第三點觀之，運送人與託運人間運送關係之準據法選擇相同於載貨證券之準據法（亦即準用新涉民法第43條規定），似有其一致性之考量。然筆者以為，載貨

證券之法律關係主要係規範載貨證券簽發人與持有人間之關係，有其載貨證券之文義性及證券信賴保護等考量，然運送人與託運人間並無這般考量，應以回歸一般契約之準據法選擇，亦即適用新涉民法第20條，而非準用第43條。本點適用新涉民法第20條「當事人意思自主，如無，適用關係最切之法律」之優點為：由於託運雙方（主要是指件貨運送）通常並無明確的事先準據法約定，或既使有類似前述託運單上之記載，該記載是否具準據法之擇定效力，亦生爭議，因而適用關係最切之法之結果，由於當事人所在國、締約地及裝貨港大致同一，且通常會於該國起訴，適用法庭地法之法律適用會比較簡單及單純。

d. 海運單（Sea Waybill）

與載貨證券相較，海運單僅不具載貨證券之物權證券功能，但尚具備貨物收受及運送契約之證明等載貨證券其他功能。嚴格言之，海運單仍屬「載貨證券」種類之一，僅是不可背書轉讓而已，實務界以「海運單」為名，主要是希望與「載貨證券」用語上有所區分，兩者除「不可背書轉讓」之用語外，無論在格式及契約條款內容方面並無太大差異，包括管轄及準據法條款均一應俱全。海運單所生之法律關係，無論是物權關係抑或債權關係之準據法，基本上均可準用新涉民法第43條規定。

e. 載貨證券繳還後之分提單、小提單（Delivery Orde）或電報放貨

載貨證券係規範載貨證券發給人與載貨證券持有人間之法律關係，具物權性質，可背書轉讓並具繳回性。載貨證券繳還後（原則上於目的港繳還一套；非目的港須繳還全套），受領權利人提貨地位雖就此確認，然因載貨證券已經繳還，繳還後所生之法律關係之準據法如此處理？不無爭議。按於海運實務，載貨證券繳還後通常會區分為下列幾種情況：

第一、「小提單」（delivery order）：小提單係貨物運抵目的港，正本載貨證券持有人繳還至少一套正本載貨證券，以確認其提貨地位後，目的港運送人簽發給貨物受領權人，以便貨物受領權人持往海關報關並驗放提貨之單據。小提單不具載貨證券物權證券性質，自不得再背書轉讓，惟在債權關係上，小提單為載貨證券繳還後之替代單據，小提單亦通常載有包括「載貨證券所載條款繼續沿用於小提單」之條款記載，小提單所載貨物提領人通常為繳還載貨證券之持有人，解釋上仍應受載貨證券法律關係之拘束。

第二、「分提單」：分提單常用於大宗物資及承攬運送人介入運送之情況。貨物運抵目的港，而必須將貨物區分，以便交付給多數真正受領權利人時，載貨證券持有人於繳還正本載貨證券時，實務上會以出具擔保書或切結書方式，請求運送人「分割小提單」，將載貨證券上所載貨物予以區分，並分別簽發不同的小提單給不同的真正受領權利人。此情況與第一種情況不同的是，第一種情況之小提單受貨人通常為繳還正本載貨證券之持有人；第二種情況之小提單受貨人為繳還正本載貨證券之人所指定有權受領貨物之人。分提單作業具有指示交付之性質，理論上，分提單作業下所簽發之小提單上所載受貨人，其權利係繼受載貨證券持有人而來，無論從小提單記載之效力，抑或權利繼受之效力，小提單受貨人仍應受載貨證券法律關係之拘束。

第三、「電報放貨」（telex release）：電報放貨係託運人於裝貨港領取全套載貨證券後，隨即將全套載貨證券於裝貨港繳還給運送人，裝貨港運送人便以「電報通知」方式，通知目的港之運送人代理人「全套載貨證券已於裝貨港繳還」事宜，並進一步指示於貨物運抵目的港後，將貨物交付給載貨證券所載之受貨人，而目的港運送人亦隨後會簽發小提單給該所指定之受貨人。電報放貨亦具有指示交付之性質，理論上，電報放貨所指示之受貨人，其權利係繼受繳還全套載貨證券之託運人而來，且其通常亦為小提單之受貨人，因此無論從小提單記載之效力，抑或權利繼受之效力，小提單受貨人仍應受載貨證券法律關係之拘束。

綜上說明，無論是一般小提單、分提單或電報放貨，小提單所載明之受貨人仍應受原始載貨證券法律關係之拘束，換言之，應依新涉民法第43條規定為準據法之確定。

f. 大批量契約（volume contract）

大批量契約或批量契約（volume contract）為2009年鹿特丹規則所新增定之運送契約類型。「大批量契約」係指於約定期間內分批裝運約定總量貨物之運送契約。貨物總量可為最低數量、最高數量或一定範圍之數量。"Volume contract" means a contract of carriage that provides for the carriage of a specified quantity of goods in a series of shipments during an agreed period of time. The specification of the quantity may include a minimum, a maximum or a certain range.從2009年鹿特丹規則之規定觀之，大批量契約之規定兼具「公共運送」（common carriage）或件貨運送與「私運送」（private carriage），性質上比較偏向類似傭船契約之私運送，除某些強制事項外，大批量契約得將公約若干權義以約定方式予以排除適用，且亦得以將運費表及大批量契約本身以引置方式納入運送契約中。由於性質上偏向以船舶之全部或一部供運送為目的之傭船運送，此類契約本身已為運送契約，屬締約雙方立於平等締約地位之私運送（private carriage），應直接適用一般契約之準據法，亦即直接適用新涉民法第20條，原則上不生準用或類推適用新涉民法第43條問題。至於同樣問題會發生於「大批量契約簽發載貨證券」之場合，此部分可同見本節第2點有關「以船舶之全部或一部供運送之傭船契約」之相關論述。

g. 晚近發展中之「電子載貨證券」或「電子運送單證」

無紙化或電子化的風潮於1990年代亦吹進海上貨物運送領域。國際間亦自1990年代起亦開始相關立法，例如國際海事法委員會CMI於1990年所制訂之「國際海事法委員會電子載貨證券規則」（CMI Rules for Electronic Bills of Lading）、聯合國國際貿易法委員會亦於1996年頒布「電子商務示範法」（1996 UNCITRAL Model Law on Electronic Commerce），其中第二部分第一章即針對「貨物運輸」為特別規定。另晚近2009年鹿特丹規則將「電子運送紀錄」（Electronic transport records）正式納入公約規範當中，並賦予其同等於傳統書面「運送單證」法律地位及效力。亦即於運送人及託運人同意以「電子運送記錄」方式為運送單證之簽發、占有、控制及轉讓等，無論該「電子運送記

錄」爲可轉讓或不可轉讓，其效力等同於一般運送單證。因此有關以「電子載貨證券」或「電子運送單證」替代傳統載貨證券或運送契約時，其準據法之選擇自應依新涉民法第43條規定爲決定。

h. 載貨證券所表徵貨物或權利之受讓人等

載貨證券係規範載貨證券簽發人與載貨證券持有人間之法律關係，然載貨證券持有人就其所持有之載貨證券所表徵之權利，可能會因保險代位之保險人（例如我國保險法第53條）、海上保險之貨物保險委付之保險人（例如我國海商法第142條及第144條參照）、載貨證券質押之質押權人及損害賠償權利之受讓人等得主張貨物所有權人或同等於載貨證券持有人之權利。這些權利所賴以成立之法律關係或有不同，或法定代位、或法定讓與、或意定讓與等，然這些權利之行使均根源於載貨證券本身或載貨證券所表徵之貨物之權利，這些人等權利之行使，同立於載貨證券持有人之同等地位，爲載貨證券所生之法律關係之主張。因此其準據法之選擇自亦應新涉民法第43條之規定爲之。

E. 涉民法第43條載貨證券準據法總結

統計歷年最高法院有關涉外民事法律適用法適用案例約130案，其中近五成案件屬海商案件；另彙整1990年至2009年間最高法院海商案件超過二百案之類型分析，海上貨物運送案件比例高達85%。以前述數據推估，就最高法院審理涉外民事法律適用法有關案件中，有將近四成以上案件涉及海上貨物運送。從此數據觀之，新涉民法全數63條條文中，本書所討論之第43條可能是影響層面最大最廣之條文。

a. 實質且重大更動我國司法實務有關海上貨物運送之擇法標準

1975年台抗字第239號判例「載貨證券係由運送人或船長簽名之證券難謂係當事人雙方簽訂書面之商務仲裁契約自無依該證券之記載而主張適用商務仲裁條例第三條之餘地」及隨後最高法院67年度第四次民事庭庭推總會決議（二）第三則有關「載貨證券係由運送人或船長單方簽名之證券，其有關仲裁條款之記載，尚不能認係仲裁契約，故亦無商務仲裁條例第三條之適用」之決議，導致包括準據法條款在內之載貨證券背面條款之「虛位化」。虛位化係指載貨證券雖有準據法條款等之記載，然由於主張不易，或依侵權行爲請求，或兩造訴訟代理人之嗣後合意選定我國法等原因，我國法院幾乎未依甚至不願依「載貨證券準據法條款」決定海上貨物運送案件之準據法。於我國過去案件實踐上，載貨證券上之準據法條款眞可以「形同具文」稱呼之。

1999年海商法修正通過後，其中第88條第2項仲裁條款之當事人合意規定，形同直接變更前述1975年台抗字第239號判例及1978年最高法院民事庭庭推總會決議第三則之見解，然最高法院2003年第7次民事庭會議針對前述1978年第四次民事庭庭推總會議決議第三則進行複審時，亦再次爲下列之補充決議文：「載貨證券係由運送人或船長單方簽名之證券，其有關仲裁條款之記載，除足認有仲裁之合意外，尚不能認係仲裁契約。」換言之，即使已有1999年海商法第78條及1998年仲裁法之規定，最高法院仍極力採取

「載貨證券仍屬單方意思表示」之見解。今新涉民法第43條第1項前段「因載貨證券而生之法律關係，依該載貨證券所記載應適用之法律」之明文，以及本文所列該條文擬定過程中之各項討論，形同再次宣告我國司法實務堅持將近半世紀「載貨證券係由運送人或船長單方簽名之證券」的見解不應再行適用。

此影響並非僅變更前述司法長久來的見解而已，而是案件審理必須真正回歸以「載貨證券所載準據法」為審理。

b. 國內海商法海上貨物運送規範之適用機率將逐漸萎縮

應注意的是，幾乎所有傭船契約及件貨運送之載貨證券均有「管轄及準據法條款」之約定；而傭船契約下所簽發之簡式載貨證券亦因引置條款或併入條款，而應適用其所引置之傭船契約準據法條款。再者，必須面對的一現實狀況是：以國內前三大定期班輪航商之載貨證券為例，僅萬海航運適用我國法，而長榮及陽明之載貨證券所載管轄及準據法條款則一致適用「英國法」及「倫敦法院管轄」，國內航商如此，外籍航商更不可能約定適用我國法！換言之，如日後我國法院確實依據新涉民法第43條適用載貨證券所記載應適用之法律，其結果為：我國海商法海上貨物運送節日後被適用的可能性將逐漸萎縮！此情況似乎是國人所不樂見，然本書對此確有不同看法，蓋法院確實且經常地適用外國法，不僅可以刺激國際私法本身的發展及適用經驗，另一方面也能凸顯國內海商法本身規範的瑕疵，繼而提升我國海商法的水平及日後可能的修法，這是所有研習海商法及國際私法之人的共同期待。

c. 新涉民法第43條本身所隱藏的適用狹隘性及不確定性

本節從學理探討著手，整理國際及各國相關規範，我國新涉民法第43條的立法方向大致與國際規範，且與現行海商法第77條亦不生適用衝突問題。本節廣泛討論新涉民法第43條的適用範圍，實際目的即是在揭露新涉民法第43條本身所隱藏的適用狹隘性及不確定性：

(a) 狹隘性

狹隘性主要在指本條文僅適用於「載貨證券而生之法律關係」。從海上貨物運送各項國際公約發展觀之，由於戶對戶運送、多式聯運、承攬運送之廣泛介入、海運單、載貨證券電子化等新運送型態的大量使用，載貨證券已逐漸降低其於航貿上之地位，而為更廣義的「運送單據或單證」（transport document）所取代。1924年海牙規則及1968年威斯比規則的公約全稱為「統一某些載貨證券規則國際公約」，然1978年漢堡規則的公約全稱中已不再使用「載貨證券」乙詞；甚至載貨證券乙詞更於最新一代的2009年鹿特丹規則文本中完全消失。換言之，新涉民法第43條局限於「載貨證券」之適用，勢將無法因應日後海上貨物運送單據多樣化的法規變革。此為狹隘性之一。

新涉民法第43條局限於「載貨證券」之適用，亦將無法有效處理現行使用中之運送單據，例如不具物權或權利證券性質之海運單，載貨證券簽發前之託運單階段，及載貨證券繳還後之小提單階段之相關適用問題。此為狹隘性之二。

(b) 不確定性

本條文由於適用範圍的狹隘及置放於物權章之下，在日後適用上會產生許多爭議，而衍生高度的不確定性。

本條文之「債權」抑或「物權」屬性定位爲本點爭議之首，本節詳細分析條文結構及修法歷程，試圖就每一項之債權物權屬性爲明確區分，然於我國司法實務比較偏向「文義解釋」的情況下，可能以該條文置於「物權章」之下爲由，直接將新涉民法第43條全部定位爲「物權條文」，而絲毫不去考量「載貨證券所記載應適用之法律」！此情況是非常有可能發生的，蓋一如前述，既使於1999年海商法修正通過後，最高法院2003年第七次民事庭會議仍希望能堅守「載貨證券係由運送人或船長單方簽名之證券」之傳統見解！

外國立法例參考：

瑞士1987/2011年聯邦國際私法第106條
　　1. 權利證券上所指定之準據法，應適用該指定之法律。未指定者，相關問題應適用證券發行人營業處所所在地法。
　　2. 如該證券涉及某動產物權，有關物權適用規範該證券之法律。
　　3. 如某商品物權爲數人所共有，則可直接依據調整商品關係之法律決定何人享有優先權利。
中華人民共和國2010年涉外民事關係法律適用法第39條
　　有價證券，適用有價證券權利實現地法律或者其他與該有價證券有最密切聯繫的法律。
匈牙利1979年國際私法第28條
　　1. 證券義務的產生和範圍，適用履行地法。
　　2. 以公債形式發行的債券的契約權利和義務的產生、轉移、消滅和生效，適用發行人屬人法。
　　3. 如果證券確保處置商品的權利，其對物權的影響適用本法令對物權關係的規定。
　　4. 如果證券涉及社員權利、證券權利和義務的產生、轉移、消滅和生效適用法人屬人法。

11.11　物權準據法——有價證券集中保管之準據法（涉民法第44條）

涉民法第44條

　　有價證券由證券集中保管人保管者，該證券權利之取得、喪失、處分或變更，依集中保管契約所明示應適用之法律；集中保管契約未明示應適用之法律時，依關係最切地之法律。

11.11.1　有價證券集中保管概說

有價證券之意義：
　　　　學理：有價證券乃表彰具有財產價值之私權證券，其權利之發生、移轉或行使，須全部或一部依據證券爲之。

　　　　刑法：有價證券並不以流通買賣為必要條件，苟證券上權利之發生移轉或行使，
　　　　　　有其一以證券之占有為要件時，均屬有價證券之範圍（45台上1118判例）
　　　　保險法：公債、庫券、儲蓄券、金融債券、可轉讓定期存單、匯票、本票、公司
　　　　　　股票、公司債、受益憑證等。（保§146之1）
　　　　證券交易法：政府債券、公司股票、公司債券、經主管機關核定之其他有價證
　　　　　　券、新股認購權利證書、新股權利證書及有價證券之價款繳納憑證或表明
　　　　　　其權利之證書。（證交法§6）
有價證券之種類：
　　　　指名證券、指定證券、無記名證券
　　　　債權證券（票據）、物權證券（ex載貨證券）、社員權證券（ex股票）
　　　　自付證券（ex倉單、提單）、委託證券（ex匯票、支票等）
有價證券之處分行為：
　　　　與有價證券之取得、設定、喪失或變更有關之行為，包括移轉與設定擔保等。
傳統概念上的有價證券：
　　　　傳統上的有價證券著重於其要式或實體，強調有價證券之行使及轉讓，須以有價
　　　　證券實體權利證書為之，例如交付，背書或登記等方式。而其內涵可能是表徵債
　　　　權，亦可能表徵物權。
有價證券之近代交易趨勢： 無紙化（非實體化）及集中保管（非移動化）
　　　　無紙化（非實體化dematerialization）：亦即發行人發行有價證券時，不發行任
　　　　何有價證券之實體權利證書，而係以帳號劃撥或電子記載方式使有價證券
　　　　無實體化；
　　　　集中保管（非移動化immobilization）：有價證券之交易無須交付實體權利證
　　　　書，權利證書登記為某中介保管機構，以減少管理成本並避免證券交易之
　　　　遺失或被盜。
我國證券集中保管運作模式： 投資人－中介人－集中保管機構
　　我國證券交易集中保管運作模式主要是採取美日「擬制人名義」二段式模式（投資
　　人－中介人－集中保管機構），以中介人為參加人：
　　　　　　第一段（投資人——中介人）：由投資人向證券經紀商（亦即中介人）開設
　　　　　　　　　　集中保管帳戶，簽訂契約委託該證券經紀商辦理結算交割匯撥
　　　　　　　　　　轉帳等業務，而證券經紀商設置客戶帳簿，辦理投資人證券之
　　　　　　　　　　登載與劃撥，就此階段，投資人與中介人間之關係為民法寄託
　　　　　　　　　　關係。
　　　　　　第二段（中介人——證券集中保管機構）：由中介人（主要為證券商等）向
　　　　　　　　　　集中保管機構開設保管劃撥帳戶，成為參加人，辦理有價證券
　　　　　　　　　　之送存領回及劃撥交割作業，就此階段，中介人與集中保管機
　　　　　　　　　　構間之關係為另一個民法寄託契約。

就前述二段模式，投資人（亦即有價證券之權利人）與集中保管機構間並無直接契約牽連。

11.11.2　有價證券交易趨勢（涉外及跨國）對傳統擇法規則之影響

於有價證券以實體證書爲呈現，依傳統屬人屬地擇法原則，依「物之所在地法」或「權利成立地法」或可作爲有價證券涉外爭議之擇法原則。

然當有價證券進入無紙化及集中保管化時，由於有價證券已虛擬化及保管委託化，依傳統「物之所在地法」或「權利成立地法」爲擇法原則，將產生嚴重適用上爭議。同樣地，依傳統屬人屬地擇法原則，或許可另外依「證券發行機構所在地」或「集中保管機構所在地」等爲擇法原則。

然進一步當有價證券進入國際投資等複雜狀態時，例如以單一有價證券劃撥帳戶處分多國有價證券時，前述「物之所在地法」、「權利成立地法」、「證券發行機構所在地」或「集中保管機構所在地」等擇法原則似乎亦無法有效處理或解決前述問題，而必須另外從「集中保管法律關係」中，另關解決例如前述國際或涉外有價證券爲集中保管時之準據法依據。

11.11.3　海牙2006年中介人保管證券若干權利準據法公約

爲解決前述爭議，海牙國際私法會議於2002 年底曾通過「透過中介機構無體所有其有價證券若干權利之準據法公約」（Hague Convention on the Law Applicable to Certain Rights in respect of Securities Held with an Intermediary）（簡稱「2002年海牙證券公約」），由於簽字國不多，予以修正後，復於2006年另外通過「中介人保管證券若干權利準據法公約」（Convention on the Law Applicable to Certain Rights in Respect of Securities Held with an Intermediary）（簡稱「2006年海牙證券公約」）。2006年公約全文包括一序言及26條文，扣除第三章一般條款（通則）、第四章過渡條款及第五章最後條款，實質條文達之最後條款，公約實質條款有8條。

第1條定義：本條針對證券、證券帳戶、中介人、帳戶擁有人、帳戶協議、中介人所持有之證券、直接中介人、處分、完成、營業處所、破產程序、破產管理人、多領域國家、書面，並進一步針對「處分之內容」「中介人之認定」等爲定義或規定。其中與本條文比較有關聯之定義包括如下：

「**證券**」係指任何股票、債券或其他金融商品或金融資產（現金除外）或其任何利息 "securities" means any shares, bonds or other financial instruments or financial assets（other than cash），or any interest therein：

「**中介人**」係指於商業或其他正規活動過程中爲他人或爲他人及自己之帳戶維護證券帳戶並以該資格能力爲行爲之人"intermediary" means a person that in the course of a business or other regular activity maintains securities accounts for others or both for others and for its own account and is acting in that capacity；

「處分」係指任何權利轉讓，無論是全部權利或以證券及任何證券利息，亦無論之占有性轉讓或非占有性轉讓"disposition" means any transfer of title whether outright or by way of security and any grant of a security interest, whether possessory or non-possessory；

「營業處所」係指就有關直接中介人方面，該直接中介人執行業務之營業地，不包括僅意圖為臨時適用之營業地及除中介人以外之任何人之營業地"office" means, in relation to an intermediary, a place of business at which any of the activities of the intermediary are carried on, excluding a place of business which is intended to be merely temporary and a place of business of any person other than the intermediary

第2條公約適用範圍及準據法：本條文規定該公約所適用決定之中介人持有證券之爭議項目及公約不適用之範圍。前者如因證券帳戶之證券貸入所生對中介及第三人的法律性質及效力、中介人持有之證券之處分、對該中介人及第三人為主張之法律性質及效力、中介人持有證券之完全處分之要求等；後者如證券帳戶證券貸入所生之權利及義務中僅就純係契約或純粹為個人權利或義務之範圍、當事人契約或其他個人對於中介人所持有證券之處分之權利及義務。

第3條國際性：本條規定本公約適用於涉及不同國家法律之選擇之所有案件。

第4條首要規則（Primary rule）：本條規定中介人持有證券之準據法原則採選擇主義，亦即帳戶協議所明示協議之規範該帳戶協議之國家法律或任何他國之法律，然前提是，直接中介人於該國設有營業處所。本條另外針對哪些構成「營業處所」或不構成，予以進一步明文。

第5條替補規則（Fall-back Rules）：替補原則係指當第4條首要規則無法確認準據法時，應如何進一步決定準據法之原則。本條規定準據法之決定可依下列順序：直接中介人直接透過某特定營業所締結帳戶契約之營業處所所在地國→締結或開立帳戶協議時之直接中介人之法人登記國或註冊國→如為多領域國家註冊時，則為某領域內之營業中心地→締結書面帳戶協議或證券帳戶開立時直接中介人之營業所在地國。

第6條不予考慮之因素：本條規定依該公約為準據法決定時，無須考量之因素，包括例如證券發行人為法人成立地或團體設立地、或法定營業地或註冊處所地、營業中心地或主事務所所在地、代表或證券證券所在之憑證所在地等。

第7條準據法變更後之權利保護：本條規定帳戶協議修正變更依公約之準據法之情況，原則上所有爭議事項應依變更後依本公約之準據法（新法）；本條另外規定某些可適用變更前依本公約之準據法（舊法）之情況，例如直接中介人所持有證券於變更準據法前所生及準據法變更前所為之證券完全處分所存在之證券收益。

第8條破產：本條規定破產程序開始前依本公約所確定之準據法，然不影響債務清償順序及程序開始後之強制執行。

　　2002年透過中介機構無體所有其有價證券若干權利之準據法公約內容及用語上不少部分與2006年公約有所差異，在準據法之確定方面，其解決順序差異如下：

2006年海牙證券公約（§4-§6）	2002年海牙證券公約（§4-§6）
規範該帳戶協議之國家法律或任何他國之法律＋**直接中介人**於該國有營業所 ↓ **直接中介人**直接透過某特定營業所締結帳戶契約之營業處所所在地國 ↓ 締結或開立帳戶協議時之**直接中介人**之法人登記國或註冊國 ↓ 如為多領域國家註冊時，則為某領域內之**營業中心地** ↓ 締結書面帳戶協議或證券帳戶開立時**直接中介人**之營業所在地國	規範該帳戶協議之國家法律或任何他國之法律＋**有關中介人**於該國有營業所 ↓ **有關中介人**直接透過**某營業所**締結帳戶契約之營業處所所在地 ↓ 締結或開立帳戶協議時之**有關中介人**之法人登記國或註冊國 ↓ 如為多領域國家註冊時，則為某領域內之**主營業所所在地** ↓ 締結書面帳戶協議或證券帳戶開立時**有關中介人**之營業所在地國

11.11.4　我國法規定（涉民法第44條）

2010年涉民法	1953年涉民法	說明
第44條 有價證券由證券集中保管人保管者，該證券權利之取得、喪失、處分或變更，依集中保管契約所明示應適用之法律；集中保管契約未明示應適用之法律時，依關係最切地之法律。	無	一、本條新增。 二、有價證券由證券集中保管人保管者，就該證券進行交易之當事人與證券集中保管人之間，均訂有證券集中保管契約以為依據，且該證券權利之取得、喪失、處分或變更，均僅透過證券業者就當事人在證券集中保管人開立之帳戶，為劃撥、交割或其他登記，當事人在證券存摺上關於證券權利變動之登記，並已取代傳統上以直接交付該有價證券之方式，而成為該證券權利變動之公示及證明方法。透過電腦網路而進行之有價證券之涉外交易，已日益頻繁，實有必要確定其準據法，以維護交易安全。爰參考2002年海牙中介者所保管之證券若干權利之準據法公約第4條至第6條之

		精神，規定該證券權利之取得、喪失、處分或變更，均應依集中保管契約所明示應適用之法律，集中保管契約未明示應適用之法律者，依關係最切地之法律。法院確定關係最切地之法律時，應依具體情事，參照前述公約相關規定之精神決定之。

評釋：

1. **立法過程**：1999年及2001年的涉民法修正草案版本並無類似條文，本條文最早見於2003年修正版本中，顯見是法案草擬者緊急參考當時剛通過的2002年海牙證券公約而來。

2. **立意與現況間嚴重錯誤**：本條文主要係希望針對「為集中保管之有價證券之處分行為」為規定，似乎是能處理「有價證券權利人（投資人）」與「集中保管機構」間之法律關係準據法。然鑑於先前所論述美日及我國等現行「投資人—中介人—集中保管機構」二段式運作模式，在投資人與集中保管機構間並無直接契約關聯之情況下，顯然本條文之立法原意與目前證券交易暨集中保管之運作現況及國際公約存有嚴重錯誤，雖然立法說明言及參考2002年海牙證券公約，但事實上與該公約所主要規定之第一段關係（亦即投資人與中介人）有所不同。

3. **本條適用範圍：僅限於「中介人—集中保管機構」**：在將錯就錯之情況下，本條適用範圍勢必將僅限於現行證券交易第二段「中介人—集中保管機構」間之法律關係。很難擴大解釋成能適用第一段「投資人—集中保管機構」間之法律關係準據法。

4. **本條規定與現行國際證券交易嚴重脫離，造成適用上的困擾**：現行透過中介人為國際證券交易之目的，主要是投資人可能同時擁有多國證券，因此必須委由中介人代為處理；而中介人則透過其全球合作或管道，與各國證券集中保管機構簽署集中保管協議。換言之，第一段（投資人—中介人）為單數契約（開戶契約），而第二段（中介人—各國集中保管機構）極可能為多數，適用「集中保管契約準據法」之結果，將會造成必須同時適用複數法域之情況。

5. **「集中保管契約」** 參考我國「證券集中保管事業管理規則」第2條第10條及「有價證券集中保管帳簿劃撥作業辦法」等規定，應指證券集中保管事業之參加人與集中保管機構間之契約關係：

   (1) 「**參加人**」指於證券集中保管事業開設帳戶送存證券並辦理帳簿劃撥之人，可包括財政部、證券交易所、證券櫃臺買賣中心、證券商、證券金融事業、受託保管證券投資信託基金、中央公債交易商、金融機構、保險業、以帳簿劃撥方式交付無實體有價證券之發行人等（「證券集中保管事業管理規則」第2條第10條）。

   (2) 「**集中保管機構**」指經營有價證券之保管、帳簿劃撥及無實體有價證券登錄之事業：

6. 「**關係最切**」：於集中保管契約未明示約定準據法時，我國涉民法規定應適用「關係最切國法」。此情況與2002年或2006年海牙證券公約採剛性立法有很大不同，按後者一如前述，係採「當事人明示約定→中介人具營業所之明示合意地國法→締約之特定營業地國法→中介人登記國法→營業中心地國法→營業地國法」。

7. **總結**：涉民法第44條於草案研擬之初能即時引入2002年海牙證券公約，以針對有價證券集中保管之準據法爲規範，雖有速效之益，然可惜的是，草案研擬者似乎不僅不瞭解國際證券交易/集中保管/劃撥帳戶等運作模式，甚至誤解或不解海牙證券公約規定，導致本條規定適用上的困境，甚爲可惜。

各國立法例參考「與證券有關」：

瑞士_聯邦國際私法（2011年修正）第7a章 中介人證券

　第108a條
　　中介人證券係指依2006年7月5日有關中介人持有證券某些權利準據法海牙公約下由中介人所持有之證券。

　第108b條
　　1. 被告住所地或如無住所地則爲慣居地之瑞士法院，就有關證券相關權益，具有管轄權。
　　2. 前述被告住所地等之瑞士法院針對有關機構運作所生中介人證券有關事項亦有管轄權。

　第108c條
　　中介證券之準據法應依2006年7月5日有關中介人持有證券某些權利準據法海牙公約。

　第108d條
　　外國法院有關證券訴訟之裁判，如符合下列情況，瑞士應予以承認：
　　a. 該證券係於被告住所或慣居地所發行；
　　b. 該證券係於被告營業處所所發行且係因該機關之營運所生之求償。

瑞士1987/2011年聯邦國際私法第106條
　　1. 權利證券上所指定之準據法，應適用該指定之法律。未指定者，相關問題應適用證券發行人營業處所所在地法。
　　2. 如該證券涉及某動產物權，有關物權適用規範該證券之法律。
　　3. 如某商品物權爲數人所共有，則可直接依據調整商品關係之法律決定何人享有優先權利。

中華人民共和國2010年涉外民事關係法律適用法第39條
　　有價證券，適用有價證券權利實現地法律或者其他與該有價證券有最密切聯繫的法律。

匈牙利1979年國際私法第27條
　　1. 通過證券交易所、投標或拍賣訂立的契約，適用證券交易所、投標或拍賣所在地法。
　　2. 公司締結的契約，適用公司經營地法。建立法人的公司契約適用公司屬人法。

匈牙利1979年國際私法第28條
　　1. 證券義務的產生和範圍，適用履行地法。
　　2. 以公債形式發行的債券的契約權利和義務的產生、轉移、消滅和生效，適用發行人屬人法。
　　3. 如證券確保處置商品的權利，其對物權的影響適用本法令對物權關係的規定。
　　4. 如證券涉及社員權利、證券權利和義務的產生、轉移、消滅及生效適用法人屬人法。

匈牙利1979年國際私法第29條
　　如果按照第24條至第28條規定無法決定準據法，適用應履行最具特徵性義務之義務人的住所地、慣常居所地或主事務所所在地法。如採用該方法仍然不能解決準據法，以與該契約關係的主要因素具有最密切關係之法律作爲準據法。

11.12　物權其他事項

11.12.1　屈服條款

意義：其他涉外法律關係中，例如行為能力、債之關係、身分關係等，偶而會涉及不動產
事項，此時會造成涉外法律關係準據法適用時之積極衝突，在立法上常以「屈服條
款」解決，通常以物之所在地法為優先適用。

範例：

涉民法§10.IV（人之行為能力）：關於親屬法或繼承法之法律行為，或就在外國不
動產所為之法律行為，不適用前項規定。→亦即適用涉民法§38之物之所在地
法。[2]

涉民法§48.III（夫妻財產）：前二項之規定，關於夫妻之不動產，如依其所在地法
應從特別規定者，不適用之。

涉民法§61.③（遺囑）：遺囑有關不動產者，該不動產之所在地法。

11.12.2　物權之時效取得問題

發生：動產於時效取得過程中（指時效取得之法律要件尚未完成而言）歷經數國，而
各國時效計算規範不一。

適用方式：

　法庭地法說

　占有人住所地法說

　開始占有時之物之所在地法說

　時效完成時之物之所在地法說→我國法解釋上採此說

　占有開始及時效完成時物之所在地併用法說（新舊物之所在地計算說）

◆比例計算主義：（A＋B）÷2＝應累計之時效期間－A已經過時效＝B所需經過之
時效

◆併算主義：實際累計經過時效期間均須≧A及B

2　有學者主張，本項最後規定「不適用前項規定」，從論理解釋上，前項（亦即第3項）不適用，則應回歸
　適用本條文之第1項及第2項，亦即人之行為依其本國法。換言之，就在外國不動產所為之法律行為應依
　行為人之本國法。

本章歷年國考考題（測驗題）：適用民國100年涉民法

1. A國人甲主張B國人乙在C國侵害其智慧財產權，乙則抗辯甲在C國無該權利，因而在我國法院提起訴訟，法院應適用何國法律？（100司法官 答案：C）
   (A) A國法　(B) B國法　(C) C國法　(D) 我國法

本章歷年國考考題（實例申論）

1. 涉外民事法律適用法第10條第3項規定：「物之所在地如有變更，其物權之得喪，依其原因事實完成時物之所在地法」。何謂「原因事實」？又何時爲「原因事實完成」之「時」？試舉例說明之。（82司）
2. 爲中國人之遺孀，而自稱係日本人之女子甲，向臺北地方法院控告在臺北、東京及漢城，均有住所之韓國人乙不當得利，請求返還在東京交付而現在臺北之活動房屋一所。問：臺北地方法院應如何解決下列問題：
   (1) 甲有無日本國籍，應依何國法而定？
   (2) 乙在漢城有住所，應依何國法而定？
   (3) 活動屋一所係動產抑不動產，應依何國法律而定？
   (4) 不當得利之訴能否成立，應依何國法律而定？
   涉外民事法律適用法第22條規定：「繼承依被繼承死亡時之本國法」。問：此條規定，在理論上或在制度上，有何根據？又設被繼承人在多處均遺有動產及不動產，適用此規定時，有何實際困難否？試分別加以說明。（74律）
3. 自稱有住所於倫敦之英國女子甲，與日本年子乙結婚，旋即定居台北。乙死後，在台北遺有銀行存款，並在東京遺有活動房屋一所。設甲在我國法院涉訟，問下列各問題應分別依何國法律加以確定？(1) 甲是否具有日本國籍？(2) 甲是否仍具有英國國籍？(3) 甲是否在倫敦有住所？(4) 在東京之活動房屋是動產抑不動產？（74高）
4. 舉例說明左列名詞之意義：以權利爲標的之物權。（74高）
5. 甲國人A與乙國人B，就因契約關係發生之債權，合意適用中國法，嗣後A就其所有之甲國籍船舶，開往基隆時，在乙國就該船舶爲B設定抵押權。現關於抵押權之有無及其效力涉訟於我國法院。試問我國法院應如何適用法律解決之。（73司）
6. 關於運輸工具之物權，其準據法如何決定？（70律）
7. 涉外民事法律適用法第10條規定：「關於物權，依物之所在地法。關於以權利爲標的之物權，依權利之成立地法。物之所在地如有變更，其物權之得喪依其原因事實完成時物之所在地法」。試分別舉例詳加說明。（65律）
8. 有關物權之準據法，立法主義上有何變遷？我國國際私法採何種制度？試申論之。（63律）

第十二章　親屬

12.1 親屬——概說

親屬法係規定親屬間身分關係之發生、變更、消滅及因身分關係而生之權利義務，我國民法親屬編架構如下：

民法第四編親屬	第一章 通則§967-971			直系及旁系血親之意義、親等計算、姻親意義、姻親親系及親等計算、姻親關係消滅
	第二章 婚姻	第一節婚約§972-979-2		訂定、法定年齡、同意、效力、解除及方式、損害賠償（財產上及非財產上）、贈與物返還、消滅時效
		第二節結婚§980-999-1		法定年齡、同意、形式要件、近親禁止、限制、重婚禁止、無效、撤銷（年齡限制、未同意、違反限制、不能人道、無意識、被詐欺脅迫）、撤銷之效力、損害賠償、離婚之準用
		第三節婚姻之普通效力§1000-1003-1		冠姓、同居義務、住所、家務代理、生活費用分擔
		第四節夫妻財產制	第一款通則§1004-1015	選擇、適用、約定方式、準用、分別財產制之改用（一方破產、一方聲請、債權人聲請）、變更及廢止
			第二款法定財產制§1016-1030-4	意義及分類、各自管理財產、自由處分金、剩餘財產分配請求權之保全、撤銷期限、報告、各自清償債務、剩餘財產分配請求權時效、債務清償、計算及不足額請求權、財產價值計算
			第三款約定財產制	
			第一目共同財產制§1031-1041	意義、特有財產、管理、處分、共同債務、補償請求、一方死亡之財產歸屬、財產分割、所得共同財產制
			第二目（刪除）	
			第三目分別財產制§1044-1048	意義、夫負清償責任之債務
		第五節離婚§1049-1058		兩願離婚及其方式、裁判離婚之事由、離婚請求權之消滅、子女監護、離婚損害賠償、贍養費及財產取回

第三章父母子女 §1059-1090		稱姓/住所、婚生子女及其推定或否認、準正、認領及其請求及否認、限制、效力、收養及其禁止、同意權、效力、方式、無效及撤銷及終止、保養及懲戒、子女特有財產及其管理、親權濫用之禁止
第四章 監護	第一節未成年人之監護 §1091-1109-2	監護人之設置、委託、遺囑指定、法定監護人、辭任、資格、職務、法定代理權、財產清冊、財產管理權、處分限制及禁止、報告、損害賠償、報酬、清算移交、時效
	第二節成年人之監護及輔助§1110-1113	設置、順序、職務、準用
第五章扶養 §1114-1121		互負義務之親屬、義務人順序、權利人順序、夫妻扶養順序、父母對子女扶養義務、受扶養要件、減免、程序、方法、變更
第六章家 §1122-1128		意義、家長與家屬、推定與指定、家務管理及其注意義務、請求及令其由家分離
第七章親屬會議 §1129-1137		召集、人數、構成順序、指定、資格限制、辭職限制、開會與決議、決議之限制、不服決議之聲訴

　　親屬關係是構成一國家社會的基礎關係。以身分為主，財產為輔，規定婚姻、親子、家屬等身分關係，及因此而生之監護、扶養及夫妻財產等權利義務。而身分之確定，因我國涉及公序良俗及倫理等，多採強行規定；而財產關係，則多採任意規定，親屬法於我國為強行法兼任意法性質。

　　各國針對親屬關係所涵蓋之婚姻及家庭關係，受到其民族傳統、宗教、道德、風俗習慣、自然環境及經濟發展等影響，各國親屬或家庭制度具有較高之本土性質，繼而導致各國相關法制間之差異。

12.2　婚約（涉民法第45條）

涉民法第45條

　　婚約之成立，依各該當事人之本國法。但婚約之方式依當事人一方之本國法或依婚約訂定地法者，亦為有效。

　　婚約之效力，依婚約當事人共同之本國法；無共同之本國法時，依共同之住所地法；無共同之住所地法時，依與婚約當事人關係最切地之法律。

12.2.1　婚約 —— 概說

　　婚約爲男女雙方約定將來應互相結婚之契約，乃身分契約，須意思合致，成年男女訂立婚約，應雙方意思一致始合法成立。

　　民法972條：婚約之訂定（意思合致）
　　民法973條：訂婚之法定年齡（男17歲女15歲）　　　　　　　}　成立要件
　　民法974條：法定代理人婚約之同意權（未成年人訂定婚約）

　　民法975條：婚約之效力（不得請求強迫履行、不生身分關係）
　　民法976條：婚約解除事由（9款）及方式
　　民法977條：婚約解除之損害賠償（無過失→有過失）
　　民法978條：違反婚約財產上之損害賠償（所受損害）　　　　}　效力
　　民法979條：違反婚約非財產上之損害賠償（受害者無過失）
　　民法979條之1：訂婚贈與物之返還
　　民法979條之2：短期消滅時效（二年）

12.2.2　衝突之發生

　　有關婚姻的國際私法衝突主要發生在各國對婚約的法律性質的見解分歧上。按各國對婚約法律性質認定，主要分爲「事實說」及「契約說」。事實說將婚約僅以事實認定之，認解除婚約所生之損害賠償，僅爲侵權行爲所生相關問題而已，原則上適用事實發生地之侵權行爲法，此說法國採之；契約說又分爲債權契約及身分契約，債權契約說將婚約認定爲普通契約，法律關係適用債權契約之準據法解決，此說早期的德瑞等國採之；身分契約說將婚約性質歸類爲婚姻，其法律關係等同於身分上之契約，適用當事人之屬人法予以處理，此說爲晚近多數國家所採，如英荷日及晚近的德瑞等國。

　　於我國，婚約乃男女雙方以將來締結婚姻爲目的所訂立之預約，就此意義，其法律性質與身分契約一致。

12.2.3　準據法理論／立法例

婚約之準據法理論主要區分爲成立要件及效力：

理論	成立要件		效力			
	類推適用婚姻準據法說	屬人法	類推適用婚姻準據法說	意思自主說	法庭地法	屬人法（共同本國法）
主張	婚約法律關係與婚姻關係類似，因此可類推適用婚姻準據法。	婚約爲身分關係，自應受其屬人法拘束。	婚約法律關係與婚姻關係類似，因此可類推適用婚姻準據法。	此爲婚約契約的具體表徵，效力要件依當事人意思自主。	婚姻效力涉及法庭地公序。	婚約爲身分關係，自應受其屬人法拘束。
採用	未明文規定婚約準據法之國家多採之，如瑞士。	澳泰葡等	未明文規定婚約準據法之國家多採之。	瑞	泰	義土

12.2.4　我國法規定（涉民法第45條）

2010年涉民法	1953年涉民法	說明
第45條 婚約之成立，依各該當事人之本國法。但婚約之方式依當事人一方之本國法或依婚約訂定地法者，亦爲有效。 婚約之效力，依婚約當事人共同之本國法；無共同之本國法時，依共同之住所地法時，依與婚約當事人關係最切地之法律。	無	一、本條新增。 二、婚約在實體法上爲結婚以外之另一法律行爲，其成立要件應適用之法律，亦有必要予以明文規定。爰參考現行條文關於婚姻成立要件之規定，明定原則上應依各該當事人之本國法，但婚約之方式依當事人一方之本國法或依婚約訂立地法者，亦爲有效，以利婚約之成立。 三、婚約之效力及違反婚約之責任問題，其準據法之決定宜與婚姻之效力採類似之原則。爰明定依婚約當事人共同之本國法；無共同之本國法時，依共同之住所地法；無共同之住所地法時，依與婚約當事人關係最切地之法律。至於各地與婚約當事人關係密切之程度，則應綜合考量各當事人之

	居所、工作或事業之重心地、財產之主要所在地、學業及宗教背景、婚約之訂定地等各項因素判斷之。

評釋：

(1) 1953年舊涉民法對「涉外婚約」之準據法並未明文，依舊法第30條規定（亦即2010年新涉民法第1條），依法理予以補充，而類推適用婚姻之準據法規則。

(2) 新涉民法第45條分別針對婚約之成立及婚約之效力為規定，下表與同法第46條（婚姻成立要件）及第47條（婚姻效力）相較，兩者擇法標準一致，我國新涉民法婚約之準據法顯係延續「類推適用婚姻準據法主義」，採用與婚姻成立要件及效力同樣之準據法。

婚約	婚姻
第45條 婚約之成立，依各該當事人之本國法。但婚約之方式依當事人一方之本國法或依婚約訂定地法者，亦為有效。 婚約之效力，依婚約當事人共同之本國法；無共同之本國法時，依共同之住所地法；無共同之住所地法時，依與婚約當事人關係最切地之法律。	**第46條（婚姻成立要件）** 婚姻之成立，依各該當事人之本國法。但結婚之方式依當事人一方之本國法或依舉行地法者，亦為有效。 **第47條（婚姻效力）** 婚姻之效力，依夫妻共同之本國法；無共同之本國法時，依共同之住所地法；無共同之住所地法時，依與夫妻婚姻關係最切地之法律。

(3) 「婚約之成立」包括實質要件及形式要件。實質要件包括當事人是否達婚約年齡、法定代理人有無同意及是否有禁婚關係等，與屬人法具密切關連，自應依各該當事人之本國法。

(4) **「婚約成立」之形式要件部分**：我國法對婚約之形式要件並無明文（例如是否應經書面或公證等問題），且婚約方式並非如同婚姻般重要（通常涉及舉行地公序），其與舉行地（場所支配行為原則）亦非如同婚姻密切。因此，婚約成立之形式要件，似無須像婚姻方式一般。

(5) **婚約效力部分**：婚約效力包括不得請求強迫履行、不生身分關係、婚約解除事由（9款）及方式、婚約解除之損害賠償、違反婚約財產上之損害賠償（所受損害）、違反婚約非財產上之損害賠償等。同樣地，婚約僅係規範男女雙方當事人婚約成立後，以迄履行婚約而成立婚姻之間之有關權利義務而已，與婚姻係成立婚姻共同體並一起生活之權利義務之效力，兩者性質並非一致，完全採用與婚姻效力一致之準據法，是否有此必要，並非無討論之空間。

外國立法例參考：

瑞士1987/2011年聯邦國際私法第53條

1. 法律選擇應以書面協議或於婚約協議中為明確規定。除該要件外，其應依所選擇之法律。
2. 法律選擇得於任何時間為之或變更之。如法律選擇係於婚姻舉行後為之，除當事人有另外協議外，應於結婚之日同時生效。
3. 於配偶雙方選擇他國法律或撤回其選擇之前，該選擇法律應繼續適用。

瑞士1987/2011年聯邦國際私法第56條

婚約方式只要符合規範婚姻實質要件之法律或行為地法律即為有效。

義大利1995年國際私法制度改革法第26條　婚約

婚約及違反婚約之效力，依未婚夫妻雙方共同本國法，如無共同本國法，則依義大利法。

澳門1999年民法典第48條　結婚或訂立婚姻協議之能力

結婚人結婚或訂立婚姻協議之能力，受其各自之屬人法規範；該屬人法亦為確定有關立約人之意思欠缺或瑕疵之制度之準據法。

泰國1939年國際私法第18條

訂立婚約或解除婚約的能力，依各當事人本國法。婚約的效力，依審理並裁判該案件法院所屬國家之法律。

土耳其1982年國際私法及國際訴訟程序法第11條　婚約

訂立婚約之能力及條件適用當事人各自本國法。

婚約效力適用雙方當事人共同本國法，無共同本國法者，適用土耳其法律。

葡萄牙1966年民法典第49條締結婚約或夫妻財產協議的能力

締結婚約或夫妻財產協議之能力，適用當事人雙方各自屬人法。

葡萄牙1966年民法典第53條婚約與夫妻財產

1. 婚約及夫妻財產制之實質與效力，適用婚姻締結時夫妻共同本國法。
2. 夫妻無共同國籍者，適用婚姻締結時夫妻共同慣居地法，無共同慣居地，適用婚姻締結時夫之屬人法。
3. 如準據法為外國法，夫妻一方在葡萄牙國內擁有慣居地者，可選擇本民法典中所規定之其中一項夫妻財產制。

委內瑞拉1998年國際私法第22條

婚姻之人身與財產效力，依配偶雙方共同住所地法。若其住所地不一致，則適用最後共同住所地法。

依指定的外國法為有效而旨在對共和國境內之不動產產生對抗善意第三人效力之婚約，得以隨時在委內瑞拉註冊主管機關登記。

12.3　婚姻之成立（涉民法第46條）

涉民法第46條（婚姻之成立之準據法）

　　婚姻之成立，依各該當事人之本國法。但結婚之方式依當事人一方之本國法或依舉行地法者，亦為有效。

12.3.1　婚姻之成立──概說

　　結婚為男女雙方結為夫妻之契約。一經結婚則發生夫妻之身分，此身分除離婚或撤銷外，終身存在。我國民法有關婚姻成立要件之規範架構如下：

		違反效果	
形式要件	書面+二證人+登記（民982）	→無效	◆損害賠償（財產+非財產）
實質要件	需有法定結婚能力（男18女16）（民§980）	→得撤銷	◆子女監護
	未成年人結婚需允許（民§981）	→得撤銷	◆贍養費
	無結婚之限制：	→無效	◆財產處分
	近親結婚（民§983）	→得撤銷	◆……
	監護關係（民§984）	→無效	
	重婚禁止（民§985）		

12.3.2　衝突之發生

　　各國大體上均針對婚姻關係有效成立之要件，區分為實質要件及形式要件。然各國對於實質要件及形式要件之條件規範並不一致。

　　於婚姻實質要件部分，實質要件是指男女結婚所應具備或必須排除之條件，例如須雙方當事人合意、須達適婚年齡、未成年人結婚須經法定代理人同意、須非禁婚親等。由於婚姻制度與一國的宗教、人口、政治、經濟及社會等因素密切關連，各國規定不同處甚多，例如於法定結婚年齡部分，我國規定男18歲女16歲，中國大陸規定男22歲女20歲，許多國家甚至低到男14歲女12歲，如許多拉丁美洲國家。復例如近親不得結婚部分，禁止結婚的親等，從二親等至五親等的旁系血親均有，二親等國家如德、捷，三親等國家如法、英、瑞、匈、比、日，四親等國家如美國若干州，五親等國家如羅馬尼亞等南歐國家。

　　於婚姻形式要件部分，形式要件指依法律規定，為使婚姻成立，必須具備之一定方式，例如我國民法第982條所規定之書面、二證人及登記。各國規定形式要件類型主要有三種（單採或兼採）：登記婚、儀式婚及英美普通法婚。有些國家單採登記婚，例如日

本、蒙古、保加利亞、墨西哥等國；有些國家單採儀式婚（有世俗婚、宗教婚等區分），如法德瑞西希等國。如並採登記婚及儀式婚，如捷、匈等東歐中歐國家；有登記婚儀式婚擇一，如巴西、瑞典等國。至於英美普通法婚部分，其主要是承認同居之事實，亦即既使無婚姻登記亦未舉行儀式，只要以夫妻身分為同居之事實，即認為其具有婚姻之形式要件。

12.3.3　準據法理論／立法例

1. 實質要件之準據法理論

立法	婚姻舉行地法主義	屬人法主義		婚姻舉行地或屬人法混合制	法庭地法主義
		住所地法主義	本國法主義		
主張	依據為「場所支配行為」原則，且婚姻方式與舉行地之公序有重大牽連；對移入國較為便利。	住所為人之生活中心。分「夫住所」、「婚姻住所」及「當事人住所各自適用」三種。	婚姻為屬人法事項，應適用本國法。次分下列三種：(a) 夫之本國法主義 (b) 當事人本國法各自適用主義 (c) 當事人本國法同時適用主義。	針對不同情況分別適用或重疊適用婚姻舉行地及當事人屬人法，以彌補完全屬人法或完全舉行地法之缺陷。	如一方為內國人或有住所或慣居地於內國，婚姻條件則應適用內國法。
採用	美、阿、墨、蘇、秘等。	英、加、澳丹、挪等英美法國家。	法德義比瑞奧荷等大陸法系。	蘇	葉門
批評	簡單明確但易造成規避法律，有違選法安定。	住所變更容易，亦造成規避法律。	第一種違背男女平等；第三種同時適用之要求過於繁重。	欠缺一致性。	

2. 形式要件之準據法理論

立法	舉行地法主義	本國法主義	折衷主義（選擇適用）	領事婚姻制
主張	依據為「場所支配行為」原則，因婚姻方式與舉行地之公序有重大牽連。	應依當事人本國法。	兼採舉行地法主義及本國法主義，為選擇適用（or），非累積適用（and）。立法方式有三： (a) 舉行地在內國→依內國法；舉行地在外國→舉行地法或本國法（新法採） (b) 無論舉行地在何地→均可選擇適用當事人本國法 (c) 當事人為內國人並在內國舉行→依內國法；其他依舉行地法或本國法（舊法採）。	國家允許在外國的本國人民至本國的駐外國使領館依本國法律所規定之方式舉行婚禮。以避免駐在國婚姻舉行方式之限制。
採用	英、美、日	宗教國家：希、保、以。		日本民法等。
批評	易造成二國認定不一之「跛行婚」情況。	當事人國籍不同、宗教不同時衝突更大。	較可減少跛行婚發生。	必須以駐在國同意為前提，否則有違國際禮儀。

12.3.4　國際立法參考

國際間目前與婚姻有關之國際公約主要有二：

1. 1902年海牙婚姻法律衝突公約

於實質要件部分，公約第1條原則上採用當事人各自本國法主義。公約第2條及第3條特別針對婚姻舉行地得因該國法律認為當事人因婚姻或宗教上之障礙而有不得結婚之事由時，得予以撤銷或准予其結婚。等同「當事人本國法主義兼採婚姻舉行地法主義」。

於形式要件部分，公約第5條原則上採用婚姻舉行地法，然針對各國基於其宗教儀式或結婚公示原則，對於其國民在外國不遵守該規定而舉行之婚姻，可以不認其效力。第7

條進一步規定婚姻方式於舉行地國爲無效，然仍符合當事人各自本國法之規定時，其他國家可認定其爲有效。亦即公約採「婚姻舉行地法主義兼採當事人本國法主義」

2. 1980年海牙結婚方式及承認婚姻效力公約

於實質要件部分，依公約第3條規定，結婚之實質要件符合下列國家之一之規定即爲有效：(a) 婚姻舉行地法；(b) 當事人之本國法或慣居地法；(c) 婚姻舉行地之國際私法規範所指定適用之法律。

12.3.5　我國法規定（涉民法第46條）

2010年 涉民法	1953年 涉民法	說明
第46條 婚姻之成立，依各該當事人之本國法。但結婚之方式依當事人一方之本國法，或依舉行地法者，亦爲有效。	**第11條** 婚姻成立之要件，依各該當事人之本國法。但結婚之方式依當事人一方之本國法，或依舉行地法者，亦爲有效。 結婚之方式，當事人之一方爲中華民國國民，並在中華民國舉行者，依中華民國法律。	一、條次變更。 二、現行條文關於法律行爲之成立要件，有規定爲「之成立」者，有「成立之要件」者，爰統一採用前者，以求其一致。 三、晚近各國國際私法之立法例，關於結婚之方式已有自由化之傾向，現行條文第11條第2項有過度強調內國法律之適用之嫌。爰予以刪除，以符合國際趨勢。

評釋：

(1) 依新涉民法規定，婚姻成立之實質要件採「當事人各自本國法主義」；婚姻成立之形式要件則採「當事人本國法及舉行地法兼採主義」。此擇法規範與國際公約及各國主流規範大致符合。

(2) 新涉民法以過度強調內國法律適用之嫌之理由，刪除舊涉民法第2項有關「結婚之方式，當事人之一方爲中華民國國民，並在中華民國舉行者，依中華民國法律。」並非無討論空間。本項規定爲「婚姻形式要件」，從國際公約、場所支配行爲及尊重婚姻舉行地公序等角度，婚姻形式要件仍主受「婚姻舉行地法」控制，然爲避免跛行婚之發生，兼採當事人本國法主義。舊涉民法第2項規定不僅符合婚姻形式要件之「舉行地法」，且符合「當事人本國法」的雙重要求，實與「過度強調內國法律適用之嫌」無涉，吾不能因舉行地法同內國法，而爲此立論。從開放角度而言，本項規定並非不得刪除。然問題會發生於，例如我國女與篤信回教的外國籍男在我國依回教結婚儀式舉行婚禮，我國戶政機關是否會同意其婚姻登記？並非沒有問題。

(3) 「**婚姻之成立**」：婚姻之成立解釋上包括「實質要件」與「形式要件」二部分。在本條適用結構上，前段適用「實質要件」（依各該當事人之本國法）；後段或但書則適用「形式要件」（依當事人本國法或舉行地者均爲有效）。

(4) 「**依各該當事人之本國法**」：指分別適用男女雙方之本國法，亦即爲並行適用（or），非累積適用（and），只要男或女任一國有無效情況，即屬無效，而無須兩國均無效，該婚姻才無效。該本國法應爲結婚「當時」之本國法。

(5) 但書「**結婚之方式**」：屬婚姻要件中之形式要件。

(6) 但書「**依當事人一方之本國法，或依舉行地法者**」：爲「當事人本國法及舉行地法兼採主義」或選擇適用主義之表徵，以有利於涉外婚姻關係之成立。至於「當事人一方之本國法」，從兼採主義或選擇適用主義之開放意旨，應做只要符合「其中一方之本國法」，即屬成立，而無須像婚姻實質要件一般必須符合「當事人各自之本國法」才成立。

外國立法例參考：

瑞士1987/2011年聯邦國際私法第43條
1. 新娘或新郎有一方於瑞士有住所或具瑞士國籍，瑞士主管機關即有主持婚姻儀式之管轄權。
2. 雙方於瑞士均無住所之外國人，其於瑞士所締結之婚姻，如該婚姻能爲當事人其中一方之住所地國或其本國所承認，瑞士主管機關即應予以承認。
3. 不能僅因外國不承認瑞士之裁判離婚或承認而拒絕同意。

瑞士1987/2011年聯邦國際私法第44條
1. 於瑞士結婚之實質要件依瑞士法。
2. 婚姻雖不具瑞士法規定之條件，然只要當事人一方住所地國法或本國法認爲有效，瑞士即應承認其效力。
3. 於瑞士締結之婚姻，其方式依瑞士法。

瑞士1987/2011年聯邦國際私法第45條
1. 於國外締結之有效婚姻，瑞士即應予以承認。
2. 如新娘或新郎一方爲瑞士人或雙方於瑞士均有住所，於外國所締結之結婚，應承認其效力，然如該外國所締結之婚姻明顯違反瑞士法有關婚姻無效之強行規定，瑞士即不予承認。
3. 同性別之人於外國所締結之有效婚姻，應以登記伴侶關係而爲瑞士所承認。

瑞士1987/2011年聯邦國際私法第45a條
有住所於瑞士之未成年人於瑞士締結婚姻或承認其外國舉行婚姻儀式者，應取得其成年人地位。

瑞士1987/2011年聯邦國際私法第65a條
第三章規定，除第43條第2項及第44條第2項外，應類推適用於登記伴侶關係。

中華人民共和國2010年涉外民事關係法律適用法第21條
結婚條件，適用當事人共同經常居所地法律；沒有共同經常居所地的，適用共同國籍國法律；沒有共同國籍，在一方當事人經常居所地或者國籍國締結婚姻的，適用婚姻締結地法律。

中華人民共和國2010年涉外民事關係法律適用法第22條
結婚手續，符合婚姻締結地法律、一方當事人經常居所地法律或者國籍國法律的，均爲有效。

德國1896/2009年民法施行法第13條 婚姻

(1) 婚姻之成立，依各該當事人之本國法。

(2) 如依本法，不符合婚姻要件者，德國法僅於下列情況適用之：

　　1. 締結婚姻一方有慣居地於德國或其中一人為德國人；

　　2. 締結婚姻之人已採取符合婚姻要件所需之措施；且

　　3. 不符婚姻自主原則而拒絕該婚姻；特別是，締約婚姻之人之前一婚姻因裁判或協議而失效或締結婚姻之人之配偶已宣告死亡，而無法對締結婚姻之人為主張。

(3) 於德國舉行之婚姻，應依德國所規定之方式。欲締結婚姻之二人均非德國人，得依欲締結婚姻之人之任一人本國法所授權之適當之人面前，依該國法律所規定之方式為婚姻之舉行；經出生婚姻及死亡登記處驗證過之婚姻登記並為該經適當授權之人所登記存檔者，即構成婚姻已依該方式進行之絕對證據。

日本2006年法律適用通則法第24條 婚姻成立要件

1. 婚姻成立要件應依各該當事人之本國法。

2. 婚姻之方式應依舉行地法。

3. 無論前項規定為何，婚姻成立如符合任一方之本國法即屬有效，然婚姻於日本舉行且其一以上具日本國籍者除外。

奧地利1978/1999年國際私法第16條 婚姻舉行之方式

1. 於內國所舉行之婚姻，其方式依內國法有關方式之規定。

2. 於國外舉行之婚姻，其方式依結婚各方之屬人法；然符合婚姻舉行地法有關方式規定者亦為有效。

奧地利1978/1999年國際私法第17條 結婚要件

1. 結婚要件及婚姻無效與婚姻解除之要件，依婚姻雙方各自屬人法。

2. 經奧地利法律管轄範圍內為有效之裁判認定婚姻已屬無效、應予以解除，或已宣告不法存在者，不得禁止重新結婚，亦不得單因結婚或配偶一方或雙方屬人法不承認上述裁判而宣告新婚姻為無效。本條類推適用於死亡宣告或死亡證明程序。

義大利1995年國際私法制度改革法第27條 結婚條件

結婚資格及其他結婚條件應依結婚時生效施行之未婚夫妻各自本國法。此並不妨礙義大利所為或承認針對未婚夫妻一方未婚身分之裁判。

義大利1995年國際私法制度改革法第28條 結婚方式

於結婚方式，如依婚姻舉行地法或依婚姻舉行時所適用至少夫妻一方之本國法，或依婚姻舉行時夫妻雙方共同居住地國法，認為有效者，則該婚姻為有效。

澳門1999年民法典第48條 結婚或訂立婚姻協議之能力

結婚人結婚或訂立婚姻協議之能力，受其各自之屬人法規範；該屬人法亦為確定有關立約人之意思欠缺或瑕疵之制度之準據法。

澳門1999年民法典第49條 結婚方式

1. 結婚方式受婚姻締結地法規範，但不影響次項規定之適用。

2. 於澳門，兩外國人得依據其中任一方國籍國之法律所規定之方式，在有關之領事人員面前結婚。

泰國1939年國際私法第19條

婚姻要件依各當事人本國法。

泰國1939年國際私法第20條

婚姻方式依婚姻舉行地法。

然國外之泰國公民之間或泰國公民與外國公民之間，依泰國法所規定之方式舉行的婚姻亦為有效。

土耳其1982年國際私法及國際訴訟程序法第12條 結婚

結婚之能力及條件適用結婚時當事人各自本國法。

結婚之形式適用婚姻締結地法律。依照國際條約規定所締結之領事婚姻亦爲有效。

婚姻效力適用當事人雙方共同本國法。無共同本國法，適用共同住所地法。無共同住所地法，適用當事人共同居所地法。如上述法律均無法適用，適用土耳其法。

捷克1964年國際私法及國際民事訴訟法第19條

締結婚姻之能力及婚姻成立之要件，依當事人本國法。

捷克1964年國際私法及國際民事訴訟法第20條

舉行婚姻之方式，依婚姻舉行地法。

波蘭1966年國際私法第14條

婚姻之成立要件，依各當事人之本國法。

波蘭1966年國際私法第15條

1. 婚姻舉行之方式，依婚姻舉行地國法。
2. 無論前項規定爲何，在波蘭境外舉行之婚姻，遵守夫妻本國法規定之必要方式，亦爲有效。

匈牙利1979年國際私法第37條

1. 婚姻有效之實質要件依雙方當事人締結婚姻時共同之屬人法。如雙方當事人之屬人法在締結婚姻時不同，婚姻僅於滿足雙方當事人屬人法所要求之實質要件時才認具效力。
2. 婚姻有效之形式要件適用婚姻舉行時之舉行地法。
3. 如婚姻雙方當事人均爲匈牙利公民，可由匈牙利外交機構舉行結婚儀式，然以該外交使節經部長會議授權履行該職責爲限。該婚姻應認爲於匈牙利舉行。
4. 於判斷婚姻是否成立及撤銷婚姻時，適用婚姻及其效力之規定。

希臘1946年民法典第13條

婚姻之實質要件適用各該當事人本國法。

葡萄牙1966年民法典第50條婚姻形式

婚姻形式適用婚姻舉行地法。

葡萄牙1966年民法典第51條例外條款

1. 二外國人間締結婚姻可依其各自本國法所規定之形式，至其所屬國駐葡萄牙外交代表機構所在地或領事館舉行婚姻儀式，然以該國法律授權其外交代表或領事具該項權利者爲限。
2. 葡萄牙人之間或葡萄牙人與外國人之間在外國締結婚姻，可於葡萄牙外交代表機構所在地或領事館，或在天主教神職人員面前舉行婚姻儀式。於上述情況下所締結的婚姻，均應通知主管機關予以公告。
3. 葡萄牙人之間或葡萄牙人與外國人之間依教會法所締結之婚姻，被視爲是天主教婚姻，不管該婚姻形式是否符合當地法律，該婚姻得在教會主管人員處進行登記。

列支敦士登1996年國際私法第17條結婚的形式

1. 於國內結婚之形式適用國內有關結婚形式之規定。
2. 於國外結婚之形式，適用雙方當事人各自本國法，然需滿足婚姻締結地有關結婚形式之規定。

列支敦士登1996年國際私法第18條結婚的條件

1. 結婚條件及婚姻之無效，適用結婚雙方或夫妻雙方各自本國法。
2. 如某一婚姻被某項在列支敦士登法律範圍內有效的裁判宣告無效，被判離婚，或被認定不存在，則不得僅僅因此項裁判依照婚姻一方或雙方當事人之國籍法尚未被承認，而禁止締結一新的婚姻，或宣告一新的婚姻無效。此項規定原則上也適用於宣告失蹤案件。

> **阿根廷1974年國際私法第22條**
> 婚姻人之結婚能力、結婚行爲之形式、存在、有效性及其不存在及無效依婚姻締結國法律。
> 在外國或在駐阿根廷的外交機構締結之婚姻,於以下情況下不予承認:當事人之間有直系血親或直系姻親關係;無論是婚內或婚外的,或婚生或非婚生的兄弟姐妹關係;或一方當事人是謀殺他方配偶之罪犯或其從犯,或一方或雙方當事人已婚或與數人同時保持婚姻關係。於領事婚姻,結婚雙方均是外國人時,方予承認。如婚姻締結地法規定之婚姻障礙較阿根廷法嚴格,前者須予考慮,除非其違反阿根廷國際公共政策。
> 經東道國同意,阿根廷外交及領事機關有權認可阿根廷人間於阿根廷駐外代表機關締結之婚姻。
> **委內瑞拉1998年國際私法第21條**
> 結婚能力及婚姻之實質要件,依結婚當事人各自住所地法。

1953年舊涉民法立法參考:

1908年 法律適用條例	1953年 涉民法	立法說明
第9條 婚姻成立之要件,依當事人各該本國法。	第11條（婚姻成立要件之準據法） 婚姻成立之要件,依各該當事人之本國法。但結婚之方式依當事人一方之本國法或依舉行地法者,亦爲有效。 結婚之方式,當事人一方爲中華民國國民,並在中華民國舉行者,依中華民國法律。	婚姻成立之要件,有形式要件,與實質要件之分,關於後者之準據法,各國立法例有採婚姻舉行地法主義者,有採夫之屬人法主義者,有採當事人雙方本國法主義者,我國向採末一主義,本草案從之。基此規定,婚姻成立之實質要件,以結婚時各該當事人之本國法爲準。至於婚姻之形式要件,原條例第9條未加分別規定,在過去實例上,均解爲應一併依照當事人雙方之本國法,論者每病其有違「場所支配行爲」之通例,且不便於適用,故本草案特增設但書之規定,關於婚姻之方式,無論依照當事人雙方或一方之本國法,或舉行地法,均爲有效。

12.4 婚姻效力（涉民法第47條）

涉民法第47條（婚姻效力之準據法）
　　婚姻之效力,依夫妻共同之本國法;無共同之本國法時,依共同之住所地法;無共同之住所地法時,依與夫妻婚姻關係最切地之法律。

12.4.1 婚姻效力——概說

　　婚姻之效力,亦即婚姻關係有效成立後,夫妻間之權利義務,主要包括身分上之效力及財產上之效力。身分上之效力例如同居義務、貞操義務、扶養義務等;財產上之效力

主要為夫妻財產制。依我國民法規定,婚姻之效力為第二章婚姻第三節「婚姻之普通效力」,主要係涵蓋身分上之效力,包括:

◆**冠姓**:原則為各保其本姓;例外得書面約定冠配偶之姓(民§1000)
◆**同居義務**:原則:互負同居義務;例外:有不能同居之事由(民§1001)
◆**住所**:原則:雙方共同協議之;例外:聲請法院定之(民§1002)
◆**家務代理**:原則:互為代理人;例外:濫用之禁止+善意第三人保護(民§1003)
◆**生活費用分擔**:原則:各依其經濟能力等分擔之並共負連帶責任(民§1003-1)

至於財產上之效力(主要為夫妻財產制)另有其準據法規則之適用(新涉民法第48及49條),不在本單元討論。

12.4.2 衝突之發生

婚姻之效力因各國社會結構、風俗習慣、道德觀念、宗教信仰、生活方式不同而有所差異。例如在冠名方面,瑞士等國規定妻從夫姓,瑞典等國則規定在從夫姓之原則下允許妻得保留其本姓之權利,德日則規定夫妻雙方應確定共同之婚姻姓氏。同樣地,於住所方面,瑞士等國規定夫妻之婚後共同生活住所由夫決定,法國等國規定住所由夫妻雙方協商定之。

12.4.3 準據法理論／立法例

	法庭地法主義	當事人意思自主主義	婚姻成立地法主義	屬人法主義		
				當事人住所地法	當事人本國法	
					夫妻共同本國法	夫之本國法
主張	婚姻之效力與內國公序有關。	婚姻亦屬契約類型	婚姻關係據以成立之法律亦得決定婚姻之效力問題。	婚姻與住所地之公序具密切關連。	適用男女方之本國法	夫為一家之主
批評	夫妻可能偶至內國而已。	契約多為任意法,但身分法多為強行法。	夫妻可能偶至婚姻成立地結婚而已。	住所變更容易,使準據法易陷不確定。	最終準據法仍難確定。	有違男女平等原則。
短結:在各國立法實踐上,雖普遍以適用當事人屬人法為基本原則,但由於夫妻雙方不一定有共同屬人法(無論是同國籍或同住所或同慣居地),就此,各國通常以適用一方當事人之屬人法,或適用最密切關係國法,甚至法庭地法方式予以補充。						

12.4.4　我國法規定（涉民法47條）

2010年 涉民法	1953年 涉民法	說明
第47條 婚姻之效力，依夫妻共同之本國法；無共同之本國法時，依共同之住所地法；無共同之住所地法時，依與夫妻婚姻關係最切地之法律。	第12條 婚姻之效力依夫之本國法，但為外國人妻未喪失中華民國國籍，並在中華民國有住所或居所，或外國人為中華民國國民之贅夫者，其效力依中華民國法律。	一、條次變更。 二、關於婚姻之效力，現行條文第12條專以夫或妻單方之本國法為準據法，與兩性平等原則之精神並不符合。爰參考德國民法施行法第14條、日本法律適用通則法第25條、義大利國際私法第29條等立法例之精神，修正為應依夫妻共同之本國法，無共同之本國法時，依共同之住所地法，無共同之住所地法時，則由法院綜合考量攸關夫妻婚姻之各項因素，包括夫妻之居所、工作或事業之重心地、財產之主要所在地、家庭成員生活重心之地、學業及宗教背景等，而以其中關係最切地之法律，為應適用之法律，俾能符合兩性平等原則及當前國際趨勢。

評釋：

(1) **法律適用原則**：新法摒棄舊法「原則依夫一方本國法；例外依法庭地法主義」而改採「夫妻共同本國法→共同住所地法→關係最切國法」。

(2) **婚姻之效力**：僅指婚姻身分上之效力（民§1000-1003），不包括婚姻財產上之效力（屬涉民法有關夫妻財產準據法之適用問題）

(3) **關係最切**：依修法說明，可考量夫妻之居所、工作或事業之重心地、財產之主要所在地、家庭成員生活重心之地、學業及宗教背景等因素。

(4) **變更主義**：共同本國法或共同住所地法如婚姻存續過程中如有變更，基本上採變更主義，亦即依訴訟當時夫妻之共同本國法或共同住所地法（例如匈牙利國際私法第39條參照）。

外國立法例參考：

瑞士1987/2011年聯邦國際私法第46條

　　夫妻一方有住所，或如無住所，則為有慣居地於瑞士之司法或行政機關就婚姻效力之訴訟具管轄權，且可命必要措施。

瑞士1987/2011年聯邦國際私法第47條

夫妻雙方於瑞士無住所，亦無慣居所，然其中一方具瑞士國籍者，如其無法於夫妻一方住所地或慣居地國提起有關婚姻效力之訴訟，或該訴訟顯不合理者，具瑞士國籍之夫妻一方國籍所在地區之瑞士法院得受理該案件並得命必要措施。

瑞士1987/2011年聯邦國際私法第48條

1. 婚姻之效力，適用夫妻雙方共同住所地法。
2. 夫妻雙方住所地不在同一國家，婚姻效力適用與其有更密切聯繫之住所地法。
3. 當事人住所所在地區之司法或行政機關依本法第47條規定行使管轄權時，適用瑞士法爲案件之處理。

瑞士1987/2011年聯邦國際私法第50條

外國法院有關婚姻效力之裁判及措施，如獲得夫妻一方住所或慣居地國所承認者，瑞士亦予以承認。

中華人民共和國2010年涉外民事關係法律適用法第23條

夫妻人身關係，適用共同經常居所地法律；沒有共同經常居所地的，適用共同國籍國法律。

德國1896/2009年民法施行法第14條 婚姻一般效力

(1) 婚姻一般效力受下列法律所規範：
    1. 夫妻共同國籍國法或婚姻期間最後之共同國籍法，然以其中一仍爲該國國民爲限，否則
    2. 夫妻雙方均具慣居所之國法或婚姻期間於同一國具最後慣居所之國法，然以其中一仍於該國具慣居所爲限，
    3. 否則依夫妻雙方關係最密切關係之國法。

(2) 如夫妻之一具有數國籍，夫妻得於這些國家中選擇夫妻之另一方亦具同國國籍之法律，而無須考慮第5條第1項之規定。

(3) 未符合第1項1款規定之情況下，夫妻得選擇任一方之本國法，且
    1. 夫妻於其本國均無慣居所；或
    2. 夫妻無慣居所於同一國家。
    如夫妻取得共同國籍，法律選擇之效力即行終止。

(4) 法律選擇應經公證。未於該國進行公證者，如符合所選擇之法律或所選擇之法律地法之正式要求，亦屬符合。

日本2006年法律適用通則法第25條 婚姻效力

婚姻之效力，如夫妻同國籍者，依夫妻之本國法。如夫妻非同國籍，然夫妻之慣居地爲同一國者，則依該慣居地法。如均不符合前述情況，則依夫妻最密切關係地之法。

奧地利1978/1999年國際私法第18條 婚姻身分法律效力

(1) 婚姻的身分法律效力
    1. 依配偶雙方共同屬人法，如無共同屬人法，依其最後共同屬人法，然以尚有一方仍保有該國籍爲限，
    2. 否則，依配偶雙方均有住所之國家之法律，如無住所，依配偶雙方最後均有慣居所之國家之法律，然以尚有一方仍保有住所或慣居所爲限。

(2) 如婚姻依第1項所指定之法律未生效，而於奧地利管轄範圍內爲有效，其身分法律效力依奧地利法。然如配偶雙方與第三國有較密切之聯繫者，且依據其法律，該婚姻亦產生效力，則以該第三國法律取代奧地利法。

義大利1995年國際私法制度改革法第29條 夫妻關係

1. 夫妻關係應依雙方共同本國法。
2. 具不同國籍或具多重共同國籍之夫妻，其夫妻關係依婚姻生活主要所在地國法。

澳門1999年民法典第50條 夫妻間之關係

　　1. 夫妻間之關係受雙方共同慣居地法規範，然次下條規定者除外。

　　2. 夫妻無同一慣居地，適用與家庭生活有較密切聯繫地法。

泰國1939年國際私法第21條

　　夫妻間身分關係，如夫妻同一國籍或因婚姻妻取得夫之國籍時，依夫妻共同本國法。

　　如妻未因婚姻而取得夫之國籍時，依夫之本國法。

土耳其1982年國際私法及國際訴訟程序法第12條 結婚

　　結婚能力及條件適用結婚時當事人各自之本國法。

　　結婚形式適用婚姻締結地法。依照國際條約規定所締結之領事婚姻亦為有效。

　　婚姻效力適用當事人雙方共同本國法。無共同本國法，適用共同住所地法。無共同住所地法，適用當事人共同居所地法。如上述法律均無法適用，適用土耳其法。

捷克1964年國際私法及國際民事訴訟法第21條

　　1. 夫妻之間身分及財產關係，依夫妻本國法；夫妻國籍不同時，依捷克國法。

　　2. 夫妻所選擇之財產制，依選擇時支配夫妻財產之法律。

波蘭1966年國際私法第17條

　　1. 夫妻間身分及財產關係，依夫妻雙方之本國法。夫妻財產契約之締結、修改或解除，亦依夫妻雙方的本國法。

　　2. 夫妻依契約而生之財產關係，依締結契約時夫妻所遵守之本國法。

　　3. 夫妻雙方無共同本國法，依夫妻住所地國法；夫妻住所不在同一國，依波蘭法。

匈牙利1979年國際私法第39條 （夫妻身分和財產關係）

　　1. 夫妻身分及財產關係，包括夫妻使用之名字、贍養及夫妻財產制，適用起訴時夫妻共同之屬人法。

　　2. 如夫妻於起訴時之屬人法不同，適用其最後之共同屬人法，若無最後之共同屬人法，則適用夫妻最後之共同住所地法。

　　3. 如夫妻無共同住所，適用法院地或其他機構地法。

　　4. 夫妻屬人法的變更不影響依照以前法律所確定之名字之使用及有效地確立之財產上之效果，包括贍養及夫妻財產制。

希臘1946年民法典第14條

　　夫妻間之人身關係適用婚姻存續中夫妻之最後共同本國法，如無共同國籍，適用結婚時夫之本國法。

葡萄牙1966年民法典第52條夫妻關係

　　1. 夫妻關係適用其共同本國法。但下列條款規定除外。

　　2. 夫妻無共同國籍，適用其共同慣居地法。無共同慣居地，適用夫之屬人法。

列支敦士登1996年國際私法第19條婚姻對個人的法律效力

　　1. 婚姻對個人法律效力適用夫妻雙方慣居地國法；如缺乏該慣居地，則適用雙方最後慣居地國法，只要雙方之一持續保留該居住地即可。

　　2. 如一婚姻依照第(1)項所規定的法律尚未成立，而依照列支敦士登法律已成立，則其對個人的法律效力適用列文敦士登法律。

委內瑞拉1998年國際私法第22條

　　婚姻人身與財產效力，依配偶雙方共同住所地法。若其住所地不一致，則適用最後共同住所地法。

　　依指定之外國法為有效而旨在對共和國境內的不動產產生對抗善意第三人效力的婚約，得以隨時在委內瑞拉註冊主管機關登記。

1953年舊涉民法立法參考：

1908年 法律適用條例	1953年 涉民法	立法說明
第10條 婚姻之效力，依夫之本國法。 夫妻財產制，依婚姻成立時夫之本國法。	第12條（婚姻效力之準據法） 婚姻之效力，依夫之本國法。但為外國人妻，未喪失中華民國國籍，並在中華民國有住所或居所，或外國人為中華民國國民之贅夫者，其效力依中華民國法律。	婚姻之效力，即婚姻之普通效力，凡因結婚而生之身分上法律關系，皆屬之，按多數國家之法律，均規定妻從夫籍，因此婚姻之效力，凡因結婚而生之身分上法律關係，皆屬之。按多數國家之法律，均規定妻從夫籍，因此婚姻之效力，依夫之本國法，實際上即多依夫妻之本國法，惟我國現行國籍法規定，中國人為外國人妻，而未請准脫離國籍者，仍不喪失中國國籍，此時如以夫妻身分關係之爭執，在中國法院涉訟，則夫之本國法與法庭地位難免不生齟齬，其有背於我國公序良俗之事項，尤有窒礙難行之虞，因此本草案增設但書，凡為外國人妻，而未喪失中國國籍，並在中國有住所或居所者，均依中國法定其婚姻效力，以資保護，至於外國人為中國人贅夫者，事同一例，亦應適用中國法。

12.5　夫妻財產制（涉民法第48條及第49條）

涉民法第48條（夫妻財產制之準據法）

夫妻財產制，夫妻以書面合意適用其一方之本國法或住所地法者，依其合意所定之法律。

夫妻無前項之合意或其合意依前項之法律無效時，其夫妻財產制依夫妻共同之本國法；無共同之本國法時，依共同之住所地法；無共同之住所地法時，依與夫妻婚姻關係最切地之法律。

前二項之規定，關於夫妻之不動產，如依其所在地法，應從特別規定者，不適用之。

涉民法第49條

夫妻財產制應適用外國法，而夫妻就其在中華民國之財產與善意第三人為法律行為者，關於其夫妻財產制對該善意第三人之效力，依中華民國法律。

12.5.1　夫妻財產制——概說

夫妻財產制為夫妻間就其財產問題，應遵循之法則。依我國民法規定，主要為親屬編第二章婚姻第四節第1004-1048條規定（約定、法定、效力等）。架構如下：

訂立變更廢止	原則：法定財產制（1005）；例外：約定財產制（1004） 方式：書面（1007）＋登記對抗（1008） 轉換（轉成分別財產制）：一方破產（1009）、一方請求（1010）、債權人聲請（1011）		
種類	法定財產制		性質：無須立約、無須登記 婚前婚後財產歸屬：原則各自所有，不能證明則為推定共有（1017） 財產管理使用收益及處分：各自負擔（1018） 自由處分金：自由協議（1018-1） 剩餘財產分配請求權之保全：有害之無償行為得聲請法院撤銷之；有害之有償行為於第三人明知情況下得聲請法院撤銷之（1020-1/-2） 互負報告義務：婚後財產（1022） 債務之清償：各自負責（1023） 剩餘財產分配： 原則：現存婚後財產減所負債務後平均分配，不包括繼承或無償財產及慰撫金（1030-1） 例外：顯失公平（1030-1） 其他：清償婚前債務（1030-2）、追加計算（1030-3）、財產價值計算時點（1030-4）
	約定財產制	共同財產制	意義：夫妻之財產及所得，除特有財產外，合併為共同財產，屬夫妻共同共有。 範圍：原則：所有財產及所得；例外：特有財產 （1031-1） 歸屬：夫妻共同共有（1031） 管理：原則：共同管理及費用共同負擔；例外：約定一方管理（1032） 處分：應經他方同意＋不得對抗善意第三人（1033） 債務之清償：由共有財產及特有財產中負清償責任（1034）＋補償請求權（1038） 消滅：一方死亡：半數歸另一方，半數歸繼承人（1039） 共同財產關係消滅：各自取回或各得半數，另有約定除外（1040）
		分別財產制	意義：夫妻各保有其財產之所有權、管理權、使用收益權及處分權之財產制。（1044） 採用：因約定；因法定（1009-1011） 所有管理使用及處分：各自（1044） 債務清償：各自負擔（1023）

12.5.2　衝突之發生

因各國社會結構、風俗習慣、道德觀念、宗教信仰、生活方式不同，大陸法系普遍傾向夫妻共同財產制之設計（夫妻雙方之財產因婚姻而合而為一）；英美法系較接近分別財產制（夫妻權利平等，各自財產不因婚姻而受影響）。各國雖將夫妻財產制普遍區分為法定財產制及約定財產制，然其內容卻不盡相同。例如荷蘭等國規定夫妻於婚前及婚後取得的財產均屬夫妻共有；法義等國則規定夫妻婚後取得的財產方屬夫妻共有。

12.5.3　準據法理論／立法例

	動產及不動產區分主義	意思主義（當事人選擇）	屬人法主義	
主張	動產依所有人住所地法或本國法；<u>不動產依物之所在地法</u>。（屈服條款）。目的在與物權準據法一致。	與一般財產標的之契約無異，夫妻財產為特殊契約關係，得由當事人自由約定其準據法。	夫妻財產與夫妻本國或住所地之風俗習慣、經濟制度、宗教信仰及倫理觀念等有密切關連。	
			本國法主義	**住所地法主義**
			◆夫妻之共同本國法 ◆<u>夫之本國法（主要為結婚時夫之本國法）</u>。	◆婚姻住所地法 ◆結婚時夫之住所地法 ◆現在夫之住所地法。
採用	英美阿法義	奧瑞法日義	大陸法系	英美法系
批評	會因財產不同而適用不同之準據法，破壞夫妻財產一體之和諧，並對債權人及繼承人產生無法預測之風險。	符合兩性平等原則，但對第三人仍欠缺可預測性。	簡單易行，採不變更主義（亦即不會隨著國籍或住所變動而變更）。	夫妻財產制除涉及財產關係外，尚具有與國籍因素相當密切之身分關係。

12.5.4　國際公約參考

與夫妻財產有關之國際公約主要有二：一為1905年海牙婚姻對夫妻身分及財產關係效力之準據法公約；二、1978年海牙夫妻財產制準據法公約。

1. 1905年海牙婚姻對夫妻身分及財產關係效力之準據法公約

本公約有關夫妻財產關係準據法之規定，主要在公約第2條至第8條。

於無夫妻財產契約部分，公約第2條規定，如夫妻雙方未商訂夫妻財產契約，則婚姻對夫妻財產之效力依結婚時夫之本國法，無論該財產係動產或不動產。

於夫妻財產契約之形式要件準據法部分，公約第3條規定，符合下列任一法律規定之締約方式均爲有效：契約締結地法、結婚時夫妻各自本國法、婚姻存續期間之各自本國法。

於夫妻財產契約之成立及效力準據法部分，公約第5條規定依結婚時夫之本國法；如契約係爲婚姻存續關係中締結，則依契約締結時之夫妻本國法；如夫妻選擇其他國家之法律，則依該法律決定夫妻財產契約之效力。至於締約能力部分，該條進一步規定應適用結婚當時夫妻各自本國法。

於不動產部分，公約第7條規定，如不動產依其所在地法具有特別土地制度者，則該公約規定不適用之。

2. 1978年海牙夫妻財產制準據法公約

於夫妻財產制之當事人意思自治部分，公約規定夫妻雙方得於結婚前及結婚後約定適用夫妻財產所應適用之法律。

於婚前指定法律部分，公約第3條規定，夫妻雙方得於結婚前約定其夫妻財產制由下列之一之法律所支配：指定時當事人一方之本國法或慣居地法，或當事人一方確定婚後所確定之新慣居地法。

於婚後指定法律部分，公約第6條規定，夫妻雙方得於結婚存續期間約定其夫妻財產制由下列之一之法律所支配：指定時當事人一方之本國法或慣居地法。

於不動產所適用之指定法律部分，前述第3條及第6條均適用於其全部財產，但其均可指定其全部或一部，現在或將來取得之不動產適用不動產所在地法。

於法律指定之條件部分，公約第10條規定，夫妻財產制法律指定所應具備之條件依該法律確定之。

於法律指定之方式部分，公約第11條及第13條規定，在符合所指定之法律及夫妻財產契約締結地法律之前提下，法律之指定必須明示，或於夫妻財產契約中清楚載明，並載明日期及簽名。

於當事人未指定法律時，公約第4條規定，原則上其夫妻財產制適用夫妻雙方於婚後的第一個慣居地法；然於某些特殊情況（例如其本國法爲公約締約並表示不排除該國法律適用於夫妻雙方等）則應適用夫妻雙方之共同本國法：如當事人無慣居地且無共同國籍，則適用與之有最密切關聯之國之法律。

於夫妻財產契約方式之準據法部分，公約第12條規定應適用於夫妻財產制之準據法或契約締結地法。

於夫妻財產制與第三人關係方面，公約第9條規定，夫妻一方與第三人間發生法律關係時，該夫妻財產對其之效力，原則上依公約指定適用於該夫妻財產制之法律予以確定。

12.5.5　我國法規定（涉民法第48條）

2010年涉民法	1953年涉民法	說明
第48條 夫妻財產制，夫妻以書面合意適用其一方之本國法或住所地法者，依其合意所定之法律。 夫妻無前項之合意或其合意依前項之法律無效時，其夫妻財產制依夫妻共同之本國法；無共同之本國法時，依共同之住所地法；無共同之住所地法時，依與夫妻婚姻關係最切地之法律。 前二項之規定，關於夫妻之不動產，如依其所在地法，應從特別規定者，不適用之。	第13條 夫妻財產制依結婚時夫所屬國之法。但依中華民國法律訂立財產制者，亦為有效。 外國人為中華民國國民之贅夫者，其夫妻財產制依中華民國法律。 前二項之規定，關於夫妻之不動產，如依其所在地法，應從特別規定者，不適用之。	一、條次變更。 二、現行條文第13條關於夫妻財產制應適用之法律，未能平衡兼顧夫妻雙方之屬人法，有違當前兩性平等之世界潮流，且其中關於嫁娶婚及招贅婚之區別，已不合時宜，有合併該條第1項及第2項並修正其內容之必要。關於夫妻財產制之實體法在平衡夫妻間之權利義務之外，亦應兼顧保護交易第三人之原則，而國際私法上亦應有相關規定。爰合併現行條文第13條第1項及第2項，並參考1978年海牙夫妻財產制準據法公約第3條、第4條、德國民法施行法第15條、日本法律適用通則法第26條、義大利國際私法第30條、瑞士國際私法第52條等立法例之精神，規定夫妻財產制得由夫妻合意定其應適用之法律，但以由夫妻以書面合意適用其一方之本國法或住所地法之情形為限。 三、夫妻無本條第1項之合意或其合意依本條第1項應適用之法律無效時，其夫妻財產制應適用之法律，仍應與夫妻之婚姻關係具有密切關係。爰規定其應依夫妻共同之本國法，無共同之本國法時，依共同之住所地法，無共同之住所地法時，依與夫妻婚姻關係最切地之法律。關於與夫妻婚姻關係最切地之認定標準，可參考第47條之說明。 四、現行條文第3項不修正，移列為本條第3項。
評釋： (1) 新涉民法摒棄舊涉民法「夫或贅夫之妻之本國法為主，酌採適用中華民國法之意思主義」之夫妻財產準據法，改採「夫妻選擇合意（一方本國法或住所地法）→共同本國法→共同住所地法→婚姻關係最切地法」原則。			

(2) 屬人法變更：舊涉民法明文依「結婚時夫所屬國之法」，採不變更主義；然新涉民法對此並未明文規定，恐生爭議。從本條文所參考的1978年海牙公約及相關國家立法例觀之，應為下列區分：

　　(a) 夫妻財產制合意準據法時：基本上應採「合意時」之準據法（非結婚當時之一方本國法等），例如1978年公約第3條規定「指定時之當事人之一方本國法….」，亦即原則上仍採「不變更主義」。惟於尊重意思自主之考量下，如嗣後夫妻雙方撤回其選擇或另外選擇他國法律者，亦應自撤回或另行選擇時起（基本上仍應受到限定選擇之限制，亦即僅能於另為選擇當時之一方本國法或住所地法選擇之），可適用新的準據法，惟不應影響善意第三人之權益。

　　(b) 未合意準據法時：未合意準據法時即應適用當事人之共同屬人法，屬人法有變更時，如何決定？向有變更主義及不變更主義之區分。依1978年公約第7條規定「夫妻雙方未指定其他法律，如其國籍或慣居地發生變更，仍應繼續適用公約所確定之準據法」；但公約進一步規定，如夫妻雙方既未指定夫妻關係之準據法，亦未為夫妻財產制之約定時，則應適用夫妻雙方一定條件下之慣居地法（例如夫妻雙方維持該慣居地已超過10年…等）。換言之，公約係採取「有條件的不變更主義」。另瑞士聯邦國際私法第55條第1項前段規定「配偶雙方移居他國，適用其新住所地國法。」原則上採變更主義。本書以為，從舊法不變更主義之精神，及為保護夫妻婚後財產之既得權及合理期待，仍採不變更主義為原則，亦即依結婚當時之屬人法，然如雙方有另外協議者，除外。

(3) 「夫妻婚姻關係最切地」：依修法理由可參考第47條說明，亦即綜合考量攸關夫妻婚姻之各項因素，包括夫妻之居所、工作或事業之重心地、財產之主要所在地、家庭成員生活重心之地、學業及宗教背景等，而以其中關係最切地之法律，為應適用之法律。

(4) 「不動產依其所在地之特別法」：本項並未修正，目的在兼顧不動產所在地之強制規定，採動產及不動產區分主義，屬學理上之「屈服條款」。

外國立法例參考：

瑞士1987/2011年聯邦國際私法第51條

　　下列機關對於夫妻財產之訴訟或命令措施具管轄權：

　　a. 因配偶一方死亡後之夫妻財產之訴，瑞士法院或行政主管機關就該財產有管轄權（第86至89條）；

　　b. 因裁判離婚或分居之夫妻財產之訴，瑞士法院具管轄權（第59、60、63及64條）；

　　c. 於其他情況下，瑞士法院或行政主管機關就婚姻效力之訴訟或措施有管轄權（第46及47條）。

瑞士1987/2011年聯邦國際私法第52條

1. 夫妻財產依配偶雙方共同選擇之法律。

2. 配偶雙方可選擇其共同住所地國法、結婚後準備居住之國法、或配偶一方之本國法。然本法第23條第2項規定除外。

瑞士1987/2011年聯邦國際私法第53條
1. 法律選擇應以書面協議或於婚約協議中爲明確規定。除該要件外，其應依所選擇之法律。
2. 法律選擇得於任何時間爲之或變更之。如法律選擇係於婚姻舉行後爲之，除當事人有另外協議外，應於結婚之日同時生效。
3. 於配偶雙方選擇他國法律或撤回其選擇之前，該選擇法律應繼續適用。

瑞士1987/2011年聯邦國際私法第54條
1. 如配偶雙方未選擇法律，夫妻財產應依下列法律：
　a. 配偶雙方共同住所地國法律，或如無共同住所地，
　b. 其最後共同住所地國法。
2. 如配偶雙方於同時期同一國家無共同住所者，夫妻財產適用其共同本國法。
3. 如配偶雙方於同一時期同一國無共同住所，婚前又無共同國籍者，適用瑞士法律之分別財產制。

瑞士1987/2011年聯邦國際私法第55條
1. 配偶雙方移居他國，適用其新住所地國法。新法效力溯及至婚姻成立時。然配偶一方以書面通知另一方，自願選擇其先前住所地國法者除外。
2. 如當事人已書面協議適用先前法律或如同意依據婚姻契約，則住所之變更不影響其準據法。

瑞士1987/2011年聯邦國際私法第57條
1. 夫妻財產之效力，涉及配偶一方與第三者關係，適用該關係產生時該配偶一方之住所地法律。
2. 然當該關係產生時，第三者已知或應知規範夫妻財產之法律，即應適用該法律。

瑞士1987/2011年聯邦國際私法第58條
1. 外國法院有關夫妻財產之裁判，如符合下述條件，瑞士即應予以承認：
　a. 裁判由被告配偶一方之住所地國所作或獲得到其承認；
　b. 裁判由原告配偶一方之住所地國所作出或獲得其承認，而被告於瑞士無住所；
　c. 裁判由夫妻財產依據本法規定之準據法國所作或獲得其承認；
　d. 涉及不動產時，裁判由不動產所在地法院所作出或獲得其承認。
2. 有關保護婚姻關係、離婚、分居或宣告婚姻無效裁判之承認，適用本法有關婚姻、離婚或繼承效力之規定（第50、65及96條）。

中華人民共和國2010年涉外民事關係法律適用法第24條
夫妻財產關係，當事人可以協議選擇適用一方當事人經常居所地法律、國籍國法律或者主要財產所在地法律。當事人沒有選擇的，適用共同經常居所地法律；沒有共同經常居所地的，適用共同國籍國法律。

德國1896/2009年民法施行法第15條 夫妻財產制
(1) 夫妻財產制依結婚時規範婚姻一般效力之法律。
(2) 夫妻得選擇下列法律作爲其夫妻財產制之準據法：
　1. 夫妻任一之本國法，
　2. 夫妻任一具慣居地國法，
　3. 有關不動產，依所在地法。
(3) 第14條第4項準用之。
(4) 有關分居之人及難民之夫妻財產法之規定不應受影響。

德國1896/2009年民法施行法第16條 第三人之保護
1. 如夫妻財產制準據法爲他國，且夫妻一方於該國有慣居所或於該國進行交易活動時，應準用民法第1412條之規定；該夫妻財產制以約定財產制處理。

2. 法律行為於德國進行（第1357條）、位於德國之動產（第1362條）及於德國從事營利行為，就比該外國法更有利於善意第三人之相關規定範圍內，應準用民法第1431及1456條規定。

德國1896/2009年民法施行法第17條之1 居屋及家用品

位於德國之居屋及家用品之使用權利，以及進入、靠近及接觸之限制，依德國實體法規定。

日本2006年法律適用通則法第26條 夫妻財產

1. 夫妻財產制準用前條規定。
2. 無論前項規定為何，夫妻財產制應適用夫妻所擇定之下列法律，然以該選擇係夫妻以書面並經簽署且記載日期為限。於此情況，該選擇於嗣後發生效力：
   (i) 夫妻一方之本國法；
   (ii) 夫妻一方之慣居地法；
   (iii) 夫妻財產涉及不動產者，該不動產所在地法。
3. 夫妻財產制之準據法為外國法，關於在日本所為法律行為及位於日本之財產，不得對抗善意第三人。此情況下對抗第三人之夫妻財產制，應適用日本法。
4. 無論前項規定為何，夫妻財產協議係依第1或2項應予以準據之某外國法而締結者，如該協議於日本為登記時，就登記之範圍即得對抗第三人。

奧地利1978/1999年國際私法第19條 夫妻財產制

夫妻財產依當事人明示選擇之法律，如無該合意選擇法律，依結婚時規範婚姻身分法律效力之法律。

義大利1995年國際私法制度改革法第30條 夫妻財產關係

1. 夫妻財產關係應依用夫妻關係之法律。然夫妻可透過書面達成協議，其財產關係依至少夫妻一方之本國法或至少夫妻一方居住地國法律配。
2. 夫妻雙方就準據法所達成之協議，如符合所選定之法律或協議達成地國家之法律，即為有效。
3. 僅於第三人被告知外國法內容，或因其本身過失而未加注意，依外國法之夫妻財產關係始可對抗該第三人。於不動產物權，如符合不動產所在地國法所規定之通知方式，則依該外國法之夫妻財產關係即可對抗第三人。

澳門1999年民法典第51條 婚前協議及財產制

1. 婚前協議之實質及效力，及法定或約定財產制之實質及效力，均依締結婚姻時結婚人之慣居地法規定。
2. 結婚人無同一慣居地時，適用婚後第一個共同居所地法。
3. 適用之法律為澳門以外之法律，且其中一名結婚人之慣居地在澳門地區時，得約定採用本法典容許之任一財產制。

澳門1999年民法典第52條 婚後協議及財產制之變更

1. 有關婚後協定之可行性、內容及效力，及夫妻變更其法定或約定財產制之可行性、變更之內容及效力，均受依第50條所規定之準據法規範。
2. 在任何情況下，新協定不得具有損害第三人之溯及效力。

泰國1939年國際私法第22條

夫妻財產關係，婚前無契約時，依本國法。夫妻國籍不同時，依夫之本國法。
但不動產，依物之所在地法。

泰國1939年國際私法第25條

婚前財產契約之實質要件及效力，如夫妻同一國籍時，依其共同之本國法。
國籍不同時，該契約之實質要件及效力，依雙方當事人意思所指之準據法或推定雙方意思所指之準據法；在無任何意思表示時，依婚姻之初當事人住所地法。
但對不動產的契約，依物之所在地法。

土耳其1982年國際私法及國際訴訟程序法第14條 夫妻財產關係

對於調整夫妻財產關係所適用的法律，夫妻雙方可於其住所地法或其結婚時之本國法律中作出選擇。當事人無選擇者，適用夫妻雙方共同本國法。沒有共同本國法，適用締結婚姻時夫妻共同住所地法。沒有共同住所地法，則適用財產所在地法。

夫妻在結婚後又取得新的共同國籍，適用其新取得的共同本國法。

捷克1964年國際私法及國際民事訴訟法第21條

1. 夫妻之間身分及財產關係，依夫妻之本國法；夫妻國籍不同時，依捷克國法。
2. 夫妻所選擇之財產制，依選擇時支配夫妻財產之法律。

波蘭1966年國際私法第17條

1. 夫妻間之身分及財產關係，依夫妻雙方之本國法。夫妻財產契約的締結、修改或解除，亦依夫妻雙方之本國法。
2. 夫妻依契約而生之財產關係，依締結契約時夫妻所遵守之本國法。
3. 夫妻雙方無共同本國法，依夫妻住所地法；夫妻住所不在同一國時，依波蘭法。

匈牙利1979年國際私法第39條 （夫妻身分和財產關係）

1. 夫妻身分及財產關係，包括夫妻使用的名字、贍養及夫妻財產制，適用起訴時夫妻共同之屬人法。
2. 如夫妻起訴時之屬人法不同，適用其最後之共同屬人法，若無最後之共同屬人法，則適用夫妻最後之共同住所地法。
3. 如夫妻無共同住所，適用法院地或其他機構地法。
4. 夫妻屬人法變更不影響依照之前法律所確定之名字之使用及有效地確立的財產上之效力，包括贍養及夫妻財產制。

希臘1946年民法典第15條

夫妻間財產關係適用結婚時夫之本國法。

葡萄牙1966年民法典第49條締結婚約或夫妻財產協議的能力

締結婚約或夫妻財產協議之能力，適用當事人雙方各自之屬人法。

葡萄牙1966年民法典第53條婚約與夫妻財產

1. 婚約及夫妻財產制之實質與效力，適用婚姻締結時夫妻共同本國法。
2. 夫妻無共同國籍，適用婚姻締結時夫妻共同慣居地法，沒有共同慣居地，適用婚姻締結時夫之屬人法。
3. 如準據法為外國法，夫妻一方在葡萄牙國內擁有慣居所，可選擇本民法典中所規定的其中一項夫妻財產制。

葡萄牙1966年民法典第54條夫妻財產制的變更

1. 如符合本法第52條規定，夫妻雙方可變更財產制協定。
2. 新的夫妻財產制協議不具有溯及力。

阿根廷1974年國際私法第23條

不受當事人間設立的婚姻財產制支配之配偶之權義，適用婚姻住所地法。

婚姻住所地指配偶共同居住地，如無共同居住地，則指夫之住所。別居或離婚的妻子在另設住所前，得保有其夫之住所。被丈夫遺棄的已婚婦女得保有婚姻住所，除非證明她已在另一國家設立她自己的獨立住所。

阿根廷1974年國際私法第24條

婚姻協議及婚姻財產制適用最初之婚姻住所地法，然有關嚴格不動產性質之財產而被財產所在地法禁止者不在此限。最初婚姻住所地指配偶在結婚後設立其住所之第一個國家。如其從未設住所於同一國家，則應認為其適用財產分割制。

住所之變更不改變適用於配偶間財產關係之法律，而不論財產的取得是先於或後於此項變更。

12.5.6 我國法規定（涉民法第49條）

2010年 涉民法	1953年 涉民法	說明
第49條 夫妻財產制應適用外國法，而夫妻就其在中華民國之財產與善意第三人為法律行為者，關於其夫妻財產制對該善意第三人之效力，依中華民國法律。	無	一、本條新增。 二、夫妻財產制應適用之法律，原應適用於所有涉及夫妻財產之法律關係，但夫妻處分夫妻財產時，如其相對人（第三人）不知該準據法之內容，即可能受到不測之損害。為保護內國之財產交易安全，對於夫妻財產制之準據法為外國法，被處分之特定財產在中華民國境內，而該外國法之內容為相對人（第三人）所不知時，實宜適度限制該準據法對相對人（第三人）之適用範圍。爰規定夫妻財產制應適用外國法，而夫妻就其在中華民國之財產與善意第三人為法律行為者，關於其夫妻財產制對該善意第三人之效力，依中華民國法律。蓋關於其夫妻財產制對該善意第三人之效力，即善意第三人與夫妻財產制間之關係，與內國之交易秩序實關係密切，應適用中華民國法律，以維護內國之交易秩序。

評釋：

(1) 本條文為善意第三人保護問題：夫妻財產採屬人法原則，與夫妻之一方為法律行為之外國人極可能不知夫妻之國籍國或住所地國法律，此會衍生對善意第三人保護問題。新涉民法不似舊涉民法以夫之本國法為準據法，新法兼採屬人法之住所地法及關係最切法，由於住所地法及關係最切國通常為夫妻與第三人間之交易或法律行為國，雖已酌量兼顧第三人保護問題（不動產依不動產所在地特別規定亦具有類似作用），但仍不足夠。

(2) 本條文屬「單面立法」：本條文僅針對「夫妻就其在中華民國之財產」有其適用，而未針對「位於中華民國以外之財產」為相關規定，解釋上應以類推適用法理，處理後者問題。

(3) 「善意第三人」不限於中華民國人：本條適用範圍僅限於「夫妻就其在中華民國之財產」，該善意第三人是否為中華民國人在所不論。

外國立法例參考：

瑞士1987/2011年聯邦國際私法第57條

  1. 夫妻財產之效力，涉及配偶一方與第三者關係，適用該關係產生時該配偶一方之住所地法律。

  2. 然當該關係產生時，第三者已知或應知規範夫妻財產之法律，即應適用該法律。

瑞士1987/2011年聯邦國際私法第58條
1. 外國法院有關夫妻財產之裁判，如符合下述條件，瑞士即應予以承認：
   a. 裁判由被告配偶一方之住所地國所作或獲得到其承認；
   b. 裁判由原告配偶一方之住所地國所作出或獲得其承認，而被告於瑞士無住所；
   c. 裁判由夫妻財產依據本法規定之準據法國所作或獲得其承認；
   d. 涉及不動產時，裁判由不動產所在地法院所作出或獲得其承認。
2. 有關保護婚姻關係、離婚、分居或宣告婚姻無效裁判之承認，適用本法有關婚姻、離婚或繼承效力之規定（第50、65及96條）。

德國1896/2009年民法施行法第16條 第三人之保護
1. 如夫妻財產制準據法為他國，且夫妻一方於該國有慣居所或於該國進行交易活動時，應準用民法第1412條之規定；該夫妻財產制以約定財產制處理。
2. 法律行為於德國進行（第1357條）、位於德國之動產（第1362條）及於德國從事營利行為，就比該外國法更有利於善意第三人之相關規定範圍內，應準用民法第1431及1456條規定。

日本2006年法律適用通則法第26條 夫妻財產
1. 夫妻財產制準用前條規定。
2. 無論前項規定為何，夫妻財產制應適用夫妻所擇定之下列法律，然以該選擇係夫妻以書面並經簽署且記載日期為限。於此情況，該選擇於嗣後發生效力：
   (i) 夫妻一方之本國法；
   (ii) 夫妻一方之慣居地法；
   (iii) 夫妻財產涉及不動產者，該不動產所在地法。
3. 夫妻財產制之準據法為外國法，關於在日本所為法律行為及位於日本之財產，不得對抗善意第三人。此情況下對抗第三人之夫妻財產制，應適用日本法。
4. 無論前項規定為何，夫妻財產協議係依第1或2項應予以準據之某外國法而締結者，如該協議於日本為登記時，就登記之範圍即得對抗第三人。

義大利1995年國際私法制度改革法第30條 夫妻財產關係
1. 夫妻財產關係應依用夫妻關係之法律。然夫妻可透過書面達成協議，其財產關係依至少夫妻一方之本國法或至少夫妻一方居住地國法律配。
2. 夫妻雙方就準據法所達成之協議，如符合所選定之法律或協議達成地國家之法律，即為有效。
3. 僅於第三人被告知外國法內容，或因其本身過失而未加注意，依外國法之夫妻財產關係始可對抗該第三人。於不動產物權，如符合不動產所在地國法所規定之通知方式，則依該外國法之夫妻財產關係即可對抗第三人。

2001年修正草案：

涉民法部分條文修正草案		
修正條文	現行條文	說明
第51條 夫妻合意選擇夫妻財產制之準據法時，應以書面或依夫妻合意選擇之準據法所定之方式為之。	無	一、本條新增。 二、為避免當事人所合意選擇夫妻財產制之準據法難以證明，此合意應以書面或依夫妻合意選擇準據法所定之方式為之，以資明確。
修正總說明部分： （六）增訂夫妻財產制合意方式準據法之規定。（修正條文第51條） 為避免選擇夫妻財產制準據法之合意難以證明，爰明定其合意應以書面，或依夫妻合意選擇之準據法所定之方式為之。		

2001年修正草案：

2010年 涉民法條文	1953年 涉民法條文	說明
第49條 夫妻財產制應適用外國法，而夫妻就其在中華民國之財產與善意第三人為法律行為者，關於其夫妻財產制對該善意第三人之效力，依中華民國法律。	無	一、本條新增。 二、夫妻財產制應適用之法律，原應適用於所有涉及夫妻財產之法律關係，但夫妻處分夫妻財產時，如其相對人（第三人）不知該準據法之內容，即可能受到不測之損害。為保護內國之財產交易安全，對於夫妻財產制之準據法為外國法，被處分之特定財產在中華民國境內，而該外國法之內容為相對人（第三人）所不知時，實宜適度限制該準據法對相對人（第三人）之適用範圍。爰規定夫妻財產制應適用外國法，而夫妻就其在中華民國之財產與善意第三人為法律行為者，關於其夫妻財產制對該善意第三人之效力，依中華民國法律。蓋關於其夫妻財產制對該善意第三人之效力，即善意第三人與夫妻財產制間之關係，與內國之交易秩序實關係密切，應適用中華民國法律，以維護內國之交易秩序。

1953年舊涉民法立法背景參考：

1908年 法律適用條例	1953年 涉民法	立法說明
第10條 婚姻之效力，依夫之本國法。 夫妻財產制，依婚姻成立時夫之本國法。	**第13條**（夫妻財產制之準據法） 夫妻財產制，依結婚時夫所屬國之法。但依中華民國法律訂立財產制者，亦為有效。 外國人為中華民國國民之贅夫者，其夫妻財產制，依中華民國法律。 前二項之規定，關於夫妻之不動產，如依其所在地法應從特別規定者，不適用之。	一、第1項本項之立法意旨，在防止夫於結婚後，任意變更國籍，改易夫妻財產關係，因而影響妻或其他利害關係人之法益，故規定於結婚時夫所屬國之法。其所以稱夫所屬國之法，而不沿襲原條例第10條第2項稱夫之本國法者，蓋法文著重之點，在結婚時夫之國籍，而不重在其時之法律，故如該國法律於結婚後變更，即應適用變更後之現行法，而不適用已廢止之法，又按夫妻財產制，能否於婚後變更，各國立法例原不一致，有認為結婚前所訂之財產契約，嗣後絕不許變更者，有認為當事人得於婚前或婚後，選定其財產制，並得依一定之方式變更或廢止之者，我國民法係採後一立法例（見民法1004條以下）。依此原則，倘有於結婚後，依中國法訂立財產制者，就中國法之立場觀之，亦難否認其效力，故本草案特增設但書，以期符合我國民法之精神。 二、第2項外國人為中國人之贅夫者，應以妻之住所為住所，且其妻多未喪失中國國籍，關於夫妻財產制，如適用中國法，則於其利益之保護，較能周密，其理由正與本草案第12條之情形相同，故有本項之增訂。 三、第3項夫妻財產制，屬於婚姻效力之一瑞，原則上固應依照屬人法則，從夫妻之本國法，惟財產制有關不動產之部分，尚須顧及不動產所在地之強制規定，以免窒礙難行，故增設本文。

12.6　離婚（涉民法第50條）

涉民法第50條（離婚之準據法）

　　離婚及其效力，依協議時或起訴時夫妻共同之本國法；無共同之本國法時，依共同之住所地法；無共同之住所地法時，依與夫妻婚姻關係最切地之法律。

12.6.1 離婚──概說

離婚指夫妻脫離夫妻身分，以消滅婚姻關係。離婚規定於親屬篇第二章第五節1049-1058條，包括兩願離婚、裁判離婚（離婚原因）、監護、損害賠償、贍養費（離婚效力）等。主要規範架構如下：

成立
及
方式
{
兩願離婚　自行離婚；未成年人應獲法代同意（1049）
　　　　　方式：書面+二以上證人簽名+離婚登記（1050）
裁判離婚　法定理由：10項理由（1052）
}

效力
{
身分上　夫妻身分消滅
子女監護　原則：協議
　　　　　　例外：法院裁定（最佳利益原則）（1055）
財產上　各自取回+比例分配（1058）
　　　　　過失損害賠償（財產與非財產）（1056）
　　　　　贍養費（1057）
}

12.6.2　衝突之發生

離婚之法律效力不僅與雙方當事人有關而已，且當事人之親屬關係及財產關係均會產生影響，尚還包括子女撫養監護等問題。因各國社會結構、風俗習慣、道德觀念、宗教信仰、生活方式不同，致對離婚之成立要件及效力規範不一。例如有些國家採「禁止離婚主義」（例如愛爾蘭、馬爾他、巴拉圭、安道爾等天主教國家）；有些國家採「許可離婚主義」（復分為「自由離婚主義」及「限制離婚主義」），且雖然允許離婚，但僅承認裁判上之離婚或某特定行政機關所允許之離婚。至於在允許離婚的國家中，得裁判離婚之要件各國也不相一致。

其次，部分具有離婚制度的國家，則進一步衍生法院裁判或其他公機關宣告離婚之國際離婚管轄權歸屬問題。

12.6.3　準據法理論／立法例

| | 法庭地法主義 | 屬人法主義 | | 住所地法主義 | 折衷主義 |
| | | 當事人本國法 | | | |
		當事人異國籍	當事人國籍變更		
主張	離婚具強行性質，與內國公序相關甚切（蘇丹挪冰）。	1.適用雙方之本國法（法比葡）； 2.適用雙方最後共同之本國法（波）； 3.適用夫之本國法（德日中）。	1.適用結婚時之本國法； 2.適用離婚事由發生時之本國法（日）； 3.適用離婚訴訟時之本國法（德中）。	個人身分能力及權利與其家園或家庭所在地不可分。	累積適用法庭地法及當事人之本國法（德瑞希日），方式大都為： 離婚要件→折衷主義 離婚效力→當事人本國法； 當事人為內國人→內國法（保護主義）。
批評	無異擴大內國法之適用，易造成濫擇法院，且難達成裁判一致之理想。	可能限制當事人離婚之自由； 第三說違反男女平等。			容易造成跛行婚，且已有公序條款可以解決。

12.6.4　國際公約參考

　　與離婚有關之國際公約主要有二：一為1902年海牙離婚及分居法律衝突及管轄權衝突公約；二、1970年海牙承認離婚及分居公約。此二公約中，與離婚準據法主要有關者為前者。

　　依1902年海牙公約第1及2條規定，僅有當夫妻本國法及起訴地法均具有允許離婚或分居規定，且均認定當事人具有離婚或分居之理由時，始可提出離婚或分居之請求。亦即公約採重疊適用當事人本國法及法庭地法。公約第8條規定夫妻當事人無共同國籍時，適用雙方最後之共同本國法。

12.6.5　我國法規定（涉民法第50條）

2010年 涉民法	1953年 涉民法	說明
第50條 離婚及其效力，依協議時或起訴時夫妻共同之本國法；無共同之本國法時，依共同之住所地法；無共同之住所地法時，依與夫妻婚姻關係最切地之法律。	第14條 離婚依起訴時夫之本國法及中華民國法律，均認其事實為離婚之原因者，得宣告之。但配偶之一方為中華民國國民者，依中華民國法律。 第15條 離婚之效力，依夫之本國法。 為外國人妻未喪失中華民國國籍或外國人為中華民國國民之贅夫者，其離婚之效力依中華民國法律。	一、條次變更。 二、現行條文關於離婚僅規定裁判離婚，而不及於兩願離婚，其關於離婚及其效力應適用之法律，規定亦非一致。爰合併現行條文第14條及第15條，移列為本條，並就其內容酌予修正及補充。 三、關於離婚及其效力應適用之法律，現行條文並未兼顧夫妻雙方之連結因素或聯繫因素，與兩性平等原則及當前立法趨勢，均難謂合。爰修正決定準據法之原則，以各相關法律與夫妻婚姻關係密切之程度為主要衡酌標準，並規定夫妻之兩願離婚及裁判離婚，應分別依協議時及起訴時夫妻共同之本國法，無共同之本國法時，依共同之住所地法，無共同之住所地法時，依與夫妻婚姻關係最切地之法律。本條所稱離婚之效力，係指離婚對於配偶在身分上所發生之效力而言，至於夫妻財產或夫妻對於子女之權利義務在離婚後之調整問題等，則應依關於各該法律關係之規定，定其應適用之法律，現行實務見解有與此相牴觸之部分，應不再援用，以維持法律適用之正確，併此說明。

評釋：

1. **擇法標準變動**：舊涉民法將離婚原因及效力為分別規定（舊涉民法第14條及第15條），並有不同之準據法標準，今新涉民法將兩者為統一規定，適用同一準據法標準：

同一準據法標準：

舊涉民法	新涉民法
離婚原因： 　原則：採「折衷主義」（累積適用「起訴時」之夫之本國法及中華民國法）； 　例外：採「保護主義」 離婚效力 　原則：採屬人法主義下之當事人本國法（夫之本國法）； 　例外：採「保護主義」	共同本國法 →共同住所地法 →婚姻關係最切地法

2. **不採內國人保護主義**：舊法第14條但書尚有「配偶之一方爲中華民國國民者，依中華民國法律。」保護主義規定，新法對此已不復規定，亦即不採內國人保護主義。

3. **採變更主義**：舊法採「起訴時」，新法採「協議時或起訴時」，均採變更主義。

4. **裁判離婚之審理機關及國際管轄**：裁判離婚的國際管轄權國際間一般均以當事人之本國法法院或住所地法法院或二者之折衷制（以某一爲主，另一爲輔），並佐以當事人一方於法庭地國有住所，亦具有管轄權。我國法對涉外離婚國際管轄並無直接明文，一般學說多主張可準用民事訴訟法第568條規定「婚姻無效或撤銷婚姻，與確認婚姻成立或不成立及離婚或夫妻同居之訴，專屬夫妻之住所地或夫、妻死亡時住所地之法院管轄。但訴之原因事實發生於夫或妻之居所地者，得由各該居所地之法院管轄（第1項）。夫妻之住所地法院不能行使職權或在中華民國無住所或其住所不明者，準用第一條第一項中段及第二項之規定（第2項）。夫或妻爲中華民國人，不能依前二項規定，定管轄之法院者，由中央政府所在地之法院管轄之（第3項）。」此規定雖屬國內管轄，然由於採用類似前述國際立法例普遍以夫妻一方之住所地國之管轄權基礎，予以準用仍屬合理。至於裁判離婚由何機關審理，各國規定不一，有規定僅法院得爲之者，另有規定其他機關，甚至僅宗教法院或具身分官署有裁判離婚之權限。

5. **離婚之效力**：依修法理由，其係指離婚對於配偶在身分上所發生之效力而言，至於夫妻財產或夫妻對於子女之權利義務在離婚後之調整問題等，則應依關於各該法律關係之規定，定其應適用之法律，現行實務見解有與此相牴觸之部分，應不再援用，以維持法律適用之正確。因此，在解釋上，離婚之效力包括妻本姓之恢復、夫妻間扶養義務、裁判離婚之損害賠償等，但不包括子女監護及夫妻財產等問題。

外國立法例參考：

瑞士1987/2011年聯邦國際私法第59條

　　下列機關就離婚及分居訴訟具管轄權：

　　a. 被告配偶一方住所地之瑞士法院；

　　b. 原告配偶一方住所地之瑞士法院，然原告於瑞士必須居住一年以上或具瑞士國籍。

瑞士1987/2011年聯邦國際私法第60條

　　配偶雙方於瑞士無住所，然其中一方具瑞士國籍，如其無法於配偶一方住所地法院提起有關離婚及分居之訴訟，或進行該訴訟顯不合理時，具瑞士國籍配偶一方之住所地瑞士法院得就該案件行使管轄權。

瑞士1987/2011年聯邦國際私法第61條

1. 離婚及分居依瑞士法律。
2. 配偶雙方有共同外國國籍，且其中一方居住於瑞士，離婚及分居適用其共同本國法。
3. 所適用之外國法不允許離婚或對離婚有非常嚴格規定者，如配偶一方具有瑞士國籍或於瑞士居住兩年以上，可適用瑞士法處理離婚問題。
4. 瑞士法院依本法第60條規定，對離婚及分居行使管轄權時，適用瑞士法律。

瑞士1987/2011年聯邦國際私法第62條

1. 瑞士法院審理離婚及分居案件有權採取臨時措施。然其對案件實質問題顯無管轄權或已有生效之裁定者除外。
2. 臨時措施應依瑞士法。
3. 本法有關夫妻間扶養義務（第49條）、親子關係之效力（第82及83條）、未成年人保護（第85條）應保留適用。

瑞士1987/2011年聯邦國際私法第63條

1. 瑞士法院對於離婚及分居案件有管轄權者，對與離婚及分居有關之附屬事項亦有管轄權。
2. 規範離婚及分居之法律，同樣亦適用於與離婚及分居有關事項。本法有關姓名（第37至40條）、夫妻扶養義務（第49條）、夫妻財產（第52至57條）、親子關係之效力（第82及83條），及保護未成年人（第85條）之規定應保留適用。

瑞士1987/2011年聯邦國際私法第64條

1. 如符合本法第59條或第60條規定，瑞士法院可採取補充或修正方法作出准予離婚或分居之裁判。本法有關保護未成年人之規定（第85條）應保留適用。
2. 請求補充或修正離婚及分居裁判之訴訟，適用規範離婚及分居關係之法律。本法有關姓名（第37至40條）、配偶間扶養義務（第49條）、夫妻財產（第52至57條）、親子關係的效力（第82及83條）及保護未成年人（第85條）之規定應保留適用。

瑞士1987/2011年聯邦國際私法第65條

1. 外國法院有關離婚及分居之裁判，如該裁判為配偶一方住所國、慣居地國或國籍所屬國作出，或為其中任一國所承認，瑞士即應予以承認。
2. 然如裁判為配偶雙方均不具該國國籍或僅作為原告配偶一方具該國國籍之國家所為，僅符合下述條件，瑞士才予以承認：
　　a. 起訴時，配偶一方於該國有住所或慣居所，且被告於瑞士無住所；
　　b. 被告配偶無異議地接受外國法院管轄；
　　被告配偶明確表示同意瑞士法院對外國法院裁判予以承認。

中華人民共和國2010年涉外民事關係法律適用法第26條

　　協定離婚，當事人可以協定選擇適用一方當事人經常居所地法律或者國籍國法律。當事人沒有選擇的，適用共同經常居所地法律；沒有共同經常居所地的，適用共同國籍國法律；沒有共同國籍的，適用辦理離婚手續機構所在地法律。

中華人民共和國2010年涉外民事關係法律適用法第27條

　　訴訟離婚，適用法院地法律。

德國1896/2009年民法施行法第17條 離婚

(1) 離婚依離婚申請當時婚姻一般效力之準據法。如離婚無法以前述方式取得，而請求離婚之一方為德國人或婚姻締結當時曾為德國人，則依德國法。
(2) 於德國，離婚僅得由法院宣判之。

(3) 夫妻未來年金餘額依第1項前段準據法；然以依據德國法可予以執行且該餘額爲夫妻雙方
離婚請求當時之本國之任一國法所承認爲限。否則，夫妻未來年金餘額應就下列夫妻適用
情況，依德國法予以執行：
1. 如其他配偶業已針對婚姻存續期間之內地未來年金權利爲請求；或
2. 婚姻存續過程中，某階段之婚姻一般效力準據法有針對夫妻未來年金餘額爲規定，
然僅限於其執行不致對夫妻雙方，包括非在德國停留期間之經濟狀況有失衡平之範圍。

日本2006年法律適用通則法第27條 離婚
離婚準據第25條規定。然夫妻一方爲日本籍且於日本有慣居地者，離婚應適用日本法。

奧地利1978/1999年國際私法第20條 離婚
1. 離婚要件及效力，依離婚時規範婚姻身分法律效力之法律。
2. 如依該法婚姻不得依據所提事實予以解除，或第18條所規定之聯繫因素無一具備者，則適
用離婚時原告之屬人法。

義大利1995年國際私法制度改革法第31條 分居及離婚
1. 分居及離婚應依提出分居或離婚請求之時夫妻雙方共同之本國法；如無共同本國法，應適
用婚姻生活主要所在地國法。
2. 如外國準據法未規定分居或離婚，則依義大利法。

義大利1995年國際私法制度改革法第32條 無效婚姻、絕對無效婚姻、分居及離婚之管轄權
除第3條規定情形外，如夫妻一方爲義大利公民或其婚姻係在義大利舉行，則義大利法院對於
無效婚姻、絕對無效婚姻、分居、離婚亦具有管轄權。

澳門1999年民法典第53條 離婚
離婚適用第50條規定。

澳門1999年民法典第50條 夫妻間之關係
1. 夫妻間之關係受雙方共同慣居地法規範，然次條所規定者除外。
2. 夫妻無共同慣居地，適用與家庭生活有較密切聯繫地法。

泰國1939年國際私法第26條
協議離婚夫妻各自本國法不承認有效者爲無效。

泰國1939年國際私法第27條
離婚如配偶各自本國法不承認時，泰國法院不予承認。這時離婚原因，依訴訟地法。

土耳其1982年國際私法及國際訴訟程序法第13條 夫妻離婚和別居
離婚及別居原因及效力適用夫妻雙方共同本國法。
夫妻雙方國籍不同，適用雙方共同住所地法。無共同住所地者，適用雙方共同居所地法。上
述法律均無法適用時，適用土耳其法律。
夫妻離婚及非臨時性別居所生之撫養請求，適用處理離婚及別居問題之同一法律。

土耳其1982年國際私法及國際訴訟程序法第20條 離婚時的親權
離婚時之親權及與此有關問題適用調整離婚之法律。

捷克1964年國際私法及國際民事訴訟法第22條 離婚
1. 因離婚而解除之婚姻，依訴訟程序開始時夫妻本國法；夫妻國籍不同時，依捷克國法。
2. 前項所規定之外國法不准離婚，或離婚條件非常嚴格時，如夫妻雙方或其中一方長期居住
在捷克國內，依捷克國法。
3. 前述規定亦適用於婚姻之撤銷或確認。

波蘭1966年國際私法第18條
離婚依請求離婚時夫妻所應遵守之本國法；夫妻無共同本國法，依夫妻住所地國法；住所不
在同一國內，依波蘭法。

匈牙利1979年國際私法第40條 （離婚）
1. 離婚要件依起訴時夫妻共同之屬人法。

2. 如起訴時夫妻屬人法不同，依最後共同屬人法。於無最後共同屬人法之情況下，如一方為匈牙利公民，則依匈牙利法，否則依夫妻最後共同住所地法。

3. 如夫妻從未有過共同住所，則適用法院或其他機構地法。

匈牙利1979年國際私法第41條（離婚準據法之例外）

離婚適用外國法時，有下列例外：

1. 如依外國法不能離婚或認為離婚要件不具備，而匈牙利法認為具備時，可以離婚；

2. 即使依照外國法存在絕對的離婚理由，亦要審查夫妻關係是否無可挽回地完全破裂；

3. 離婚不能以有過失為根據。

希臘1946年民法典第16條

離婚及分居適用起訴前夫妻在婚姻存續中的最後共同本國法。如無共同國籍，適用結婚時夫之本國法。

葡萄牙1966年民法典第55條夫妻分居、財產分割、離婚

1. 本法第52條規定，亦適用於夫妻分居、財產分割及離婚。

2. 如於婚姻持續期間，法律有所變更者，夫妻之分居及離婚適用分居或離婚時之有效法律。

列支敦士登1996年國際私法第21條離婚

1. 離婚條件及效力適用離婚時支配婚姻對個人法律效力之法律。

2. 如於有效事實基礎上依照該法律無法離婚，或不存在第19條所規定之連結因素，則離婚適用提起離婚訴訟的夫妻一方離婚時之本國法。

3. 只要夫妻一方為列支敦士登國民，則列支敦士登法院應適用列支敦士登法律。

阿根廷1974年國際私法第25條

別居及離婚適用當事人特定時間之住所地國法。如未設住所於同一國家，則準據法是特定時間被告之住所地國法。

前項所指特定時間應理解為支持別居或離婚的事由提出之時間及期間。

然於結婚時，雙方當事人均在阿根廷設有住所，則其婚姻無論在阿根廷還是在外國締結，其解除僅得以其解除時阿根廷法承認之事由為之。

委內瑞拉1998年國際私法第23條

離婚或別居依提起訴訟配偶一方的住所地法。

提起訴訟配偶一方的住所變更，僅於其旨在設立慣居所而進入一國境內滿一年後，方為有效。

| 1953年舊涉民法立法參考 |

1908年 法律適用條例	1953年 涉民法	立法說明
第11條 離婚依起訴時夫之本國法及中華民國法律，均認其事實為離婚原因者，得宣告之。但配偶之一方為中華民國國民者，依中華民國法律。	第14條（離婚之準據法） 離婚依起訴時夫之本國法及中華民國法律均認其事實為離婚原因者，得宣告之。但配偶之一方為中華民國國民者，依中華民國法律。	原條例第11條對於離婚所應適用之法律，規定應以事實發生時之法律為準，惟按歐洲德國、波蘭等立法先例，均認為離婚原則上應適用當事人現時之本國法，頗可取法。蓋離婚事項與公序良俗有關，各國多設強制規定，尤以離婚之原因為然。此等重要事項，設不顧及當事人現時之本國法，揆諸法理，即欠允合，故本項改訂依起訴時為準。至於離婚之原因，仍本原條例之精神，規定以夫之本國法及中國法均所允許者，方得宣告離婚，惟配偶之一方為中國人時，即不必兼備兩國法律所定之原因，如依中國法合於離婚條件，無背於內國公益，自無不許其離婚之理，故又增設但書之規定。

1953年舊涉民法立法參考：

1908年 法律適用條例	1953年 涉民法	立法說明
無	第15條（離婚效力之準據法） 離婚之效力，依夫之本國法。 為外國人妻，未喪失中華民國國籍，或外國人為中華民國國民之贅夫者，其離婚之效力依中華民國法律。	本條係新增。按離婚之效力，涉及離婚後子女之監護教養，夫妻一方賠償之請求，贍養費之給與，姓氏之變更等問題，與前條所定關於離婚之原因事實問題，係屬截然兩事，故增設專條，規定其應適用之法律，以資依據。又按離婚之效力，係離婚之附隨效果，以視離婚原因事實，攸關夫妻身分關係存否問題，其重要性，自屬稍遜，故不必兼顧夫之本國法及中國法，僅比照關於婚姻效力之原則，規定為單獨適用夫之本國法。至於中國人為外國人妻，而未喪失中國國籍，或外國人為中國人之贅夫者，其離婚之效力，均依中國法，藉免用法紛歧，兼示保護內國人法益之意。

12.7　婚生子女身分（涉民法第51條）

涉民法第51條（子女身分之準據法）

　　子女之身分，依出生時該子女、其母或其母之夫之本國法為婚生子女者，為婚生子女。但婚姻關係於子女出生前已消滅者，依出生時該子女之本國法、婚姻關係消滅時其母或其母之夫之本國法為婚生子女者，為婚生子女。

12.7.1　婚生子女——概說

　　我國民法親屬編第三章父母子女主要是由基本規範、自然親子關係（婚生、視為婚生之準正，及非婚生之認領）、法律擬制親子關係（收養）及親權行使等構成：

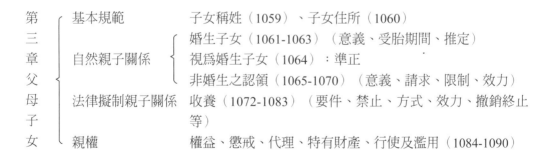

　　於婚生子女部分，我國法律架構如下：

◆定義：婚生子女係婚姻關係受胎而生之子女。（民法§1061）
◆婚姻關係受胎：受胎期間在婚姻關係存續中且其期間夫妻確曾同居者而言。
◆受胎期間：出生日回溯181日至302日。（民§1062.II）

◆推定婚生：婚姻關係存續中受胎。（民§1063.I）
◆否定婚生之訴：證明+知情後1年內為之。（民§1063）

12.7.2　衝突之發生

　　各國對於婚生子女身分相關規定仍有不一致之處，例如婚前受胎，嗣後結婚出生之子女是否為婚生子女？法定受胎期間規定之有無及其長短，血親否認之訴之行使權歸屬及期間等。例如英國common law規定，只要子女係在父母合法婚姻關係期間出生，無論是否為婚前受孕，均為合法婚生子女；如為婚姻關係期間受孕，則該婚姻無論於子女出生時是否已經解除，亦屬合法婚生子女。另例如日本法規定，婚姻成立日起200日以後或自婚姻解除或撤銷之日起300日以後出生之子女為婚生子女；比利時則規定子女於父母結婚125日以後出生，而其父於結婚前已知母已受孕者，該子女即為婚生子女。

12.7.3　準據法理論／立法例

	有利子女婚生法主義	父母子女關係最切國法	法庭地法主義	屬人法主義（本國法／住所地法／慣居地法）		
				子女之屬人法主義	父母（共同或一方）之屬人法主義	父母子女共同屬人法主義
主張	有利子女婚生性為晚近趨勢。主張應從子女之住所地、本國、父母一方住所地或本國中選擇出最有利子女婚生性之法律予以適用。	適用子女或雙親之本國有最密切關係之法律。	子女婚生性之認定多屬有無血緣關係存在之事實問題，多屬證據調查之程序性事項，依「程序法依法庭地法」原則，應以法庭地法為準據法。	子女婚生性之認定與子女之權利義務息息相關，為保護子女權益，自應依子女之屬人法。	子女婚生性之認定乃附隨於其父母婚姻之法律關係而來，應與婚姻之一般效力適用同一準據法。本說主張應適用父母共同或任一方之屬人法。	本說主張子女婚生性的認定應依子女與其父母或具一定身分之父或母之共同屬人法。
採用	加、奧	美	無	各國較早期之立法	希、日、中	秘魯、瑞士等
批評			子女婚生性都已認定為實體法問題。	子女屬人法之決定常應依子女是否具有婚生性為定，亦即必先為其父母是否同一之判斷→循環論斷之嫌。		

12.7.4　我國法規定（涉民法第51條）

2010年 涉民法	1953年 涉民法	說明
第51條 子女之身分，依出生時該子女、其母或其母之夫之本國法為婚生子女者，為婚生子女。但婚姻關係於子女出生前已消滅者，依出生時該子女之本國法、婚姻關係消滅時其母或其母之夫之本國法，為婚生子女者，為婚生子女。	**第16條** 子女之身分，依出生時其母之夫之本國法，如婚姻關係於子女出生前已消滅者，依婚姻關係消滅時其夫之本國法。 前項所稱之夫為贅夫者，依其母之本國法。	一、條次變更。 二、關於子女之身分，現行條文規定應依其母之夫之本國法，與當前兩性平等之思潮尚有未合，且晚近如奧地利國際私法第21條、德國民法施行法第19條第1項、義大利國際私法第33條第2項及日本法律適用通則法第28條第1項等立法例，亦有藉選擇適用多數國家之法律，以儘量承認子女婚生性之立法趨勢。爰將現行條文第1項及第2項合併，並修正為應依出生時該子女、其母或其母之夫之本國法為婚生子女者，為婚生子女。但書關於婚姻關係於子女出生前已消滅者之規定，亦修正為應依出生時該子女之本國法、婚姻關係消滅時其母或其母之夫之本國法。

評釋：

(1) **擇法規則變動**：與1953年舊涉民法相較，2010年新涉民法對婚生子女認定之準據法基準更動如下：

項目	1953年涉民法	2010年涉民法
出生時，父母婚姻關係存續中	出生時，母之夫之本國法（父之本國法）	出生時，子女or其母or母之夫之本國法（有利子女婚生主義）
出生時，父母婚姻關係消滅	婚姻關係消滅時夫之本國法（其母之夫之本國法）	婚姻關係消滅時，子女or其母or母之夫之本國法（有利子女婚生主義）

簡言之，從「父之本國法主義」修正為「子女有利法主義」。

(2) **本條適用範圍**：「子女之身分」及婚生子女：包括婚生子女身分之認定、受胎之推定、推定婚生、否定婚生及其效力等。反之，至於非婚生子女、收養子女等即非本條適用範圍。

(3) 「出生時」及「婚姻關係消滅時」：此為不變更主義的表徵。

(4) 「其母之夫」：不必為生父，只須於子女出生時，係其母之夫，即以其本國法為準（立法說明）。

(5) 「婚姻關係」與先決問題：婚生子女之認定，通常以其父母婚姻關係之有效存在為前提，繼而衍生主要問題（婚生子女認定）及先決問題（父母婚姻之效力）。後者依先決問題解決之學理通說，依法庭地國際私法規定先行處理。

(6) 跛行婚：跛行婚係指因各國國際私法規定不同，致某婚姻關係是否有效成立，在各關係國中認定不同所產生之未決情況。而此未決或跛行情況亦連帶影響婚生子女之認定問題。跛行婚可當作子女婚生性之附隨問題或先決問題處理，類推適用新涉民法第51條規定。

外國立法例參考：

瑞士1987/2011年聯邦國際私法第66條

子女慣居地或父母一方住所地之瑞士法院對親子關係確立或異議之訴訟具管轄權。

瑞士1987/2011年聯邦國際私法第67條

父母於瑞士均無住所且子女於瑞士亦無慣居所，且其既無法於父母一方之住所地國亦無法於子女慣居所地國提起有關親子關係司法認定或異議之訴訟，或進行該訴訟顯然為不合理，則由具瑞士國籍之父母一方國籍所在地之瑞士法院管轄之。

瑞士1987/2011年聯邦國際私法第68條

1. 親子關係之確立，包括司法認定及對親子關係存在提出異議，依子女慣居地法。

2. 然如父母雙方於子女慣居地國均無住所，而父母與子女具同一國籍者，依其共同本國法。

瑞士1987/2011年聯邦國際私法第69條

1. 親子關係確立、司法認定及其異議之準據法，以出生日期為準。

2. 然如親子關係司法認定及其異議之準據法，依訴訟日期更有利於子女利益時，依訴訟日期。

瑞士1987/2011年聯邦國際私法第70條

外國法院作出有關親子關係之確立及對此關係提出異議之裁判，如該裁判由子女慣居地國或國籍所屬國或父母一方住所地國或國籍所屬國家作出的，瑞士即予以承認。

中華人民共和國2010年涉外民事關係法律適用法第25條

父母子女人身、財產關係，適用共同經常居所地法律；沒有共同經常居所地的，適用一方當事人經常居所地法律或者國籍國法律中有利於保護弱者權益的法律。

德國1896/2009年民法施行法第19條 血統

1. 子女之血統，依子女慣居地法。父母各自部分，依父母各自本國法認定之。如母已婚，血統依子女出生當時依第14條第1項決定婚姻一般效力之法律決定之；如婚姻因死亡而不復存在，則依不復存在之時。

2. 如父母均未結婚，父親對母親之懷孕義務依母親慣居地法。

德國1896/2009年民法施行法第20條 血統之變更

血統得依前列規範其地位之法律而為變更。然無論如何，子女得依其慣居地法主張其血統。

日本2006年法律適用通則法第28條 婚生親子之決定

1. 依夫妻一方本國法且依子女出生時之法律，子女為婚生子女時，該子女為婚生子女。

2. 夫於子女出生前死亡者，其死亡當時的本國法視為前項夫之本國法。

奧地利1978/1999年國際私法第21條 婚生

　　子女婚生要件及其所生之爭議，依該子女出生時配偶雙方之屬人法，如子女出生前婚姻已解除，依解除時配偶雙方之屬人法。配偶雙方之屬人法不同時，依其中較有利於子女爲婚生之法律。

義大利1995年國際私法制度改革法第33條 父母子女關係之確定

　　1. 子女身分應依子女出生時之本國法確定之。

　　2. 子女之婚生地位，應依子女出生父母一方所屬國法律決定之。

　　3. 確立及質疑子女身分之條件及效力依子女出生時之本國法。

義大利1995年國際私法制度改革法第36條 父母子女關係

　　父母子女間之身分及財產關係，包括親權在內，應依子女之本國法。

義大利1995年國際私法制度改革法第37條 確定父母子女關係之管轄權

　　除第3條、第9條規定之情況外，如父母一方或子女爲義大利公民或於義大利居住，則義大利法院就確定父母子女關係及父母子女間身分關係具有管轄權。

澳門1999年民法典第54條 親子關係之成立

　　親子關係之成立，適用親子關係中之父或母于該關係確立日之屬人法。

澳門1999年民法典第55條 父母與子女之關係

　　1. 父母與子女之關係受父母之共同慣居地法規範；如無共同慣居地，則受子女之屬人法規範。

　　2. 僅與生父其中一人確立親子關係時，適用該人之屬人法；如生父母其中一人已死亡，則以仍生存者之屬人法爲準據法。

泰國1939年國際私法第29條

　　子是否爲嫡生子，依子出生時母之丈夫之本國法；如母之丈夫於子出生前死亡，依母之丈夫死亡時之本國法。該規定適用於嫡出否認之訴。

泰國1939年國際私法第30條

　　嫡出親子間之權利及義務，依父之本國法。

　　非婚生子同其母之間之權利及義務，依母之本國法。

土耳其1982年國際私法及國際訴訟程序法第15條 子女的婚生

　　子女的婚生，適用子女出生時規範其父母婚姻效力之法律。

捷克1964年國際私法及國際民事訴訟法第23條

　　1. 父之尋認（確認或否認）依子女出生時所取得的國籍所屬國家之法律。

　　2. 子女居住在捷克國境內，只要對子女有利，就依捷克國法。

　　3. 對於父子關係的承認，只要依承認國之法律予以實現，即爲有效。

波蘭1966年國際私法第19條

　　1. 父母子女間之法律關係，依子女之本國法。

　　2. 父子關係或母子關係的承認或否認，依出生時子女的本國法。但子女的認知，依認知時子女所屬國法。胎兒的認知，依母之本國法。

匈牙利1979年國際私法第42條 （子女與生父之地位）

　　1. 確定生父或生母以及子女被否認時推定生父問題，適用子女出生時之屬人法。

　　2. 生父對子女之承認，適用承認時子女之屬人法。對懷胎而尚未出生的子女的承認，適用承認時生母之屬人法。

　　3. 如依據匈牙利法或承認時承認地之法律承認在方式上是有效的，則以後不得因方式上之原因而視爲無效。

希臘1946年民法典第17條

　　子女的婚生適用子女出生時其母之夫之本國法。子女如在婚姻解除後出生，婚生適用婚姻解除時其母之夫之本國法。

希臘1946年民法典第18條

　　父母及子女之關係適用父與子女之最後共同本國法，如無共同國籍，適用子女出生時父之本國法。於父死亡以後，該關係適用父死亡後母與子女之最後共同本國法，如無共同國籍，適用父死亡時母之本國法。

葡萄牙1966年民法典第56條親子關係

　　1. 親子關係適用子女出生時，婚姻解除時或宣告婚姻無效時母及其配偶之共同屬人法。無共同國籍者，適用其共同慣居地法。

　　2. 夫妻無共同慣居地者，適用前項規定時間之夫之本國法。

葡萄牙1966年民法典第57條 父母與婚生子女的關係

　　1. 父母與婚生子女的關係適用父母共同本國法。無共同本國法者，適用其共同慣居地法。

　　2. 如父母慣居地不在同一國家，適用父之屬人法。如由母親單獨行使父母權，可適用母之屬人法。

列支敦士登1996年國際私法第22條婚生出身

　　子女婚生條件及其爭議適用子女出生時，或如婚姻在此之前已解散，則適用婚姻解散時夫妻之本國法；如夫妻雙方國籍不同，則適用有利於子女婚生之夫妻一方之本國法。

阿根廷1974年國際私法第26條

　　婚生親子關係於婚姻有效前提下，適用婚姻準據法。涉及婚姻效力以外事項之婚生親子關係，適用子女出生時父之住所地國法。

　　基於嗣後婚姻之準正適用婚姻效力之準據法。基於官方行為之準正，適用準正國法。

　　收養當事人之能力、收養條件、限制及效力，於該收養已登記為一項公共行為時，如當事人住所地法相同，適用各該當事人住所地法。當事人間的其他法律關係用各自之本國法。

1953年舊涉民法立法參考：

1908年 法律適用條例	1953年涉民法	立法說明
第12條 子女之身分，依出生時其母之夫之本國法，如婚姻關係於子女出生前已消滅者，依婚姻關係消滅時夫之本國法。	第16條（子女身分之準據法） 子女之身分，依出生時其母之夫之本國法；如婚姻關係於子女出生前已消滅者，依婚姻關係消滅時夫之本國法。 前項所稱之夫為贅夫者，依其母之本國法。	近世文明國家均維持父系家庭制度，關於子女之身分，以父之本國法為準，其作用不僅在配合此制之精神，且可充分保護子女之利益，本條乃就婚生子女之身分而為規定。至若非婚生子女之身分，如認領收養等問題，已另定其準據法，並不在本條範圍以內。又依我國民法規定，妻於婚姻關係存續中所生子女推定其為婚生子女（見民法1063條第1項），故本條例所稱「其母之夫」，不必為其生父，祇須於子女出生時，係其母之夫，即以其本國法為準。又所謂婚姻關係已消滅，係兼指夫之死亡，離婚，或婚姻之撤銷等情形而言，原條例第12條僅規定夫已死亡之情形，範圍過狹，爰予改訂如本文。

12.8　非婚生子女──準正（涉民法第52條）

涉民法第52條（非婚生子女準正之準據法）

　　非婚生子女之生父與生母結婚者，其身分依生父與生母婚姻之效力所應適用之法律。

12.8.1　準正──概說

　　依我國民法第1064條規定：非婚生子女，其生父與生母結婚者，視爲婚生子女。此情況學理稱之爲準正。民法學者認爲，非於婚姻關係存續中懷胎（與婚生子女要件不合），又非於婚姻關係成立前出生，此情況亦可以準正對待之。

12.8.2　衝突之發生

　　各國因社會結構、風俗習慣、道德觀念、宗教信仰、生活方式不同，對於非婚生子女（非婚姻關係受孕而生之子女）之法律地位，一般低於婚生子女。不少國家對非婚生子女設有「準正」及「認領」制度，使非婚生子女得以取得婚生資格。然亦有些國家並未設有「準正」及「認領」制度，而以父母與非婚生子女關係處理之。

　　於有規定準正及認領的國家，有些國家規定只要父母結婚即生準正之效力，然有些國家則要求結婚之後仍須經過認領手續才生準正之效力。

12.8.3　準據法理論／立法例

項目	父母一方屬人法主義	父母共同屬人法主義	子女屬人法主義	父母一方或子女屬人法選擇適用主義	支配婚姻效力法主義
主張	適用父或母之本國法。	準正要件適用父母之屬人法。	準正適用子女的住所地法。	依父母之一方或子女之本國法。	適用規範婚姻效力之法律。
採用	希、土、義	奧	秘魯	義、日	法、德

12.8.4　我國法規定（涉民法第52條）

2010年 涉民法	1953年 涉民法	說明
第52條 非婚生子女之生父與生母結婚者，其身分依生父與生母婚姻之效力所應適用之法律。	無	一、本條新增。 二、非婚生子女之生父與生母結婚者，該非婚生子女是否因準正而取得與婚生子女相同之身分之問題，原為各國立法政策之表現，並與其生父及生母婚姻之效力息息相關。爰參照奧地利國際私法第22條及日本法律適用通則法第30條等立法例之精神，規定其亦應適用該婚姻之效力所應適用之法律。

評釋：

(1) **新增條文**：1953年舊涉民法並未針對準正為規定，由於準正與婚生子女之身分及認領之效力均有關係，因此衍生究應適用「婚生子女身分」（舊涉民法第16條）？抑或適用「認領」（舊涉民法第17條）問題。由於舊法第16條及第17條均規定適用「父之本國法」（結婚時或認領時），因此準用上，問題不大。然新涉民法針對「婚生子女身分」準據法（新涉民法第51條，原則依出生時該子女、其母或其母之夫之本國法）及「認領」準據法（新涉民法第53條，原則依認領人或被認領人之本國法）均有所變更且不一致，而有另訂準正準據法之需求。

(2) **生父生母婚姻效力準據法**：準正係非婚生子女其生父與生母結婚而視為婚生子女（包括父母結婚前所生之子女及受胎在結婚前而於結婚後出生之子女），主要係因「生父生母結婚之事實」而發生，因此本次涉民法修正採「生父生母婚姻效力準據法」說。另按父母之婚姻效力包括身分上之效力及財產上之效力，從準正之性質偏屬身分法上關係視之，所應適用者為父母身分法上婚姻效力之準據法（亦即我國涉民法第47條婚姻之效力，依夫妻共同之本國法；無共同之本國法時，依共同之住所地法；無共同之住所地法時，依與夫妻婚姻關係最切地之法。）而非依財產上效力之準據法。

外國立法例參考：

瑞士1987/2011年聯邦國際私法第74條
　　外國法院之準正裁判，類推適用本法第73條規定。

日本2006年法律適用通則法第30條　準正
　　1. 子女於準正要件事實完成，依父、母或子女之本國法成立準正時，取得婚生子女身分。
　　2. 前項所載之人於準正要件事實完成前死亡時，其死亡時之本國法視為前項規定之本國法。

奧地利1978/1999年國際私法第22條 非婚生子女之準正

非婚生子女因事後婚姻而準正之要件，依父母之屬人法。父母之屬人法不同時，依其中最有利於準正之法律。

奧地利1978/1999年國際私法第23條

非婚生子女宣告婚生而準正之要件，依父之屬人法；如宣告婚生之申請於父死後才提出，依父死亡時父之屬人法。如子女之屬人法要求取得其本人同意或其與之具有合法親屬關係之第三者之同意，則就此範圍，該該法決定之。

奧地利1978/1999年國際私法第24條 婚生及準正之效力

子女婚生與準正之效力，依子女之屬人法。

義大利1995年國際私法制度改革法第34條 準正

1. 因婚姻之準正應依準正時子女之本國法，或依準正時父母一方之本國法。
2. 於其他情況下，準正應依提出準正請求時請求準正之父母一方本國法。對於請求準正之父母一方死亡後生效之準正，應考慮其死亡時之國籍。

土耳其1982年國際私法及國際訴訟程序法第16條 非婚生子女之準正

非婚生子女的準正適用準正時父之本國法。如父之本國法無法確定，則適用母之本國法，或子女之本國法。

葡萄牙1966年民法典第58條準正

1. 準正之條件及效力適用父結婚時之屬人法。如準正以其他法律行為為基礎，適用該行為完成時父之屬人法。
2. 如結婚後，父之屬人法有變更，根據新法所實現之準正亦為有效。

葡萄牙1966年民法典第61條準正、承認或收養之特殊條件

1. 如未來被準正之子女之屬人法規定，準正、非婚生子女的親子關係或養子女之親子關係之構成，以被準正者之同意為條件，則應遵守該規定。
2. 第三者無論與其存在著家庭關係抑或監護關係，如規範該法律關係之法律規定應徵得第三者利害關係人之同意為條件，應徵得其同意。

列支敦士登1996年國際私法第23條通過事後婚姻而準正

對非婚生子女通過事後婚姻進行準正條件適用父母之本國法。如父母雙方國籍不同，則適用有利於子女準正的父母一方之本國法。

列支敦士登1996年國際私法第24條

對非婚生子女通過婚生宣告而準正及其條件適用父之本國法，如於父死後才提出婚生宣告申請，則適用父死亡時之本國法；如依子女之本國法尚需徵得該子女或與該子女有家庭法律關係之第三人同意，則該法律亦應適用之。

列支敦士登1996年國際私法第25條婚生和準正的效力

子女婚生及準正之效力適用該子女慣居所地國法。

阿根廷1974年國際私法第26條

婚生親子關係，於婚姻有效之前提下，適用婚姻準據法。涉及婚姻有效性以外事項之婚生親子關係，適用子女出生時父母之住所地國法。

基於嗣後婚姻之準正適用婚姻效力之準據法。基於官方行為的準正，適用準正國法。

收養當事人之能力、收養的條件、限制及效力，於該收養已登記為一項公共行為時，如當事人之住所地法相同，適用各該當事人住所地法。當事人間的其他法律關係用各自的國籍國法。

12.9　非婚生子女──認領（涉民法第53條）

涉民法第53條

非婚生子女之認領，依認領時或起訴時認領人或被認領人之本國法認領成立者，其認領成立。

前項被認領人爲胎兒時，以其母之本國法爲胎兒之本國法。

認領之效力，依認領人之本國法。

12.9.1　認領──概說

認領爲生父承認非婚生子女爲其親生子女之單獨行爲。我國法規定於第三章父母子女第1065條至1070條：

認領意義：生父承認非婚生子女與自己有父子關係之意思表示。

認領類型：分1）非婚生子女經生父認領；及2）經生父撫育二種（民§1065）。

認領之否認：非婚生子女或其生母得否認生父之認領（民§1066）。

強制認領：非婚生子女或其生母或其他法定代理人於符合特殊情況時得請求生父認領（民§1067）。

認領時效：子女：成年後2年；生母及其他法定代理人：出生後7年（民§1067）。

認領限制：生母受胎期間與人通姦等（民§1068）。

認領效力：溯及出生時，但不影響第三人既得權（民§1069）。

不得撤銷：生父認領後不得撤銷（民§1070）。

12.9.2　衝突之發生

因各國社會結構、風俗習慣、道德觀念、宗教信仰、生活方式不同，致對認領之制度（主觀主義或客觀主義）（無須認領主義、禁止認領主義、准許認領主義、限制認領主義）、要件（意思、事實）及效力等規範不一。例如未經父母婚姻而生親子關係之方式，向有血統主義及認領主義之分。血統主義主要爲日耳曼國家所採，因出生之事實即當然發生親子關係；認領主義主要爲羅馬法系國家所採，認爲該自然親子關係如欲在法律上發生父母子女關係，尚須經過一定手續，亦即認領。

12.9.3　準據法理論／立法例

	法庭地法主義	認領人（父母）之屬人法主義		被認領人（子女）之屬人法主義		併用主義	選擇適用主義
主張	非婚生子女之認領與法庭地之公序有關。	認領後，被認領人多加入認領人之家庭，並由認領人負擔相當之義務，為認領人之全體家屬利益計，應依認領人之屬人法。		認領制度係專為保護非婚生子女利益而設，故其成立要件及法律效果應依被認領人之屬人法決定之。		累積適用認領人及被認領人之屬人法主義。 批評：過於嚴格。	選擇適用父母一方屬人法或子女屬人法。
分類		認領人之住所地法主義。	認領人之本國法主義。	被認領人之本國法主義。	被認領人之住所地法主義。		
採用		美、英	南、德、土、奧	秘魯	波、匈	我國法採之	日、義、瑞

12.9.4　我國法規定（涉民法第53條）

2010年涉民法	1953年涉民法	說明
第53條 非婚生子女之認領，依認領時或起訴時認領人或被認領人之本國法認領成立者，其認領成立。 前項被認領人為胎兒時，以其母之本國法為胎兒之本國法。 認領之效力，依認領人之本國法。	第17條 非婚生子女認領之成立要件，依各該認領人被認領人認領時之本國法。 認領之效力，依認領人之本國法。	一、條次變更。 二、非婚生子女之認領，所確認者為自然血親關係而非法定血親關係，其方式有任意認領及強制認領等二種。現行條文關於非婚生子女認領之成立，採認領人與被認領人本國法並行適用主義，易誤會認領為類似收養行為之身分契約，並不利於涉外認領之有效成立，影響非婚生子女之利益至鉅。爰刪除「之成立要件」等字，並改採認領人或被認領人本國法選擇適用主義，以儘量使非婚生子女取得婚生地位，並保護被認領人之利益。 三、被認領人在出生前以胎兒之身分被認領者，其國籍尚無法單獨予以認定，爰明定以其母之本國法為胎兒之本國法，以利認領準據法之確定。

評釋：

1. **認領（要件）準據法變動「併用主義→選擇適用主義」**：舊涉民法「依各該認領人被認領人之本國法」在用語上似採併用主義或並行適用主義，亦即累積適用認領人及被認領人之本國法，有過於嚴格之嫌，有違儘量使或放寬非婚生子女取得婚生地位之世界立法趨勢。是新涉民法改採「選擇適用主義」，只要認領人或被認領人之一方之本國法認為認領成立者，該認領即成立。

2. **認領時或起訴時**：認領非僅在確認血統關係，而係一法律行為或準法律行為，自應以行為當時，亦即認領行為時之本國法為準。因此於一般認領，以認領時（解釋上為進行認領之意思表示時），而強制認領則以請求強制認領或起訴時之本國法為準。

3. **認領之準據法適用範圍（第1項）**：本項適用範圍比較特別的是將舊涉民法「之成立要件」予以刪除，在第3項「認領之效力」未修正之情況下，第1項適用範圍似應為「認領效力以外之所有認領事項之準據法」，解釋上主要包括認領之成立要件（含形式要件及實質要件），然事實上確不盡然。於認領之形式要件部分，解釋上仍應適用法律行為方式之準據法（亦即新涉民法第16條規定），依認領之準據法或行為地法；復例如以遺囑為認領者，亦非依本條文，而應依新涉民法第60條，依成立時遺囑人之本國法。換言之，本項規定主要僅適用認領之實質要件。

4. **胎兒認領（第2項）**：第2項規定「被認領人為胎兒時，以其母之本國法為胎兒之本國法。」按胎兒不具取得國籍之能力，無其固有之本國法可予以適用。是故以其母之本國法為胎兒之本國法。

5. **認領之效力（第3項）**：認領之效力（例如被認領人是否因認領而成為婚生子女、該婚生子女身分有無溯及效力等），各國大多採認領人屬人法說（本國法或住所地法）（惟仍有若干國家認為一旦認領後，與認領之準據法已無關連，應依子女之屬人法），蓋認領之後，親子關係業已確定，子女已歸屬於認領人親權之下，隨同認領人共同生活之故，是故本條第3項規定「認領之效力，依認領人之本國法」。另認領之後，認領人國籍有所變更時將如何適用？一般見解認為，為保護被認領人利益，不受認領人國籍變更而受影響，基本上應採取不變更主義，亦即依認領時認領人之本國法。

外國立法例參考：

瑞士1987/2011年聯邦國際私法第71條

1. 子女認領管轄權屬子女出生地或慣居地之瑞士法院及母親或父親住所地或國籍所在地之瑞士法院。
2. 於訴訟中涉及子女認領問題時，該認領問題由受理案件之法官一併聽審處理。
3. 受理親子關係司法認定及其異議案件之法院，對子女認領異議之訴訟具管轄權。

瑞士1987/2011年聯邦國際私法第72條

1. 瑞士境內子女之認領，只要符合子女慣居地國或國籍所屬國家或父母其中一方住所地國或國籍所屬國之法律即為有效。認領日期具決定性。

　　2. 於瑞士之認領方式，應依瑞士法。

　　3. 認領之異議，依瑞士法。

瑞士1987/2011年聯邦國際私法第73條

　　1. 外國法院有關子女認領之裁判，如子女慣居地國或國籍所屬國或父母其中一方住所地國或國籍所屬國認為有效者，瑞士亦承認其效力。

　　2. 外國法院有關對認領異議之裁判，符合前項規定時，瑞士亦承認其效力。

德國1896/2009年民法施行法第23條 認領

　　子女及依親屬法與子女有關認領之必要性及其賦予、認領之宣告、賦名、或收養，應額外依該子女之本國法。為該子女之最佳利益，得適用德國法。

日本2006年法律適用通則法第29條 非婚生親子之決定

　　1. 非婚生親子關係之成立及與父之親子關係，依子女出生當時父之本國法；與母之親子關係，依出生當時母之本國法。因認領子女而成立之親子關係，認領當時子女之本國法規定以子女或第三人之承諾或同意為認領要件時，則應具備該要件。

　　2. 有關認領子女而成立之親子關係，除前項前段所定法律外，子女之認領依認領當時認領人或子女之本國法。於此情形，依認領人之本國法時，準用前項後段之規定。

　　3. 父於子女出生前死亡者，其死亡當時之本國法視為第1項父之本國法。前項所載之人於認領前死亡時，其死亡當時之本國法視為前項所載之人之本國法。

義大利1995年國際私法制度改革法第35條 非婚生子女之認領

　　1. 認領非婚生子女之條件應依子女出生時之子本國法，或如有更為有利之情況下，依認領發生時認領非婚生子女之本國法。

　　2. 父母一方認領非婚生子女之資格依其本國法。

　　3. 就認領方式，認領應依認領發生地國法或依規範其實質問題之法律。

澳門1999年民法典第57條 認領或收養之特別要件

　　如待被認領人或待被收養人之屬人法規定，在認領或收養時必須徵得待被認領人或待被收養人之同意，作為認領或收養要件，則須遵守之。

> **1953年舊涉民法立法參考**：

1908年 法律適用條例	1953年涉民法	立法說明
第13條 私生子認領之成立要件，依各該認領人被認領人認領時之本國法。 認領之效力，依認領人之本國法。	**第17條**（非婚生子女認領之準據法） 非婚生子女認領之成立要件，依各該認領人被認領人認領時之本國法。 認領之效力，依認領人之本國法。	認領係確定非婚生子女與生父之身分關係，依通例均以當事人之本國法為其準據法，本草案從之，規定認領成立要件，應依各該認領人與被認領人認領時之本國法，以期雙方之利益，可以兼顧。至認領之效力，則依認領人之本國法，蓋因認領之行為而生，自應以認領人之本國法為準，方屬切當也。

12.10 收養（養子女）（涉民法第54條）

涉民法第54條（收養之準據法）
　　收養之成立及終止，依各該收養者被收養者之本國法。
　　收養及其終止之效力，依收養者之本國法。

12.10.1 收養（養子女）── 概說

　　收養又稱領養，為非（直系）血親的雙方，經過法律認可的過程，建立親子關係。我
國法規定於第三章父母子女第1072條至1083條：
　　意義：收養他人之子女為子女（民§1072）。
　　要件：
　　　　形式要件：原則：書面+法院認可（民§1079）。
　　　　實質要件：原則：收養之合意（民§1079）+差距20歲（民§1073）+收養者須
　　　　　　　　　　與配偶共同為之（民§1074）+一人不得同時為二人之養子女（民
　　　　　　　　　　§1075）+被收養者應得配偶同意（民§1076）+不違反近親收養之限
　　　　　　　　　　制（民§1073-1）+子女被收養應得其父母之同意（民§1076-1）。
　　效力：取得婚生子女身分（民§1077）、可從收養者之姓（民§1078）。
　　認可標準：養子女最佳利益（民§1079-1）。
　　無效：違反年齡差距、近親收養及同時為二人之養子女之規定者無效（民
　　　　　§1079-1）。
　　撤銷：違反夫妻共同收養、被收養者之配偶同意權、七歲以下之法定代理人同意權，
　　　　　於知情六個月及認可一年內得請求法院撤銷之（民§1079-5）。
　　終止：分為合意終止（民§1080）及裁判終止之許可終止（民§1080）及裁判終止
　　　　　（民§1081）。
　　終止之效力：
　　　　身分效力：親屬關係消滅、回復本姓及其與本生父母之關係（民§1083）。
　　　　財產效力：不溯及既往，特有財產等無須返還（民§1088），困境給付（民
　　　　　　　　　§1082）。

12.10.2 衝突之發生

　　收養屬法律擬制之親子關係，因各國社會結構、風俗習慣、道德觀念、宗教信仰、
生活方式、及保護對象（養父母利益或養子女利益）等不同考量，致對有關收養之成立要
件、限制、禁止及效力等規範不一。例如各國雖均規定成年人才可收養子女，但有些國家

特別針對收養人為最低年齡的限制，例如有些國家是25歲（如德國）、有些是30歲（如中國大陸）、有約是40歲（如智利）。在效力方面，更有完全收養制（亦即收養一經有效成立，養子女與原生父母的關係隨之解除，例如日本）及不完全收養制（亦即收養關係發生後，養子女與原生父母間仍保有一定程度之權利義務，例如法國）的區分。

12.10.3　準據法理論／立法例

收養的準據法，一般會區分為收養要件的準據法及收養效力的準據法。收養要件的準據法理論或立法例：

	適用支配收養人婚姻效力準據法說	法庭地法主義	屬人法主義		
			收養人屬人法	被收養人屬人法	雙方當事人之屬人法主義
主張	夫妻一方或雙方收養子女適用規範其婚姻效力之準據法。	收養規範之重點在於管轄權方法，著重收養之有管轄權法院，而不論法律適用問題。	收養人為收養關係主動一方，被收養人於被收養後成為收養人家庭中之成員，並由收養人負擔扶養義務。	收養制度乃以被收養人之利益為中心考量。	應兼顧雙方當事人利益，兼採收養人及被收養人之屬人法，又稱併用主義。
採用	法、羅、賽等國	英、美、瑞	義、德、奧、日、捷、波	比、法	匈、土、秘、南

收養效力的準據法理論或立法例：

	收養人屬人法	適用支配收養人婚姻效力準據法說	並行適用收養人與被收養人的共同屬人法
主張	收養關係成立後，通常是被收養人至收養人的本國或其住所地共同生活，因此適用收養人的屬人法，比較能保障被收養人之利益。	夫妻一方或雙方收養子女適用規範其婚姻效力之準據法。	收養效力應並行適用收養時收養人及被收養人之本國法，以保護雙方當事人之利益。
採用	義、匈、加	法、德、奧、土等國	南斯拉夫等

12.10.4　國際相關公約

與收養有關的國際規範主要有二，其重點規範分別如下：

1. 1965年海牙收養管轄權、準據法及裁判承認公約

於收養管轄權方面，收養人慣居地國及收養人國籍國相關主管機關具收養管轄權（公約第3條）。

於收養準據法方面，具收養管轄權的國家應依其國內法決定收養的條件（公約第4條）。亦即收養人慣居地之收養主管機關應適用該國法律；收養人國籍國之收養主管機關應適用該國法律。然公約第4條進一步規定慣居地國主管機關應尊重收養人國籍國有關禁止收養之規定，此規定等同收養人慣居地主管機關為決定收養時，應同時且重疊適用收養人慣居地及國籍國法律。其次，公約第5條規定於與被收養人進行相關協商時，行使收養管轄權之主管機關應適用被收養人之本國法。綜上，1965年公約主要係採取重疊適用原則，以減少收養跨國承認的障礙，亦即於收養人慣居地為收養申請時，應同時適用「收養人慣居地法+收養人本國法+被收養人本國法」；於收養人國籍國為收養申請時，應同時適用「收養人本國法+被收養人本國法」。

2. 1993年海牙跨國收養方面保護兒童及合作公約

本公約立法精神主要係維護被收養兒童最大利益及尊重其基本權利。在收養準據法規定方面，該公約規定應適用收養人所在國及被收養人所在國雙方之法律，亦即被收養兒童適用原居國法律，而收養人則適用收養國法律。

12.10.5　我國法規定（涉民法第54條）

2010年 涉民法	1953年 涉民法	說明
第54條 收養之成立及終止，依各該收養者被收養者之本國法。 收養及其終止之效力，依收養者之本國法。	**第18條** 收養之成立及終止，依各該收養者被收養者之本國法。 收養之效力，依收養者之本國法。	一、條次變更。 二、現行條文第1項未修正，移列本條第1項。 三、現行條文第2項僅就收養之效力，規定應依收養者之本國法，然收養終止之效力，亦有依同一法律決定之必要，爰予以增列，以利法律之適用。
評釋： (1) **新法變動**：與1953年舊涉民法相較，2010年新涉民法僅於第2項增列「及其終止」四字而已。收養之成立及終止仍採收養者及被收養者之「雙方當事人屬人法主義（本國法）」；收養效力（含收養及其終止）則單採收養者屬人法主義。		

(2) **收養之成立**：基本上僅包括收養之實質要件（如合意、年齡差距等）而已，不包括為收養之形式要件（如書面+法院認可），於後者，原則上仍應適用場所支配行為原則（新涉民法第16條：依行為地法或該行為所應適用之法律）。

(3) **收養之終止**：主要包括合意終止及裁判終止等。

(4) **各該收養者被收養者之本國法**：屬並行適用，非累積適用。

(5) **本國法**：解釋上採「不變更主義」，亦即不受收養後之屬人法變更而受影響。另除採個別收養主義之國家外，收養者如為夫妻共同收養或被收養者為夫妻之一方被收養時，即可能會產生複數收養者或被收養者分屬不同國籍之狀況，解釋上應適用收養者或被收養者夫妻之婚姻效力準據法（亦即依新涉民法第47條規定：夫妻共同本國法→共同住所地法→關係最切國法）。

(6) **收養之效力**：主要為取得婚生子女身分及從姓之直接效力而言，至於親子關係及繼承等問題，則應適用各該法律關係之準據法。

(7) **收養終止之效力**：主要包括身分上效力及財產上效力。

(8) **屬人法採本國法主義，且原則上採不變更原則**：亦即依收養成立及終止當時之當事人國籍決定其本國法，而不受嗣後國籍變更之影響。

外國立法例參考：

瑞士1987/2011年聯邦國際私法第75條
1. 被收養人或養父母住所地之瑞士法院及行政主管機關就收養有管轄權。
2. 對於親子關係之認定及其異議（第66及67條）有管轄權之法院，對收養異議之訴亦有管轄權。

瑞士1987/2011年聯邦國際私法第76條
被收養人或收養人夫妻雙方於瑞士均無住所，然其中一方具有瑞士國籍者，如其於國外住所地無法收養子女或收養子女要求依外國程序為不可能或不合理時，則具有瑞士國籍之一方收養人之國籍所在地瑞士法院或主管機關可行使管轄權。

瑞士1987/2011年聯邦國際私法第77條
1. 瑞士收養之條件依瑞士法。
2. 如收養人夫妻雙方之本國或住所地國不會同意該收養至為明顯，且其結果將嚴重損害子女利益者，瑞士法院可考慮適用該外國法之需要。如收養之承認仍然不確定，不應同意該收養。
3. 於瑞士提起收養無效之訴，依瑞士法。於國外成立之收養關係，僅依瑞士法為無效時，始可認定其為無效。

瑞士1987/2011年聯邦國際私法第78條
1. 發生於國外之收養，如為收養人夫妻雙方住所地國或國籍所屬國所同意，瑞士應予以承認。
2. 依外國法之收養或類似行為，其效力實質上與瑞士法所規定之親子關係有所不同時，僅於其效力為該行為承認國所附帶承認時，瑞士始予以承認。

中華人民共和國2010年涉外民事關係法律適用法第28條
收養的條件和手續，適用收養人和被收養人經常居所地法律。收養的效力，適用收養時收養人經常居所地法律。收養關係的解除，適用收養時被收養人經常居所地法律或者法院地法律。

德國1896/2009年民法施行法第22條收養

1. 子女之收養依收養人於收養當時之本國法。由夫妻之一方或雙方爲收養者，依第14條第1項有關婚姻一般效力之準據法。
2. 有關子女、收養人及子女依親屬法與其具有法律關係之人間法律關係之效力，依第1項所定之法。
3. 有關收養人、其配偶或親屬、被收養人之繼承，無論第1及2項準據法爲何，如被繼承人透過遺囑方式且該繼承受德國法規範時，其即具有等同依德國實體法爲收養之地位。如收養係依外國法爲裁定，第1段規定準用之。如被收養人於收養時爲18歲或18歲以上，第1及第2段規定不適用之。

日本2006年法律適用通則法第31條 收養

1. 收養依收養時養父母之本國法。如養子女之本國法規定，收養關係成立以養子女或第三人之承諾或同意、主管官署之許可或其他處分爲要件時，則應具備其要件。
2. 養子女與生父母之血親之親屬關係之終止及收養終止，依前項前段所定法律。

奧地利1978/1999年國際私法第26條 收養

1. 收養及收養關係終止之要件，依養父母各自之屬人法。如子女之屬人法要求取得其同意或其與之具有合法親屬關係之第三者之同意，該法在該限度內應予以適用。
2. 收養的效力依收養人之屬人法；如爲配偶雙方所收養，依規範其婚姻身分法律效力之法律；然於配偶一方死亡後，依另一方之屬人法。

義大利1995年國際私法制度改革法第38條 收養

1. 收養之條件、成立及撤銷，依受收養人或收養人夫妻雙方共同本國法。如收養人夫妻雙方無共同國籍，則依雙方共同居住地國法，或依收養成立時雙方婚姻生活主要所在地國法。然如收養申請向義大利法院提出且該給予未成年人以婚生子地位之收養爲適當，則應適用義大利法。
2. 如成年被收養人之本國法要求收養需經被收養人同意，則被收養人本國法應予適用。

義大利1995年國際私法制度改革法第39條 被收養人與收養家庭之關係

被收養人與收養人或收養人夫妻雙方及收養人親屬間之身分及財產關係依收養人本國法或收養人夫妻雙方共同本國法；如收養人夫妻雙方無共同國籍，則依雙方共同居住地法或夫妻雙方婚姻生活主要所在地法。

義大利1995年國際私法制度改革法第40條 收養之管轄

1. 義大利法院就下列事項對於收養事項具管轄權：
(a) 收養人夫妻雙方或其中一方或被收養人具義大利國籍，或是義大利居住之外國人。
(b) 被收養人係被遺棄於義大利之未成年人。
2. 除第3條所列情形外，收養係依據義大利法而成立，就被收養人與收養人、收養人夫妻雙方及其親屬間之身分及財產關係，義大利法院具管轄權。

義大利1995年國際私法制度改革法第41條 有關收養之外國裁判之承認

1. 有關收養之外國裁判應依據第64條、第65條及第66條予以承認。
2. 有關未成年人收養之特別法律規定應予以適用。

澳門1999年民法典第56條 收養之親子關係

1. 收養親子關係之成立，適用收養人之屬人法，但不影響第2項及第3項規定之適用。
2. 夫妻共同作出收養或待被收養人爲收養人配偶之子女時，夫妻之共同慣居地法爲準據法；如無共同慣居地，則與收養人家庭生活有較密切聯繫地法爲準據法。
3. 在事實狀況下生活之兩人共同作出收養或被收養人爲與收養人有事實婚關係之人之子女時，適用經作出必要配合之前項規定。
4. 收養人與被收養人之關係，及被收養人與原親屬之關係，均受收養人之屬人法規範。此外，前條規定亦適用於第2項及第3項所指情況。

澳門1999年民法典第57條 認領或收養之特別要件

　　如待被認領人或待被收養人之屬人法規定，在認領或收養時必須徵得待被認領人或待被收養人之同意，作爲認領或收養要件，則須遵守之。

泰國1939年國際私法第35條

　　養親及養子女同一國籍時，收養依其本國法；不同國籍時，收養之能力及要件，依各當事人本國法。養父母與養子女之間收養效力，依養父母本國法。

　　養子女與血親間之權利和義務，依養子女本國法。

土耳其1982年國際私法及國際訴訟程序法第18條 收養

　　收養之能力及條件適用收養時當事人各自之本國法。

　　收養之效力適用收養人之本國法。夫妻共同收養適用規範夫妻婚姻效力之法律。對方夫妻是否同意收養，適用該夫妻雙方各自之本國法律。

捷克1964年國際私法及國際民事訴訟法第26條

　　1. 收養依收養人的本國法。

　　2. 作爲收養人之夫妻雙方國籍不同，必須滿足夫妻雙方所遵守之法律所規定之要件。

　　3. 前1項或2項所規定之外國法不准收養或收養條件非常嚴格時，如收養人夫妻雙方或一方長期居住在捷克斯洛伐克社會主義共和國境內，依捷克法。

捷克1964年國際私法及國際民事訴訟法第27條

　　收養及其他類似關係是否要經子女、其他人或有關機關同意，必須依照子女本國法確定。

波蘭1966年國際私法第22條

　　1. 收養依收養人本國法。

　　2. 然如養子女本國法規定收養須經養子女法定代理人或有關國家機關同意時，遵守此規定收養才有效。

匈牙利1979年國際私法第43條 （收養要件）

　　1. 收養之要件適用收養時收養人及被收養人之屬人法。

　　2. 匈牙利公民收養非匈牙利公民，必須取得匈牙利監護機關之同意。

　　3. 非匈牙利公民收養匈牙利公民，必須取得匈牙利監護機關之同意。

　　4. 僅於收養符合匈牙利法律規定之條件下，監護機關才可同意或者批准收養。

匈牙利1979年國際私法第44條 （收養效力）

　　1. 收養之法律效果及收養終止適用收養人或終止收養時之屬人法。

　　2. 如養父母收養或終止收養時之屬人法不同，收養及終止收養之法律效果：

　　　　(1) 適用夫妻最後共同屬人法；

　　　　(2) 如無共同屬人法，則適用夫妻收養或終止收養時之共同住所地法；

　　　　(3) 如無共同住所，適用法院地或其他機構地法。

希臘1946年民法典第23條

　　收養實質要件適用收養人及被收養人之各該本國法。

　　收養人同被收養人關係適用收養存續中雙方最後共同本國法，如無共同國籍，適用收養成立時收養人本國法。

葡萄牙1966年民法典第60條養子女的親子關係

　　1. 養子女親子關係之成立適用收養人之屬人法。如收養人爲配偶雙方或被收養人是收養人之配偶之子女時，適用收養人夫妻共同本國法。無共同本國法，適用共同慣居所地法，無慣居所地，適用夫之屬人法。

　　2. 收養人與被收養人間之關係，被收養人與其生父母間之關係，適用收養人之屬人法。然於前項後者情況下，適用本法第57條規定。

　　3. 如依規範收養人與生父母關係之法律，收養關係不成立，或上述法律不確認收養關係，收養關係不成立。

葡萄牙1966年民法典第61條準正、承認或收養的特殊條件
> 1. 如未來被準正之子女之屬人法規定，準正、非婚生子女之親子關係或養子女之親子關係之構成，以被準正者之同意爲條件，則應遵守該規定。
> 2. 第三者無論與其存在著家庭關係抑或監護關係，如規範該法律關係之法律規定應徵得第三者利害關係人之同意爲條件者，應徵得其同意。

列支敦士登1996年國際私法第27條收養子女
> 1. 收養子女及收養關係終止之條件適用收養人之本國法。如依子女本國法尚需徵得子女或與該子女存在家庭法律關係之第三人同意，則該法律亦應適用。
> 2. 收養子女的效力適用收養人慣居所地國法；夫妻雙方收養子女適用支配婚姻對個人法律效力之法律，如夫妻一方死亡則適用另一方慣居所地國法。

阿根廷1974年國際私法第26條
> 婚生親子關係於婚姻有效之前提下，適用婚姻準據法。涉及婚姻有效性以外事項之婚生親子關係，適用子女出生時父母之住所地國法。
> 基於嗣後婚姻之準正適用婚姻效力之準據法。基於官方行爲之準正，適用準正國法。
> 收養當事人之能力、收養條件、限制及效力，於該收養已登記爲一項公共行爲時，如當事人住所地法相同，適用各該當事人住所地法。當事人間的其他法律關係用各自之國籍國法。

委內瑞拉1998年國際私法第25條
> 收養之實質要件，適用收養人與被收養人各自住所地法。

| 1953年舊涉民法立法參考 |：

1908年 法律適用條例	1953年 涉民法	立法說明
第14條 養子女之成立及終止，依各該收養者被收養者之本國法。 收養之效力，依收養者之本國法。	第18條（收養之準據法） 收養之成立及終止，依各該收養者被收養者之本國法。 收養之效力，依收養者之本國法。	本條係仿自日本法例第19條，其立法理由，蓋以收養之成立乃擬制血親關係之開始，而收養終止，又爲此種關係之消滅，性質重要，爲兼顧雙方利益，宜依當事人各該本國法，方屬允當。至在收養存續中，基於親子關於而生之各種法律效果，例如養子女是否取得養親之國籍，是否改從養親之姓氏，以及對養親之遺產如何繼承等問題，均以養親爲主體，其應依照養親之本國法，亦屬理所當然。

12.11　父母子女（親子關係）（涉民法第55條）

涉民法第55條（父母子女法律關係之準據法）
> 父母與子女間之法律關係，依子女之本國法。

12.11.1　父母子女（親子關係）──概說

父母子女間之法律關係主要表徵在「親權」上，亦即父母對於未成年子女，以監督保護其身體財產爲目的之權利義務之總和。我國法對此主要規定於第三章父母子女第1084條至1090條，主要規範架構爲：

親權之行使：原則由父母共同行使（民§1089），子女特有財產由父母共同管理（民§1088）；例外：父母一方不能行使或無法共同承擔時，由一方或有能力者行使（民§1089）。

親權內容：

　　子女身分身體上之權義：孝敬義務（民§1084）保護及教養義務（民§1084）指定住所權（民§1060）懲戒權（民§1085）冠姓權（民§1059）。

　　子女財產上之權義：法定代理權（民§1086）子女特有財產之管理使用及收益權（民§1087、§1088）。

親權濫用之禁止：父母濫用親權時，尊親屬及親屬會議得糾正之，並得請求法院宣告停止其權利之全部或一部（民§1090）。

12.11.2　衝突之發生

新涉民法第51條至第54條係規範親子關係之身分取得問題（包括婚生子女、非婚生子女之準正、認領及收養），親子關係身分取得後，即會進一步發生親子間權利義務關係問題。父母子女關係已從早期之家長權逐漸加入子女利益之保護。惟因各國對於親權之內容、限制及行使等，規範仍不一致。例如有些國家明確區分父母與婚生子女及父母與非婚生子女間之關係，有些則將統一稱爲父母與子女關係而不予以區分。

12.11.3　準據法理論／立法例

立法方式：

◆<u>統一主義</u>（不區分是否爲婚生、非婚生或收養，只要是父母子女關係，即統一依照某規定決定）；

◆<u>非統一主義</u>（父母子女關係依婚生、非婚生或收養，而有不同之適用條文）。

立法主義及我國法規定

	屬人法主義			規範父母婚姻效力主義
	父母（雙方或一方）之屬人法主義	子女之屬人法主義	父母子女共同屬人法	
主張	父（父母）爲一家之主，父母子女關係應以父母爲中心。有時兼採子女之習慣居所地法，以兼顧子女之利益。	父母子女關係係爲保護子女利益而設。	父母子女關係同時涉及父母利益及子女利益。	父母與婚生子女關係適用規範父母婚姻效力之法律。
採用	葡、義	波、捷、匈、瑞、日	南、希	法、德、阿
註：除前述立法主義外，尚有親權行使地法主義及財產所在地法主義等。				

12.11.4　我國法規定（涉民法第55條）

2010年涉民法	1953年涉民法	說明
第55條 父母與子女間之法律關係，依子女之本國法。	第19條 父母與子女間之法律關係，依父之本國法，無父或父爲贅夫者，依母之本國法。但父喪失中華民國國籍而母及子女仍爲中華民國國民者，依中華民國法律。	一、條次變更。 二、關於父母與子女間之法律關係，現行規定以依父或母之本國法爲原則，參諸1989年聯合國兒童權利保護公約及1996年海牙關於父母保護子女之責任及措施之管轄權、準據法、承認、執行及合作公約所揭示之原則，已非適宜。爰參考日本法律適用通則法第32條、瑞士國際私法第82條等立法例之精神，修正爲依子女之本國法，並刪除但書之規定，以貫徹子女之本國法優先適用及保護子女利益之原則。本條所稱父母與子女間之法律關係，是指父母對於未成年子女關於親權之權利義務而言，其重點係在此項權利義務之分配及行使問題，至於父母對於未成年子女之扶養義務之問題、已成年子女對於父母之扶養義務、父母與子女間彼此互相繼承之問題等，則應分別依扶養權利義務及繼承之準據法予以決定，併此說明。

評釋：

(1) **新法修正**：舊法採「父母屬人法主義，例外採保護主義」，新法改採「子女之屬人法主義」。按子女已從過去的從屬地位，轉而著重對子女之保護，子女之屬人法主義即以此爲主要論述重點，且爲晚近較多國家所採取的擇法原則。

(2) **子女之本國法原則上採變更主義**：各國立法普遍採取變更主義，亦即發生爭議之時本國法或於訴訟時之起訴時之本國法。

(3) **父母與子女之間的法律關係**：父母子女間之法律關係包含很廣，婚生推定、準正、認領等制度均屬之，有特別規定者應從特別規定，因此本條所謂之父母子女間之法律關係解釋上應僅限於「親權」而已，包括身分事項上之保護教養、住所指定、懲戒權、法定代理權、法律行爲同意權等。

外國立法例參考：

瑞士1987/2011年聯邦國際私法第79條
1. 子女與父母關係之訴，尤其是對子女扶養之訴，由子女慣居地或作爲被告一方之父或母之住所地或慣居地之瑞士法院管轄。
2. 本法有關姓名（第33、37至40條）、未成年人保護（第85條）及繼承（第86至89條）規定應保留適用。

瑞士1987/2011年聯邦國際私法第82條
1. 父母與子女間關係，依子女慣居地法。
2. 然如父母雙方於子女慣居地均無住所，而父母與子女具共同國籍者，依其共同本國法。
3. 本法有關姓名（第33、37至40條）、未成年人保護（第85條）及繼承（第90至95條）規定應保留適用。

瑞士1987/2011年聯邦國際私法第84條
1. 外國法院有關父母子女關係之裁判，如該裁判由子女或父或母一方之住所地國、慣居地國之法院所作出，瑞士即應予以承認。
2. 本法有關姓名（第39條）、未成年人保護（第85條）及繼承（第96條）規定應保留適用。

中華人民共和國2010年涉外民事關係法律適用法第25條
父母子女人身、財產關係，適用共同慣居地法；無共同慣居地者，適用一方當事人慣居地法或國籍法中有利於保護弱者權益之法律。

德國1896/2009年民法施行法第21條 父母子女關係
子女與其父母間之法律關係依子女慣居地國法。

日本2006年法律適用通則法第32條 親子間之法律關係
親子間之法律關係，如子女之本國法與父或母之本國法相同時、或父母一方不存在時與他方本國法相同時，依子女之本國法。於其他情形，依子女慣居地法。

日本2006年法律適用通則法第33條 親屬間之其他關係
除第24條至第32條規定者外，關於親屬關係及因之而發生之權利義務，依當事人本國法定。

日本2006年法律適用通則法第34條 親屬關係法律行爲之方式
1. 第25條至第33條所載親屬關係之法律行爲方式，依定其行爲成立之法律。
2. 無論前項規定爲何，該法律行爲如符合行爲地法規定，亦應爲有效。

奧地利1978/1999年國際私法第25條 非婚生及其效力
1. 非婚生子女之父母子女關係之確立及承認要件，依其出生時之屬人法。其亦可適用其最近之屬人法，然以該法允許該確立及承認爲限，而非依出生時之屬人法。據以確立或承認父子關係之法律，亦適用於決定相關爭議。

2. 子女非婚生之效力，依其屬人法。

3. 母對非婚生子女之父，依懷孕及分娩而提出之要求，依母之屬人法。

義大利1995年國際私法制度改革法第36條 父母子女關係

父母子女間之身分及財產關係，包括親權在內，應依子女之本國法。

義大利1995年國際私法制度改革法第37條 確定父母子女關係之管轄權

除第3條、第9條規定之情況外，如父母一方或子女為義大利公民或於義大利居住，則義大利法院就確定父母子女關係及父母子女間身分關係具有管轄權。

澳門1999年民法典第54條 親子關係之成立

親子關係之成立，適用親子關係中之父或母于該關係確立日之屬人法。

澳門1999年民法典第55條 父母與子女之關係

1. 父母與子女之關係受父母之共同慣居法規範；如無共同慣居地，則受子女之屬人法規範。

2. 僅與生父母其中一人確立親子關係時，適用該人之屬人法；如生父母其中一人已死亡，則以仍生存者之屬人法為準據法。

泰國1939年國際私法第33條

剝奪親權，依命令剝奪親權的法院所屬國家之法律。

泰國1939年國際私法第34條

對尊親屬提起民事及刑事訴訟之權利，依卑親屬本國法。

土耳其1982年國際私法及國際訴訟程序法第17條 非婚生子女

非婚生子女之母子關係適用母之本國法。非婚生子女的父子關係適用父之本國法。

土耳其1982年國際私法及國際訴訟程序法第19條 親權

親權適用規範親子關係之法律。

捷克1964年國際私法及國際民事訴訟法第25條

1. 非婚生子的母親對父之請求權利，依子女出生時母之本國法。

2. 母之權利請求，如母為居住於捷克斯洛伐克社會主義共和國境內之外國人，而父為捷克公民時，依捷克國法。

葡萄牙1966年民法典第59條非婚生子女的親子關係

1. 非婚生子女之親子關係之成立適用承認準正時子女生父母之屬人法。

2. 父母與非婚生子女之關係適用父母共同本國法。無共同本國法，適用其共同慣居所地法。如父母慣居所地不在同一國家，適用子女屬人法。

3. 如僅父母一方承認子女，則父母與非婚生子女的關係適用承認一方的父親或母親之屬人法。如父母一方已去世，則適用生存之父或母一方之屬人法。

4. 雙方均無配偶之男女所生之非婚生子女與其生父母之關係，適用生父或生母之屬人法。

阿根廷1974年國際私法第28條

親權之人身權利及義務適用親權行使人之住所地法。

此項規則亦適用於親權所固有對子女財產之管理、轉讓及以該項財產為客體之其他行為之權利及義務；然涉及嚴格不動產性質之財產，且為該財產所在地法禁止者，不在此限。

1953年舊涉民法立法參考：

1908年 法律適用條例	1953年 涉民法	立法說明
第15條 父母與子女之法律關係，依父之本國法。無父者，依母之本國法。	**第19條（父母子女法律關係之準據法）** 父母與子女間之法律關係，依父之本國法；無父或父為贅夫者，依母之本國法。但父喪失中華民國國籍而母及子女仍為中華民國國民者，依中華民國法律。	父母與子女間之法律關係，兼指認領子女，收養子女，及婚生子女三者而言。原條例第15條仿日本及歐陸各國立法先例，規定原則上依父之本國法，本草案從之。至於無父（即父已死亡或未經生父認領）或父為贅夫者，依母之本國法，乃屬例外。原條例對於父為贅夫之情形，未加規定，本草案為符合民法第1059條第2項及第1060條第2項之立法精神，爰予補訂。又父原為中國人，嗣後喪失中國國籍，而母及子女仍為中國人時，在事實上，其親子間之法律關係亦難適用外國法律，故復增設但書之規定，以示例外。

12.12　監護（涉民法第56條）

涉民法第56條（監護之準據法）

　　監護，依受監護人之本國法。但在中華民國有住所或居所之外國人有下列情形之一者，其監護依中華民國法律：

　　一、依受監護人之本國法，有應置監護人之原因而無人行使監護之職務。

　　二、受監護人在中華民國受監護宣告。

　　輔助宣告之輔助，準用前項規定。

12.12.1　監護——概說

　　監護指對於成年人受監護宣告或無父母或父母不能行使親權之未成年人，為保護其身分及財產上之利益所為設計之制度。民親屬篇第四章第一節未成年人之監護（§1091-§1109）及第二節成年人之監護及輔助（§1110-§1113-1），架構大致如下：

　　意義：對行為能力欠缺之人，為監督保護之制度。

　　種類：「未成年人之監護」及「成年人之監護及輔助（舊法為「禁治產」）」。

　　未成年人監護：

　　　　設置條件：未成年人無父母或父母無法行使或負擔未成年人權義（民§1091）。

　　　　監護人分類：指定監護人（民§1093）、法定監護人（民§1094）、選定監護人（民§1094）、委託監護人（民§1092）。

　　　　資格及人數：未成年人及受監護之成年人不得為監護人（民§1096），原則上為一人。

辭任：正當理由（民§1095）。

權責：報酬請求權（民§1104）、代理權（民§1198）、保護教育懲戒權
　　　（§1097）、出具財產清冊（民§1099）、財產管理及注意（民
　　　§1100）、財產使用及處分之限制（民§1101）、不得受讓財產（民
　　　§1102）、報告財產狀況（民§1103）、財產移交及結算（民§1107、
　　　§1108）、損害賠償及其時效（民§1109）。

成年人之監護及輔助：

設置：受監護宣告之人（民§14）應置監護人（民§1110）；受輔助宣告之人應
　　　置輔助人（民§1113-1）。

限制：法人之代表人及具雇用委任關係之人（民§1111-2）。

職責：最佳利益原則（民§1111-1、§1112）。

準用：成年人之監護及輔助人之職務等準用未成年人監護之相關規定（民
　　　§1113、§1113-1）。

12.12.2　衝突之發生

各國對於監護開始及終止之事由、監護人之確定及權限等，各國仍有差異。例如英國將我國法上之監護區分為「監護人」（guardian）及「保佐人」（gurator），前者為保護被監護者之人身而設，後者為保護被監護之財產而設，各負其責任。既使是採監護制度之國家，各國關於開始監護之事由、終止監護及監護機關及其權限等，各國規定仍不相一致。

監護之管轄：監護制度係為保護並補充未成年人及受監護宣告之成年人之能力而設，原則由「受監護人本國法院」管轄；另於受監護之住所國或慣居國，由於具有一定牽連，則住所國或慣居法院例外亦具有管轄權。

12.12.3　準據法理論／立法例

	財產所在地法主義	法庭地法（或監護機關地）主義	監護人之屬人法主義	受監護人之屬人法主義	兼採法庭地法之折衷說	有利被監護人法主義
主張	監護之目的主要在保護被監護人之財產，與被監護的財產關係最密切。	由於監護人通常係由法院命令或指定，故須依法庭地法決定。	監護義務承擔及履行的主體為監護人，因此應適用監護人之屬人法。	監護乃為保護受監護人之利益而設，因此關於其身分地位問題，應依受監護人之屬人法。	監護亦有保護受監護人居住地國社會安全之作用，因此原則上雖採受監護人之屬人法主義，亦得例外依法庭地法實施監護。	若干國家以不同規範方式適用有利於被監護人之法律。
採用		英	羅、阿	義、奧、波、捷、日	土、德	突、匈、泰

12.12.4　國際相關規範參考

國際間目前與監護有關之國際公約主要有三：

1. 1961年海牙保護未成年人管轄權及準據法公約

公約第1條及第2條規定未成年人慣居地國之司法及行政機關，有權採取其本國所規定之措施，以保護未成年人人身及其財產。依此二條規定意旨，1961年公約就監護之管轄及準據法係採被監護人屬人法（慣居地）主義。

2. 1996年海牙有關父母責任及保護兒童措施之管轄權、準據法、裁判承認與執行合作公約

有關監護的管轄權規定方面，公約第5條規定兒童的慣居地司法及行政官署有權採取保護兒童人身及財產之措施；其次，依公約第8條規定，前述慣居地相關機關得要求兒童之國籍國、財產所在地國、父母提出離婚或分居之申請國及與該兒童有實質聯繫之國家，接受管轄權並採取適當措施。

於準據法方面，公約第15條規定，依公約有權行使管轄權之國家，應適用其本國之法律。但為保護兒童利益所需，得例外適用與情況有實質聯繫之他國法律。

3. 2000年有關成年人國際保護公約

本公約與前款1996年公約相當雷同，僅公約對象從兒童，變更為成年人而已。例如公

約第5條規定成年人慣居地司法及行政官署有權採取保護成年人人身及財產之措施。同樣地，公約第13條規定，依公約有權行使管轄權之國家，應適用其本國之法律。但為保護成年人利益所需，得例外適用與情況有實質聯繫之他國法律。

12.12.5　我國法規定（涉民法第56條）

2010年 涉民法	1953年 涉民法	說明
第56條 監護，依受監護人之本國法。但在中華民國有住所或居所之外國人有下列情形之一者，其監護依中華民國法律： 一、依受監護人之本國法，有應置監護人之原因而無人行使監護之職務。 二、受監護人在中華民國受監護宣告。 輔助宣告之輔助，準用前項規定。	**第20條** 監護，依受監護人之本國法。但在中華民國有住所或居所之外國人有左列情形之一者，其監護依中華民國法律： 一、依受監護人之本國法，有應置監護人之原因而無人行使監護之職務者。 二、受監護人在中華民國受禁治產之宣告者。	一、條次變更。 二、現行條文第20條，移列本條，並依法制作業通例，刪除各款之「者」字，並將「左列」修正為「下列」。另為配合民法總則編與親屬編之修正，將第2款「禁治產之宣告」調整為「監護之宣告」，並增訂第2項輔助宣告之關於輔助準用監護之規定。 三、民法總則編與親屬編關於監護宣告及輔助宣告之修正條文將於98年11月23日施行，如本條之修正條文於該期日之前即已施行，於該期日之前，解釋上仍宜將監護之宣告調整為禁治產宣告，以利法律之適用。

評釋：

(1) **新法修正**：除文字修正並配合民法禁治產改監護宣告及輔助宣告外，在準據法擇法標準上，新法並未為修正。

(2) **監護**：指與監護有關之一切事項，包括監護之開始、監護人之確定及其權限、監護之實施及終止、財產之管理等。

(3) **擇法標準採「兼採法庭地法之折衷說」**（或修正屬人法主義）：亦即以「受監護人之屬人法主義」為原則，例外時採取「法庭地法主義」。

(4) **「依受監護人之本國法有應置監護人之原因，而無人行使監護之職務者」**：指應已監護，然卻無人擔任監護人之情況。

(5) 「**受監護人在中華民國受監護之宣告者**」：指監護之開始乃係監護宣告之結果。

外國立法例參考：

瑞士1987/2011年聯邦國際私法第85條
1. 於未成年人保護，瑞士司法或行政主管機關之管轄權、準據法及外國裁判或作爲之承認與執行應依1996年10月19日海牙有關父母責任及保護未成年人之措施之管轄權、準據法、承認、強制執行及合作公約。
2. 於成年人保護，瑞士司法或行政主管機關之管轄權、準據法及外國裁判或作爲之承認與執行應依2000年1月13日海牙有關成年人保護公約。
3. 需要時，爲保護未成年人之身及財產，瑞士法院或行政主管機關應具管轄權。

委內瑞拉1998年國際私法第26條
監護及其他保護無行爲能力人的制度，依無行爲能力人住所地法。

中華人民共和國2010年涉外民事關係法律適用法第30條
監護適用一方當事人經常居所地法律或國籍國法律中有利於保護被監護人權益之法律。

德國1896/2009年民法施行法第24條 監護、保護及監護令
1. 監護、保護及監護令之申請、變更及終止、及法定監護及監護令之內容，依被監護人、被保護人或受監護令之人之本國法。有慣居地於德國或無慣居地，然有居所於德國之外國人，得依德國法爲監護人之指定。
2. 如因不知孰爲監護人或因監護人現於他國而需簽發監護令時，依簽發國法。
3. 臨時保護措施及保護內容及指定監護及監護令依命令簽發地國法。

日本2006年法律適用通則法第35條 監護等
1. 監護、臨時監護或輔助監護（以下稱爲「監護等」）應依被監護人或受臨時監護或輔助監護之人（以下稱爲「被監護人等」）之本國法。
2. 無論前項規定爲何，如某外國人爲被監護人，於下列情況下，有關監護人、臨時監護人或輔助監護人之指定，應依日本法：
   (i) 依該外國人之本國法，已符合監護要件，但無人於日本執行監護事務；或
   (ii) 日本法院之後做出外國人監護開始之命令者。

奧地利1978/1999年國際私法第27條 監護與保護
1. 監護與保護之構成與終止要件及其效力，依被監護人之屬人法。
2. 與監護及保護相關聯之其他問題，僅於涉及監督範圍內，才依有權監督監護與保護之國家之法律。

泰國1939年國際私法第32條
對未成年人因無行使親權之父母而設監護時，監護人之義務及許可權及監護之終止，依未成年人本國法。
然監護人管理不動產之許可權，依財產所在地法。
於泰國具有住所或居所之外國籍未成年人，依其本國法所設立監護組織及監督不能充分保護未成年人利益時，依泰國法設定監護。

捷克1964年國際私法及國際民事訴訟法第28條
對未成年人監護之開始及要件，依未成年人本國法。監護人之保護措施，原則上適用於未成年人及其所在地之財產。

捷克1964年國際私法及國際民事訴訟法第29條
對未成年人監護之接受及實行監護之義務，依監護人本國法。

捷克1964年國際私法及國際民事訴訟法第30條
監護人與未成年人之間的法律關係，依監護審判機關或監護機關所在地法。

捷克1964年國際私法及國際民事訴訟法第31條
有關未成年人監護規定，類推適用於對無行爲能力人之類似保護措施。

波蘭1966年國際私法第23條
 1. 監護依被監護人本國法。
 2. 前項規定亦適用於財產管理。然對財產管理之行為，依其行為應遵守之法律。

匈牙利1979年國際私法第48條
 1. 設置監護及終止監護之要件，適用被監護人之屬人法。
 2. 監護人執行監護之義務範圍，適用監護人之屬人法。
 3. 監護人及被監護人間之法律關係（包括監護人管理財產及為計算義務）適用作出監護命令之機關之本國法；如被監護人居住在匈牙利，而匈牙利法對被監護人比較有利，應適用匈牙利法。

匈牙利1979年國際私法第49條
 1. 保佐應適用有關監護之規定。
 2. 對不能處理其事務或在暫時保佐下之人之代理，適用作出保佐命令之機關之本國法。

希臘1946年民法典第24條
　監護及其他一切保護制度適用被保護人之本國法。
　希臘法院可為於希臘有住所之外國人設置監護人或其他有幫助職務之人。如外國人於希臘有居所或者財產，希臘只能採取臨時措施。

列支敦士登1996年國際私法第28條指定及其效力
　通過列支敦士登法院指定之監護與託管及其效力適用列支敦士登法律。

阿根廷1974年國際私法第29條
　監護及保佐之設立，適用無行為能力人之住所地法。擔任監護人及保佐人之義務及免除此項義務之事由適用預期被指定人之住所地法。

阿根廷承認無行為能力人住所地國當局指定的監護人及保佐人。
　對人身及財產之保佐及監護，適用無行為能力人之住所地法；然涉及嚴格不動產性質之財產，且為該財產所在地法禁止者，不在此限。

委內瑞拉1998年國際私法第26條
　監護及其他保護無行為能力人之制度，依無行為能力人住所地法。

1953年舊涉民法立法參考：

1908年 法律適用條例	1953年 涉民法	立法說明
第18條 監護依被監護人之本國法。但在中國有住所或居所之外國人，有左列情形之一者，其監護依中國法： 一、依其本國法有須置監護人之原因而無人行使監護事務者。 二、在中國受禁治產之宣告者。	第20條（監護之準據法） 監護依受監護人之本國法。但在中華民國有住所或居所之外國人，有左列情形之一者，其監護依中華民國法律： 一、依受監護人之本國法有應置監護人之原因，而無人行使監護之職務者。 二、受監護人在中華民國受禁治產之宣告者。	本條與原條例第18條相同，僅略作文字上之修正。按監護制度保護欠缺行為能力人之利益而設，而人之行為能力，依其本國法，又為多數國家之通例，是以監護之法律關係，適用受監護人之本國法，自屬一貫之理論，惟本條但書對此原則仍設下列兩種例外： 一、在中國有住所或居所之外國人，依其本國法有應置監護人之原因，而無人行使監護職務者，此時關於監護人之指定，監護之權限，及監護之終止等問題，均依中國法辦理，藉以保護其利益。 二、受監護人在中國有住所或居所並在中國受禁治產之宣告者。此時監護之開始，乃宣告禁治產之結果，依本草案第3條之規定，其宣告之效力應依中國法，本條但書亦採同一法則，以與該條規定之精神相呼應。又原條例第19條規定，保佐準用關於監護之規定，惟現行法已無保佐制度，原條文已失其作用，故予刪除。

12.13 扶養（涉民法第57條）

涉民法第57條（扶養之準據法）
　　扶養，依扶養權利人之本國法。

12.13.1 扶養──概說

意義：扶養為特定親屬間，一方不能維持生活或受教育時，他方負有經濟上供給義務。

要件：特定親屬或身分＋受扶養人無謀生能力（民§1117）＋扶養義務人具扶養能力（民§1118）。

義務人範圍：直系血親相互間、一方與他方父母同居、兄弟姊妹間……（民§1114）。

扶養順序：

　　義務人之順序：直系血親卑親屬（含夫妻§1116-1）→尊親屬→家長→兄弟姊妹→家屬→媳婦女婿→夫妻之父母（民§1115）。

　　扶養權利之順序：直系血親尊親屬→卑親屬→家屬→兄弟姊妹→家長→夫妻之父母→子女及女婿（民§1116）。

扶養程序：扶養需求及義務人之經濟能力定之（民§1117-§1119）。

方法：協議→親屬會議決定之（民§1120）。

消滅：要件消滅或當事人死亡。

12.13.2 衝突之發生

　　各國對於前述扶養順序、要件、減免、程度及方法等規定，各國仍有差異。例如多數國家針對夫妻之間及父母子女之間為扶養義務之規定，有些國家則擴及其他親屬間之扶養義務；有些國家並未針對扶養義務人之順序為明文規範，其他國家雖有規範，但順序不同。

12.13.3　準據法理論／立法例

屬人法主義			扶養權利人有利法主義	法庭地法主義
扶養義務人之屬人法主義	扶養權利人之屬人法主義	雙方屬人法主義		
扶養義務的主體為扶養人，扶養之權利義務與一般債權債務類似，依扶養義務人之屬人法比較適合其國情及風俗。	扶養制度在維護扶養權利人之利益，另扶養乃因社會環境之需要使然，必須考慮社會物質等其他條件，因此宜使扶養義務受權利屬人法之規範。	扶養義務並非單方義務，權利人及義務人往往互負扶養義務，為兼顧雙方當事人利益，應同時斟酌雙方當事人之屬人法。	以不同規範方式，例如由管轄法院就各相關國家法律選擇適用有利於扶養權利人之法律。	未成年子女之保護攸關法庭地國之公序。
土、韓、埃	英、匈、南、波、泰	日	捷、突、德	

表頭行首：主張 / 採用

12.13.4　相關國際規範

　　與扶養有關的國際規範主要有三，其重點規範分別如下：

1. 1956年海牙扶養兒童義務準據法公約

　　子女的扶養請求權原則依子女慣居地法（公約第1條）。如子女在慣居地無法享有請求扶養之權利時，則適用法庭地涉外準據法規範所適用之法律（公約第3條）。另公約第2條規定締約國於下列情況下，得以聲明方式，適用締約國本身之法律：扶養請求係向締約國提出；扶養義務人及子女均具有締約國國籍；扶養義務人慣居地在締約國。

　　基此，公約表面上似乎是採取「扶養權利人本國法中之慣居地法」主義，事實上是比較偏向扶養權利人有利法主義。

2. 1973年海牙扶養義務準據法公約

　　本公約適用範圍除兒童外，亦適用於因家庭、婚姻、親屬、包括非婚生子女的扶養義務（公約第1條）。

　　扶養義務原則上依扶養權利人（被扶養人）的慣居地法；如慣居地無法為扶養請求，則依扶養人及被扶養人之共同本國法；如共同本國法無法為扶養請求，則依扶養請求地國法（公約第4至6條）。從此規定，基本上係採取扶養權利人有利法主義。

　　至於旁系親屬或姻親關係間之扶養義務，採反面規範方式，亦即扶養人可以雙方共同本國法無相關扶養規定及扶養人慣居地無相關扶養規定為理由，拒絕被扶養人的扶養請求（第7條）。

至於離婚、分居、婚姻無效或撤銷後之配偶關係間之扶養義務則適用該離婚、分居、婚姻無效或撤銷所適用之法律。

3. 1973年海牙扶養義務準據法公約之2007年議定書

本議定書制訂之目的主要是為取代前述二公約。本議定書適用範圍包括家庭關係、父母子女、婚姻或姻親關係等（第1條）。比較特別的是，本議定書分別針對一般扶養義務、對未成年人的扶養、夫妻之間等不同扶養類型有不同的準據法規範。

一般扶養義務原則上依被扶養人慣居地法，如慣居地有所變更，自變更日起適用變更後之新慣居地法。

父母子女間（父母對子女及子女對父母）的扶養義務，原則依被扶養人之慣居地；慣居地無法為扶養請求，則適用法庭地法（第3條）；如法庭地無法為扶養請求，如其為共同國籍，則適用其共同國籍法（第4條）。

夫妻間（含已離婚之配偶間及無效婚之當事人間）之扶養義務，如當事人雙方最後共同慣居地與婚姻有更密切關聯，則適用該共同慣居地，否則依前述為被扶養人之慣居地（第5條）。

比較特別的是，該議定書容許當事人（扶養人及被扶養人）於所限定之數準據法國中，選擇其應適用之法律，這些準據法國包括任一方之本國法、任一方之慣居地法、雙方夫妻財產制度所約定適用之法律及雙方離婚或分居所適用之法律（第8條）。

12.13.5　我國法規定（涉民法第57條）

2010年 涉民法	1953年 涉民法	說明
第57條 扶養，依扶養權利人之本國法。	第21條 扶養之義務，依扶養義務人之本國法。	一、條次變更。 二、關於扶養之權利義務，現行條文規定應依扶養義務人之本國法，參諸1973年海牙扶養義務準據法公約及1989年泛美扶養義務公約所揭示之原則，已非合宜。爰參考1973年海牙扶養義務準據法公約第4條之精神，修正為應依扶養權利人之本國法。
評釋： 1. 改採「扶養權利人本國法主義」：舊涉民法採「扶養義務人本國法主義」，著重在義務人方面（事實上採扶養義務人說本有問題，因扶養義務人之確定須以扶養義務之準據法為據，在未確定準據法前，即以扶養義務人之國籍為決定，自有未妥之處。）新涉民法改採「扶養權利人屬人法中之本國法主義」，與晚近國際間著重受扶養人權利之趨勢相符。		

2. **立法與立法說明所參考之國際規範不符**：本條文採扶養權利人本國法主義，立法理由稱係參考「1973年海牙扶養義務準據法公約」及「1989年泛美扶養義務公約」。按依前述1973年海牙扶養義務準據法公約的說明，扶養義務原則上依扶養權利人（被扶養人）的慣居地法（第4條）；如慣居地無法為扶養請求，則依扶養人及被扶養人之共同本國法（第5條）；如共同本國法無法為扶養請求，則依扶養請求地國法（公約第6條），基本上綜合1973年海牙扶養義務準據法公約第4條至第6條規定，公約係採「扶養權利人有利法主義」。同樣地，1989年泛美扶養義務公約第6條規定「扶養義務及扶養權利人及義務人之定義，應由審理機關就下列法律中選擇最有利於扶養權利人之法律予以適用之：(a) 扶養權利人之住所地國或慣居地國；(b) 扶養義務人之住所地國或慣居地國。Support obligations, as well as the definition of support creditor and debtor, shall be governed by whichever of the following laws the competent authority finds the most favorable to the creditor: a.That of the State of domicile or habitual residence of the creditor; b.That of the State of domicile or habitual residence of the debtor.」。二公約擇法方式雖略有不同，然概採「**扶養權利人有利法主義**」是一致的。

3. **在適用範圍及與其他條文之競合適用部分**：從我國親屬編扶養順序「直系血親尊親屬→卑親屬→家屬→兄弟姊妹→家長→夫妻之父母→子女及女婿」觀之，扶養範圍涵蓋親屬（尊親屬及卑親屬、兄弟姊妹）、家庭（家屬及家長）及姻親（夫妻之父母及女婿等）所生扶養義務。此部分與國際公約大致符合，惟若干國際公約明文規定進一步擴及「非婚生子女」，且對旁系血親之扶養義務進行若干限制。在與其他條文競合適用部分，以父母子女間之扶養義務為例，其不僅是單純「扶養義務」問題而已（適用涉民法第57條），亦涉及父母子女間關係之效力問題（適用涉民法第55條），二條文間如何適用？從本條文所主要參考的1973年海牙扶養義務準據法公約第2條第2項「適用本公約所為之裁判不應影響第1條所指關係之存在。Decisions rendered in application of this Convention shall be without prejudice to the existence of any of the relationships referred to in Article 1.」之規定，解釋上應優先適用父母子女間關係之準據法，而非扶養之準據法。此情況亦適用於夫妻關係（亦即婚姻效力，適用涉民法第47條）。

4. **變更主義與不變更主義**：扶養權利人（及扶養義務人）屬人法（國籍）如有變更，究應如何適用？有變更主義及不變更主義之論，依前述1973年海牙扶養義務準據法公約第4條第2項「扶養權利人之慣居地變更時起依新慣居地國法。」意旨，顯採變更主義。

外國立法例參考：

瑞士1987/2011年聯邦國際私法第49條
　　夫妻間扶養義務適用1973年10月2日關於海牙扶養義務準據法公約規定。

瑞士1987/2011年聯邦國際私法第83條
　　1. 父母子女間之扶養義務，適用1973年10月2日關於海牙扶養義務準據法公約。

　2. 母親就扶養或要求補償生育子女費用爲請求，而非該公約所涵蓋適用時，仍類推適用前述公約規定。

中華人民共和國2010年涉外民事關係法律適用法第29條

扶養適用一方當事人慣居地法、國籍國法律或主要財產所在地法律中有利於保護被扶養人權益之法律。

德國1896/2009年民法施行法第18條 扶養

(1) 扶養權人一定期間慣居地之實體法規定應作爲扶養義務提供之準據法。如扶養權人依法無法獲得扶養義務人扶養之情況，依共同本國之實體法規定。

(2) 如扶養權人無法依第1項1段或2段規定獲得扶養義務人之扶養，依德國法。

(3) 於伙伴或婚姻關係之人之間之扶養義務，扶養義務人得就其德國國籍而依德國實體法，或如非德國籍，則依扶養權利人慣居地國法，主張其並無扶養義務。

(4) 於裁判離婚或合意離婚，離婚準據法適用於夫妻間扶養義務及有關該義務之變更。於分居或註銷婚姻或婚姻被宣告無效，前屬情況亦屬有效。

(5) 德國法應適用於扶養權利人及扶養義務人有慣居地於德國之情況。

(6) 提供扶養義務之準據法決定下列事項：

　　1. 某人是否有權請求扶養及其範圍；

　　2. 誰有權提起扶養之訴及請求之範圍；

　　3. 依相關法律，官方安養機構向受扶養人請求補償，而扶養權利人提供是項補償之義務範圍。

(7) 於估算扶養數額時，既使準據法已有直接規範，仍應考量扶養權利人之需求及扶養義務人之經濟狀況。

義大利1995年國際私法制度改革法第42條 有關未成年人保護之管轄及法律適用

　1. 無論任何情形，未成年人保護應依1961年10月5日海牙關於未成年人保護管轄權及準據法公約。該公約依1980年10月24日第742號法令已於義大利生效。

　2. 該公約亦應適用於依據其本國法認爲其爲未成年人之保護，另應適用於對於締約國無慣居所之未成年人之保護。

義大利1995年國際私法制度改革法第43條 成年人之保護

已成年但無能力之人之保護措施之要件及效力，已成年但無能力之人與其監護者間之關係應依對其有效之無能力人之本國法，然爲保護無能力人或其財產，義大利法院可採取義大利法律所規定之臨時或緊急措施。

義大利1995年國際私法制度改革法第44條 成年人保護之管轄權

　1. 除第3條及第9條所列情形外，只要該臨時或緊急措施爲保護所必要，且無能力人或其財產位於義大利，則義大利法院對該保護已成年但無能力之人之措施即有管轄權。

　2. 依第66條，如某有關外國人能力之外國裁判於義大利法律制度下具有效力，爲採取任何必要之改進或完善措施，義大利法院具有管轄權。

義大利1995年國際私法制度改革法第45條 家庭內部之扶養義務

無論任何情形，家庭內部之扶養義務應依1973年10月2日海牙關於扶養義務準據法公約。該公約依1980年10月24日第745號法令已在義大利生效實施。

泰國1939年國際私法第36條

扶養的義務，依扶養請求人之本國法。

然受扶養權利人之請求，不得超過泰國法所承認之請求範圍。

土耳其1982年國際私法及國際訴訟程序法第21條 扶養義務

扶養義務適用義務人本國法。

捷克1964年國際私法及國際民事訴訟法第24條
1. 父母子女關係，包括扶養及教育，依子女的本國法。子女居住在捷克斯洛伐克社會主義共和國境內，只要對子女有利，即依捷克國法。
2. 父母向子女的扶養請求權，依父母本國法。

波蘭1966年國際私法第20條
親族與姻親之間的扶養義務，依有權得到扶養的人之本國法。

匈牙利1979年國際私法第45條（父母子女之法律關係）
1. 父母子女間之家庭法律關係，特別是子女之姓名、保護、監護、法定代理、扶養及財產管理，適用子女之屬人法，然對父母之贍養除外。
2. 本條規定亦適用於未確認生父時之扶養子女之義務。

匈牙利1979年國際私法第46條（比較有利於子女之法律之適用）
如匈牙利法律對子女比較有利，則匈牙利公民或永久居住匈牙利之子女之家庭法律地位、父母子女間之家庭法律關係及扶養子女之義務，應適用匈牙利法。

匈牙利1979年國際私法第47條
親屬互相扶養的義務、條件、程序及方法，應根據扶養權利人之屬人法確定。

1953年舊涉民法立法參考：

1908年 法律適用條例	1953年 涉民法	立法說明
第16條 扶養之義務，依扶養義務者之本國法。但扶養權利之請求為中國法所不許者，不在此限。	第21條（扶養準據法） 扶養之義務，依扶養義務人之本國法。	扶養義務乃基於親屬互助之倫理觀念而生。東方國家素重倫常，故其法律規定扶養義務之範圍遠較西方國家為廣。原條例第16條仿效日本法例，對扶養之義務特設專條，規定依扶養義務人之本國法，蓋所以適合扶養義務人之國情，而免畸輕畸重之弊，本草案亦從之，惟原條例另設但書謂「但扶養權利之請求為中國法所不許者不在此限。」在實際上，似無必要，蓋扶養權利之請求，若因違背公序良俗而為中國法律所不許，則另有排除條款，可資適用（見原條例第1條本草案第25條），若其權利請求僅為中國法所未規定，並無背於公序良俗，更無限其適用之理由，故本草案予以刪除。

修正草案：

涉民法部分條文修正草案		
修正條文	現行條文	說明
第54條 　本章未規定之親屬關係，其成立依各該當事人之本國法。其效力依當事人共同之本國法，無共同之本國法時，依共同之住所地法，無共同之住所地法時，依與該親屬關係關係最切地之法律。	（無）	一、本條新增。 二、親屬關係之範圍、成立要件及效力，均為各國國內法規定之事項，本章僅就其中之典型者予以規定，惟其他未規定之涉外親屬關係亦有可能在我國法院涉訟，並有決定其應適用之法律之必要，爰參考日本法例第23條規定之精神增訂明文，規定其成立依各該當事人之本國法，效力依當事人共同之本國法，無共同之本國法時，依共同之住所地法，無共同之住所地法時，依與該親屬關係關係最切地之法律，以資依據。
修正總說明部分： 十五、增訂其他親屬關係之準據法之規定。（修正條文第54條） 本章未規定之其他涉外親屬關係，亦有可能在我國法院涉訟，並有決定其應適用之法律之必要，爰增訂明文，規定其成立依各該當事人之本國法，效力依當事人共同之本國法，無共同之本國法時，依共同之住所地法，無共同之住所地法時，依與該親屬關係關係最切地之法律，以資依據。		

本章歷年國考考題（測驗題）：適用民國100年涉民法

1. A國人甲經常居住於臺灣，其妻乙及子丙均為A國籍，並定居於A國。甲與我國籍女友丁在臺北市同居，並生有一非婚生女戊，戊有我國國籍；甲在臺北市對戊為認領，並持續提供其扶養費。下列關於其各該法律關係的敘述，何者錯誤？（100司法官 答案：D）
   (A) 如依認領時A國法，甲對戊的認領成立，該認領即為成立
   (B) 如依認領時我國法，甲對戊的認領成立，該認領即為成立
   (C) 該認領的效力，依A國法
   (D) 該認領的效力，依我國法

2. A國男甲與B國女乙結婚，離婚半年後乙在臺灣產下一女丙。關於丙為甲、乙二人的婚生子女之身分，下列敘述何者錯誤？（100司法官 答案：C）
   (A) 得依甲、乙離婚時的B國法，認定丙為婚生子女
   (B) 得依甲、乙離婚時的A國法，認定丙為婚生子女
   (C) 得依丙出生時乙的本國法，認定丙為婚生子女
   (D) 得依丙出生時丙的本國法，認定丙為婚生子女

3. 甲與乙為我國國民，為四親等表兄妹，但因雙方家庭從小不曾往來，故彼此並不認識。兩人在A國留學時結識，由於雙方與各自家庭關係不好，故自行在A國閃電結婚。求學完後回臺工作，雙方家庭聚餐才發現此一真相。A國法有關結婚係採本國法主義，關於甲、乙婚姻關係之有效無效在我國涉訟時，請問下列敘述何者正確？（100司法官 答案：D）
   (A) 雖然依我國法之規定，四等親內之表兄妹不得結婚，但若A國並不禁止，則基於既得權之保障，甲、乙婚姻有效
   (B) 雖然依我國法之規定，四等親內之表兄妹不得結婚，但若A國並不禁止，則基於既得權之保障，甲、乙婚姻有效。但因此處涉及法律規避（即選法詐欺），故仍應依我國法
   (C) 基於場所支配行為原則，甲、乙之結婚有效
   (D) 此涉及結婚之實質要件，仍應依雙方當事人之本國法決定婚姻之成立，故甲、乙之婚姻無效

4. 甲男與乙女結婚時，約定以中華民國法律作為夫妻財產制準據法，下列敘述何者正確？（100司法官 答案：C）
   (A) 甲男與乙女關於夫妻財產制準據法之約定，其方式不以有書面者為限
   (B) 甲男與乙女關於夫妻財產制準據法之約定，對於善意第三人不生效力
   (C) 甲男與乙女關於夫妻財產制準據法之約定，僅能定夫妻一方之本國法或住所地法為準據法

(D) 甲男與乙女關於夫妻財產制準據法之約定若爲無效時，以結婚時夫之本國法爲準據法

5. A國人甲與B國人乙締結婚姻，婚後居住於東京，之後基於工作關係遷居臺灣並設定住所於臺北。數年後，兩人因個性不合時常爭吵，決定離婚。下列敘述，何者正確？（100律師　答案：C）

(A) 關於甲、乙兩人之情況是否具備離婚之原因，應以結婚時共同住所地法律，即日本國法律爲準據法

(B) 甲、乙兩人無共同本國法，基於法庭地公益之考量，關於離婚及其效力以中華民國法律爲準據法

(C) 若甲與乙協議離婚，其離婚之效力，以協議時夫妻共同住所地法，即中華民國法律爲準據法

(D) 關於離婚，須以甲之本國法與乙之本國法皆認爲具備離婚原因時，方得離婚

6. A國人甲與我國人乙住在B國，除設定住所於B國外，二人並在B國結婚，結婚時約定以B國法爲其夫妻財產制之準據法。二人回臺工作，並在臺灣購置不動產。乙因投資失利，遂將登記於自己名下之不動產出售並移轉所有權於善意第三人丙。下列敘述，何者正確？（100律師　答案：D）

(A) 甲、乙約定B國法爲夫妻財產制之準據法，該約定無效，蓋雙方僅能約定各自之本國法爲準據法

(B) 甲、乙約定B國法爲夫妻財產制之準據法，該約定無效，因爲夫妻財產制應以結婚時夫所屬國之法爲準據法

(C) 若依據B國法律，即使不動產登記於乙名下，乙亦無權處分不動產，則乙出售不動產之行爲將因此而無效

(D) 不動產位於我國，該處分有效

7. 日本人甲男與我國人乙女爲夫妻，有一未成年之子丙，三人定居於我國。甲、乙感情不睦，某日，甲與我國人丁女通姦，被乙發現。乙在我法院訴請離婚，合併請求甲賠償其損害與給付贍養費。下列敘述，何者正確？（100律師　答案：B）

(A) 關於離婚，應依涉外民事法律適用法第50條，適用甲之本國法之日本法

(B) 關於通姦之損害賠償，應依涉外民事法律適用法第25條，適用中華民國法律

(C) 關於丙之親權，應適用涉外民事法律適用法第55條，以甲之本國法日本法爲準據法

(D) 關於贍養費請求，應適用涉外民事法律適用法第50條，適用甲之本國法之日本法

8. 甲男、乙女爲A國人，情投意合結爲夫妻。甲男在某次外出途中，車禍身亡。乙女獨自扶養三歲女兒丙，並於五年後嫁給B國人丁，兩人於婚後遷居臺北。丁欲收養乙的女兒丙，下列敘述何者正確？（101司法官　答案：D）

(A) 關於收養之問題，涉及法庭地之公安，我國現行法採法庭地法主義

(B) 關於收養之成立要件，爲兼顧收養人與被收養人之利益，應累積適用收養人與被

收養人之本國法

(C) 收養成立後，如變更國籍者，因考慮收養關係之繼續性特質，應依新的國籍決定其本國法

(D) 收養之效力，依收養成立當時收養者之本國法

9. A國人甲與B國人乙交往多年，育有一子丙，之後顧及丙之生活適應與身心成長問題，甲、乙兩人於是結婚，並因工作關係，設定住所於臺北。下列敘述何者正確？（101律師 答案：C）

(A) 在甲、乙結婚後，丙是否取得婚生子女地位，依甲或乙一方之本國法定之，儘量承認子女之婚生性

(B) 在甲、乙結婚後，丙是否取得婚生子女地位，應依妻與夫結婚時雙方之本國法是否皆認為係婚生子女而定之

(C) 在甲、乙結婚後，丙是否取得婚生子女地位，應依中華民國法律，即夫妻之共同住所地法定之

(D) 在甲、乙結婚後，丙是否取得婚生子女地位，應依夫妻之共同本國法定之，但亦可依甲或乙一方之本國法定之

10. 我國籍女子甲與法國籍男子乙結婚後定居於臺北，兩人就財產關係並無任何約定。在未告知乙的情形下，甲將結婚後所取得、所有權登記於甲名下之建物A出賣於丙，並辦妥所有權移轉登記，甲於收受丙之價金後消失不見蹤影，問乙可否請求丙返還A屋並塗銷所有權移轉登記？（101律師 答案：C）

(A) 可以。準據法為夫之本國法即法國法。依照法國民法的規定，A為甲乙共有

(B) 可以。準據法為不動產所在地法即我國法，依照我國民法的規定，A為甲乙共有

(C) 不可以。準據法為共同住所地法即我國法，依照我國民法的規定，A為甲所有之財產

(D) 不可以。準據法為不動產所在地法即我國法，A登記於甲的名下，乙無權干涉

11. 關於結婚之準據法，下列敘述何者正確？（101律師 答案：B）

(A) 關於結婚之方式，應適用雙方當事人之本國法

(B) 男女雙方之結婚年齡應各自適用男方或女方之本國法

(C) 是否在禁止結婚（禁婚親）之範圍，應適用男方之本國法

(D) 監護人與受監護人是否得結婚，應適用受監護人之本國法

12. 甲為孤兒，父母不詳，出生於中華民國，3歲時被A國人乙收養，關於甲、乙間父母子女親權之權利義務問題，下列敘述何者正確？（101律師 答案：C）

(A) 甲與乙為法律擬制而生之親子關係，其父母子女間之法律關係，應顧及收養者之利益，以收養者之本國法為準據法

(B) 涉外民事法律適用法第55條所稱之父母子女間法律關係，包含父母與未成年子女間之扶養與繼承問題

(C) 乙對於甲親權之權利義務關係，依保護子女利益之原則，僅以子女之本國法為準

　　據法

(D) 乙對於甲親權之權利義務關係，為兼顧父母子女利益以及男女平等原則，我國現行法規定採母或父之本國法為原則

本章歷年國考考題（實例申論）：適用民國42年舊涉民法

婚姻成立

1. 日本人甲男與我國人乙女在日本結婚，依日本民法規定辦理結婚申報登記，但未舉行公開儀式。婚後，甲、乙因工作關係定居台灣，甲、乙感情不睦，甲竟於公司派駐美國其間，訴請離婚。獲美國法院之離婚裁判後，與我國人丙女在美國結婚，並公開宴請賓客。甲自美國返回台灣後不久，旋即死亡。乙、丙均主張其為甲之合法配偶，對甲之遺產享有繼承權，雙方關於遺產之繼承發生爭執，在我國法院提起訴訟。試從國際私法之觀點論述我國法院應如何適用法律。（93律）

2. 某國回教徒甲男為有婦之夫，其本國法准許一夫多妻，今與我國人乙女在我國依我國民法之規定結婚。其後，乙女在台北地方法院請求確認婚姻關係無效。問台北地方法院應如何處理？（85司）

3. 甲國人A與乙國人B因婚姻成立問題涉訟於我國。甲係因地域而有不同之法律，乙國係因宗教、種族等而有不同之法律。如管轄權無問題，問我國法院應如何決定ＡＢ婚姻成立所適用之法律。（80律）

4. 甲男與乙女，同具有中華民國國籍及美國國籍，在美國依當地法律結婚後，返回台灣定居台北。嗣乙女根據中華民國法律向台北地方法院提起婚姻無效之訴，問：(1) 此件是否為涉外案件？理由安在？(2) 在何種情形之下，應適用國際私法？試針對所問，扼要作答。（78司）

5. 德國男子甲與日本女子乙結婚，其結婚之方式可依幾種法律為準據？（77高）

6. 中華民國國民阿娟，年滿十八歲，赴法國讀大學，抵巴黎第二週，即與一法籍老婦人締結一年期房屋租賃契約；旋又改變主意寄居學生宿舍，遂以其尚無完全締約能力為由，主張撤銷該契約。四年後學成，並偕大她兩歲法國籍男友亨利回國，籌備在台結婚；次年生一女安妮。請簡述理由，釋答下列問題：(1) 法國民法規定十八歲為成年，而法國國際私法及法院判例，對行為能力之準據法，與我國法之規定採同一態度；阿娟在法國究有無完全之締約能力？(2) 阿娟與亨利在台北結婚，其實質與形式要件，各應以何國法為準據？(3) 亨利、阿娟與安妮之親子關係之一般效力，應依法國法抑我國法？（77司）

7. 甲國人A為乙國人B之夫，若管轄權無問題，二人因婚姻效力涉訟於我國法院，我國法院應以何國法為準據法？有無反致之問題？若A為美國人時，則法院又應如何解決其應適用之法律？（73律）

8. 中國男子甲與中國女子乙因通姦被判與中國妻丙離婚後，甲男在英國倫敦婚姻登記處

與乙女結婚,並雙雙歸化英國,越數年兩人同返台北定居,甲男離異之妻丙向台北地院撤銷甲乙之婚姻,問台北地院應如何處理此案爲宜。其理由安在?（71律）

9. 德國男子甲與希臘女子乙在台北公證結婚,嗣後乙以未依希臘正教儀式舉行婚禮爲由,提起婚姻無效之訴,試問台北地方法應如何裁判?（63律）

10. 試論述結婚方式之準據法。（54司／律）

11. 試論無國籍人之結婚能力之準據法。（52司／律）

婚姻效力

1. 甲國人A爲乙國人B之夫,若管轄權無問題,二人因婚姻效力涉訟於我國法院,我國法院應以何國法爲準據法?有無反致之問題?若A爲美國人時,則法院又應如何解決其應適用之法律?（73律）

2. 義大利籍之甲男與我國籍之乙女於民國73年7月7日在台北市結婚,婚禮當時場面熱鬧,喜氣洋洋。婚後兩人定居台中,然甲男逐漸不耐婚姻生活,經常對乙拳腳相向,乙傷心之餘,乃訴請法院離婚。民國78年8月6日甲乙兩人經法院判決離婚確定,惟甲男未將該確定判決送請義大利法院確認。同年9月1日甲復與我國籍丙女在台中市結婚,婚後歷史重演,兩人終至分居,先後遷居台北市。其後丙請求甲履行扶養義務,爲甲所拒。甲並且主張,彼與丙之「婚姻」係重婚而無效。請問法院應如何處理?又若分居期間甲歸化我國,取得我國國籍,則處理結果是否會有不同?（96律）

夫妻財產制

1. 夫妻財產制依結婚時夫之所屬國之法,試說明其產生理論。（66律）

離婚

1. 我國涉外民事法律適用法,關於離婚原因之準據法如何規定?試析述其得失。（89司）

2. 試評我國涉外民事法律適用法第十四條有關離婚原因準據法之規定。（81高）

3. 在台北有住所之英國籍男子甲與中國籍妻子女,在台北協議離婚,乙嗣後歸化英國,以甲酗酒嗜賭爲理由,向台北地方法院訴請監護幼子丙,並要求每月給予贍養費新台幣四萬元。試分析說明台北地方法院應如何處理此案?（69高）

4. 試分析說明我國國際私法對離婚所規定之準據法。（71高檢）

5. 我國涉外民事法律適用法第14條對離婚之準據法如何規定,並述其得失。（62律）

6. 日本人甲男與我國人乙女爲夫妻,有一未成年之子丙,三人定居於我國。甲乙感情不睦,某日,甲與我國人丁女通姦,被乙發現。乙乃在我國法院訴請離婚,合併請求甲賠償其損害與給付贍養費,同時附帶請求定對丙權利義務之行使或負擔,並請求命甲給付丙之扶養費。試從國際私法觀點論述本案有關之法律問題。（96司）

7. 義大利籍之甲男與我國籍之乙女於民國73年7月7日在台北市結婚,婚禮當時場面熱鬧,喜氣洋洋。婚後兩人定居台中,然甲男逐漸不耐婚姻生活,經常對乙拳腳相向,

乙傷心之餘，乃訴請法院離婚。民國78年8月6日甲乙兩人經法院判決離婚確定，惟甲男未將該確定判決送請義大利法院確認。同年9月1日甲復與我國籍丙女在台中市結婚，婚後歷史重演，兩人終至分居，先後遷居台北市。其後丙請求甲履行扶養義務，為甲所拒。甲並且主張，彼與丙之「婚姻」係重婚而無效。請問法院應如何處理？又若分居期間甲歸化我國，取得我國國籍，則處理結果是否會有不同？（96律）

婚生子女

1. 我國涉外民事法律適用法對於婚生子女身分之準據法，有何原則性與例外性之規定？又其立論基礎何在？試述之。（82高）
2. 中華民國國民阿娟，年滿十八歲，赴法國讀大學，抵巴黎第二週，即與一法籍老婦人締結一年期房屋租賃契約；旋又改變主意寄居學生宿舍，遂以其尚無完全締約能力為由，主張撤銷該契約。四年後學成，並偕大她兩歲法國籍男友亨利回國，籌備在台結婚；次年生一女安妮。請簡述理由，釋答下列問題：(1) 法國民法規定十八歲為成年，而法國國際私法及法院判例，對行為能力之準據法，與我國法之規定採同一態度；阿娟在法國究有無完全之締約能力？(2) 阿娟與亨利在台北結婚，其實質與形式要件，各應以何國法為準據？(3) 亨利、阿娟與安妮之親子關係之一般效力，應依法國法抑我國法？（77司）
3. 涉外民事法律適用法第16條規定：「子女之身分，依出生時母之夫之本國法。」試分析說明此項立法的理論根據。（71律）
4. 涉外民事法律適用第16條規定：「子女之身分依出生時其母之夫之本國法。如婚姻關係於子女出生前已消滅者，依婚姻關係消滅時其夫之本國法」試分別以事例說明其內容。（67律）
5. 某甲與某乙均為德國國民，在美國生子某丙，某丙取得何國國籍？又依我國涉外民事法律適用法之規定，應如何適用某丙之本國法？試依現行法之規定及學者之主張申論之。（62律）

認領

1. 美國籍男子甲，在其美國紐約州之住所地與日本籍女子乙生子丙，後乙偕丙定居台北，乙並歸化中國。今甲向台北地方法院訴請認領丙，問台北地方法院適用涉外民事法律適用法第十七條規定之結果，如何確定各該當事人之本國法？（72律）

收養

1. 有住所於台北之美國籍丈夫甲與中華民國籍妻子乙，無子女。甲單獨收養韓國人丙為養子，並約定由丙負擔甲乙生活。嗣甲以丙違背約定，向台北地方法院提起履行扶養義務之訴，而丙則辯以當初收養不成立，無扶養義務。試扼要說明台北地方法院應如何適用法律，以解決爭訟。（78律）
2. 收養成立及終止之準據法與收養效力之準據法，我國國際私法各有如何之規定？二者

之準據法規定所以不同之立法理由安在？（70高）

3. 中國籍之甲男乙女為夫妻，並無育有子女，甲於生前獨自收養A國之丙為養子。嗣後甲於台北住所去世，以遺囑指定丙繼承全部財產，甲之妻乙向台北地方法院提起收養無效之訴，並主張甲之遺產應全部歸其所有，問台北地方法院應如何辦理？（67律）

親子關係

1. 中華民國國民阿娟，年滿十八歲，赴法國讀大學，抵巴黎第二週，即與一法籍老婦人締結一年期房屋租賃契約；旋又改變主意寄居學生宿舍，遂以其尚無完全締約能力為由，主張撤銷該契約。四年後學成，並偕大她兩歲法國籍男友亨利回國，籌備在台結婚；次年生一女安妮。請簡述理由，釋答下列問題：(1) 法國民法規定十八歲為成年，而法國國際私法及法院判例，對行為能力之準據法，與我國法之規定採同一態度；阿娟在法國究有無完全之締約能力？(2) 阿娟與亨利在台北結婚，其實質與形式要件，各應以何國法為準據？(3) 亨利、阿娟與安妮之親子關係之一般效力，應依法國法抑我國法？（77司）

2. 涉外民事法律適用法第19條規定：「父母子女間之法律關係，依父之本國法。」試擬事例二則說明之。（74高）

監護

1. 中巴混血幼童吳億華之糾紛，於涉外事件之訴訟上，引起與國際私法問題之關係有哪些？試論述之。（90司）

2. 在台北有住所之英國籍男子甲與中國籍妻子女，在台北協議離婚，乙嗣後歸化英國，以甲酗酒嗜賭為理由，向台北地方法院訴請監護幼子丙，並要求每月給予贍養費新台幣四萬元。試分析說明台北地方法院應如何處理此案？（69高）

扶養

1. 有住所於台北之美國籍丈夫甲與中華民國籍妻子乙，無子女。甲單獨收養韓國人丙為養子，並約定由丙負擔甲乙生活。嗣甲以丙違背約定，向台北地方法院提起履行扶養義務之訴，而丙則辯以當初收養不成立，無扶養義務。試扼要說明台北地方法院應如何適用法律，以解決爭訟。（78律）

第十三章　繼承

13.1　繼承——概說

我國民法繼承編架構：

		第一章（1138-1146） 遺產繼承人	法定繼承人、順序、代位繼承、應繼分、喪失、回復請求權
民法　第五編　繼承	第二章　遺產之繼承	第一節 效力 （1147-1153）	開始、標的、酌給、公同共有及管理、連帶責任
		第二節 限定之繼承 （1154-1163）	意義、方式、公示催告、限制、償還、返還請求權、未申報效果、喪失
		第三節 遺產之分割 （1164-1173）	自由及限制、方法、應繼分保留、相互擔保、分擔、連帶責任/免除、分割之計算
		第四節 遺產之拋棄 （1174-1176）	意義及方式、溯及效力、應繼分歸屬、遺產管理
		第五節 無人承認之繼承 （1177-1185）	管理人之選定、搜索、選定前之處置、職務、報告、報酬、清償、剩餘財產之歸屬
	第三章　遺囑	第一節 通則 （1186-1188）	遺囑能力、自由處分之範圍、受遺贈權喪失
		第二節 方式 （1189-1198）	方式、自書遺囑、公證遺囑、密封遺囑及其轉換、代筆遺囑、口授遺囑/失效/認定、見證人資格限制
		第三節 效力 （1199-1208）	生效時期、附條件遺贈、失效、無效、遺贈物之變更、用益權、附負擔、拋棄、承認之催告
		第四節 執行 （1209-1218）	執行人之指定、資格限制、選定及指定、提示、封緘遺囑、職務、處分之限制、共同執行人、解任
		第五節 撤回 （1219-1222）	方式、法定撤回
		第六節 特留分 （1223-1225）	比例、算定、扣減

　　繼承係指被繼承人死亡後，其繼承人依法律規定，概括承受其一切財產上權利義務之制度。亦即某人死亡時，就該死亡人非專屬一切權利義務，尤其有一定親屬身分關係人為意思表示或請求。方式上主要區分為遺囑繼承及無遺囑繼承之法定繼承。

　　繼承關係主要包括繼承的主體、客體及事實部分。主體主要為繼承人或被繼承人；客體主要為遺產；事實部分包括死亡、宣告死亡及立遺囑行為等。前述關係只要有任一方面涉及外國或二國以上，即屬涉外繼承問題。

　　一般而言，繼承法係以一定親屬身分為基礎的財產法規範，其同時具有身分法及財產法雙重性質。然各國對繼承的法律性質並非一致，有認為繼承權為財產權移轉，將其列為物權法；大陸法系國家，除承認繼承具財產移轉之性質外，亦著重在繼承與特定身分關係間之關連，因此將繼承與親屬同列為身分法之一部分；有些國家甚至把繼承視為一種單方債權或無償債權處理。除前述法律性質上之差異外，由於繼承兼跨身分法、物權法，甚至債法等領域，且受各國傳統風俗影響甚鉅，造成各國在繼承法制規範存在著相當分歧。

13.2　國際立法及各國立法架構參考

13.2.1　國際立法

　　國際間有關整合涉外繼承準據法之統一規範，主要為海牙國際私法會議所推動，迄今已完成三公約的制訂，包括：

(a) 1961年遺囑處分方式法律衝突公約（Convention on the Conflicts of Laws relating to the Form of Testamentary Dispositions）：本公約主要是廣泛承認遺囑方式之有效性，亦即只要依任一關係國有效，遺囑即具效力，包括立遺囑時的所在地法、立遺囑或死亡時之本國法、住所地法、慣居地、及涉及不動產時之物之所在地。

(b) 1973年遺產國際管理公約（Convention Concerning the International Administration of the Estates of Deceased Persons）：本公約最大特色是設置所謂的遺產管理「國際證書」的制度。

(c) 1989年死者遺產繼承準據法公約（Convention on the Law Applicable to Succession to the Estates of Deceased Persons）。

三公約中，影響較鉅者為1989年死者遺產繼承準據法公約，以下針對本公約為摘要介紹：

本公約總計五章31條文，而其中最重要者為第二章「準據法」之相關規定，包括：

第3條　準據法：死亡時之慣居地（具該國國籍或居住過5年以上）+escape條款（更密切聯繫國）→本國法+escape條款（更密切聯繫國）。

第4條　承認轉據反致（非締約國）。

第5條　可遺囑指定繼承問題之準據法（但限於其本國法及慣居地法）。

第6條　可遺囑指定某些國家法律適用於其部分財產之繼承，但不得違反原準據法之強制規定。

第7條　本公約適用之繼承內容：權利、義務、份額、繼承權之取消及喪失、應繼分及遺囑內容之效力等。

13.2.2　各國立法架構參考

　　由於各國繼承法制有相當差異，相對地，其涉外繼承有關的法律規範架構及擇法標準亦有差異。下表臚列日、中、德、義等15個國家地區國際私法有關繼承法之相關規定/擇法標準：

項目　　國家	法定繼承 一般或法定繼承（死亡時）	遺囑繼承 實質（要件） 遺囑（處分）能力	遺囑效力（含解釋）	遺囑撤銷或失效	形式（要件） 遺囑（含處分及撤銷）方式	其他特殊規定 不動產繼承	無人繼承（境內）	遺產分割（及管理）	繼承協議
日本	本國法	本國法	本國法	本國法					
中國	慣居地		慣居地或本國法		慣居地、本國法、立遺囑地	財產所在地	財產所在地	遺產所在地	
奧地利	屬人法（最密切關係國）	屬人法	屬人法	屬人法	屬人法	財產所在地法			
義大利	本國法	本國法	指定依居住地法而死亡時未居住該地者無效	本國法			歸義國所有	依繼承準據法；除非共同繼承人另有合意	
瑞士	原則：依最後住所地法	本國法或住所地或慣居地	可指定本國法（但須有住所）；依1961年公約		依1961年公約				原則：住所地法 除外：選擇適用本國法
德國	本國法			同方式	本國法或住所地或慣居地或立遺囑地或不動產所在地	以遺囑處分方式適用德國法			
澳門	屬人法	屬人法	屬人法		行為地或屬人法				
泰國	住所地法	本國法	住所地法	住所地法	本國法或立遺囑地法	財產所在地			
土耳其	本國法	本國法	遺產所在地法		本國法或立遺囑地法	財產所在地	歸土國所有		
捷克	本國法	本國法	本國法	本國法	本國法或立遺囑地法				

波蘭	本國法			本國法或立遺囑地法			
匈牙利	本國法	本國法	本國法或住所地或慣居地或立遺囑地或不動產所在地	本國法或住所地或慣居地或立遺囑地或不動產所在地			
葡萄牙	屬人法	屬人法	屬人法	屬人法			
委內瑞拉	住所地法				歸委國所有		
阿根廷	最後住所地法	最後住所地法	最後住所地法	住所地法	立遺囑地、住所地國		

　　大體而言，所有國家均針對「一般繼承（法定繼承）」及「遺囑繼承」（內容可包括遺囑能力、方式、效力、撤銷及失效）為規定。少數國家會特別針對「（境內）無人繼承」及「不動產繼承」為規範。另有更少國家針對「遺產分割」及「繼承協議」為規範。其次，尚有若干國家更針對遺產繼承之相關國際管轄事項設有規定，例如瑞士等國。

13.3　繼承一般事項暨法定繼承（涉民法58條）

涉民法第58條
　　繼承，依被繼承人死亡時之本國法。但依中華民國法律中華民國國民應為繼承人者，得就其在中華民國之遺產繼承之。

13.3.1　概說

　　繼承指被繼承人死亡後，其繼承人依法律規定，概括承受其一切財產上權利義務之制度。各國主要將其區分為「遺囑繼承」及「非遺囑繼承」（或法定繼承）二大類。於後者，於被繼承人生前未立遺囑、或所立遺囑無效、或未為所立遺囑範圍所涵蓋之遺產等，則必須依法定繼承之規定，確定繼承人之範圍、順序、分配及相關權利義務。

13.3.2　衝突之發生

　　各國對於繼承開始之原因、繼承人資格、順位、權利義務等方面之規定並非完全一致，例如我國之特留分規定為全球罕見。而各國鑑於繼承法究屬「人法」或「物法（財產法）」，抑或「人法物法兼具」的基本概念亦非一致，此不僅導致各國繼承法上之差異，更進一步導致其擇法規範上之差異。

13.3.3 準據法理論

各國有關繼承一般事項及法定繼承之立法主義／理論主要如下：

	不統一主義（區別說）（分割制）	統一主義（同一制）（單一制）			
主張及次理論	著重個別財產之變動，認為個別遺產既因繼承而分別發生所有權移轉之法律效果，故有關繼承之問題，應由各該遺產之準據法決定，即不動產依其所在地，動產依其所在地或被繼承人之住所地法。此說源自十四世紀之法則區別說，此說將不動產繼承列入「物法」，依物之所在地；將動產繼承列入「人法」，依被繼承人之屬人法。	指繼承之法律關係，不論是不動產或動產之繼承，包括繼承概括承受被繼承人之所有權利義務之問題，均應由同一法律，亦即被繼承人之屬人法規範。此為十九世紀薩維尼所大力倡導「繼承是人的權利的轉移，而非有形財產的轉移，應以人為主要對象」。			
		被繼承人屬人法		遺產所在地法	被繼承人指定說
		本國法主義	住所地法主義		
		繼承應適用被繼承人之本國法。	無論遺產之種類，均適用被繼承人之（最後）住所地法。	不依被繼承人屬人法為何，而適用遺產所在地法。	在某些情況下允許被繼承人得指定繼承準據法。
採用	泰、英、美、法、比等國。	德、日、義、埃、西等國。	秘、瑞、挪、丹等國。	部分南美洲國家。	1989年公約予以承認。
優劣	優點：裁判較易受到承認與執行。缺點：當動產及不動產在不同國家時，會造成法律適用雜亂現象，並會損及被繼承人之合理期待。	優點：適用上簡便易行。缺點：僅適用單一國家繼承法制，可能不易被遺產所在地國所承認。緩和作法：以承認反致方式，使被繼承人本國法採不統一主義之國家時，就其位於法庭地國之財產，得適用法庭地法之規定，予以緩和。			

13.3.4　我國法規定（涉民法58條）

2010年 涉民法	1953年 涉民法	說明
第58條 繼承，依被繼承人死亡時之本國法。但依中華民國法律中華民國國民應爲繼承人者，得就其在中華民國之遺產繼承之。	**第22條** 繼承，依被繼承人死亡時之本國法。但依中華民國法律中華民國國民應爲繼承人者，得就其在中華民國之遺產繼承之。	條次變更。

評釋：

(1) **未修正**：新涉民法未進行修正。

(2) **原則採統一主義之被繼承人本國法主義**：原則上採「統一主義」中之「被繼承人本國法」主義，未就動產或不動產爲區分，並以「被繼承人死亡時之本國法」爲準據法。被繼承人死亡如爲宣告而來，原則上應以死亡宣告所宣告之時間點爲準（此時必須另外依據死亡宣告之準據法爲決定）。

(3) **例外採保護主義**：但書例外採「保護主義」或「繼承分割主義」因遺產所在地不同而適用不同法律，以保護內國公序，亦即當遺產位於中華民國時，中華民國爲繼承之人之繼承即應並行適用中華民國法律。本但書參照1953年舊涉民法之立法理由爲：自中外通商以後，我國人民僑居英美及其屬地者爲數甚衆，彼等定居國外，擁有資產，多數已脫離祖籍，而其親屬則不乏留居國內，並未喪失中國國籍者，一旦脫籍之華僑死亡，發生繼承之爭執，倘一律依照被繼承人之本國法，則其華籍親屬之特留分及其他法律上之權利，即有遭受剝奪之虞，故本草案參酌實際需要，增設但書之規定，以資保護。

外國立法例參考：

1989年死者遺產繼承準據法公約 第3條

　1. 繼承適用被繼承人死亡時慣居地國法，然以被繼承人具有該國國籍爲限。

　2. 繼承亦可適用被繼承人死亡時慣居地國法，然以被繼承人死亡前於該國居住過至少不低於5年期間。然於特殊情況下，如被繼承人於死亡時，與其本國有更密切聯繫者，則適用其本國法。

　3. 於其他情況下，繼承適用被繼承人死亡時具有該國國籍之國家法律。但如被繼承人於死亡時與其他國家有更密切聯繫者，於該情況下，繼承適用與該有更密切聯繫之國家法律。

德國1896/2009民法施行法第25條 繼承

　1. 繼承依被繼承人於死亡當時之本國法。

　2. 有關位於德國之不動產，立遺囑人得以遺囑處分方式，選擇德國法。

日本2006年法律適用通則法第36條 繼承

　繼承，依被繼承人的本國法。

奧地利**1978/1999**國際私法第**28**條 死亡繼承
1. 死亡繼承依死者死亡時之屬人法。
2. 如遺囑查驗程序係在奧地利進行，遺產繼承權之取得及債務責任，依奧地利法。

義大利**1995**國際私法制度改革法第**46**條 繼承
1. 繼承依死亡時對其財產有爭議之死者有效實施之死者本國法。
2. 財產爭議人得依其遺囑明示，就其繼承依其居住地國法，然如其死亡時已不再居住於該國，則該選擇無效。於繼承人係義大利公民情形時，如繼承人於財產爭議之死者死亡時仍居住在義大利，上述法律選擇不能影響義大利法律賦予繼承人之權利。
3. 遺產分割依繼承所適用之法律，然共同繼承人合意指定應依由繼承開始地法或某或多項財產所在地法者除外。

瑞士**1987/2011**年聯邦國際私法第**90**條
1. 被繼承人死亡時之最後住所地於瑞士，遺產繼承依瑞士法。
2. 立遺囑之外國人可選擇其本國法規範繼承關係。然立遺囑人於立遺囑時已非該國公民，或已加入瑞士國籍者，不適用前述規定。

瑞士**1987/2011**年聯邦國際私法第**91**條
1. 被繼承人最後住所地於外國，依其住所地國之國際私法規則所指示應適用之法律。
2. 依本法第87條規定，就被繼承人為瑞士人，其最後住所地於國外之繼承案件，瑞士法院或行政主管機關有管轄權，並適用瑞士法。然被繼承人於遺囑中明確表示適用其最後住所地法者除外。

瑞士**1987/2011**年聯邦國際私法第**92**條
1. 遺產之準據法應決定該遺產之歸屬、誰有權主張及其範圍、誰應負擔該遺產之債務、得主張及以如何條件為法律救濟及措施。
2. 執行之方式應依具管轄權之國之法。特別是依保護措施及遺產管理之法，包括遺囑之執行。

中華人民共和國**2010**年涉外民事關係法律適用法第**31**條
法定繼承，適用被繼承人死亡時經常居所地法律，但不動產法定繼承，適用不動產所在地法律。

中華人民共和國**2010**年涉外民事關係法律適用法第**34**條
遺產管理等事項，適用遺產所在地法律。

澳門**1999**年民法典第**59**條準據法
繼承受被繼承人死亡時之屬人法所規範；該法亦為確定遺產管理人及遺囑執行人權力之準據法。

澳門**1999**年民法典第**60**條處分能力
1. 作出、變更或廢止死因處分之能力，以及因處分人年齡而在處分上所要求之特別方式，受處分人作出意思表示時之屬人法規範。
2. 在作出處分後取得新屬人法之人，保留按前屬人法規定廢止有關處分之必要能力。

澳門**1999**年民法典第**61**條處分之解釋：意思之欠缺及瑕疵
下列者由被繼承人作出意思表示時之屬人法規範：
(a) 有關條款及處分之解釋，但明確指出或暗示由另一法律規範者除外；
(b) 意思之欠缺及瑕疵；
(c) 可否訂立共同遺囑或繼承契約，但不影響在繼承契約上適用第51條及第52條之規定。

泰國**1939**年國際私法第**37**條
不動產繼承，依財產所在地法。

泰國**1939**年國際私法第**38**條
動產繼承，不論法定繼承或遺囑繼承，都依被繼承人死亡時之住所地法。

土耳其**1982年國際私法及國際訴訟程序法第22條繼承**

　　遺產的法定繼承適用被繼承人本國法律。繼承在土耳其境內的不動產，適用土耳其法律。

　　遺產繼承的開始、遺產的獲得及分割適用遺產所在地法律。

　　無人繼承財產，位於土耳其境內的歸土耳其國庫所有。

　　立遺囑的方式，適用本法第6條的規定。遺囑方式符合立遺囑人本國法律的，亦為有效。

　　立遺囑的能力，適用立遺囑人立遺囑時的法律。

捷克**1964年國際私法及國際民事訴訟法第17條**

　　繼承，依死者死亡時之本國法。

波蘭**1966年國際私法第34條**

　　繼承，依死者死亡時本國法。

匈牙利**1979年國際私法第36條**

　　1. 繼承法律關係依遺囑人死亡時的屬人法。對期待遺產繼承的購買和處分也適用該法。

葡萄牙**1966年民法典第62條準據法**

　　繼承適用被繼承人死亡時的屬人法，該準據法同樣適用於繼承財產管理人及遺囑執行人的許可權問題。

列支敦士登**1996年國際私法第29條死亡的權利繼承**

　　1. 死亡的權利繼承適用被繼承人死亡時國籍法。

阿根廷**1974年國際私法第30條**

　　不論遺產的種類或場所，繼承適用死者最後住所地法。

　　此項規則不僅適用於本法生效後開始的繼承，而且適用於本法生效前已提起的繼承爭議，以及對最遲至本法生效前方才開始之繼承所提出的異議。

委內瑞拉**1998年國際私法第34條**

　　繼承依被繼承人的住所地法。

委內瑞拉**1998年國際私法第35條**

　　被繼承人的晚輩、前輩及未作財產分割的倖存配偶，可依委內瑞拉法對位於共和國境內的遺產行使法定繼承權。

1953年舊涉民法立法參考：

1908年 法律適用條例	1953年涉民法	立法說明
第20條 繼承依被繼承人之本國法。	**第22條（繼承之準據法）** 繼承依被繼承人死亡時之本國法。但依中華民國法律，中華民國國民應為繼承人者，得就其在中華民國之遺產繼承之。	關於繼承之準據法各國立法例頗不相同。在英美等國認為動產之繼承，依被繼承人之住所地法，不動產之繼承，依物之所在地法，而日本及一部歐陸國家，無論對於動產或不動產之繼承，均依被繼承人之本國法。原條例第20條係採後一立法例，惟於被繼承人死亡後，法律發生變更時，如何定其本國法，未加明定。本草案增列「死亡時」一語，以期明確。又按英美等國，既特不採本國法主義，且其繼承法律亦多與我國大相逕庭，例如:我國有特留分之規定，而英美則無之，一任遺囑人自由處分其財產。自中外通商以後，我國人民僑居英美及其屬地者為數甚眾，彼等定居國外，擁有資產，多數已脫離祖籍，而其親屬則不乏留居國內，並未喪失中國國籍者，一旦脫籍之華僑死亡，發生繼承之爭執，倘一律依照被繼承人之本國法，則其華籍親屬之特留分及其他法律上之權利，即有遭受剝奪之虞，故本草案參酌實際需要，增設但書之規定，以資保護。

13.4　無人繼承（涉民法59條）

涉民法第59條

外國人死亡時，在中華民國遺有財產，如依前條應適用之法律爲無人繼承之財產者，依中華民國法律處理之。

13.4.1　概說

於我國，無人承認之繼承是指繼承開始時，繼承人之有無不明，爲使繼承關係早日確定，應繼遺產有所歸屬，民法於第1177條至1185條規範無人承認之繼承的法律關係及程序（包括遺產管理人之選定、遺產必要處置、繼承人搜索、管理人職務包括編製遺產清冊、債權人及受遺贈人公告、清償債權及交付遺贈物、遺產之移交、遺產狀況之報告及說明、遺產管理人之報酬等），於無人承認繼承之情況下，一方面從事繼承人之搜索，一方面對遺產加以管理、清算，以保護可能出現之繼承人、繼承債權人及遺產最終歸屬之情況。另我國民法第1185條規定無人繼承剩餘財產爲遺產於清償債權並交付遺贈物後，有剩餘者，歸屬國庫。此種因法律規定而生權利之移轉，動產不必受交付，不動產亦不必登記，即由國家取得剩餘財產之所有權。

（涉外）無人繼承主要發生於：(1) 被繼承人未立遺囑以指定繼承人且又無任何法定繼承人；或 (2) 所立遺囑或遺贈無效；或 (3) 所有繼承人或受遺贈人放棄或拒絕繼承或接受遺贈；或 (4) 所有繼承人均被剝奪繼承權利；以及 (5) 繼承人或受遺贈人所在或情況不明，經依法公告仍無人出面等情況。

13.4.2　衝突之發生

著實言之，各國有關無人繼承本身的立法差異有限，除程序略有差異外，無人繼承財產大致上均以「國家」爲最後歸屬（有些國家則規定屬州政府所有、或王室所有或學校或慈善機構所有；而由國家繼承的理論亦有若干差異，有主張國家法定繼承主義，亦有主張國家先占取得主義等理論），就此部分，各國繼承法差異有限。

各國無人繼承之差異，並非（涉外）無人繼承本身，而是各國繼承法所存在之差異，例如繼承人之範圍、特留分、可繼承財產範圍、繼承權喪失之情況、遺囑要件及效力等，因各國規定不同，自然會導致不同的無人繼承情況及其後果。

13.4.3　準據法理論

涉外無人繼承財產的準據法，主要可包括下列二層面，各相關準據法理論及立法例如下表列：

項目	無人繼承財產之確定（先）		無人繼承財產之歸屬（後）		
	統一說	不統一說	適用繼承準據法	適用被繼承人本國法	適用財產所在地法
主張	不動產適用所在地法；其他適用繼承之準據法。	一律適用繼承之準據法（或本國法或住所地法或最後住所地法）。	無人繼承財產之歸屬應適用繼承的準據法，以求一致。	無人繼承財產之歸屬應適用被繼承人之本國法。	確定無人繼承之財產後，再依財產所在地法確定該財產之歸屬。
採用			羅馬尼亞	德國	奧地利

13.4.4　我國法規定（涉民法59條）

2010年涉民法條文	1953年涉民法條文	說明
第59條 外國人死亡時，在中華民國遺有財產，如依前條應適用之法律為無人繼承之財產者，依中華民國法律處理之。	第23條 外國人死亡時，在中華民國遺有財產，如依其本國法為無人繼承之財產者，依中華民國法律處理之。	一、條次變更。 二、現行條文就外國人死亡，而在中華民國遺有財產之情形，規定如依其本國法為無人繼承之財產者，即依中華民國法律處理之，惟此時仍應考慮中華民國國民得依中華民國法律為繼承人之規定。爰將現行條文「依其本國法」，修正為「依前條應適用之法律」，以符合立法本旨。

評釋：
(1) 本條文有關涉外無人繼承財產所採理論為：
    (a) **無人繼承財產之確定方面**：新法修正舊法之「本國法主義」，改採「依前條應適用之法律」，亦即依第58條繼承準據法之不分動產或不動產之統一說，採統一說理論。
    (b) **無人繼承財產之歸屬方面**：採「適用財產地法說」，亦即先依繼承準據法確定為無人繼承之財產後，再依財產所在地法（中華民國法）確定該財產之歸屬。
(2) 本條文屬單方立法法則，僅針對「外國人死亡在中華民國遺有財產」之情況，而不包括「中華民國人死亡在外國遺有財產」或「外國人死亡在第三國遺有財產」等情況，解釋上應予以類推適用。

(3) 依中華民國法律處理之結果為，依我國民法1185條規定，歸國庫所有。

外國立法例參考：

奧地利1978/1999國際私法第29條

如依第28條第1項所指定之法律，遺產無人繼承，或將歸於作為法定繼承人之領土主權機關，則在各該情況下，應以死者財產於其死亡時所在地國家之法律，取代該法律。

土耳其1982年國際私法及國際訴訟程序法第22條繼承

遺產的法定繼承適用被繼承人本國法律。繼承在土耳其境內的不動產，適用土耳其法律。

遺產繼承的開始、遺產的獲得及分割適用遺產所在地法律。

無人繼承財產，位於土耳其境內的歸土耳其國庫所有。

立遺囑的方式，適用本法第6條的規定。遺囑方式符合立遺囑人本國法律的，亦為有效。

立遺囑的能力，適用立遺囑人立遺囑時的法律。

中華人民共和國2010年涉外民事關係法律適用法第35條

無人繼承遺產的歸屬，適用被繼承人死亡時遺產所在地法律。

1953年舊涉民法立法參考：

1908年 法律適用條例	1953年 涉民法	立法說明
無	第23條（無人繼承之外國人遺產之處理） 外國人死亡時，在中華民國遺有財產，如依其本國法為無人繼承之財產者，依中華民國法律處理之。	本條係新增條文，其目的在保護內國之公益。蓋外國人死亡後，在中國遺有財產，而依其本國法又無人繼承，則其財產關係，長陷於不確定之狀態，即不免影響他人之利益，自應按照中國法為之處理，使告一結束。

13.5　遺囑之成立、效力及撤回之準據法（涉民法60條）

涉民法第60條（遺囑之成立、效力及撤回之準據法）

遺囑之成立及效力，依成立時遺囑人之本國法。

遺囑之撤回依撤回時遺囑人之本國法。

13.5.1　遺囑──概說

遺囑：指立遺囑人於其存活期間，為使法律關係在其死後發生特定變動或法律上之效力，而依法定方式所為之法律行為。

性質：為要式行為、單獨行為、具專屬性。

遺囑能力：我國法規定無行為能力之人及16歲以下之人無遺囑能力。限制行為能力之人無須法定代理人同意有遺囑能力（民§1186）。

遺產處分：不違反特留分範圍內得以遺囑自由處分遺產（民§1187）。

遺囑內容：可包括監護人指定、繼承人制訂、遺產分割方法、遺產分割之禁止、遺贈及遺囑執行人之指定等。

受遺贈權之喪失：具喪失繼承之事由者（民§1145－例如故意致被繼承人於死等）亦喪失其受贈權（民§1188）。

遺囑方式：自書遺囑、公證遺囑、密封遺囑、代筆遺囑、口授遺囑五種（民§1189）。

遺囑效力：

　生效：單純遺囑（無遺贈或有遺贈而不附停止條件）於遺囑人死亡時生效；附條件及期限之遺囑於條件成就或期限屆至時生效。

　遺贈：以遺囑表示將其遺產無償給與特定人之行為。分為單純遺贈及特種遺贈、概括遺贈與特定遺贈等種類。遺贈尚有遺贈失敗（受遺贈人於遺囑發生效力前死亡）、遺贈無效（遺贈之財產於繼承開始前已不屬於遺產），及遺贈之承認及拋棄等規定。

遺囑之執行：指遺囑生效後，實現其內容之各種事項所必要之行為及程序。包括提示（民§1212）、開視（民§1213）、遺囑執行人（地位及性質、資格、產生方法、職務、解職等）。

遺囑之撤回：指遺囑人對其所為合法成立之遺囑，使其將來不生效力之要式單獨行為。其方法包括明示撤回及擬制撤回二種，後者復包括前後遺囑相抵觸、遺囑人行為與遺囑相抵觸，及遺囑人毀壞塗消或廢棄遺囑三種。

13.5.2　衝突之發生

　　一遺囑之有效成立（及其撤回）必須具備一定的實質要件及形式要件。在實質要件方面，各國對於遺囑能力、遺囑效力、可否以遺囑處分財產、變更法定繼承關係、遺囑處分之法律關係範圍、執行及撤銷等方面之規定並非完全一致。

13.5.3　準據法理論

　　設立遺囑之目的在保護及尊重遺囑人臨終前最後遺留之意思表示，加上遺囑之內容多以身分法上之法律關係為處分對象，因此有關遺囑成立及其效力之準據法，各國通說大致均採遺囑人之屬人法主義，特別是其中的本國法主義。由於遺囑之能力、成立、效力及撤回的法律效果各有不同，所採屬人法主義則亦略有差異。

13.5.3.1　遺囑能力之準據法

　　遺囑能力為一遺囑是否有效成立之實質要件。遺囑是立遺囑人死亡前預先訂立，如立遺囑人於「立遺囑時」及「死亡時」之屬人法有所變動，究應依何時點標準，有下列學說：

	立遺囑時之屬人法	死亡時之本國法	結果選擇適用主義
主張	遺囑如合法有效，行爲即已完成，不能因嗣後聯繫因素之變更（國籍或住所）而變成無效。	遺囑在死亡時才會產生效力，而法定繼承亦是以死亡時屬人法爲基礎。	選擇適用立遺囑及死亡時之本國法，只要任一有效，即具效力。
優缺點	均可能會導致原有效的遺囑變成無效之結果。		
立法	英、加、泰、義等國	美國等	奧
註：我國法採「立遺囑時之屬人法」主義。			

13.5.3.2 遺囑內容效力之準據法

　　遺囑內容是否符合法律規定而生效力並得予以執行，爲遺囑之實質效力。各國對遺囑效力仍大致適用立遺囑人之屬人法（本國法或住所地法），然各國就遺囑內容是否涉及不動產，以及遺囑效力的時間點（立遺囑人立遺囑時或死亡時）而有不同的立法例。

理論	動產不動產爲區分			遺囑效力之時點	
	統一說		不統一說	立遺囑時之屬人法	死亡時之屬人法
	屬人法	遺產所在地法			
主張	不區分動產或不動產均適用立遺囑人之屬人法。	不依立遺囑人之屬人法，而係依遺產所在地法。	動產適用立遺囑人之本國法；不動產則適用不動產所在地法。	遺囑效力依立遺囑人於立遺囑時之屬人法。	遺囑效力依立遺囑人於死亡時之屬人法。
立法例	德、日、奧、波、匈等國	南美各國	如英國	日、匈、波等國	美、英、法等國
註：我國涉民法不區分動產或不動產，概採「立遺囑人於立遺囑時之本國法」。					

13.5.3.3 遺囑撤回之準據法

　　遺囑得因撤回而失效，我國法規定其方法包括明示撤回及擬制撤回二種（後者復包括前後遺囑相抵觸、遺囑人行爲與遺囑相抵觸，及遺囑人毀壞塗消或廢棄遺囑三種）。有些國家將遺囑撤回，除立遺囑本人可得撤回外，尚規定於立遺囑人死後得經其他利害關係人之請求由法院予以撤銷。各國對於遺囑撤回之準據法大致均以「撤回行爲當時立遺囑人之屬人法」爲準據法，或依其本國法；或依其住所地法。

13.5.4 我國法規定（涉民法第60條）

2010年 涉民法條文	1953年 涉民法條文	說明
第60條 遺囑之成立及效力，依成立時遺囑人之本國法。 遺囑之撤回依撤回時遺囑人之本國法。	第24條 遺囑之成立要件及效力，依成立時遺囑人之本國法。 遺囑之撤銷依撤銷時遺囑人之本國法。	一、條次變更。 二、現行條文第1項移列本條第1項，並配合本法用語之統一，將「成立要件」一詞修正爲「成立」。 三、現行條文第2項關於遺囑之「撤銷」，在實體法上爲遺囑之「撤回」。爰修正爲「撤回」，以統一用詞。

評釋：
(1) **成立**：包括遺囑能力、遺囑之成立要件、遺囑之方式（第61條另有額外規定）等。
(2) **效力**：因遺囑內容涉及實體法律關係，例如遺贈、法定繼承關係之變更、監護人指定等。
(3) **統一主義**：遺囑之成立及效力，我國法不區分動產或不動產，概採「立遺囑人於立遺囑時之本國法」。
(4) **撤回**：遺囑之撤回，同各國立法例，依撤回行爲當時立遺囑人之屬人法（我國採本國法主義）。

外國立法例參考：
德國1896/2009民法施行法第25條 繼承
　　1. 繼承依被繼承人於死亡當時之本國法。
　　2. 有關位於德國之不動產，立遺囑人得以遺囑處分方式，選擇德國法。
德國1896/2009民法施行法第26條 遺囑
　　1. 遺產處分，包括數人於同一文件上所爲，如其方式符合下列正式要求，即屬有效：
　　　　(a) 依立遺囑人於立遺囑處分當時或死亡當時之本國法，而無須考慮第5條1項規定之情況，
　　　　(b) 依立遺囑人於立遺囑處分地國法，
　　　　(c) 依立遺囑人於其立遺囑處分當時或死亡當時之住所地法或慣居地法，
　　　　(d) 如爲不動產，不動產所在地法，或
　　　　(e) 繼承準據或處分當時之準據法。
　　立遺囑人於某地是否具有住所地之認定，依該地法律。
　　2. 第1項規定亦適用於遺囑處分廢止先前遺囑處分之情況。只要符合依第1項各國法律之一所需方式，該廢止即爲有效。
　　3. 以年齡、國籍或其他立遺囑人之個人條件限制遺囑處分方式之任何法律規範，應視爲所應適用之方式。同樣規則應適用於遺囑處分效力所需證人應具備資格之情況。
　　4. 第1至3項準用於其他遺囑方式。
　　5. 除前述遺囑處分之效力外，其拘束力應依遺囑處分製作當時應適用之繼承準據法。立遺囑之能力，如有任何條件需求時，不應影響身爲德國人法律地位之取得或喪失。

日本2006年法律適用通則法第37條 遺囑

　　1. 遺囑的成立及效力，依其成立當時遺囑人的本國法。

　　2. 遺囑的撤銷，依撤銷時遺囑人之本國法。

奧地利1978/1999國際私法第28條 死亡繼承

　　1. 死亡繼承依死者死亡時之屬人法。

　　2. 如遺囑查驗程序係在奧地利進行，遺產繼承權之取得及債務責任，依奧地利法。

奧地利1978/1999國際私法第30條 因死而處置之效力

　　1. 立遺囑能力及遺囑、繼承契約、或拋棄繼承之契約有效性之其他要件，依死者爲該法律行爲時之屬人法。如該法不認爲有效，而死者死亡時之屬人法認爲有效時，以後者爲準。

　　2. 就前述法律行爲之拒絕承認或撤銷，亦適用第1項規定。

義大利1995國際私法制度改革法第47條 處分之能力

　　遺囑之設立、修改及撤銷依遺囑人於設立、修改或撤銷遺囑時對其有效之遺囑人本國法。

瑞士1987/2011年聯邦國際私法第93條

　　1. 被繼承人所立遺囑之有效性及遺囑方式依1961年10月5日關於遺囑方式法律衝突海牙公約。

瑞士1987/2011年聯邦國際私法第94條

　　依據立遺囑人之住所地法律、慣居地法或其本國法律規定，立遺囑人爲行爲能力，其所作之遺囑即爲有效。

瑞士1987/2011年聯邦國際私法第95條

　　1. 繼承協議依立遺囑人立遺囑時之住所地法。

　　2. 如立遺囑人於協議中選擇其本國法，則遺產繼承不適用住所地法律而適用立遺囑人之本國法。

　　3. 如繼承協議由數立遺囑人設立，則僅於其同時符合每一立遺囑人之住所地法時，始爲有效。

　　4. 本法有關遺囑方式及能力之規定（第93條、第94條）應予保留適用。

中華人民共和國2010年涉外民事關係法律適用法第32條

　　遺囑方式，符合遺囑人立遺囑時或者死亡時經常居所地法律、國籍國法律或者遺囑行爲地法律的，遺囑均爲成立。

中華人民共和國2010年涉外民事關係法律適用法第33條

　　遺囑效力，適用遺囑人立遺囑時或者死亡時經常居所地法律或者國籍國法律。

匈牙利1979年國際私法第36條

　　1. 繼承法律關係依遺囑人死亡時的屬人法。對期待遺產繼承的購買和處分也適用該法。

　　2. 遺囑依遺囑人死亡時屬人法。遺囑或撤銷遺囑，如依匈牙利法或者下列各法爲有效，在方式上即認爲有效：

　　　　(a) 遺囑簽署時或撤銷時的行爲地法，或者

　　　　(b) 遺囑簽署時或撤銷時或遺囑人死亡時遺囑人的屬人法，或者

　　　　(c) 遺囑簽署時或撤銷時或遺囑人死亡時遺囑人的住所地法或慣常居所地法，或者

　　　　(d) 在不動產遺囑的場合，不動產所在地法。

阿根廷1974年國際私法第33條

　　遺囑如果符合立囑地國法或者立囑人立囑時或死亡時住所地國法，則其形式有效。但是，一國禁止在該國設有住所者製作親筆遺囑（無論在國內還是在國外）的規定，應予尊重，只要此項禁止是由立囑人立囑時的住所地法規定的。

　　公民在其外交代表人員前製作的遺囑，視爲有效。阿根廷公民和在阿根廷設有住所的外國人可在阿根廷外交或領事機構製作遺囑。

泰國1939年國際私法第38條

　　動產繼承，不論法定繼承或遺囑繼承，都依被繼承人死亡時之住所地法。

泰國1939年國際私法第39條

遺囑的能力，依遺囑當時遺囑人的本國法。

泰國1939年國際私法第41條

遺囑的效力與解釋以及遺囑全部或部分無效，依遺囑人死亡時住所地法。

泰國1939年國際私法第42條

撤銷全部或部分遺囑，依撤銷時遺囑人住所地法。

遺囑全部或部分條款失效消滅，依遺囑人死亡時之住所地法。

土耳其1982年國際私法及國際訴訟程序法第22條繼承

1. 立遺囑的方式，適用本法第6條的規定。遺囑方式符合立遺囑人本國法律的，亦為有效。
2. 立遺囑的能力，適用立遺囑人立遺囑時的法律。

捷克1964年國際私法及國際民事訴訟法第18條

1. 遺囑及遺囑之撤銷能力，以及意思表示及意思表示的瑕疵之效力，依意思表示時死者本國法。法律所允許的其他死因處分，亦適用該法律。

波蘭1966年國際私法第35條

遺囑及其他因死亡而成立之行為，其成立依為法律行為時死者本國法，但行為方式，遵守行為地法規定的，亦為有效。

匈牙利1979年國際私法第36條

1. 繼承法律關係依遺囑人死亡時的屬人法。對期待遺產繼承的購買和處分也適用該法。

葡萄牙1966年民法典第63條立遺囑能力

1. 立遺囑或變更、取消遺囑的能力，以及因立遺囑人年齡原因對立遺囑的方式提出的特殊要求，適用立遺囑人立遺囑時的屬人法。
2. 立遺囑後，立遺囑人的屬人法發生變化的，立遺囑人可依前款規定，取消遺囑。

葡萄牙1966年民法典第64條遺囑之瑕疵及解釋

立遺囑人立遺囑時的屬人法適用於：

(1) 遺囑的內容和解釋。但遺囑本身明確提出適用其他法律的除外。

(2) 遺囑之瑕疵。

列支敦士登1996年國際私法第29條死亡的權利繼承

1. 死亡的權利繼承適用被繼承人死亡時國籍法。
2. 如一份遺囑需要由列支敦士登法院執行，則死亡的權利繼承在第 (3) 項及第 (4) 項條件下適用列支敦士登法律。
3. 外國被繼承人可以通過遺囑或者遺產處分協議選擇其母國法或者其最後慣常居所地國法作為其權利繼承的準據法。
4. 住所在國外的本國被繼承人可以通過遺囑或者遺產處分協議選擇其母國法或者其最後慣常居所地國法作為其權利繼承的準據法。

列支敦士登1996年國際私法第30條遺囑的有效性

1. 立囑能力及其他對於遺囑、遺產處分協定或放棄遺產繼承協定所需的條件，只要其符合以下法律之一，即為成立：

(a) 被繼承人實施法律行為時或死亡時的母國法之一；

(b) 被繼承人實施法律行為時或死亡時的慣常居所地國法律；

(c) 依列支敦士登法律，如遺囑將由一列支敦士登法院執行。

2. 第 (1) 項的規定原則上也適用於該法律行為的撤銷或解除。

阿根廷1974年國際私法第31條

成立、變更或撤銷遺囑的能力，以及因立囑人年齡關係所需的特殊遺囑形式，適用立囑人立囑時的住所地法。新住所的取得，不得剝奪立囑人在原住所已取得的撤銷遺囑的能力。

立囑人立囑時的住所地法適用於：(1) 遺囑條款的解釋；(2) 同意的欠缺與瑕疵；(3) 聯合遺囑和繼承契約的認可，後一情況不排除當時適用有關婚姻財產制的法律。

阿根廷1974年國際私法第32條
　　遺囑的實質有效性適用立囑人最後住所地法。
　　然依立囑人立囑時住所地法當然有效之遺囑，視爲有效。

┌─────────────────┐
│**1953年舊涉民法立法背景參考**│
└─────────────────┘

1908年法律適用條例	1953年涉民法	立法說明
第21條 遺囑之成立要件及效力，依成立時遺囑之本國法。 遺囑之撤銷，依撤銷時遺囑之本國法。	**第24條（遺囑之準據法）** 遺囑之成立要件及效力，依成立時遺囑人之本國法。 遺囑之撤銷，依撤銷時遺囑人之本國法。	本條與原條例第21條相同。其第1項所謂遺囑之成立要件及效力，係指遺囑文件本身之是否有效成立而言。至於遺囑內容之個別法律行爲，例如：以遺囑爲認領、收養、指定繼承份或遺贈額等行爲，則應依各該行爲之準據法，不在本項規定範圍以內。又遺囑依其成立時遺囑人之本國法，蓋在避免因嗣後遺囑人國籍變更，而影響原有遺囑之效力。第2項規定撤銷遺囑之準據法。所謂撤銷，不僅指稍極撤銷原有遺囑而言，即以後一遺囑代替前一遺囑之行爲，亦不失爲遺囑之撤銷，故慮以撤銷時遺囑人之本國法爲準，庶與第1項之立法精神相貫徹。

13.6　遺囑成立及其撤回之方式（涉民法61條）

涉民法第61條
　　遺囑及其撤回之方式，除依前條所定應適用之法律外，亦得依下列任一法律爲之：
　　一、遺囑之訂立地法。
　　二、遺囑人死亡時之住所地法。
　　三、遺囑有關不動產者，該不動產之所在地法。

13.6.1　概說

　　遺囑爲要式行爲，一遺囑之有效成立（及其撤回）必須具備一定的實質要件及形式要件。

13.6.2　衝突之發生

　　各國有關遺囑方式之種類有所不同，例如我國訂有自書遺囑等五種，有些國家無代筆遺囑之規定（如法、德、日），而有些國家則有錄音遺囑之規定（如韓國）；在形式方面，或要求書面簽名，或要求公證或見證等不一而足；在遺囑方式之效力，有些國家有包

括遺贈，有些國家則不分動產或不動產爲統一規定，有些則予以區分爲分別規定；另遺囑效力又涉及特留分問題，各國對此規定亦有所不同。

遺囑係以死後發生效力爲目的，表示遺囑人本人自己意思所爲之要式單獨行爲；相對地，遺囑人亦得對其所爲之合法成立之遺囑，使其將來不生效力之要式單獨行爲，亦即遺囑之撤回。例如我國民法1219條規定「遺囑人得隨時依遺囑之方式，撤回遺囑之全部或一部。」除遺囑人之意定撤回外（如何撤回？屬方式問題），遺囑亦可能因違反法律規定（例如特留分），而於遺囑人死亡發生利害關係人向法院申請撤銷等，此部分屬遺囑效力問題，非方式問題。

13.6.3　準據法理論

多數國家對於立遺囑之方式及其撤回方式之準據法，傳統上主要以動產及不動產爲分類：

	統一說（不區分動產或不動產）		不統一說		選擇適用主義
理論及立法例	屬人法及立遺囑地法先後適用。	屬人法及立遺囑地法選擇適用（or）。	動產：依 ◆住所地法 ◆立遺囑地法（行爲地） ◆遺產所在地法	不動產：依不動產所在地法。	只要下列任一法律有效，即爲有效： ■本國法 ■住所地法 ■慣居地法 ■立遺囑地法
說明	先適用屬人法，如爲無效，再適用立遺囑地法	只要屬人法或立遺囑地法任一有效，即有效			
採用		英、美、日			1961年公約

註：目前國際立法趨勢傾向儘量讓遺囑發生效力，例如1961年遺囑處分方式準據法公約即採用選擇適用主義，我國新涉民法亦採之。

13.6.4　我國法規定（涉民法61條）

2010年 涉民法	1953年 涉民法	說明
第61條 遺囑及其撤回之方式，除依前條所定應適用之法律外，亦得依下列任一法律為之： 一、遺囑之訂立地法。 二、遺囑人死亡時之住所地法。 三、遺囑有關不動產者，該不動產之所在地法。	無	一、本條新增。 二、關於遺囑之訂立及撤回之方式，晚近立法例均採數國法律選擇適用之原則，以利遺囑之有效成立及撤回，並尊重遺囑人之意思。爰參考1961年海牙遺囑方式之法律衝突公約第1條及第2條、德國民法施行法第26條規定之精神，增訂本條。

評釋：

1. **場所支配行為原則之例外**：遺囑方式及其撤回方式，屬（單獨）行為方式之一，原應受「場所支配行為」原則之拘束，例如適用立遺囑地法及撤回地法。然基於遺囑之單方意思自主及各國在遺囑方式上之差異，以儘量讓遺囑發生效力為原則，為「場所支配行為」原則之例外。

2. **採選擇適用主義**：我國涉民法採用晚近儘量讓遺囑發生效力（及其撤回）之立法趨勢，採用選擇適用主義，亦即只要是立遺囑人之「立遺囑時之本國法」、「遺囑訂立地法」、「死亡時之住所地法」、「不動產所在地法」其中之一有效，該遺囑及其撤回方式即為有效。

3. 本規定所列各項選擇適用之項目主要係針對「遺囑之方式」而來，而納入遺囑之撤回地法規定，換言之，遺囑撤回方式僅能適用「遺囑方式」之準據法。

外國立法例參考：

義大利1995國際私法制度改革法第48條 遺囑方式

　　於遺囑方式，如某遺囑依遺囑作成地國法、遺囑人作成遺囑時或死亡時之本國法，遺囑人住所地法或居所地法之方式為具效力，則該遺囑即為有效。

瑞士1987/2011年聯邦國際私法第93條

　　1. 被繼承人所立遺囑之有效性及遺囑方式依1961年10月5日關於遺囑方式法律衝突海牙公約。

　　2. 其他遺囑方式，類推適用前述公約規定。

泰國1939年國際私法第40條

　　遺囑的方式，依遺囑人本國法，或依遺囑地法。

捷克1964年國際私法及國際民事訴訟法第18條

　　1. 遺囑及遺囑之撤銷能力，以及意思表示及意思表示的瑕疵之效力，依意思表示時死者本國法。法律所允許的其他死因處分，亦適用該法律。

　　2. 遺囑的方式，依立遺囑時死者本國法，但符合遺囑地國法，亦為有效。遺囑之撤銷方式，亦適用同樣的法律。

波蘭1966年國際私法第35條

　　遺囑及其他因死亡而成立之行為，其成立依為法律行為時死者本國法，但行為方式，遵守行為地法規定的，亦為有效。

本章歷年國考考題（測驗題）：適用民國100年涉民法

1. 被繼承人甲（住所與國籍皆為美國，亦有我國籍）生前，依照美國加州法律立下遺囑，處分其遺產，如其繼承人與受遺贈人就遺囑人之本國法發生爭執。問：本件遺囑人之本國法為何？（100律師　答案：D）
   (A) 我國法
   (B) 依涉外民事法律適用法第2條之規定，以最後取得者為關係最切之國籍
   (C) 我國法。不論立遺囑人複數國籍之取得先後，只要具有我國國籍，準據法皆為我國法
   (D) 依涉外民事法律適用法第2條之規定，以當事人之主觀意願或客觀因素來判斷關係最切之國籍為何

2. 在我國居住之A國人甲，在B國自書遺囑，將其在我國所有之古董、珠寶、出賣有價證券後之所得和存款等動產捐出，在我國設立照顧清寒家庭出身之法律系學生為宗旨之財團法人，準據法應如何決定？（100律師　答案：D）
   (A) 在B國的自書遺囑之成立與效力及捐助行為之效力，一律依照遺囑之準據法來決定
   (B) 在B國的自書遺囑之成立與效力及捐助行為之效力，一律依照法人設立之準據法來決定
   (C) 在B國的自書遺囑是否成立、有效，依照遺囑之準據法決定之；捐助行為之效力，依照法人設立的準據法即A國法決定之
   (D) 在B國的自書遺囑是否成立、有效，依照遺囑之準據法決定之；捐助行為之效力，依照法人設立的準據法即我國法決定之

3. A國人甲男與A國人乙女，2007年於臺北市結婚，婚後定居於臺北市，2年多前乙生育一子丙，有A國國籍。數週前，甲於高雄市因意外身故，已懷胎的乙驚聞噩耗，悲傷導致早產，早產兒丁在醫院保溫箱3小時後死亡。如我國法院應在甲的遺產繼承訴訟中，確認丁是否有權繼承甲的遺產，則就丁的權利能力問題，應如何選擇或適用相關法律？（101律師　答案：D）
   (A) 準據法為A國法及我國法，合併適用？準據法為A國法或我國法，擇一適用
   (B) 以我國法為準據法？以A國法為準據法

本章歷年國考考題（實例申論）：適用民國42年舊涉民法

繼承
1. 我國國際私法對繼承之準據法，有何原則與例外之規定，試分述之。（83律）
2. 關於繼承之準據法，國際私法上有何主要之立法主義？（83高）
3. A為甲國人，在乙國及中國均有財產。後A又因歸化原因取得乙國籍，並在乙國設定住

所，但A並未喪失甲國國籍。不久，A因病去世。B爲甲國人係A之表弟，C爲中國人爲A之養子。此外A無其他親屬。依甲國民法，僅B有繼承權，依乙國民法，B與C均無繼承權。假定我國法院有權管轄本件繼承案件，試回答下列問題，並扼要說明其理由。(1) 本件繼承之準據法爲何國法？(2) B與C是否有繼承權？可繼承之財產爲何？（81司）

4. 設某A爲甲國人，後因歸化原因又取得乙國之國籍，但並未喪失甲國之國籍。A於丙國有住所，於中國遺留有財產。設甲國之國際私法規定，繼承依被繼承人死亡時財產所在地法；乙國及丙國之國際私法均規定，繼承依被繼承人死亡時住所地法。現A死亡，繼承訴訟在我國法院提起，如管轄權無問題，試問：(1) 本件繼承之準據法爲何國法？理由安在？(2) 如依 (1) 之準據法爲無人繼承之財產者，則該遺產之歸屬如何？理由安在？（76律）

5. 涉外民事法律適用法第22條規定：「繼承依被繼承人死亡時之本國法。但依中華民國法律，中華民國國民應爲繼承人者，得就其在中華民國之遺產繼承之。」。試擬事例分析說明此立法意旨。（75高）

6. 爲中國人之遺孀，而自稱係日本人之女子甲，向臺北地方法院控告在臺北、東京及漢城，均有住所之韓國人乙不當得利，請求返還在東京交付而現在臺北之活動房屋一所。問：臺北地方法院應如何解決下列問題：(1) 甲有無日本國籍，應依何國法而定？(2) 乙在漢城有住所，應依何國法而定？(3) 活動屋一所係動產抑不動產，應依何國法律而定？(4) 不當得利之訴能否成立，應依何國法律而定？

7. 涉外民事法律適用法第22條規定：「繼承依被繼承人死亡時之本國法」。問：此條規定，在理論上或在制度上，有何根據？又設被繼承人在多處均遺有動產及不動產，適用此規定時，有何實際困難否？試分別加以說明。（74律）

8. 關於繼承之準據法，各國有何立法主義？我國國際私法有關繼承準據法規定之立法理由安在？試分別說明之。（72律）

9. 設：有住所於紐約之美國醫生甲，執業於臺北，並於臺北以遺囑將紐約之房屋及臺北之銀行存款悉數贈與中國籍之女助手乙。嗣歸化中國，並死於臺北，遺有美國籍子女丙丁二人。現乙丙丁爲遺產之分配，涉訟臺北地方法院。試分析說明：(1) 乙丙丁各得根據涉外民事法律適用法何條規定，作有利於自己之請求？(2) 臺北地方法院應如何處理乙丙丁之請求？（70律）

10. 中國籍之甲男乙女爲夫妻，並無育有子女，甲於生前獨自收養A國之丙爲養子。嗣後甲於台北住所去世，以遺囑指定丙繼承全部財產，甲之妻乙向台北地方法院提起收養無效之訴，並主張甲之遺產應全部歸其所有，問台北地方法院應如何辦理？（67律）

11. 有關繼承之準據法，各國立法例採何種主義？我國涉外民事法律適用法第二十二條之規定採何種主義？（64律）

遺囑

1. 美國人甲，設住所於台北，以遺囑指定中國人乙爲繼承人，並以另一遺囑將在台北之不動產及銀行存款給予乙。後甲歸化中國，不久死亡，其美國籍妻丙與女丁向台北地方法院提起訴訟，認甲分配財產之遺囑並非眞正，且認甲指定乙爲繼承人無效，台北地方法院受理該訴訟後，問應如何適用法律，以解決各項爭議？（76司）

2. 甲無國籍出生於韓國與具有中國籍之妻乙久住台北，並於台北與漢城兩地之間，均有房屋及銀行存款，甲無子女，與乙不睦，曾立遺囑指定韓國人丙對其遺產爲其全部繼承，嗣甲歸化韓國，並死於台北，乙、丙就繼承遺產，涉訟於台北地方法院，問法院所應考慮的問題如何？宜如何作決定，試分類述之。（71司）

3. 設：有住所於紐約之美國醫生甲，執業於臺北，並於臺北以遺囑將紐約之房屋及臺北之銀行存款悉數贈與中國籍之女助手乙。嗣歸化中國，並死於臺北，遺有美國籍子女丙丁二人。現乙丙丁爲遺產之分配，涉訟臺北地方法院。試分析說明：

   (1) 乙丙丁各得根據涉外民事法律適用法何條規定，作有利於自己之請求？

   (2) 臺北地方法院應如何處理乙丙丁之請求？（70律）

4. 涉外民事法律適用法第二十四條：「遺囑之成立要件及效力，依成立時遺囑人之本國法」其意義如何，試擬實例詳細說明之。（68律）

5. 中國籍之甲男乙女爲夫妻，並無育有子女，甲於生前獨自收養A國之丙爲養子。嗣後甲於台北住所去世，以遺囑指定丙繼承全部財產，甲之妻乙向台北地方法院提起收養無效之訴，並主張甲之遺產應全部歸其所有，問台北地方法院應如何辦理？（67律）

國際私法——
參考資料（中文）

【附錄一】 2010年現行涉外民事法律適用法條文及修正理由

涉外民事法律適用法

2010年5月26日公布，2011年5月26日生效實施

第一章　通則

第1條

　　涉外民事，本法未規定者，適用其他法律之規定；其他法律無規定者，依法理。

第2條

　　依本法應適用當事人本國法，而當事人有多數國籍時，依其關係最切之國籍定其本國法。

第3條

　　依本法應適用當事人本國法，而當事人無國籍時，適用其住所地法。

第4條

　　依本法應適用當事人之住所地法，而當事人有多數住所時，適用其關係最切之住所地法。

　　當事人住所不明時，適用其居所地法。

　　當事人有多數居所時，適用其關係最切之居所地法；居所不明者，適用現在地法。

第5條

　　依本法適用當事人本國法時，如其國內法律因地域或其他因素有不同者，依該國關於法律適用之規定，定其應適用之法律；該國關於法律適用之規定不明者，適用該國與當事人關係最切之法律。

第6條

　　依本法適用當事人本國法時，如依其本國法就該法律關係須依其他法律而定者，應適用該其他法律。但依其本國法或該其他法律應適用中華民國法律者，適用中華民國法律。

第7條

　　涉外民事之當事人規避中華民國法律之強制或禁止規定者，仍適用該強制或禁止規定。

第8條

依本法適用外國法時，如其適用之結果有背於中華民國公共秩序或善良風俗者，不適用之。

第二章　權利主體

第9條

人之權利能力，依其本國法。

第10條

人之行為能力，依其本國法。

有行為能力人之行為能力，不因其國籍變更而喪失或受限制。

外國人依其本國法無行為能力或僅有限制行為能力，而依中華民國法律有行為能力者，就其在中華民國之法律行為，視為有行為能力。

關於親屬法或繼承法之法律行為，或就在外國不動產所為之法律行為，不適用前項規定。

第11條

凡在中華民國有住所或居所之外國人失蹤時，就其在中華民國之財產或應依中華民國法律而定之法律關係，得依中華民國法律為死亡之宣告。

前項失蹤之外國人，其配偶或直系血親為中華民國國民，而現在中華民國有住所或居所者，得因其聲請依中華民國法律為死亡之宣告，不受前項之限制。

前二項死亡之宣告，其效力依中華民國法律。

第12條

凡在中華民國有住所或居所之外國人，依其本國及中華民國法律同有受監護、輔助宣告之原因者，得為監護、輔助宣告。

前項監護、輔助宣告，其效力依中華民國法律。

第13條

法人，以其據以設立之法律為其本國法。

第14條

外國法人之下列內部事項，依其本國法：

一、法人之設立、性質、權利能力及行為能力。

二、社團法人社員之入社及退社。

三、社團法人社員之權利義務。

四、法人之機關及其組織。

五、法人之代表人及代表權之限制。

六、法人及其機關對第三人責任之內部分擔。

七、章程之變更。

八、法人之解散及清算。

九、法人之其他內部事項。

第15條

依中華民國法律設立之外國法人分支機構，其內部事項依中華民國法律。

第三章　法律行為之方式及代理

第16條

法律行為之方式，依該行為所應適用之法律。但依行為地法所定之方式者，亦為有效；行為地不同時，依任一行為地法所定之方式者，皆為有效。

第17條

代理權係以法律行為授與者，其代理權之成立及在本人與代理人間之效力，依本人及代理人所明示合意應適用之法律；無明示之合意者，依與代理行為關係最切地之法律。

第18條

代理人以本人之名義與相對人為法律行為時，在本人與相對人間，關於代理權之有無、限制及行使代理權所生之法律效果，依本人與相對人所明示合意應適用之法律；無明示之合意者，依與代理行為關係最切地之法律。

第19條

代理人以本人之名義與相對人為法律行為時，在相對人與代理人間，關於代理人依其代理權限、逾越代理權限或無代理權而為法律行為所生之法律效果，依前條所定應適用之法律。

第四章　債

第20條

法律行為發生債之關係者，其成立及效力，依當事人意思定其應適用之法律。

當事人無明示之意思或其明示之意思依所定應適用之法律無效時，依關係最切之法律。

法律行為所生之債務中有足為該法律行為之特徵者，負擔該債務之當事人行為時之住所地法，推定為關係最切之法律。但就不動產所為之法律行為，其所在地法推定為關係最切之法律。

第21條

　　法律行為發生票據上權利者，其成立及效力，依當事人意思定其應適用之法律。

　　當事人無明示之意思或其明示之意思依所定應適用之法律無效時，依行為地法；行為地不明者，依付款地法。

　　行使或保全票據上權利之法律行為，其方式依行為地法。

第22條

　　法律行為發生指示證券或無記名證券之債者，其成立及效力，依行為地法；行為地不明者，依付款地法。

第23條

　　關於由無因管理而生之債，依其事務管理地法。

第24條

　　關於由不當得利而生之債，依其利益之受領地法。但不當得利係因給付而發生者，依該給付所由發生之法律關係所應適用之法律。

第25條

　　關於由侵權行為而生之債，依侵權行為地法。但另有關係最切之法律者，依該法律。

第26條

　　因商品之通常使用或消費致生損害者，被害人與商品製造人間之法律關係，依商品製造人之本國法。但如商品製造人事前同意或可預見該商品於下列任一法律施行之地域內銷售，並經被害人選定該法律為應適用之法律者，依該法律：

　　一、損害發生地法。

　　二、被害人買受該商品地之法。

　　三、被害人之本國法。

第27條

　　市場競爭秩序因不公平競爭或限制競爭之行為而受妨害者，其因此所生之債，依該市場之所在地法。但不公平競爭或限制競爭係因法律行為造成，而該法律行為所應適用之法律較有利於被害人者，依該法律行為所應適用之法律。

第28條

　　侵權行為係經由出版、廣播、電視、電腦網路或其他傳播方法為之者，其所生之債，依下列各款中與其關係最切之法律：

　　一、行為地法；行為地不明者，行為人之住所地法。

　　二、行為人得預見損害發生地者，其損害發生地法。

　　三、被害人之人格權被侵害者，其本國法。

　　前項侵權行為之行為人，係以出版、廣播、電視、電腦網路或其他傳播方法為營業者，依其營業地法。

第29條

侵權行爲之被害人對賠償義務人之保險人之直接請求權，依保險契約所應適用之法律。但依該侵權行爲所生之債應適用之法律得直接請求者，亦得直接請求。

第30條

關於由第二十條至前條以外之法律事實而生之債，依事實發生地法。

第31條

非因法律行爲而生之債，其當事人於中華民國法院起訴後合意適用中華民國法律者，適用中華民國法律。

第32條

債權之讓與，對於債務人之效力，依原債權之成立及效力所應適用之法律。

債權附有第三人提供之擔保權者，該債權之讓與對該第三人之效力，依其擔保權之成立及效力所應適用之法律。

第33條

承擔人與債務人訂立契約承擔其債務時，該債務之承擔對於債權人之效力，依原債權之成立及效力所應適用之法律。

債務之履行有債權人對第三人之擔保權之擔保者，該債務之承擔對於該第三人之效力，依該擔保權之成立及效力所應適用之法律。

第34條

第三人因特定法律關係而爲債務人清償債務者，該第三人對債務人求償之權利，依該特定法律關係所應適用之法律。

第35條

數人負同一債務，而由部分債務人清償全部債務者，爲清償之債務人對其他債務人求償之權利，依債務人間之法律關係所應適用之法律。

第36條

請求權之消滅時效，依該請求權所由發生之法律關係所應適用之法律。

第37條

債之消滅，依原債權之成立及效力所應適用之法律。

第五章　物權

第38條

關於物權依物之所在地法。

關於以權利為標的之物權，依權利之成立地法。

物之所在地如有變更，其物權之取得、喪失或變更，依其原因事實完成時物之所在地法。

關於船舶之物權依船籍國法；航空器之物權，依登記國法。

第39條

物權之法律行為，其方式依該物權所應適用之法律。

第40條

自外國輸入中華民國領域之動產，於輸入前依其所在地法成立之物權，其效力依中華民國法律。

第41條

動產於託運期間，其物權之取得、設定、喪失或變更，依其目的地法。

第42條

以智慧財產為標的之權利，依該權利應受保護地之法律。

受僱人於職務上完成之智慧財產，其權利之歸屬，依其僱傭契約應適用之法律。

第43條

因載貨證券而生之法律關係，依該載貨證券所記載應適用之法律；載貨證券未記載應適用之法律時，依關係最切地之法律。

對載貨證券所記載之貨物，數人分別依載貨證券及直接對該貨物主張物權時，其優先次序，依該貨物之物權所應適用之法律。

因倉單或提單而生之法律關係所應適用之法律，準用前二項關於載貨證券之規定。

第44條

有價證券由證券集中保管人保管者，該證券權利之取得、喪失、處分或變更，依集中保管契約所明示應適用之法律；集中保管契約未明示應適用之法律時，依關係最切地之法律。

第六章　親屬

第45條

婚約之成立，依各該當事人之本國法。但婚約之方式依當事人一方之本國法或依婚約

訂定地法者，亦爲有效。

婚約之效力，依婚約當事人共同之本國法；無共同之本國法時，依共同之住所地法；無共同之住所地法時，依與婚約當事人關係最切地之法律。

第46條

婚姻之成立，依各該當事人之本國法。但結婚之方式依當事人一方之本國法或依舉行地法者，亦爲有效。

第47條

婚姻之效力，依夫妻共同之本國法；無共同之本國法時，依共同之住所地法；無共同之住所地法時，依與夫妻婚姻關係最切地之法律。

第48條

夫妻財產制，夫妻以書面合意適用其一方之本國法或住所地法者，依其合意所定之法律。

夫妻無前項之合意或其合意依前項之法律無效時，其夫妻財產制依夫妻共同之本國法；無共同之本國法時，依共同之住所地法；無共同之住所地法時，依與夫妻婚姻關係最切地之法律。

前二項之規定，關於夫妻之不動產，如依其所在地法，應從特別規定者，不適用之。

第49條

夫妻財產制應適用外國法，而夫妻就其在中華民國之財產與善意第三人爲法律行爲者，關於其夫妻財產制對該善意第三人之效力，依中華民國法律。

第50條

離婚及其效力，依協議時或起訴時夫妻共同之本國法；無共同之本國法時，依共同之住所地法；無共同之住所地法時，依與夫妻婚姻關係最切地之法律。

第51條

子女之身分，依出生時該子女、其母或其母之夫之本國法爲婚生子女者，爲婚生子女。但婚姻關係於子女出生前已消滅者，依出生時該子女之本國法、婚姻關係消滅時其母或其母之夫之本國法爲婚生子女者，爲婚生子女。

第52條

非婚生子女之生父與生母結婚者，其身分依生父與生母婚姻之效力所應適用之法律。

第53條

非婚生子女之認領，依認領時或起訴時認領人或被認領人之本國法認領成立者，其認領成立。

前項被認領人爲胎兒時，以其母之本國法爲胎兒之本國法。

認領之效力，依認領人之本國法。

第54條

收養之成立及終止，依各該收養者被收養者之本國法。

收養及其終止之效力，依收養者之本國法。

第55條

父母與子女間之法律關係，依子女之本國法。

第56條

監護，依受監護人之本國法。但在中華民國有住所或居所之外國人有下列情形之一者，其監護依中華民國法律：

一、依受監護人之本國法，有應置監護人之原因而無人行使監護之職務。

二、受監護人在中華民國受監護宣告。

輔助宣告之輔助，準用前項規定。

第57條

扶養，依扶養權利人之本國法。

第七章　繼承

第58條

繼承，依被繼承人死亡時之本國法。但依中華民國法律中華民國國民應為繼承人者，得就其在中華民國之遺產繼承之。

第59條

外國人死亡時，在中華民國遺有財產，如依前條應適用之法律為無人繼承之財產者，依中華民國法律處理之。

第60條

遺囑之成立及效力，依成立時遺囑人之本國法。

遺囑之撤回，依撤回時遺囑人之本國法。

第61條

遺囑及其撤回之方式，除依前條所定應適用之法律外，亦得依下列任一法律為之：

一、遺囑之訂立地法。

二、遺囑人死亡時之住所地法。

三、遺囑有關不動產者，該不動產之所在地法。

第八章　附則

第62條

涉外民事，在本法修正施行前發生者，不適用本法修正施行後之規定。但其法律效果於本法修正施行後始發生者，就該部分之法律效果，適用本法修正施行後之規定。

第63條

本法自公布日後一年施行。

2010年涉外民事法律適用法修正草案總說明

（1999年1月13日司法院、行政院會銜送立法院審議）

涉外民事法律適用法（以下簡稱本法）自民國四十二年六月六日公布施行以來，迄今已逾五十年。其間我國政治環境、社會結構、經濟條件乃至世界局勢，均已發生重大變化，而本法原來所參考之立法例與學說理論，亦迭有變動，證諸長期間之適用經驗及學術探討，本法確有若干未盡妥適之處，應予增刪修正。有鑑於此，司法院乃邀請國際私法學者及實務專家，組成涉外民事法律適用法研究修正委員會，確定修正方向及基本原則，再委託學者專家研擬修正條文，提交委員會逐條討論。草案初稿完成後，經廣徵相關學者、實務界及機關意見，審慎考量各種因素後，幾經調整架構及內容，終成本修正草案。本法現行條文共三十一條，草案修正二十八條、刪除一條（合併二條文為一條）、增訂三十三條，並調整條文之順序，變動幅度甚鉅。關於此等變動，仍待補充說明者包括：草案規定之範圍，非以狹義之涉外民事為限，關於涉外商事之問題，適合於本法規定者，亦納入於草案之中；外國法院判決、外國仲裁判斷及內國法院之國際管轄權等問題，雖亦屬於國際私法之領域，晚近外國立法例並有將其與法律適用問題合併，而以單一法規予以整體規定之趨勢，惟衡諸我國當前法制環境之各種因素，草案仍維持本法之既有格局，以涉外民事之法律適用問題為規範重點；涉外民事之法律適用問題，其範圍甚廣，草案亦盡可能予以增訂及修正，以期提高法律適用之明確度及合理性，但就實務及學說尚無定見之問題，例如定性問題及先決或附隨問題等，為保留其未來之發展空間，仍不設明文規定；草案所含之各條文，其內容均係依本法之名稱，就法律適用問題而設之個別規定，其中性質接近之條文經集結成章後，亦未改變其屬於法律適用範圍之本質，故各章僅取特定範圍法律關係之類屬名稱為名，未再將「法律適用」重覆冠於章名之中。本法修正後之架構分為八章，第一章「通則」八條、第二章「權利主體」七條、第三章「法律行為之方式及代理」四條、第四章「債」十八條、第五章「物權」七條、第六章「親屬」十三條、第七章「繼承」四條及第八章「附則」二條，條文合計六十三條。茲將修正之要點分別列述如下：

壹、第一章「通則」

一、增訂章名。

本法所涵蓋之條文，可依其性質適度區分為數章，以確立整體架構。爰將其中關於法律適用之基本問題之規定，集為一章，並定名為「通則」。

二、現行條文第三十條移列第一條。

現行條文第三十條，移列第一條，以明本法重視各項法源之旨。（修正條文第一條）

三、現行條文第二十六條移列第二條，並修正之。

依本法應適用當事人本國法，而當事人有多數國籍時，無論其國籍取得之先後順序如何，均宜依其關係最切之國籍定其本國法，較為合理。爰參考國際慣例修正之。此外，中華民國賦予當事人國籍而生之法律適用之利益，既得一併於各國之牽連關係之比較中，予以充分衡量。爰刪除但書優先適用中華民國法律之規定。（修正條文第二條）

四、現行條文第二十七條第一項前段移列為第三條，並酌為文字修正。

現行條文第二十七條第一項前段所規定者，為無國籍人之本國法問題，其餘部分則規定當事人之住所地法問題，體例上宜分條規定之。爰將其前段單獨移列修正條文第三條，其餘部分移列第四條，並將「依」其住所地法，修正為「適用」其住所地法，使條文之前後互相呼應。（修正條文第三條）

五、現行條文第二十七條第二項前段、第一項後段、第三項移列第四條，並酌為文字修正。

現行條文第二十七條未移列為第三條之部分，移列為第四條，並比照第三條酌為文字修正。此外，「關係最切之住所地法」之原則已可兼顧中華民國法律適用之利益。爰刪除現行條文第二項但書之規定。（修正條文第四條）

六、修正一國數法之規定。

依本法適用當事人本國法時，現行條文第二十八條就其國內各地方之不同法律，直接明定其應適用之地方法律，惟該國法律除因地域之劃分而有不同外，亦可能因其他因素而不同，且此等國家對其國內之法律衝突，通常亦自有其法律上之對策。爰參考義大利國際私法第十八條規定之精神，就其國內法律不同之原因，修正為地域或其他因素，並對當事人本國法之確定，改採間接指定原則及關係最切原則，規定依該國關於法律適用之規定，定其應適用之法律，該國關於法律適用之規定不明者，適用該國與當事人關係最切之法律。（修正條文第五條）

七、修正反致之規定。

現行條文第二十九條移列第六條，並刪除「依該其他法律更應適用其他法律者，亦同」，及增列「其本國法或」等文字，蓋外國立法例多已修正反致條款，揚棄複雜之全部反致而改採較單純之部分反致。爰刪除中段「依該其他法律更應適用其他法律

者，亦同」，以限縮反致之種類，簡化法律之適用；直接反致之規範在現行條文之依據，學說上頗有爭議。爰於但書增列「其本國法或」等文字，俾直接反致及間接反致，均得以本條但書爲依據。（修正條文第六條）

八、增訂規避法律之規定。

　　涉外民事事件原應適用中華民國法律，但當事人巧設連結因素或連繫因素，使其得主張適用外國法，而規避中華民國法律之強制或禁止規定之適用，並獲取原爲中華民國法律所不承認之利益者，該連結因素或連繫因素已喪失眞實及公平之性質，其法律之適用亦難期合理，實有適度限制其適用之必要。爰明定經認定爲此種情形者，不應適用依變更後之連結因素或連繫因素所定應適用之法律，而仍適用中華民國之強制或禁止規定，以維持正當適用中華民國法律之利益。（修正條文第七條）

九、修正外國法牴觸內國公序良俗之規定。

　　關於外國法適用之限制，現行條文第二十五條係以「其規定」有背於中華民國公共秩序或善良風俗爲要件，惟其限制適用外國法之具體理由，仍待進一步予以明確界定。爰將「其規定」一詞修正爲「其適用之結果」，以維持內、外國法律平等適用之原則，並彰顯本條爲例外規定之立法原意。（修正條文第八條）

貳、第二章「權利主體」

一、增訂章名。

　　法律上之權利主體爲人，而無論自然人或法人之能力及地位等問題，各國法律之規定均未一致，並發生法律衝突之現象。爰就現行條文酌予修正、增訂數條，並集爲一章，而以「權利主體」爲章名。

二、增訂人之權利能力之規定。

　　現行條文關於人之一般權利能力，並未規定其應適用之法律，關於人之權利能力之始期及終期等問題，難免發生法律適用之疑義。衡諸權利能力問題之性質，仍以適用當事人之屬人法爲當。爰參考德國民法施行法第七條第一項關於權利能力應適用之法律之規定，增訂本條，明定其應依當事人之本國法。（修正條文第九條）

三、修正行爲能力準據法之規定。

　　人之行爲能力之準據法所據以決定之連結因素或連繫因素，依現行條文第一條第一項規定應以行爲時爲準，但如當事人依其舊國籍所定之本國法已有行爲能力，而依行爲時之國籍所定之本國法卻無行爲能力或僅有限制行爲能力，仍不宜容許該當事人以其無行爲能力或僅有限制行爲能力爲抗辯。爰參考德國民法施行法第七條第二項規定之精神，增訂第二項，表明「既爲成年，永爲成年」之原則。（修正條文第十條）

四、修正死亡宣告準據法之規定。

　　現行條文第四條，移列第十一條第一項及第二項，並增訂第三項，明定死亡宣告之效力依中華民國法律，俾能呼應第一項之原則。（修正條文第十一條）

五、現行條文第三條移列第十二條，並修正用語及增訂輔助宣告之準用規定。

　　現行條文第三條，移列第十二條。因民法總則編與親屬編於九十七年五月二十三日修正公布，將禁治產宣告修正為監護宣告，並增訂輔助宣告之制度，爰依此項修正之意旨，調整第一項、第二項有關禁治產為監護之文字；並配合增訂第三項，規定輔助之宣告準用前二項規定，即關於輔助之原因，準用第一項，關於輔助宣告之效力，準用第二項之規定。（修正條文第十二條）

六、修正法人屬人法之規定。

　　按內、外國之法人均有應依其屬人法決定之事項（詳如修正條文第十四條所列），現行條文第二條僅就外國法人予以規定，並以經中華民國認許成立為條件，漏未規定內國法人及未經中華民國認許成立之外國法人之屬人法，實有擴大規範範圍之必要。現行條文規定外國法人以其住所地法為其本國法，至於依中華民國法律設立之中華民國法人，則依法理以中華民國法律為其本國法，二者所依循之原則不同，而有使其一致之必要。爰參考一九七九年泛美商業公司之法律衝突公約第二條及義大利國際私法第二十五條第一項等立法例之精神，均採法人之設立準據法主義，明定所有法人均以其所據以設立之法律，為其本國法。（修正條文第十三條）

七、增訂法人屬人法適用範圍之規定。

　　法人依修正條文第十三條所定之屬人法，其主要適用之範圍，乃法人之內部事務，至其具體內容，則因包含甚廣，難以盡列。爰參考瑞士國際私法第一百五十五條及義大利國際私法第二十五條第二項等立法例之精神，就外國法人之內部事務於第一款至第八款為例示性之規定，再輔以第九款之補充規定，以期完全涵括。（修正條文第十四條）

八、增訂外國法人在內國之分支機構之特別規定。

　　外國法人依中華民國法律設立分支機構者，該分支機構在法律上雖仍為該外國法人之一部分，其設立卻是該外國法人在中華民國境內營業或為其他法律行為之必要條件，實務上並有直接以其為權利主體或行為主體之例，故亦有必要就該分支機構，單獨決定其內部事項應適用之法律。此等分支機構性質上固非屬於中華民國法人，但因其乃依據中華民國法律設立，關於該分支機構本身之內部事項，自宜適用中華民國法律。爰增訂明文規定以應實際需要。（修正條文第十五條）

參、第三章「法律行為之方式及代理」

一、增訂章名。

　　因法律行為而發生涉外法律關係者，與該法律行為有關之涉外問題，通常依其性質規定於各該法律關係專章之中（例如債、物權、親屬及繼承等），然各種法律行為亦有其共同之問題，而適合以通則規定予以規範者，例如法律行為之方式及代理等問題是。現行條文有關法律行為方式之規定，係在同一條文之中，將一般法律行為之方式

及特別法律行為之方式，併予處理，體例上仍可再予以細分。爰取其關於一般法律行為方式之規定，酌予修正，再增訂關於代理之規定數條，並集為一章，而以「法律行為之方式及代理」為章名。

二、修正法律行為方式準據法之規定。

現行條文第五條規定之各類法律行為，性質本不相同，其方式問題宜配合各該法律行為之成立要件及效力予以規定，較為妥適。爰將其第一項有關一般法律行為（主要為債權行為）之規定，移列第十六條，並增訂行為地不同時，依任一行為地法所定之方式者，皆為有效，以貫徹立法旨意。（修正條文第十六條）

三、增訂代理權授與行為準據法之規定。

代理權之授與，與其原因法律關係（如委任契約）本各自獨立，並各有其準據法。本條係針對代理權授與之行為，明定其應適用之法律，至其原因法律關係應適用之法律，則宜另依該法律關係（如委任契約）之衝突規則決定之。代理權係以法律行為授與者，本人及代理人常可直接就其相關問題達成協議。爰參考一九七八年海牙代理之準據法公約第五條、第六條規定之精神，明定代理權之成立及在本人與代理人間之效力，應依本人及代理人明示之合意定其應適用之法律，以貫徹當事人意思自主原則。（修正條文第十七條）

四、增訂本人與相對人間法律關係之準據法之規定。

本人因代理人代為法律行為，而與相對人發生之法律關係，與代理權之授與及代理人代為之法律行為，關係均甚密切。爰參考一九七八年海牙代理之準據法公約第十一條至第十四條規定之精神，規定在本人與相對人間之法律關係，原則上應依本人與相對人所明示合意應適用之法律，如其對此無明示之合意，則依與代理行為關係最切地之法律。（修正條文第十八條）

五、增訂相對人與代理人間法律關係之準據法之規定。

代理人欠缺代理權或逾越代理權限，仍以本人之名義為法律行為者，其相對人與代理人因此所生之法律關係，例如就其所受損害請求賠償之問題等，亦有決定其準據法之必要。爰參考一九七八年海牙代理之準據法公約第十五條規定之精神，規定應與前條所定之法律關係適用相同之準據法。（修正條文第十九條）

肆、第四章「債」

一、增訂章名。

涉外民事事件之性質為債權債務之法律關係者，其準據法之決定原則，亦可集為一章。爰增訂章名為「債」，並將我國民法及其特別法上之債權債務問題，取其包含涉外因素之部分，一併予以納入。

二、修正當事人意思自主原則之規定。

關於債權行為應適用之法律，仍維持當事人意思自主原則。現行條文第六條第二項係

以硬性之一般規則，規定「當事人意思不明」時之準據法，除未能涵蓋當事人意思無效之情形外，有時亦發生不合理情事。爰修正其適用範圍為「當事人無明示之意思或其明示之意思依前項所定應適用之法律無效」，並參考德國民法施行法第二十八條規定之精神，於本條第二項改採關係最切之原則，由法院依具體案情比較相關國家之利益及關係，而以其中關係最切之法律為準據法。為具體落實關係最切原則，並減少第二項適用上之疑義，本條第三項參考一九八○年歐洲共同體契約之債準據法公約（即羅馬公約）第四條之精神，規定法律行為所生之債務中有足為該法律行為之特徵者，負擔該債務之當事人行為時之住所地法，推定為關係最切之法律，就不動產所為之法律行為，亦推定該不動產之所在地法，為關係最切之法律。（修正條文第二十條）

三、增訂票據行為之準據法之規定。

法律行為發生票據上權利者，關於票據債務人之債務內容，現行條文未設明文規定，適用上不免發生疑問。爰參考一九七五年泛美匯票、本票及發票法律衝突公約第三條至第五條及一九七九年泛美支票法律衝突公約第三條規定之精神，增訂第一項，明定法律行為發生票據上權利者，其成立及效力，依行為地法，行為地不明者，依付款地法，並將現行條文第五條第三項，移列為本條第二項。（修正條文第二十一條）

四、增訂指示證券或無記名證券之法律行為之準據法之規定。

各國法律在票據制度之外，多設有指示證券及無記名證券之制度，以補其不足，而關於指示證券及無記名證券之規定，各國法律並非一致。爰仿票據之例，明定其成立及效力，依行為地法，行為地不明者，依付款地法。（修正條文第二十二條）

五、修正無因管理準據法之規定。

現行條文第八條就關於由無因管理、不當得利或其他法律事實而生之債，固明定應依事實發生地法，本法對於法律行為及侵權行為而生之債，均單獨規定其應適用之法律。但無因管理及不當得利之法律事實之性質未盡一致，有對其個別獨立規定之必要。爰將現行條文第八條關於由無因管理而生之債之規定移列第二十三條，關於由不當得利而生之債之規定移列為第二十四條，並衡酌無因管理之法律事實之重心，參考奧地利國際私法第四十七條、德國民法施行法第三十九條等立法例之精神，修正其應適用之法律，為其事務管理地法。（修正條文第二十三條）

六、修正不當得利準據法之規定。

關於由不當得利而生之債，有因當事人對於不存在之債務提出給付而發生者，亦有因其他原因而發生者，凡此二種法律事實是否構成不當得利，受領人所受利益應返還之範圍等問題，均有必要明定其應適用之法律。爰參考奧地利國際私法第四十六條、瑞士國際私法第一百二十八條、德國民法施行法第三十八條等立法例之精神，規定關於由不當得利而生之債，原則上應依其利益之受領地法，並於但書規定不當得利係因給付而發生者，依該給付所由發生之法律關係所應適用之法律。（修正條文第二十四條）

七、修正侵權行為準據法之規定。

現行條文第九條就因侵權行為而生之債，原則上採侵權行為地法主義，但有時發生不合理之結果。爰參考奧地利國際私法第四十八條第一項、德國民法施行法第四十一條等立法例之精神，酌採最重要牽連關係理論，於但書規定另有關係最切之法律者，依該法律，以濟其窮，並配合刪除第二項之規定。（修正條文第二十五條）

八、增訂商品製造人責任準據法之規定。

　　因商品之通常使用或消費致生損害者，被害人與商品製造人間之法律關係，涉及商品製造人之本國法關於其商品製造過程之注意義務及所生責任之規定。爰規定原則上應適用商品製造人之本國法。但如前述被害人之所以因商品之通常使用或消費而受損害，乃是因為商品製造人之創造或增加被害人與商品接觸之機會所致，或謂其間具有相當之牽連關係者，即有特別保護被害人之必要。爰參考一九七三年海牙產品責任準據法公約第四條至第七條、瑞士國際私法第一百三十五條、義大利國際私法第六十三條等立法例之精神，於但書明定如商品製造人事前同意或可預見該商品於損害發生地、被害人買受該商品地或被害人之本國銷售者，被害人得就該等地域之法律選定其一，為應適用之法律。（修正條文第二十六條）

九、增訂不公平競爭及限制競爭而生之債準據法之規定。

　　不公平競爭或限制競爭等違反競爭法規或公平交易法之行為，對於藉該等法規維持之市場競爭狀態或競爭秩序，均構成妨害，其因此而發生之債權債務關係，亦與該市場所屬國家之法律密切相關。爰參考奧地利國際私法第四十八條第二項、瑞士國際私法第一百三十六條、第一百三十七條等立法例之精神，明定其應依該市場所屬國家之法律，並規定如不公平競爭或限制競爭之行為係以法律行為（例如契約或聯合行為）實施，而該法律行為所應適用之法律較有利於被害人者，適用該法律行為所應適用之法律，以保護被害人。（修正條文第二十七條）

十、增訂經由媒介實施之侵權行為準據法之規定。

　　侵權行為係經由出版、廣播、電視、電腦網路或其他傳播方法實施者，其損害之範圍較廣，而行為地與損害發生地之認定亦較困難，為保護被害人並兼顧有關侵權行為之基本原則。爰參考瑞士國際私法第一百三十九條規定之精神，規定被害人得依與其關係最切之下列法律，而主張其權利：一、行為地法，行為地不明者，作為行為人私法生活重心之住所地法；二、行為人得預見損害發生地者，其損害發生地法；三、人格權被侵害者，為被害人人格權應適用之法律，即其本國法。如公共傳播媒介業者本身為侵權行為之行為人時，該侵權行為與其營業行為密不可分，有依同一法律決定該行為之合法性及損害賠償等問題之必要。爰規定應依其營業地法，以兼顧公共傳播媒介之社會責任原則。（修正條文第二十八條）

十一、增訂被害人直接請求保險給付之準據法之規定。

　　侵權行為人投保責任保險者，被害人並非保險契約之當事人，保險人非為侵權行為之債之當事人，被害人得否直接向保險人請求給付，有認為應依該保險契約之準據法者，也有認為應依侵權行為之準據法者。惟為保護被害人之利益，宜使被害人得選擇

適用此二準據法，以直接向保險人請求給付，較爲妥當。爰參考德國民法施行法第四十條第四項、瑞士國際私法第一百四十一條等立法例之精神，規定侵權行爲之被害人對賠償義務人之保險人之直接請求權，依保險契約所應適用之法律；但依該侵權行爲所生之債應適用之法律得直接請求者，亦得直接請求。（修正條文第二十九條）

十二、現行條文第八條關於由其他法律事實而生之債之規定移列第三十條。

債之關係傳統上固以因法律行爲、侵權行爲、無因管理或不當得利而發生者爲主，但由於科技發展及社會活動日新月異，債之發生原因必將日趨多樣性，爲免掛一漏萬。爰將現行條文第八條有關其他法律事實之規定，移列第三十條，並酌作文字修正，以資涵蓋。（修正條文第三十條）

十三、增訂當事人關於非因法律行爲而生之債合意適用中華民國法律之規定。

當事人就非因法律行爲而生之債涉訟者，法院亦多盼當事人能達成訴訟上和解，如未能達成和解，其在訴訟中達成適用法院所在地法之合意者，對訴訟經濟亦有助益，當爲法之所許。爰參考德國民法施行法第四十二條、瑞士國際私法第一百三十二條等立法例之精神，規定當事人於起訴後合意適用中華民國法律者，即以中華民國法律爲準據法。（修正條文第三十一條）

十四、修正債權讓與準據法之規定。

現行條文第七條關於「第三人」之範圍未予以限定，但債權讓與時，在讓與人及受讓人以外之第三人，其範圍包括債務人及其他第三擔保人，債權讓與對此二者之效力，並各有其應適用之法律。爰將第一項明定爲債權讓與對於債務人之效力之規定，並增訂第二項，規定債權附有第三擔保人提供之擔保者，該債權之讓與對其所附擔保權之影響或對於該第三擔保人之效力，均依該擔保權之成立及效力所應適用之法律，以維持公平並保護該第三人。（修正條文第三十二條）

十五、增訂債務承擔之準據法之規定。

承擔人與債務人訂立契約承擔其債務時，債權人既未參與其間承擔該債務之法律行爲，即不應因該債務之承擔而蒙受不測之不利益。爰規定其對於債權人之效力，應依原債權之成立及效力所應適用之法律，以保護債權人之利益；債務由承擔人承擔時，原有之債權債務關係之內容即已變更，故如第三人曾爲原債權提供擔保，該第三人所擔保之債權內容亦因而有所不同，故該第三人得否因而免責或其擔保是否仍繼續有效等問題，宜依該擔保權之成立及效力所應適用之法律，以保護該第三擔保人之利益。（修正條文第三十三條）

十六、增訂第三人求償權之準據法之規定。

第三人因特定法律關係而爲債務人清償債務者，例如保證人或其他擔保人代債務人清償債務時，該第三人是否承受或代位行使原債權人對債務人之權利或向債務人求償之問題，所涉及者主要爲原債權人及繼受人間之利益衡量，其與第三人所據以清償之法律關係（保證契約）之準據法關係密切。爰參考德國民法施行法第三十三條第三項、瑞士國際私法第一百四十六條等立法例之精神，明定應依該特定法律關係所應適

用之法律。（修正條文第三十四條）

十七、增訂共同債務人求償權之準據法之規定。

數人負同一債務，而由部分債務人清償全部債務者，為清償之債務人就超過其應分擔額之部分之清償，與修正條文第三十四條關於第三人清償債務之情形類似，清償者對其他債務人求償之權利，按理應依相同原則決定其準據法。此外，多數債務人之所以負同一債務，可能係基於特定之法律關係（例如委任契約或繼承），該法律關係與在債權人與債務人間之債之法律關係，性質並不相同，亦均各有其應適用之法律，債務人內部之責任分擔或求償問題，適用前者應適用之法律，實較妥適。爰參考瑞士國際私法第一百四十四條規定之精神增訂本條，以為依據。（修正條文第三十五條）

十八、增訂請求權消滅時效準據法之規定。

請求權之消滅時效，因各國關於其法律效果之規定不同，國際私法上有認定其為實體問題者，亦有以其為程序問題者。消滅時效規定於我國實體法，本法亦認定其為實體問題，並規定其準據法決定之問題。由於消滅時效係針對特定之請求權而發生，而請求權又為法律關係效力之一部分。爰參考瑞士國際私法第一百四十八條規定之精神，規定消滅時效之問題，應依其請求權所由發生之法律關係之準據法。（修正條文第三十六條）

十九、增訂債之消滅之準據法之規定。

債之關係存續中，當事人如以法律行為予以免除，或有其他法律所規定之原因者，債之關係均可能歸於消滅。特定之法律事實是否足以使債之關係消滅，或何種法律事實可構成債之消滅原因之問題，其本質與原債權之存續與否問題直接相關，均應適用同一法律，較為妥適。爰規定其應依原債權之準據法。（修正條文第三十七條）

伍、第五章「物權」

一、增訂章名。

涉外民事事件之性質為物權關係者，關於決定其準據法之條文，可集為一章。爰增訂章名為「物權」，並將我國民法及其特別法上之物權，取其包含涉外因素者之法律適用問題，一併予以納入。

二、現行條文第十條移列第三十八條，並修正之。

現行條文第十條移列第三十八條，惟因現行條文第三項「得喪」為「取得、喪失」之簡稱，不足以完全涵括其變動情形。爰依民法之用語，將其修正為「取得、喪失或變更」。（修正條文第三十八條）

三、增訂物權行為方式之準據法之單獨條文。

物權之法律行為之方式，現行條文僅於第五條第二項規定應依物之所在地法，然此一規定僅能適用於以物為標的物之物權，至於前條第二項及第四項之物權，其物權行為之方式，則宜依各該物權所應適用之法律。爰將其移列增訂為單獨條文，並依此意旨

予以修正，俾能適用於各種類型之物權行爲。（修正條文第三十九條）

四、增訂關於自外國輸入之動產之規定。

　　動產經移動致其所在地前後不同時，動產物權即應依其新所在地法。此一原則有時與保護已依其舊所在地法取得之物權之原則，難以配合。自外國輸入中華民國領域之動產，於輸入前已依其所在地法成立之物權（例如動產擔保交易之擔保利益），權利人如欲在中華民國境內行使該物權，即須先在我國境內依法承認其仍有效，並決定其具體之權利內容。爲使在外國成立之該物權，得以轉換爲內國之物權之形式，在內國被適度承認其效力，並保護內國財產之交易安全。爰規定該物權之效力，應依中華民國法律。（修正條文第四十條）

五、增訂託運中之動產之物權準據法之規定。

　　託運中之動產之所在地，處於移動狀態，不易確定，其物權之準據法，向有爭議。按託運中之動產非由所有人自爲運送或隨身攜帶，且其物權係因法律行爲而取得、設定、喪失或變更者，該物權即與當事人之意思或期待關連甚切。爰參考義大利國際私法第五十二條、瑞士國際私法第一百零三條等立法例之精神，規定依該動產之運送目的地法，以兼顧當事人期待及交易安全。（修正條文第四十一條）

六、增訂智慧財產權之準據法之規定。

　　智慧財產權，無論在內國應以登記爲成立要件者，如專利權及商標專用權等，或不以登記爲成立要件者，如著作權及營業秘密等，均係因法律規定而發生之權利，其於各國領域內所受之保護，原則上亦應以各該國之法律爲準。爰參考義大利國際私法第五十四條、瑞士國際私法第一百十條第一項等立法例之精神，規定以智慧財產爲標的之權利之成立及效力，應依權利主張者認其權利應受保護之地之法律，俾使智慧財產權之種類、內容、存續期間、取得、喪失及變更等，均依同一法律決定。該法律係依主張權利者之主張而定，並不當然爲法院所在國之法律，即當事人主張其依某國法律有應受保護之智慧財產權者，即應依該國法律確定其是否有該權利。又受僱人於職務上完成之智慧財產，其權利之歸屬問題固與該權利之發生或成立密切相關，同時亦涉及當事人於該僱傭契約內之約定，就其法律適用問題而言，則與該僱傭契約之準據法關係較密切。爰規定受僱人於職務上完成之智慧財產，其權利之歸屬，依其僱傭契約應適用之法律。（修正條文第四十二條）

七、增訂載貨證券相關問題準據法之規定。

　　載貨證券係因運送契約而發給，但其與運送契約之法律關係截然分立，故因載貨證券而生之法律關係，其準據法應獨立予以決定，而非當然適用運送契約之準據法。載貨證券之內容即使多爲運送人及其使用人或代理人片面決定，甚或其具有僅爲單方當事人之意思表示之性質，仍應承認該載貨證券關於應適用之法律之效力，以維持法律適用之明確及一致，並保護交易安全，至於無記載應適用之法律者，則應依關係最切地之法律，以示公平；數人分別依載貨證券主張權利，或對證券所載貨物直接主張權利者，其所主張之權利，既各有準據法，自難決定各權利之優先次序。爰參考瑞士國際

私法第一百零六條第三項規定之精神，規定此時應適用該貨物物權之準據法，以杜爭議；因倉單或提單而生之法律關係，其性質既與因載貨證券所生者類似，其所應適用之法律自宜本同一原則予以決定。爰規定其應準用關於載貨證券之規定，以利法律之適用。（修正條文第四十三條）

八、增訂集中保管之有價證券權利變動之準據法之規定。

有價證券由證券集中保管人保管者，就該證券進行交易之當事人與證券集中保管人之間，均訂有證券集中保管契約以為依據，且該證券權利之取得、喪失、處分或變更，均僅透過證券業者就當事人在證券集中保管人開立之帳戶，為劃撥、交割或其他登記，當事人在證券存摺上關於證券權利變動之登記，並已取代傳統上以直接交付該有價證券之方式，而成為該證券權利變動之公示及證明方法。透過電腦網路而進行之有價證券之涉外交易，已日益頻繁，實有必要確定其準據法，以維護交易安全。爰參考二〇〇二年海牙「中介者所保管之證券若干權利之準據法公約」之精神，規定該證券權利之取得、喪失、處分或變更，均應依集中保管契約所明示應適用之法律，集中保管契約未明示應適用之法律者，依關係最切地之法律。（修正條文第四十四條）

陸、第六章「親屬」

一、增訂章名。

涉外民事事件之性質為親屬關係者，關於決定其準據法之條文，可集為一章。爰增訂章名為「親屬」。

二、增訂婚約之成立及效力之準據法之規定。

婚約在實體法上為結婚以外之另一法律行為，其成立所應適用之法律，亦有必要予以明文規定。爰參考現行條文關於婚姻之成立之規定，明定原則上應依各該當事人之本國法，但婚約之方式依當事人一方之本國法或依婚約訂立地法者，亦為有效；婚約之效力及違反婚約之責任問題，其準據法之決定宜與婚姻之效力採類似之原則。爰明定如婚約當事人同國籍者，依其本國法，國籍不同而住所地同者，依其住所地法，國籍及住所地均不同者，依與婚約當事人關係最切地之法律。（修正條文第四十五條）

三、現行條文第十一條移列第四十六條，並酌為文字修正。

現行條文第十一條移列第四十六條，並將婚姻「成立之要件」，修正為婚姻「之成立」。（修正條文第四十六條）

四、修正婚姻效力之準據法之規定。

關於婚姻之效力，現行條文第十二條專以夫或妻單方之本國法為準據法，與兩性平等原則之精神並不符合。爰參考德國民法施行法第十四條、日本法律適用通則法第二十五條、義大利國際私法第二十九條等立法例之精神，修正為應依夫妻共同之本國法，無共同之本國法時，依共同之住所地法，無共同之住所地法時，則由法院綜合考量攸關夫妻婚姻之各項因素，而以其中關係最切地之法律，為應適用之法律，俾能符合兩性平等原則及當前國際趨勢。（修正條文第四十七條）

五、修正夫妻財產制之準據法之規定。

現行條文第十三條關於夫妻財產制應適用之法律，未能平衡兼顧夫妻雙方之屬人法，有違當前兩性平等之世界潮流，且其中關於嫁娶婚及招贅婚之區別，已不合時宜，有合併該條第一項及第二項並修正其內容之必要。爰合併現行條文第十三條第一項及第二項，參考一九七八年海牙夫妻財產制準據法公約、德國民法施行法第十五條、日本法律適用通則法第二十六條、義大利國際私法第三十條、瑞士國際私法第五十二條等立法例之精神，規定夫妻財產制得由夫妻合意定其應適用之法律，但以由夫妻以書面合意適用其一方之本國法或住所地法之情形為限；夫妻無前項之合意或其合意依前項應適用之法律無效時，其夫妻財產制應適用之法律，仍應與夫妻之婚姻關係具有密切關係。爰規定其應依夫妻共同之本國法，無共同之本國法時，依共同之住所地法，無共同之住所地法時，依與夫妻婚姻關係最切地之法律。（修正條文第四十八條）

六、增訂保護善意第三人之準據法之規定。

夫妻財產制應適用之法律，原應適用於所有涉及夫妻財產之法律關係，但夫妻處分其夫妻財產給相對人（第三人）時，如相對人不知該準據法之內容，即可能受到不測之損害。為保護內國之財產交易安全，對於夫妻財產制之準據法為外國法，被處分的特定財產在中華民國境內，而該外國法之內容為相對人（第三人）所不知時，實宜適度限制該準據法對相對人（第三人）之適用範圍。爰規定夫妻財產制應適用外國法，而夫妻就其在中華民國之財產與善意第三人為法律行為者，關於其夫妻財產制對該善意第三人之效力，依中華民國法律。（修正條文第四十九條）

七、修正離婚及其效力之準據法之規定。

現行條文關於離婚僅規定裁判離婚，而不及於兩願離婚，其關於離婚及其效力應適用之法律，規定亦非一致。爰合併現行條文第十四條及第十五條，移列為第五十條，並就其內容酌予修正及補充；關於離婚及其效力應適用之法律，現行條文並未兼顧夫妻雙方之連結因素或連繫因素，與兩性平等原則及當前立法趨勢，均難謂合。爰修正決定準據法之原則，以各相關法律與夫妻婚姻關係密切之程度為主要衡酌標準，並規定夫妻之兩願離婚及裁判離婚，應分別依協議時及起訴時夫妻共同之本國法，無共同之本國法時，依共同之住所地法，無共同之住所地法時，依與夫妻婚姻關係最切地之法律。（修正條文第五十條）

八、修正子女身分之準據法之規定。

關於子女之身分，現行條文規定應依其母之夫之本國法，與當前兩性平等之思潮尚有未合，且婚姻之效力所應適用之法律，乃是以婚姻之有效為基礎之其他法律關係之根本。爰將現行條文第十六條第一項及第二項合併，並參照奧地利國際私法第二十一條規定之精神，修正為依出生時該子女、其母或其母之夫之本國法為婚生子女者，為婚生子女；如婚姻關係於子女出生前已消滅者，依出生時該子女之本國法、婚姻關係消滅時其母或其母之夫之本國法，為婚生子女者，為婚生子女。（修正條文第五十一條）

九、增訂準正之準據法之規定。

　　非婚生子女之生父與生母結婚者，該非婚生子女是否因準正而取得與婚生子女相同之身分之問題，原為各國立法政策之表現，並與其生父及生母婚姻之效力息息相關。爰參照奧地利國際私法第二十二條、德國民法施行法第二十一條及日本法律適用通則法第三十條等立法例之精神，規定其亦應適用該婚姻之效力所應適用之法律。（修正條文第五十二條）

十、修正非婚生子女認領之成立及效力之準據法之規定。

　　非婚生子女之認領所確認者為自然血親關係而非法定血親關係。現行條文第十七條關於非婚生子女認領之成立，採認領人與被認領人本國法並行適用主義，令人誤會認領為類似收養行為之身分契約，亦不利於涉外認領之有效成立，影響非婚生子女之利益至鉅。爰改採認領人、被認領人之本國法之選擇適用主義，以儘量使非婚生子女取得婚生地位，並保護被認領人之利益。被認領人在出生前以胎兒之身分被認領者，其國籍尚無法單獨予以認定。爰明定以其母之本國法為胎兒之本國法，以利認領準據法之確定。（修正條文第五十三條）

十一、修正收養之成立及終止之準據法之規定。

　　現行條文第十八條第二項僅就收養之效力，規定應依收養者之本國法，然收養終止之效力，亦有依同一法律決定之必要。爰予以增列，以利法律之適用。（修正條文第五十四條）

十二、修正父母子女法律關係之準據法之規定。

　　關於父母與子女間之法律關係，現行規定以依父或母之本國法為原則，參諸一九八九年聯合國兒童權利保護公約及一九九六年海牙關於父母保護子女之責任及措施之管轄權、準據法、承認、執行及合作公約所揭示之原則，已非適宜。爰參考日本法律適用通則法第三十二條、瑞士國際私法第八十二條等立法例之精神，修正為依子女之本國法，並刪除但書之規定，以貫徹子女之本國法優先適用及保護子女利益之原則。（修正條文第五十五條）

十三、現行條文第二十條移列第五十六條，並修正用語及增訂輔助宣告中有關輔助之準用規定。

　　現行法第二十條，移列第五十六條，並依法制作業通例，刪除各款之「者」字，且將「左列」修正為「下列」。另為配合民法總則編與親屬編之修正，將第二款「禁治產之宣告」調整為「監護之宣告」，並增訂第二項輔助宣告之關於輔助準用監護之規定。（修正條文第五十六條）

十四、修正扶養之準據法之規定。

　　關於扶養之權利義務，現行條文第二十一條規定應依扶養義務人之本國法，參諸一九七三年海牙扶養義務準據法公約及一九八九年泛美扶養義務公約所揭示之原則，已非合宜。爰參考一九七三年海牙扶養義務準據法公約第四條之精神，修正為應依扶養權利人之本國法。（修正條文第五十七條）

柒、第七章「繼承」

一、增訂章名。

涉外民事事件之性質為繼承關係者，關於決定其準據法之諸條文，可集為一章。爰增訂章名為「繼承」。

二、現行條文第二十二條移列第五十八條。

現行條文第二十二條未修正，移列第五十八條。（修正條文第五十八條）

三、修正無人繼承遺產之準據法之規定。

現行條文就外國人死亡，而在中華民國遺有財產之情形，規定如依其本國法為無人繼承之財產者，即依中華民國法律處理之，惟此時仍應考慮中華民國國民得依中華民國法律為繼承人之規定。爰將現行條文「依其本國法」，修正為「依前條應適用之法律」，以符合立法本旨。（修正條文第五十九條）

四、現行條文第二十四條移列第六十條，並修正用語。

現行條文第二項關於遺囑之「撤銷」，在實體法上為遺囑之「撤回」。爰修正為「撤回」，以統一用詞。（修正條文第六十條）

五、增訂遺囑訂立及撤回之方式之準據法之規定。

關於遺囑之訂立及撤回之方式，晚近立法例均採數國法律選擇適用之原則，以利遺囑之有效成立及撤回，並尊重遺囑人之意思。爰參考一九六一年海牙遺囑方式之法律衝突公約第一條及第二條、德國民法施行法第二十六條規定之精神，增訂明文規定。（修正條文第六十一條）

捌、第八章「附則」

一、增訂章名。

本章規定本法修正及增訂條文之施行問題，並仿國內法規之例，增訂章名為「附則」。

二、增訂本法增修條文之適用不溯及既往原則之規定。

本法增修條文之適用以不溯及既往為原則。爰規定在本法修正施行前發生之涉外民事，不適用本法修正施行後之規定；本法之增修條文適用上之不溯及既往，原則上係以法律事實發生日為準，例如法律行為成立日或侵權行為實施日等，但對於持續發生之法律效果，例如結婚之效力、父母子女間之法律關係等，則依系爭法律效果發生時為準。爰參考瑞士國際私法第一百九十六條之精神，增訂明文規定。（修正條文第六十二條）

三、修正本法施行日期之規定。

本次修正，變動現行條文之程度甚鉅，立法作業上相當於制定新法，對法院審理涉外民事事件亦有重大影響，允宜加強宣導，充分準備，以利施行。爰規定修正後之新法自公布日後一年施行。（修正條文第六十三條）

「涉外民事法律適用法」修正條文對照表

2010年4月30日
立法院第7屆第5會期第11次會議通過（三讀）

修正條文	現行條文	說明
第一章　通則		一、新增章名。 二、本法所涵蓋之條文，可依其性質適度予以區分為數章，以確立整體架構。爰將其中關於法律適用之基本問題之規定，集為一章，並定名為「通則」。
第一條 涉外民事，本法未規定者，適用其他法律之規定；其他法律無規定者，依法理。	第三十條 涉外民事，本法未規定者，適用其他法律之規定，其他法律無規定者，依法理。	條次變更。
第二條 依本法應適用當事人本國法，而當事人有多數國籍時，依其關係最切之國籍定其本國法。	第二十六條 依本法應適用當事人本國法，而當事人有多數國籍時，其先後取得者，依其最後取得之國籍定其本國法。同時取得者依其關係最切之國之法。但依中華民國國籍法，應認為中華民國國民者，依中華民國法律。	一、條次變更。 二、依本法應適用當事人本國法，而當事人有多數國籍時，現行條文規定依其國籍係先後取得或同時取得之不同，而分別定其本國法，並於先後取得者，規定一律依其最後取得之國籍定其本國法。此一規定，於最後取得之國籍並非關係最切之國籍時，難免發生不當之結果，且按諸當前國際慣例，亦非合宜。爰參考義大利一九九五年第二一八號法律（以下簡稱義大利國際私法）第十九條第二項規定之精神，明定當事人有多數國籍之情形，一律依其關係最切之國籍定其本國法，俾使法律適用臻於合理、妥當。至於當事人與各國籍關係之密切程度，則宜參酌當事人之主觀意願（例如最後取得之國籍是否為當事人真心嚮往）及各種客觀因素（例如當事人之住所、營業所、工作、求學及財產之所在地等），綜合判斷之。此外，中華民國賦予當事人國籍，因此而生之法律適用之利益，既得一併於各國牽連關係之比較中，予以充分衡量，已無單獨規定適用中華民國法律之必要，爰刪除但書之規定。

第三條 依本法應適用當事人本國法，而當事人無國籍時，適用其住所地法。 第四條 依本法應適用當事人之住所地法，而當事人有多數住所時，適用其關係最切之住所地法。 當事人住所不明時，適用其居所地法。 當事人有多數居所時，適用其關係最切之居所地法；居所不明者，適用現在地法。	第二十七條 依本法應適用當事人本國法，而當事人無國籍時，依其住所地法，住所不明時，依其居所地法。 當事人有多數住所時，依其關係最切之住所地法，但在中華民國有住所者，依中華民國法律。 當事人有多數居所時，準用前項之規定，居所不明者，依現在地法。	一、條次變更。 二、現行條文第二十七條第一項前段係規定無國籍人之本國法之問題，其餘部分則規定當事人之住所地法問題，體例上宜分條規定之。爰將其前段單獨移列第三條，其餘部分移列第四條，並將「依」其住所地法，修正為「適用」其住所地法，使條文之文字前後呼應。 三、現行條文第二十七條第二項前段、第一項後段、第三項，分別移列第四條第一項至第三項，並均比照第三條酌為文字修正。此外，「關係最切之住所地法」之原則已可兼顧中華民國法律適用之利益，爰刪除現行條文第二項但書之規定。
第五條 依本法適用當事人本國法時，如其國內法律因地域或其他因素有不同者，依該國關於法律適用之規定，定其應適用之法律；該國關於法律適用之規定不明者，適用該國與當事人關係最切之法律。	第二十八條 依本法適用當事人本國法時，如其國內各地方法律不同者，依其國內住所地法，國內住所不明者，依其首都所在地法。	一、條次變更。 二、依本法適用當事人本國法時，現行條文就其國內各地方之不同法律，直接明定其應適用之法律，惟該國法律除因地域之劃分而有不同外，亦可能因其他因素而不同，且該國對其國內各不同法律之適用，通常亦有其法律對策。爰參考義大利國際私法第十八條規定之精神，就其國內法律不同原因，修正為地域或其他因素，並對當事人本國法之確定，改採間接指定原則及關係最切原則，規定依該國關於法律適用之規定，定其應適用之法律，該國關於法律適用之規定不明者，適用該國與當事人關係最切之法律。
第六條 依本法適用當事人本國法時，如依其本國法就該法律關係須依其他法律而定者，應適用該其他法律。但依其本國法或該其他法律應適用中華民國法律者，適用中華民國法律。	第二十九條 依本法適用當事人本國法時，如依其本國法就該法律關係須依其他法律而定者，應適用該其他法律，依該其他法律更應適用其他法律者亦同。但依該其他法律應適用中華民國法律者，適用中華民國法律。	一、條次變更。 二、現行條文關於反致之規定，兼採直接反致、間接反致及轉據反致，已能充分落實反致之理論，惟晚近各國立法例已傾向於限縮反致之範圍，以簡化法律之適用，並有僅保留直接反致之例。爰刪除現行條文中段「依該其他法律更應適用其他法律者，亦同」之規定，以示折衷。 三、直接反致在現行條文是否有明文規定，學說上之解釋並不一致。爰於但書增列「其本國法或」等文字，俾直接反致及間接反致，均得以本條但書為依據。

第七條 涉外民事之當事人規避中華民國法律之強制或禁止規定者，仍適用該強制或禁止規定。		一、本條新增。 二、涉外民事事件原應適用中華民國法律，但當事人巧設連結因素或連繫因素，使其得主張適用外國法，而規避中華民國法律之強制或禁止規定之適用，並獲取原爲中華民國法律所不承認之利益者，該連結因素或連繫因素已喪失眞實及公平之性質，適用之法律亦難期合理，實有適度限制其適用之必要。蓋涉外民事之當事人，原則上雖得依法變更若干連結因素或連繫因素（例如國籍或住所），惟倘就其變更之過程及變更後之結果整體觀察，可認定其係以外觀合法之行爲（變更連結因素或連繫因素之行爲），遂行違反中華民國之強制或禁止規定之行爲者，由於變更連結因素或連繫因素之階段，乃其規避中華民國強制或禁止規定之計畫之一部分，故不應適用依變更後之連結因素或連繫因素所定應適用之法律，而仍適用中華民國之強制或禁止規定，以維持正當適用中華民國法律之利益。現行條文對此尚無明文可據，爰增訂之。
第八條 依本法適用外國法時，如其適用之結果有背於中華民國公共秩序或善良風俗者，不適用之。	第二十五條 依本法適用外國法時，如其規定有背於中華民國公共秩序或善良風俗者，不適用之。	一、條次變更。 二、按關於外國法適用之限制，現行條文係以「其規定」有背於中華民國公共秩序或善良風俗爲要件，如純從「其規定」判斷，難免失之過嚴，而限制外國法之正當適用。爰將「其規定」一詞修正爲「其適用之結果」，以維持內、外國法律平等之原則，並彰顯本條爲例外規定之立法原意。
第二章　權利主體		一、新增章名。 二、法律上之權利主體爲人，而無論自然人或法人之能力及地位等問題，各國法律之規定均未一致，並發生法律衝突之現象。爰就現行條文酌予修正、增訂數條，並集爲一章，而以「權利主體」爲章名。
第九條 人之權利能力，依其本國法。		一、本條新增。 二、現行條文關於人之一般權利能力，並未規定其應適用之法律，關於人之權利能力之始期及終期等問題，難免發生法律適用之疑義。衡諸權利能力問題之性質，仍以適用當事人之屬人法爲當。爰參考德國民法施行法第七條第一項關於權利能力應適用之法律之規定，增訂本條，明定應依當事人之本國法。

第十條 人之行爲能力依其本國法。 有行爲能力人之行爲能力，不因其國籍變更而喪失或受限制。 外國人依其本國法無行爲能力或僅有限制行爲能力，而依中華民國法律有行爲能力者，就其在中華民國之法律行爲，視爲有行爲能力。 關於親屬法或繼承法之法律行爲，或就在外國不動產所爲之法律行爲，不適用前項規定。	第一條 人之行爲能力依其本國法。 外國人依其本國法無行爲能力或僅有限制行爲能力，而依中華民國法律有行爲能力者，就其在中華民國之法律行爲，視爲有行爲能力。 關於親屬法或繼承法之法律行爲，或就在外國不動產所爲之法律行爲，不適用前項規定。	一、條次變更。 二、現行條文第一條，移列本條第一項、第三項及第四項。 三、人之行爲能力之準據法所據以決定之連結因素或連繫因素，依第一項規定應以行爲時爲準，但如當事人依其舊國籍所定之本國法已有行爲能力，而依行爲時之國籍所定之本國法卻無行爲能力或僅有限制行爲能力，仍不宜容許該當事人以其無行爲能力或僅有限制行爲能力爲抗辯。爰參考德國民法施行法第七條第二項規定之精神，增訂第二項，表明「既爲成年，永爲成年」之原則。
第十一條 凡在中華民國有住所或居所之外國人失蹤時，就其在中華民國之財產或應依中華民國法律而定之法律關係，得依中華民國法律爲死亡之宣告。 前項失蹤之外國人，其配偶或直系血親爲中華民國國民，而現在中華民國有住所或居所者，得因其聲請依中華民國法律爲死亡之宣告，不受前項之限制。 前二項死亡之宣告，其效力依中華民國法律。	第四條 凡在中華民國有住所或居所之外國人失蹤時，就其在中華民國之財產或應依中華民國法律而定之法律關係，得依中華民國法律爲死亡之宣告。 前項失蹤之外國人，其配偶或直系血親爲中華民國國民，而現在中華民國有住所或居所者，得因其聲請依中華民國法律爲死亡之宣告，不受前項之限制。	一、條次變更。 二、現行條文第四條，移列本條第一項及第二項。 三、中華民國法院對外國人爲死亡之宣告者，現行條文未規定其效力應適用之法律。由於該死亡之宣告依第一項規定係依中華民國法律所爲，其效力亦應依同一法律，較爲妥當。爰增訂第三項，明定其效力依中華民國法律，以杜爭議。
第十二條 凡在中華民國有住所或居所之外國人，依其本國及中華民國法律同有受監護、輔助宣告之原因者，得爲監護、輔助宣告。 前項監護、輔助宣	第三條 凡在中華民國有住所或居所之外國人，依其本國及中華民國法律同有禁治產之原因者，得宣告禁治產。 前項禁治產宣告，其效力依中華民國法	一、條次變更。 二、民法總則編與親屬編甫於九十七年五月二十三日修正公布，將禁治產宣告修正爲監護宣告，並增訂輔助宣告之制度，爰依此項修正之意旨，調整第一項、第二項有關禁治產爲監護之文字；並配合增訂第三項，規定輔助之宣告準用前二項規定，即關於輔助之原因，準用第一項，關於輔助宣告之效力，準用第二項之規定。

告，其效力依中華民國法律。 司法院、行政院原提案條文： 第十二條 凡在中華民國有住所或居所之外國人，依其本國及中華民國法律同有宣告監護之原因者，得為監護之宣告。 前項監護之宣告，其效力依中華民國法律。 輔助之宣告，準用前二項規定。	律。	三、民法總則編與親屬編之修正條文將於九十八年十一月二十三日施行，如本條之修正條文於該期日之前即已施行，於該期日之前，解釋上仍宜將條文中之監護，調整為禁治產，以利法律之適用。 審查會： 一、修正通過。 二、現行法第三條條文於98年12月15日修正通過，並於98年12月30日公布，已將禁治產宣告改為監護宣告，並增加輔助宣告之相關規定，爰以現行該條文之內容移列為本條文字，並將司法院、行政院提案條文之第三項刪除，不再修正內容，只作條次之變更。
第十三條 法人，以其據以設立之法律為其本國法。	第二條 外國法人，經中華民國認許成立者，以其住所地法為其本國法。	一、條次變更。 二、按內、外國之法人均有應依其屬人法決定之事項（詳如第十四條所列），本條所規定者即為法人之屬人法。現行條文僅就外國法人予以規定，並以經中華民國認許成立為條件，漏未規定中華民國法人及未經中華民國認許成立之外國法人之屬人法，顯有不足，實有擴大規範範圍之必要。現行條文規定外國法人以其住所地法為其本國法，至於依中華民國法律設立之中華民國法人，則依法理以中華民國法律為其本國法，二者所依循之原則不同，而有使其一致之必要。爰參考一九七九年泛美商業公司之法律衝突公約第二條及義大利國際私法第二十五條第一項等立法例之精神，均採法人之設立準據法主義，明定所有法人均以其所據以設立之法律，為其本國法。
第十四條 外國法人之下列內部事項，依其本國法： 一、法人之設立、性質、權利能力及行為能力。 二、社團法人社員之入社及退社。 三、社團法人社員之權利義務。 四、法人之機關及其組織。		一、本條新增。 二、外國法人依前條所定之屬人法，其主要適用之範圍，乃該法人之內部事務，至其具體內容，則因包含甚廣，難以盡列。爰參考瑞士國際私法第一百五十五條及義大利國際私法第二十五條第二項等立法例之精神，就外國法人之內部事務於第一款至第八款為例示性之規定，再輔以第九款之補充規定，以期完全涵括。

五、法人之代表人及 　　代表權之限制。 六、法人及其機關對 　　第三人責任之內 　　部分擔。 七、章程之變更。 八、法人之解散及清 　　算。 九、法人之其他內部 　　事項。		
第十五條 依中華民國法律設立 之外國法人分支機 構，其內部事項依中 華民國法律。		一、本條新增。 二、外國法人依中華民國法律設立分支機構者，例 　　如外國公司經中華民國政府認許而設立在中華 　　民國之分公司之情形，該分支機構在法律上雖 　　仍為該外國法人之一部分，其設立卻是該外國 　　法人在中華民國境內營業或為其他法律行為之 　　必要條件，實務上並有直接以其為權利主體或 　　行為主體之例，故亦有必要就該分支機構，單 　　獨決定其內部事項應適用之法律。此等分支機 　　構性質上固非屬於中華民國法人，但因其乃依 　　據中華民國法律設立，關於該分支機構本身之 　　內部事項，自宜適用中華民國法律。爰增訂明 　　文規定，以應實際需要。本條規定僅適用於外 　　國法人在內國之分支機構依前條所定之內部事 　　項，如為該分支機構之外部事項或對外法律關 　　係（例如與第三人訂定契約所生之問題等）， 　　因該外部事項或對外法律關係另有其應適用之 　　法律，自非本條之適用範圍；至於外國法人依 　　內國法律設立另一內國法人之情形，例如外國 　　公司轉投資而依中華民國法律設立中華民國之 　　子公司等，其內部事項乃具有單獨人格之該中 　　華民國法人（子公司）本身之問題，亦非屬本 　　條之適用範圍。
第三章　法律行為之 方式及代理		一、新增章名。 二、因法律行為而發生涉外法律關係者，與該法律 　　行為有關之涉外問題，通常依其性質規定於各 　　該法律關係專章之中（例如債、物權、親屬及 　　繼承等），然各種法律行為亦有其共同之問 　　題，而適合以通則方式予以規定者，例如法律 　　行為之方式及代理等問題是。現行條文有關法 　　律行為方式之規定，係在同一條文之中，將一 　　般法律行為之方式及特別法律行為之方式，併 　　予處理，體例上仍可再予以細分。爰取其關於 　　一般法律行為方式之規定，酌予修正，再增訂

		關於代理之規定數條，並集爲一章，而以「法律行爲之方式及代理」爲章名。
第十六條 法律行爲之方式，依該行爲所應適用之法律。但依行爲地法所定之方式者，亦爲有效；行爲地不同時，依任一行爲地法所定之方式者，皆爲有效。	第五條 法律行爲之方式，依該行爲所應適用之法律，但依行爲地法所定之方式者，亦爲有效。 物權之法律行爲，其方式依物之所在地法。 行使或保全票據上權利之法律行爲，其方式依行爲地法。	一、條次變更。 二、現行條文第五條規定之各類法律行爲，性質本不相同，其方式問題宜配合各該法律行爲之成立要件及效力予以規定，較爲妥適。爰將其第一項有關一般法律行爲（主要爲債權行爲）之規定，移列爲本條，並增訂行爲地不同時，依任一行爲地法所定之方式者，皆爲有效，以貫徹立法旨意。
第十七條 代理權係以法律行爲授與者，其代理權之成立及在本人與代理人間之效力，依本人及代理人所明示合意應適用之法律；無明示之合意者，依與代理行爲關係最切地之法律。		一、本條新增。 二、代理權之授與，與其原因法律關係（如委任契約）本各自獨立，並各有其準據法。本條係針對代理權授與之行爲，明定其應適用之法律，至其原因法律關係應適用之法律，則宜另依該法律關係（如委任契約）之衝突規則決定之。代理權係以法律行爲授與者，本人及代理人常可直接就其相關問題達成協議。爰參考一九七八年海牙代理之準據法公約第五條、第六條規定之精神，明定代理權之成立及在本人與代理人間之效力，應依本人及代理人明示之合意定其應適用之法律，以貫徹當事人意思自主原則。至於當事人無明示之合意者，則由法院就具體個案中之各種主觀、客觀因素及實際情形，比較代理行爲及相關各地之間之關係，而以其中與代理行爲關係最切之法律，爲應適用之法律。例如A國人甲（本人）授權在B國營業之B國人乙（代理人）處分甲在B國之財產，甲、乙未明示合意定其應適用之法律，則就甲、乙之間關於其授權之內容及範圍之爭議，B國法律乃關係最切地之法律。
第十八條 代理人以本人之名義與相對人爲法律行爲時，在本人與相對人間，關於代理權之有無、限制及行使代理權所生之法律效果，依本人與相對人所明示合意應適用之法		一、本條新增。 二、本人因代理人代爲法律行爲，而與相對人發生之法律關係，與代理權之授與及代理人代爲之法律行爲，關係均甚密切。爰參考一九七八年海牙代理之準據法公約第十一條至第十四條規定之精神，規定在本人與相對人間之法律關係，原則上應依本人與相對人所明示合意應適用之法律，如其對此無明示之合意，則依與代理行爲關係最切地之法律。法院於認定某地是

律；無明示之合意者，依與代理行為關係最切地之法律。		否為關係最切地時，應斟酌所有主觀及客觀之因素，除當事人之意願及對各地之認識情形外，尚應包括該地是否為代理人或其僱用人於代理行為成立時之營業地、標的物之所在地、代理行為地或代理人之住所地等因素。例如A國人甲（本人）授權在B國營業之B國人乙（代理人）處分甲在C國之財產，並由C國人丙（相對人）買受，如甲、丙未明示合意定其應適用之法律，則就甲、丙之間關於乙所受授權之內容及範圍之爭議，C國法律關於保護丙之信賴具有重要之利益，可認為關係最切地之法律。
第十九條 代理人以本人之名義與相對人為法律行為時，在相對人與代理人間，關於代理人依其代理權限、逾越代理權限或無代理權而為法律行為所生之法律效果，依前條所定應適用之法律。		一、本條新增。 二、代理人欠缺代理權或逾越代理權限，仍以本人之名義為法律行為者，其相對人與代理人因此所生之法律關係，例如就其所受損害請求賠償之問題等，亦有決定其準據法之必要。爰參考一九七八年海牙代理之準據法公約第十五條規定之精神，規定應與前條所定之法律關係適用相同之準據法。例如A國人甲（本人）未授權B國人乙（無權代理人）處分甲在C國之財產，乙竟以甲之代理人名義予以出售，並由C國人丙（相對人）買受之，如該代理行為因甲未予以承認而未生效，丙擬向乙請求損害賠償，則應依本人與相對人所明示合意應適用之法律，無明示之合意者，則依與代理行為關係最切地之法律，以保護丙之信賴利益。
第四章　債		一、新增章名。 二、涉外民事事件之性質為債權債務之法律關係者，其準據法之決定原則，亦可集為一章。爰增訂章名為「債」，並將我國民法及其特別法上之債權債務問題，取其包含涉外因素之部分，一併予以納入。
第二十條 法律行為發生債之關係者，其成立及效力，依當事人意思定其應適用之法律。 當事人無明示之意思或其明示之意思依所定應適用之法律無效時，依關係最切之法律。 法律行為所生之債務中有足為該法律行為	第六條 法律行為發生債之關係者，其成立要件及效力，依當事人意思定其應適用之法律。 當事人意思不明時，同國籍者依其本國法，國籍不同者依行為地法，行為地不同者以發要約通知地為行為地，如相對人於承諾時不知其發要約	一、條次變更。 二、現行條文第六條第一項，移列本條第一項，維持當事人意思自主原則，並為配合本法用語之統一，將「成立要件」一詞修正為「成立」。 三、現行條文關於債權行為適用之法律，於當事人意思不明時係以硬性之一般規則予以決定，有時發生不合理情事。爰參考德國民法施行法第二十八條規定之精神，於本條第二項改採關係最切之原則，由法院依具體案情個別決定其應適用之法律，並在比較相關國家之利益及關係後，以其中關係最切之法律為準據法，以兼顧當事人之主觀期待與具體客觀情況之需求。此

之特徵者，負擔該債務之當事人行為時之住所地法，推定為關係最切之法律。但就不動產所為之法律行為，其所在地法推定為關係最切之法律。	通地者，以要約人之住所地視為行為地。前項行為地，如兼跨二國以上或不屬於任何國家時，依履行地法。	外，為減少本條適用上之疑義，現行條文第二項關於「當事人意思不明」之用語，亦修正為「當事人無明示之意思或其明示之意思依所定應適用之法律無效」，以重申第一項當事人之意思限定於明示之意思，且當事人就準據法表示之意思，應依其事實上已表示之準據法，決定其是否有效成立之問題。 四、本條第二項關係最切之法律之認定，各國法院常有漫無標準之困擾，為兼顧當事人對於其準據法之預測可能性。爰參考一九八〇年歐洲共同體契約之債準據法公約（即羅馬公約）第四條之精神，規定法律行為所生之債務中有足為該法律行為之特徵者，負擔該債務之當事人行為時之住所地法，推定為關係最切之法律。至於具有特徵性之債務之判斷，則宜參考相關國家之實踐，分別就個案認定，並逐漸整理其類型，以為法院優先考量適用之依據。法院就既已定型之案件類型，固應推定負擔該具有特徵性之債務之當事人行為時之住所地法，為關係最切之法律，並以其為準據法，但如另有其他法律與法律行為之牽連關係更密切，仍得適用之，其應說明比較此二法律與法律行為之牽連關係，乃屬當然。就不動產所為之法律行為，該不動產之所在地法，與負擔具有特徵性之債務之當事人行為時之住所地法相較，仍以該不動產之所在地法關係較切，爰於但書推定其為關係最切之法律。 五、現行條文第六條第三項原係配合同條第二項之規定而設，現因本條第二項已改採關係最切之原則，爰配合予以刪除。
第二十一條 法律行為發生票據上權利者，其成立及效力，依當事人意思定其應適用之法律。 當事人無明示之意思或其明示之意思依所定應適用之法律無效時，依行為地法；行為地不明者，依付款地法 行使或保全票據上權利之法律行為，其方式依行為地法。	第五條 法律行為之方式，依該行為所應適用之法律，但依行為地法所定之方式者，亦為有效。 物權之法律行為，其方式依物之所在地法。 行使或保全票據上權利之法律行為，其方式依行為地法。	一、條次變更。 二、法律行為發生票據上權利者，關於票據債務人之債務內容，現行條文未設明文規定，適用上不免發生疑問。爰參考一九七五年泛美匯票、本票及發票法律衝突公約第三條至第五條及一九七九年泛美支票法律衝突公約第三條規定之精神，增訂第一項，明定法律行為發生票據上權利者，其成立及效力，依行為地法，行為地不明者，依付款地法。票據上如有關於應適用之法律之記載，該記載之效力，亦宜依本項所定之法律予以決定。同一票據上有數票據行為之記載者，頗為常見，此時各票據行為均個別獨立，其應適用之法律亦應各別判斷。即某一票據上權利依其應適用之法律不成立者，對

司法院、行政院原提案條文： 第二十一條 法律行為發生票據上權利者，其成立及效力，依行為地法；行為地不明者，依付款地法。 行使或保全票據上權利之法律行為，其方式依行為地法。		其他依本身應適用之法律已成立之票據上權利不生影響。 三、現行條文第五條第三項，移列為本條第二項。 審查會： 一、國際金融業務分行（OBU）的授信對象為境外法人，其行為地多為境外，依現行實務作法，銀行均會與授信戶約定依我國法律辦理。爰依當事人意思自主原則及國際金融業務分行實務運作之需求，將第一項後段「依行為地法；行為地不明者，依付款地法」修正為「依當事人意思定其應適用之法律」。並增訂第二項「當事人無明示之意思或其明示之意思依所定應適用之法律無效時，依行為地法；行為地不明者，依付款地法」。原第二項文字改列為第三項。 二、餘照案通過。
第二十二條 法律行為發生指示證券或無記名證券之債者，其成立及效力，依行為地法；行為地不明者，依付款地法。		一、本條新增。 二、各國法律在票據制度之外，多設有指示證券及無記名證券之制度，以補票據制度之不足，而關於指示證券及無記名證券之規定，各國法律並非一致。爰仿票據之例，明定其成立及效力，依行為地法，行為地不明者，依付款地法。
第二十三條 關於由無因管理而生之債，依其事務管理地法。 第二十四條 關於由不當得利而生之債，依其利益之受領地法。但不當得利係因給付而發生者，依該給付所由發生之法律關係所應適用之法律。	第八條 關於由無因管理，不當得利或其他法律事實而生之債，依事實發生地法。	一、條次變更。 二、現行條文第八條有關無因管理之部分移列第二十三條，關於不當得利之部分，移列第二十四條，並修正其內容。 三、本法對於法律行為及侵權行為而生之債，均單獨規定其應適用之法律。現行條文第八條就關於由無因管理、不當得利或其他法律事實而生之債，固明定應依事實發生地法，但無因管理與不當得利之法律事實之性質未盡一致，有對其個別獨立規定之必要。爰將現行條文第八條關於由無因管理而生之債部分移列第二十三條，關於由不當得利而生之債部分移列第二十四條，並衡酌無因管理之法律事實之重心，參考奧地利國際私法第四十七條、德國民法施行法第三十九條等立法例之精神，修正其應適用之法律，為其事務管理地法。 四、關於由不當得利而生之債，有因當事人對於不存在之債務提出給付而發生者，亦有因其他原因而發生者，凡此二種法律事實是否構成不當得利，受領人所受利益應返還之範圍等問題，均有必要明定其應適用之法律。按因當事人之給付而生之不當得利，例如出賣人為履行無效

		之買賣契約，而交付並移轉標的物之所有權，其所發生之不當得利問題，實際上與該給付所由發生之法律關係，即該買賣契約之是否有效之問題，關係非常密切，其本質甚至可解為該買賣契約無效所衍生之問題，故宜依同一法律予以解決。非因給付而生之其他不當得利，其法律關係乃因當事人受領利益而發生，法律事實之重心係在於當事人之受領利益，則宜適用利益之受領地法，以決定不當得利之相關問題。爰參考奧地利國際私法第四十六條、瑞士國際私法第一百二十八條、德國民法施行法第三十八條等立法例之精神，規定關於由不當得利而生之債，原則上應依其利益之受領地法，並於但書規定不當得利係因給付而發生者，依該給付所由發生之法律關係所應適用之法律。
第二十五條 關於由侵權行為而生之債，依侵權行為地法。但另有關係最切之法律者，依該法律。	第九條 關於由侵權行為而生之債，依侵權行為地法。但中華民國法律不認為侵權行為者，不適用之。 侵權行為之損害賠償及其他處分之請求，以中華民國法律認許者為限。	一、條次變更。 二、現行條文第九條移列本條，並修正其內容。 三、現行條文就因侵權行為而生之債，原則上採侵權行為地法主義，有時發生不合理之結果。爰參考奧地利國際私法第四十八條第一項、德國民法施行法第四十一條等立法例之精神，酌採最重要牽連關係理論，於但書規定另有關係最切之法律者，依該法律，以濟其窮。此外，本法對因特殊侵權行為而生之債，於第二十六條至第二十八條規定其應適用之法律，其內容即屬本條但書所稱之關係最切之法律，故應優先適用之。 四、涉外侵權行為之被害人，於我國法院對於侵權行為人，請求損害賠償及其他處分時，其準據法之決定既已考量各法律之牽連關係之程度，中華民國法律之適用利益及認許範圍，亦當已於同一過程充分衡酌，無須再受中華民國法律認許範圍之限制，爰刪除現行條文第二項。
第二十六條 因商品之通常使用或消費致生損害者，被害人與商品製造人間之法律關係，依商品製造人之本國法。但如商品製造人事前同意或可預見該商品於下列任一法律施行之地域內銷售，並經被害人選定該法律為應		一、本條新增。 二、因商品之通常使用或消費致生損害者，被害人與商品製造人間之法律關係，涉及商品製造人之本國法關於其商品製造過程之注意義務及所生責任之規定，爰規定原則上應適用商品製造人之本國法。此一規定不問商品係經外國製造人事前同意而進口，或經由貿易商依真品平行輸入之方式而進口者，均有其適用。如前述被害人之所以因商品之通常使用或消費而受損害，乃是因為商品製造人之創造或增加被害人與商品接觸之機會所致，或謂其間具有相當之

適用之法律者，依該法律： 一、損害發生地法。 二、被害人買受該商品地之法。 三、被害人之本國法。		牽連關係者，即有特別保護被害人之必要。爰參考一九七三年海牙產品責任準據法公約第四條至第七條、瑞士國際私法第一百三十五條、義大利國際私法第六十三條等立法例之精神，於但書明定如商品製造人事前同意或可預見該商品於損害發生地、被害人買受該商品地或被害人之本國銷售者，被害人得就該等地域之法律選定其一，爲應適用之法律。
第二十七條 市場競爭秩序因不公平競爭或限制競爭之行爲而受妨害者，其因此所生之債，依該市場之所在地法。但不公平競爭或限制競爭係因法律行爲造成，而該法律行爲所應適用之法律較有利於被害人者，依該法律行爲所應適用之法律。		一、本條新增。 二、不公平競爭或限制競爭等違反競爭法規或公平交易法之行爲，對於藉該等法規維持之市場競爭狀態或競爭秩序，均構成妨害，其因此而發生之債權債務關係，亦與該市場所屬國家之法律密切相關。爰參考奧地利國際私法第四十八條第二項、瑞士國際私法第一百三十六條、第一百三十七條等立法例之精神，明定其應依該市場所在地法或所屬國家之法律。不公平競爭或限制競爭行爲所妨害之市場橫跨二國以上者，各該國均爲市場之所在地，就該等行爲在各地所生之債，應分別依各該市場之所在地法。如不公平競爭或限制競爭之行爲係以法律行爲（例如契約或聯合行爲）實施，而該法律行爲所應適用之法律較有利於被害人者，爲保護被害人之利益，自應依該法律行爲所應適用之法律。
第二十八條 侵權行爲係經由出版、廣播、電視、電腦網路或其他傳播方法爲之者，其所生之債，依下列各款中與其關係最切之法律： 一、行爲地法；行爲地不明者，行爲人之住所地法。 二、行爲人得預見損害發生地者，其損害發生地法。 三、被害人之人格權被侵害者，其本國法。 前項侵權行爲之行爲人，係以出版、廣播、電視、電腦網路		一、本條新增。 二、侵權行爲係經由出版、廣播、電視、電腦網路或其他傳播方法實施者，其損害之範圍較廣，而行爲地與損害發生地之認定亦較困難。爲保護被害人並兼顧有關侵權行爲之基本原則。爰參考瑞士國際私法第一百三十九條規定之精神，規定被害人得依與其關係最切之下列法律，而主張其權利：一、行爲地法，行爲地不明者，作爲行爲人私法生活重心之住所地法；二、行爲人得預見損害發生地者，其損害發生地法；三、人格權被侵害者，爲被害人人格權應適用之法律，即其本國法。法院認定某法律是否爲關係最切之法律時，應斟酌包括被害人之意願及損害塡補之程度等在內之所有主觀及客觀之因素，再綜合比較評定之。 三、侵權行爲之行爲人，係以出版、廣播、電視、電腦網路或其他傳播方法爲營業者，即公共傳播媒介業者本身爲侵權行爲之行爲人時，該侵權行爲與其營業行爲密不可分，有依同一法律

或其他傳播方法爲營業者，依其營業地法。		決定該行爲之合法性及損害賠償等問題之必要。爰規定應依其營業地法，以兼顧公共傳播媒介之社會責任原則。
第二十九條 侵權行爲之被害人對賠償義務人之保險人之直接請求權，依保險契約所應適用之法律。但依該侵權行爲所生之債應適用之法律得直接請求者，亦得直接請求。		一、本條新增。 二、侵權行爲人投保責任保險者，被害人並非保險契約之當事人，保險人非爲侵權行爲之債之當事人，被害人之得否直接向保險人請求給付，有認爲應依該保險契約之準據法者，也有認爲應依侵權行爲之準據法者。惟爲保護被害人之利益，宜使被害人得就此二準據法選擇適用，以直接向保險人請求給付，較爲妥當。爰參考德國民法施行法第四十條第四項、瑞士國際私法第一百四十一條等立法例之精神，規定侵權行爲之被害人對賠償義務人之保險人之直接請求權，依保險契約所應適用之法律；但依該侵權行爲所生之債應適用之法律得直接請求者，亦得直接請求。
第三十條 關於由第二十條至前條以外之法律事實而生之債，依事實發生地法。	第八條 關於由無因管理，不當得利或其他法律事實而生之債，依事實發生地法。	一、條次變更。 二、債之關係傳統上固以因法律行爲、侵權行爲、無因管理或不當得利而發生者爲主，但由於科技發展及社會活動日新月異，債之發生原因必將日趨多樣性，爲免掛一漏萬。爰將現行條文第八條有關其他法律事實之規定，移列本條，並酌作文字修正，以資涵蓋。
第三十一條 非因法律行爲而生之債，其當事人於中華民國法院起訴後合意適用中華民國法律者，適用中華民國法律。		一、本條新增。 二、當事人就非因法律行爲而生之債涉訟者，法院多盼當事人能達成訴訟上和解，如未能達成和解，其在訴訟中達成適用法院所在地法之合意者，對訴訟經濟亦有助益，當爲法之所許。爰參考德國民法施行法第四十二條、瑞士國際私法第一百三十二條等立法例之精神，規定當事人於中華民國法院起訴後合意適用中華民國法律者，即以中華民國法律爲準據法。
第三十二條 債權之讓與，對於債務人之效力，依原債權之成立及效力所應適用之法律。 債權附有第三人提供之擔保權者，該債權之讓與對該第三人之效力，依其擔保權之成立及效力所應適用之法律。	第七條 債權之讓與，對於第三人之效力，依原債權之成立及效力所應適用之法律。	一、條次變更。 二、現行條文關於「第三人」之範圍未予以限定，但債權讓與時，在讓與人及受讓人以外之所謂第三人，其範圍包括債務人及其他第三擔保人，債權讓與對此二者之效力，並各有其應適用之法律。爰將現行條文第七條移列本條第一項，明定爲債權讓與對於債務人之效力之規定，並增訂第二項，明定爲債權讓與對於第三擔保人之效力之規定。又債權之讓與人及受讓人之所以爲債權之讓與，有時係以債權契約（如債權之買賣契約）爲原因法律關係，並合

		意定其應適用之法律，此時如債務人亦同意適用該法律，即可兼顧當事人意思自主原則及債務人利益之保護，德國民法施行法第三十三條第一項、第二項、瑞士國際私法第一百四十五條、奧地利國際私法第四十五條等立法例亦有明文規定，然其實際上係三方同意之債之變更，不待增訂明文規定即應爲相同之處理，併此敘明。 三、債權附有第三擔保人提供之擔保者，該第三擔保人與債權人間通常有以擔保債權爲目的之法律行爲（如訂定保證契約或設定擔保物權），此時該債權之讓與對其所附擔保權之影響或對於該第三擔保人之效力，例如該第三人得否因而免責或其擔保權是否應隨債權而由債權受讓人取得等問題，均宜依該擔保權之成立及效力所應適用之法律，始足以維持公平並保護該第三人。爰參考德國民法施行法第三十三條第三項規定之精神，增訂第二項。例如A國人甲與B國人乙訂定最高限額一百萬元之保證契約，擔保乙對於C國人丙之債權，而乙讓與其對丙之六十萬元之債權給丁，則甲之保證債務是否隨乙之債權讓與而擔保丁所取得之六十萬元債權，及甲是否另於四十萬元之額度內擔保乙或丁對丙之其他債權等問題，均宜依該保證契約應適用之法律決定之。
第三十三條 承擔人與債務人訂立契約承擔其債務時，該債務之承擔對於債權人之效力，依原債權之成立及效力所應適用之法律。 債務之履行有債權人對第三人之擔保權之擔保者，該債務之承擔對於該第三人之效力，依該擔保權之成立及效力所應適用之法律。		一、本條新增。 二、承擔人與債務人訂立契約承擔其債務時，債權人既未參與其間承擔該債務之法律行爲，即不應因該債務之承擔而蒙受不測之不利益。爰規定其對於債權人之效力，應依原債權之成立及效力所應適用之法律，以保護債權人之利益。 三、債務由承擔人承擔時，原有之債權債務關係之內容即已變更，故如第三人曾爲原債權提供擔保，該第三人所擔保之債權內容亦因而有所不同，故該第三人得否因而免責或其擔保是否仍繼續有效等問題，宜依該擔保權之成立及效力所應適用之法律，以保護該第三擔保人之利益。例如A國人甲與B國人乙訂定最高限額一百萬元之保證契約，擔保乙對於C國人丙之債權，如丁承擔丙對乙之六十萬元之債務，則甲之保證契約是否轉而擔保丁對乙承擔之六十萬元債務所對應之債權，及甲是否仍應擔保丙對乙之其他債務所對應之債權等問題，均宜依該保證契約應適用之法律決定之。

第三十四條 第三人因特定法律關係而為債務人清償債務者，該第三人對債務人求償之權利，依該特定法律關係所應適用之法律。		一、本條新增。 二、第三人因特定法律關係而為債務人清償債務者，例如保證人或其他擔保人代債務人清償債務時，該第三人是否得承受或代位行使原債權人對債務人之權利或向債務人求償之問題，所涉及者主要為原債權人及繼受人間之利益衡量，其與第三人所據以清償之法律關係（保證契約）之準據法關係密切。爰參考德國民法施行法第三十三條第三項、瑞士國際私法第一百四十六條等立法例之精神，明定應依該特定法律關係所應適用之法律。
第三十五條 數人負同一債務，而由部分債務人清償全部債務者，為清償之債務人對其他債務人求償之權利，依債務人間之法律關係所應適用之法律。		一、本條新增。 二、數人負同一債務，而由部分債務人清償全部債務者，為清償之債務人就超過其應分擔額之部分之清償，與前條關於第三人清償債務之情形類似，清償者對其他債務人求償之權利，按理應依相同原則決定其準據法。此外，多數債務人之所以負同一債務，可能係基於特定之法律關係（例如委任契約或繼承），該法律關係與在債權人與債務人間之債之法律關係，性質並不相同，亦均各有其應適用之法律，債務人內部之責任分擔或求償問題，適用前者應適用之法律，實較妥適。爰參考瑞士國際私法第一百四十四條規定之精神增訂本條，以為依據。
第三十六條 請求權之消滅時效，依該請求權所由發生之法律關係所應適用之法律。		一、本條新增。 二、請求權之消滅時效，因各國關於其法律效果之規定不同，國際私法上有認定其為實體問題者，亦有以之為程序問題者。消滅時效規定於我國實體法，本法亦認定其為實體問題，並規定其準據法決定之問題。由於消滅時效係針對特定之請求權而發生，而請求權又為法律關係效力之一部分，爰參考瑞士國際私法第一百四十八條規定之精神，規定消滅時效之問題，應依其請求權所由發生之法律關係之準據法。
第三十七條 債之消滅，依原債權之成立及效力所應適用之法律。		一、本條新增。 二、債之關係存續中，當事人如以法律行為予以免除，或有其他法律所規定之原因者，債之關係均可能歸於消滅。特定之法律事實是否足以使債之關係消滅，或何種法律事實可構成債之消滅原因之問題，其本質與原債權之存續與否問題直接相關，均應適用同一法律，較為妥適，爰規定其應依原債權之準據法。

第五章　物　權		一、新增章名。 二、涉外民事事件之性質為物權關係者，關於決定其準據法之條文，可集為一章。爰增訂章名為「物權」，並將我國民法及其特別法上之物權，取其包含涉外因素者之法律適用問題，一併予以納入。
第三十八條 關於物權依物之所在地法。 關於以權利為標的之物權，依權利之成立地法。 物之所在地如有變更，其物權之取得、喪失或變更，依其原因事實完成時物之所在地法。 關於船舶之物權依船籍國法，航空器之物權，依登記國法。	第十條 關於物權依物之所在地法。 關於以權利為標的之物權，依權利之成立地法。 物之所在地如有變更，其物權之得喪，依其原因事實完成時物之所在地法。 關於船舶之物權依船籍國法，航空器之物權，依登記國法。	一、條次變更。 二、物權因法律事實而變動者，除當事人因而取得或喪失物權之外，該物權亦有可能因而變更。現行條文第三項「得喪」為「取得、喪失」之簡稱，不足以完全涵括其變動情形。爰依民法之用語，將其修正為「取得、喪失或變更」。
第三十九條 物權之法律行為，其方式依該物權所應適用之法律。	第五條 法律行為之方式，依該行為所應適用之法律，但依行為地法所定之方式者，亦為有效。 物權之法律行為，其方式依物之所在地法。 行使或保全票據上權利之法律行為，其方式依行為地法。	一、條次變更。 二、物權之法律行為之方式，現行條文僅於第五條第二項規定應依物之所在地法，然此一規定僅能適用於以物為標的物之物權，至於前條第二項及第四項之物權，其物權行為之方式，則宜依各該物權所應適用之法律。爰將其移列增訂為單獨條文，並依此意旨予以修正，俾能適用於各種類型之物權行為。
第四十條 自外國輸入中華民國領域之動產，於輸入前依其所在地法成立之物權，其效力依中華民國法律。		一、本條新增。 二、動產經移動致其所在地前後不同時，動產物權即應依其新所在地法。此一原則有時與保護已依其舊所在地法取得之物權之原則，難以配合。自外國輸入中華民國領域之動產，於輸入前已依其所在地法成立之物權（例如動產擔保交易之擔保利益），權利人如欲在中華民國境內行使該物權，即須先在我國境內依法承認其仍有效，並決定其具體之權利內容。為使在外國成立之該物權，得以轉換為內國之物權之形式，在內國被適度承認其效力，並保護內國財產之交易安全，爰規定該物權之效力，應依中華民國法律。

第四十一條 動產於託運期間，其物權之取得、設定、喪失或變更，依其目的地法。		一、本條新增。 二、託運中之動產之所在地，處於移動狀態，不易確定，其物權之準據法，向有爭議。按託運中之動產非由所有人自爲運送或隨身攜帶，且其物權係因法律行爲而取得、設定、喪失或變更者，該物權即與當事人之意思或期待關連甚切。爰參考義大利國際私法第五十二條、瑞士國際私法第一百零三條等立法例之精神，規定依該動產之運送目的地法，以兼顧當事人期待及交易安全。至於託運中之動產非因法律行爲而變動者，仍宜依物之現實所在地法，以符合實際之需求。
第四十二條 以智慧財產爲標的之權利，依該權利應受保護地之法律。 受僱人於職務上完成之智慧財產，其權利之歸屬，依其僱傭契約應適用之法律。		一、本條新增。 二、智慧財產權，無論在內國應以登記爲成立要件者，如專利權及商標專用權等，或不以登記爲成立要件者，如著作權及營業秘密等，均係因法律規定而發生之權利，其於各國領域內所受之保護，原則上亦應以各該國之法律爲準。爰參考義大利國際私法第五十四條、瑞士國際私法第一百十條第一項等立法例之精神，規定以智慧財產爲標的之權利，其成立及效力應依權利主張者認其權利應受保護之地之法律，俾使智慧財產權之種類、內容、存續期間、取得、喪失及變更等，均依同一法律決定。該法律係依主張權利者之主張而定，並不當然爲法院所在國之法律，即當事人主張其依某國法律有應受保護之智慧財產權者，即應依該國法律確定其是否有該權利。例如甲主張乙在A國侵害其智慧財產權，乙抗辯甲在A國無該權利，則我國法院應適用A國法律，而非我國法律，以解決在A國應否保護及如何保護之問題；如甲依我國法律取得智慧財產權，乙在A國有疑似侵害其權利之行爲，則我國法院應依A國法決定甲在A國有無權利之問題。 三、受僱人於職務上完成之智慧財產，其權利之歸屬問題固與該權利之發生或成立密切相關，同時亦涉及當事人於該僱傭契約內之約定，惟就其法律適用問題而言，則與該僱傭契約之準據法關係較密切。爰明定受僱人於職務上完成之智慧財產，其權利之歸屬，依其僱傭契約應適用之法律。

第四十三條 因載貨證券而生之法律關係，依該載貨證券所記載應適用之法律；載貨證券未記載應適用之法律時，依關係最切地之法律。 對載貨證券所記載之貨物，數人分別依載貨證券及直接對該貨物主張物權時，其優先次序，依該貨物之物權所應適用之法律。 因倉單或提單而生之法律關係所應適用之法律，準用前二項關於載貨證券之規定。		一、本條新增。 二、載貨證券係因運送契約而發給，但其與運送契約之法律關係截然分立，故因載貨證券而生之法律關係，其準據法應獨立予以決定，而非當然適用運送契約之準據法。海商法第七十七條之所以規定應依本法決定其應適用之法律，亦為此故。因載貨證券而生之法律關係，主要是運送人及其使用人或代理人對於載貨證券之持有人，應依載貨證券之文義負責之關係。故即使載貨證券之內容多為運送人及其使用人或代理人片面決定，甚或其具有僅為單方當事人之意思表示之性質，仍應承認該載貨證券關於應適用之法律之效力，以維持法律適用之明確及一致，並保護交易安全，至於無記載應適用之法律者，則應依關係最切地之法律，以示公平。爰增訂第一項，以修正現行司法實務之見解。載貨證券上關於準據法之記載，如有使運送人藉以減免責任，而對於載貨證券之持有人形成不公平情形者，仍可依法認定其記載為無效，而適用關係最切地之法律，併此說明。 三、數人分別依載貨證券主張權利，或對證券所載貨物直接主張權利者，其所主張之權利，既各有準據法，自難決定各權利之優先次序。爰參考瑞士國際私法第一百零六條第三項規定之精神，規定此時應適用該貨物物權之準據法，以杜爭議。至於載貨證券所記載之貨物之物權之準據法，啟運之前固為其當時之所在地法，即出發地法，啟運之後即屬第四十一條所規定之託運中物品，依該條規定應為其目的地法，併此說明。 四、因倉單或提單而生之法律關係，其性質既與因載貨證券所生者類似，其所應適用之法律自宜本同一原則予以決定。爰規定其準用本第一項及第二項關於載貨證券之規定，以利法律之適用。
第四十四條 有價證券由證券集中保管人保管者，該證券權利之取得、喪失、處分或變更，依集中保管契約所明示應適用之法律；集中保管契約未明示應適用之法律時，依關係最切地之法律。		一、本條新增。 二、有價證券由證券集中保管人保管者，就該證券進行交易之當事人與證券集中保管人之間，均訂有證券集中保管契約以為依據，且該證券權利之取得、喪失、處分或變更，均僅透過證券業者就當事人在證券集中保管人開立之帳戶，為劃撥、交割或其他登記，當事人在證券存摺上關於證券權利變動之登記，並已取代傳統上以直接交付該有價證券之方式，而成為該證券權利變動之公示及證明方法。透過電腦網路而

		進行之有價證券之涉外交易，已日益頻繁，實有必要確定其準據法，以維護交易安全。爰參考二○○二年海牙中介者所保管之證券若干權利之準據法公約第四條至第六條之精神，規定該證券權利之取得、喪失、處分或變更，均應依集中保管契約所明示應適用之法律，集中保管契約未明示應適用之法律者，依關係最切地之法律。法院確定關係最切地之法律時，應依具體情事，參照前述公約相關規定之精神決定之。
第六章　親屬		一、新增章名。 二、涉外民事事件之性質爲親屬關係者，關於決定其準據法之條文，可集爲一章，爰增訂章名爲「親屬」。
第四十五條 婚約之成立，依各該當事人之本國法。但婚約之方式依當事人一方之本國法或依婚約訂定地法者，亦爲有效。 婚約之效力，依婚約當事人共同之本國法；無共同之本國法時，依共同之住所地法；無共同之住所地法時，依與婚約當事人關係最切地之法律。		一、本條新增。 二、婚約在實體法上爲結婚以外之另一法律行爲，其成立要件應適用之法律，亦有必要予以明文規定。爰參考現行條文關於婚姻成立要件之規定，明定原則上應依各該當事人之本國法，但婚約之方式依當事人一方之本國法或依婚約訂立地法者，亦爲有效，以利婚約之成立。 三、婚約之效力及違反婚約之責任問題，其準據法之決定宜與婚姻之效力採類似之原則。爰明定依婚約當事人共同之本國法；無共同之本國法時，依共同之住所地法；無共同之住所地法時，依與婚約當事人關係最切地之法律。至於各地與婚約當事人關係密切之程度，則應綜合考量各當事人之居所、工作或事業之重心地、財產之主要所在地、學業及宗教背景、婚約之訂定地等各項因素判斷之。
第四十六條 婚姻之成立，依各該當事人之本國法。但結婚之方式依當事人一方之本國法，或依舉行地法者，亦爲有效。	第十一條 婚姻成立之要件，依各該當事人之本國法。但結婚之方式依當事人一方之本國法，或依舉行地法者，亦爲有效。 結婚之方式，當事人之一方爲中華民國國民，並在中華民國舉行者，依中華民國法律。	一、條次變更。 二、現行條文關於法律行爲之成立要件，有規定爲「之成立」者，有「成立之要件」者，爰統一採用前者，以求其一致。 三、晚近各國國際私法之立法例，關於結婚之方式已有自由化之傾向，現行條文第十一條第二項有過度強調內國法律之適用之嫌。爰予以刪除，以符合國際趨勢。 審查會：修正通過，將「當事人之一方」修正爲「當事人一方」，餘照案通過。

第四十七條 婚姻之效力，依夫妻共同之本國法；無共同之本國法時，依共同之住所地法；無共同之住所地法時，依與夫妻婚姻關係最切地之法律。	第十二條 婚姻之效力依夫之本國法，但爲外國人妻未喪失中華民國國籍，並在中華民國有住所或居所，或外國人爲中華民國國民之贅夫者，其效力依中華民國法律。	一、條次變更。 二、關於婚姻之效力，現行條文第十二條專以夫或妻單方之本國法爲準據法，與兩性平等原則之精神並不符合。爰參考德國民法施行法第十四條、日本法律適用通則法第二十五條、義大利國際私法第二十九條等立法例之精神，修正爲應依夫妻共同之本國法，無共同之本國法時，依共同之住所地法，無共同之住所地法時，則由法院綜合考量攸關夫妻婚姻之各項因素，包括夫妻之居所、工作或事業之重心地、財產之主要所在地、家庭成員生活重心之地、學業及宗教背景等，而以其中關係最切地之法律，爲應適用之法律，俾能符合兩性平等原則及當前國際趨勢。
第四十八條 夫妻財產制，夫妻以書面合意適用其一方之本國法或住所地法者，依其合意所定之法律。 夫妻無前項之合意或其合意依前項之法律無效時，其夫妻財產制依夫妻共同之本國法；無共同之本國法時，依共同之住所地法；無共同之住所地法時，依與夫妻婚姻關係最切地之法律。 前二項之規定，關於夫妻之不動產，如依其所在地法，應從特別規定者，不適用之。	第十三條 夫妻財產制依結婚時夫所屬國之法。但依中華民國法律訂立財產制者，亦爲有效。外國人爲中華民國國民之贅夫者，其夫妻財產制依中華民國法律。 前二項之規定，關於夫妻之不動產，如依其所在地法，應從特別規定者，不適用之。	一、條次變更。 二、現行條文第十三條關於夫妻財產制應適用之法律，未能平衡兼顧夫妻雙方之屬人法，有違當前兩性平等之世界潮流，且其中關於嫁娶婚及招贅婚之區別，已不合時宜，有合併該條第一項及第二項並修正其內容之必要。關於夫妻財產制之實體法在平衡夫妻間之權利義務之外，亦應兼顧保護交易第三人之原則，而國際私法上亦應有相關規定。爰合併現行條文第十三條第一項及第二項，並參考一九七八年海牙夫妻財產制準據法公約第三條、第四條、德國民法施行法第十五條、日本法律適用通則法第二十六條、義大利國際私法第三十條、瑞士國際私法第五十二條等立法例之精神，規定夫妻財產制得由夫妻合意定其應適用之法律，但以由夫妻以書面合意適用其一方之本國法或住所地法之情形爲限。 三、夫妻無本條第一項之合意或其合意依本條第一項應適用之法律無效時，其夫妻財產制應適用之法律，仍應與夫妻之婚姻關係具有密切關係。爰規定其應依夫妻共同之本國法，無共同之本國法時，依共同之住所地法，無共同之住所地法時，依與夫妻婚姻關係最切地之法律。關於與夫妻婚姻關係最切地之認定標準，可參考第四十七條之說明。 四、現行條文第三項不修正，移列爲本條第三項。
第四十九條 夫妻財產制應適用外國法，而夫妻就其在中華民國之財產與善意第三人爲法律行爲		一、本條新增。 二、夫妻財產制應適用之法律，原應適用於所有涉及夫妻財產之法律關係，但夫妻處分夫妻財產時，如其相對人（第三人）不知該準據法之內容，即可能受到不測之損害。爲保護內國之財

者，關於其夫妻財產制對該善意第三人之效力，依中華民國法律。		產交易安全，對於夫妻財產制之準據法為外國法，被處分之特定財產在中華民國境內，而該外國法之內容為相對人（第三人）所不知時，實宜適度限制該準據法對相對人（第三人）之適用範圍。爰規定夫妻財產制應適用外國法，而夫妻就其在中華民國之財產與善意第三人為法律行為者，關於其夫妻財產制對該善意第三人之效力，依中華民國法律。蓋關於其夫妻財產制對該善意第三人之效力，即善意第三人與夫妻財產制間之關係，與內國之交易秩序實關係密切，應適用中華民國法律，以維護內國之交易秩序。
第五十條 離婚及其效力，依協議時或起訴時夫妻共同之本國法；無共同之本國法時，依共同之住所地法；無共同之住所地法時，依與夫妻婚姻關係最切地之法律。	第十四條 離婚依起訴時夫之本國法及中華民國法律，均認其事實為離婚之原因者，得宣告之。但配偶之一方為中華民國國民者，依中華民國法律。 第十五條 離婚之效力，依夫之本國法。 為外國人妻未喪失中華民國國籍或外國人為中華民國國民之贅夫者，其離婚之效力依中華民國法律。	一、條次變更。 二、現行條文關於離婚僅規定裁判離婚，而不及於兩願離婚，其關於離婚及其效力應適用之法律，規定亦非一致。爰合併現行條文第十四條及第十五條，移列為本條，並就其內容酌予修正及補充。 三、關於離婚及其效力應適用之法律，現行條文並未兼顧夫妻雙方之連結因素或連繫因素，與兩性平等原則及當前立法趨勢，均難謂合。爰修正決定準據法之原則，以各相關法律與夫妻婚姻關係密切之程度為主要衡酌標準，並規定夫妻之兩願離婚及裁判離婚，應分別依協議時及起訴時夫妻共同之本國法，無共同之本國法時，依共同之住所地法，無共同之住所地法時，依與夫妻婚姻關係最切地之法律。本條所稱離婚之效力，係指離婚對於配偶在身分上所發生之效力而言，至於夫妻財產或夫妻對於子女之權利義務在離婚後之調整問題等，則應依關於各該法律關係之規定，定其應適用之法律，現行實務見解有與此相牴觸之部分，應不再援用，以維持法律適用之正確，併此說明。
第五十一條 子女之身分，依出生時該子女、其母或其母之夫之本國法為婚生子女者，為婚生子女。但婚姻關係於子女出生前已消滅者，依出生時該子女之本國法、婚姻關係消滅時其母或其母之夫之本國法，為婚生子女者，為婚生子女。	第十六條 子女之身分，依出生時其母之夫之本國法，如婚姻關係於子女出生前已消滅者，依婚姻關係消滅時其夫之本國法。 前項所稱之夫為贅夫者，依其母之本國法。	一、條次變更。 二、關於子女之身分，現行條文規定應依其母之夫之本國法，與當前兩性平等之思潮尚有未合，且晚近如奧地利國際私法第二十一條、德國民法施行法第十九條第一項、義大利國際私法第三十三條第二項及日本法律適用通則法第二十八條第一項等立法例，亦有藉選擇適用多數國家之法律，以儘量承認子女婚生性之立法趨勢。爰將現行條文第一項及第二項合併，並修正為應依出生時該子女、其母或其母之夫之本國法為婚生子女者，為婚生子女。但書關於婚姻關係於子女出生前已消滅者之規定，亦修

		正爲應依出生時該子女之本國法、婚姻關係消滅時其母或其母之夫之本國法。
第五十二條 非婚生子女之生父與生母結婚者，其身分依生父與生母婚姻之效力所應適用之法律。		一、本條新增。 二、非婚生子女之生父與生母結婚者，該非婚生子女是否因準正而取得與婚生子女相同之身分之問題，原爲各國立法政策之表現，並與其生父及生母婚姻之效力息息相關。爰參照奧地利國際私法第二十二條及日本法律適用通則法第三十條等立法例之精神，規定其亦應適用該婚姻之效力所應適用之法律。
第五十三條 非婚生子女之認領，依認領時或起訴時認領人或被認領人之本國法認領成立者，其認領成立。 前項被認領人爲胎兒時，以其母之本國法爲胎兒之本國法。 認領之效力，依認領人之本國法。	第十七條 非婚生子女認領之成立要件，依各該認領人被認領人認領時之本國法。 認領之效力，依認領人之本國法。	一、條次變更。 二、非婚生子女之認領，所確認者爲自然血親關係而非法定血親關係，其方式有任意認領及強制認領等二種。現行條文關於非婚生子女認領之成立，採認領人與被認領人本國法並行適用主義，易誤會認領爲類似收養行爲之身分契約，並不利於涉外認領之有效成立，影響非婚生子女之利益至鉅。爰刪除「之成立要件」等字，並改採認領人或被認領人本國法選擇適用主義，以儘量使非婚生子女取得婚生地位，並保護被認領人之利益。 三、被認領人在出生前以胎兒之身分被認領者，其國籍尚無法單獨予以認定，爰明定以其母之本國法爲胎兒之本國法，以利認領準據法之確定。
第五十四條 收養之成立及終止，依各該收養者被收養者之本國法。 收養及其終止之效力，依收養者之本國法。	第十八條 收養之成立及終止，依各該收養者被收養者之本國法。 收養之效力，依收養者之本國法。	一、條次變更。 二、現行條文第一項未修正，移列本條第一項。 三、現行條文第二項僅就收養之效力，規定應依收養者之本國法，然收養終止之效力，亦有依同一法律決定之必要，爰予以增列，以利法律之適用。
第五十五條 父母與子女間之法律關係，依子女之本國法。	第十九條 父母與子女間之法律關係，依父之本國法，無父或父爲贅夫者，依母之本國法。但父喪失中華民國國籍而母及子女仍爲中華民國國民者，依中華民國法律。	一、條次變更。 二、關於父母與子女間之法律關係，現行規定以依父或母之本國法爲原則，參諸一九八九年聯合國兒童權利保護公約及一九九六年海牙關於父母保護子女之責任及措施之管轄權、準據法、承認、執行及合作公約所揭示之原則，已非適宜。爰參考日本法律適用通則法第三十二條、瑞士國際私法第八十二條等立法例之精神，修正爲依子女之本國法，並刪除但書之規定，以貫徹子女之本國法優先適用及保護子女利益之原則。本條所稱父母與子女間之法律關係，是指父母對於未成年子女關於親權之權利義務而

		言，其重點係在此項權利義務之分配及行使問題，至於父母對於未成年子女之扶養義務之問題、已成年子女對於父母之扶養義務、父母與子女間彼此互相繼承之問題等，則應分別依扶養權利義務及繼承之準據法予以決定，併此說明。
第五十六條 監護，依受監護人之本國法。但在中華民國有住所或居所之外國人有下列情形之一者，其監護依中華民國法律： 一、依受監護人之本國法，有應置監護人之原因而無人行使監護之職務。 二、受監護人在中華民國受監護宣告。 輔助宣告之輔助，準用前項規定。 司法院、行政院原提案條文： 第五十六條 監護，依受監護人之本國法。但在中華民國有住所或居所之外國人有下列情形之一者，其監護依中華民國法律： 一、依受監護人之本國法，有應置監護人之原因而無人行使監護之職務。 二、受監護人在中華民國受監護之宣告。 輔助宣告之輔助，準用前項規定。	第二十條 監護，依受監護人之本國法。但在中華民國有住所或居所之外國人有左列情形之一者，其監護依中華民國法律： 一、依受監護人之本國法，有應置監護人之原因而無人行使監護之職務者。 二、受監護人在中華民國受禁治產之宣告者。	一、條次變更。 二、現行條文第二十條，移列本條，並依法制作業通例，刪除各款之「者」字，並將「左列」修正為「下列」。另為配合民法總則編與親屬編之修正，將第二款「禁治產之宣告」調整為「監護之宣告」，並增訂第二項輔助宣告之關於輔助準用監護之規定。 三、民法總則編與親屬編關於監護宣告及輔助宣告之修正條文將於九十八年十一月二十三日施行，如本條之修正條文於該期日之前即已施行，於該期日之前，解釋上仍宜將監護之宣告調整為禁治產宣告，以利法律之適用。 審查會： 一、修正通過。 二、現行法第二十條條文於98年12月15日修正通過，並於98年12月30日公布，已將禁治產宣告改為監護宣告，並增加輔助宣告之相關規定，爰以現行該條文之內容移列為本條文字，不再修正內容，只作條次之變更。

第五十七條 扶養，依扶養權利人之本國法。	第二十一條 扶養之義務，依扶養義務人之本國法。	一、條次變更。 二、關於扶養之權利義務，現行條文規定應依扶養義務人之本國法，參諸一九七三年海牙扶養義務準據法公約及一九八九年泛美扶養義務公約所揭示之原則，已非合宜。爰參考一九七三年海牙扶養義務準據法公約第四條之精神，修正爲應依扶養權利人之本國法。
第七章　繼承		一、新增章名。 二、涉外民事事件之性質爲繼承關係者，關於決定其準據法之諸條文，可集爲一章，爰增訂章名爲「繼承」。
第五十八條 繼承，依被繼承人死亡時之本國法。但依中華民國法律中華民國國民應爲繼承人者，得就其在中華民國之遺產繼承之。	第二十二條 繼承，依被繼承人死亡時之本國法。但依中華民國法律中華民國國民應爲繼承人者，得就其在中華民國之遺產繼承之。	條次變更。
第五十九條 外國人死亡時，在中華民國遺有財產，如依前條應適用之法律爲無人繼承之財產者，依中華民國法律處理之。	第二十三條 外國人死亡時，在中華民國遺有財產，如依其本國法爲無人繼承之財產者，依中華民國法律處理之。	一、條次變更。 二、現行條文就外國人死亡，而在中華民國遺有財產之情形，規定如依其本國法爲無人繼承之財產者，即依中華民國法律處理之，惟此時仍應考慮中華民國國民得依中華民國法律爲繼承人之規定。爰將現行條文「依其本國法」，修正爲「依前條應適用之法律」，以符合立法本旨。
第六十條 遺囑之成立及效力，依成立時遺囑人之本國法。 遺囑之撤回依撤回時遺囑人之本國法。	第二十四條 遺囑之成立要件及效力，依成立時遺囑人之本國法。 遺囑之撤銷依撤銷時遺囑人之本國法。	一、條次變更。 二、現行條文第一項移列本條第一項，並配合本法用語之統一，將「成立要件」一詞修正爲「成立」。 三、現行條文第二項關於遺囑之「撤銷」，在實體法上爲遺囑之「撤回」。爰修正爲「撤回」，以統一用詞。
第六十一條 遺囑及其撤回之方式，除依前條所定應適用之法律外，亦得依下列任一法律爲之： 一、遺囑之訂立地法。 二、遺囑人死亡時之住所地法。		一、本條新增。 二、關於遺囑之訂立及撤回之方式，晚近立法例均採數國法律選擇適用之原則，以利遺囑之有效成立及撤回，並尊重遺囑人之意思。爰參考一九六一年海牙遺囑方式之法律衝突公約第一條及第二條、德國民法施行法第二十六條規定之精神，增訂本條。

三、遺囑有關不動產者，該不動產之所在地法。		
第八章　附則		一、新增章名。 二、本章規定本法修正及增訂條文之施行問題，並仿國內法規之例，增訂章名為「附則」。
第六十二條 涉外民事，在本法修正施行前發生者，不適用本法修正施行後之規定。但其法律效果於本法修正施行後始發生者，就該部分之法律效果，適用本法修正施行後之規定。		一、本條新增。 二、本法增訂及修正條文之適用，以法律事實發生日為準，原則上不溯及既往。爰於本文規定涉外民事，在本法修正施行前發生者，不適用本法修正施行後之規定。例如因法律行為或侵權行為而生之涉外民事法律關係，即應以該法律行為之成立日或侵權行為之實施日等為準，其在本法修正施行前發生者，原則上即不適用本法修正施行後之規定。對於持續發生法律效果之涉外民事法律關係，例如夫妻在本法修正施行前結婚者，其結婚之效力，或子女在本法修正施行前出生者，其父母子女間之法律關係等，即使其原因法律事實發生在本法修正施行之前，亦不宜一律適用本法修正施行前之規定。此等法律關係，應以系爭法律效果發生時為準，就其於本法修正施行後始發生之法律效果，適用本法修正施行後之規定，其於此前所發生之法律效果，始適用本法修正施行前之規定。爰參考瑞士國際私法第一百九十六條之精神，於但書規定其法律效果於本法修正施行後始發生者，該部分之法律效果，適用本法修正施行後之規定。
第六十三條 本法自公布日後一年施行。	第三十一條 本法自公布日施行。	一、條次變更。 二、本次修正，變動現行條文之程度甚鉅，立法作業上相當於制定新法，對法院審理涉外民事事件亦有重大影響，允宜加強宣導，充分準備，以利施行，爰規定修正後之新法自公布日後一年施行。新法施行前，仍應妥善適用現行條文，併此說明。

【附錄二】　1953年舊涉外民事法律適用法暨修正總理由

1953年舊涉外民事法律適用法

1953年6月6日公布實施2011年5月25日失效

第1條（行為能力之準據法）

人之行為能力依其本國法。

外國人依其本國法無行為能力或僅有限制行為能力，而依中華民國法律有行為能力者，就其在中華民國之法律行為，視為有行為能力。

關於親屬法或繼承法之法律行為，或就在外國不動產所為之法律行為，不適用前項規定。

第2條（經認許外國法人之本國法）

外國法人經中華民國認許成立者，以其住所地法，為其本國法。

第3條（外國人之禁治產宣告）

凡在中華民國有住所或居所之外國人，依其本國及中華民國法律同有禁治產之原因者，得宣告禁治產。

前項禁治產之宣告，其效力依中華民國法律。

第4條（外國人之死亡宣告）

凡在中華民國有住所或居所之外國人失蹤時，就其在中華民國之財產或應依中華民國法律而定之法律關係，得依中華民國法律為死亡之宣告。

前項失蹤之外國人，其配偶或直系血親為中華民國國民，而現在中華民國有住所或居所者，得因其聲請依中華民國法律為死亡之宣告，不受前項之限制。

第5條（法律行為方式之準據法）

法律行為之方式，依該行為所應適用之法律。但依行為地法所定之方式者，亦為有效。

物權之法律行為，其方式依物之所在地法。

行使或保全票據上權利之法律行為，其方式依行為地法。

第6條（因法律行為所生之債之準據法）

法律行為發生債之關係者，其成立要件及效力，依當事人意思定其應適用之法律。

當事人意思不明時，同國籍者依其本國法；國籍不同者，依行為地法；行為地不同

者，以發要約通知地爲行爲地；如相對人於承諾時不知其發要約通知地者，以要約人之住所地視爲行爲地。

前項行爲地，如兼跨二國以上或不屬於任何國家時，依履行地法。

第7條（債權讓與涉他效力之準據法）

債權之讓與對於第三人之效力，依原債權之成立及效力所適用之法律。

第8條（因法律事實所生之債之準據法）

關於由無因管理，不當得利或其他法律事實而生之債，依事實發生地法。

第9條（侵權行爲之準據法）

關於由侵權行爲而生之債，依侵權行爲地法。但中華民國法律不認爲侵權行爲者，不適用之。

侵權行爲之損害賠償及其他處分之請求，以中華民國法律認許者爲限。

第10條（物權之準據法）

關於物權，依物之所在地法。

關於以權利爲標的之物權，依權利之成立地法。

物之所在地如有變更，其物權之得、喪，依其原因事實完成時物之所在地法。

關於船舶之物權，依船籍國法；航空器之物權，依登記國法。

第11條（婚姻成立要件之準據法）

婚姻成立之要件，依各該當事人之本國法。但結婚之方式依當事人一方之本國法或依舉行地法者，亦爲有效。

結婚之方式，當事人一方爲中華民國國民，並在中華民國舉行者，依中華民國法律。

第12條（婚姻效力之準據法）

婚姻之效力，依夫之本國法。但爲外國人妻，未喪失中華民國國籍，並在中華民國有住所或居所，或外國人爲中華民國國民之贅夫者，其效力依中華民國法律。

第13條（夫妻財產制之準據法）

夫妻財產制，依結婚時夫所屬國之法。但依中華民國法律訂立財產制者，亦爲有效。

外國人爲中華民國國民之贅夫者，其夫妻財產制，依中華民國法律。

前二項之規定，關於夫妻之不動產，如依其所在地法應從特別規定者，不適用之。

第14條（離婚之準據法）

離婚依起訴時夫之本國法及中華民國法律均認其事實爲離婚原因者，得宣告之。但配偶之一方爲中華民國國民者，依中華民國法律。

第15條（離婚效力之準據法）

離婚之效力，依夫之本國法。

爲外國人妻，未喪失中華民國國籍，或外國人爲中華民國國民之贅夫者，其離婚之效力依中華民國法律。

第16條（子女身份之準據法）

子女之身分，依出生時其母之夫之本國法；如婚姻關係於子女出生前已消滅者，依婚姻關係消滅時其夫之本國法。

前項所稱之夫爲贅夫者，依其母之本國法。

第17條（非婚生子女認領之準據法）

非婚生子女認領之成立要件，依各該認領人被認領人認領時之本國法。

認領之效力，依認領人之本國法。

第18條（收養之準據法）

收養之成立及終止，依各該收養者被收養者之本國法。

收養之效力，依收養者之本國法。

第19條（父母子女法律關係之準據法）

父母與子女間之法律關係，依父之本國法；無父或父爲贅夫者，依母之本國法。但父喪失中華民國國籍而母及子女仍爲中華民國國民者，依中華民國法律。

第20條（監護之準據法）

監護依受監護人之本國法。但在中華民國有住所或居所之外國人，有左列情形之一者，其監護依中華民國法律：

一、依受監護人之本國法有應置監護人之原因，而無人行使監護之職務者。

二、受監護人在中華民國受禁治產之宣告者。

第21條（扶養之準據法）

扶養之義務，依扶養義務人之本國法。

第22條（繼承之準據法）

繼承依被繼承人死亡時之本國法。但依中華民國法律，中華民國國民應爲繼承人者，得就其在中華民國之遺產繼承之。

第23條（無人繼承之外國人遺產之處理）

外國人死亡時，在中華民國遺有財產，如依其本國法爲無人繼承之財產者，依中華民國法律處理之。

第24條（遺囑之準據法）

遺囑之成立要件及效力，依成立時遺囑人之本國法。

遺囑之撤銷，依撤銷時遺囑人之本國法。

第25條（外國法適用之限制）

依本法適用外國法時，如其規定有背於中華民國公共秩序或善良風俗者，不適用之。

第26條（國籍之積極衝突）

依本法應適用當事人本國法而當事人有多數國籍時，其先後取得者，依其最後取得之國籍，定其本國法；同時取得者依其關係最切之國之法。但依中華民國國籍法應認為中華民國國民者，依中華民國法律。

第27條（國籍之消極衝突）

依本法應適用當事人本國法而當事人無國籍時，依其住所地法；住所不明時，依其居所地法。

當事人有多數住所時，依其關係最切之住所地法。但在中華民國有住所者，依中華民國法律。

當事人有多數居所時，準用前項之規定；居所不明者，依現在地法。

第28條（一國數法）

依本法適用當事人本國法時，如其國內各地方法律不同者，依其國內住所地法；國內住所不明者，依其首都所在地法。

第29條（反致）

依本法適用當事人本國法時，如依其本國法就該法律關係須依其他法律而定者，應適用該其他法律；依該其他法律更應適用其他法律者亦同。但依該其他法律，應適用中華民國法律者，適用中華民國法律。

第30條（法源）

涉外民事，本法未規定者，適用其他法律之規定；其他法律無規定者，依法理。

第31條（施行日）

本法自公布日施行。

1953年「涉外民事法律適用法」立法總說明

一、名稱

本草案內容，為涉外民事之法律適用法則，在學理上通稱為國際私法，按其性質，有下列三種特徵：

(一) 涉外關係：即國際私法所欲解決者為各種涉外性質之法律問題，例如：法律關係當事人一造或兩造為外國人，或無國籍人，或法律關係之標的物在外國，或法律行為地法律事實發生地在外國等情形，均含有涉外因素，關於其法律關係之成立、變更、消

滅、及效率等問題，即須有具體之法則，以資解決。

(二) 民事關係：即國際私法所規定之涉外法律關係，在原則上，以民事事件為限，例如：
人之行為能力、債權、物權、親屬、繼承等法律關係均屬之。

(三) 法律適用：涉外之民事法律問題，與內外國人民之權利義務，有密切關係，為謀合理
解決，非祇以適用內國法律為已足，有時尚須斟酌內外國法律，擇其較切實際者，予
以適用，方可充分保障當事人之合法權益。基此理由，國內法庭，對於涉外民事法律
問題，有時應依法適用外國法律。所謂國際私法，即決定於何種情形下，適用何國法
律，及如何適用之具體法則。我國規定此種具體法則之法規，現稱為法律適用條例，
細繹其名稱，既未標明涉外性質，亦未指出民事法律關係，用語過於廣泛，不足以表
現本法律之含義，是其缺點。本草案初稿，幾經考慮，定名為「涉外民事法律適用
法」，期於國際私法之要義與特徵，均可賅括無遺。

二、草案初稿起草經過及其內容

(一) 現行法律適用條例，係於民國七年八月六日公布施行，至民國十六年八月十二日復經
國府令暫准援用，以迄於今，施行換已逾二十年。揆諸目前情勢，國際交往增繁，
內外國人民間之私法關係，亦日趨複雜，勢非有周密之法則，不足以資應用。而原條
例關於若干重要原則，已不盡切合時代需要，亟須研究修訂。再者法律適用條例之制
定，遠在現行民法之先，原條例之用語未能符合民法之規定者頗多，例如：原條例第
十三條之「私生子」民法稱「非婚生子女」，又如原條例第二十四條之「事務管理不
當利得」民法稱「無因管理不當得利」，用語不符，均須修正。司法行政部爰就原條
例之規定，參考日法德義等國立法例，詳細比較研究，同時兼顧國情，及近年以來，
各界所提修正草案及意見，斟酌損益，從事草擬涉外民事法律適用法草案一種。在草
擬期中，為求內容平允切實，曾不厭求詳，廣徵法律專家，及有關政府機關之意見，
反覆審議，始完成本草案初稿，藉供立法上之採擇。

(二) 按國際私法之產生，固以內國法庭，適用外國法為其主因。然外國法之於國內，初非
直接相關，必經內國法律之明白規定，在無礙於內國公私法益之範圍內，認許其適
用，然後於國家主權獨立之原則，庶幾無違。以是，近代國家之國際私法，咸重視下
列原則：

1. 法則之內容，務求詳明，俾於現代複雜之國際私法關係，可以因應而不窮。

2. 法則之精神，兼顧內外國情，於確認外國人合法權益之中，注重本國人民利益之保
護，與夫公序良俗之維持。

茲二者實足為我國修訂國際私法之借鑑。本草案初稿於原條例頗多增易，非為標新立
異，而在採擷各國先例之所長，參酌過去司法實務經驗，以為補漏之謀，務期理論與
實際兼收並蓄，切實可行。

(三) 綜括草案初稿之修正要點有可得而言者如次：

1. 屬於補充原條例之所未備者，有反致條款之擴充，除直接反致外，兼及間接反致及

轉致之原則（見草案第二十九條）。其他如各種涉外法律關係準據法之補訂，均散見於各條，茲不列舉。惟恐法律適用法則仍有缺漏，復增設專條，明定涉外民事。本法未規定者，適用其他法律之規定，其他法律無規定者，依法理（草案第三十條），以資賅括。

2. 屬於加強內國公私法益之保護者，其重要條款，如禁治產之宣告效力依中國法（第三條第二項），失蹤之外國人，其直系血親為中國人，而現在中國有住所或居所者，得聲請依中國法為死亡之宣告（草案第四條第二項），中國人為外國人妻，未喪失中國國籍，並在中國有住所或居所，或外國人為中國人之贅夫者，其婚姻之效力依中國法（草案第十二條）。又如外國人死亡，依中國法中國人應為繼承人時，得就其在中國之遺產而為繼承（草案第二十二條），其立法意旨非徒保護涉外法律關係中本國人民之私益，且在維持內國公安與善良風俗。本草案之修正精神，於此可見一斑。

本草案初稿全文共三十一條，就體例而言，亦與原條例稍有變更，蓋因原條例，僅二十七條，即區分為七章，稍嫌瑣細，且其第一章總綱，規定排除條款，多數國籍或無國籍及國內法律不統一諸問題，均屬法律適用之變例，而非全部法例之通則，乃定名為總綱，其體裁亦欠恰當，故本草案初稿，仿德日立法例，不分章節，全部條文，悉按民法各編，依次類列，而將各種適用法律之理例規定於後。其詳，以下當逐條說明。

【附錄三】 1918年法律適用條例及1953年涉外民事法律適用法條文及立法理由對照表

1918年法律適用條例	1953年涉外民事法律適用法	
	涉外民事法律適用法	一、名稱 本草案內容，為涉外民事之法律適用法則，在學理上通稱為國際私法，按其性質，有下列三種特徵： (一) 涉外關係：即國際私法所欲解決者為各種涉外性質之法律問題，例如：法律關係當事人一造或兩造為外國人，或無國籍人，或法律關係之標的物在外國，或法律行為地法律事實發生地在外國等情形，均含有涉外因素，關於其法律關係之成立、變更、消滅、及效率等問題，即須有具體之法則，以資解決。 (二) 民事關係：即國際私法所規定之涉外法律關係，在原則上，以民事事件為限，例如：人之行為能力、債權、物權、親屬、繼承等法律關係均屬之。 (三) 法律適用：涉外之民事法律問題，與內外國人民之權利義務，有密切關係，為謀合理解決．非祇以適用內國法律為已足，有時尚須斟酌內外國法律，擇其較切實際者，予以適用，方可充分保障當事人之合法權益。基此理由，國內法庭，對於涉外民事法律問題，有時應依法適用外國法律。所謂國際私法，即決定於何種情形下，適用何國法律，及如何適用之具體法則。我國規定此種具體法則之法規，現稱為法律適用條例，細繹其名稱，既未標明涉外性質，亦未指出民事法律關係，用語過於廣泛，不足以表現本法律之含義，是其缺點。本草案初稿，幾經考慮，定名為「涉外民事法律適用法」，期於國際私法之要義，與特徵，均可賅括無遺。 二、草案初稿起草經過及其內容 (一) 現行法律適用條例，係於民國七年八月六日公布施行，至民國十六年八月十二日復經 國府令暫准援用，以迄於今，施行換用已逾二十年。揆諸目前情勢，國際交往增繁，內外國人民間之私法關係，亦日趨複雜，勢非有周密之法則，不足以資應用。而原條例關於若干重要原則，已不盡切合時代需要，亟須研究修訂。再者法律適用條例之制定，遠在現行民法之先，原條例之用語未能符合民法之規定者頗多，例如：原條例第十三條之「私生子」民法稱「非婚生子女」，

又如原條例第二十四條之「事務管理不當利得」民法稱「無因管理不當得利」，用語不符，均須修正。司法行政部爰就原條例之規定，參考日法德義等國立法例，詳細比較研究，同時兼顧國情，及近年以來，各界所提修正草案及意見，斟酌損益，從事草擬涉外民事法律適用法草案一種。在草擬期中，爲求內容平允切實，曾不厭求詳，廣徵法律專家，及有關政府機關之意見，反覆審議，始完成本草案初稿，藉供立法上之採擇。

(二) 按國際私法之產生，固以內國法庭，適用外國法爲其主因。然外國法之於國內，初非直接相關，必經內國法律之明白規定，在無礙於內國公私法益之範圍內，認許其適用，然後於國家主權獨立之原則，庶幾無違。以是，近代國家之國際私法，咸重視下列原則：

1. 法則之內容，務求詳明，俾於現代複雜之國際私法關係，可以因應而不窮。

2. 法則之精神，兼顧內外國情，於確認外國人合法權益之中，注重本國人民利益之保護，與夫公序良俗之維持。

茲二者實足爲我國修訂國際私法之借鑑。本草案初稿於原條例頗多增易，非爲標新立異，而在採擷各國先例之所長，參酌過去司法實務經驗，以爲補漏之謀，務期理論與實際兼收並蓄，切實可行。

(三) 綜括草案初稿之修正要點有可得而言者如次：

1. 屬於補充原條例之所未備者，有反致條款之擴充，除直接反致外，兼及間接反致及轉致之原則（見草案第二十九條）。其他如各種涉外法律關係準據法之補訂，均散見於各條，茲不列舉。惟恐法律適用法則仍有缺漏，復增設專條，明定涉外民事。本法未規定者，適用其他法律之規定，其他法律無規定者，依法理（草案第三十條），以資賅括。

2. 屬於加強內國公私法益之保護者，其重要條款，如禁治產之宣告效力依中國法（第三條第二項），失蹤之外國人，其直系血親爲中國人，而現在中國有住所或居所者，得聲請依中國法爲死亡之宣告（草案第四條第二項），中國人爲外國人妻，未喪失中國國籍，並在中國有住所或居所，或外國人爲中國人之贅夫者，其婚姻之效力依中國法（草案第十二條）。又如外國人死亡，依中國法中國人應爲繼承人時，得就其在中國之遺產而爲繼承（草案第二十二條），其立法意旨非徒保護涉外法律關係中本國人民之私益，且在維持內國公安與善良風俗。本草案之修正精神，於此可見一斑。

		(四) 本草案初稿全文共三十一條，就體例而言，亦與原條例稍有變更，蓋因原條例，僅二十七條，即區分為七章，稍嫌瑣細，且其第一章總綱，規定排除條款，多數國籍或無國籍及國內法律不統一諸問題，均屬法律適用之變例，而非全部法例之通則，乃定名為總綱，其體裁亦欠恰當，故本草案初稿，仿德日立法例，不分章節，全部條文，悉按民法各編，依次類列，而將各種適用法律之理例規定於後。其詳，以下當逐條說明。
第五條 人之能力依其本國法。 外國人依其本國法無能力，而依中國為有能力者，就其在中國之法律行為視為有能力。但關於依親族法、繼承法及在外國不動產之法律行為，不在此限。 有能力之外國人取得中國國籍為依中國法為無能力時，仍保持其固有之能力。	第一條（行為能力之準據法） 人之行為能力依其本國法。 外國人依其本國法無行為能力或僅有限制行為能力，而依中華民國法律有行為能力者，就其在中華民國之法律行為，視為有行為能力。 關於親屬法或繼承法之法律行為，或就在外國不動產所為之法律行為，不適用前項規定。	(一) 第一項：按能力之涵義包括行為能力、權利能力、及責任能力三者，現行法律適用條例（以下簡稱原條例）第五條第一項規定：「人之能力依其本國法」云云，應解釋為專指人之行為能力而言，但泛稱能力，意義晦澀，本草案特將行為能力一語標出，以免與他種能力牽混。人之行為能力始於何時，及其限制、喪失等問題，與當事人本國之社會生活情況，相關最切，故應依其本國法，至於權利能力、責任能力之有無等問題，涉及法庭地，或行為地公序良俗，法律已另定其應適用之準據法，毋庸於本項中再為規定。 (二) 第二項：本項所謂外國人依其本國法無行為能力，或僅有限制行為能力，係指未達成年，或受禁治產之宣告，或不能因結婚而有行為能力等情形，此等之人，如依中國法有行為能力，則就其在中國所為之法律行為，仍承認其完全有效，蓋所以維護內國交易之安全，免使相對人或第三人因不明行為人本國之法律，而蒙受意外之損失。 (三) 第三項：本項為二項之例外規定，其結果仍適用第一項「依其本國法」之原則，原條例第五條第二項以之規定於但書中，本草案另列一項，以期明晰，所謂關於親屬法及繼承法之法律行為，即身分行為，以別於前項之財產行為，至於在外國不動產之法律行為，本草案特標明「處分」一語，為原條例所無，蓋在表明該項法律行為，係專指物權行為而言，凡所有權之移轉，及設定負擔等法律行為均屬之，原條例第五條第三項曾規定：「有能力之外國人取得中國國籍，依中國法為無能力時，仍保持其固有能力。」本草案予以刪除，蓋因此項問題之發生，大部由於外國法之成年年齡，較國內法為低之故，然按近代各國法律所定之成年年齡，大多數較我國為高，有一部分國家則與我國相等，其較我國為低者，僅有蘇俄、土耳其等少數國家，因此，原條例第五條第三項之規定，適用之機會極少，且成年之外國人，因收養，認領，或歸化等原因，取得中國國籍者，必係出於自己之意思，甘願與我同化，是其入籍後之行為能力，應受中國法之支配，亦屬事理之常，在法律上更毋庸特設規定，保留其固有行為能力。

第三條 外國法人經中華民國認許成立者，以其住所地法為本國法。	第二條（經認許外國法人之本國法） 外國法人經中華民國認許成立者，以其住所地法，為其本國法。	本條與原條例第三條之規定相同，所謂外國法人指外國公司、外國公益社團及財團而言，既曰外國法人，自須依外國法業已成立存在者，始足當之，外國法人經中國認許後即須確定何者為其本國法，以為適用之準據，我國向採通說，以法人之住所地法（即法人主事務所在地法）為其本國法，施行以來，尚無不便，本草案亦從之。
第六條 凡在中國有住所或居所之外國人，依其本國法及中國法同有禁治產之原因者，得宣告禁治產 第七條 前條規定，於準禁治產適用之。	第三條（外國人之禁治產宣告） 凡在中華民國有住所或居所之外國人，依其本國法及中華民國法律同有禁治產之原因者，得宣告禁治產。 前項禁治產之宣告，其效力依中華民國法律。	(一) 第一項：禁治產之宣告，原則上應用禁治產人之本國法院管轄，惟例外亦得由其居住國法院管轄，本項規定即係例外，其目的蓋在保証居住國之社會公安、及外國私人法益。至於禁治產之原因，究應依何國法律而定，向有本國法說、及法庭地法說之分。依理而論，內國對外國人宣告禁治產，與對內國人宣告之情形，究有不同，該外國人之本國法與內國法自應同時並重，以保護居住國之社會公安及外國人之法益，故規定應依法庭地法及外國人之本國法同有宣告之原因時，始得為之。 (二) 第二項：本項規定禁治產宣告之效力依中國法，即宣告國法，係採學者之通說。蓋內國對於外國人既認有宣告禁治產之必要，而予以宣告，則其宣告之效果，必須使之與內國人受禁治產宣告者完全相同，始足以維設公益，而策交易之安全。原條例對於外國人在內國宣告禁治產之效力，未加規定，不免疏漏，故增列本項。又原條例第七條規定準禁治產之準據法，但現行民法，並無準禁治產制度，該條自應刪除。
第八條 凡在中國有住所或居所之外國人，生死不明時，祗就其在中國之財產及應依中國法律之法律關係，得依中國法為死亡之宣告。	第四條（外國人之死亡宣告） 凡在中華民國有住所或居所之外國人失蹤時，就其在中華民國之財產或應依中華民國法律而定之法律關係，得依中華民國法律為死亡之宣告。 前項失蹤之外國人，其配偶或直系血親為中華民國國民，而現在中華民國有住所或居所者，得因其聲請依中華民國法律為死亡之	(一) 第一項：按死亡之宣告，原則上應依受死亡宣告人之本國法，並由其本國法院為之，本項規定中國法院對於失蹤之外國人，得依中國法為死亡宣告之情形，乃上開原則之例外，死亡之宣告，影響重大，苟非失蹤之外國人，對於內國之私人或社會利益，有密切關係，內國法院實無為死亡宣告之必要，故本項沿襲原條例第八條之立法精神，規定在中國有住所或居所之外國人失蹤時，祗得就其在中國之財產或應依中國法而定之法律關係，依中國法為死亡之宣告，以示限制。 (二) 第二項：在內國有住所或居所之外國人失蹤時，其影響於內國人之權益最切者，除前項之1.在中國之財產，2.應依中國法律而定之法律關係以外，莫若婚姻關係及親屬關係，設其利害關係人，僅因不合前項所定宣告要件，即不得聲請為死亡宣告，任令婚姻或親屬關係常陷於不確定之狀態，亦非保護內國人民權益之道，故本項特設擴充規定，以便利我國利害關係人之聲請，即凡在中國有最後住所或居所之外國人失蹤，其配偶或直系血視為中國人，而現在中國有住所

	宣告，不受前項之限制。	或居所者，得聲請依中國法爲死亡之宣告，不受前項之限制。
第二十六條 法律行爲之方式，除有特別規定外，依行爲地法。但適用規定行爲效力之法律所定之方式，亦爲有效。 以行使或保全票據上權利爲目的之行爲，其方式不適用前項但書規定	第五條（法律行爲方式之準據法） 法律行爲之方式，依該行爲所應適用之法律。但依行爲地法所定之方式者，亦爲有效。 物權之法律行爲，其方式依物之所在地法。 行使或保全票據上權利之法律行爲，其方式依行爲地法。	(一) 第一項：本項所謂「該行爲所應適用之法律」，指法律行爲實質所應適用之法律而言，亦即法律行爲之方式，應依法律行爲之實質所應適用之準據法，斯爲原則。原條例第二十六條第一項規定，法律行爲之方式依行爲地法，而適用規定行爲效力之法律所定之方式者亦爲有效。其立法精神，與本項頗有出入，且在理論上亦未盡妥適。蓋因法律行爲之方式與實質，表裡相依，關係密切。在通常情形下，法律行爲之方式，依照其實質所應適用之法律，匪特較便於行爲人，且按諸法理，本應如是。至於行爲之方式依照行爲地法，按「場所支配行爲」之原則，雖未始不可認爲有效，要屬例外情形，祇可列爲補充規定，故本項特予改訂如正文。又本項乃規定一般法律行爲方式所應適用之準據法，至於某法律行爲方式有適用特別準據法之必要者，本項以下各條項另有規定，應當優先適用，不復援用本項之規定，原條例所列「除有特別規定外」一語，似無必要，擬刪。 (二) 第二項：本項所定「處分物權之法律行爲」，係別於債權行爲而言，凡物權之移轉，及設定負擔等均屬之，依照屬物法則，物之法律關係，應依其所在地法，關於處分物權行爲之方式，自亦不能例外，應專依物之所在地法，以保護所在地之公安或國策。 (三) 第三項：行使或保全票據上權利之法律行爲，與行爲地之法律有特別關係，其方式應專依行爲地法，是亦爲對於本條第一項之特別規定。
第二十三條 法律行爲發生債權者，其成立要件及效力，依當事人意思定其應是適用之法律。當事人意思不明時，同國籍者依本國法。國籍不同者，依行爲地法。 行爲地不同者，以發通知之地爲行爲地法。 其要約地與承諾地不同者，其契約之成立及效力，以發要約通	第六條（因法律行爲所生之債之準據法） 法律行爲發生債之關係者，其成立要件及效力，依當事人意思定其應適用之法律。 當事人意思不明時，同國籍者依其本國法；國籍不同者，依行爲地法；行爲地不同者，以發要約通知地爲行爲地；如相對人於承諾時不知其發	(一) 第一項：近代各國之國際私法，多承認當事人得自由決定關於債之準據法，是爲「當事人意思自主」之原則，本項與原條例第二十三條第一項相同，係基此原則而爲規定，即凡足以發生債之關係之法律行爲，無論其爲契約，抑爲單獨行爲，關於其成立要件及效力，均准許當事人依自己之意思，定其應適用之法律。 (二) 第二項：本項係規定當事人意思不明時，所應適用之準據法。按各國立法例，雖多數規定在當事人意思不明時，應即適用法律行爲地之法律，然單純適用行爲地法，亦不免有窒礙之處，蓋外國人間之法律行爲發生債之關係，係因旅經某地，而偶然爲之者，不乏其例，其主觀上甚或不知行爲地法爲何物，若強以行爲地法爲準，實難期公允，故本項與原條例相同，規定於當事人意思不明時，應儘先適用其本國法，萬一當事人之國籍又不相同，各該當事人之本國法可能發生歧異，始適用行爲地法以爲決定。本項後段規定行爲地不同云云，係專指契約行爲地而言，蓋法律行爲發

知地爲行爲地。若受要約人於承諾時不知其發信地者，以要約人之住所地視爲行爲地。	要約通知地者，以要約人之住所地視爲行爲地。前項行爲地，如兼跨二國以上或不屬於任何國家時，依履行地法。	生債之關係者，不外單獨行爲、契約行爲兩種，在單獨行爲祇須有單獨之意思表示，其行爲即告成立，不致發生行爲地不同之情形，至於契約，必待行爲人雙方之意思表示一致，始告成立，設行爲人處於不同之法域，而隔地訂約，其行爲地不同，即生問題，故本項後段乃有另定行爲地標準之必要，原條例第二十二條於要約地與承諾地不同之情形以外，又於第三項規定謂：「行爲地不同者，以發通知之地爲行爲地。」其意似謂除契約以外，其他發生債之關係之法律行爲，尚有不同行爲地之情形，然基於以上說明，此種情形殊不可能，該項之設，近於贅文，故予刪除。 (三) 第三項：近代國際交通發達，舟車迅捷，無遠弗屆，當事人之法律行爲，往往兼跨數國地區，始行完畢，或其行爲發生於無主地域者亦屢見不鮮，何者爲其行爲地法，頗成問題，本項特規定依債務履行地法，以濟其窮。
無	第七條（債權讓與涉他效力之準據法）債權之讓與對於第三人之效力，依原債權之成立及效力所適用之法律。	本條係屬新增，債權之讓與，其本身亦係法律行爲之一種，關於其成立及效力在讓與人及受讓人間，固應受本草案第六條之支配，惟其對於第三人（包括原債務人）之效力如何，尚非該條所能當然包括，故仍有明定其準據法之必要，按此一問題，各國立法例及學說原不一致，有債權人住所地法說，債務人住所地法說，行爲地法說，及債之固有法說等主張，本條係採固有法說，認原債權本身之準據法，同時亦爲債權移轉對第三人效力所應適用之法律，其目的在使原有債之關係，保持確定，以免原債務人，及其他第三人之利益，因債權人變更，而受影響。
第二十四條　關於因事務管理不當得利發生之債權，依事實發生地法。	第八條（因法律事實所生之債之準據法）關於由無因管理，不當得利或其他法律事實而生之債，依事實發生地法。	關於由無因管理或不當得利等而生之債，應以事實發生地法爲準據法，乃現在之通說，日本法例亦採之（見日本法例第十一條），惟與侵權行爲合併規定，微嫌牽混，本草案仍依原條例之舊，於本條專定關於無因管理不當得利之準據法，而將侵權行爲另列一條，以期明晰，惟按可能發生債權債務關係之法律事由，除侵權行爲及本條所列之無因管理，及不當得利以外，尚有他種原因，如救助，撈救，共同海損之類，雖在公海上發生者，另有其準據法，但如發生於領海以內，亦應適用事實發生地法，故本條特增設「或其他事實」一語，以資賅括。
第二十五條　關於因不法行爲發生之債權，依行爲地法。但依中國法不認爲不法者，不適用之。	第九條（侵權行爲之準據法）關於由侵權行爲而生之債，依侵權行爲地法。但中華民國法律不認爲侵權行爲	侵權行爲應以何法爲其準據法，立法例及學說亦不一致，有主張探法庭地法主義者，以爲侵權行爲之法規，均與公序良俗有關，適用法庭地法，即所以維持當地之公安，亦有主張採事實發生地法主義者，以爲行爲之是否構成侵權行爲及其效果，均應依行爲地之法律而爲決定。以上二說各有所偏，故近世立法例，多採折衷主義，認爲行爲之是否適法，應依侵權行爲地法，但同時亦須法庭地法認其行

前項不法行爲之損害賠償及其他處分之請求，以中國法認許者爲限。	者，不適用之。侵權行爲之損害賠償及其他處分之請求，以中華民國法律認許者爲限。	爲構成侵權行爲，然後始於認許之範圍內，發生損害賠償或其他請求之債權，原條例第二十五條採此主義，本草案從之，僅於文字上酌加修正。
第二十二條關於物權，依物之所在地法。但關於船舶之物權，依其船籍國之法律。物權之得喪，除關於船舶外，依其原因事實完成時之所在地法。關於物權之遺囑方式，得依第二十六條第一項前段之規定。	第十條（物權之準據法）關於物權，依物之所在地法。關於以權利爲標的之物權，依權利之成立地法。物之所在地如有變更，其物權之得、喪，依其原因事實完成時物之所在地法。關於船舶之物權，依船籍國法；航空器之物權，依登記國法。	(一) 第一項關於物權之性質、範圍、及其取得、設定、變更喪失諸問題，無論其爲動產或不動產，咸依其所在地法，是爲晚近之通例，蓋以物之所在，恆受所在國領土主權之支配，而所在地法關於物權之規定，又多涉及當地之公益，當事人服從其規定，不僅爲情勢所必需，且最足以保全其私人法益，原條例第二十二條第一項即本此精神而爲規定，本草案從之，惟原條例於本項另設但書，規定船舶物權之準據法，本草案以船舶物權既與一般之物權性質有異，宜單獨規定，故移置於後，而與航空器物權之準據法並列爲本條之第四項，又原條例第二十二條第三項規定關於物權之遺囑方式，但本草案以物權之遺囑，通常均爲遺囑之一部分，其方式自應適用一般關於遺囑方式之規定，無另定準據法之必要，且依本草案關於遺囑方式之規定（見第五條第一項、第二十四條第一項），與原條例關於物權遺囑方式之規定，內容亦無出入，故規定擬從刪。 (二) 第二項本項係屬新增，凡以權利爲標的之物權，通稱爲準物權，與一般以物爲標的之物權，未可同視，關於何者爲其物之所在地法，苟非有明確之標準即難以判定，本項認爲應以權利之成立地爲準，良以權利之成立地，與權利之關係最爲密切，該權利可否爲物權之標的，自應依該法之法律決定之。 (三) 自第三項本項乃物之所在地發生變更時，物權所適用之準據法，析其涵義，有下列兩點： 　1. 物權之得喪，依其原因事實完成時物之所在地法，所謂原因事實，泛指期間條件等法律事實而言，並不僅以取得時效爲限。 　2. 物權之得喪，亦不限於動產，即不動產之所在地亦可能因領土之變更，而異其法律，從而，應受本項之適用。 (四) 第四項船舶及航空器，常因航行而變更其所在地，關於其物權，如適用所在地法，頗多不便，故通說均主張適用其所屬國法，即船舶物權依船籍國法，航空器物權依航空器所屬國法，本項對於航空器，所以稱登記國法者，蓋因航空器，根據一九一九年國際航空公約（我國亦參加該公約），以登記爲取得國籍之要件，登記國即其所屬國也。

第九條 婚姻成立之要件，依當事人各該本國法。	第十一條（婚姻成立要件之準據法） 婚姻成立之要件，依各該當事人之本國法。但結婚之方式依當事人一方之本國法或依舉行地法者，亦為有效。 結婚之方式，當事人一方為中華民國國民，並在中華民國舉行者，依中華民國法律。	婚姻成立之要件，有形式要件，與實質要件之分，關於後者之準據法，各國立法例有採婚姻舉行地法主義者，有採夫之屬人法主義者，有採當事人雙方本國法主義者，我國向採末一主義，本草案從之。基此規定，婚姻成立之實質要件，以結婚時各該當事人之本國法為準。至於婚姻之形式要件，原條例第九條未加分別規定，在過去實例上，均解為應一併依照當事人雙方之本國法，論者每病其有違「場所支配行為」之通例，且不便於適用，故本草案特增設但書之規定，關於婚姻之方式，無論依照當事人雙方或一方之本國法，或舉行地法，均為有效。
第十條 婚姻之效力，依夫之本國法。 夫妻財產制，依婚姻成立時夫之本國法。	第十二條（婚姻效力之準據法） 婚姻之效力，依夫之本國法。但為外國人妻，未喪失中華民國國籍，並在中華民國有住所或居所，或外國人為中華民國國民之贅夫者，其效力依中華民國法律。	婚姻之效力，即婚姻之普通效力，凡因結婚而生之身分上法律關系，皆屬之，按多數國家之法律，均規定妻從夫籍，因此婚姻之效力，凡因結婚而生之身分上法律關係，皆屬之。按多數國家之法律，均規定妻從夫籍，因此婚姻之效力，依夫之本國法，實際上即多依夫妻之本國法，惟我國現行國籍法規定，中國人為外國人妻，而未請准脫離國籍者，仍不喪失中國國籍，此時如以夫妻身分關係之爭執，在中國法院涉訟，則夫之本國法與法庭地位難免不生齟齬，其有背於我國公序良俗之事項，尤有窒礙難行之虞，因此本草案增設但書，凡為外國人妻，而未喪失中國國籍，並在中國有住所或居所者，均依中國法定其婚姻效力，以資保護，至於外國人為中國人贅夫者，事同一例，亦應適用中國法。
第十條 婚姻之效力，依夫之本國法。 夫妻財產制，依婚姻成立時夫之本國法。	第十三條（夫妻財產制之準據法） 夫妻財產制，依結婚時夫所屬國之法。但依中華民國法律訂立財產制者，亦為有效。 外國人為中華民國國民之贅夫者，其夫妻財產制，依中華民國法律。	(一) 第一項本項之立法意旨，在防止夫於結婚後，任意變更國籍，改易夫妻財產關係，因而影響妻或其他利害關係人之法益，故規定於結婚時夫所屬國之法。其所以稱夫所屬國之法，而不沿襲原條例第十條第二項稱夫之本國法者，蓋法文著重之點，在結婚時夫之國籍，而不重在其時之法律，故如該國法律於結婚後變更，即應適用變更後之現行法，而不適用已廢止之法，又按夫妻財產制，能否於婚後變更，各國立法例原不一致，有認為結婚前所訂之財產契約，嗣後絕不許變更者，有認為當事人得於婚前或婚後，選定其財產制，並得依一定之方式變更或廢止之者，我國民法係採後一立法例（見民法一〇〇四條以下）。依此原則，倘有於結婚後，依中國法訂立財產制者，就中國法之立場觀之，亦難否認其效力，故本草案特增設但

	前二項之規定，關於夫妻之不動產，如依其所在地法應從特別規定者，不適用之。	書，以期符合我國民法之精神。 (二) 第二項外國人爲中國人之贅夫者，應以妻之住所爲住所，且其妻多未喪失中國國籍，關於夫妻財產制，如適用中國法，則於其利益之保護，較能周密，其理由正與本草案第十二條之情形相同，故有本項之增訂。 (三) 第三項夫妻財產制，屬於婚姻效力之一瑞，原則上固應依照屬人法則，從夫妻之本國法，惟財產制有關不動產之部分，尚須顧及不動產所在地之強制規定，以免窒礙難行，故增設本文。
第十一條 離婚依起訴時夫之本國法及中華民國法律，均認其事實爲離婚原因者，得宣告之。但配偶之一方爲中華民國國民者，依中華民國法律。	第十四條（離婚之準據法） 離婚依起訴時夫之本國法及中華民國法律均認其事實爲離婚原因者，得宣告之。但配偶之一方爲中華民國國民者，依中華民國法律。	原條例第十一條對於離婚所應適用之法律，規定應以事實發生時之法律爲準，惟按歐洲德國波蘭等立法先例，均認爲離婚原則上應適用當事人現時之本國法，頗可取法。蓋離婚事項與公序良俗有關，各國多設強制規定，尤以離婚之原因爲然。此等重要事項，設不顧及當事人現時之本國法，揆諸法理，即欠允合，故本項改訂依起訴時爲準。至於離婚之原因，仍占原條例之精神，規定以夫之本國法及中國法均所允許者，方得宣告離婚，惟配偶之一方爲中國人時，即不必兼備兩國法律所定之原因，如依中國法合於離婚條件，無背於內國公益，自無不許其離婚之理，故又增設但書之規定。
無	第十五條（離婚效力之準據法） 離婚之效力，依夫之本國法。 爲外國人妻，未喪失中華民國國籍，或外國人爲中華民國國民之贅夫者，其離婚之效力依中華民國法律。	本條係新增。按離婚之效力，涉及離婚後子女之監護教養，夫妻一方賠償之請求，贍養費之給與，姓氏之變更等問題，與前條所定關於離婚之原因事實問題，係屬截然兩事，故增設專條，規定其應適用之法律，以資依據。又按離婚之效力，係離婚之附隨效果，以視離婚原因事實，攸關夫妻身份關係存否問題，其重要性，自屬稍遜，故不必兼顧夫之本國法及中國法，僅比照關於婚姻效力之原則，規定爲單獨適用夫之本國法。至於中國人爲外國人妻，而未喪失中國國籍，或外國人爲中國人之贅夫者，其離婚之效力，均依中國法，藉免用法紛歧，兼示保護內國人法益之意。
第十二條 子女之身分，依出生時其母之夫之本國法，如婚姻關係於子女出生前已消滅者，依婚姻關係消滅時夫之本國法。	第十六條（子女身分之準據法） 子女之身分，依出生時其母之夫之本國法；如婚姻關係於子女出生前已消滅者，依婚姻關係消滅時其夫之本國法。 前項所稱之夫爲贅夫者，依其母之本國法。	近世文明國家均維持父系家庭制度，關於子女之身分，以父之本國法爲準，其作用不僅在配合此制之精神，且可充分保護子女之利益，本條乃就婚生子女之身分而爲規定。至若非婚生子女之身分，如認領收養等問題，已另定其準據法，並不在本條範圍以內。又依我國民法規定，妻於婚姻關係存續中所生子女推定其爲婚生子女（見民法1063條第1項），故本條例所稱「其母之夫」，不必爲其生父，祇須於子女出生時，係其母之夫，即以其本國法爲準。又所謂婚姻關係已消滅，係兼指夫之死亡，離婚，或婚姻之撤銷等情形而言，原條例第十二條僅規定夫已死亡之情形，範圍過狹，爰予改訂如本文。

第十三條 私生子認領之成立要件，依各該認領人被認領人認領時之本國法。 認領之效力，依認領人之本國法。	第十七條（非婚生子女認領之準據法） 非婚生子女認領之成立要件，依各該認領人被認領人認領時之本國法。 認領之效力，依認領人之本國法。	認領係確定非婚生子女與生父之身分關係，依通例均以當事人之本國法爲其準據法，本草案從之，規定認領成立要件，應依各該認領人與被認領人認領時之本國法，以期雙方之利益，可以兼顧。至認領之效力，則依認領人之本國法，蓋因認領之行爲而生，自應以認領人之本國法爲準，方屬切當也。
第十四條 養子女之成立及終止，依各該收養者被收養者之本國法。 收養之效力，依收養者之本國法。	第十八條（收養之準據法） 收養之成立及終止，依各該收養者被收養者之本國法。 收養之效力，依收養者之本國法。	本條係仿自日本法例第十九條，其立法理由，蓋以收養之成立乃擬制血親關係之開始，而收養終止，又爲此種關係之消滅，性質重要，爲兼顧雙方利益，宜依當事人各該本國法，方屬允當。至在收養存續中，基於親子關於而生之各種法律效果，例如養子女是否取得養親之國籍，是否改從養親之姓氏，以及對養視之遺產如何繼承等問題，均以養親爲主體，其應依照養親之本國法，亦屬理所當然。
第十五條 父母與子女之法律關係，依父之本國法。無父者，依母之本國法。	第十九條（父母子女法律關係之準據法） 父母與子女間之法律關係，依父之本國法；無父或父爲贅夫者，依母之本國法。但父喪失中華民國國籍而母及子女仍爲中華民國國民者，依中華民國法律。	父母與子女間之法律關係，兼指認領子女，收養子女，及婚生子女三者而言。原條例第十五條仿日本及歐陸各國立法先例，規定原則上依父之本國法，本草案從之。至於無父（即父已死亡或未經生父認領）或父爲贅夫者，依母之本國法，乃屬例外。原條例對於父爲贅夫之情形，未加規定，本草案爲符合民法第一〇五九條第二項及第一〇六〇條第二項之立法精神，爰予補訂。又父原爲中國人，嗣後喪失中國國籍，而母及子女仍爲中國人時，在事實上，其親子問之法律問係亦難適用外國法律，故復增設但書之規定，以示例外。
第十八條 監護依被監護人之本國法。但在中國有住所或居所之外國人，有左列情形之一者，其監護依中國法： 一、依其本國法有須置監護	第二十條（監護之準據法） 監護依受監護人之本國法。但在中華民國有住所或居所之外國人，有左列情形之一者，其監護依中華民國法律： 一、	本條與原條例第十八條相同，僅略作文字上之修正。按監護制度保護欠缺行爲能力人之利益而設，而人之行爲能力，依其本國法，又爲多數國家之通例，是以監護之法律關係，適用受監護人之本國法，自屬一貫之理論，惟本條但書對此原則仍設下列兩種例外： (一) 在中國有住所或居所之外國人，依其本國法有應置監護人之原因，而在人行使監護職務者，此時關於監護人之指定，監護之權限，及監護之終止等問題，均依中國法辦理，藉以保護其利益。 (二) 受監護人在中國有住所或居所並在中國受禁治產之宣

人之原因而無人行監護事務者。 二、在中國受禁治產之宣告者。	一、依受監護人之本國法有應置監護人之原因，而無人行使監護之職務者。 二、受監護人在中華民國受禁治產之宣告者。	告者。此時監護之開始，乃宣告禁治產之結果，依本草案第三條之規定，其宣告之效力應依中國法，本條但書亦採同一法則，以與該條規定之精神相呼應。又原條例第十九條規定，保佐準用關於監護之規定，惟現行法已無保佐制度，原條文已失其作用，故予刪除。
第十六條 扶養之義務，依扶養義務者之本國法。但扶養權利之請求爲中國法所不許者，不在此限。	第二十一條（扶養之準據法） 扶養之義務，依扶養義務人之本國法。	扶養義務乃基於親屬互助之倫理觀念而生。東方國家素重倫常，故其法律規定扶養義務之範圍遠較西方國家爲廣。原條例第十六條仿效日本法例，對扶養之義務特設專條，規定依扶養義務人之本國法，蓋所以適合扶養義務人之國情，而免畸輕畸重之弊，本草案亦從之，惟原條例另設但書謂「但扶養權利之請求爲中國法所不許者不在此限。」在實際上，似無必要，蓋扶養權利之請求，若因違背公序良俗而爲中國法律所不許，則另有排除條款，可資適用（見原條例第一條本草案第二十五條），若其權利請求僅爲中國法所未規定，並無背於公序良俗，更無限其適用之理由，故本草案予以刪除。
第二十條 繼承依被繼承人之本國法。	第二十二條（繼承之準據法） 繼承依被繼承人死亡時之本國法。但依中華民國法律，中華民國國民應爲繼承人者，得就其在中華民國之遺產繼承之。	關於繼承之準據法各國立法例頗不相同。在英美等國認爲動產之繼承，依被繼承人之住所地法，不動產之繼承，依物之所在地法，而日本及一部歐陸國家，無論對於動產或不動產之繼承，均依被繼承人之本國法。原條例第二十條係採後一立法例，惟於被繼承人死亡後，法律發生變更時，如何定其本國法，未加明定。本草案增列「死亡時」一語，以期明確。又按英美等國，匪特不採本國法主義，且其繼承法律亦多與我國大相逕庭，例如：我國有特留分之規定，而英美則無之，一任遺囑人自由處分其財產。自中外通商以後，我國人民僑居英美及其屬地者爲數甚衆，彼等定居國外，擁有資產，多數已脫離祖籍，而其親屬則不乏留居國內，並未喪失中國國籍者，一旦脫籍之華僑死亡，發生繼承之爭執，倘一律依照被繼承人之本國法，則其華籍親屬之特留分及其他法律上之權利，即有迫受剝奪之虞，故本草案參酌實際需要，增設但書之規定，以資保護。
無	第二十三條（無人繼承之外國人遺產之處理） 外國人死亡時，在中華民國遺有財產，如依其本	本條係新增條文，其目的在保護內國之公益。蓋外國人死亡後，在中國遺有財產，而依其本國法又無繼承，則其財產關係，長陷於不確定之狀態，即不免影響他人之利益，自應按照中國法爲之處理，使告一結束。

	國法爲無人繼承之財產者，依中華民國法律處理之。	
第二十一條 遺囑之成立要件及效力，依成立時遺囑之本國法。 遺囑之撤銷，依撤銷時遺囑之本國法。	第二十四條（遺囑之準據法） 遺囑之成立要件及效力，依成立時遺囑人之本國法。 遺囑之撤銷，依撤銷時遺囑人之本國法。	本條與原條例第二十一條相同。其第一項所謂遺囑之成立要件及效力，係指遺囑文件本身之是否有效成立而言。至於遺囑內容之個別法律行爲，例如：以遺囑爲認領、收養、指定繼承份或遺贈額等行爲，則應依各該行爲之準據法，不在本項規定範圍以內。又遺囑依其成立時遺囑人之本國法，蓋在避免因嗣後遺囑人國籍變更，而影響原有遺囑之效力。第二項規定撤銷遺囑之準據法。所謂撤銷，不僅指稍極撤銷原有遺囑而言，即以後一遺囑代替前一遺囑之行爲，亦不失爲遺囑之撤銷，故慮以撤銷時遺囑人之本國法爲準，庶與第一項之立法精神相貫徹。
第一條 依本條例適用外國法時，其規定有背於中國公共秩序或善良風俗者，仍不適用之。	第二十五條（外國法適用之限制） 依本法適用外國法時，如其規定有背於中華民國公共秩序或善良風俗者，不適用之。	本條意旨與原條例第一條大致相同，在明定外國法有背於中國之公共秩序或善良風俗者，均應排除其適用，以示限制。所謂公共秩序，不外爲立國精神及基本國策之具體表現，而善良風俗又發源於民間之倫理觀念，皆國家民族所賴以存立之因素，法文之規定，語雖簡而義極骸，俾可由執法者位察情勢，作個別之審斷。
第二條第一項 依本條例適用當事人之本國法時，其當事人有多數國籍者，依最後取得之國籍定其本國法。但依國籍法應認爲中國人者，依中國之法律。	第二十六條（國籍之積極衝突） 依本法應適用當事人本國法而當事人有多數國籍時，其先後取得者，依其最後取得之國籍，定其本國法；同時取得者依其關係最切之國之法。但依中華民國國籍法應認爲中華民國國民者，依中華民國法律。	本條大致與原條例第二條第一項相同，惟原條例祇規定先後取得重複國籍之解決方法，而未能解決同時取得重複國籍之問題，本條悉參照一九三〇年海牙國籍法公約第五條之立法精神予以補充。凡在同時取得之場合，依其關係最切之國之法。所謂關係最切，應就當事人與各該國家之種族、文化、政治及經濟等具體關係，比較確定之，自不符言。但當事人雖有多數國籍，而依中國國籍法，應認爲中國人者，則以中國法爲其本國法，不復適用他國法律。此項原則，徵諸海牙國籍法公約第三條，「凡有二個以上國籍者，各該國家均得視之爲國民」之規定，亦相契合。（附註：海牙國籍法公約於民國二十二年十二月十八日經我國批准。）
第二條第二項 當事人無國籍者，依其住所地法。住所不明者，依中國之法律。	第二十七條（國籍之消極衝突） 依本法應適用當事人本國法而當事人無國籍時，依其住所地法；	本條第一項之意旨與原條例第二條第二項相同，在解決無國籍人之屬人法問題，在原則上無國籍人依住所地法，住所不明時，依居所地法，惟按外國法律規定一人同時得有多數住所者間或有之，而事實上一人同時有多數居所者更屬常見，又無國籍人生活流浪既無住所，又乏居所者，亦非絕無，凡此情形，均須另設標準，藉以確定其適用之法

	住所不明時，依其居所地法。當事人有多數住所時，依其關係最切之住所地法。但在中華民國有住所者，依中華民國法律。當事人有多數居所時，準用前項之規定；居所不明者，依現在地法。	律，本條第二項及第三項即以此增設。
第二條第三項當事人本國內各地方法律不同者，依其所屬地方之法。	第二十八條（一國數法）依本法適用當事人本國法時，如其國內各地方法律不同者，依其國內住所地法；國內住所不明者，依其首都所在地法。	原條例第二條第三項規定，當事人國內各地方法律不同者，以其所屬地方之法為其屬人法。但何者為所屬地方，往往不易確定，且外僑久居異國，往往祇有國籍，而無由確定其所屬地方，在適用該原則時不無困難。本條爰參酌英、美、瑞士等國之法例，改為依國內之住所地法。蓋因英、美、瑞士，均為有不同地方法律之國家，在其國內地方法發生衝突時，關於屬人法規，咸以住所地法為準。本條採同一標準，則外僑在中國涉訟者，縱回國後，再經判決，引律亦然無異，大可減少法律之衝突。至於國內住所不明者，適用其國都所在地之法，縱或當事人在第三國設有住所，亦然無異，大可減少法律之衝突。至於國內住所不明者，適用其國都所在地之法，縱或當事人在第三國設有住所，亦非所問，如是仍可貫徹我國採本國法主義之精神。
第四條依本條例適用當事人本國法時，如依其本國法應適用中國法者，依中國法。	第二十九條（反致）依本法適用當事人本國法時，如依其本國法就該法律關係須依其他法律而定者，應適用該其他法律；依該其他法律更應適用其他法律者亦同。但依該其他法律，應適用中華民國法律者，適用中華民國法律。	本條規定反致法則，乃仿效歐陸各國之先例，按其目的有二： (1) 調和內外國間關於法律適用法則之衝突，尤以屬人法則，在大陸法系諸國採本國法主義，而英美諸國採住所地法主義，其結果往往同類案件，因繫屬法院之國界不同，而引律互異，是以歐陸諸國，恆就屬人法則之案件，從當事人本國國際私法之所反致者，適用內國法，藉以齊一法律之適用。 (2) 參照外國之法律適用法則，對於系爭之法律關係，選擇其最是當之準據法。基於上列兩種原因，近世多數國家之國際私法咸承認反致法則，我國原條例第四條亦然，惟其規定僅止於直接反致，本草案擬擴而充之，兼採轉致，及間接反致，以求理論上之貫徹。

| 無 | 第三十條（法源）
涉外民事，本法未規定者，適用其他法律之規定；其他法律無規定者，依法理。 | 本條亦為新增，我國關於涉外民事之法律適用法則，雖特設單行法規，然於各項原則，非能包括靡遺，其有關規定，散見於民法及其他民事法規中者為數不少，例如：關於外國人之權利能力規定於民法總則施行法（見該法第二、十一等條），又如關於外國法院判決之效力，規定於民事訴訟法（見該法第四百零一條），在審判涉外案件之際，即須隨時參合援用，故本條前段明揭此旨，以促司法者之注意，再按晚近國際交通發達，內外國人接觸頻繁，訟案隨之而增，其系爭之點，甚多有現行法律所不及料，而未加規定，其有賴於法官，本其學識經驗，臨案審斷，殆為勢所必然。本條後段特設補充規定，凡涉外民事為法律所未規定者，應依法理以謀解決。揆其旨趣，蓋與民法第一條之規定，遙相呼應者也。於此，有須附帶說明者，即原條例第十七條亦係一種補充規定，惟祇限於親屬關係之法律，範圍較狹。本條既許司法者就一切涉外民事法律關係，依據法理，以為判斷，則其所補充者，已廣概無遺，原規定即無保留必要，原予刪除。 |
| 第二十七條
本條例自公布日施行。 | 第三十一條（施行日）
本法自公布日施行。 | |

【附錄四】　高等考試「國際私法」命題大綱

【2010/6/7發布】【資料來源：考選部網站】

十五、國際私法

適用考試名稱	公務人員特種考試司法官考試
	專門職業及技術人員高等考試律師考試
專業知識及核心能力	一、了解國際私法之意義、適用對象與範疇
	二、了解國際私法之理論，包括選法與程序部分
	三、了解涉外民事法律適用法之具體內容
	四、對於涉外民事案件具有適用正確準據法之能力

命　題　大　綱
一、總論
(一) 國際私法之意義、適宜對象、性質與法源
(二) 定性問題
(三) 屬人法兩大原則及新趨勢
(四) 國籍與住所之衝突
(五) 一國數法
(六) 反致
(七) 外國法適用之解釋、錯誤與限制
(八) 法律規避與附隨問題
二、各論
(一) 權利能力與行為能力
(二) 外國法人
(三) 監護宣告與死亡宣告
(四) 法律行為之方式及代理
(五) 法律行為所生之債與債之移轉
(六) 無因管理、不當得利與其他法律事實所生之債
(七) 侵權行為所生之債
(八) 物權
(九) 結婚與其效力
(十) 夫妻財產制

(十一) 離婚與其效力 (十二) 子女之身分與非婚生子女之認領與準正 (十三) 收養 (十四) 親權 (十五) 監護 (十六) 扶養 (十七) 繼承與遺囑	
三、涉外民事訴訟法論	
(一) 國際管轄權（包括法庭不便利原則「Forum Non-convenience」、外國法院訴訟繫屬之停止等）	
備註	一、表列命題大綱爲考試命題範圍之例示，惟實際試題並不完全以此爲限，仍可命擬相關之綜合性試題。 二、本命題大綱自中華民國100年1月1日開始適用。

【附錄五】 「國際私法」100～110年律師司法官試題

（以下各題題號係指當年度司律第一試考題的題號）

國際民事訴訟法（含國際管轄）部分

國際管轄權

73. 我國法院實務上運用不便利法庭原則（Forum Non-Conveniens）之方式，下列敘述何者錯誤？（108司律，答案：C）
    (A) 法官可職權適用不便利法庭原則
    (B) 將不便利法庭原則當成國際管轄權之判斷標準
    (C) 必須被告提出法院是一個不便利的法庭
    (D) 如果認為可適用不便利法庭原則，法官即駁回原告之訴

54. A國籍夫婦甲、乙到我國旅遊期間，乙獲知甲與B國人丙女有姦情而發生嚴重爭執。乙隨即向我國法院提起訴訟，並提供具體證據，請求法院判決乙與其夫甲離婚。下列敘述何者正確？（106律／司，答案：C）
    (A) 受訴法院應適用我國法判決甲、乙離婚
    (B) 受訴法院應以法院不便利為由而予以裁定駁回
    (C) 受訴法院應以無國際管轄權為由予以裁定駁回
    (D) 受訴法院應於依我國法及A國法均具判決離婚事由，始得判決甲、乙離婚

74. 主事務所設於日本京都的日本J股份有限公司（株式會社）寄給主事務所設在臺中市的我國T股份有限公司一份承製儀器的型錄，T公司依該型錄選擇其中一型號，通知J公司有意訂製該型號儀器及其規格，要求J先提供承製概算書及計畫書。J派其工程師乙攜帶概算書及計畫書到臺中，親手交予T公司負責人甲，甲表示一週內給予答覆。2天後，T以電子傳真通知J訂製依估價單標明規格及價金的儀器M二部，經3天J以國際掛號郵件寄出承製二部M儀器的確認書，書中亦指定日本京都地方法院（裁判所）為第一審管轄法院。後因T主張J承製的二部M儀器有瑕疵，拒絕支付餘款，J公司委任丙律師向臺中地方法院起訴T，請求支付餘款。下列敘述，何者正確？（102律師，答案：C）
    (A) 臺中地方法院應以欠缺國際管轄權裁定駁回起訴
    (B) 臺中地方法院應以裁定移送於日本京都地方法院
    (C) 臺中地方法院應認定其有國際管轄權而進行審判程序
    (D) 臺中地方法院應停止訴訟程序，並命原告向日本京都地方法院起訴

66. 我國法人甲以製造軟糖為業，並同時外銷至A國市場。今A國乙因在A國購買並食用甲所設計與製造之軟糖，不幸因軟糖卡在咽喉而窒息死亡，乙之父母丙、丁向A國提起請求甲負侵權行為損害賠償責任之訴並取得勝訴判決確定。今甲在A國境內無任何可供強制執行之資產，故丙、丁持A國法院確定判決向我國聲請承認與執行。關於A國法院就該案件有無管轄權，下列敘述何者正確？（100司，答案：C）

(A) A國法院有無管轄權，應依照A國之法律決定之

(B) 我國沒有法律決定A國有無管轄權，無法否定A國之管轄權，故應該承認A國法院之判決

(C) 類推適用我國民事訴訟法第15條第1項侵權行為地管轄的規定，A國為損害結果發生地，故A國法院就本件有管轄權

(D) 依照以原就被原則，原告丙、丁應該到被告甲之住所地國即我國來起訴，故A國無管轄權，不應承認其判決

同一案件已在外國有訴訟繫屬

56. 當事人就已繫屬於外國法院之事件，復向我國法院更行起訴時，我國法院應如何處理？（103律／司，答案：D）

(A) 依涉外民事法律適用法所規定之準據法，看適用何國法，才能決定如何處理

(B) 依法庭不便利原則（forum non conveniens）處理，裁定駁回訴訟

(C) 當事人不得就已起訴之事件，於訴訟繫屬中，更行起訴，裁定駁回訴訟

(D) 如有相當理由足認該事件之外國法院判決在我國有承認其效力之可能，並於被告在外國應訴無重大不便者，我國法院得在外國法院判決確定前裁定停止訴訟程序

75. 我國國民甲與A國國民乙因商業糾紛涉訟於A國法院。之後，甲在我國就同一事件再行起訴，乙主張法院應基於一事不再理之原則駁回。下列敘述何者正確？（101律，答案：C）

(A) 甲、乙間之爭議既然已繫屬於A國法院，則甲不得在我國重行起訴

(B) 我國法院應以「法庭不便利原則」駁回此訴

(C) 我國法院於一定條件下，得裁定停止此一訴訟

(D) 雖然外國法院就同一案件已在審理，但對我國法院而言，此一事實並無任何意義

外國判決之承認與執行

75. 關於外國法院判決之承認與執行，下列敘述何者錯誤？（107司律，答案：A）

(A) 外國法院判決之承認，應經我國法院以判決為之

(B) 我國法院承認外國判決時，無須對其事實認定及法律適用，為事後之實質審查

(C) 基於相互承認原則，若某外國拒絕承認我國判決之效力，我國原則亦不承認該國

判決之效力

(D) 相互承認原則，不以某外國已經具體承認我國判決爲必要，只要客觀上可期待該外國將來承認我國之判決爲已足

60. 我國強制執行法第4條之1第1項規定：「依外國法院確定判決聲請強制執行者，以該判決無民事訴訟法第四百零二條各款情形之一，並經中華民國法院以判決宣示許可其執行者爲限，得爲強制執行。」此項規定適用於外國法院之何種判決？（104律／司，答案：A）

(A) 給付判決   (B) 形成判決
(C) 確認判決   (D) 上開各種判決

55. 依外國法院確定判決在我國法院聲請強制執行者，關於其許可強制執行之訴，下列敘述何者正確？（103律／司，答案：C）

(A) 必須經過我國法院審查承認與宣告執行與否，係自動承認制度的例外
(B) 其許可強制執行之判決，違反自動承認制度之精神
(C) 其許可強制執行之判決，僅賦予外國確定裁判在我國境內的執行力
(D) 其許可強制執行之判決，違反實質再審查禁止原則

73. 我國國民甲在A國經商，與A國商人乙發生糾紛。甲回國後，乙在A國起訴，甲未出庭，故A國法院以一造缺席判決甲敗訴。乙現持該判決請求我國法院執行。甲則抗辯A國無管轄權，並抗辯未受合法通知。下列敘述何者正確？（101司，答案：D）

(A) A國法院是否如同甲所主張爲無管轄權之法院，以程序依法庭地法之原則，應依A國法認定
(B) 甲雖抗辯未受合法通知，若乙已經委請臺灣律師親自送達給甲，甲之抗辯將爲無理由
(C) 我國法院承認判決時，應就該外國判決所適用之法律是否有誤再爲審查
(D) A國判決內所認定之事實，我國法院不應再爲審查

國私總論（未列入條文）部分

定性

67. 我國人甲與A國人乙爲夫妻，乙爲請求甲負擔扶養義務而在我國法院提起訴訟，甲主張夫妻間之扶養義務應依婚姻效力之準據法，乙則主張應依扶養之準據法。下列敘述何者正確？（110司律，答案：D）

(A) 本案涉及定性問題中有關準據法適用的定性
(B) 關於定性，實務見解多採最重要牽連關係說
(C) 關於定性，實務見解多採本案準據法說

(D) 關於定性，實務見解多採法庭地法說

74. A國籍乙妻對於與其同國籍的甲夫死後，在臺灣所遺留的財產，主張分配請求權而於我國法院涉訟，我國受訴法院於決定準據法時，應依何國的法律定性？（108司律，答案：A）

(A) 依我國法 　　　　　　　　　(B) 依A國法
(C) 依其繼承的準據法 　　　　　(D) 依其婚姻效力的準據法

67. 在我國工作並於我國設有住所之以色列人甲男，與我國人乙女結婚。1年後甲因車禍身亡，甲之兄、以色列人丙男與乙女就甲於我國銀行所留新臺幣5,000萬元存款之遺產分配發生爭執；乙主張全數由其繼承，丙則主張因甲、乙未依猶太教婚禮結婚而婚姻無效致乙無繼承權。丙向我國法院訴請確認乙繼承權不存在。下列關於定性之敘述，何者正確？（107司律，答案：B）

(A) 應依我國法定性為婚姻 　　　(B) 應依我國法定性為繼承
(C) 應依以色列法定性為婚姻 　　(D) 應依以色列法定性為繼承

先決問題

68. 下列何種情形，可能發生國際私法之附隨（先決）問題？（107司律，答案：C）

(A) 某涉外承攬契約之準據法為A國法，另外單獨為該契約當事人之行為能力選法
(B) 某涉外婚姻關係之成立準據法分別為A、B國法，另外單獨為該婚姻之方式選法
(C) 某涉外繼承關係之準據法為C國法，C國法規定配偶有繼承權，為被繼承人生前之婚姻是否成立選法
(D) 某涉外權利質權之準據法為D國法，質權標的為債權，為該質權選法

準據法部分（涉外民事法律適用法99.5.26）

以正解條文所涉條文為分類

第一章　通則

第一條

　涉外民事，本法未規定者，適用其他法律之規定；其他法律無規定者，依法理。

68. 原告A國法人甲主張，與被告我國法人乙約定由甲授權乙在我國播放卡通片。雙方約定授權金分四期給付，契約中約定準據法為A國法。乙在電匯第一期授權金後，逾期並經甲催告仍藉口拖延給付其他各期之授權金。甲遂向我國法院起訴請求乙給付授權

金與法定遲延利息等。甲所主張的請求權基礎皆為我國民法上的規定，而乙僅抗辯我國法院之國際裁判管轄權，對於本案問題並未答辯。我國法院直接適用我國民法之規定判決甲勝訴。問：我國法院的判決有無違背法令？（101律，涉民§1，答案：B）

(A) 不違背法令。當事人在訴訟上未為主張或抗辯應適用外國法時，直接法源當然為本國民商法，法院本應依職權適用我國法為判決

(B) 違背法令。法院應依職權適用涉外民事法律適用法選擇準據法，因為我國國際私法為強行規範，並非任意規範

(C) 違背法令。法院應該尊重當事人的真意，問清楚他們到底要適用本國法還是外國法

(D) 不違背法令。當事人在訴訟上未主張或抗辯法院應適用外國法時，可以視為兩造就適用我國法為準據法有默示的合意

聯繫因素 _ 屬人法

66. 下列法律關係，何者不採屬人法主義？①自然人的行為能力②監護宣告③債權行為的成立及效力④婚姻的成立⑤因侵權行為而生之債（109律／司，答案：D）

(A) ④⑤   (B) ①②④
(C) ②③④   (D) ③⑤

第二條（國籍積極衝突）

依本法應適用當事人本國法，而當事人有多數國籍時，依其關係最切之國籍定其本國法。

59. 甲之父母分別為A國與B國人，甲基於出生之原因而取得A與B兩國國籍，若甲之住所在C國，依我國涉外民事法律適用法規定，應適用甲之本國法，下列敘述何者正確？（106律／司，涉民§2，答案：C）

(A) 適用C國法

(B) 得選擇適用A、B二國之任一國法

(C) 適用關係最切之A國或B國法

(D) 適用甲選定之A國、B國或C國法

58. 甲具有A國與我國雙重國籍，甲於民國100年6月20日與我國國民乙在臺結婚，就其婚姻之成立，下列敘述，何者正確？（105律／司，涉民§2，答案：D）

(A) 雙重國籍屬國籍之積極衝突，在婚姻成立要件之判斷上，應以內國國籍優先之原則，依我國法決定

(B) 由於甲具有雙重國籍，若最終依我國法決定其婚姻成立之要件，則非涉外案件

(C) 雙方當事人皆具有我國國籍，婚姻又與公序良俗密切相關，故應以我國法為準據法

(D) 甲得主張其長年居住於A國，故應以A國法決定其結婚是否成立

73.中華民國國民甲與美國女子乙結婚後，在美國德州生子丙，兩人隨後移居臺北。甲乙辛苦將丙養大成人，並完成高等教育後（斯時丙已年滿23歲）竟棄養雙親於不顧，致兩老年老力衰無力維生，兩人乃向臺北地方法院提起丙應履行扶養義務之訴訟。下列敘述，何者錯誤？（102律師，涉民§2，答案：B）

(A) 丙因父爲中華民國國民，出生在美國，有中華民國國籍與美國國籍

(B) 丙有美國與中華民國雙重國籍，應依「內國國籍優先原則」，定其本國法

(C) 關於甲之扶養請求，應適用扶養權利人之本國法即中華民國法律

(D) 關於乙之扶養請求，應適用扶養權利人之本國法即美國法

75.甲之父爲A國人，母爲中華民國國民，某日，甲向乙購買電腦而締結買賣契約，因契約內容發生爭執，在臺北地方法院起訴。下列敘述，何者正確？（102律師，涉民§2，答案：D）

(A) 甲之父爲A國人，故甲基於出生取得之國籍應以父之國籍爲準，故甲無中華民國國籍

(B) 若甲與乙締結買賣契約之締約地在臺北，則關於甲是否具行爲能力之判斷，應以中華民國法律爲準據法，其理由在於，行爲能力屬契約實質之問題，因此依涉外民事法律適用法第20條之規定，若契約準據法未能依當事人之合意而確定時，依關係最切之法律

(C) 因出生而取得國籍者，在立法主義上，我國採以出生地主義爲基礎之併合主義

(D) 若甲同時擁有中華民國與A國國籍，則依涉外民事法律適用法之規定，應適用當事人關係最切之國籍定其本國法

69.我國男子甲與女子乙共赴A國留學，之後在A國就業、結婚。甲、乙均歸化取得A國國籍，甲拋棄我國國籍，但乙仍保留我國國籍。甲在A國任職之丙公司派甲來臺擔任臺灣地區總裁，時間預計爲二年，二年後甲就可以回A國高升爲總公司之總經理。乙眼見甲有這個好機會，遂辭職陪甲回臺。不料，回臺後，甲與臺灣分公司內部之職員發生婚外情，乙憤而向我國法院訴請離婚。下列敘述何者正確？（101司，涉民§2，答案：B）

(A) 甲之本國法爲A國法，乙之本國法依內國國籍優先原則，爲我國法

(B) 由於甲、乙依原訂計畫，二年後就要回A國，再加上甲、乙歸化A國已久，故乙得主張其本國法應爲A國法

(C) 若乙之本國法爲中華民國法律，甲、乙將無共同之本國法，須依與婚姻關係最切之法決定可否離婚

(D) 離婚事涉我國公序良俗，乙又具有我國國籍，從此觀點，我國應爲關係最切之國

73.涉外民事法律適用法第2條關於國籍積極衝突之規定，下列敘述何者正確？（100司，涉民§2，答案：D）

(A) 本條所稱之本國法指中華民國法律

(B) 當事人有多數國籍，且其中之一爲中華民國國籍時，其本國法爲中華民國法律

　　(C) 當事人是否有某國之國籍，依據中華民國法律而定

　　(D) 當事人先後取得多數國籍時，依其關係最切之國籍定其本國法

66. 被繼承人甲（住所與國籍皆為美國，亦有我國籍）生前，依照美國加州法律立下遺囑，處分其遺產，如其繼承人與受遺贈人就遺囑人之本國法發生爭執。問：本件遺囑人之本國法為何？（100律，涉民§2，答案：D）

　　(A) 我國法

　　(B) 依涉外民事法律適用法第2條之規定，以最後取得者為關係最切之國籍

　　(C) 我國法。不論立遺囑人複數國籍之取得先後，只要具有我國國籍，準據法皆為我國法

　　(D) 依涉外民事法律適用法第2條之規定，以當事人之主觀意願或客觀因素來判斷關係最切之國籍為何

第三條（國籍消極衝突）

　　依本法應適用當事人本國法，而當事人無國籍時，適用其住所地法。

67. 甲為無國籍人，甲在A、B兩國有住所，甲因行為能力在我國涉訟。下列敘述，何者正確？（101司，涉民§3，答案：A）

　　(A) 甲在A國有居所，應依A國法

　　(B) A、B兩國中有一為中華民國者，應依中華民國法

　　(C) 關於住所之衝突，我國採同時取得與異時取得而異其標準

　　(D) 甲先取得A國住所，而後取得B國住所，應依B國法

第四條（住所衝突）

　　依本法應適用當事人之住所地法，而當事人有多數住所時，適用其關係最切之住所地法。

　　當事人住所不明時，適用其居所地法。

　　當事人有多數居所時，適用其關係最切之居所地法；居所不明者，適用現在地法。

第五條（一國數法）

　　依本法適用當事人本國法時，如其國內法律因地域或其他因素有不同者，依該國關於法律適用之規定，定其應適用之法律；該國關於法律適用之規定不明者，適用該國與當事人關係最切之法律。

67. 關於一國數法之發生原因與解決方法，下列敘述何者正確？（108司律，涉民§5，答案：B）

　　(A) 依我國涉外民事法律適用法第5條之規定，僅在於解決因國內存在複數法域而產生之一國數法問題

　　(B) 以間接指定原則與關係最切原則定其應適用之法律

(C) 依當事人之住所地法定其應適用之法律

(D) 依當事人之居所地法定其應適用之法律

第六條（反致）

依本法適用當事人本國法時，如依其本國法就該法律關係須依其他法律而定者，應適用該其他法律。但依其本國法或該其他法律應適用中華民國法律者，適用中華民國法律。

66.關於涉外民事事件準據法之適用，下列何者應考慮反致？（110司律，涉民§6，答案：D）

(A) 涉外侵權行為　　　　　　　(B) 涉外無因管理

(C) 涉外非給付型不當得利　　　(D) 涉外買賣契約之行為能力

66.我國法院就涉外民事法律適用法第6條關於反致規定之適用，下列敘述何者正確？（101司，涉民§6，答案：A）

(A) 涉外民事法律適用法第6條之規定，於準據法為當事人之本國法時始有適用

(B) 本條規定之反致包括直接反致、間接反致，但不包括轉據反致

(C) 涉外民事法律適用法第45條規定，婚約之成立，依各該當事人之本國法，並無本條反致規定之適用

(D) 當事人為無國籍人時，無本條反致規定之適用

74.甲為杜拜國人，杜拜國為伊斯蘭教國家，允許一夫多妻。甲分別娶杜拜國民乙、日本人丙、中華民國國民丁女為妻，並在杜拜國共同生活，嗣因丁不耐杜拜國夏天高達攝氏45度之氣溫，乃私下回到中華民國臺北。甲因而在中華民國法院起訴，請求丁應回杜拜國履行同居義務。下列敘述何者正確？（101司，涉民§6，答案：D）

(A) 關於甲、丁婚姻是否有效之問題，應適用婚姻效力之準據法

(B) 甲、丁重婚之問題，應適用杜拜國法律

(C) 丁為中華民國人，關於甲、丁婚姻之效力，適用中華民國法律

(D) 本件甲、丁同居義務之準據法為杜拜國法律，為當事人住所地法，故無涉外民事法律適用法第6條反致規定之適用

67.關於反致，下列敘述，何者錯誤？（100律，涉民§6，答案：A）

(A) 我國涉外民事法律適用法第6條關於反致之種類包含直接、間接與重複反致、不包含轉據反致

(B) 採用反致有可能使各國法院對同一涉外案件之判決得相同結果

(C) 我國法規範反致可擴大我國法之適用

(D) 福哥（Forgo）案中法院採用反致之目的，在於達成判決一致之結果

第七條（規避法律）

涉外民事之當事人規避中華民國法律之強制或禁止規定者，仍適用該強制或禁止規定。

第八條（外國法適用之限制）

依本法適用外國法時，如其適用之結果有背於中華民國公共秩序或善良風俗者，不適用之。

68. 下列何種情形，我國法院得依涉外民事法律適用法第8條之規定，排除外國法之適用？
（110司律，涉民§8，答案：D）

(A) 以甲國法為準據法時，免除權利瑕疵擔保責任

(B) 以乙國法為準據法時，得請求3倍懲罰性損害賠償

(C) 以丙國法為準據法時，以月息2%計算利息

(D) 以丁國法為準據法時，禁止離婚

66. 我國籍甲男，被公司派駐於沙烏地阿拉伯工作，派駐該國期間與當地人乙女日久生情，欲與乙女結婚，但甲之我國籍妻丙拒絕與甲離婚，但同意讓甲再娶乙。甲於取得沙烏地阿拉伯國籍（並未放棄我國國籍）後，由於該國允許一夫多妻，甲乃經當地宗教法庭許可與乙結婚。丙事後反悔，向我國法院訴請確認甲、乙婚姻關係無效。下列敘述，何者正確？（108司律，涉民§8，答案：C）

(A) 我國法院無國際審判管轄權，故應裁定駁回

(B) 應適用甲、乙之本國法，即沙烏地阿拉伯法律，故甲、乙之婚姻有效

(C) 應適用我國法律，故甲、乙之婚姻無效

(D) 應適用甲、乙之本國法，即沙烏地阿拉伯法律，甲、乙之婚姻有效，但甲、乙婚姻有效之結果違背我國善良風俗，故不適用沙烏地阿拉伯法律

59. 甲向新竹地方法院對乙起訴，請求命為一定的給付，受訴法院認為應適用A國法。下列敘述，何者正確？（104律／司，涉民§8，答案：C）

(A) 該A國法適用結果縱使違背我國的善良風俗，受訴法院仍應適用該A國法

(B) 當事人不得以適用該A國法有錯誤，作為上訴第三審的理由

(C) 該A國法規定內容雖違背我國公共秩序，如其適用結果不違背我國公共秩序，受訴法院不得拒絕適用該A國法

(D) 應適用之A國法，以其實體法之規定為限

72. A國男子甲娶B國女子乙為妻，關於婚姻之相關問題在我國涉訟，A國法律如允許一夫多妻，下列敘述何者錯誤？（100司，涉民§8，答案：A或D）

(A) 法院適用A國法律時，應斟酌A國法規定有無違背我國公共秩序或善良風俗

(B) 限制外國法之適用僅限於適用之結果違背我國公共秩序或善良風俗

(C) 乙主張與其他配偶對甲在我國之財產有相同之權利時，A國一夫多妻之規定尚未違

背我國之公序良俗
(D) 甲主張在我國與多位妻子同居，依A國法允許一夫多妻，法院應准許

第二章　權利主體

第九條（權利能力）

人之權利能力，依其本國法。

72.關於權利能力與行為能力準據法之立法主義，下列敘述何者正確？（108司律，涉民§9，答案：A）
(A) 本國法主義為權利能力準據法之立法例之一
(B) 權利能力之準據法受「場所支配行為原則」影響甚深
(C) 目前各國關於行為能力之立法主義大多採行為地法主義
(D) 依涉外民事法律適用法第10條第1項規定：人之行為能力，依其本國法。所謂本國法專指訴訟時之本國法

第十條（行為能力）

人之行為能力，依其本國法。

有行為能力人之行為能力，不因其國籍變更而喪失或受限制。

外國人依其本國法無行為能力或僅有限制行為能力，而依中華民國法律有行為能力者，就其在中華民國之法律行為，視為有行為能力。

關於親屬法或繼承法之法律行為，或就在外國不動產所為之法律行為，不適用前項規定。

68.21歲的A國人甲與我國人乙，分別在B國簽訂買賣契約、在臺灣簽訂僱傭契約。依A國民法規定滿22歲為成年，有行為能力；依B國民法規定滿18歲為成年，有行為能力。甲、乙二人因該二契約就甲行為能力之有無在我國涉訟，我國法院應如何適用法律？（108司律，涉民§10，答案：A）
(A) 買賣契約適用B國法
(B) 僱傭契約適用我國法
(C) 僱傭契約、買賣契約均適用B國法
(D) 僱傭契約、買賣契約均適用A國法

57.甲18歲時因收養歸化取得我國籍，17歲時為準備移民我國而在原國籍國A國當地訂購大量傢俱，依A國法之規定，甲滿16歲時為完全行為能力人。惟在貨物運送到我國後，甲拒不認帳，主張依照我國法其為限制行為能力人而拒絕付款接受貨物。A國之出賣人乙向我國法院起訴，請求判決甲如數給付價金等。關於甲行為能力之準據法，下列敘述，何者正確？（105律／司，涉民§10，答案：C）

(A) 有行為能力。因為甲的行為地在A國，所以依照A國法

(B) 有行為能力。因為一旦成年，即永久成年，不因國籍之變更而影響其行為能力

(C) 有行為能力。因為於為法律行為時，甲依A國法有行為能力，應採有效解釋原則

(D) 限制行為能力。依涉外民事法律適用法第10條第2項之規定，依我國法甲為限制行為能力人

51. 19歲之A國人甲到我國自助旅行，與年滿20歲之我國國民乙締結買賣契約，下列敘述，何者正確？（104律／司，涉民§10，答案：D）

(A) 甲與乙因契約所生之法律關係發生爭執時，因締約地在我國，屬內國案件

(B) 關於甲與乙間所締結之契約，若因能力問題發生爭執時，屬契約實質之問題，應以涉外民事法律適用法第20條規定所定之法律，作為解決該爭執之依據

(C) 甲未滿20歲，基於我國保護內國交易安全之考量，不論其在A國是否具有行為能力，在我國皆不具有完全行為能力

(D) 我國關於行為能力制度原則上採本國法主義，若甲依其本國法為完全行為能力人，則甲與乙所締結之契約為有效

60. 甲20歲，具有A國與我國雙重國籍，長年住在A國。某日甲來臺旅遊，與B國人乙訂立位於臺北之套房短期租賃契約，雙方未約定準據法，嗣因租約問題發生爭執，乙在我國法院對甲起訴，請求給付租金，甲抗辯，依A國法規定，22歲始為成年，未成年人訂立契約者無效。關於本案，下列敘述何者正確？（103律／司，涉民§10，答案：C）

(A) 甲有雙重國籍，以我國法為其本國法

(B) 依A國法，甲尚未成年，甲乙間契約無效

(C) 甲乙間租約之準據法應為我國法

(D) 本案應反致適用我國法

73. 我國籍18歲未婚之甲，兩個月前到A國遊學時在當地蒐購名牌精品皮包，並與乙訂購店內缺貨之全部當季商品，約定由乙負責空運商品到我國後，由甲一併給付商品價金與運費。甲返國後即對其消費行為心生懊悔，當商品運到我國後，甲以其為限制行為能力人且其父母拒絕承認為由，主張其在A國所為法律行為無效，惟18歲之甲依照A國法律已經成年。依照現行涉外民事法律適用法（下稱本法）的規定，下列敘述何者正確？（101律，涉民§10，答案：D）

(A) 依照本法第38條第1項，準據法為物之所在地法A國法，故甲有行為能力

(B) 依照本法第20條，準據法為行為地法A國法，故甲有行為能力

(C) 依照本法第6條的規定，反致適用A國法關於保護內國交易安全的相關規定，故甲有行為能力

(D) 依照本法第10條第1項規定，準據法為我國法。故甲之法定代理人不為承認時，甲乙間的法律行為即不生效力

74. 19歲之A國人甲到我國自助旅行，關於行為能力問題，下列敘述，何者錯誤？（100

律，涉民§10，答案：D）

(A) 關於行為能力之立法主義，主要有屬人法主義及行為地法主義

(B) 行為地法主義謂，行為能力之問題應依該系爭法律行為之行為地法律作為準據法，著重涉外交易安全之考慮

(C) 涉外民事法律適用法第10條第1項所規定之行為能力主要是指財產上行為能力，不包含身分能力

(D) 涉外民事法律適用法第10條第1項所稱之「本國法」，係指訴訟當時之本國法

第十一條（死亡宣告）

凡在中華民國有住所或居所之外國人失蹤時，就其在中華民國之財產或應依中華民國法律而定之法律關係，得依中華民國法律為死亡之宣告。

前項失蹤之外國人，其配偶或直系血親為中華民國國民，而現在中華民國有住所或居所者，得因其聲請依中華民國法律為死亡之宣告，不受前項之限制。

前二項死亡之宣告，其效力依中華民國法律。

68. A國人甲男與我國人乙女結婚，婚後二人定居在A國，在我國均無住所及居所。某次假期甲趁與乙回臺探親，獨自一人前往奇萊山遊玩，詎料遭逢山洪爆發，甲因此失蹤整整2年無音訊。乙是否得向我國法院聲請依我國法對甲男為死亡之宣告？（109律／司，涉民§11，答案：B）

(A) 可以，此屬應依中華民國法律而定之法律關係

(B) 不可以，因甲、乙在我國均無住居所

(C) 可以，因配偶乙為中華民國國民

(D) 不可以，因甲並非中華民國國民

69. A國人甲與中華民國女子乙結婚後定居於臺北，甲在某次登山時失蹤，生死不明已達7年。下列敘述，何者正確？（108司律，涉民§11，答案：C）

(A) 此一事件僅得依我國法為死亡宣告

(B) 此一事件僅得依A國法為死亡宣告

(C) 此一事件得因聲請依我國法為死亡宣告

(D) 此一事件，關於死亡宣告之效力，僅得依失蹤人之本國法

68. A國人甲於10年前來臺旅遊時結識我國女子乙，兩人一見鍾情，半年後結婚並定居於臺北，7年前甲突然失蹤，生死不明，不知去向，若乙向臺北地方法院請求對甲為死亡宣告。關於本件死亡宣告事件，下列敘述，何者正確？（100律，涉民§11，答案：C）

(A) 我國法院無管轄權

(B) 死亡宣告之效力依失蹤人之本國法

(C) 死亡宣告要件與效力之準據法均為中華民國法律

(D) 死亡宣告要件之準據法原則上為失蹤人之住所地法

第十二條

　　凡在中華民國有住所或居所之外國人，依其本國及中華民國法律同有受監護、輔助宣告之原因者，得為監護、輔助宣告。

　　前項監護、輔助宣告，其效力依中華民國法律。

69. 我國國民甲在A國求學不順，經年酗酒，一旦喝醉，不僅無故傷人且揮霍無度。但未喝酒時，與正常人無異。其妻乙不堪其擾，遂向A國法院聲請監護宣告，甲因此成為限制行為能力人。下列敘述何者正確？（102司法官，涉民§12，答案：C）

(A) 甲因已成為限制行為能力人，故往後不論在A國或其他國家，甚至暑假回臺灣，其行為能力皆受限制

(B) 人之行為能力依其本國法，故我國國民有無行為能力應由我國決定，外國法院無權對我國國民為監護宣告，我國不得承認該宣告之效力

(C) 甲在A國所為之法律行為涉訟於我國法院，我國若承認其宣告，則就該法律行為，甲有無行為能力一事應依A國法而定

(D) 我國法院就甲宣告一事應依關係最切之國之法決定是否有效

第十三條

　　法人，以其據以設立之法律為其本國法。

69. 依S國法律設立的A有限公司，其主事務所已由S國遷移至P國。A公司與我國法人B有限公司有交易行為。如A與B在臺灣涉訟，我國法院於認定A公司是否有權利能力及行為能力時，應適用何國的法律？（107司律，涉民§13，答案：A）

(A) S國法　　　　　　　　　(B) P國法
(C) 我國法　　　　　　　　　(D) P國法及我國法

第十四條

　　外國法人之下列內部事項，依其本國法：

一、法人之設立、性質、權利能力及行為能力。
二、社團法人社員之入社及退社。
三、社團法人社員之權利義務。
四、法人之機關及其組織。
五、法人之代表人及代表權之限制。
六、法人及其機關對第三人責任之內部分擔。
七、章程之變更。
八、法人之解散及清算。
九、法人之其他內部事項。

第十五條

依中華民國法律設立之外國法人分支機構，其內部事項依中華民國法律。

第三章　法律行為之方式及代理

第十六條

法律行為之方式，依該行為所應適用之法律。但依行為地法所定之方式者，亦為有效；行為地不同時，依任一行為地法所定之方式者，皆為有效。

74. 從A國到我國留學之甲與乙，在我國口頭締結價值A國貨幣100萬元之消費借貸契約，並同時約定關於該消費借貸契約之成立與效力之準據法為A國法。依照A國法，消費借貸契約必須以書面為之。關於該消費借貸契約方式準據法及其理由，下列敘述何者正確？（102司法官，涉民§16，答案：C）
   (A) 我國法。依涉外民事法律適用法第20條之規定，依行為地法即我國法亦為有效
   (B) A國法。法律行為的方式的準據法即法律行為效力的準據法，準據法為A國法卻未以書面為之，故無效
   (C) 我國法。依涉外民事法律適用法第16條但書所規定之「場所支配行為」原則，行為地為我國，故不須以書面為之
   (D) A國法。依涉外民事法律適用法第20條，當事人同國籍時依其本國法，即A國法，故應以書面為之

70. A國人甲在B國，對在C國營業的A國人乙發買賣契約之要約，乙則在D國對在E國的甲發該買賣契約之承諾，均未提及準據法，就買賣契約之方式在臺灣臺北地方法院涉訟，就準據法敘述何者錯誤？（100律，涉民§16，答案：D）
   (A) 買賣契約方式，得依該買賣契約成立要件及效力應適用之法律
   (B) 買賣契約方式，得依發要約地（B國）法律所定之方式
   (C) 買賣契約方式，得依發承諾地（D國）法律所定之方式
   (D) 買賣契約方式，得依我國法律所定之方式

第十七條

代理權係以法律行為授與者，其代理權之成立及在本人與代理人間之效力，依本人及代理人所明示合意應適用之法律；無明示之合意者，依與代理行為關係最切地之法律。

60. A國人甲於民國101年5月20日在B國飛機上，口頭授與C國人乙在我國購買汽車的代理權；嗣後乙果依甲的囑託代理甲，在臺北市向我國國民丙購買汽車；當事人始終未曾就相關準據法為任何表示。關於上述當事人甲、乙、丙相互間法律關係的準據法，下列敘述，何者錯誤？（105律／司，涉民§17，答案：A）

(A) 在甲、乙間，其代理權的有無，應依A國法

(B) 在甲、乙間，其代理權的範圍，應依我國法

(C) 在甲、丙間，乙的代理權之有無，應依我國法

(D) 在甲、丙間汽車所有權移轉契約的成立及效力，均依我國法

70. 涉外民事法律適用法第17條關於意定代理準據法之規定，下列敘述何者錯誤？（101司，涉民§17，答案：B）

(A) 代理權之授與，與其原因法律關係（如委任契約）各自獨立，各有其準據法

(B) 本人與代理人間法律關係，不採當事人意思自主原則

(C) 法院於認定某地是否為關係最切地時，應斟酌所有主觀及客觀之因素，除當事人之意願及對各地之認識情形外，尚應包括該地是否為代理人或其僱用人於代理行為成立時之營業地、標的物之所在地、代理行為地或代理人之住所地等因素

(D) A國人甲（本人）授權在B國營業之B國人乙（代理人）處分甲在B國之財產，甲、乙未明示合意定其應適用之法律，則就甲、乙之間關於其授權之內容及範圍之爭議，B國法律乃關係最切地之法律

74. A國人甲（本人）授與在B國營業之B國人乙（代理人）處分甲在B國之財產，就甲、乙間關於授權之內容與範圍之爭議在我國涉訟，下列敘述何者錯誤？（101律，涉民§17，答案：B）

(A) 應依甲、乙間明示合意定其應適用之法律

(B) 應依甲、乙間明示或默示合意定其應適用之法律

(C) 甲、乙未合意定其應適用之法律，應依關係最切地之法律

(D) B國為乙之國籍、營業地及財產所在地，B國法律屬關係最切地之法律

第十八條

代理人以本人之名義與相對人為法律行為時，在本人與相對人間，關於代理權之有無、限制及行使代理權所生之法律效果，依本人與相對人所明示合意應適用之法律；無明示之合意者，依與代理行為關係最切地之法律。

66. 涉外民事法律適用法第18條關於代理權之有無、限制等問題之準據法，下列敘述，何者錯誤？（102律師，涉民§18，答案：B）

(A) 本人因代理人代為法律行為，與相對人發生之法律關係，因無明示合意，而代理權之授與及代理人代為之法律行為關係甚為密切，故適用該法律行為之準據法

(B) 本人與相對人間之法律關係，不採當事人意思自主原則之適用

(C) 本人與相對人無明示之合意者，依與代理行為關係最切地之法律

(D) A國人甲（本人）授權在B國營業之B國人乙（代理人）處分甲在C國之財產，並由C國人丙（相對人）買受，如甲、丙未明示合意定其應適用之法律，則就甲、丙之間關於乙所受授權之內容及範圍之爭議，依C國法

第十九條

　　代理人以本人之名義與相對人為法律行為時，在相對人與代理人間，關於代理人依其代理權限、逾越代理權限或無代理權而為法律行為所生之法律效果，依前條所定應適用之法律。

74.德國人甲授權我國人乙，以不超過新臺幣（下同）100萬元之價格，代理甲在高雄向在我國經商的日本人丙購買名畫；但乙卻以120萬元之價格購買。甲以乙逾越代理權限為由拒絕支付，丙遂向我國法院起訴請求乙負責。關於代理，因當事人未明示合意應適用之法律，我國法院應如何適用法律？（110司律，涉民§19，答案：B）

(A) 德國法

(B) 我國法

(C) 日本法

(D) 德國法或日本法

69.A國人甲授權我國國民乙代其向丙公司為大額採購。授權書中提到以B國法為準據法。現在乙超額採購，甲不願付錢給丙，請問下列陳述何者為正確？（100律，涉民§19，答案：D）

(A) 就甲與乙間代理權之效力，應依行為地法而定，本案中即發要約通知地之A國法

(B) 丙就乙是否有權代理一事與甲發生爭執時，應先視甲、丙間有無明示或默示選擇之準據法，若無，則依此代理行為關係最切之法

(C) 丙對乙若主張越權代理之賠償責任時，應依我國法

(D) 當甲與乙關於B國法之選擇被視為無效時，即以與代理行為關係最切之法為準據法

第四章　債

第二十條（法律行為發生債之關係）

　　法律行為發生債之關係者，其成立及效力，依當事人意思定其應適用之法律。

　　當事人無明示之意思或其明示之意思依所定應適用之法律無效時，依關係最切之法律。

　　法律行為所生之債務中有足為該法律行為之特徵者，負擔該債務之當事人行為時之住所地法，推定為關係最切之法律。但就不動產所為之法律行為，其所在地法推定為關係最切之法律。

70.A國人甲於B國與我國人乙訂立契約，贈與一輛汽車予乙，書明以A國法為準據法，設A國法規定動產贈與須以書面為之，B國法規定動產贈與應經公證，關於該汽車贈與契約之方式，應依何國法律？（110司律，涉民§20，答案：C）

(A) 僅得依A國法　　　　　　　　　　(B) 僅得依B國法

(C) 得依A國法或B國法 　　　　(D) 得依A國法、B國法或我國法

69. A國人甲向B國人乙承租位於C國之房屋一棟，甲、乙二人於D國訂定該租賃契約，約定該契約以E國法為準據法。關於該契約之方式是否有效，可以適用下列何國之法律？（109律／司，涉民§20，答案：D）

(A) A國法或B國法 　　　　(B) B國法或C國法

(C) C國法或D國法 　　　　(D) D國法或E國法

70. A國人甲與中華民國人乙皆居住於臺北，兩人在臺北締結買賣契約，約定以B國法為契約之準據法。關於涉外契約方式之準據法，下列敘述何者正確？（108司律，涉民§20，答案：B）

(A) 得依A國法 　　　　(B) 得依我國法

(C) 僅得依B國法 　　　　(D) 得依我國法、A國法或B國法

70. A國人甲與居住於臺北之中華民國人乙締結螺絲釘買賣契約，未明示選定應適用之法律，若兩人於締約後對於契約之效力有爭執，應依何國法律決定其內容？（107司律，涉民§20，答案：A）

(A) 依關係最切之法律 　　　　(B) 依當事人默示之意思所定應適用之法律

(C) 依當事人一方之本國法 　　　　(D) 依物之所在地法

57. A國人甲與B國人乙於中華民國102年在我國訂立手機零件之買賣契約，若關於契約之實質內容有爭執而在我國提起訴訟，法院應如何定其準據法？（106律／司，涉民§20，答案：C）

(A) 以甲與乙明示或默示意思所定之法律為準據法

(B) 以契約履行地法為準據法

(C) 甲與乙未以明示意思約定應適用之法律時，以關係最切之法為準據法

(D) 以付款地法為準據法

52. 我國人甲與國人乙在B國訂立機器採購契約，明文約定就契約所生之一切爭議應依C國法解決。嗣甲、乙就契約履行問題在我國涉訟，訴訟進行中雙方明示合意適用A國法，我國法院應如何適用法律？（104律／司，涉民§20，答案：A）

(A) 適用A國法 　　　　(B) 適用B國法

(C) 適用我國法 　　　　(D) 適用C國法

第二十一條

　　法律行為發生票據上權利者，其成立及效力，依當事人意思定其應適用之法律。

　　當事人無明示之意思或其明示之意思依所定應適用之法律無效時，依行為地法；行為地不明者，依付款地法。

　　行使或保全票據上權利之法律行為，其方式依行為地法。

68. 甲前往A國賭場賭博，賭輸後為求翻本，遂向經營該賭場之乙公司借籌碼，並以簽發本票之方式作為將來返還借款之方式。甲之後偷偷離開A國，於是乙擬持本票向其追

討借款。由於乙為A國公司，近年來業績不振，若來臺灣追討又要花費不少律師費用。丙為我國國民，亦在A國設有賭場，於是丙以九折價格向乙購買此張本票，乙遂於A國將票據背書轉讓給丙。請問下列敘述何者正確？（102司法官，涉民§21，答案：B）

(A) 甲與乙間就發票行為是否成立生效，應依我國法而定

(B) 乙與丙間就背書行為是否成立生效，應依A國法而定

(C) 丙不得在臺灣向甲請求，因為賭債非債，A國法應以違反我國之公序良俗為由，不予適用

(D) 我國法院對此案件應無管轄權，因為賭博行為發生在國外

第二十二條

法律行為發生指示證券或無記名證券之債者，其成立及效力，依行為地法；行為地不明者，依付款地法。

70. 甲為A國之股份有限公司，其大股東乙為我國國民，乙常年居住國內。金融海嘯發生後，乙的許多投資都面臨重大損失，乙又在國內投資數棟豪宅，貸款金額逼得乙喘不過氣。為換取現金，乙遂將其所持有之甲公司股票賣給我國國民丙，乙在該股票背面背書並交付給丙。依A國公司法之規定，股票之移轉非向公司登記不生效力。下列敘述何者為正確？（102司法官，涉民§22，答案：A）

(A) 丙若未向甲公司為股東名簿之變更登記，該轉讓不生效力

(B) 有價證券之轉讓應依行為地法，既然乙在我國將其股票轉讓給丙，則應依我國法之規定判定是否有效移轉

(C) 乙之移轉應該有效，至於未為變更登記只生得否對抗甲公司之問題

(D) 乙之轉讓行為本應依A國法，但為保護我國國民之交易安全，故改依我國法而定

第二十三條

關於由無因管理而生之債，依其事務管理地法。

67. A國人甲無法律上或契約上之義務，為醫治臥病在A國之B國人乙之病，到C國聘請醫師丙，到D國向丁買藥。甲在我國法院起訴請求乙償還支出必要費用，其準據法為何？（102律師，涉民§23，答案：A）

(A) A國法　　　　　　　　　(B) B國法

(C) C國法　　　　　　　　　(D) D國法

72. 甲為A國人，住在A國邊境，於B國某貿易公司上班，經常開車往返於A、B兩國。某日下班後，駕車於B國，見路旁一隻小狗，奄奄一息，雖脖子上帶有項圈，卻找不到主人，甲於B國請獸醫診治，帶回家後旋即找到主人乙。下列敘述何者正確？（101司，涉民§23，答案：C）

(A) 若甲欲依無因管理之法律關係向乙主張權利，則因主要管理地點在A國，因此A國即爲所稱之事務管理地

(B) 關於無因管理所生債之法律關係，其準據法應準用契約關係之準據法，因爲無因管理在性質上爲準契約

(C) 事務管理地係指著手實施無因管理之地點，因此本案 中B國即爲事務管理地

(D) 管理人著手實施管理後，若管理地點發生變更，則關於準據法之適用採變更主義，應以請求前最後管理地之法律爲準據法

71. 我國人甲與A國人乙爲鄰居，住在天母。某日颱風來襲，乙恰巧返國。甲眼見乙院子之大樹已有傾斜跡象，極可能會倒下而壓壞乙的廚房。故在颱風夜前請人將樹鋸短。乙回臺後震 。請問甲、乙間之關係應準據何國法律爲斷？（100司，涉民§23，答案：D）

(A) 我國法，因爲爲甲之本國法
(B) A國法，因爲爲乙之本國法
(C) 我國法，因爲爲乙之住所地法
(D) 我國法，因爲爲甲管理乙事務之地之法

第二十四條

關於由不當得利而生之債，依其利益之受領地法。但不當得利係因給付而發生者，依該給付所由發生之法律關係所應適用之法律。

75. 我國人甲被A國人乙詐欺，與B國人丙訂立藥品買賣契約。甲、丙明示約定契約準據法爲A國法，丙對乙之詐欺行爲知之甚詳。甲轉匯價金至丙在C國銀行之戶頭後發現詐欺情事，立即對丙表示撤銷系爭買賣契約，並要求丙返還已支付之價金未果，遂於我國法院對丙提起訴訟，就返還價金之問題，我國法院應適用何國法律？（109律／司，涉民§24，答案：B）

(A) 應適用我國法
(B) 應適用A國法
(C) 應適用B國法
(D) 應適用C國法

55. 依現行涉外民事法律適用法，下列敘述，何者錯誤？（105律／司，涉民§24，答案：A）

(A) 關於由不當得利而生之債，應僅採事實發生地法

(B) 關於由不當得利而生之債，有因當事人提出之債務給付而發生者，亦有因其他原因而發生者，應分別爲其定準據法

(C) 因當事人對於不存在之債務爲給付而發生之不當得利，應依該給付所由發生之法律關係所應適用之法律

(D) 非因當事人提出之債務給付而發牛之不當得利，應依利益之受領地法

57. A國人甲在A國向我國人乙購買存放於B國之名畫一幅，約定以A國法爲準據法，甲並於C國將價金直接交給乙。如該契約無效，乙拒不交付該畫，甲乃向我國法院訴請乙返還不當得利。關於本案，法院應適用何國法律？（104律／司，涉民§24，答案：A）

(A) A國法　　　　　(B) B國法　　　　　(C) C國法　　　　　(D) 我國法

第二十五條

　　關於由侵權行為而生之債，依侵權行為地法。但另有關係最切之法律者，依該法律。

55. A國人甲與B國人乙相約到亞洲各國旅遊，甲於泰國侵害乙，乙受傷先後在泰國及臺灣治療。嗣後二人對於賠償事宜無法達成協議，約定由乙向我國法院起訴；乙依約向我國法院對甲提起訴訟，請求賠償。下列敘述何者正確？（106律／司，涉民§25，答案：D）
    (A) 我國法院無國際管轄權，應移送泰國法院
    (B) 我國法院應適用我國法為本案判決
    (C) 我國法院應以欠缺國際管轄權而裁定駁回起訴
    (D) 我國法院應適用泰國法為本案判決

53. 我國人甲在A國擅自重製B國人乙之攝影作品，乙怒甚，到我國法院對甲起訴，主張甲侵害其著作權，請求500萬元新臺幣之損害賠償。我國法院應適用何國法律？（104律／司，涉民§25，答案：C）
    (A) 應適用B國法　　　　　　　(B) 應適用我國法
    (C) 應優先適用關係最切地之法　(D) 應適用甲之住所地法

66. 我國人甲與乙參加旅行團出國旅遊，在印度時兩人大打出手，回國後，甲告乙傷害並請求損害賠償。下列敘述何者正確？（101律，涉民§25，答案：C）
    (A) 侵權行為之行為地在印度，故我國法院應以印度法為準據法
    (B) 甲與乙於起訴後得約定以印度法為準據法
    (C) 由於甲、乙均為我國國民，旅遊之出發地及終點皆為我國，故應依我國法
    (D) 若當事人無法就印度法為舉證，我國法院只好以法庭地法替代適用

75. 我國籍人乙於我國入侵A國籍甲銀行的網路系統，將甲銀行之1萬美金匯入其在B國留學的長子丙的戶頭。甲銀行於丙返國後在我國法院提起訴訟請求返還1萬美金，其準據法為何？（102司法官，涉民§25，答案：C）
    (A) 我國法　　　　　　　　　　(B) A國法
    (C) B國法　　　　　　　　　　(D) 法院可就我國法、A國法及B國法擇一適用

73. 日本人甲男與我國人乙女為夫妻，有一未成年之子丙，三人定居於我國。甲、乙感情不睦，某日，甲與我國人丁女通姦，被乙發現。乙在我國法院訴請離婚，合併請求甲賠償其損害與給付贍養費。下列敘述，何者正確？（100律，涉民§25，答案：B）
    (A) 關於離婚，應依涉外民事法律適用法第50條，適用甲之本國法之日本法
    (B) 關於通姦之損害賠償，應依涉外民事法律適用法第25條，適用中華民國法律
    (C) 關於丙之親權，應依涉外民事法律適用法第55條，以甲之本國法日本法為準據法

(D) 關於贍養費請求，應適用涉外民事法律適用法第50條，適用甲之本國法之日本法

第二十六條（商品製造人責任）

因商品之通常使用或消費致生損害者，被害人與商品製造人間之法律關係，依商品製造人之本國法。但如商品製造人事前同意或可預見該商品於下列任一法律施行之地域內銷售，並經被害人選定該法律為應適用之法律者，依該法律：

一、損害發生地法。

二、被害人買受該商品地之法。

三、被害人之本國法。

75. 美國的甲公司於德拉瓦州設立登記，主事務所設於美國加州。甲公司所製造之行動電話僅於全美銷售，未於外國銷售。我國人乙於美國奧瑞岡州留學期間，購買了甲公司所製造之行動電話，並於學成歸國後攜回我國繼續使用。某日，乙使用甲公司所製造之行動電話通話時，該行動電話突然自燃爆炸，乙受到二度灼傷，乙遂向我國法院起訴請求甲公司損害賠償。下列敘述，何者錯誤？（108司律，涉民§26，答案：C）

(A) 乙於我國使用甲公司所製造之行動電話，我國為損害發生地，故我國法院對本件訴訟具有國際管轄權

(B) 甲公司對乙之損害賠償，原則依德拉瓦州法為準據法

(C) 甲公司與乙得合意以加州法決定甲公司對乙之損害賠償

(D) 甲公司所製造之行動電話未於我國銷售，故縱使乙主張以我國法為準據法，我國法院仍不得以我國法決定甲公司對乙之損害賠償

第二十七條

市場競爭秩序因不公平競爭或限制競爭之行為而受妨害者，其因此所生之債，依該市場之所在地法。但不公平競爭或限制競爭係因法律行為造成，而該法律行為所應適用之法律較有利於被害人者，依該法律行為所應適用之法律。

75. 涉外民事法律適用法第27條關於市場競爭秩序因不公平競爭或限制競爭之行為而受妨害者，其因此所生之債之準據法，下列敘述何者錯誤？（100司，涉民§27，答案：D）

(A) 當事人於我國法院起訴後，得合意適用我國法律

(B) 因不公平競爭或限制競爭等違反競爭法規或公平交易法之行為所生之債，適用該市場所屬國家之法律，係因與該市場所屬國家密切相關之故

(C) 本條規定，不公平競爭或限制競爭係因法律行為造成者，應適用該法律行為所應適用之法律，係因該法律較有利於被害人之故

(D) 承(C)所述，被害人得選擇市場所在地法為其應適用之法律

第二十八條

　　侵權行為係經由出版、廣播、電視、電腦網路或其他傳播方法為之者，其所生之債，依下列各款中與其關係最切之法律：

　　一、行為地法；行為地不明者，行為人之住所地法。

　　二、行為人得預見損害發生地者，其損害發生地法。

　　三、被害人之人格權被侵害者，其本國法。

　　前項侵權行為之行為人，係以出版、廣播、電視、電腦網路或其他傳播方法為營業者，依其營業地法。

53. A國人甲以C國為營業地經營網站，某日與我國人乙發生嫌隙，遂利用所經營之網站，散播乙事業失敗即將破產之不實言論，若乙在我國對亦設有住所於我國之甲提起侵權行為之訴，其準據法為何？（105律／司，涉民§28，答案：C）

　　(A) A國法　　　　　　　　　　　(B) A國法與我國法併用

　　(C) C國法　　　　　　　　　　　(D) 我國法

68. A國之出版社甲公司曾向我國某位企業家募款，但該企業家乙因為與甲公司素無淵源故不予理會。甲公司之總編輯丙因此懷恨在心，遂由甲公司出版一本「亞洲企業家之社會責任」的書，當書中提到臺灣企業家乙時，則以不實之事實詆毀，造成乙名譽受損。下列敘述，何者正確？（102律師，涉民§28，答案：B）

　　(A) 甲公司應對乙負損害賠償責任，準據法為侵權行為地法，故為A國法

　　(B) 本案應依甲公司之營業地A國法

　　(C) 由於乙之人格權受損，故應依乙之本國法，即我國法為準據法

　　(D) 由於甲已可預見損害，故應以損害發生地法，即我國法為準據法

第二十九條

　　侵權行為之被害人對賠償義務人之保險人之直接請求權，依保險契約所應適用之法律。但依該侵權行為所生之債應適用之法律得直接請求者，亦得直接請求。

第三十條

　　關於由第二十條至前條以外之法律事實而生之債，依事實發生地法。

第三十一條

　　非因法律行為而生之債，其當事人於中華民國法院起訴後合意適用中華民國法律者，適用中華民國法律。

52. 我國籍的甲於2011年間，將澳洲幣10萬元存於澳洲B銀行的X帳戶。因我國籍的乙（住所地：高雄市）偽造甲的簽名，將甲所有的上開澳洲幣轉至乙在B銀行的Y帳戶，甲多次請求乙返還，未獲回應，遂於高雄地方法院對乙起訴，依侵權行為及不當得利規定，求為命乙給付10萬元澳洲幣，並加計法定遲延利息的判決；嗣後兩造於訴訟中合

意適用中華民國法律。下列敘述，何者正確？（105律／司，涉民§31，答案：C）

(A) 受訴法院因無國際管轄權，不得為本案判決

(B) 僅有關於侵權行為的債權應適用澳洲法

(C) 關於侵權行為及不當得利債權均應適用我國法

(D) 關於侵權行為及不當得利債權均應適用澳洲法

第三十二條

　　債權之讓與，對於債務人之效力，依原債權之成立及效力所應適用之法律。

　　債權附有第三人提供之擔保權者，該債權之讓與對該第三人之效力，依其擔保權之成立及效力所應適用之法律。

71. A國人甲向我國人乙購買一批位於A國之電腦零件，價金新臺幣200萬元，約定準據法為B國法，乙將對甲之價金債權贈與給C國人丙，並將債權讓與給丙，關於債權讓與對於債務人之效力，應依何國法律？（110司律，涉民§32，答案：B）

(A) A國法 　　　　　　　　　(B) B國法

(C) C國法 　　　　　　　　　(D) 我國法

72. 關於債權讓與之準據法，下列敘述何者正確？（109律／司，涉民§32，答案：B）

(A) 債權讓與對於第三人之效力，依當事人意思所定之法律

(B) 債權讓與對於債務人之效力，依原債權之成立及效力所應適用之法律

(C) 債權讓與對於第三人之效力，依關係最切地法

(D) 債權讓與對於債務人之效力，依關係最切地法

51. 原告甲（我國法人）向我國法院起訴主張，被告乙（A國法人）與訴外人丙（A國法人）之間訂有寬頻服務訂單，準據法約定為A國法，乙因違約應賠償丙美金20萬元。丙將上開損害賠償債權讓與甲，甲請求乙給付上開金額與法定遲延利息。問：法院就甲、乙間之法律關係應適用何國法律？（106律／司，涉民§32，答案：D）

(A) 我國法。因為依準物權行為之成立及效力所適用之法律

(B) A國法。因為依準物權行為之成立及效力所適用之法律

(C) 我國法。因為依原債權之成立及效力所適用之法律

(D) A國法。因為依原債權之成立及效力所適用之法律

53. A國人甲因買賣之法律關係對B國人乙取得請求支付1000元美金之債權，甲將此一債權贈與給中華民國人丙，並做成債權讓與之合意。下列敘述何者正確？（106律／司，涉民§32，答案：A）

(A) 甲與丙間關於債權贈與契約之法律關係，屬於法律行為發生債之關係，得依當事人意思決定應適用之準據法

(B) 丙受讓債權後得對乙請求支付1000元美金，倆人對此若有爭執，應以原債權成立地之法律做為解決爭執之準據

(C) 丙受讓債權後得對乙請求支付1000元美金，倆人對此若有爭執，基於保護債務人

乙之理由，應以債務人乙住所地之法律做爲解決爭執之準據

(D) 甲與丙之間關於債權讓與之法律關係屬於法律行爲發生債之關係，應依債權人行爲時之住所地法爲準據法

73. 我國籍甲與B國人乙在C國簽訂一份S貨物買賣契約，雙方約定，買受人甲應支付金額10萬美元，以C國的G法院及臺北地方法院爲第一審管轄法院，並以C國法爲契約準據法。嗣後，乙在臺中市將上開對甲10萬美元買賣債權讓與給D國籍的丙。關於該乙、丙間之「債權讓與」，其對甲的效力，應以那一國的法律爲準據法？（102司法官，涉民§32，答案：C）

(A) 我國法　　　　　(B) B國法　　　　　(C) C國法　　　　　(D) D國法

71. A國人甲基於買賣之法律關係，對B國人乙有請求支付價金之債權。某日，甲將對乙之債權賣給丙，兩人並做成債權讓與之合意。下列敘述何者正確？（101司71，涉民§32，答案：C）

(A) 債權讓與爲法律行爲發生債之法律關係，以當事人意思定其應適用之法律

(B) 關於債權讓與對於債務人與其他第三擔保人之效力，皆依原債權之成立及效力所適用之法律

(C) 甲將對乙之債權賣給丙，關於甲與丙間所締結之債權買賣契約，甲丙得合意定其應適用之法律

(D) 債權讓與爲準物權行爲，關於讓與人與受讓人間法律關係之準據法，爲原債權成立地之法律

75. A國公司甲向該國乙銀行借款。甲爲我國公司丙最重要的客戶，故要求丙提供其所有而座 於我國之土地設定抵押權以擔保甲對乙銀行之借款。由於乙銀行在我國亦有分行，故A國之總行應允由丙提供抵押權擔保。之後，乙銀行在A國之總行將其對甲之債權包裝成金融資產出售給丁公司，丁公司將其證券化，再賣給一般投資人。當時借款時，就借款契約約定以A國法爲準據法。現在證券化後，請問對丙而言，下列敘述何者正確？（101司，涉民§32，答案：B）

(A) 乙銀行將對甲之債權讓與丁，對丙之效力應依A國法而定

(B) 乙銀行將對甲之債權讓與丁，對丙之效力應依我國法而定

(C) 乙銀行將對甲之債權讓與丁，對丙之效力應重新約定準據法

(D) 乙銀行將對甲之債權讓與丁，對丙不生任何效力

第三十三條

　　承擔人與債務人訂立契約承擔其債務時，該債務之承擔對於債權人之效力，依原債權之成立及效力所應適用之法律。

　　債務之履行有債權人對第三人之擔保權之擔保者，該債務之承擔對於該第三人之效力，依該擔保權之成立及效力所應適用之法律。

第三十四條

第三人因特定法律關係而爲債務人清償債務者，該第三人對債務人求償之權利，依該特定法律關係所應適用之法律。

第三十五條

數人負同一債務，而由部分債務人清償全部債務者，爲清償之債務人對其他債務人求償之權利，依債務人間之法律關係所應適用之法律。

第三十六條

請求權之消滅時效，依該請求權所由發生之法律關係所應適用之法律。

第三十七條

債之消滅，依原債權之成立及效力所應適用之法律。

第五章　物權

第三十八條

關於物權依物之所在地法。

關於以權利爲標的之物權，依權利之成立地法。

物之所在地如有變更，其物權之取得、喪失或變更，依其原因事實完成時物之所在地法。

關於船舶之物權依船籍國法；航空器之物權，依登記國法。

70. A國人甲在A國的拍賣購物網站上向我國人乙訂購一批在我國生產的芋頭酥，依照該拍賣網站上的規定，雙方之交易係以A國法爲準據法。而依A國法，當事人達成買賣合意時，動產之所有權同時移轉於買受人。甲是否在完成匯款時，同時取得芋頭酥的所有權？（109律／司，涉民§38，答案：D）

(A) 取得。依涉外民事法律適用法第41條規定，動產於託運期間，其物權之取得、設定、喪失或變更，依其目的地法，故應以A國法爲準據法

(B) 尚未取得。依涉外民事法律適用法第39條規定，物權之法律行爲，其方式依該物權所應適用之法律。依我國法，芋頭酥尚未經過交付，故動產所有權尚未發生移轉

(C) 取得。依涉外民事法律適用法第39條規定，物權之法律行爲，其方式依該物權所應適用之法律。債權行爲與物權行爲的成立與效力，應以A國法爲準據法，故只要一個意思表示，即可同時發生債權效果，亦同時發生物權移轉效果

(D) 尚未取得。依涉外民事法律適用法第38條第1項規定，關於物權依物之所在地法。債權行爲的成立與效力，應以A國法爲準據法，惟物權變動的效果，則應依物之所

　　　在地法。依我國法，動產現實上尚未交付，故所有權尚未移轉

74. 關於物權之法律適用，下列敘述何者錯誤？（107司律，涉民§38，答案：C）

(A) 住所於我國的美國人甲，就其在我國的A地，因與公路無適宜之聯絡，致不能為通常使用，而向我國法院起訴確認其對周圍地之法定通行權存在，我國法院應適用我國法決定法定通行權是否存在

(B) 我國的甲公司將木材一批託運我國的乙航運公司以其貨輪運往法國，乙航運公司之履行輔助人即法國的丙公司以乙公司積欠運費及報關費為由，於法國馬賽港留置甲公司所託運之木材，丙公司係合法抑或違法行使留置權，我國法院應適用法國法決定

(C) 我國人甲，就其在日本的地上權向我國乙銀行設定抵押權，就該抵押權之效力，我國法院應適用我國法決定

(D) 我國人甲於日本留學時，見其日本籍同學乙之手錶甚為喜愛，遂以所有之意思占有並戴在身上2年。甲回我國定居，是否取得該手錶之所有權，我國法院應適用我國法決定

51. 我國人甲於A國無權占有B物一段時間，之後甲帶著B物回臺，就甲對B物之物權爭執，下列敘述，何者正確？（105律／司，涉民§38，答案：A）

(A) 甲可否取得B物之所有權依我國法定之

(B) 甲可否取得B物之所有權依B物之原所在地A國法而定

(C) B物乃運送中之物，故依目的地法，即我國法決定

(D) 甲是否可以取得B物之所有權之時效起始日應自回臺之日起算

54. 關於涉外物權，依我國法律，下列敘述何者錯誤？（103律／司，涉民§38，答案：C）

(A) 所有權之移轉依物之所在地法

(B) 權利質權之設定，依權利之成立地法

(C) 物之所在地如有變更，其物權之取得，依其原因事實發生時物之所在地法

(D) 關於船舶之物權依船籍國法；航空器之物權，依登記國法

71. 關於物權法律關係之準據法，下列敘述何者錯誤？（102司法官，涉民§38，答案：B）

(A) 若涉及傳統之動產、不動產物權之情形，原則上以物之所在地法為準據法

(B) 基於動產隨人之概念，關於動產之準據法依所有人之屬人法

(C) 物權之法律行為，其方式依該物權所應適用之法律

(D) 船舶物權依船籍國法

69. 我國籍的甲，在A國從B國人乙受讓M動產的所有權；惟因M所有權當時是屬於C國人丙所有，乙為無權處分，但甲符合A國法善意取得的規定。其後甲將M帶回到國內，經過一年，合計甲在A國及我國的占有期間，已經符合我國法關於時效取得的規定；惟仍未達到A國法及B國法相同較長的取得時效期間。丙向甲在我國住所地法院起訴，

請求返還其所有物M，受訴法院應如何適用法律及裁判？（102律師，涉民§38，答案：C）

(A) 應適用法院地法即我國法，認定甲已經時效取得M的所有權

(B) 應以A國法及B國法爲準據法，而判決丙勝訴，命甲返還M

(C) 應適用A國法，認定甲已經取得M的所有權

(D) 應適用物的所在地法即我國法，認定甲已經時效取得M的所有權，而駁回丙的起訴

第三十九條

物權之法律行爲，其方式依該物權所應適用之法律。

第四十條

自外國輸入中華民國領域之動產，於輸入前依其所在地法成立之物權，其效力依中華民國法律。

第四十一條

動產於託運期間，其物權之取得、設定、喪失或變更，依其目的地法。

第四十二條

以智慧財產爲標的之權利，依該權利應受保護地之法律。

受僱人於職務上完成之智慧財產，其權利之歸屬，依其僱傭契約應適用之法律。

71. A國人甲受僱於B國人乙在C國從事研發工作，約定僱傭契約之準據法爲D國法，關於甲研發完成之智慧財產，其權利之歸屬應依何國法律？（109律／司，涉民§42，答案：D）

(A) A國法　　　　　　(B) B國法　　　　　　(C) C國法　　　　　　(D) D國法

58. 依涉外民事法律適用法第42條規定，以智慧財產爲標的之權利，其準據法爲何？（104律／司，涉民§42，答案：A）

(A) 該權利應受保護地之法　　　　(B) 法庭地法

(C) 登記國法　　　　　　　　　　(D) 當事人之本國法

53. 營業所設於新竹市的X企業社（負責人：我國籍的甲）僱用來我國留學的A國人乙撰寫電腦程式，雙方約定「本合約適用於中華民國法律爲準據法，並以中華民國法院爲管轄法院，雙方同意不爭執管轄法院之所在地及管轄法院之正當性」。下列敘述，依我國法律，何者正確？（103律／司，涉民§42，答案：B）

(A) 關於乙的行爲能力，應適用我國法

(B) 關於乙撰寫程式所生著作權的歸屬，應適用我國法

(C) 關於乙的報酬請求權，我國法院應適用關係最切的法律

(D) 我國僅承認地域管轄權的合意，不承認國際管轄權的合意

70. A國人甲主張B國人乙在C國侵害其智慧財產權，乙則抗辯甲在C國無該權利，因而在

我國法院提起訴訟，法院應適用何國法律？（100司，涉民§42，答案：C）

(A) A國法　　　　(B) B國法　　　　(C) C國法　　　　(D) 我國法

第四十三條

　　因載貨證券而生之法律關係，依該載貨證券所記載應適用之法律；載貨證券未記載應適用之法律時，依關係最切地之法律。

　　對載貨證券所記載之貨物，數人分別依載貨證券及直接對該貨物主張物權時，其優先次序，依該貨物之物權所應適用之法律。

　　因倉單或提單而生之法律關係所應適用之法律，準用前二項關於載貨證券之規定。

第四十四條

　　有價證券由證券集中保管人保管者，該證券權利之取得、喪失、處分或變更，依集中保管契約所明示應適用之法律；集中保管契約未明示應適用之法律時，依關係最切地之法律。

第六章　親屬

第四十五條

　　婚約之成立，依各該當事人之本國法。但婚約之方式依當事人一方之本國法或依婚約訂定地法者，亦為有效。

　　婚約之效力，依婚約當事人共同之本國法；無共同之本國法時，依共同之住所地法；無共同之住所地法時，依與婚約當事人關係最切地之法律。

第四十六條

　　婚姻之成立，依各該當事人之本國法。但結婚之方式依當事人一方之本國法或依舉行地法者，亦為有效。

69. 20歲之A國人甲到我國學習語言，A國法規定滿21歲才有完全行為能力。關於行為能力，下列敘述何者正確？（110司律，涉民§46，答案：C）

(A) 甲在我國就其於日本所有之不動產與中華民國國民乙訂立買賣契約，該契約有效

(B) 甲在我國與中華民國國民訂立電視機買賣契約，甲之行為能力有欠缺

(C) 甲在我國與乙結婚，其結婚之行為能力依A國法

(D) 甲在我國將自己擁有之項鍊贈與給中華民國國籍之女友丙，該贈與無效

72. 19歲之A國人甲與21歲之B國人乙於我國工作而相識，進而於我國結婚。A國規定年滿18歲為成年並得結婚，B國規定年滿20歲為成年並得結婚；二國均規定違反結婚年齡之限制者，婚姻無效。婚後二人繼續於我國工作，然而各自有住所於A國與我國。嗣後，甲、乙二人關於其婚姻是否成立生效，於我國法院涉訟，下列敘述何者正確？

（110司律，涉民§46，答案：C）

(A) 甲、乙於我國結婚，關於其婚姻之成立應依我國法

(B) 我國與其婚姻關係最切，關於其婚姻之成立應依我國法

(C) 關於甲、乙之結婚年齡，依各該當事人之本國法

(D) 甲未符合B國關於結婚年齡之規定，甲、乙之婚姻無效

52. 我國人甲男與法國人乙女在日本結婚，其後因結婚之實質要件是否具備在我國涉訟，應適用何國法律？（103律／司，涉民§46，答案：C）

(A) 我國法　　　　　　　　　　(B) 日本法

(C) 甲依我國法，乙依法國法　　(D) 累積適用我國和法國法

66. 甲為A國人，A國內因宗教不同而有不同法律。甲來臺灣經商，結識我國國民乙女，二人相戀論及婚嫁。甲在A國已有妻室，乙為此相當苦惱，但仍決定與甲共度一生，於是二人在臺灣結婚。下列敘述何者正確？（102司法官，涉民§46，答案：C）

(A) 甲可否結婚應依A國法，A國國內一國數法，故應以甲在A國之住所地法為準據法

(B) 乙與甲在臺灣舉行之婚禮，其形式要件應依我國法而定

(C) 若A國法指定依宗教而定其應適用之法律，則該法律將成為甲結婚成立與否之準據法

(D) 乙依我國法雖不可結婚，但若A國准許一夫多妻，乙之婚姻依然有效

70. 關於結婚之準據法，下列敘述何者正確？（101律，涉民§46，答案：B）

(A) 關於結婚之方式，應適用雙方當事人之本國法

(B) 男女雙方之結婚年齡應各自適用男方或女方之本國法

(C) 是否在禁止結婚（禁婚親）之範圍，應適用男方之本國法

(D) 監護人與受監護人是否得結婚，應適用受監護人之本國法

69. 甲與乙為我國國民，為四親等表兄妹，但因雙方家庭從小不曾往來，故彼此並不認識。兩人在A國留學時結識，由於雙方與各自家庭關係不好，故自行在A國閃電結婚。求學完後回臺工作，雙方家庭聚餐才發現此一真相。A國法有關結婚係採本國法主義，關於甲、乙婚姻關係之有效無效在我國涉訟時，請問下列敘述何者正確？（100司，涉民§46，答案：D）

(A) 雖然依我國法之規定，四等親內之表兄妹不得結婚，但若A國並不禁止，則基於既得權之保障，甲、乙婚姻有效

(B) 雖然依我國法之規定，四等親內之表兄妹不得結婚，但若A國並不禁止，則基於既得權之保障，甲、乙婚姻有效。但因此處涉及法律規避（即選法詐欺），故仍應依我國法

(C) 基於場所支配行為原則，甲、乙之結婚有效

(D) 此涉及結婚之實質要件，仍應依雙方當事人之本國法決定婚姻之成立，故甲、乙之婚姻無效

第四十七條

婚姻之效力，依夫妻共同之本國法；無共同之本國法時，依共同之住所地法；無共同之住所地法時，依與夫妻婚姻關係最切地之法律。

52. 我國人甲男與韓國人乙女結婚，兩人結婚後住所設於日本。關於甲、乙婚姻之效力，應適用何國法律？（106律／司，涉民§47，答案：C）
    (A) 我國法　　　　　　　　　　(B) 韓國法
    (C) 日本法　　　　　　　　　　(D) 依結婚時約定之法

70. A國人甲為B國人乙之夫，於A國均設有住所，若管轄權無問題，兩人因婚姻效力涉訟於我國法院。下列敘述，何者正確？（102律師，涉民§47，答案：A）
    (A) 我國法院應以A國法為準據法
    (B) 我國法院應以B國法為準據法
    (C) 我國法院應以A國法與B國法為準據法
    (D) 我國法院應以A國法或B國法為準據法

第四十八條

夫妻財產制，夫妻以書面合意適用其一方之本國法或住所地法者，依其合意所定之法律。

夫妻無前項之合意或其合意依前項之法律無效時，其夫妻財產制依夫妻共同之本國法；無共同之本國法時，依共同之住所地法；無共同之住所地法時，依與夫妻婚姻關係最切地之法律。

前二項之規定，關於夫妻之不動產，如依其所在地法，應從特別規定者，不適用之。

67. 我國人甲男與A國人乙女在A國結婚，婚後二人住在B國。乙女名下無財產，而以甲男名義在A國購置不動產投資，投資所得則匯往B國之甲男帳戶。甲男外遇後，乙女堅持要離婚，並對甲男主張剩餘財產差額分配請求權。關於剩餘財產差額分配之問題，我國法院應適用何國法律？（109律／司，涉民§48，答案：A）
    (A) 原則適用夫妻共同住所地之B國法
    (B) 本案事涉公益，應直接適用我國法
    (C) 適用不動產所在地之A國法
    (D) 依各該夫妻財產之所在地法

71. 涉外民事法律適用法中，關於夫妻財產制準據法之規定，下列敘述，何者正確？（102律師，涉民§48，答案：A）
    (A) 關於不動產，優先適用其所在地法的特別規定
    (B) 法院應優先適用與當事人婚姻關係最切地之法律
    (C) 法院應優先適用當事人的共同住所地法
    (D) 當事人得以書面合意決定任何一國的法律

69. 我國籍女子甲與法國籍男子乙結婚後定居於臺北，兩人就財產關係並無任何約定。在未告知乙的情形下，甲將結婚後所取得、所有權登記於甲名下之建物A出賣於丙，並辦妥所有權移轉登記，甲於收受丙之價金後消失不見蹤影，問乙可否請求丙返還A屋並塗銷所有權移轉登記？（101律69，涉民§48，答案：C）

(A) 可以。準據法爲夫之本國法即法國法。依照法國民法的規定，A爲甲乙共有

(B) 可以。準據法爲不動產所在地法即我國法，依照我國民法的規定，A爲甲乙共有

(C) 不可以。準據法爲共同住所地法即我國法，依照我國民法的規定，A爲甲所有之財產

(D) 不可以。準據法爲不動產所在地法即我國法，A登記於甲的名下，乙無權干涉

74. 甲男與乙女結婚時，約定以中華民國法律作爲夫妻財產制準據法，下列敘述何者正確？（100司74，涉民§48，答案：C）

(A) 甲男與乙女關於夫妻財產制準據法之約定，其方式不以有書面者爲限

(B) 甲男與乙女關於夫妻財產制準據法之約定，對於善意第三人不生效力

(C) 甲男與乙女關於夫妻財產制準據法之約定，僅能定夫妻一方之本國法或住所地法爲準據法

(D) 甲男與乙女關於夫妻財產制準據法之約定若爲無效時，以結婚時夫之本國法爲準據法

72. A國人甲與我國人乙住在B國，除設定住所於B國外，二人並在B國結婚，結婚時約定以B國法爲其夫妻財產制之準據法。二人回臺工作，並在臺灣購置不動產。乙因投資失利，遂將登記於自己名下之不動產出售並移轉所有權於善意第三人丙。下列敘述，何者正確？（100律，涉民§48，答案：D）

(A) 甲、乙約定B國法爲夫妻財產制之準據法，該約定無效，蓋雙方僅能約定各自之本國法爲準據法

(B) 甲、乙約定B國法爲夫妻財產制之準據法，該約定無效，因爲夫妻財產制應以結婚時夫所屬國之法爲準據法

(C) 若依據B國法律，即使不動產登記於乙名下，乙亦無權處分不動產，則乙出售不動產之行爲將因此而無效

(D) 不動產位於我國，該處分有效

第四十九條

夫妻財產制應適用外國法，而夫妻就其在中華民國之財產與善意第三人爲法律行爲者，關於其夫妻財產制對該善意第三人之效力，依中華民國法律。

73. 關於涉外夫妻財產制之準據法，下列敘述何者正確？（107司律，涉民§49，答案：D）

(A) 夫妻得以書面合意選定任一國家之法律

(B) 夫妻應以公證合意選定其一方之本國法或住所地法

(C) 夫妻無合意選法時，應先適用與夫妻婚姻關係最切地之法

(D) 夫妻無合意選法時，應先適用夫妻共同之本國法

59. 我國籍的甲女，在A國與該國人乙男結婚，同時放棄我國國籍取得A國籍，但仍經常居住於臺灣。雙方未就夫妻財產制約定適用法。依A國法，妻的財產由夫單獨管理及處分。某日，甲將其婚前在臺灣買得之C車讓售予對A國法毫無所悉的我國人丙。甲、乙間夫妻財產制對丙的效力應適用何國法律？（105律／司，涉民§49，答案：B）

(A) 應適用A國法

(B) 應適用我國法

(C) 應適用乙、丙間合意決定的法律

(D) 應適用該C車買賣契約所適用的法律

58. 我國人甲男與英國人乙女結婚，居住於韓國。關於兩人訂立夫妻財產制契約之行為能力問題，我國法院應如何適用法律？（103律／司，涉民§49，答案：A）

(A) 甲依我國法、乙依英國法

(B) 依韓國法

(C) 依甲乙合意選擇之我國法或韓國法

(D) 依甲乙合意選擇之我國法、韓國法或英國法

第五十條

離婚及其效力，依協議時或起訴時夫妻共同之本國法；無共同之本國法時，依共同之住所地法；無共同之住所地法時，依與夫妻婚姻關係最切地之法律。

54. A國人甲男與乙女結婚，因感情不睦而協議離婚。數年後，甲、乙均歸化為我國人，甲主張二人先前之協議離婚無效，乃於我國訴請法院裁判離婚。下列敘述，何者錯誤？（104律／司，涉民§50，答案：A）

(A) 甲、乙發生離婚訟爭之時，二人均為我國人，故其協議離婚，應以我國法為準據法

(B) 甲、乙發生離婚訟爭之時，二人均為我國人，故其裁判離婚，應以我國法為準據法

(C) 甲、乙之協議離婚雖為裁判離婚之前提要件，然而本題毋須特別關注先決問題（又稱附隨問題）之準據法

(D) 甲、乙之協議離婚與裁判離婚毋須適用同一之準據法

71. A國人甲與B國人乙締結婚姻，婚後居住於東京，之後基於工作關係遷居臺灣並設定住所於臺北。數年後，兩人因個性不合時常爭吵，決定離婚。下列敘述，何者正確？（100律，涉民§50，答案：C）

(A) 關於甲、乙兩人之情況是否具備離婚之原因，應以結婚時共同住所地法律，即日本國法律為準據法

(B) 甲、乙兩人無共同本國法，基於法庭地公益之考量，關於離婚及其效力以中華民國法律爲準據法

(C) 若甲與乙協議離婚，其離婚之效力，以協議時夫妻共同住所地法，即中華民國法律爲準據法

(D) 關於離婚，須以甲之本國法與乙之本國法皆認爲具備離婚原因時，方得離婚

第五十一條

　子女之身分，依出生時該子女、其母或其母之夫之本國法爲婚生子女者，爲婚生子女。但婚姻關係於子女出生前已消滅者，依出生時該子女之本國法、婚姻關係消滅時其母或其母之夫之本國法爲婚生子女者，爲婚生子女。

75. A國人甲男與B國人乙女結婚，婚後定居於我國，婚姻關係存續中，乙女與C國人丙男生下一子丁。關於丁是否爲甲、乙之婚生子女，下列敘述何者錯誤？（110司律，涉民§51，答案：C）

(A) 得依丁出生時甲的本國法，認定丁爲婚生子女

(B) 得依丁出生時乙的本國法，認定丁爲婚生子女

(C) 得依丁出生時丙的本國法，認定丁爲婚生子女

(D) 得依丁出生時丁的本國法，認定丁爲婚生子女

58. A國人甲男以我國人乙女與其子丙爲被告，向我國法院提起否認子女之訴，關於丙之身分，其準據法應如何決定？（106律／司，涉民§51，答案：B）

(A) 準據法應依涉外民事法律適用法第47條婚姻之效力，依夫妻共同之本國法；無共同之本國法時，依共同之住所地法；無共同之住所地法時，依與夫妻婚姻關係最切地之法律

(B) 準據法應依涉外民事法律適用法第51條子女之身分，依出生時該子女、其母或其母之夫之本國法爲婚生子女者，爲婚生子女

(C) 準據法應依涉外民事法律適用法第52條非婚生子女之生父與生母結婚者，其身分依生父與生母婚姻之效力所應適用之法律

(D) 準據法應依涉外民事法律適用法第55條父母與子女間之法律關係，依子女之本國法

68. A國男甲與B國女乙結婚，離婚半年後乙在臺灣產下一女丙。關於丙爲甲、乙二人的婚生子女之身分，下列敘述何者錯誤？（100司68，涉民§51，答案：C）

(A) 得依甲、乙離婚時的B國法，認定丙爲婚生子女

(B) 得依甲、乙離婚時的A國法，認定丙爲婚生子女

(C) 得依丙出生時乙的本國法，認定丙爲婚生子女

(D) 得依丙出生時丙的本國法，認定丙爲婚生子女

第五十二條

　　非婚生子女之生父與生母結婚者，其身分依生父與生母婚姻之效力所應適用之法律。

67. A國人甲與B國人乙交往多年，育有一子丙，之後顧及丙之生活適應與身心成長問題，甲、乙兩人於是結婚，並因工作關係，設定住所於臺北。下列敘述何者正確？（101律67，涉民§52，答案：C）

(A) 在甲、乙結婚後，丙是否取得婚生子女地位，依甲或乙一方之本國法定之，儘量承認子女之婚生性

(B) 在甲、乙結婚後，丙是否取得婚生子女地位，應依妻與夫結婚時雙方之本國法是否皆認為係婚生子女而定之

(C) 在甲、乙結婚後，丙是否取得婚生子女地位，應依中華民國法律，即夫妻之共同住所地法定之

(D) 在甲、乙結婚後，丙是否取得婚生子女地位，應依夫妻之共同本國法定之，但亦可依甲或乙一方之本國法定之

第五十三條

　　非婚生子女之認領，依認領時或起訴時認領人或被認領人之本國法認領成立者，其認領成立。

　　前項被認領人為胎兒時，以其母之本國法為胎兒之本國法。

　　認領之效力，依認領人之本國法。

66. 美國人甲認領其有我國籍之非婚生子乙，甲認為其認領乙時，乙即為其婚生子女；但乙認為應溯及其出生之時而為甲之婚生子女，雙方因此涉訟於我國法院。我國法院以美國法為應適用之法律，但經查甲之住所於馬里蘭州，並分別於喬治亞州及佛羅里達州有居所。下列敘述，何者正確？（107司律，涉民§53，答案：A）

(A) 我國法院應依馬里蘭州法律

(B) 我國法院應依喬治亞州法律

(C) 我國法院應依佛羅里達州法律

(D) 我國法院應適用華盛頓特區法律

60. 我國人甲請求A國人乙認領甲為乙之子女，訴訟繫屬中乙又取得B國籍（A國國籍仍存在），設乙在A國有住所，則關於認領之要件，我國法院應適用何國法律？（106律／司，涉民§53，答案：B）

(A) 適用我國法

(B) 適用A國法或我國法

(C) 適用B國法或我國法

(D) 適用A國法、B國法或我國法

59. 義大利人甲男與我國人乙女早年在臺北未婚同居，生下丙女。其後甲男返回義大利，

乙丙仍住居於臺北。甲男在義大利認領丙女，關於其認領效力之問題，我國法院應適用何國法律？（103律／司，涉民§53，答案：C）

(A) 丙女被認領時之本國法

(B) 乙女之本國法

(C) 甲男之本國法

(D) 甲丙合意選擇之法

67. A國人甲經常居住於臺灣，其妻乙及子丙均為A國籍，並定居於A國。甲與我國籍女友丁在臺北市同居，並生有一非婚生女戊，戊有我國國籍；甲在臺北市對戊為認領，並持續提供其扶養費。下列關於其各該法律關係的敘述，何者錯誤？（100司，涉民§53，答案：D）

(A) 如依認領時A國法，甲對戊的認領成立，該認領即為成立

(B) 如依認領時我國法，甲對戊的認領成立，該認領即為成立

(C) 該認領的效力，依A國法

(D) 該認領的效力，依我國法

第五十四條

收養之成立及終止，依各該收養者被收養者之本國法。

收養及其終止之效力，依收養者之本國法。

72. 甲8歲，為中華民國籍人，乙25歲單身，為德國籍人。乙欲收養甲為養子，關於甲、乙之收養年齡差距問題，我國法院應如何適用法律？（107司律，涉民§54，答案：C）

(A) 適用中華民國法

(B) 適用德國法

(C) 甲適用中華民國法，乙適用德國法

(D) 選擇適用中華民國法或德國法

56. 甲、乙夫妻均為A國籍，婚後遷往B國居住，嗣來中華民國工作。該夫妻於中華民國102年7月1日收養中華民國籍兒童丙，並決定一起回B國生活。有關該夫妻收養兒童「成立要件」應適用的法律（無須考慮反致），下列敘述何者正確？（106律／司，涉民§54，答案：C）

(A) 僅適用中華民國法律　　　　(B) 僅適用B國法律

(C) 應各依A國法與中華民國法律　(D) 應各依B國法與中華民國法律

56. A國人甲夫乙妻收養我國人丙，A國法律規定：「收養依法庭地法」。甲乙與丙對於該收養生效與否有爭執，涉訟於我國。關於該收養之準據法，下列敘述何者正確？（105律／司，涉民§54，答案：B）

(A) 基於保護被收養人之利益，收養之成立依被收養人之本國法

(B) 收養人部分與被收養人部分皆應適用我國法

(C) 收養人部分應適用A國法，被收養人部分應適用我國法

(D) 基於被收養人與收養人一起生活，收養之成立依收養人之本國法

55. 瑞士人甲男收養日本籍之未成年人，關於其收養效力之問題，我國法院應如何適用法律？（104律／司，涉民§54，答案：A）

(A) 依瑞士法 　　　　　　　　(B) 依日本法

(C) 依我國法 　　　　　　　　(D) 依甲、乙合意選定之法

68. 甲男、乙女為A國人，情投意合結為夫妻。甲男在某次外出途中，車禍身亡。乙女獨自扶養三歲女兒丙，並於五年後嫁給B國人丁，兩人於婚後遷居臺北。丁欲收養乙的女兒丙，下列敘述何者正確？（101司68，涉民§54，答案：D）

(A) 關於收養之問題，涉及法庭地之公安，我國現行法採法庭地法主義

(B) 關於收養之成立要件，為兼顧收養人與被收養人之利益，應 積適用收養人與被收養人之本國法

(C) 收養成立後，如變更國籍者，因考慮收養關係之繼續性特質，應依新的國籍決定其本國法

(D) 收養之效力，依收養成立當時收養者之本國法

第五十五條

父母與子女間之法律關係，依子女之本國法。

57. A國人甲男與B國人乙女結婚，生下一子丙，丙因出生而僅取得C國之國籍。甲乙丙移居我國後，關於甲乙與丙之親權問題，我國法院應適用何國法律？（103律／司，涉民§55，答案：C）

(A) A國法 　　　(B) B國法 　　　(C) C國法 　　　(D) 我國法

第五十六條

監護，依受監護人之本國法。但在中華民國有住所或居所之外國人有下列情形之一者，其監護依中華民國法律：

一、依受監護人之本國法，有應置監護人之原因而無人行使監護之職務。

二、受監護人在中華民國受監護宣告。

輔助宣告之輔助，準用前項規定。

73. A國人甲在A國有住所，與其配偶乙長期居住在我國。如甲在我國因車禍受傷而長期昏迷，我國法院依聲請對甲為監護宣告，並選任乙為監護人。關於監護之準據法，下列敘述何者正確？（110司律，涉民§56，答案：C）

(A) 甲為A國人，應依A國法

(B) 乙擔任甲之監護人，乙為A國人，應依A國法

(C) 甲在我國受監護宣告，應依我國法

(D) 甲之住所在A國，應依A國法

71. 中華民國籍甲夫與日本籍乙妻二人婚後共同住在美國加州洛杉磯市，生有一子丙。結婚3年後因習慣不合而離婚，就離婚後未成年子女丙之親權之歸屬，下列何者爲我國法院應適用之法律？（107司律，涉民§56，答案：C）
(A) 中華民國法
(B) 日本法
(C) 美國加州法
(D) 美國華盛頓特區

第五十七條

　　扶養，依扶養權利人之本國法。

72. 我國籍甲女未婚且父母雙亡，有一兄長乙，爲A國人，甲因病無法工作，生活陷入困境。甲請求乙扶養，關於其準據法，下列敘述何者正確？（102司法官，涉民§57，答案：D）
(A) 關於甲、乙間扶養之問題，依扶養義務人之本國法，即以A國法作爲判斷之依據
(B) 關於甲、乙間扶養之問題，依扶養權利人請求扶養時，扶養權利人或義務人之本國法爲準據法
(C) 兄弟姐妹間扶養之問題，不屬於涉外民事法律適用法第57條「扶養」之範圍
(D) 關於兄弟姐妹間扶養之問題，依現代國際潮流，採扶養權利人之本國法主義，我國現行法亦採此一原則

72. 甲爲孤兒，父母不詳，出生於中華民國，3歲時被A國人乙收養，關於甲、乙間父母子女親權之權利義務問題，下列敘述何者正確？（101律72，涉民§57，答案：C）
(A) 甲與乙爲法律擬制而生之親子關係，其父母子女間之法律關係，應顧及收養者之利益，以收養者之本國法爲準據法
(B) 涉外民事法律適用法第55條所稱之父母子女間法律關係，包含父母與未成年子女間之扶養與繼承問題
(C) 乙對於甲親權之權利義務關係，依保護子女利益之原則，僅以子女之本國法爲準據法
(D) 乙對於甲親權之權利義務關係，爲兼顧父母子女利益以及男女平等原則，我國現行法規定採母或父之本國法爲原則

第七章　繼承

第五十八條

　　繼承，依被繼承人死亡時之本國法。但依中華民國法律中華民國國民應爲繼承人者，得就其在中華民國之遺產繼承之。

74. 日本人甲男有一歸化韓國之子乙，二人因位於我國之不動產之處分問題發生爭執，乙於泰國持刀將甲殺害，關於乙對甲是否喪失繼承權，我國法院應如何適用法律？（109律／司，涉民§58，答案：C）

(A) 依我國法　　　　(B) 依韓國法　　　　(C) 依日本法　　　　(D) 依泰國法

56. A國人甲的住所在B國，在臺灣死亡，關於甲遺留在臺灣的動產之繼承發生爭執，關係人在我國法院提起訴訟；依A 國的國際私法規定，關於繼承應適用被繼承人的住所地法。下列敘述，何者正確？（104律／司，涉民§58，答案：C）

(A) 受訴法院應以無國際管轄權，將該事件移送A 國法院

(B) 受訴法院應以A 國法爲準據法而爲判決

(C) 受訴法院應以B 國法爲準據法而爲判決

(D) 受訴法院應以我國法爲準據法而爲判決

72. A國人甲與B國人乙結婚多年，因工作關係，遷居中華民國，兩人育有一子丙，乙並且又懷胎6個月。某日甲突然因心臟病發作而過世，在中華民國留有遺產，關於甲之遺產繼承之準據法，下列敘述，何者正確？（102律師，涉民§58，答案：C）

(A) 關於乙之胎兒有無繼承能力之問題，屬於「能力」之範疇，應依行爲能力之準據法而定

(B) 關於甲在中華民國財產繼承之問題，應依中華民國之法律定之

(C) 關於甲之財產繼承問題，應以A國法律，即被繼承人死亡時之本國法爲準據法

(D) 繼承係爲照顧生存者之生活而設立之制度，應以繼承人之本國法作爲解決繼承相關問題之準據法

71. A國人甲男與A國人乙女，2007年於臺北市結婚，婚後定居於臺北市，2年多前乙生育一子丙，有A國國籍。數週前，甲於高雄市因意外身故，已懷胎的乙驚聞噩耗，悲傷導致早產，早產兒丁在醫院保溫箱3小時後死亡。如我國法院應在甲的遺產繼承訴訟中，確認丁是否有權繼承甲的遺產，則就丁的權利能力問題，應如何選擇或適用相關法律？（101律71，涉民§58，答案：D）

(A) 準據法爲A國法及我國法，合併適用

(B) 準據法爲A國法或我國法，擇一適用

(C) 以我國法爲準據法

(D) 以A國法爲準據法

第五十九條

外國人死亡時，在中華民國遺有財產，如依前條應適用之法律爲無人繼承之財產者，依中華民國法律處理之。

第六十條

遺囑之成立及效力，依成立時遺囑人之本國法。

遺囑之撤回，依撤回時遺囑人之本國法。

73. 德國人甲久住於我國，生前預立遺囑後歸化爲瑞士籍，死後因其訂立遺囑之能力問題涉訟，我國法院應適用何國法律？（109律／司，涉民§60，答案：A）
(A) 德國法
(B) 瑞士法
(C) 我國法
(D) 關係最切之國之法

75. 在我國居住之A國人甲，在B國自書遺囑，將其在我國所有之古董、珠寶、出賣有價證券後之所得和存款等動產捐出，在我國設立照顧清寒家庭出身之法律系學生爲宗旨之財團法人，準據法應如何決定？（100律，涉民§60，答案：D）
(A) 在B國的自書遺囑之成立與效力及捐助行爲之效力，一律依照遺囑之準據法來決定
(B) 在B國的自書遺囑之成立與效力及捐助行爲之效力，一律依照法人設立之準據法來決定
(C) 在B國的自書遺囑是否成立、有效，依照遺囑之準據法決定之；捐助行爲之效力，依照法人設立的準據法即A國法決定之
(D) 在B國的自書遺囑是否成立、有效，依照遺囑之準據法決定之；捐助行爲之效力，依照法人設立的準據法即我國法決定之

第六十一條

遺囑及其撤回之方式，除依前條所定應適用之法律外，亦得依下列任一法律爲之：
一、遺囑之訂立地法。
二、遺囑人死亡時之住所地法。
三、遺囑有關不動產者，該不動產之所在地法。

71. 甲爲法國籍人，來臺工作多年，住在臺北市，與日本籍同事乙爲情侶。甲因罹患癌症，死於臺北。甲生前在香港旅行途中自書遺囑，寫明在其過世後，願將其在法國巴黎第一區之小公寓送給乙。問就此一遺囑之方式，我國法院應如何適用法律？（108司律，涉民§61，答案：B）
(A) 適用日本法或中華民國法
(B) 選擇適用法國法、中華民國法或香港法
(C) 選擇適用日本法、中華民國法或香港法
(D) 選擇適用日本法或香港法

54. 依現行涉外民事法律適用法，遺囑方式之準據法，不包括下列何法律？（105律／司，涉民§61，答案：D）
(A) 遺囑訂立地法
(B) 遺囑人死亡時住所地法
(C) 遺囑中有不動產之所在地法
(D) 繼承人之本國法

51. 甲爲A國人時，書立遺囑，指定其好友B國人乙爲繼承人。多年後甲歸化爲C國人，並與丙結婚，因而欲撤回遺囑。關於甲之撤回遺囑，應適用何國法律？（103律／司，涉民§61，答案：C）

(A) A國法　　　　　(B) B國法　　　　　(C) C國法　　　　　(D) 我國法

67. A國人甲在我國設有住所。其財產散置於我國、A國及B國。甲生前立有遺囑，遺囑內將其所有財產全數遺贈其學生乙。甲有三子丙、丁、戊均為A國人。現丙、丁、戊在我國起訴，主張遺囑無效。下列敘述何者正確？（102司法官，涉民§61，答案：C）

(A) 遺囑若是有效，丙、丁、戊仍可就位於我國之財產主張應適用我國法律而享有特留分

(B) 遺囑之形式要件，若依成立時遺囑人之本國法為無效，該遺囑必定無效，則丙、丁、戊之主張有理由

(C) 遺囑之形式要件，依成立時遺囑人之本國法為無效。但若遺囑中涉及不動產，而該不動產在我國，則遺囑關於不動產之部分仍可因符合我國有關遺囑形式要件之規定而有效

(D) 倘若遺囑無效，甲之財產將成為無人繼承之財產，依我國法律處理之

第八章　附則

第六十二條

　　涉外民事，在本法修正施行前發生者，不適用本法修正施行後之規定。但其法律效果於本法修正施行後始發生者，就該部分之法律效果，適用本法修正施行後之規定。

第六十三條

　　本法自公布日後一年施行。

參考書目

壹、中文部分

司法院編印，司法院涉外民事法律適用法研究修正資料彙編（一），2002年11月。

洪應灶，國際私法，台北：中國文化大學出版社，1980年7月。

馬漢寶，國際私法總論各論，台北：作者自版，2004年9月。

柯澤東，國際私法，台北：國立台灣大學法律學院法學叢書，1999年10月。

劉鐵錚 陳榮傳，國際私法，台北：三民圖書股份有限公司，2009年7月四版。

蘇遠成，國際私法，台北：五南圖書，1993年11月五版。

劉仁山，國際私法，北京：中國法制出版社，2012年1月。

張瀟劍，國際私法論，北京：北京大學出版社，2004年2月。

趙相林，國際私法，北京：中國政法大學出版社，2011年4月三版。

李雙元，國際私法學，北京：北京大學出版社，2011年3月二版。

李雙元、歐福永、熊之才編，國際私法教學參考資料選編（上冊），北京：北京大學出版社，2002年9月。

洪遜欣著，中國民法總則，台北：三民書局，1992年10月。

德意志聯邦共和國民法典，上海社會科學院法學研究所譯，1989年一版二刷。

呂國民、戴霞、鄭選民編著，國際私法，中信出版社，2002年出版。

黃進，國際私法，北京：法律出版社，2005年出版。

梁慧星，荷蘭國際私法研究，北京：法律出版社，2000年出版。

梁慧星，瑞士國際私法研究，北京：法律出版社，2000年出版。

貳、外文部分

William Tetley, International Conflict of Laws: Common, Civil & Maritime, International Shipping Publications, 1994

國家圖書館出版品預行編目資料

國際私法／黃裕凱著. — 初版. — 臺北
市：五南圖書出版股份有限公司, 2013.02
　　　面；　　公分.--

ISBN 978-957-11-6996-5（平裝）

1.國際私法

579.9　　　　　　　　102001156

1T80

國際私法

作　　　者 — 黃裕凱(299.6)

發 行 人 — 楊榮川

總 經 理 — 楊士清

總 編 輯 — 楊秀麗

副總編輯 — 劉靜芬

責任編輯 — 游雅淳　宋肇昌　王政軒

封面設計 — P .Design視覺企劃

出 版 者 — 五南圖書出版股份有限公司

地　　　址：106台北市大安區和平東路二段339號4樓

電　　　話：(02)2705-5066　　傳　　真：(02)2706-6100

網　　　址：https://www.wunan.com.tw

電子郵件：wunan@wunan.com.tw

劃撥帳號：01068953

戶　　　名：五南圖書出版股份有限公司

法律顧問　林勝安律師事務所　林勝安律師

出版日期　2013年 4 月初版一刷

　　　　　2021年11月初版三刷

定　　　價　新臺幣680元

經典永恆・名著常在

五十週年的獻禮 —— 經典名著文庫

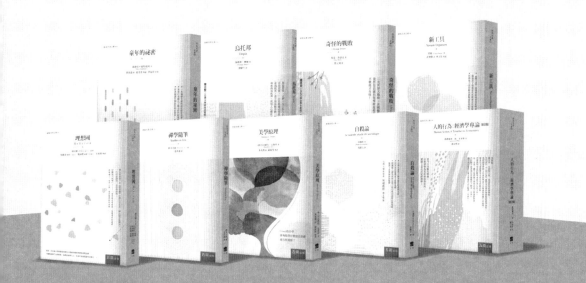

五南，五十年了，半個世紀，人生旅程的一大半，走過來了。
思索著，邁向百年的未來歷程，能為知識界、文化學術界作些什麼？
在速食文化的生態下，有什麼值得讓人雋永品味的？

歷代經典・當今名著，經過時間的洗禮，千錘百鍊，流傳至今，光芒耀人；
不僅使我們能領悟前人的智慧，同時也增深加廣我們思考的深度與視野。
我們決心投入巨資，有計畫的系統梳選，成立「經典名著文庫」，
希望收入古今中外思想性的、充滿睿智與獨見的經典、名著。
這是一項理想性的、永續性的巨大出版工程。
不在意讀者的眾寡，只考慮它的學術價值，力求完整展現先哲思想的軌跡；
為知識界開啟一片智慧之窗，營造一座百花綻放的世界文明公園，
任君遨遊、取菁吸蜜、嘉惠學子！